Andrea Lauser

»Ein guter Mann ist harte Arbeit«

Eine ethnographische Studie zu philippinischen Heiratsmigrantinnen

[transcript]

Bibliografische Information der Deutschen Bibliothek
Die Deutsche Bibliothek verzeichnet diese Publikation in der Deutschen Nationalbibliografie; detaillierte bibliografische Daten sind im Internet über http://dnb.ddb.de abrufbar.

Umschlaggestaltung: Kordula Röckenhaus, Bielefeld
Umschlagabbildung: Andrea Lauser (Prozession anlässlich einer »Barrio Fiesta«)
Lektorat & Satz: Andrea Lauser
Druck: Majuskel Medienproduktion GmbH, Wetzlar
ISBN 3-89942-218-X

INHALT

Abbildungen

Vorwort

Aurelia, eine philippinische Bekannte, hatte im „Asia-Food-Laden“ einen Großeinkauf getätigt. Sie erwartete zwei Nichten aus den Philippinen, deren Start in Deutschland sie auf jeden Fall mit philippinischer Küche zu polstern gedachte. Mein Angebot, sie angesichts des großen Reissackes, der vielen Tüten und Päckchen mit meinem Auto nach Hause zu fahren, nahm sie gerne an und lud mich im Gegenzug zu einem Bier (sic!) in die Kneipe ein. Dort konfrontierte Aurelia mich mit einer knappen märchenhaften „Lebensgeschichte“.

Auf den Philippinen habe sie als älteste Schwester sehr hart in einer „grocery“ gearbeitet. Eines Tages – sie war damit beschäftigt, Reis abzupacken – bemerkte sie, wie ein „Kaukasier“ sie immerzu anstarrte. Sie habe sich dafür nicht interessiert, sondern ihre Arbeit fortgesetzt. Die Arbeit war ihr Leben. Da die Mutter gestorben war, hatte sie als Älteste für acht weitere Geschwister Verantwortung zu tragen. Für „Flirts“ blieb da keine Zeit. Doch dieser Mann kam täglich vorbei, um sie anzuschauen. Und jedes Mal habe sie ihn ignoriert. Sie habe sich nicht für ihn interessiert. Als er schließlich Mut fasste und sie ansprach, schickte sie ihn weg. Sie hatte keinen Sinn für ihn.
Dann migrierte sie nach Spanien, wo sie Haushaltshilfe in einer reichen Familie wurde. Man erkannte dort recht bald, dass sie eine ausgezeichnete Köchin war. Sie lernte schnell und erweiterte ihr Repertoire. Als diese Familie vier Jahre später nach Hamburg umziehen musste, sei Aurelia so unentbehrlich gewesen, dass die Familie sie dorthin mitnahm.
Eines Tages brachte sie ihre Schuhe zur Schuhreparatur. Als sie ihre reparierten Schuhe beim Schuster wieder abholen wollte, habe dieser sie angesprochen: Er solle ihr ausrichten, dass ein Freund die philippinische Besitzerin dieser Schuhe treffen wolle. Zunächst habe sie wieder abgewinkt. Aber die vermittelnde Anfrage des Schuster sei so dringend gewesen, dass sie schließlich eingewilligt habe. – Und siehe da, dieser „Kaukasier“ aus dem Reisladen stand ihr gegenüber!!
Es war Schicksal, nun musste sie ihn erhören. (Februar 1992)

Vielleicht hätte ich diese kleine „Story“ als ‚trans-philippinische' Variante des Grimm'schen Aschenputtel wieder vergessen. So aber wurde sie mir zu einem Zeitpunkt erzählt, an dem die Idee zu einem umfangreicheren Buch zu philippinischen Heiratsmigrantinnen in mir heranreifte. Ich horchte auf, ausgerechnet Aurelia, die im Netzwerk des Asia-Food-Ladens als tatkräftige Managerin mit vielen nützlichen Ideen und Kontakten bekannt war und eher dann zu Rate gezogen wurde, wenn es galt, dem Schicksal nachzuhelfen, schildert die Begegnung ihrer eigenen interkulturellen Ehe im Tenor der schicksalhaften Unausweichlichkeit. Selbst Raum-Zeit-Markierungen können diese Bestimmung nicht aufheben, sind bedeutungslos. Ihr Weg als älteste Schwester führt sie vom philippinischen Reisladen in einen spanischen Haushalt zum Schuhladen in Norddeutschland. Schön wäre es gewesen, wenn die passenden Schuhe wie im alten Märchen oder in einer modernen Soap-Opera zur Erlösung durch einen reichen, goldglitzernden Prinz geführt hätten.

Seit dieser Episode mit Aurelia bis zur Vollendung vorliegender Arbeit sind einige Jahre vergangen. Mein ethnographisches Interesse an philippinischer Heiratsmigration bescherte mir weitere Irritationen und neue Erkenntnisse, viele Begegnungen und Gespräche, spannende Diskussionen, suchende Fragen und erhellende Antworten und eine – bisweilen mühselig erkämpfte – Zeit am Schreibtisch.

In dieser Zeit untersuchte ich nicht nur die Mobilität und Dynamiken im Leben philippinischer Heiratsmigrantinnen, auch mein eigenes Leben war bewegenden Prozessen ausgesetzt. So hatte ich drei Umzüge in unterschiedliche deutsche Städte zu bewältigen, die jeweils mit beruflichen Orientierungen und Neudefinitionen verbunden waren und pendelte über vier Jahre hinweg zwischen den Philippinen und Deutschland hin und her.

Ich möchte gerne allen danken, die ich in diesen bewegten Jahren getroffen habe und die mich in meiner wissenschaftlichen Arbeit begleitet und unterstützt haben. Es ist ein kollektives Danke an Individuen im universitären und nicht-universitären Rahmen. Mein Dank richtet sich an die philippinischen Gesprächspartner und Gesprächspartnerinnen und ihre ‚transkulturellen' Familienangehörigen genauso wie an die Teilnehmer und Teilnehmerinnen der Deutungswerkstatt am Bremer Institut für Kulturforschung unter der Leitung von Prof. Maya Nadig. Zentrale Gedanken der Arbeit konkretisierten sich in den kritischen und hilfreichen Gesprächen im Rahmen dieser Kolloquien.

Danken möchte ich auch all den Freunden und Freundinnen, die in organisatorischen und logistischen „Not"-Zeiten einsprangen und mit vielfältigen Hilfestellungen – von der liebevollen Kinderbetreuung bis zu aufbauenden Gesprächen – Beistand leisteten. Vielen Dank!

Mark Münzel, Professor der Völkerkunde in Marburg, möchte ich meinen Dank aussprechen, da er mir an meinem neuen Wohnort durch seine unterstützende Begleitung eine fruchtbare Arbeitsatmosphäre ermöglicht hat, die zur Vollendung der Arbeit führte.

Das Buch widme ich meinem Ehemann und Kollegen Peter und meinem Sohn Moritz. Ersterem, weil er das Projekt mit gelassener Distanz begleitet hat, letzterem, weil er nolens volens in das Projekt involviert wurde. Auch wenn Moritz' Philippinenerfahrungen in seinen ersten Lebensjahren ethnologisch aufschlussreich waren, so wird dieses Buch sicher nicht seine derzeitigen Hauptinteressen tangieren.

Marburg 2003, Andrea Lauser

Einleitung und Überblick

„... diaspora women are caught between patriarchies, ambiguous pasts, and futures. They connect and disconnect, forget and remember, in complex, strategic ways."
James Clifford, „Diasporas"; (Routes, 1997: 259).

Einführung

Warum eine Ethnographie[1] zu philippinischer Heiratsmigration?

Weil sich im Phänomen der internationalen, interkulturellen Heiratsmigration vielfältige Dynamiken zwischen Globalem und Lokalem, zwischen Ökonomie, Kultur und Geschlecht, zwischen Heirat und Ehe und Familie und Arbeit auf komplexe Weise verweben und verdichten. Das Phänomen der Heiratsmigration spannt einen weiten Bogen um verschiedene Kontexte, die dennoch (strukturell) aneinander gekoppelt und von sich überschneidenden Machtbeziehungen gekennzeichnet sind und sich gegenseitig beeinflussen. Schon in dem Begriff Heiratsmigration klingen die wesentlichen Ebenen an, denen sich binationale Paare stellen: Die Migration schafft Verbindung zwischen zwei und mehr Ländern, die Heirat verknüpft zwei Familien und die Ehe verlangt nach einer Beziehung und Kommunikation zwischen Mann und Frau.

Über einen ethnographischen Zugang an das Phänomen der philippinischen Heiratsmigration, das zugleich als ein Effekt des dramatischen Ansteigens internationaler Mobilität und spätkapitalistischer Globalisierungen gedeutet wird, ist daher ein komplexes Verständnis zu gewinnen. Der detaillierte ethnographische Blick auf philippinische Migrationsstrategien, auf alltagsweltliche Praxen und Subjektkonstitutionen in transnationalen und globalen Migrationsräumen lässt erkennen, was spezifische Menschen – in diesem Fall vor allem philippinische *Frauen* als Akteurinnen – aus diesen Verhältnissen machen. Sichtbar wird, wie sich diese Frauen zu den globalen Strukturen in

1 Der Begriff Ethnographie verweist sowohl auf eine besondere Form der qualitativen Forschung der teilnehmenden Beobachtung in alltäglichen Lebenszusammenhängen als auch auf die Niederschrift der im Forschungsprozess gesammelten Beobachtungen und Erfahrungen. Diese beiden miteinander verwobenen Aktivitäten beschreibe ich im Detail in Kapitel 1 *Forschung leben und Ethnographie schreiben* als epistemologisches Problem.

Beziehung setzen und ihre Lebensperspektiven zu gestalten suchen. Wir erfahren viel über „Transnationalismus von unten“ (Smith/Guarnizo 1998) und über lokale Lebensverhältnisse in einer globalisierten Welt. Und wir erfahren viel über die spezifische Kultur der Philippinen. Philippinisch sein – *being Pinoy bzw. Pinay* – hat mit mobilen lebensweltlichen Praxen über mehr oder weniger lange Distanzen und in mehr oder weniger nahen Orten zu tun, ja, ist fast ein Synonym für bewegte Lebensverhältnisse. Und dies nicht erst im Kontext gegenwärtiger Migrations-Bewegungen im Zuge spätkapitalistischer Globalisierung. Eine historische Perspektive zeigt, dass sich über lange vielfältige historische Erinnerungsspuren und Vergegenwärtigungen – Stuart Hall spricht in Anlehnung an Aimé Césaire und Léopold Senghor von „Präsenzen“ (Hall 1994: 34ff.) – extrem mobile Lebensbewältigungsstrategien entwickelt haben, sich eine Migrations-Kultur ausgebildet hat. Solche mobilen Lebenspraxen entwickelten sich nicht ausschließlich aus ökonomischen Überlebensstrategien, sondern korrespondierten mit sozial und kulturell erwünschten Lebensmustern. (Migrations-)Bewegungen sind dann weniger als die ‚unnormalen’ Unterbrechungen eines ‚normalen’ sesshaften Lebens zu verstehen, sondern als integraler Aspekt von Lebensverläufen vieler Menschen und Gruppen.

Indem wir also auf einen spezifischen Ausschnitt philippinischer migratorischer Wirklichkeit schauen, haben wir eine solide Basis für vergleichende ethnographische Perspektiven. Außerdem gehe ich davon aus, dass ein ethnographischer Fokus auf mobile Lebensstrategien definitorische und konzeptionelle Probleme bisheriger Migrationsdiskurse löst und vernachlässigte oder gar blinde Flecken aufdeckt:

Erstens wurde und wird in der vorherrschenden Migrationsforschung immer noch der Blick in eine historisch begründete Gegenwart vernachlässigt. Mit der Fokussierung auf die Rolle der Nationalstaaten und deren nationalstaatlicher Ideologien hat sich in Amerika und Europa eine lange Forschungstradition des Integrationsparadigmas herausgebildet, das danach fragt, wie Immigranten aus verschiedenen Teilen der Welt in die Aufnahmegesellschaft integriert werden können. Folglich verengt sich der Blickwinkel auf problematische Integrationsprozesse in der Zielgesellschaft, wohingegen kreative, perspektivische, handlungsorientierte Potenziale von Migrationsbewegungen in den Hintergrund rücken. Indem ich in meiner Studie auf historische ‚Präsenzen’ und Vorläufer blicke, verbinde ich das aktuelle Phänomen der Heiratsmigration mit einer breiten Palette historischer Mobilitätsphänomene und verweise auf die Bedeutung von Mobilität im Verhältnis zu (und zwischen) Menschen, Orten, Identitäten und Zugehörigkeiten. Damit öffnet sich die Perspektive weg von Migration als einer einseitigen Bewegung (Emigration aus der Herkunftsnation und Immigration in die Aufnahmenation) hin zu dynamischen, zirkulierenden Bewegungen und Vernetzungen, die die verschiedenen Orte miteinander in Beziehung setzen.

Mit Begriffen wie „transstaatliche Räume“, „Zirkulationsterritorien bzw. Zirkulationsräume“ oder „transnationale Familienräume“ wird in der Folge der kulturanthropologischen Forschungs-Impulse (Glick-Schiller/Basch/Szanton-Blanc 1992, 1994, 1995) den einseitigen Konzeptionalisierungen von unilinearen Migrationsbewegungen begegnet. Menschen, die in solchen Netzen agieren, sind keine Auswanderer oder Einwanderer mehr, sondern Trans-Migranten (Glick-Schiller et al. 1995), die heute kommen und morgen bleiben oder weiterziehen oder hin- und herpendeln. So entstehen transnationale Biographien, die sich griffigen Einteilungsmustern klassischer nationalstaatlicher Zugehörigkeit entziehen und als ent-grenzte Bewegungen in einem „Dritten Raum", dem „Third Space" „in-between-space" (Bhabha 1994) beschrieben werden.

Zweitens steht im wissenschaftlichen „main- und malestream"-Diskurs (Hess/Lenz 2001) das Thema Migration ebenso wie der Begriff Globalisierung zunächst und vor allem für eine ökonomische Debatte, die nicht nur verallgemeinernd, sondern auch geschlechtsblind (Schlehe 2001, „genderblind" Sassen 1999) ist. Beide Begriffe sind zu wirkmächtigen Schlagworten in öffentlichen und politischen Debatten geworden und benennen eine forcierte und ausgreifende Internationalisierung und Globalisierung von Kapital, Produktion, Waren und Dienstleistungen mit unterschiedlichen Auswirkungen auf nationalstaatliche Ökonomien und gesellschaftspolitische Strukturen. In diesem immer noch vorherrschenden Diskurs wird der Migrant als *homo oeconomicus* analysiert, der aufgrund von *Push*-und-*Pull*-Faktoren ungleicher ökonomischer Beziehungen eines Weltkapitalismus von den weniger entwickelten Peripherien in die ökonomischen Zentren migriert. Die alltagsweltlichen und kulturellen Aspekte globaler Mobilitätsprozesse geraten unter der Dominanz ökonomischer Perspektiven leicht aus dem Blick, ebenso wie die individuellen geschlechtsspezifischen Akteure und Träger von Globalisierung und Migrationen ausgeblendet werden. Konzentrieren sich nicht-ethnologische Sozialwissenschaften auf ökonomische Rationalität, die Familien-Migrationen erfordern, oder auf die politische Rationalität, die Auslandsinvestitionen begünstigen, so interessiere ich mich als Ethnologin besonders für die kulturellen Bedeutungen, Dynamiken und Logiken, die den verschiedenen soziopolitischen und ökonomischen Handlungen zugrunde liegen und im Moment des Gebrauchs zum Ausdruck kommen und verhandelt werden. Fragen, die in nicht-ethnologischen Migrationsstudien beharrlich vernachlässigt werden, ziehen sich wie ein Leitfaden durch die vorliegende ethnographische Migrationsstudie:

- Wie gestaltet sich menschliche subjektorientierte Handlungsfähigkeit (*agency*)?
- Was macht diese Handlungen denkbar, praktizierbar und wünschenswert?
- Wie werden kulturelle Bedeutungen innerhalb normativer spätkapitalistischer Milieus und Kontexte hergestellt und verhandelt?
- Welche transnationalen Praktiken, Vernetzungen und Vorstellungen schaffen, leben und erleben die ‚nomadischen', bewegten Subjekte?

- Welche kulturellen Bedeutungen liegen den globalen Prozessen zugrunde?
- Und welche kulturellen Dynamiken formen die menschlichen und politischen Antworten auf ökonomische Rationalitäten der Globalisierung?

Als Ethnologin stehe ich in einer Wissensschaftstradition, in der es darum geht, komplexe fließende Verhältnisse zwischen kulturellen, politischen *und* materiellen Bedingungen in jeweils historischen Kontexten zu untersuchen. Die Fokussierung kultureller Fragestellungen schließt die anderen Perspektiven dabei nicht aus.

Drittens wurde der (*main- und malestream-*)Migrationsforschung ihre Genderblindheit lange fast mantraartig vorgeworfen. Die Entdeckung der *femina migrans* in den letzten 20 Jahren war dann zunächst vor allem von der Idee getragen, diese Lücken zu füllen (Lutz/Morokvasic-Müller 2002). Entsprechend wurde der geschlechtsspezifische Aspekt unterschiedlicher Migrationsverläufe erst seit den 1980er Jahren in der Analyse berücksichtigt (Phizacklea 1983; Fawcett/Khoo/Smith 1984; Simon/Brettel 1986; Chant 1992; Palma-Beltran/de Dios 1992; Thadani/Todaro 1984; Buijs 1993). Geschlechtsspezifisch hieß zunächst vor allem frauenspezifisch. Erst ab den 1990er Jahren erfolgten angemessene Darstellungen und Diskussionen der Geschlechterverhältnisse (Hondagneu-Sotelo 1994, 2003; Koser/Lutz 1998; Mahler 1999). Dies geschah allerdings fast ausschließlich hinsichtlich der Arbeitsmigrationen. Andere mobilisierende Phänomene, die nicht in die Kategorie der Arbeit passen, tauchen nicht auf. Dies gilt auch für die Heiratsmigration, die, wenn überhaupt, im Zuge der Familienzusammenführung der zuvor arbeitsmigrierenden Ehemänner (Schöttes/Treibel 1997) oder aber im Kontext des internationalen Prostitutionstourismus und Frauenhandels thematisiert wird (Truong 1990, siehe auch Kapitel 2 vorliegender Studie). Soziologische Theorien der „intermarriages“ wiederum orientieren sich vor allem an den Schwierigkeiten und Problemen bikultureller Ehen, ohne überhaupt auf den Aspekt der Heirats*migration* einzugehen.[2] Dass Heirats-Migration keine völlig neue Erscheinung ist, und nicht nur auf Westeuropa beschränkt ist, vermitteln einige wenige aufschlussreiche historische Studien (z.B. Yun Chai 1992).

Wenn Heiratsmigration bislang überhaupt in der sozialwissenschaftlichen Forschung Beachtung gefunden hat, erfolgte dies hauptsächlich entlang einer Reduzierung der Frauen als nur passiv erlebende oder gehandelte Objekte der Verhältnisse. Zum einen produziert die vorherrschende Überbetonung makrostruktureller Vorgaben und Zwänge – auch einer Migrationsforschung zu Gender – den Eindruck von Frauen als handlungsunfähigen, willenlosen Opfern der Umstände. Zum anderen wurden Frauen gerade durch die Betonung der mehrfach unterdrückenden Verhältnisse und ihrer besonderen Verwund-

2 Einen guten Überblick über die Literatur zu interethnischen Ehen gibt Thode-Arora 1999.

barkeit in der Migration (Morokvasic 1983: 26f.)[3] sehr leicht auf einen Opferstatus festgelegt (agisra 1990, Cahill 1990).

Mit Blick auf personenzentrierte Narrationen und Praxen will daher diese Studie die Bedeutung akteurzentrierter Strategien innerhalb familiärer oder informeller Netzwerke herausarbeiten und analysieren.

Das Phänomen der Heiratsmigration benennt – wie der Begriff nahe legt – eine Migration, die mit der Heirat verbunden ist. Diese Migration hat aber nicht einfach nur mit Heiratsabsichten zu tun, sondern muss sehr wohl im Kontext umfassender, globaler Prozesse der Mobilisierung weiblicher Arbeitskräfte in unterschiedlichen sozio-ökonomischen, kulturellen und politischen Zusammenhängen gesehen werden. Wenn man derzeit von dem Zeitalter der Migrationen spricht, das sich heute stärker denn je als ein feminisiertes Phänomen darstelle (Koser/Lutz 1998), so verliert man leicht aus den Augen, dass eine unabhängige, d.h. nicht nur männerbegleitende, weibliche Migration bereits seit den frühen 1960er Jahren in signifikanter Zahl für die Philippinen festgestellt wurde (Thadani 1984, Trager 1984 u.a.). Solche Dynamiken verweisen auf vormigratorische Gender-Repräsentationen und -Konstruktionen, die nicht nur an reproduktive, häusliche Aufgabenfelder geknüpft sind, sondern auch mit anderen Handlungsspielräumen verbunden werden.

Die bis heute ungebremst anhaltende Heiratsmigration philippinischer Frauen (nicht nur nach Deutschland) nur als reine Fortsetzung der Arbeitsmigrationen zu sehen, wäre dennoch eine heuristische Reduktion. Neben der Erwartung an ein erfolgreiches ökonomisches Migrationsprojekt und der Unterstützung der Herkunftsfamilie lassen sich vielfältige geschlechtsspezifische Motive im Spannungsfeld von Partnerschaft, Arbeit, Liebe und Familie ausmachen. *„Ein guter Mann ist harte Arbeit"*. Das zum Titel gewählte Zitat einer philippinischen Heiratsmigrantin bringt diese vielschichtige Verwobenheit auf eine mehrdeutig ironische und dennoch einfache Formel. Es gilt, im interkulturellen Zusammenleben mit einem deutschen Ehemann eigene Mischformen und Kombinationen aus deutschen und philippinischen kulturellen und geschlechtsspezifischen Mustern zu schaffen und zu neuen Synthesen zusammenzuführen. Und gleichzeitig gilt es, die Überrealität einer auch ökonomisch erfolgreichen Mobilität nicht aus den Augen zu verlieren. Im besten Fall – d.h. beispielsweise, wenn der deutsche Ehemann ausreichend verdient und zur Unterstützung der philippinischen Familie bereit ist – ersetzt die Heiratsmigration die Lohnarbeit und setzt gar neue Kapazitäten der Vernetzung in einem neuen globalen Migrationsraum frei. Das Zitat verweist außerdem auf die Hei-

3 Die mehrfache Unterdrückung wird festgemacht 1) an *gender*: als Frauen können die Migrantinnen dem patriarchalen Herkunftssystem auch in der Einwanderungsgesellschaft kaum entkommen; 2) an *ethnicity:* als Migrantinnen und ethnisch Ausgegrenzte sind sie Arbeitsdiskriminierungen ausgesetzt (schmutzige, schlecht bezahlte Arbeit am untersten Ende des Arbeitsmarktes); 3) an *class*: als Arbeitskräfte oder als Ehepartner von Arbeitern, teilen sie das Los der „Arbeiterklasse" und schließlich 4) an *„fate*": Morokvasic (1983: 26f.) nennt es die fatalistische Einwilligung in ihre Situation.

ratsmigration als einen aktiv gestalteten Lebensschritt und verwirft die Assoziation einer passiv gehandelten Ware, die sich schnell angesichts des dominanten westlichen Diskurses der Katalogbraut einstellt. Stereotype Bilder und Vorstellungen über philippinische Heiratsmigrantinnen im besonderen und asiatische Frauen im allgemeinen sind durch verschiedene Schichten und Gruppen hinweg weit verbreitet. Dabei hat sich das Bild der gekauften, mit der Post bestellten Braut (*mailorder bride*) im westlichen Diskurs so verankert, dass sich zunächst einmal jede asiatische Frau diesem Bild zu stellen hat. Mit scheinbar griffigen Erklärungen werden die Frauen schnell als ohnmächtige, isolierte und ausgelieferte Opfer festgeschrieben, als Sklavinnen für sexuelle, ökonomisch-haushälterische, männlich-patriarchale Versorgungswünsche oder als hypersexuelle, von Armut getriebene, hingebungsvoll dienende, gute Frau und Geliebte (vgl. Ignacio 1998: 111ff.). Das Zitat spielt dabei mit der Rede der kommodifizierten Ehe-Beziehung, indem die Assoziationen der Frau als Ware oder Tauschgut einfach gewendet werden: Der Ehemann wird zur Ressource, zu einer Ware, die allerdings hart bearbeitet werden muss.

Zentrale Fragestellungen

Mit den genannten Forschungsdesideraten sind die Koordinaten vorliegender Studie gesetzt.

In diesem Buch gilt die besondere Aufmerksamkeit philippinischen Heiratsmigrantinnen, die sich, Grenzen überschreitend, auf den Weg gemacht haben. Mein Anliegen ist es zu verstehen, was es heißt, philippinische Heiratsmigrantin zu sein. Auf der Suche nach ihren Repräsentationen in den historischen, ethnographischen, autobiographischen und alltäglichen Begegnungen und Erzählungen bewege ich mich als Ethnologin nicht nur innerhalb der Wissenstradition der Ethnologie als Kulturwissenschaft. Vielmehr verlangt das Thema nach einem multidimensionalen und interdisziplinären Zugang. Bereits das Wort Heiratsmigration weist unmissverständlich auf einen Doppelaspekt – die Heirat und die Migration – hin. Folgerichtig befasst sich vorliegende Arbeit mit dem Ehe-Diskurs und dem Migrations-Diskurs. Aus der Perspektive der Ethnologie schaue ich einerseits auf die Migrationsforschung und andererseits auf die Genderforschung, beides akademische Arbeitsbereiche, die nicht durch einen fachspezifischen Zugang geprägt sind, sondern inter- und multidisziplinär arbeiten. Migrationsforschung und Geschlechterforschung haben sich isoliert voneinander etabliert und bis heute erstaunlich wenig Gemeinsamkeiten entwickelt. Über einen ethnographischen Zugang und seine Entwicklung von transnationalen theoretischen Positionen und Forschungsstrategien sowie über postkoloniale und (post)feministische Theorien zu multiplen Identitäten verknüpfe ich diese verschiedenen Wissenstraditionen und öffne der Migrationsforschung ein komplexes Verständnis mobiler Lebenswelten.

Die Forschungsfragen, die sich hier anschließen, liegen auf der Hand:

- Was bewegt philippinische Frauen dazu, ihren Herkunftsort, ihre Familienangehörigen (und manchmal auch ihre Kinder) zu verlassen und sich in der Fremde zu verheiraten?
- Wie halten sie die Verbindung zu ihren Herkunftsfamilien aufrecht?
- Welche kulturellen Transferleistungen sind mit ihren Migrationsprojekten verbunden?
- Welches sind die alltäglichen Sinndeutungen philippinischer Heiratsmigrantinnen?
- Inwiefern sind sie Ausdruck einer geteilten, gemeinsamen Kultur – einer Bedeutungskonstruktion mit kollektiver Akzeptanz?
- Aus welchen Quellen werden kulturelle Bedeutungen gespeist und abgeleitet und wie artikulieren sie sich in (inter-)aktiven Praktiken?
- Werden diese Frauen zu Mittlerinnen, und von welchen Dynamiken und Problemen der Transnationalität sehen sie sich herausgefordert?
- Mit welchen Geschlechterbildern und -rollen setzen sie sich auseinander?
- Welche Auswirkungen haben die Migrationsprozesse auf die jeweiligen Genderarrangements, Genderpraxen und -identitäten?
- Welche Veränderungen sind wahrnehmbar bezüglich der Geschlechterverhältnisse und Vorstellungen davon, was Frau-Sein bzw. Mann-Sein ausmacht?

Im Hinblick auf die interkulturelle Ehe-Beziehung in Deutschland gilt meine Aufmerksamkeit besonders den verschiedenen Aspekten von Macht und Ohnmacht, dem Aushandeln von Machtpartizipation und der verborgenen Macht.

- Welche Rollen übernehmen philippinische Heirats-Migrantinnen auf der Bühne des interkulturellen Geschlechter-Machtspiels?

Ich gehe von ihrer aktiven Handlungsfähigkeit aus und frage nach den verschiedenen Strategien der Selbstvergewisserung und des Widerstandes, nach ihren Artikulationsformen und Verhandlungspotenzialen in einer interkulturellen Ehe. An einer respektvollen Wahrnehmung solcher Möglichkeiten der Selbstbehauptung ist mir gelegen, selbst wenn diese bisweilen irritierend in Erscheinung treten. Machtspiele sind ambivalent, und Widerstand ist niemals außerhalb der Macht angesiedelt.

Die Darstellung orientiert sich dabei so nah wie möglich an der Lebenspraxis der Frauen, die als Protagonistinnen in den Mittelpunkt der Studie gerückt werden.

Zum theoretischen Rahmen

Die Frage der kulturellen wie der geschlechtsspezifischen Identität im Spannungsfeld der Dynamik zwischen Globalem und Lokalem nimmt in dieser Studie einen zentralen Platz ein. Ich möchte daher kurz in die für meine Ethnographie grundlegenden theoretischen Annahmen zu *Identität*, *Kultur* und *Geschlecht* einführen.

Den vor allem in der amerikanischen Anthropologie initiierten Diskussionen um eine *transnationale Ethnologie* verdankt auch die deutschsprachige Ethnologie entscheidende neue theoretische Anregungen, die mit Begriffen wie *transnational migrants, flexible citizenship, hybrid identities, multisited ethnography* und *ethnoscape* umrissen werden. Da mit diesen Begriffen auch eine Ethnologie der Migration vorangetrieben wird, skizziere ich zuerst diesen theoretischen Rahmen, auf dem auch vorliegende Studie basiert.

Transmigration: Migrationsforschung im Kontext der Ethnologie und „Cultural Anthropology“

In der ethnologischen Theoriebildung fristeten Fragen zur Migration bis in die 1980er Jahre eher an der Peripherie ihr Dasein.[4]

Angesichts des Zeitalters beschleunigter Globalisierung haben Fragen zur Migration schließlich auch in der ethnologischen Disziplin eine Aufwertung erfahren. Theoretische Überlegungen einer *transnationalen* Ethnologie (Hannerz 1996, Appadurai 1998 [1991]) gerieten seit den 1990er Jahren in Bewegung, indem über Räume und raum-zeitliche Bewegungen kulturelle und soziale Identität und Macht neu thematisiert werden (Lauser/Bräunlein 1997; Gupta/Ferguson 1992, 1997a, 1997b; Appadurai 1995; Olwig/Hastrup 1997).

Dabei ist nicht die Tatsache neu, dass mobile Menschen vielfache Zugehörigkeiten haben. Neu ist die Konzentration der Untersuchungen auf kulturelle Differenzen *jenseits* von fixen Zugehörigkeiten und Territorien. In der Folge richtete die Ethnologie ihr Interesse auf prozesshafte Perspektiven zu Räumen und Identitäten, auf durchlässige Grenzen und Migrationen, auf multinational verbundene Räume und auf verwobene, hybridisierte Identitäten (vgl. Lauser/Bräunlein 1997).

4 Die ersten ethnologischen Arbeiten zu Migration wurden in den 1930er Jahren unter dem Einfluss der Chicago School durchgeführt. Der Name Robert Redfield steht für die Untersuchung der Wanderungen aus ländlichen (lateinamerikanischen) Regionen in städtische Zentren der USA, wobei er ländlich mit traditionell und städtisch mit modern gleichsetzte. Im Kontext dieser *peasant studies* entstand das für die Entwicklung der ethnologischen Migrationsforschung zentrale Modell des *folk-urban continuums*. Die etwas späteren Forschungen über die Folgen der Arbeitsmigration für die Sozial- und Verwandtschaftsstrukturen im zentralafrikanischen Kupfergürtel durch die britische Sozialanthropologie der *Manchester School* führten zu einer Überwindung einer dichotomen Modernisierungsdebatte und lösten diese durch Analysen sozialer Netzwerke in neuen Siedlungsmustern ab. Die in diesem Zusammenhang entstandenen Fallstudien zu Fragen der Veränderung der Bedeutung von ethnischer Identität und die Entwicklung der Netzwerkforschung gaben wertvolle Impulse für die ethnologische Migrationsforschung und gelten als relevante Vorläufer gegenwärtiger Beiträge zu *Transnationalismus* (Glick-Schiller et al. 1992, Kearney 1995, Mahler 1995, Smith/Guarnizo 1998).

Um Identität, Raum und Mobilität angemessener theoretisch zu fassen, schlagen Akhil Gupta und James Ferguson ein erweitertes Raumkonzept vor. Die Welt sollte unter dem Gesichtspunkt „globaler Raum" *(global space)*, in dem sich unterschiedliche und ungleiche Machtbeziehungen entfalten, verstanden werden (Gupta/Ferguson 1992). In einem solchen globalen Raum der Beziehungen existieren klar definierte Orte *(places)* nicht mehr in sich und aus sich selbst heraus. Orte sind das Ergebnis kultureller Konstruktionen. Gemeinschaften konstitutieren sich innerhalb solcher hierarchisch organisierten Räume, innerhalb ungleicher Machtfelder. Kulturelle Konstruktionsprozesse solcher Orte, die dabei entstehenden Beziehungsfelder und zugrundeliegende Machtverhältnisse gehören damit zu den wichtigen ethnologischen Untersuchungsgegenständen.

Arjun Appadurai (1998 [1991], 1995) geht mit der Unterscheidung von *place* und *location*, *locality* und *neighborhood* noch weiter. Die Welt ist demnach überzogen von einem Muster entterritorialisierter Ethnolandschaften *(deterritorialized ethnoscapes)*. Orte, die identifikatorisch ‚aufgeladen' sind *(places of identification)* fallen immer weniger mit den aktuellen Lebensräumen *(locations)* zusammen. Das, was herkömmlich mit dem Begriff ‚Heimat' verbunden wird, erhält zunehmend virtuellen Charakter. Für Appadurai besteht der relevante Untersuchungsrahmen aus imaginierten Welten, die in einem kreativen Prozess erschaffen werden. Diese Schöpfung ist nicht als Replikat oder Imitat eines real existierenden, jedoch fernen und vom Migranten verlassenen Ortes zu verstehen. Die Erfahrung der Entterritorialisierung selbst ist es, die diese Neuschöpfung wesentlich mitgestaltet.

Damit argumentiert Appadurai für ein Verständnis einer enträumlichten Welt,[5] das vor allem auch imaginative Ressourcen und virtuelle Nachbarschaften in den Blick nimmt.

„Die Biographien gewöhnlicher Menschen werden auf diese Weise zu Konstruktionen, bei denen Imagination eine bedeutsame Rolle spielt. Man kann diese Funktion der Imagination nicht auf bloße Flucht vor der Wirklichkeit hinstellen. [...] Vielmehr bildet sich die Vielfalt der ‚vorgestellten Gemeinschaften' [Anderson 1983] im knirschenden Getriebe zwischen sich entfaltenden Lebensformen und deren imaginierten Gegenüber. Die so entstehenden Gemeinschaften erzeugen neue Politikformen, neue Arten kollektiven Ausdrucks, und veranlassen die Eliten zur Suche nach neuen Disziplinierungs- und Überwachungsmaßnahmen" (Appadurai 1998: 22f.).

Und er fährt fort: „Es sind diese komplexen, teilweise imaginierten Leben, die heute das Fundament der Ethnographie bilden müssen, zumindest einer sol-

5 Appadurai spricht von fünf Dimensionen kultureller Strömungen - in Anlehnung an Anderson nennt er sie „imaginierte Landschaften": *ethnoscapes*, *mediascapes*, *technoscapes*, *financescapes* und *ideoscapes*, die sich in unterschiedlichen Geschwindigkeiten um die Welt bewegen. *Global ethnoscapes* sind Landschaften von Gruppenidentitäten um die Welt, [...] which are no longer tightly territorialized, spatially bounded, historically unselfconscious, or culturally homogeneous" (Appadurai 1996: 48).

chen Ethnographie, die in einer transnationalen, enträumlichten Welt Gehör finden will“ (ibid.).

Die „Arbeit der Imagination“ (Appadurai 1996: 3ff.) hat durch die weltweite Medienvernetzung eine neue Qualität erhalten. Selbst wenn Menschen im praktischen Alltag begrenzt sind, eröffnen sich durch unbegrenzten Medienzugang neue virtuelle Räume, wo eigene Praktiken mit anderen Optionen verglichen werden. Dieses imaginäre Wissen erzeugt eine Spannung und Dynamik und zeigt im alltagspraktischen Handeln Wirkung.

Vorschnelle kulturpessimistische Ankündigungen von einer kulturellen Homogenisierung oder „McDonaldisierung“ der Welt (siehe Ritzer 1993) werden von ethnologischen Zugängen widerlegt, die der These der Homogenisierung jene Prozesse der „Kreolisierung“ (Hannerz 1996), der Fragmentierung und Reformulierung und der Übersetzung oder Translation globaler Symbole in lokalen Kontexten gegenüberstellen.

Transnationale Ethnologie kann sich dabei nicht nur auf die global produzierte Lokalität[6] beschränken. Es wäre eine Verengung, sich ausschließlich auf das Lokale zu konzentrieren, auf die Einbindung und Indigenisierung globaler, hegemonialer Kulturimporte einer sogenannten Weltkultur in nationale und regionale Kulturprofile. Vielmehr müssen auch horizontale und relationale Prozesse untersucht und theoretisiert werden (Ong 1999: 4).[7] Der Blick auf den Fluss von Lebensstilen in die umgekehrte Richtung – aus der Peripherie in die globalen Zentren – wäre dabei ebenfalls zu kurz gegriffen, würde er in binären Gegensätzen und Endpunkten von Peripherie und Zentrum stecken bleiben. Das Bild eines vielfältig verflochtenen Netzwerkes – die Philosophen Deleuze und Guattari ([1980] 1992) bieten die Assoziation eines vielfach verzweigten Wurzelwerkes, des Rhizoms – lässt die Grenzen von Lokalem und Globalem verschwimmen und lenkt die Aufmerksamkeit auf die Bewegungen, auf die Verbindungen des Dazwischen, auf die Kanäle, Linien und Wege des Überkreuzens, des Austausches, auf die relationalen Prozesse, auf ein „*Trans*“, das „denotes both moving through space or across lines, as well as changing the nature of something.“ (Ong 1999: 4).

Wiewohl die theoretische Reflexion über die kulturelle und soziale Bedeutung der Bewegung und über die transitorischen Vernetzungen in einem komplexen Weltzusammenhang die Forschungsperspektive öffnet und *Mobilität*

6 Diesem Verständnis liegt laut Ong (1999: 4) ein Modell zugrunde, wonach das Globale die makro-politische Ökonomie präsentiert und das Lokale situiert, kulturell kreativ und widerständig sei.

7 „But a model that analytically defines the global as political economic and the local as cultural does not quite capture the *horizontal* and *relational* nature of the contemporary economic, social, and cultural processes that stream across spaces. Nor does it express their *embeddedness* in differently configured regimes of power“ (Ong 1999: 4). Am Beispiel der chinesischen Diaspora-Elite untersucht Ong in ihrer Arbeit *Flexible Citizenship* Transnationalität als Folge des zirkulierenden globalen Kapitals und will Transnationalismus mit den Imaginationen und Praktiken verbunden wissen.

zur beobachtungsleitenden Kategorie macht, so ist dennoch und gleichzeitig festzuhalten: Trotz komplizierter sozialer und ökonomischer Prozesse globaler Dimensionen organisieren philippinische Heiratsmigrantinnen, die Protagonistinnen dieser Arbeit, ihr Alltagsleben auf überschaubare Weise und schaffen sich reale Begegnungsorte und Übergangsräume (vgl. Lauser 1997). Dort können sie im Gespräch mit anderen Antworten auf die Fragen finden, wie sich handhabbare und sinnvolle Zusammenhänge schaffen lassen, die lokale und translokale Lebenswirklichkeiten zu bewältigen helfen.

„Beyond Culture" – Kulturen und Identitäten im Prozess

Aus diesen Überlegungen folgt mein dynamisches Verständnis von *Kultur*, das ich kurz skizziere. Anschließend leite über zu einem Konzept von *Identität* bzw. *Identitäten*, das ich als einen ähnlich fortwährenden Prozess multipler, widersprüchlicher und veränderbarer Identifikationen und Abgrenzungen begreife.

Kultur als eine zentrale Kategorie der Ethnologie erfreut sich seit den 1990er Jahren einer großen medienöffentlichen und wissenschaftlichen Beliebtheit. Gleichzeitig werden aber – wie eben ausgefuhrt – innerhalb der ethnologischen Disziplin homogenisierende Kulturkonzepte wegen ihres festschreibenden und ausgrenzenden Potenzials stark kritisiert oder gar verworfen (Abu-Lughod 1991)[8]. Kulturen und Gesellschaften werden seitdem verstärkt als in sich heterogen und nach außen durchlässig – weil eben verbunden – verstanden. Dabei entstehen Konzepte von Kultur und Identität, die Repräsentationen und Diskurse analysieren und diese als Konstruktionen und Performanzen begreifen.

Das Konzept von Kultur ist also nicht mehr als eine fixierbare Struktur oder Grammatik zu verstehen, die die Handlungen in ein festes Muster einfriert und die gelebte Wirklichkeit in einem starren Bild festhält. Einen solchen statischen, abgeschlossenen, geradezu schicksalhaften und essentialistischen Begriff von Kultur verwenden heute „schlecht informierte Journalisten und Lokalphilosophen mit Abgrenzungsdrang" (Gingrich 1999: 13). In der ethnologischen Debatte wird dagegen seit der Krise der Repräsentation ein Kulturbegriff verhandelt, der umstrittene und vorherrschende, symbolische und praktische, kollektive und lokale Deutungsmuster des Sozialen bezeichnet, die gemacht, beeinflusst und verändert und die im Prozess verhandelt, vermischt und ausgetauscht werden (ibid.). Daran anschließend, verstehe ich in dieser Arbeit Kultur als einen fortwährenden dialogischen Prozess, als Auseinandersetzung und Austausch von Menschen in ihren Beziehungen, als ein Verhandeln von Bedeutung in der Gestaltung dieser Beziehung.

8 Lila Abu-Lughods Aufforderung, gegen die verhängnisvolle Macht festschreibender Diskurse zu schreiben, ist mittlerweile mit der Formulierung *writing against culture* zum Klassiker geworden (siehe Abu-Lughod 1996 [1991]). Eine etwas reduktionistisch argumentierende Gegenposition formuliert Brumann 1999.

Diskurszentrierte Ansätze in der Ethnologie (wie beispielsweise die „Ethnography of Speaking“, „Ethnopoetics“ oder „narrative Ethnographie“)[9] radikalisieren den Kulturbegriff als ein „unendliches Gespräch“, in dem kulturelle Bedeutung durch vielfältige Prozesse des Redens – und Sprechakte sind kulturelle Handlungen und Interaktionen – hervorgebracht wird.

„Bedeutung ist nicht in der ‚Grammatik‘ der Geschichten unserer Informanten eingeschlossen wie eine Nuss in einer Schale. Bedeutung ist auch nicht in Struktur und Diskurs verborgen, sondern zeigt sich im Moment ihres Gebrauches, in der Performanz, im Kontext der pragmatischen Situation, in der Handlung“ (Drackló 1999: 13).[10]

Kultur in diesem Sinne ist kein abgrenzbares, festgelegtes Sortiment von Normen und Werten, sondern vielmehr als Beziehungsgeflecht zu verstehen, in dem verschiedene Formen des sozialen Lebens auch widersprüchlich zueinander geschaffen und mit Bedeutung versehen werden.

Auf der Spurensuche nach *kultureller Identität* philippinischer Heiratsmigrantinnen erwies sich die Behauptung, dass (spät-)moderne Identitäten dezentriert, zerstreut und fragmentiert sind als heuristisch sinnvoll. Sowohl das Verständnis philippinischer Geschichte als auch die Erfahrung der Migration werfen Zweifel auf, ob Identität etwas Gesichertes, Stabiles und Kohärentes ist. Vielmehr wirken widersprüchliche Identitäten in den Subjekten, die, bisweilen gleichzeitig, in verschiedene Richtungen drängen und nach beständig wechselnden Identifikationen verlangen. Diese Diskontinuität gilt es in eine wie auch immer stimmige und tröstliche Lebenserzählung zu fassen, eine Rekonstruktion, die die Erzählerinnen aus einer verwirrenden Vielfalt möglicher Identifikationen herstellen müssen, und sie verlangt ein ständiges Oszillieren zwischen ihrem Verständnis von Tradition und Übersetzung, von Kontinuität und Differenz. Der Wunsch nach einer kohärenten Rekonstruktion wird dabei nie völlig aufgegeben, weshalb sich auch die Idee einer dezentrierten Identität in dieser vereinfachten Formulierung nicht halten lässt. Identitäten werden trotz aller Krisen, oder gerade erst recht wegen der Verunsicherungen, als einheitlich zu repräsentieren versucht, sie sind getragen von der Idee eines ganzen Ichs. Spaltungen und Differenzen werden durch eine kulturelle Macht zu vereinigen versucht. Viele Gespräche waren von dieser Dialektik geprägt: Der Erfahrung der Zerstreuung steht das Bedürfnis nach einer Reidentifikation mit der Herkunftskultur gegenüber, der Notwendigkeit einer Gegenidentität wird mit einem Rekurrieren auf kulturelle Traditionen begegnet. Tradition ist dabei weder etwas schon immer Gegebenes, noch kann sie beliebig zur Erstellung einer ‚Patchwork-Biographie‘ verwendet werden. Tradition ist eine Erfindung,

9 Siehe hierzu vor allem Drackló 1999 und die in dieser Arbeit diskutierten Veröffentlichungen wie z.B. Bruner 1986, Rapport 1997, Narayan 1989.

10 Soziales Leben ist ein Gespräch über Symbole: „an ongoing exchange of cultural forms in which life is both lived as experience and interpreted as significance“ (Rapport 1997: 178).

ist Identitätsarbeit, ist eine Reproduktion von etwas Eigenem, welches jedoch nur im Zusammenhang mit der Auseinandersetzung und Aneignung von etwas Anderem, der Integration in der Ankunftskultur, einen Sinn ergibt:

> „Es scheint mir, dass die Menschen der Welt nicht handeln, sprechen, etwas erschaffen, von den Rändern kommen und reden, über ihre eigene Erfahrung nachdenken können, wenn sie nicht von irgendeinem Ort kommen, von irgendeiner Geschichte, wenn sie nicht bestimmte kulturelle Traditionen erben. Darum kommen wir nicht ohne jene Auffassung unserer eigenen Positionierung aus, die der Begriff der Ethnizität mit einschließt. [...] Vergangenheit [ist] nicht nur eine Position, von der aus man sprechen kann, sondern sie ist auch ein absolut notwendiges Hilfsmittel für das, was man sagen will. Meiner Meinung nach gibt es keinen Weg, wie man auf jene Elemente von Ethnizität verzichten könnte, die von einem Verständnis der Vergangenheit, einem Verständnis der eigenen Wurzeln abhängen“ (Hall 1999: 95).

Die Beziehung der hier formulierten Ethnizität zur Vergangenheit ist eine notwendige. Sie ist keine einfache, wesenhafte, sondern eine in der Geschichte politisch konstruierte – eine sogenannte neue Ethnizität, ein Akt der kulturellen Wiederentdeckung.[11] Im lebensgeschichtlichen Erzählen erscheint sie nicht als unhintergehbare, aufgezwungene Bindung, sondern als etwas unverwechselbar Eigenes jenseits aller Beliebigkeit:

> „Dies ist die neue Ethnizität. Das ist eine neue Konzeption unserer Identitäten, da sie den Rückhalt des Ortes und des Bodens nicht verloren hat, von dem aus wir sprechen können, und doch ist sie nicht mehr in diesem Ort als Substanz enthalten. Sie will sich an eine viel größere Vielfalt der Erfahrung wenden. Sie ist Teil der gewaltigen kulturellen Relativierung des gesamten Globus, die die geschichtliche Relativierung – so entsetzlich sie auch zum Teil gewesen ist – des 20. Jahrhunderts ist. Dies sind die neuen Ethnizitäten, die neuen Stimmen. Sie sind weder in die Vergangenheit gesperrt, noch können sie die Vergangenheit vergessen. Weder gänzlich gleich, noch völlig verschieden. Identität und Differenz, ein neuer Ausgleich zwischen Identität und Differenz“ (Hall 1999: 97).

Es geht also darum, *sowohl* die kulturellen Wurzeln *als auch* die Wegstrecken – *roots and routes*[12] (Clifford 1997: 244-277) – zur Sprache zu bringen. Hall spricht von einer fortwährenden Wiedererzählung „of becoming as well of being (Hall 1990: 225).[13] Dann ermöglicht Tradition erst eine fragile kommunikative Beziehung durch Raum und Zeit, die nicht Diaspora-Identitäten, aber Diaspora-Identifikationen begründen kann (Gilroy 1993: 276, nach Clifford 1997: 68, siehe auch Braun/Bräunlein/Lauser 1999).

---

11 So fordert auch Appadurai (1998: 37) eine Ethnographie, die „offen für den historischen Moment der Gegenwart ist“. Gegenwart lässt sich nicht ohne ein Verständnis von Vergangenheit fassen, und Vergangenheit lässt sich nur aus der Gegenwart heraus rekonstruieren. Oder mit Walter Benjamins Worten: „Die Geschichte ist Gegenstand einer Konstruktion, deren Ort nicht die homogene und leere Zeit, sondern die von Jetztzeit erfüllte bildet“ (Benjamin 1974: 701).

12 Ein Wortspiel, das auch eine Hommage an Derrida ist.

13 Vgl. Hierzu auch meine umfassenderen Ausführungen in Kapitel 2.

Als unentwegte Übersetzerinnen begegneten mir die philippinischen Gesprächspartnerinnen in Deutschland. Sie sind gezwungen, mit den neuen Lebensverhältnissen, mit der Kultur, in die sie sich mit der Heiratsmigration hineinbewegt haben, zurechtzukommen, ohne sich einfach zu assimilieren, ohne ihre starken Bindungen zum Ort ihrer Herkunftsfamilie und ein Verständnis ihrer Traditionen aufzugeben. Da sich die Orte der Herkunftsfamilie ebenfalls immer beweglicher zeigen und immer weniger auf eine bestimmte Lokalität fixiert erscheinen, werden Identifikationen weniger an konkrete Örtlichkeiten, sondern an Menschen und die Beziehungen zu ihnen geknüpft. Es sind dies in der Regel Familienmitglieder und Freunde, die über nationale Grenzen hinweg in einer globalen Diaspora leben und über vielfältige – vom Flugzeug übers Telefon bis hin zum Mausklick im Internet – beschleunigte Raum-Zeit-Verbindungen – in einem transnationalen sozialen Raum – vernetzt sind.

In diesem Sinne sind Menschen, die in der Diaspora, in der Welt zerstreut, leben, nicht einheitlich und auch nicht in einer jeweils kulturellen Reinheit zu vereinheitlichen, sondern sie verhandeln die Spuren, Geschichten, und Werte von ineinandergreifenden Kulturen und Sprachen: „Sie sind das Produkt mehrerer ineinandergreifender Geschichten und Kulturen und [sie gehören] zu ein und derselben Zeit mehreren ‚Heimaten' und nicht nur einer besonderen Heimat an" (Hall 1999b: 435).

Kategorisierende migratorische Identitätsdiskurse der 1970er und 1980er Jahre (wie sie auch in den Skripten feministischer Migrationsdebatten vernehmbar wurden, vgl. Lenz 1996: 210ff, Lutz 1991, Alund 1991, Friedmann 1998) und in der Alltagsrede beharrlich widerhallen, werden in einem Kontext der Bewegung, des ‚Sowohl-als-auch', der Übersetzung, der relationalen Prozesse und des Verhandelns im Dazwischen obsolet. Statt Migrantinnen und Migranten mehr oder weniger ausschließlich als entwurzelte Opfer in schwierigen Assimilationsprozessen festzuschreiben (klassen- und statusspezifisch – städtisch versus bäuerlich; traditionell versus modern usw.), rücken nun die vielfältigen Verschiebungen und Vermischungen in den Blick. Die Fragen drehen sich darum, wie altes und neues Wissen erhalten, aufgegriffen, verworfen und vermischt werden und wie sich Menschen quer durch die kategorischen Trennungslinien der reifizierten Kulturen bewegen (vgl. Aguilar 1996 und Margold 1995, Baumann 1998: 288-313). Menschen, die in der Diaspora leben, sind oftmals gezwungenermaßen fähig, verschiedene Identitätsdiskurse nebeneinander zu benutzen. Baumann (1998: 289) spricht von einer *dualen diskursiven Kompetenz*: „Dort, wo der dominante Diskurs kulturelle Identität als reifizierten Besitz einer jeden postulierten ethnischen Gruppe oder Gemeinschaft ansieht, hinterfragt der demotische Diskurs diese Gleichsetzung von Kultur und ethnischer Identität und löst sie auf."

Bedeutungen (*meaning and representation,* Hall 1990) sind nie vollendet, sondern werden in den jeweiligen Kontexten in Frage gestellt und neu bestimmt und stehen neuen Interpretationen und Strategien offen. Kulturelle Handlungsmuster behalten ihre Bezeichnung und ihre äußere Form, ihre jeweilige Bedeutung und ihr Sinn für die Akteure können jedoch in spezifischen

Kontexten umgedeutet werden. Entsprechend verändern sich Identitäten mit dem Kontext, abhängig vom jeweiligen Referenzpunkt. Situativ agierende Subjekte bzw. vielfältig konstituierte Identitäten sind zu einem flexiblen Umgang mit globalen Variationen sich oftmals widersprechender Subjektpositionen fähig. Macht und Machtlosigkeit, Privileg und Unterdrückung bewegen sich flüssig durch die Achsen von *race*, *ethnicity*, *gender*, *class*, *nation* (und anderen Kategorien) und sollten nicht mit einem Pluralismuskonzept verwechselt werden, das den Blick auf Machtstrukturen verwischt.

Die Verschränkung der vielfältigen Kategorien scheint für die Lebensrealitäten von (Heirats-)Migrantinnen immer entscheidender zu werden. Dabei löst sich *Gender* als zentrale Strukturkategorie nicht auf, jedoch differenzieren und vervielfältigen sich ihre Koordinaten.

Besonders sogenannte „integrative Ansätze" (*Intersexions,* Schein/Strasser 1997) fassen die Kategorie Geschlecht als konsequent relationale Konstruktion auf, die von anderen Kategorien und Subjektpositionen durchdrungen ist und gleichzeitig auch umgekehrt die anderen Kategorien (wie beispielsweise *race*, *ethnicity*, *class* und *nation*) geschlechtlich mitbestimmt (vgl. Brah 1996: 109). Geschlechtliche wie auch kulturelle Identitäten sind situativ konstruiert, werden an den Kreuzungen verschiedener Systeme der Alterität und Stratifizierung verhandelt und äußern sich als eine Vielzahl nicht statischer Identitäten. In der feministischen Gender-Diskussion wurde der Weg weg von einem binären Argumentationsmuster hin zu einem breiter definierten multikulturellen Feminismus heftig debattiert.

„Beyond Gender" – Identitätsprozesse, Subjektpositionen und Ethnizität in feministischen Perspektiven zu Geschlecht

Gender ist ein relationales Konzept und ein zentrales Organisationsprinzip sozialer Verhältnisse. *Gender* unterscheidet zwischen männlichen und weiblichen Bereichen in vielfältigen Bezügen. Auch wenn die Akteure unserer wissenschaftlichen Untersuchungen in der Vorstellung sozialisiert wurden, die weiblichen und männlichen Aufgabenfelder als natürliche, unausweichliche, unveränderbare und gegebene zu betrachten, so *gestalten* sie (dennoch) Geschlecht – *they are doing gender*. Indem die Kategorie Geschlecht als ein Prozess konzeptualisiert wird, als eine von vielen Arten, mit denen soziale Differenzen geschaffen, verhandelt, erhalten und verworfen werden, lässt sich diese essentialisierende Mythe dekonstruieren. Geschlechterbeziehungen werden durch Praktiken und Diskurse ausgehandelt und sind gleichzeitig in strukturierende Institutionen eingebettet. Geschlechterverhältnisse sind Machtverhältnisse.

Als zentrale Kategorie der feministischen Wissenschaft wird *Gender* schon seit den 1970 Jahren aus postkolonialen Perspektiven kritisch debattiert. Besonders *Feminists of Color* und VertreterInnen der sogenannten *Queer Studies* wiesen dominante westlich-heteronormative feministische Positionen und Praktiken zunehmend zurück und führten über verschiedene leidenschaftlich geführte Auseinandersetzungen[14] zu einer Umorientierung wissenschaftlicher Theoriebildung. Die Kritik spitzte sich auf die Frage der legitimen Repräsentation zu. Wer hat die Definitionsmacht? Können ‚weiße' Frauen aufgrund einer gemeinsam postulierten Betroffenheit als Frau überhaupt für *women of color* sprechen? Vorgeworfen wurde westlichen Feministinnen die tendenziell stereotypisierende Konstruktion der *Third World Woman* und *Migrantin* als die machtlosen Opfer innerhalb eines Traditions-Modernitäts-Dualismus und als eine kulturell nicht unterscheidbare Masse. Während die ‚anderen' Frauen als in der Tradition verhaftet kulturalisierend abgewertet würden, würden westliche Feministinnen sich selbst auf sublime Weise als modern porträtieren, sich implizit einen höheren Status im Machtgefüge einräumen und damit zur Fortsetzung kolonialer Denkstrukturen beitragen (Mohanty 1991, Lazreg 1988, Lutz 1996: 205, Lutz 1991: 6ff., Alund 1991, Parpat 1993, Friedman 1998).[15]

In den 1980er/1990er Jahren stimmten viele ‚weiße' Feministinnen diesen Vorwürfen zu und wendeten sie zu Anklagen gegen sich selbst. Sie legten Schuldbekenntnisse ab, als Individuen und kollektiv als weiße, ethnozentrische Feministinnen (Bernstein 1992). Im besten Falle führten die Bekenntnisse zu deutlichen feministischen Neuformulierungen, die Mittäterschaft von Frauen in Unterdrückungssystemen eingestanden und umfassende Veränderungen einforderten (vgl. Fuchs/Habinger 1996). Bisweilen jedoch führte dieser ‚Blick der Medusa' auf den weißen feministischen Rassismus zur Lähmung, zu schuldbewusstem Händeringen, zu einem Bekenntnis-Wettlauf, ja zu einer Performance der Schuld, die sich um sich selbst drehte und die ‚anderen' als ‚andere' rekonstituierte (Friedman 1998: 43). Dann wieder führten die Schuldgeständnisse zu einer Umarmung der ‚anderen' Frau, die in ihren Extremen gar als Fetischisierung, als eine Form des positiven Rassismus bezeichnet werden könnte (Martin/Mohanty 1986: 199 zit. in Friedman 1998: 250).[16]

---

14 Vgl. hierzu auch meine Ausführungen in Kapitel 1: *Forschung leben – Ethnographie schreiben.*

15 Chandra Talpade Mohanty kritisierte zu recht an Texten westlicher Feministinnen über das Leben nicht-westlicher Frauen die tendenziell stereotypisierende Konstruktion von der in der Tradition verhafteten, ungebildeten, familienorientierten Dritte-Welt-Frau, als das machtlose Opfer der Kolonisation „[as] a truncated life based on her ‚feminine gender' (read: sexually constrained) and being ‚third world' (read: ignorant, poor, uneducated, tradition-bound, domestic, family-oriented, victimized, etc.) ..." (Mohanty 1991: 56, 71-73).

16 Viele feministischen (antirassistischen) Diskussionen entkamen nicht dem Kreis zwischen Bewusstwerdung und Blockade und überwanden folgende Positionen nicht:

- Die ‚Weißen' blieben im Mittelpunkt der Diskussion, am Zentrum der Definitionsmacht in Opposition zu den ‚anderen' an den Rändern.

In der Folge dieser beharrlichen Kritik an der stereotypisierenden Dominanz des westlichen, weißen, heterosexuellen Feminismus mit seinen imperialistischen und rassistischen oder kulturalistischen Tendenzen richtete sich schließlich das feministische Interesse auf multiple Differenzen. Die Idee eines globalen Feminismus, die in dem Skript der Verneinung von Differenzen unter Frauen *(difference within)* angesichts der essentiellen Differenz zu Männern *(difference between)* formuliert wurde, diese Idee einer globalen Schwesternschaft wurde aufgegeben.

Die Anerkennung der Vielfalt von Machtverhältnissen führte zu theoretischen Reflexionen der Verwobenheit und gegenseitigen Konstituierung von Rassismen und Sexismen (Yuval-Davis 1997, Kaufmann 2002). Feministische Beiträge versuchten verstärkt, unterschiedliche Achsen der Macht zu erfassen und zu verdeutlichen, dass eine Person sowohl dominante als auch unterworfene Erfahrungen in sich vereint. Dieser Blick auf Macht wurde unter dem Stichwort kontradiktorische Subjektpositionen (Strasser 2001: 39) verhandelt, die als multiple und einander widersprechende Subjektpositionen komplexe und unterschiedlich hierarchische Differenzen benennen.

Ein Denken ‚darüber hinaus' *(beyond gender)* – jenseits eines Beharrens auf der Differenz – heißt nicht, die Leidenschaft für Differenz (Moore 1994) aufzugeben, sondern sie zu erweitern mit einer Leidenschaft für interkulturelle Vermischungen, für die Bewegungen des Hin und Her, des Vor und Zurück, der konkurrierenden Bedürfnisse in dem Grenzland – in den Zwischenräumen – zwischen den Differenzen (vgl. auch Trinh T. Minh-Ha 1996 [1991]). Henrietta Moore nennt es einen Dialog zwischen *sameness* und *difference,* wobei die Kategorie der *sameness* unter der explosiven Wirkung des Differenz-Diskurses untertheoretisiert blieb.

„Identity and difference are not so much about categorical groupings as about processes of identification and differentiation. These processes are engaged for all of us, in different ways, with the desire to belong, to be part of some community, however

---

- ‚Weiß' hat sich als eine monolithische Kategorie manifestiert, so dass mit ‚rassischen' und ‚ethnischen' Begriffen kulturelle, historische Differenzen innerhalb dieser Gruppe übergangen werden können.
- Der polare Diskurs ‚weiß'/‚andere' verhindert eine differenzierte globale Perspektive. Andere Rassismen außerhalb dieses zweiseitigen Schemas werden nicht wahrgenommen.
- Diese ‚kulturellen Erzählungen' gehen von festen Kategorien bezüglich *race* und *ethnicity* aus, von einer ‚rassischen' und ethnischen Reinheit.
- *Rasse* und *Ethnizität* werden als primäre Kategorien der Unterdrückung angenommen, anderen Mechanismen des *othering* kommen keine Bedeutung zu. Damit wird ein Verständnis von widersprüchlichen Subjektpositionen verhindert, wie z.B. das Wechselspiel von Privilegien und Ausgrenzung bei Frauen, die sowohl der dominanten als auch der marginalisierten Kultur angehören.

provisional. Belonging invokes desire, and it is in this desire that much of the passion for difference resides“ (Moore 1994: 1.f.).[17]

Die Frage ist vielmehr, inwieweit das vitale und gleichermaßen wirkliche Begehren nach Verbindung und Gemeinsamkeit zwischen und jenseits von deutlichen Unterschieden sich in alltäglichen Realitäten Raum verschafft. In welchen kulturellen Formationen – der *Hybridisierung*, *Kreolisierung*, des *Synkretismus* und des *Transkulturalismus*[18] – kommen sie zur Artikulation? Das Spiel mit der Differenz und der Gleichheit bedeutet ein Vor und Zurück im Raum – im *Dritten Raum* (Bhabha) – zwischen den Differenzen.

An diesem Punkt laufen die Debatten um kulturelle Identität mit denen um geschlechtliche Identität parallel. Es geht in beiden Diskussionszusammenhängen um die Konstruktion von Identität in seiner doppelten Bedeutung, in seiner Dialektik zwischen Differenz und Gleichheit. Identität wird sowohl durch Differenz vom ‚Anderen' und durch Identifikation mit einer Gruppe konstruiert, die sich im ‚wir' von den ‚anderen' bezüglich *gender*, *race*, Sexualität und anderer Differenzkategorien unterscheidet. Gleichzeitig wird Identität in Bezug auf eine gemeinsam geteilte Basis, auf Gemeinsamkeit hergestellt. Dabei bewegen sich die „Landkarten der Identität“ – Friedman (1998) spricht von *new geographies of identiy* – zwischen den Grenzlinien im Grenzland des Übergangs, zwischen Differenz und Gleichheit, zwischen Bewegung und Stillstand, zwischen (R-)Einheit und Mischung, zwischen Gewissheit und Infragestellen.

So offensichtlich die Erkenntnisse der Überschneidungen *(intersexions)* von *gender* mit anderen sozialen Differenz-Kategorien in der Geschlechterforschung sind, so schwierig ist es zu verstehen, dass soeben ausgeführte Genderdynamiken nicht wesentlich zentraler im Migrationsdiskurs auftauchen,

17 Das Bedürfnis nach Imitation, so argumentiert auch der Ethnologe Michael Taussig in „Mimesis und Alterität“ (1997 [1993]), wurde zu oft in der Kritik der ethnographischen Konstruktion von selbst/anderer, wild/zivilisiert ignoriert. Am Beispiel von Geschichten der Cuna-Indiander Nordkolumbiens blickt Taussig auf die Logik dieses Vorganges, der in den post-modernen und post-kolonialen Kultur- und Identitätstheorien in den Mittelpunkt rückt: „Sie zieht dich einmal dahin und einmal dorthin: Mimesis trickst ständig damit, zwischen dem Selben und dem Anderen zu tänzeln. Unmöglich, aber notwendig, in der Tat alltäglich, erfasst Mimesis beides, Gleichheit wie Differenz, ähnlich und Andere(s) zu sein. Beständigkeit aus dieser Instabilität zu schaffen, ist keine einfache Aufgabe, doch darum geht es bei aller Identitätsbildung. Das Problem bei dieser Tätigkeit, die an Kraft gewinnt, je länger sie geübt wird, ist weniger das Selbe zu bleiben, als Gleichheit durch Alterität zu bewahren“ (Taussig 1997: 134).

18 Begriffe wie *Transkulturation*, *Verhandlung* und *Transfiguration* treten nun an die Stelle vorheriger Begrifflichkeiten wie *Dekulturation* und *Assimilation*. *Hybridität* wird meist in der Prägung durch Homi Bhaba (1994) benutzt. *Kreolisierung* wird von Ulf Hannerz (1992) in die kulturwissenschaftliche Diskussion eingeführt. Der Begriff *Transkulturation* geht auf Mary Louise Pratt (1992) zurück.

sondern immer noch als Randbereich der Migrationsforschung – gleichgültig ob mit herkömmlicher oder transnationaler Perspektive – erscheinen.

Zwar richtet rezente feministische Migrationsforschung ihr Interesse auf die Konstruktion von Weiblichkeit und Prozesse der Inklusion und Exklusion, der Unter- und Überordnung von und zwischen *Frauen*. Als zentrales theoretisches Konzept innerhalb der Migrationsforschung bleibt *gender* als Kategorie des *Geschlechterverhältnisses* bisher untertheoretisiert: *Gender* ist nicht nur eine zu messende Variable (Mann/Frau), sondern ein Komplex von sozialen Beziehungen, der Migrationsmuster organisiert. Aufgabe der Migrationsforschung ist es dann, nicht nur das Vorhandensein migrierender Frauen zu dokumentieren oder an die migrierten Frauen dieselben Fragen zu stellen wie an die migrierten Männer, sondern mit zu erforschen, wie Geschlechterverhältnisse die Migrationen von Frauen und Männern ermöglichen bzw. beschränken. *Gender*, so sollte deutlich geworden sein, wird auf relationale und dynamische Weise gelebt. Daher gilt es zu untersuchen, wie Geschlechterverhältnisse die Erfahrungen von Migranten *und* Migrantinnen formen, ebenso wie die Erfahrungen derer, die nicht physisch migrieren, aber dennoch in Migrationsprozesse involviert sind. Und wie die Geschlechterverhältnisse vor der Migration beispielsweise Ziel, Dauer und Form der Migration beeinflussen. Wenn die Wichtigkeit von *gender* anerkannt wird, muss auch die Diskussion der Migrationsforschung ‚vergeschlechtlicht' *(gendered)* werdenKulturanthropologische Theorien jenseits von begrenzten Räumen und Kulturen, transnationale Ansätze und (post-)koloniale Theorien zu multiplen, geopolitischen Identitäten bringen Bewegung in die Untersuchung von Migrationszusammenhängen. Außerdem öffnet der Blick auf die relationale Positioniertheit (*relational positionality,* Friedman 1998: 47f.) die feministische Debatte grenzüberschreitend und muss sich immer wieder den theoretisierenden Tendenzen des Fixierens, Schematisierens und Festschreibens stellen. Gerade durch eine ethnographische Verankerung in konkreten Alltagssituationen kann eine Bindung von Ethnographie, Migrationsforschung und (post)feministischer Theorie sich hier als sinnvoll und klärend erweisen. Dabei ist es letztlich zweitrangig, ob rezente Migrationsprozesse nun tatsächlich neu sind oder nur begrifflich erneuert betrachtet werden

*

Nach diesen theoretischen Positionierungen wird deutlich, dass mein ethnologischer Blick sich nicht auf so etwas wie *die* Meta-Erzählung philippinischer Heiratsmigration als allumfassende Erklärung des Phänomens richten kann. Statt dessen versuche ich, in einer Art Spurensuche verschiedene Erzählstränge zu erfassen und aus ihnen ein Verständnis der Komplexität zu erarbeiten.

Mit einer Orientierung an der Analyse von Einzelfällen werden den großen Gemälden Miniaturen beigestellt. Die Fokussierung des Blickes auf das Konkrete ermöglicht einen Einblick in Dimensionen, die nicht-ethnologische Migrationsstudien mit ihrer Operationalisierung einer Allgemeingültigkeit in dieser Breite nicht erfassen können. Intention dieser Studie ist dementsprechend weniger eine allgemeingültige Erarbeitung von richtigen Prognosen und Antworten, sondern die Formulierung von richtigen Fragen. Dies geschieht selbstverständlich Schulter an Schulter und mit Blick auf vorausgegangenen Untersuchungen, nicht in dem Sinne, dass ich da weitermache, wo andere aufgehört haben, sondern in dem Sinne, dass mit besseren Kenntnissen und Begriffen ausgerüstet noch einmal tiefer in die gleichen Dinge eingetaucht wird (Geertz 1987: 36). In den Einzelbeschreibungen mögen dann die Bedingungen des Allgemeinen erscheinen, nicht als Illustration des Allgemeinen, sondern als Verdichtung.

Die Spurensuche nach kultureller Selbstvergewisserung philippinischer Heiratsmigrantinnen bewegt sich zwischen und in verschiedenen Kontexten. Neben den bereits ausgemachten Diskursen soll der ethnographische Diskurs zur philippinischen Tieflandgesellschaft – in einer ethnographischen Arbeit allemal – nicht unerwähnt bleiben.

Auffallend ist nach wie vor die akademisch-ethnologische Vernachlässigung der philippinischen Tieflandgesellschaften.[19] Dies mag vielleicht mit der abseitigen Annahme zusammenhängen, dass es den Philippinen an einer authentischen indigenen Kultur mangele. Auch Renato Rosaldo stellt kritisch solche Überlegungen an, wenn er ebenfalls darüber sinniert, warum die meisten Ethnologen die Philippinen ignoriert hatten und ihnen unterstellt, dass sie die Philippinen als „zu verwestlicht“ und „ohne eigene Kultur“ betrachtet hätten (Rosaldo 1988, vgl. auch Cannell 1999).

Wiewohl Ethnologie sich als die Wissenschaft von der gesamten Menschheit verstehen sollte, sind zufällige oder willkürliche Regionalisierungen in der Wissenschaftsgeschichte unübersehbar. Diese Einteilung des Globus in ethnologisch relevante und periphere Gegenden führt theoretisch zu blinden Flecken, mitunter zu Auslassungen und Sprachlosigkeit im Falle von unpassenden Phänomenen (vgl. ausführlich Okely 1996: 2).[20]

Die neuen Anforderungen an eine moderne transnationale Ethnologie könnten die Philippinen – und die philippinischen Migranten und Migrantinnen als Prototyp moderner und postmoderner „Nomaden“ – zu neuer Aufmerksamkeit in der ethnologisch-akademischen Welt verhelfen. Denn was

---

19 Die Hochlandgesellschaften fanden, wenn auch nicht in einem überwältigend intensiven Diskurs, so doch durch eine Reihe qualitätvoller Ethnographien in der ethnologischen *Community* einige Beachtung. (Z.B. die Rosaldos, Conklin, Gibson, Schlegel). Zur Tieflandgesellschaft – speziell in der Region Bicol – ist in neuerer Zeit eine ausgezeichnete Ethnographie erschienen: Cannell 1999. An so disparaten Phänomenen wie „spirit-mediumship“, „Catholicism“, „transvestite beauty-contests“ und „marriage“ stellt Fanella Cannell eine ‚Kultur‘ vor, die sich gerade nicht als unveränderbare Kultur repräsentiert, die gerade nicht den Versuch unternimmt, unverwechselbare Traditionen zu verteidigen.

20 Nach dem Motto: „Go to India for hierarchy, New Guinea for pollution, Oceania for adoption, Africa for unilineal descent“ usw. Hier empfiehlt Rosaldo (1988: 79): „Conversly, those interested in the unilineal descent group should steer clear of the Philippines where they'll only be afflicted by the cognatic problem.“

von Interesse ist „are precisely the cultural phenomena that escape analysis because they fail to conform with standard expectations about the typical and the authentic. Culture areas contain zones, indeed are laced with pockets und eruptions, where anthropological and other typifications fail" (Rosaldo 1988: 78).

Und nachdem Rosaldo junge ehrgeizige Anthropologen ironisch davor warnt, sich in solche Zonen zu begeben, die von „Menschen ohne Kultur" bewohnt werden, fährt er fort „I will suggest that zones of cultural invisibility now pose compelling, as yet unresolved, issues for cultural analysis" (Rosaldo 1988: 79).

Derart ermutig möchte ich meine Leserinnen und Leser nun auf eine weite (Lese-)Reise mitnehmen – auf den Spuren philippinischer Migrantinnen.

Zum Aufbau der Arbeit

Kapitel 1 – Forschung leben – Ethnographie schreiben. Zum Forschungsprozess und methodischen Vorgehen

Verstehen ist ein vielstimmiger, von Machtverhältnissen durchdrungener, interaktiver, fortwährend sich wandelnder Prozess, der durch die Vielseitigkeit der Forschungsörtlichkeiten noch eine besondere Dynamik erhält. In diesem Kapitel zeichne ich diesen Prozess nach und problematisiere die teilnehmende Beobachtung, die Erzählsituationen und die Herstellung von Lebensgeschichten als ein tastendes, interaktives Verfahren. Meine ethnographische Annäherung basierte auf einem langfristigen, vielortigen Engagement in verschiedenen sozialen Umgebungen und Schauplätzen. Das ausführliche Offenlegen dieser Kontexte erklärt sich aus meinem Verständnis von Ethnographie, wonach nur in einer komplexen Zusammenarbeit zwischen Ethnographin und ‚Informantin', in einem wechselseitigen dynamischen Forschungs- und Übersetzungsprozess ethnographisches Wissen hergestellt werden kann. Irritierende Situationen sollen dabei nicht ausgespart werden, denn oft sind es gerade solche Szenen, in denen eine spannungsvolle Dialektik von Anziehung und Ablehnung, von Neid und Belustigung aussagekräftige Perspektiven auf das Forschungsthema ermöglicht.

Kapitel 2 – Die Philippinen – eine „Migrationskultur". Politische, sozio-ökonomische und kulturelle Aspekte zur Migrationsgeschichte der Philippinen.

Migrationen, Reisen und transnationale Produktionen haben die Philippinen als Region der über 7000 Inseln immer und erst recht seit ihrer Gründung als Gebiet der kolonialen Eroberung vor mehr als 400 Jahren definiert. Tatsächlich könnte man argumentieren, dass solche Mobilitäten integraler Bestandteil der Entwicklungsstrategien dieser Region ausmachen. In diesem Kapitel entwickle ich eine solche Argumentation, indem ich verschiedene Bewegungen benenne und zeige, dass Mobilitäten philippinischen Lebensunterhalt und philippinische Kultur treffender beschreiben als Stasis und Sesshaftigkeit.

Dabei folge ich in einem weiten Bogen verschiedenen Spuren und Grenzüberschreitungen und verweise auf die Dynamiken spanischer, chinesischer und U.S.-amerikanischer ‚Präsenzen'. Ich zeige, wie sich angesichts der sozialen, ökonomischen, politischen und kulturellen Veränderungen auf lokalen, regionalen und globalen Ebenen über lange Traditionen mobile Praxen der Existenzgrundlage und des Lebensunterhalts entwickelt haben, die sich durch politische Umwälzungen noch einmal dramatisch verschoben. Die historische Perspektive lässt eine komplexe, extrem mobile und hybride Migrationskultur erkennen, die sich über einen langen Zeitraum, über erzwungene Vertreibungen und Kriege, über erzwungene Vertragsarbeit wie auch freiwillige Unternehmungen von abenteuerbereiten Menschen und Glückssuchern, über Handel und kontinuierliche Migrationen und Zirkulationen von Menschen (Männern wie Frauen) sowohl innerhalb als auch außerhalb der Region entwickelt hat.

Seit der Ära des Präsidenten Ferdinand Marcos und seiner Frau Imelda (von 1965-1986) lassen sich schließlich mehrere, verschieden strukturierte, exodusartige Migrationswellen beschreiben, die in vielen Fällen bereits in den 1960er und 1970er Jahren zur Etablierung vielfältiger, familienorientierter multinationaler Residenz-und Haushaltspraktiken geführt haben.

Kapitel 3 – Heiratsmigration und die Komplexität von Migrationsprozessen. Migrationen im familiären Netzwerk

Nachdem die Heiratsmigration philippinischer Frauen in den umfassenden Migrations-Kontext eingebettet wurde, schwenke ich in diesem Kapitel von der makro-strukturellen Vogelperspektive in die Nahaufnahme. Die Beschreibung einer Migrationsfamilie rückt in den Vordergrund. Mit Blick auf personenzentrierte Migrationsgeschichten und Familiennetzwerke lässt sich sehr alltagsnah und lebensweltbezogen verdeutlichen, wie individuelle Akteure die strukturell gegebenen Möglichkeiten für ihre eigenen Lebensentwürfe nutzen und wie ihre Aktivitäten vom umfassenderen Kontext geformt und begrenzt, jedoch nicht determiniert werden. Wichtige Themen sind die Beziehungen zwischen individuellen und/oder familienorientierten Strategien des Lebenserwerbes aus den Perspektiven verschiedener geschlechts- und altersspezifischen Familienrollen, die bisweilen konfliktiv ausgehalten und ausgehandelt werden müssen. Nach dieser dichten Beschreibung lässt sich festhalten:

- Die Heiratsmigration wird als aktiv gestalteter Lebensschritt beschrieben mit selbstbewussten Entscheidungen und Motiven.
- Die Heiratsmigrantinnen bewegen sich innerhalb eines sozialen Netzwerkes von Verwandten und Bekannten, die sie „nachgeholt“

(kuha) haben. Entsprechende Verpflichtungsbeziehungen müssen in spannungsreichen Inklusionen und Exklusionen auch über nationale Grenzen hinweg ausgehandelt werden.

- Häufig ist die Heiratsmigration ein Schritt *nach* biographischen Brüchen und Krisen, die nicht nur ökonomischer Natur sind. Das Idiom der ökonomischen Verbesserung ist dabei als überzeugende Legitimation immer artikulierbar angesichts persönlicher und emotionaler Unaussprechlichkeiten.
- Die Heiratsmigration ist immer mit der Hoffnung auf einen sozialen und ökonomischen Aufstieg für die gesamte Herkunftsfamilie verbunden.
- Häufig ist die Heiratsmigration der letzte von *gestaffelten Migrationsschritten*: Nach Arbeitsmigrationen im regionalen und globalen städtischen Dienstleistungssektor ist mit der Heiratsmigration die Hoffnung verbunden, mehrere sich zunächst ausschließende Ziele zusammenzubringen: ein prestigeträchtiger sozialer Aufstieg in den Westen, die Unterstützung der philippinischen Familie, besonders der alternden Eltern *und* die Gründung einer eigenen Familie.
- Heiratsmigration ist *keine* ausschließlich weibliche Migrationsstrategie. Innerhalb des *kuha*-Systems folgen zunehmend philippinische Männer den durch philippinische Frauen vorgezeichneten Wegen.

Kapitel 4 – Ehegeschichte im philippinischen Kontext. Zur Geschlechterordnung und Sozialorganisation in der philippinischen Herkunftskultur

Heiratsmigrationen sind nicht losgelöst von dem Ehediskurs auf den Philippinen. Dieses Kapitel versteht sich als eine *Ethnographie der philippinischen Geschlechterordnung* und ist in Anbetracht der bisherigen ethnographischen Vernachlässigung der christlichen philippinischen Tieflandgesellschaften bewusst umfangreicher ausgefallen – in der Absicht ein überfälliges Forschungsdesiderat zu schließen. Obwohl in den letzten 25 Jahren in den philippinischen *Women's Studies* viel über philippinische Frauen geschrieben wurde, so muss dennoch ein Mangel an Geschlechterforschung beklagt werden. Zum einen wurden männliche Geschlechterkonstruktionen weitgehend ausgeblendet, zum anderen wurden die widersprüchlichen Geschlechter-Diskurse und Geschlechter-Bilder, die durch radikale historische Prozesse hervorgebracht wurden, nicht als prozesshaft und dynamisch benannt. Statt dessen führten Versuche, das ‚Bild der Filipina' zu homogenisieren, zu widersprüchlichen Unstimmigkeiten, zu blinden Idealisierungen einerseits und zu drastischen Übertreibungen andererseits.

Mein Vorgehen in diesem Kapitel konzentriert sich auf die Entwicklung eines Analyserahmens für die sozio-kulturelle Bedeutung von Heirat und Heiratsmigration. Ich frage nach den kulturellen Konstruktionen von Weiblichkeit, Männlichkeit und Familie und gehe davon aus, dass sie in der gesellschaftlichen Rede – im ideologischen Diskurs ebenso wie auf der realen Alltagsbühne – ständig neu bestätigt, in Frage gestellt und ausgehandelt werden. Die Frage nach Kontinuität und Wandel bedeutsamer Geschlechterdiskurse und -konstruktionen begleitet einmal mehr, einmal weniger explizit die ethnographischen Ausführungen. Deutlich wird dann, dass das schnell herbeizitierte Stereotyp der unterwürfigen, von kolonial-patriarchalen Strukturen ausgebeuteten Frau genauso wenig greift wie das andere Ende der Argumentation, das die mütterliche Entscheidungsmacht in Haushalt und Familie glorifiziert oder matriarchale Strukturen beschwört. Im Ausloten des Verhältnisses von Geschlecht und Macht bringe ich vielfältige Ambivalenzen und Komplexitäten zur Sprache, die Männer und Frauen, als Ehepartner, Töchter, Söhne und Geschwister in ihren alltäglichen Konfrontationen des Mächtigseins und gleichzeitig Nicht-Mächtigseins verhandeln.

Meine Spurensuche nach philippinischen Perspektiven auf Ehe und Heirat nahm seinen Anfang in Gesprächen mit philippinischen Heiratsmigrantinnen, die bereits in einer interkulturellen Ehe in Deutschland lebten. Sie erweiterte sich in Begegnungen mit Frauen, die ihr Leben in der Megacity Manila zu organisieren hatten und die Option einer Heiratsmigration in Erwägung zogen und folgte schließlich den Erzählungen bis in die philippinische Provinz. In diesem Kapitel zeichne ich diesen Weg über einige individuelle Geschichten nach und experimentiere in einer Art parallelen Darstellung mit der Umsetzung der verschiedenen Erkenntnisebenen. Dieses Vorgehen ist getragen von der Idee, dass sich gerade auch an den konkreten – oft tastenden – Forschungsbegegnungen herauslesen lässt, wie verwirrend und kompliziert das Mosaik von Traditionen sich artikuliert. Der dialektischen Verschränkung ihrer Geschichten im Kontext unserer Forschungsbegegnung (eine Darstellungsebene – kursiv hervorgehoben) mit meinen weiterführenden Interpretationen und Kontextualisierungen (eine andere Darstellungsebene – im weißen Fließtext) habe ich eine weitere Ebene relevanter gesellschaftlicher Diskurse hinzugefügt (durch Rahmung abgehoben), die sich angesichts der angesprochenen Themen wie ein *link* (um es in der Computersprache zu formulieren) öffneten. Diese haben im Stile umfangreicher Exkurse erläuternden Charakter, ohne sich unmittelbar mit den Geschichten verknüpfen zu lassen (z.B. *Artikulationen von Frausein*; *‚Traditionelle' und ‚moderne' Liebe*).

Kapitel 5 – Ehe- und Heiratsgeschichten in Deutschland. Das Leben in der Heiratsmigration oder: Das ganz „normale Chaos der Ehe“?

Die Beschreibung deutsch-philippinischer Ehen als wesentliche Beziehungsformation im Migrationsprozess gliedere ich ausgehend von der simplen Erkenntnis, dass die Ehe als das Schaffen einer gemeinsamen Welt ein Begegnungsprozess ist, in drei Etappen: Die Anfangsphase, die Phase des Daseins und schließlich die Phase der Etablierung, die sich häufig zwischen Sesshaftwerdung und transnationaler Familienvernetzung gestaltet. Erfahrungen der

Entfremdung, der ‚Entbettung', der Diskontinuitäten und der Nicht-Zugehörigkeiten – in der Literatur werden sie in Anlehnung an Stuart Hall ‚Dislokationen' genannt – sind die charakteristischen Erfahrungen, die jedoch in den unterschiedlichen Phasen mit unterschiedlicher Akzentuierung zur Disposition stehen. Ohne Anspruch auf Vollständigkeit werden in diesem Kapitel verschiedene Momente der ‚Dislokationen' innerhalb des heiratsmigratorischen Prozesses herausgearbeitet und die Antworten beschrieben, mit denen philippinische Heiratsmigrantinnen sich gegen diese ‚Dislokationen' wenden. Während in der ersten Phase unweigerlich die Konfrontation mit den jeweiligen Träumen, Imaginationen und Stereotypen vorrangig innerhalb der Ehebeziehung stattfindet, wird in der zweiten Phase die Migrationsgemeinschaft zu einem wichtigen Bezugspunkt. Dabei zeigen die Beispiele spannungsvolle Dynamiken einer ‚doppelten Kultur' zwischen Solidarität und Rivalität, die beispielhaft in vielstimmiger epischer Breite dargelegt werden. In der letzten Etablierungsphase rücken schließlich die vielfältigen Strategien in den Blick, mit denen Transmigrantinnen die Differenzen ‚hier' und ‚dort' leben, und ich frage danach, wie sie die Differenzen in ihren Geschichten erzählen. Dabei geraten verschiedene Identitätsnarrative in Wettstreit. Zugehörigkeit und Identität müssen immer wieder von neuem hergestellt werden und können nicht als Ausdruck sozialer und kultureller Homogenität verstanden werden.

1 Forschung leben – Ethnographie schreiben

Zum Forschungsprozess und methodischen Vorgehen

Mein persönlicher Zugang zur vorliegenden wissenschaftlichen Studie vollzog sich Schritt für Schritt über mehrere Jahre. Das Thema drängte sich mit der Zeit geradezu auf. Bereits in den 1980er Jahren weilte ich fast zwei Jahre (1986-1988) auf den Philippinen, um eine klassische, stationäre Feldforschung in einer Mangyan-Siedlung in den Urwaldbergen Mindoros durchzuführen (Lauser/Bräunlein 1993). Während meiner zyklisch notwendigen Aufenthalte in der Hauptstadt Manila war ich in einem privaten philippinischen (Frauen-) Haushalt in unmittelbarer Nähe zum damaligen Rotlichtviertel Ermita untergebracht. Abendliches Ausgehen und das Trinken eines kühlen Bieres waren dadurch unweigerlich mit dem Sich-Einlassen auf das touristische Nachtleben verbunden. Mein damals erlebter innerphilippinischer Kulturschock – vom abgeschiedenen Urwald zum „größten Supermarkt in ‚medias sex'" (Dusik 1986) – hinterließ nachhaltige Irritationen.

Schon in jenen Tagen entwickelten sich persönliche Gespräche und Beziehungen zu einigen Frauen, die im Umfeld des touristischen Nachtlebens als sogenannte *hospitality girls* in der Sexarbeit ihr Auskommen suchten. Ich lernte ihre mich bedrückenden Wohn- und Lebensverhältnisse kennen. Ich gewöhnte mich an ihre Nüchternheit und Routine im Touristengeschäft. Ich wurde mit ihren Selbstbeschreibungen und Zukunftsvisionen konfrontiert: Beruflich beschrieben sie sich vorrangig als Tänzerinnen, die aufgrund ihres außergewöhnlichen Jobs viele weiße *boyfriends* hatten. Wer sich einige Stammgäste halten konnte (solche, die wiederkommen und zwischen den mehrwöchigen, alljährlichen Besuchen auch Geld überweisen), hatte sich mit der Arbeit (als Prostituierte) arrangiert, das Milieu schon gut kennen gelernt und den (Sex-)Tourismus in das Leben integriert.

In Gesprächen um die Eigenheiten der Freier und Stammgäste erfuhr ich von den favorisierten Qualitäten eines möglichen Heiratskandidaten. Ich versuchte zu widersprechen, wenn selbst den (in meinen Augen) Indiskutablen erträgliche und anziehende Attribute zugesprochen wurden. Meine neuen Bekannten und „Freundinnen"[1] lebten von solchen Männern, und je länger sie es taten, desto mehr erschien die Ehe mit ihnen alternativlos erstrebenswert.

Zurück in Deutschland hatte ich mich in einer neuen Stadt einzuleben. Während ich mein philippinisches Feldforschungsmaterial über die Mangyan am Schreibtisch zu einer Dissertationsschrift (Lauser/Bräunlein 1993) ordnete,

1 Wie sie sich selbst gerne bezeichneten.

entwickelte sich eine freundschaftliche Beziehung zu meiner – wie es der Zufall will – philippinischen Nachbarin, einer Heiratsmigrantin. Der Kontakt intensivierte sich zu einem alltäglichem Austausch[2], und mit der Zeit lernte ich ihre Freundinnen und ein großes Netzwerk der weiblich dominierten philippinischen *community* kennen.

Dies war Anfang der 1990er Jahre, als in Deutschland die „gekauften und gehandelten Bräute" zu einem Thema wurden, das die mediale Öffentlichkeit mit vielen Stimmen aufgriff und verbreitete und zu seiner Skandalisierung zwischen Erotik und Exotik maßgeblich beitrug. Das Phänomen wurde von feministischer Seite problematisiert und angeprangert, und gleichzeitig erschienen die „gehandelten" Frauen nur noch als hilflose Opfer. Ich rieb mich an diesem Diskurs, der feministisch engagiert und doch simplifizierend und einengend erschien. Meine eigenen widersprüchlichen Erfahrungen und Einsichten, wie die der philippinischen Frauen, die ich mittlerweile auch in Deutschland kennen gelernt hatte, schienen in ihren vielseitigen Suchbewegungen in ihrer Ambivalenz und doppelten Perspektivenverschränkung[3] keinen Raum zu bekommen. Daraus erwuchs ein erster Impuls, ethnographisch *gegen* diesen Diskurs anzuschreiben.

Das ethnographisch formulierte Erkenntnisziel, das Leben von philippinischen Heiratsmigrantinnen aus einer „Innenperspektive", d.h. vor allem aus der Perspektive der Akteurinnen zu repräsentieren, konfrontierte mich in verstärkter Weise mit den epistemologischen und hermeneutischen Problemen unseres Faches. Bewegte ich mich mit diesem Thema doch in einem öffentlich umstrittenen Bereich, in dem viele, auch widersprüchliche Stimmen jeweils einen wahren Blick für sich in Anspruch nehmen. Grundsätzliche ethische Forschungsfragen erhielten in diesem Kontext politische Brisanz.

Ein klassisches Selbstverständnis der Ethnologie ist es, sich mit relativ machtlosen Gruppen und Gesellschaften zu beschäftigen und sich in der Rolle ihrer Sprecher und Spiegler als Advokaten und Dokumentaristen fremder und wenig beachteter Lebenserfahrungen und Weltbilder zu sehen. Eine moderne Ethnologie begibt sich mit ihren Forschungen dabei immer deutlicher und unentrinnbarer in Konfliktfelder, die Teil eines öffentlichen Interesses und heftiger gesellschaftlicher Auseinandersetzungen sind (Knecht 1996). Die Verflechtungen von Alltags-, Medien- und Wissenschaftsdiskursen gilt es daher mehr denn je zu beachten und zu analysieren.

2 Ich durfte z.B. in Ermangelung einer eigenen Waschmaschine bei ihr Wäsche waschen. Und ich freute mich, wenn sie „einfach so" bei mir vorbeikam, um mir auf ihre lebendige Art von dem „wahren Leben da draußen" zu erzählen.

3 Sie beklagten beispielsweise essentialisierende Stereotypen und setzten sie nötigenfalls für ihre Interessen ein; sie waren verwundbar und zeigten Kraft; sie schärften ihren Blick für die eigene und die fremde Kultur, und spielten dennoch mit Imaginationen und Verklärungen usw..

Teilnehmende Beobachtung und „multi-sited Ethnography“

Konkrete Phasen der Feldforschung, der teilnehmenden Beobachtung und des Datensammelns erfolgten von 1992-1993 in einer süddeutschen Stadt und Umgebung und im August 1993 und von 1996-1998 in dreimaligen insgesamt 10-monatigen Aufenthalten auf den Philippinen – hier vor allem in der Provinz Bulacan, aber auch an einigen Orten der südlichen Provinzen (in Panay, Cebu und Bohol). Dazwischen fanden immer wieder kurze stippvisitenartige Besuche und Begegnungen mit einigen Gesprächspartnerinnen aus der ersten zusammenhängenden Forschungsphase (in Deutschland) statt.

Mein anfänglicher Zugang zum „Feld“ der deutsch-philippinischen *community* (in Deutschland) erfolgte über persönliche Kontakte nach dem Motto des Schneeballsystems. Dabei kamen mir meine Philippinenkenntnisse entgegen. Man interessierte sich für meine Erfahrungen dort. Meine Verbindung mit dem Land, jenseits von Tourismus, Mission, Heirat oder „Business“ irritierte, provozierte und machte mich zu einer Person, die es allemal neugierig zu beobachten und zu befragen galt. Aus Interesse an *meinen* Philippinenerfahrungen fanden vor allem auch die deutschen Ehemänner der Heiratsmigrantinnen Anknüpfungspunkte im Gespräch mit mir. Dass in solchen ersten „Beschnupperungsgesprächen“ nicht nur mein Gegenüber, sondern auch ich erste kategorisierende Bilder zur Hand hatte, muss ich bekennen: Genannt seien beispielsweise besonders der Typ des *Alten Hasen*, der nicht nur privat, sondern auch beruflich die Welt kennen gelernt hat; sich in den Bars und Hotels Manilas auskennt, der aber auch die Provinz kennt und weiß, wie der „Hase läuft“. Er weiß über das Land und die Leute, über das wahre Leben Bescheid, ihm kann man nichts vormachen. Über andere männliche Philippinenreisende und deren möglicherweise perversen Gelüste spricht er eher abfällig und distanziert sich von ihnen. Er hingegen hat seine männliche Identität dort gefunden und weist sich über anekdotenreiche und komische Geschichten aus. Die fürsorgliche Art südost-asiatischer Frauen ist allemal der „toughen“ Art westlicher Frauen vorzuziehen. Er ist ein „good guy“. Oder etwa der Typ des *suchenden Abenteurers*, dem seine überschaubare Welt zu klein, zu eng und frustrierend wurde; der, in der Lebensmitte angekommen, von echten Veränderungen träumt. Statt der großen Weltreise gönnt er sich kleine Fluchten, kauft sich ein Motorrad, fliegt in die Tropen und ist fasziniert von dem Abenteuer einer gemischtkulturellen Ehe. Oder der Typ des *„Loser“*, der eine umfassende Lebenskrise mit naiv-größenwahnsinnigen Träumereien des Exotischen zu bewältigen sucht (siehe auch Manderson/Jolly 1997).[4]

Mit der Zeit wurde mein Aktionsradius immer verzweigter und führte mich in Netzwerke, die sich erst an den Außenrändern überschnitten oder gar dezidiert mieden. Rivalisierende, sich skeptisch beäugende und kontrollierende Klatsch-und-Tratsch-Gespräche *(tsismis)*, wie sie in vielen Migrationskontexten erwähnt werden (siehe u.a. Bergmann 1987, Goodmann/Ben-Ze'ev

4 Zu den entsprechenden Narrationen siehe dann vor allem in Kapitel 5.

1994), wurden auch in der philippinischen Migrations-*community* leidenschaftlich und allgegenwärtig verhandelt – und prägten damit ebenso meinen Forschungsalltag.[5]

Ich folgte also den Wegen meiner Gesprächspartnerinnen, die über die ganze Stadt und Region verstreut lebten. Ich besuchte sie in ihren Wohnungen zu Kaffeeklatsch, gemeinsamen Videoschauen, Essenseinladungen und Kartenspielen. Ich tauchte allmählich in ihre informelle Infrastruktur ein und nutzte dieselben philippinischen Kosmetikerinnen, Friseurinnen und Schneiderinnen wie meine neuen Bekannten. Ich führte – einem vorherrschenden Kommunikationsmuster entsprechend – stundenlange Telefongespräche, verabredete mich zu Picknick-Parties im Park und nahm an den jährlichen – in großem Umfang organisierten – Sommer- und Weihnachtsfesten teil. Ich scheute selbst vor Bibelstunden nicht zurück, ebenso wie Ausflüge zum amerikanischen Supermarkt und Casino der damals noch stationierten U.S.-amerikanischen Armee zu meinen teilnehmenden Aktivitäten gehörte.[6]

Mit sehr viel mehr ethnographischer Begeisterung ging ich in den philippinischen Lebensmittelläden der Stadt einkaufen und erlebte diese Orte als wichtige soziale Räume der Migration.

Mit der Zeit integrierte ich mich in das breitgefächerte Netzwerk besonders eines – von einer Filipina und ihrem deutschen Mann betriebenen Ladens, der auch für mich zu einer zentralen Anlaufstelle wurde. Hier wurden wichtige und brauchbare Informationen ausgetauscht, Verabredungen vereinbart, oder man traf sich einfach nur zum Scherzen, Tratschen oder Jammern. In seiner alltäglichen, offenen und unstrukturierten Form wurde dieser Einkaufsladen von philippinischen Frauen genutzt, um in der Fremde ein Stückchen Heimat zu rekonstruieren. Wie ich an anderer Stelle (Lauser 1997) ausgeführt habe, diente dieser Laden vielen philippinischen Migrantinnen als Ü-

---

5 Zur methodischen Instrumentalisierung von Klatsch vgl. u.a. Bergmann 1987: 7ff.; Murphy 1985, Gluckmann 1963, Almirol 1981. In der Ethnologie wurde das epistemologische Potential von Klatsch – entgegen anderer Wissensdisziplinen, die diese Sprechakte trivialisierten und/oder mit negativen Assoziationen und moralischer Verworfenheit versahen – schon früh erkannt und theoretisiert (vgl. die Debatte um Gluckman, Gluckman 1963; 1968, Paine 1967, 1968; Wilson 1974; Hannerz 1976; Handelman 1973; Bauman/Sherzer 1974; usw.). Seit den 1990er Jahren wird Klatsch (auch außerhalb der Ethnologie) als unterworfene, informelle Wissensart wiederausgegraben, rehabilitiert und in einer Umkehrungsstrategie mit subversiven positiven Attributen versehen (Collins 1994: 114). Von einem kritischen Standpunkt aus betrachtet wäre es wünschenswert, dem Phänomen Klatsch – verstanden als Kommunikationsinhalt und Kommunikationsform – in seiner Unlenkbarkeit und Widerspenstigkeit Raum zu lassen, ohne ihn in erkenntnistheoretische Paradigmen zu pressen und ihn als ohnmächtige Praxis von „Frauen und anderen Machtlosen" zu domestizieren und festzuschreiben (Code 1994: 104, Fuchs 1999).

6 Der Zugang zu den „Bastionen amerikanischer Kultur" galt unter meinen philippinischen Bekannten als heißbegehrtes Privileg; in der Armee stationierte Filipinos und deren Familien hatten dementsprechend ein großes Netzwerk.

bergangsraum, als ein informeller, sozialer Frauen-Raum (ohne diesen Ort als Frauenraum explizieren zu müssen), um die eheliche, kleinfamiliäre Privatheit, die zunächst an den Vertrag der Heiratsmigration gebunden ist, spielerisch zu durchbrechen. Ob „nur“ vertraute Gerüche und Speisen eingesogen wurden, oder ganz konkrete Handlungsstrategien und Arbeitsgesuche verhandelt wurden, blieb den spezifischen Befindlichkeiten der einzelnen Frauen überlassen. Als unverbindliche Anlaufstelle war der Laden ein Ort, aus dem verbindliche gemeinsame Unternehmungen hervorgingen. Entsprechend entpuppte sich der Laden auch für mich als ein vielfältiger „Tür-Öffner“: vieler meiner Kontakte nahmen hier seinen Anfang und liefen dort in wöchentlich stattfindenden ausgedehnten Treffen anlässlich der frisch gelieferten Ware zusammen (ausführlich hierzu siehe Lauser 1997).

Als weiteren öffentlichen Ort der Begegnung suchte ich weniger regelmäßig eine von einem deutsch-philippinischen Ehepaar geführte Kneipe namens „Cowboy“ auf. Während sich ein Nahrungsmittelladen als alltäglicher Frauenraum geradezu anbietet, wird eine Kneipe mit anderen Strategien und Zielen assoziiert. Philippinische Frauen besuchten diesen Ort – trotz seiner semi-familiären Atmosphäre und einer kommunikativen philippinischen Wirtin – nie alleine, sondern mit ihren Ehemännern, mit einer Freundinnen-Clique oder mit ihren Familien. In die Kneipe ging man, um zu essen, zu trinken, Musik zu hören, um sich zu treffen und zu spielen; all dies arrangierten die Frauen ja auch ausgiebig in ihren privaten Wohnungen. Als öffentlicher Ort bot die Kneipe aber noch weitere Optionen; denn hierher kamen selbstverständlich auch deutsche Männer, die philippinische Frauen kennen lernen wollten. Hier konnten Ehen arrangiert und möglicherweise Alternativen zu den eigenen (unerträglichen) Ehemännern gesucht werden.

Meine Untersuchung ließ sich bereits in dieser ersten Phase nicht auf einen Ort beschränken, wollte ich den Alltag philippinischer Heiratsmigrantinnen kennen lernen. Auch wenn ich mich an konkreten Orten aufhielt, so dehnte sich mein Feld immer weiter aus. Mit meinem eigenen Aufbruch zu den Herkunftslinien einiger „Informantinnen“ wurden weitere Übergangsräume der Begegnung und Bewegung, wie z.B. Flughafen und Flugzeug zu „Nicht-Orten“ (Augé 1994) der Untersuchung. Neue Beobachtungen vermochten die Grenzen des bereits Wahrgenommenen zu erweitern: Ich realisierte mit der eigenen Erfahrung einer teilnehmenden Beobachterin die „Flüssigkeit“, Häufigkeit und Intensität der grenzenüberschreitenden Kommunikation zwischen den in der Welt zerstreuten und vernetzten Verwandten und Freunden, war berührt von den Begrüßungs- und Abschiedsszenen am Flughafen oder beeindruckt von der Leidenschaft, mit der die Landung der Flugzeuge im Internationalen Flughafen von Manila von den immer zahlreichen philippinischen *balikbayan* (Heimkehrern) beklatscht und bejubelt wurde. Das Reisen im Flugzeug offenbarte sich mir als ein mit Geschichten gefüllter Transfer, den es offenen Ohres und nicht nur schlafender Weise zu durchleben galt.[7]

Tat man in der klassischen ethnographischen Feldforschung so, als ob Mobilität dem an- und abreisenden Feldforscher vorbehalten sei, so kommt man heute nicht mehr umhin, zur Kenntnis zu nehmen, dass die „Beforschten" mindestens genau so in Bewegung sind, während wir versuchen, von ihnen Porträts anzufertigen. Aber nicht nur Menschen sind heute mit ihren kulturellen Bedeutungen im Raum unterwegs, diese kulturellen Bedeutungen gehen auch da auf Wanderschaft, wo die Menschen an ihren angestammten Orten bleiben (Hannerz 1995: 68).

Welches Verständnis erschließt sich mir in derart bewegten Forschungskontexten? Welchen Spuren muss ich folgen? Welche Quellen und Zusammenhänge, welche zum Teil sehr fragmentierten Geschichten führen mich zu einem Verstehen der Komplexität des Alltags, der Themen und Beziehungen? Unsicherheit und Irritationen begleiteten mich manchmal mehr, manchmal weniger. Es mag ein vergleichbar unsicheres Gefühl sein, das auch meine Gesprächspartnerinnen empfinden, wenn ihnen die Ziele auf der Suche nach neuen Wegen verschwimmen und die Anforderungen nach Flexibilität sie erschöpfen.

Entsprechend dem Entwurf einer „multi-sited ethnography" durch George Marcus (1998 [1995]) folgte ich also recht wörtlich den Spuren von Menschen, ihren Geschichten und Lebenslinien, den Dingen, Metaphern und Konflikten, um so Migrationswege, Kommunikationskanäle, Konfliktlinien und Kontaktbereiche ausfindig zu machen.

> „Multi-sited research is designed around chains, paths, threads, conjunctions, or juxtapositions of locations in which the ethnographer establishes some form of literal, physical presence, with an explicit, posited logic of association or connection among sites that in fact defines the argument of the ethnography" (Marcus 1998: 90).

Die Geschwindigkeit, mit der ich besonders auf den Philippinen verschiedene kultur-ökonomische Räume und Realitäten zu durchschreiten hatte, verwirrten mich an manchen Tagen und ließen die Verhältnisse surreal erscheinen: Tage, an denen ich z.B. nachmittags in Joys Zimmer in einer Squattersiedlung am Straßenrand saß (siehe weiter unten) und am selben Abend in der Villa meines Hausherrn im „Reichenghetto" dinierte, oder Tage, an denen ich von den kühlen vollklimatisierten Einkaufspalästen und Buchläden in Manila (über einen

7 So lernte z.B. auch Liza ihren zweiten deutschen Ehemann im Flugzeug kennen. Alfred war als „müder Sextourist" (wie er sich selbst bezeichnete) auf der Heimreise, unzufrieden mit der Flüchtigkeit seiner sexuellen Abenteuer. Liza kehrte von der Beerdigung ihres Vaters zurück zu ihrem untreuen deutschen Ehemann. Sie litt unter dem Verlust des Vaters, sowie unter der sie demütigenden Vernachlässigung des Ehemannes und sann über mögliche Veränderungen nach. Während des 25-stündigen Fluges (mit Zwischenstation in Bangkok) begegneten sich ihre Lebenslinien. Ihre Einsamkeit, die ja auch Augé mit solchen transitorischen Orten assoziiert, führte beide in ein tiefes langes Gespräch und in der Folge zu einem gemeinsamen Leben (siehe auch Kapitel 4 und 5).

ohrenbetäubenden Bustransfer im kollabierenden Verkehrschaos) zu meiner verstaubten von Moskitos und Ameisen heimgesuchten Studierecke hinterm Hof zurückkehrte, durchlebte ich bisweilen wie in Trance, erschöpft und betäubt. In einem vergleichbaren Schwindelgefühl fragt sich Behar (1993: 244): „How many masks could I wear without my face starting to strech?“ Und doch prägt diese schwindelerregende Beschleunigung das Terrain, in dem sich Ethnologen und Ethnologinnen der Spätmoderne bewegen. Mein (neues) Thema katapultierte mich aus dem abgeschiedenen, klar umgrenzten Ort (als klassisches Forschungsfeld der Ethnologie) in eine bewegte Welt.

Feldforschung in einem migratorischen Kontext kann daher nur „vielortig“ sein, d.h. den Menschen und ihren fragmentierten lebensgeschichtlichen Erzählungen und Erfahrungen zu folgen in einem „globalen Dazwischen der Reisewege und Kommunikationsverbindungen“ (Welz 1998: 184). So verstandene Feldforschung kann gar nicht umhin, danach zu fragen, wie sich die verschiedenen Kategorien von *race* und *class*, von *ethnicity* und *gender* in einem historisch gewachsenen Kontext komplexer Machtverhältnisse durchkreuzen – und wie sie gegebenenfalls kulturelles Verstehen auch verhindern.

Tastendes Verfahren als Forschungsprozess

Die Methode eines umfangreichen Surveys auf der Basis von standardisierten Interviews erwies sich sowohl aus forschungstechnischen, alltagspraktischen, wie auch epistemologischen Erwägungen von vornherein als unbrauchbar.[8] Neben meiner dezidierten Forschungsabsicht, mich auf personenzentrierte Nahaufnahmen zu konzentrieren, die nun einmal nur durch teilnehmende Beobachtung und gemeinsame Erfahrungen und Gespräche herzustellen sind, zeigte sich gerade ein ethnographischer Zugang dem sensiblen Forschungsfeld angemessen. Sowohl del Rosario (1994: 11) als auch Cahill (1990), beides philippinische Soziologen, betonen, dass Studien über „cross-cultural intermarriages“ wahre „Minenfelder“ für die Forscher seien, da solche Ehen besonders stereotypisiert und tabuisiert seien. „It could be argued that intermarriage contexts are unresearchable when surrounded by public controversy as has been the Philippine situation“ (Cahill 1990: 7).[9]

---

8 Da ich mich ohne weitere personelle wie auch finanzielle Ausstattung meinem ethnographischen Projekt zu widmen hatte, musste ein skelettartiger Rahmen (Malinowski [1922] 1979: 33), den umfangreiche Surveys bereitstellen können, soweit als möglich über Literaturrecherchen hergestellt werden.

9 Der Soziologe Cahill, der einen vergleichenden Survey zu australisch-philippinischen, japanisch-philippinischen und schweizerisch-philippinischen *Intermarriages* durchführte, fährt fort, indem er frustriert die Forschungsschwierigkeiten auflistet: „The task proved frustrating. The Swiss [welfare] co-ordinator reported that we embarked on this project with eagerness and anticipation. However, after we faced much resistance from our would-be-subjects, our spirits dampened and our data gathering proceeded at a snail's pace" (Cahill 1990: 9). Auch die philippinische Soziologin del Rosario betont „that any researcher should have, at the very least, familiarity with cultural and other nuances crucial

In einem philippinischen Kontext und unter Frauen finden Gespräche – erst recht, wenn ihnen der formale Charakter eines Interviews anhaftet – bevorzugt in einer größeren Gruppe (aus Familienmitgliedern, Freundinnen und Bekannten) statt.[10]

Entsprechend meinen philippinischen Beraterinnen sollten Gespräche (mit Filipinas) gewisse Regeln der „sanften interpersonalen Beziehungen" beachten (Lynch 1973: 10f., Guthrie 1971, del Rosario 1994: 26, siehe auch Fußnote 12). Als Handlungsanweisung heißt das, dass die Gespräche eher zurückhaltend und indirekt verlaufen sollten. Das Gesprächsgegenüber sollte nicht mit direkten Fragen konfrontiert werden, man sollte nicht zum Ausdruck bringen, dass man an speziellen Dingen interessiert ist, geschweige denn an solch tabuisierten Themen wie Besitz, Einkommen, Schulden, persönliche Beziehungen oder gar die Einstellung zur Regierung. Direkte Fragen brüskieren, ja schocken und führen unweigerlich zu einer irreführenden Antwort.[11] Was in der philippinischen Sozialpsychologie als „smooth interpersonal relations" (auch mit *SIR* abgekürzt) bezeichnet wird (Lynch 1973)[12] und mit dem tagalischen Sprichwort: *Hindi baleng huwag mo akong mahalin huwag mo lang akong hiyain* – du musst mich nicht lieben, es reicht, wenn du mich nicht beschämst – als eine kulturelle Regel formuliert ist, beschreibt der Kultursoziologe Matthes folgendermaßen:

---

to the research situation" (del Rosario 1994: 45) und beschreibt ihren eigenen Zugang über persönliche Kontakte und Einführung „that *bona fides* were established with the potential subjects and this aided the establishment of smooth interpersonal relationships and interaction, so important in Filipino culture" (ibid. S. 26).

10 Dies geschieht nicht zuletzt auch, um so etwas wie eine soziale Kontrolle herzustellen. Darüber hinaus erwecken standardisierte Fragebögen den Verdacht einer offiziellen staatlichen Untersuchung, denen man schon aus traditioneller Staatsskepsis nur mit Misstrauen und dementsprechender Vorsicht begegnet.

11 Vergleiche hierzu auch Jellinek (1991: xxiiiff.), die ähnliches von ihrer Feldforschungserfahrung in Jakarta/Indonesien berichtet.

12 „SIR may be defined as a facility at getting along with others in such a way as to avoid outward signs of conflict: glum or sour looks, harsh words, open disagreement [...] It connotes the smile, the friendly lift of the eyebrow, the pat on the back, the squeeze of the arm, the word of praise or friendly concern. It means agreeable, even under difficult circumstances, and of keeping quiet or out of sight when discretion passes the word. It means a sensitivity to what other people feel at any given moment, and a willingness and ability to change tack (if not direction) to catch the lightest favoring breeze" (Lynch 1973: 10). Lynch konkretisiert im folgenden drei wichtige Aspekte, die sanfte interpersonale Beziehungen aufrechterhalten: *pakikisama* (Gemeinsamkeit), Euphemismus (which is the stating of an unpleasant truth, opinion, or request as pleasantly as possible) und Vermittler (the go-between is used preventively in a number of common situations: the embarrassing request, complaint, or decision is often communicated through a middleman, to avoid the shame of a face-to-face encounter (ibid.)).

„Für asiatische Kulturen dürfte etwa, in unterschiedlichen Ausprägungen, von der Annahme einer kulturellen Basisregel auszugehen sein, nach der niemand einen anderen durch sein kommunikatives Verhalten in eine Situation bringen darf, in der dieser andere ‚sein Gesicht verlieren' könnte. Der westliche Interviewer wird nun in der Regel genau als der erfahren, der diese Basisregel verletzt, und dieser Erfahrung wird seitens des Interviewten mit einer Doppelstrategie des Antwortverhaltens begegnet: man lässt sich, unter dem Eindruck der kulturell dem Weißen zugeschriebenen Definitionsmacht, aber auch unter Beachtung der für einen selbst geltenden Regel der Achtung vor dem anderen, auf das vom Interviewten angesonnene Frage-Antwort-Verhalten der äußeren Form nach ein, versetzt aber den Interviewer zugleich in die Position eines dem eigenen Kreis kultureller Vertrautheit Nicht-Zugehörigen, in die Rolle einer ‚non-person'. [...] Mit solcher Doppelstrategie wird für den eigenen Part die Geltung der kulturellen Basisregel des ‚Gesicht-Wahrens' wieder hergestellt, und wenn der andere, der Interviewer, mit dem eigenen Antwortverhalten des Verschweigens, ja im Grenzfall des Irreführens oder Lügens, als missachtet erscheinen könnte, ist dies durch die Definition seines Status als ‚non-person' aufgehoben. Sozial- und Kulturanthropologen wissen, warum in ihrer‚Feldarbeit' das methodische Instrument des Interviews kaum eine Rolle spielt, und zwar umso weniger, je mehr es in seiner konkreten Anlage der Rationalität des experimentellen Denkens folgt. Und selbst durch ihre berufliche Sozialisation an westlichen Universitäten voll professionalisierte einheimische Soziologen scheuen in asiatischen Gesellschaften das von ihnen professionell so hoch geschätzte Interview“ (Matthes 1985: 320).

Selbst nach wochenlanger teilnehmender Beobachtung führten formalisierte Gesprächszugänge zu‚künstlichen', unangenehmen und unproduktiven Situationen. Nicht selten schienen Kassettenrekorder und Notizbuch die sonstige Redebereitschaft und -freudigkeit zu hemmen und zu blockieren. Ich gewöhnte mich an den Gedanken, zu weiten Teilen auch ohne diese Techniken auszukommen (und mit anschließenden ausführlichen Gedächtnisprotokollen zu arbeiten). Mit meinem Interesse für lebensgeschichtliches Erzählen gab ich unseren Gesprächen deutliche Impulse. Wollte ich intime Fragen besprechen – und Familien- und Ehe-Angelegenheiten sind von einer gewissen Privatheit, die nicht so ohne weiteres geäußert wird – so musste ich mich auf eine offene Interviewführung einlassen, die genug Raum gab, um langsam in ein Gespräch einzutauchen und dem eigenen Gesprächsfaden der Informantinnen zu folgen. Solche Interviews sind zeitaufwendig, gelegentlich mühselig und enden mitunter in zielloser Konversation. Dabei erwies es sich als zwecklos, Skeptikerinnen in eine Gesprächsrichtung zu drängen.

Eine Ethnographin, die nicht direkt um eine Erzählung bittet, sondern über Mittelspersonen in ein Gespräch eintritt, gibt der Gesprächspartnerin die Chance, im Falle einer Absage „ihr Gesicht zu wahren“. Entsprechend sind die bevorzugten Erzählsituationen gesellige Gruppentreffen, „social meetings“ (Matthes 1985: 321) oder *kuwentuhans* – Treffen, um sich im gemeinsamen Austausch Geschichten zu erzählen (vgl. auch Lange 1993: 61). Indem die Ethnographin im Herstellen von Kontakten sich auf diese Vorgehensweise einlässt, signalisiert sie, dass sie sich auf die Basisregel des „Gesicht-Wahrens“ einzustellen vermag, was sie wiederum in die Sphäre des Vertrautseins rückt, weg von der Zuschreibung einer „non-person“.

Was Matthes als „Prinzip der Offenheit“ (1985: 320) bezeichnet und von Bourdieu als „eine Art intellektueller Liebe“ (1997: 791) formuliert wird, macht eine Grundhaltung der ethnographischen teilnehmenden Beobachtung aus: Es geht darum, mit der ganzen Präsenz der teilnehmenden Beobachterin ein Vertrauensverhältnis und Aufrichtigkeit herzustellen, um soziale und kulturelle Distanzen zu überwinden. Die Ethnographin erbringt eine Vorleistung im kulturellen Wechselspiel des „Gesicht-Wahrens“: Sie legt ihre Unwissenheit offen und fordert gerade nicht durch bestimmte Fragen das Wissen der anderen heraus (Matthes 1985: 321). Dabei ist das „gesellige Rahmenwerk“ (ibid.) der Erzählsituationen mindestens ebenso aufschlussreich wie die gesprochenen Worte.

Forschen als interaktiver Prozess

Im Laufe der teilnehmenden Beobachtung und mit zunehmenden Begegnungserfahrungen entwickelten sich lebendige und mitteilungsreiche, aus der Situation gewachsene Gespräche. Interviewsituationen nahmen den Charakter von *kuwentuhan* oder *salaysayan* („story-telling sessions“) an und gerieten bisweilen geradezu zu theatralisch inszenierten Performanzen. Ich begann mit Mitschnitten bzw. Aufnahmen in Gegenwart derer, die nichts dagegen hatten. Meine Identität zwischen (immer vertrauter werdender) Forscherin und (allmählicher) Freundin, mit der bestimmte Themen und Aktionen gar leichter zu verhandeln sind als mit einer rivalisierenden „Landsmännin“, blieb über die ganze Forschungszeit ein auszuhandelnder und pendelnder Prozess.

Das Sampel meiner Forschungsbegegnungen ist sehr heterogen: Neben unzähligen einmaligen oder nur gelegentlichen Gesprächs-Begegnungen, verkehrte ich in Deutschland mit 12 Frauen häufig und regelmäßig, mit ihren deutschen Partnern weniger häufig, aber dennoch regelmäßig. Sowohl die gelegentlichen als auch die regelmäßigen Beziehungen sind durch einen umfangreichen Korpus von Tagebucheintragungen, Gedächtnisprotokollen, Gesprächsaufzeichnungen und Interviewmitschnitten dokumentiert. In drei „Fäl len“ konnte ich auch den familiären Kontext auf den Philippinen von Angesicht zu Angesicht kennen lernen. Ich bewegte mich sozusagen als teilnehmende Beobachterin in einem transnationalen Familienmigrationsraum hin und her (siehe hierzu vor allem Kapitel 3, und 5, und Lauser in press). Alle weiteren Forschungsbegegnungen *auf den Philippinen* standen in keiner konkreten sozialen verwandtschaftlichen Beziehung zu meinen Gesprächspartnerinnen *in Deutschland*. Inhaltliche Zusammenhänge, das Zusammenführen und Vergleichen von einzelnen Narrationen (sowohl in Deutschland, als auch auf den Philippinen) stelle ich jedoch in vorliegender Arbeit vor allem in Kapitel 4 her, das als *Ethnographie zur Geschlechterordnung in der philippinischen Herkunftskultur* bisherige Forschungsdesiderate erfüllt und Aufschluss darüber gibt, welche Konstruktionen von Weiblichkeit, Männlichkeit und Familie zum Erfahrungskontext philippinischer Heiratsmigrantinnen gehören.

Die Heterogenität meines „Sampel“ bezieht sich auch auf die Kategorien Ausbildung, Beruf, Schichtzugehörigkeit und regionale Zugehörigkeit. Die hier vorgestellten Fallbeispiele sehe ich daher als Ergänzung zu den Texten, die von „etablierten“ (Hardillo 1991: 70) philippinischen Heiratsmigrantinnen und Wissenschaftlerinnen verfasst wurden und sich aus einer betroffenen Perspektive entlang eigener Differenzlinien[13] positionieren (siehe beispielsweise Lange 1993, del Rosario 1994, Philippine Women's Forum 1997,7, Liwag 1994). Aber auch die tragisch-dramatischen Beispiele, die vor allem in Beratungsstellen und Fraueninformationszentren zur Artikulation kommen und in entsprechend viktimisierenden Betrachtungsweisen gespiegelt werden (siehe z.B. agisra 1990, Niesner u.a. 1997) werden in meiner Darstellung nicht im Vordergrund stehen.

Den Dilemmata der feministischen Migrationsdebatte, die sich immer wieder in einer Sackgasse der Differenz dualistisch blockierte (vgl. Lentz 1996: 209), versuchte ich mit einer Haltung zu begegnen, die mit Friedman als „relationale Positioniertheit“ (1998: 47f.) beschrieben werden kann. Die verschiedenen Stimmen dieser Debatte – Friedman nennt sie kulturelle Erzählungen und identifiziert die Skripte der Verleugnung[14], der Anklage[15], des Bekenntnisses[16] und der relationalen Positioniertheit (1998: 36ff.) – umrahmten

13 Ihre politische Botschaft ist etwa folgendermaßen zu paraphrasieren: „Wenn wir (‚etablierten' Filipinas) nicht als gekaufte Bräute stigmatisiert werden wollen, dann erfordert unser feministisches Bewusstsein, dass auch die anderen – möglicherweise gekauften Bräute – nicht als solche stereotypisiert werden.“ Dabei mögen die Differenzen innerhalb des philippinischen Referenzrahmens, zwischen philippinischen Frauen, vergleichbar groß sein, wie die Differenzen zwischen deutschen und philippinische Frauen und Feministinnen.

14 Dieses Skript wurde durch den vorherrschenden Gedanken einer „globalen Schwesternschaft“ geprägt. Unterschiedliche Realitäten von Frauen wurden ignoriert oder trivialisiert. Neben vielen Formen lassen sich in etwa folgende narrativen Fragmente provisorisch rekonstitutieren: „Ich bin eine Feministin, wie könnte ich da eine Rassistin sein?“ „Ich bin auch unterdrückt, wie könnte ich da eine Unterdrückerin sein?“ „Meine Erfahrung ist so wie deine!“ „Wir sind alle unterdrückt als Frauen!“ “Die anderen Unterdrückungsverhältnisse sind für das feministische Projekt irrelevant“ (Friedman 1998: 41).

15 Das „Skript der Anklage“ reflektierte die materiellen und psychologischen Effekte von Rassismen und lässt sich in ihren Kern-Botschaften etwa folgendermaßen radikalisieren: „Ich bin nicht wie du.“ „Du konfrontierst dich nicht mit den Privilegien, die du aufgrund deiner ‚Rasse' genießt.“ „Ich bin Frau und schwarz und kann die Repressionen nicht nach Rasse und Geschlecht auseinanderdividieren.“ „Geschlecht kann nicht von Rasse und Klasse getrennt werden.“ „Du solltest nicht über farbige Frauen schreiben, denn wir farbigen Frauen müssen für uns selbst sprechen.“ „Du solltest farbige Frauen in deine Bücher und Artikel mit aufnehmen.“ „Du hast die Aufgabe, dich selbstverantwortlich über unser Leben kundig zu machen; wir können dir diese Verantwortung, Zeit und Energie nicht abnehmen.“ Usw. (frei übersetzt nach Friedman 1998: 42).

16 Die „Bekenntnis-Skripte“ reflektieren die („rassischen“) Privilegien derer, die die historisch gegebene Macht mehr oder weniger erfolgreich ablehnen. Vertraut sind etwa folgende formelhafte Sätze: „Ich bin eine Rassistin.“ „Ich kann dieser Schuld nicht entkommen.“ „Feminismus ist eine weiße Mittelschichts-

auch mein Feld als deutlich hörbare Stimmen. Der zugespitzten Kritik, dass weiße Feministinnen nun lange genug einen „feministischen Ethnozentrismus" (siehe auch Hebenstreit 1986; Lutz 1991: ; Mohanty 1991: 56, 71-73; Parpat 1993) etabliert hatten und aufgrund der fehlenden gemeinsamen Betroffenheit nicht für „women of colour" sprechen könnten,[17] begegnete ich weniger mit „Bekenntnis-Skripten" (Friedman 1998: 43), sondern mit dem aufrichtigen Begehren, gegen einfache binäre Oppositionen anzutreten und feministische Essentialisierungen zu überwinden. In meiner Rolle als teilnehmende Beobachterin begebe ich mich in einen Dialog. Die geforderte Haltung, Gleichheit *und* Differenz jenseits eines dualistischen Entweder/Oder auszuhalten und bestehen zu lassen, ist eine fundamental humanistische Herausforderung, der sich gerade auch Ethnologen und Ethnolginnen mit ihrer Wissenschaft des Fremden (Kohl 1993) zu stellen hatten und haben. Im Dialog artikuliert sich Kultur, werden migrantische Subjektivitäten gegenüber einer Ethnographin artikuliert. Auch wenn philippinische Heiratsmigrantinnen aufgrund struktureller Bedingungen und nationaler (Zuwanderungs-)Bestimmungen bestimmte Erfahrungen teilen, bewirkt die Differenz der sozialen Herkunft (auch in der Migration), dass gemeinsame Erfahrungen sich unterschiedlich auswirken. Entsprechend erschien für manche philippinische Frau die Begegnung mit einer nichtphilippinischen „Honorar-Filipina", einer vertrauten Fremden (siehe weiter unten: *Ethnographin und Informantin*) als eine interessante Alternative zum Gespräch mit einer ‚etablierten' und ‚gut-situierten' Filipina, einer fremden Vertrauten.

Anschauliche, durch Alltagssituationen ‚geerdete' Ethnographie kann dann zeigen, wie die Re-Signifikation von Frauen an patriarchale, sozioökonomische oder andere Hegemonien angepasst wird, wie Kontinuität und Fluidität verhandelt werden. Dann kann sie (hoffentlich) (post)feministische Theorie mit nichtwestlichen Perspektiven erweitern.

Erzählen, Erzählsituationen und Erzählbarkeit und die Frage der ethnographischen Repräsentation

In der Begegnung der teilnehmenden Beobachtung kommen Ethnographin und „Informantin" ins Gespräch, tauschen sich aus, teilen und tauschen ihre Ideen und Geschichten. Erst in diesem Wechselspiel kommt die Basisregel des „Gesicht-Wahrens" in Gang (siehe oben) und wird (inter-)kulturelles Verstehen möglich. Indem die Ethnographin ihr Augenmerk auf die Interaktion der gesamten Erzählsituation lenkt – und nicht nur transkribierte Texte auf-

Bewegung." „Westliche Kultur ist Unterdrückung." „Ich will helfen und wiedergutmachen." „Ich muss den farbigen Frauen zuhören und nicht (besserwisserisch) widersprechen." „Ich möchte, dass farbige Frauen meine Freundinnen sind und mich mögen." „Farbige Frauen sind authentischer, unterdrückter und besser als ich" (vgl. auch Friedman 1998: 43).

17 Nach Friedman das Skript der Anklage (1998: 42)

grund erzählanalytischer „Zugzwänge“ (Kallmeyer/Schütze 1976) interpretiert[18] – kommt sie den hintergründigen Relevanzen der interkulturellen Kommunikation und den im Gespräch artikulierten kulturellen Bedeutungen auf die Spur. Dabei steht die Ethnographin als Mit-Akteurin *neben* den Gesprächspartnerinnen. Was sie sieht oder nicht sieht, wo sie gewisse Missverständnisse nachzeichnet oder ignoriert, wo sie sich einmischt oder ganz bewusst zurückhält, all dies übt Effekte auf die Ergebnisse und impliziert weitere Entscheidungsoptionen. Diese offene, vielstimmige Verhandlung macht die ethnographische Forschungserfahrung aus und konfrontiert die Ethnologen sowohl im Feld als auch anschließend am Schreibtisch mit epistemologischen Schwierigkeiten. Wie lassen sich die kaleidoskopartigen Ausschnitte des Alltags zu bedeutungsvollen Aussagen verdichten? „It is a kind of Proustian quest in which ethnographer seeks meaning in events whose significance was elusive while they were being live“ (Kondo 1986: 82).

Die „verschränkte“ Konstruktion von Wirklichkeit

Der ethnographische Prozess am Schreibtisch konfrontiert die Ethnographen mit einer vollkommen neuen Aufgabe: Nicht im direkten Forschungsgespräch, sondern in einem „vorweggenommenen Gespräch“ mit einer imaginären vielstimmigen Leserschaft werden nun sorgfältig, wenn nicht gar mühsam ethnographische Texte konstruiert. Die Gratwanderung scheint schwierig zu sein: Kohärenz ist gefordert (in einer wissenschaftlichen Qualifikationsarbeit allemal), sie schleicht sich beharrlich in die ethnographischen Texte, wenn nötig wird sie auch über das gesammelte Material gezwungen, die narrativen Anforderungen wurden und werden „dem Altar der diskursiven Kohärenz“ geopfert, „the ‚rational' triumphs over the ‚reasonable'“ (Dumont 1992: 3). Aber die Forschungssituation ist, wie das soziale Leben überhaupt, voll von widersprüchlichen Spannungen und verwirrenden Tendenzen.

Jeder Ethnograph wird sich – spätestens am Schreibtisch – peinlich der Tatsache bewusst, dass Kohärenz nicht den sozialen Strukturen und den Ereignissen selbst innewohnt, sondern durch die Arbeit des Geschichtenerzählens geschaffen wird.[19] Prozessuale Dynamik ist nicht als Opposition zur

18 Zur Kritik am westlichen Zentrismus soziologischer erzählanalytischer Verfahren, siehe z.B. Matthes 1984. In Bezug auf lebensgeschichtliche Erzählungen ist zunächst die Frage zu stellen, inwieweit in der jeweils zu untersuchenden Kultur ein „westliches“ individuumsbezogenes Biographie-Paradigma, nach dem erlebte Sachverhalte zu unverwechselbaren und kontinuierlichen Lebensgeschichten organisiert werden, überhaupt unterstellt werden kann?! Auf die umfangreiche Literatur zur Lebenslauf- und Biographieforschung kann hier nicht näher eingegangen werden, verwiesen sei vor allem auf den Sammelband, herausgegeben von Kohli und Robert (1984).

19 Ethnographische Texte als Fiktionen zu bezeichnen, mag immer noch Stirnrunzeln hervorrufen, aber es hat inzwischen seine Konnotation von Lüge und Falschheit verloren. Man hat sich darauf geeinigt, dass gute ethnographische Texte „wahre Fiktionen“ sind, indem man – wie James Clifford nicht ohne Ironie

Struktur zu sehen, sondern als deren integraler Bestandteil, genauso wie der Kontext als Teil des Textes zu verstehen ist, und nicht als etwas, das von außen eindringt und den „wahren" Text irritiert.

Lebensgeschichtliches Erzählen im Gespräch mit einer ‚außenstehenden' Ethnographin folgt dabei ähnlichen Konstruktionsüberlegungen und Gestaltungsprozessen wie das Verfassen eines – an eine Öffentlichkeit gerichteten – ethnographischen Textes: Indem unsere Informanten ihr Leben erzählen, stellen sie nicht nur Informationen über sich und ihr Leben zur Verfügung, sondern sie formen ihre Identitäten in einer spezifischen Weise, sie erfinden sich für den öffentlichen Gebrauch, sie repräsentieren sich mit ihren Geschichten für eine *Öffentlichkeit.* Ob in einmaligen oder in aufeinanderfolgenden, sich korrigierenden Versionen von „Lebens-Geschichten" bearbeiten und verfeinern die Erzählerinnen ihr Verständnis davon, wie die Ereignisse der Vergangenheit mit dem Heute verbunden sind. Lebensereignisse zu erzählen heißt, sie in Geschichten zu formen, sie zu gestalten, zusammenzustellen, ihnen so etwas wie einen gültigen, repräsentativen Ausdruck zu verleihen. Diesem Schaffensprozess haftet immer etwas Erfundenes, Fiktionales an. Hierzu schreibt der Soziologe Pierre Bourdieu 1997 [bezw.1993] sehr eindeutig:

> „[...] der positivistische Traum von der perfekten epistemologischen Unschuld verschleiert die Tatsache, dass der wesentliche Unterschied nicht zwischen einer Wissenschaft, die eine Konstruktion vollzieht, und einer, die das nicht tut, besteht, sondern zwischen einer, die es tut, ohne es zu wissen, und einer, die darum weiß und sich deshalb bemüht, ihre unvermeidbaren Konstruktionsakte und die Effekte, die diese ebenso unvermeidbar hervorbringen, möglichst umfassend zu kennen. [...]" (Bourdieu 1997: 781).

Da jede Ethnographie Erinnerungsarbeit an eine gemeinsam verbrachte Zeit ist, wirkt entsprechend der Interpretationsprozess immer auf zwei verschiedenen Ebenen: Unsere Gesprächspartnerinnen – die Informantinnen und Menschen, die wir studieren – interpretieren ihre eigenen Erfahrungen mit ihren eigenen Ausdrucksformen *für* die anderen, die Ethnographen, sie interpretieren sich selbst, indem sie das Gegenüber interpretieren. Und wir Ethnographen interpretieren diese im Feldforschungsprozess erfahrenen Ausdrucksformen für eine wie auch immer vielstimmige Leserschaft – in der Regel jedoch für ein kulturanthropologisches Fachpublikum. Unsere ethnologischen Texte sind unsere Geschichten über ihre Geschichten. Insofern vermischen und überschneiden sich diese ‚zusammengestellten' Erzählungen der Ethnographin mit denen der Informantinnen, verschränkt sich meine Ethnographie

formuliert – es auf die banale Behauptung reduzierte, alle Wahrheiten seien konstruiert (Clifford 1986: 6). Cliffords Verständnis von *„Partial Truth"* verweist jedoch auf Dialogizität und Polyphonie, welche eine einstimmige Autorität radikal in Frage stellt, und Verfasser von ethnographischen Texten zwingt, verschiedene Methoden zu finden, um die so ausgehandelten Wirklichkeiten als multisubjektive, machtbefrachtete und inkongruente darzustellen (ibid. S. 14f.)

mit ihren Ethnographien. Die Verantwortung für den gewählten Blickwinkel muss jedoch jede Autorin selbst übernehmen.

An dieser Stelle soll erwähnt werden, dass alle Personennamen in dieser Arbeit Pseudonyme sind und damit dem Bedürfnis meiner Gesprächspartner und -partnerinnen nach Anonymität entsprechen. Auch wurden vereinzelt Beschreibungen – in Absprache – modifiziert, nach dem Motto „genauso könnte es gewesen sein". Damit setze ich in meiner ethnographischen Repräsentation fort, was meine Gesprächspartnerinnen in ihrer erzählenden Selbstrepräsentation bereits taten: sie erzählten Geschichten, häufig über Umwege – nach dem Motto: die Freundin meiner Cousine hat folgendes erlebt ... – um die ihnen relevanten Themen in Worte zu fassen. Dabei musste ich lernen, dass es letztendlich von untergeordneter Bedeutung ist, ob die Geschichte eine ‚einfache' Übersetzung von erlebter Realität zu erzählter Wirklichkeit ist. Sie wollte und sollte in ihrer Aussage wahr und ernstgenommen werden.

Über die Herstellung von Lebensgeschichten

In der Sozialforschung geht man von der Annahme aus, dass es sich beim Erzählen[20] um einen „elementaren" Vorgang handelt, um so etwas wie eine Grundeigenschaft zwischenmenschlichen Handelns (Kerby 1991, zit. nach Rapport/Overing 2000). Inwieweit Erzählhandlungen und erzählte Geschichten – und lebensgeschichtliches Erzählen im besonderen – zur Bearbeitung von Fremdheit und Fremdheitsverhältnissen gedeutet werden können, hängt von den jeweiligen kulturellen Definitionen bezüglich des Verhältnisses von Erzählen, Fremdheit und Lebensverlauf ab. Mit anderen Worten, Art und Weise und Inhalt des Erzählens ist kulturell definiert und in jeweilige Fremdheits-Vertrautheits-Verhältnisse eingebettet.

Die „Lebens-Geschichte"[21] wurde in der Kulturanthropologie schon lange als ein wichtiges Genre geschätzt, bevor man begann, den vielfältigen Begrenzungen eines biographischen Konzeptes Aufmerksamkeit zu schenken. So argumentierte Crapanzano (1984), dass schon allein die Idee eines Lebensentwurfes, einer zu erzählenden Lebensgeschichte nicht für jeden von Bedeutung ist, und dass es radikal unterschiedliche Konventionen gibt, über sich selbst zu reden. Dem Genre der „Lebens-Geschichte" liegt die Idee einer ichzentrierten Selbstvergewisserung zugrunde, wonach die erzählende Person er-

20 Gemeint ist hier das alltägliche Erzählen, das gemeinhin abgesetzt wird vom Beschreiben und Argumentieren. „Im Beschreiben äußert sich ein Sprecher distanziert, als Beobachter ohne das strukturierende Gerüst unmittelbarer Handlungsinteressen zu einem Sachverhalt; im Argumentieren begibt er sich auf die andere Distanzierungsebene der Auseinandersetzung über dargestellte Sachverhalte im Lichte abstrahierter Prinzipien oder Kategorien" (Matthes 1985: 313).

21 Lebensgeschichte gemeint als ein Bericht über das Leben einer Person, das einer anderen Person – im Forschungskontext dem Forscher – erzählt wird. Häufig wird auch zwischen *life story* – als ein mündlicher Bericht einer Person über ihr eigenes Leben – und der *life history* – einer *life story* angereichert mit biographischen und anderen Daten aus anderen Quellen – unterschieden (Bertaux 1981: 7).

lebte Sachverhalte zu unverwechselbaren und kontinuierlichen Lebensgeschichten ordnet. Dieses individuumsbezogene, „westliche“ Biographie-Paradigma ist allerdings nicht selbstverständlich in andere kulturelle Kontexte zu übertragen[22] und erweist sich auch für die vorliegende Forschung als problematisch. Weder ein „westliches“ Verständnis von Chronologie, noch die Idee einer Person als ein „isoliertes“ Individuum im Zentrum der Geschichte konnte vorausgesetzt werden. Die Frauen, die hier vorgestellt werden, lebten und dachten sich selbst nicht auf diese Weise. Die Reflexion über das eigene Leben war immer eingebettet in familiäre Entscheidungsprozesse – z.B. bezüglich Partnerwahl oder im Hinblick auf Unterstützungsverpflichtungen. Dabei verbietet eine ausgeprägte filiale Treue-Beziehung – besonders der Töchter gegenüber den Eltern –, inter-generationelle Konflikte wahrzunehmen, geschweige denn anderen gegenüber zu erzählen. Beziehungen, die nach unserer psycho-analytisch geschulten Konzeptualisierung als konfliktbeladen reflektiert und verhandelt werden, scheinen im Kontext philippinischen, soziokulturellen, familiären Interpretationswissens selbstverständlich und unhinterfragbar zu sein. (*Die Bedeutung der Familie und lokaler Wertekonzepte* werden vor allem in Kapitel 4 diskutiert).[23]

Während man zunächst ein naives Verständnis von Lebensgeschichten hatte und mit ihnen so verfuhr, als ob sie „da draußen“ existierten und nur gesammelt, aufgenommen und transkribiert werden müssten, gehen neuere erzähltheoretische Zugänge davon, dass die Erzählungen – genauso wie die Identitäten – nicht leicht zu entdecken, sondern in komplexen Dialogen mit den Fragen und Erwartungen der Zuhörer verbunden sind. Erzählkontext und Erzählsituation rückten ins „Rampenlicht“, ebenso wie die Beziehung zwischen Erzähler und der Person bzw. den Personen, denen die Geschichte erzählt wird – „the biography in the shadow“ (Frank 1979, 1985).[24] Ken Plumer (2001: 41-46) hat in diesem Zusammenhang für lebensgeschichtliches Erzäh-

22 Vgl. z.B. Abu-Lughod 1993, Hoskins 1998, Matthes 1884, Michel 1985.

23 Eine Charakterisierung solcher „Erzählausfälle“ als verdrängte „Erzähltabus“ wäre unangemessen (vgl. Matthes 1985).

24 Die Lebensgeschichte als kultureller Text – und eine Form des Schreibens wurde in der Folge u.a. aus psychologischen, phänomenologischen, hermeneutischen oder feministischen Perspektiven kritisch überprüft. Die kritische Literatur zur ethnologischen „Life History“-Forschung ist umfangreich, genannt seien vor allem Behar 1990, Kondo 1990, Visweswaran 1994, Abu-Lughod 1993 als feministische Vertreterinnen neben anderen wichtigen Schlüsseltexten von beispielsweise Crapanzano 1984, Dwyer 1982, Watson/Watson 1985, Geiger 1986. Auch in der sogenannten Biographieforschung (als Erforschung authentischer, marginalisierter Stimmen – im Kontrast zum institutionalisierten „Herrschaftswissen“) erkannte man nach einer (ebenfalls als naiv zu bezeichnenden) Aufbruchphase, dass „Biographie [...] als Konstruktionsmuster subjektiver Selbstdarstellung und Selbstvergewisserung – kein unhistorisches allgemeingültiges Konzept darstellt, sondern an die Herausbildung der modernen Gesellschaft gekoppelt ist und sich in diesem Prozess verändert“ (Dausien 1994).

len ein „Aktionsmodell des Erzählens“ entwickelt, wonach Erzählende, Zuhörende und Rezipienten gleichermaßen beteiligt sind.

Ethnographen arbeiten mit einer heuristischen Unterscheidung zwischen einem Leben, wie es gelebt wird, einem Leben, wie es erfahren wird und einem Leben, wie es erzählt wird. Ersteres meint das, was einer Person real widerfährt, das Zweite bezieht sich auf die Bilder, Gefühle, Wünsche und Bedeutungen, die die Person diesen Ereignissen retrospektiv zuschreiben mag, und das Dritte bezieht sich auf die Erzählung, beeinflusst durch den Kontext, die Zuhörer, und die kulturell bedingten Erzählkonventionen (Bruner 1984: 7). Aus der Erfahrung der ethnographischen Forschungsbegegnung erwiesen sich solche analytischen Trennungen jedoch als fragwürdig. Ich lernte im Laufe der Begegnungen, dass es nicht darum gehen kann, hinter den Erzählungen *eine* Realität dingfest zu machen. Meine anfängliche (fast detektivische) Suche nach *einem kohärenten Text* erwies sich als illusorisch (vgl. auch Bourdieu 1986), als taktisches Manöver. Meine Gesprächspartnerinnen erzählten ihr Leben in Bezug auf ihre Situation der Gegenwart, des Moments. Sie wollten von ihren Zuhörern (der Ethnographin und/oder den Freundinnen) bewundert werden für bereits Erreichtes oder bedauert werden für die Hürden, die es zu überwinden galt, sie wollten verstanden oder entschuldigt werden, sie wollten überzeugen oder erklären, anklagen oder rechtfertigen. Ich lernte, dass Verständigung im semi-privaten Erzählkontext (d.h. jenseits familialer, freundschaftlich-nachbarschaftlicher Beziehungen) über Anspielungen aus zweiter Hand organisiert wurde oder gar über vermitteltes Erzählen, bei dem die Erzählerin sich mit ihrem „Erzählinhalt“ nicht direkt an die Adressatin wendet, sondern an eine Vermittlerperson, die für die Weitergabe sorgt, oder auch nicht.

Menschen machen nicht nur aus ihrem Leben Geschichten, sondern auch aus den Geschichten ihr Leben. Diesem Motto folgend wurde lebensgeschichtliches Erzählen gerne über Bilder und Anekdoten dargeboten, die auf Denkfiguren der Legende, des Märchens und der Soap Opera rekurrierten.[25]

---

25 Ein besonders beliebter Film, den sich einige meiner Gesprächspartnerinnen in wiederholten Video-Treffen zu Gemüte führten, war der Film „Pretty Women“ mit Julia Roberts und Richard Gere in den Hauptrollen. (Siehe hierzu auch Lauser/Bräunlein 2002). Bei dem Film handelt es sich um ein modernes Aschenputtel-Märchen, bei dem eine Prostituierte – Julia Roberts – von einem reichen und attraktiven Geschäftsmann – Richard Gere – „erkannt“ wird. Was wie eine Geschäftsbeziehung beginnt, endet in einer Liebesbeziehung mit großen, echten Gefühlen. Letztendlich hat das Schicksal die beiden zusammengebracht. Die Frau hat sich dargeboten und wurde in ihrem „reinen“ Kern erkannt und erwählt: Zum finalen Höhepunkt des Films – und nach liebeswehen Rückzugsgefechten in die soziale Herkunft (hier die arme, ums Überleben kämpfende Hure, die nun eine solide Ausbildung anstrebt, dort der eiskalte, aber durch die Begegnung menschlich werdende und sozial denkende Geschäftsmann) klettert der smarte Richard Gere in seiner teuren Kleidung und barfuß eine Feuerleiter hinauf, um die geläuterte, aber sich zierende und fliehende Julia Roberts mit großer Geste in den Hafen der Ehe zu führen.

Als andere, aber mindestens genauso wirkmächtige Vorlage und Denkfigur lässt sich die christliche Erzählung einer Leidensgeschichte – die Idee der *Pasyon* – ausmachen. Wie in Kapitel 2 deutlich werden wird, durchdringt der Passions-Katholizismus philippinisches Denken und hat einen einflussreichen Passions-Diskurs hervorgebracht (vgl. auch Bräunlein 2003). Die Vorstellung, es sei ein Wert, Opfer und Leiden zu ertragen, um gegebenenfalls zu Höherem zu gelangen, prägt nicht nur religiöse Rituale, sondern wirkt bis in die Alltagspraktiken hinein. Vor allem Frauen fühlen sich in diesem Diskurs repräsentiert, man kann geradezu von einer weiblichen „Imitatio Christi" sprechen (siehe auch Kayales 1997: 202ff. und Cannell 1999: 188ff.).[26] Vor allem für Mütter gilt es, Leiden und Opfer für ihre Familien auf sich nehmen. Selbstsicher geäußerte Kommentare wie „my life is a sacrifice" oder „my *promesas* (Gelübde, Versprechen) is for my family" oder „I do it for my child" habe ich unzählige Male gehört, es scheint zu den Selbstverständlichkeiten eines weiblichen mütterlichen Lebens zu gehören.[27] Erst das ertragene Leid und die erlösende Befreiung und Überwindung scheint einer Frau das Recht zu geben, sich in einer Lebenserzählung zu erschaffen – zu Text zu werden.

Die Geschichten offenbarten sich mir als performative Erzählungen, in denen die Erzählerin als Regisseurin und Darstellerin zugleich auftrat. In der Performanz, in der Aufführung, werden kulturelle Ausdrucksformen inszeniert und improvisiert. Im Zusammenspiel mit den Adressaten, dem „Publikum", wird Erfahrung und Leben erzählend wieder(ge)holt, rekonstruiert und geformt, kommen kulturelle Sinndeutungen zum Ausdruck. Im performativen Erzählen wird eine Balance hergestellt zwischen spontanen kreativen Improvisationsmöglichkeiten einerseits und den sozialen und internalisierten Erwartungen andererseits. Es wird eine Brücke konstruiert zwischen individueller Person und Persona, zwischen Improvisation und Konvention.

Auffallend war, dass sich meine Gesprächspartnerinnen viel lieber nach „oben" erinnerten und repräsentierten als nach „unten". Personen mit hohem Sozialprestige kamen daher häufig vor, die Erzählerinnen platzierten sich gerne in die Nähe ‚größerer' Personen, zählten die bekannten Namen auf, die zu

---

26 Vgl. auch die hervorragende Studie *Jesus as Mother: Studies in the Spirituality of the High Middle Ages* der feministischen Mediavistin Walker Bynum, die in der weiblichen Frömmigkeit des Mittelalters eine Identifizierung mit Christus als dem „wahrhaft Leiblichen", dem „wahrhaft Nährenden" sieht (Walker Bynum 1982 und 1996).

27 Dass die Migration – und die räumliche Entfernung von den Kindern – nicht notwendigerweise im Widerspruch zu diesem Selbstverständnis steht, hängt sicherlich auch damit zusammen, dass auf den Philippinen neben den engen Banden zur Mutter auch sehr enge Beziehungen zu anderen Bezugspersonen wie Vater, Tanten und Onkeln, Großeltern und älteren Geschwister bestehen (Stoodley 157: 214, Lauser 1994). Kinder werden auch unabhängig von Migrationsanforderungen häufig und bedenkenlos für mehr oder weniger lange Zeiten an andere Verwandtschaftsmitglieder zur Pflege und Erziehung weitergegeben. (Zum Phänomen der transnationalen Mutterschaft siehe auch Kapitel 2, zu Familie und Erziehung Kapitel 4).

ihren Freunden und ihrem Beziehungsnetzwerk gehörten, nannten renommierte Universitäten und Orte, die sie besucht hätten.[28] Mit der Zeit bekam ich eine Ahnung davon, was nicht nur erinnert, sondern was vor allem auch vergessen werden sollte. So wurden z.B. Ehe-Erfahrungen oder eheähnliche Beziehungen auf den Philippinen in den Gesprächen in Deutschland häufig recht vage thematisiert, standen diese doch u.a. im Konflikt zum Dogma der katholischen Kirche, wonach eine Ehe einmalig und nicht zu scheiden sei.[29] Durch mein Eintauchen in die *community* erfuhr ich nicht selten gerade die vergessenswerten Themen in den Klatschgesprächen der anderen, wo sie hartnäckig, bisweilen „klebrig verzerrt“ auftauchten und wieder in dem spezifischen Beziehungs-Kontext der Klatschtriade (Bergmann 1987) kontextualisiert werden müssen. Ob man/frau in früheren Lebensabschnitten *Domestic Helper* oder Straßenverkäuferin oder gar *hospitality girl* war, mag aus einem Bedürfnis nach einer Erfolgsgeschichte zu den vergessenswerten Erfahrungen gehören.

Mit diesen Überlegungen komme ich wieder bei meinem Argument der dialektischen Verschränkung von lebensgeschichtlichen Repräsentationen und ethnographischer Repräsentation an. Auch ethnographisches Schreiben birgt eine Reihe von Risiken und bleibt eine schwierige Gratwanderung. Das Anliegen, mit dem ich diese Studie begonnen habe – nämlich gegen stereotypisierende Generalisierungen zu schreiben – begleitet mich als Dilemma: Lassen sich individuelle Schicksale und spezifische Begegnungsverläufe veröffentlichen, ohne nicht doch Stoff für weitere Skandalisierungen zu liefern? So fragt z.B. Bourdieu (1997: 800):

> „Kann man rassistische Äußerungen auf eine solche Weise berichten, dass derjenige, der sie macht, verständlich wird, ohne dass man jedoch Rassismus legitimiert? [...] Oder noch banaler: Auf welche Weise soll man die Frisur einer kleinen Angestellten thematisieren, ohne einen Rassismus der Klassen anzuheizen, wie soll man den Eindruck vermitteln, den diese Frisur für das durch den Kanon der legitimierten Ästhetik geschulte Auge erweckt, ohne diesen Eindruck zu bestätigen – ein Eindruck, der doch gleichzeitig Teil ihrer unausweichlich objektiven Wahrheit ist?“

---

28 Siehe hierzu auch Erdheim (1991: 162, zit. nach Trüeb 1994): Obwohl Zumutungen und Machtlosigkeit sich eindringlicher ins Gedächtnis eingraben, richtet sich die Erinnerung aus Prestigegründen nach oben. „Man würde mich missverstehen, wenn man glaubte, es ginge mir darum, dass diejenigen, die ‚unten' sind, einfach nach ‚oben' möchten, weil es dort schöner sei. Es geht mir um etwas anderes, nämlich um das Problem, dass man immer wieder unfähig ist, die Welt anders zu sehen, als die Herrschaft sie sieht. Man identifiziert sich leicht, vielleicht kann man sogar sagen ‚naturwüchsig' nach oben, unter anderem auch deshalb, weil man den Leitlinien des Kindes folgt, das endlich erwachsen werden und die Welt wie seine Vorbilder sehen möchte“.

29 Manche Gesprächspartnerin ließ ihren philippinischen Ehemann eher sterben, als zuzugeben, dass sie von ihm verlassen wurde, oder ihn gar selbst verlassen hatte. Als sogenannte Bigamistin hätte sie überdies massive juristische Probleme in Deutschland, zumal sie vor der Eheschließung in Deutschland dem deutschen Ehegesetz entsprechend ein sogenanntes Ehefähigkeitszeugnis – den Beleg ihrer Ehelosigkeit – vorzulegen hatte.

Und wie lassen sich Situationen und Äußerungen authentisch und lebensnah ‚vertextlichen'; Äußerungen, die weit davon entfernt waren, für Bücher und den gebildeten Blick inszeniert worden zu sein? „Passt auf, was Ihr sagt, es könnten Skandal-Geschichten daraus werden!" thematisierten meine Gesprächspartnerinnen bisweilen scherzhaft lachend unsere Situation.[30]

Die Feldforschungssituation bezeichne ich aufgrund der Methode der teilnehmenden Beobachtung als eine interkulturelle Erfahrung (zwischen Ethnographin und Informantin). Die Ethnographin ist also Teil einer Forschungsbeziehung, deswegen soll sie aus der ethnographischen Repräsentation auch nicht völlig verschwinden.[31] Eine ethnographische Repräsentation schließt daher unausweichlich eine Selbst-Repräsentation mit ein. Entsprechend versuche ich mich irgendwo *zwischen* den Extremen der völligen Streichung des ethnographischen Selbst (vgl. Friedl 1991) und der Präsenz als ebenbürtige Teilnehmerin (vgl. Dwyer 1982, Behar 1993) zu situieren.

„Call it what you will, I see such a discussion as mandated by the need for fairness and reciprocity: part of the necessary requirements for intersubjectivity" (Lancaster 1992: 204). Mit diesen Worten begegnet beispielsweise fast salopp der amerikanische Ethnologe Lancaster, der eine ausgezeichnete Arbeit über die nicaraguanische Revolution aus der Perspektive der Menschen eines Arbeiterviertels in Managua geschrieben hat, den epistemologischen Zweifeln und den (seit den 80er Jahren unhintergehbaren) Forderungen nach Reflexion und Selbst-Reflexionen.[32]

---

30 Siehe Stacey 1988 [1993], die gerade in der scheinbaren Rücksicht auf und Gleichheit mit den Personen im Forschungsprozess eine noch subtilere Form der Ausbeutung sieht. Der Forschungsprozess sei von unvermeidbarem Verrat geprägt; denn das Forschungsprodukt bleibe letzten Endes das der Forscherin. Selbst ein intensiver gegenseitig vorteilhafter Austausch könne das Dilemma der feministischen Ethnographin nicht lösen (Stacey 1993: 205).

31 Moderne Ethnographen und Ethnographinnen, so resümiert Tedlock, repräsentieren ihr ethnographisches Wissen in einem interaktiven „Self/Other" Dialog: „These new ethnographers – many of whom are themselves subaltern because of their class, gender, or ethnicity – cannot be neatly tucked away or pigeonholed within any of the four historical archetypes [...]: the amateur observer, the armchair anthropologist, the professional ethnographer, or the ‚gone native' fieldworker. Rather they, or we, combine elements from all four of these categories. Thus, for example, we embrace the designation ‚amateur', since it derives from the Latin *amatus*, the past participle of *amare*, ‚to love', and we are passionately engaged with our endeavor. We accept the 'armchair' designation because we have a serious concern with both reading and critiquing the work of other ethnographers in order to try to change past colonialist practices. We insist that we are ‚professional', because of the seriousness of our field preparation and engagement, and also because of our attention to issues or representation in our own work. Finally, to the extent that fieldwork is not simply a union card but the center of our intellectual and emotional lives, we are, if not ‚going native', at least becoming bicultural" (Tedlock 1991: 82).

32 Die Ethnologie war schon immer eine Wissenschaft, in der sich ethnographische Informationen mit dialektischen und persönlichen Involvierungen kombinieren

Ethnographin und Informantin

Mit szenischen Vignetten aus einer konkreten Forschungsbeziehung auf den Philippinen möchte ich dieses Kapitel beschließen und illustrieren wie in der Begegnung zwischen Ethnographin und Informantin Identifikationen gelebt und verhandelt werden.

Als Ethnologin war ich bereit, mich mit Offenheit auf Nähe einzulassen, verspürte jedoch ebenso das Bedürfnis, mich den Bemühungen meiner Informantinnen zu widersetzen, wenn sie mich nach ihren eigenen Vorstellungen zu erschaffen suchten.

Unsere interkulturelle Begegnung ist charakterisiert als ein gegenseitiges und kontinuierliches Oszillieren zwischen einer „Leidenschaft für Differenz“ (Moore 1994) und einem Bedürfnis nach Gemeinsamkeit und interkultureller Vermischung. Die Frage, die derartige Identifikationsdynamiken begleitet ist, inwieweit das vitale und gleichermaßen wirkliche Begehren nach Verbindung und Gemeinsamkeit zwischen und jenseits von deutlichen Unterschieden sich in alltäglichen Realitäten Raum verschafft. Das Spiel mit der Differenz und der Gleichheit bedeutet ein Vor und Zurück im Raum zwischen den Differenzen.

Mein eigenes Ringen im Wechselspiel der Begrenzungen und Zuschreibungen, mein fortwährendes Bemühen, festschreibende Kategorisierungen zu irritieren und „darüber hinaus“ zu gehen, ist nicht immer ein leichter, sondern durchaus mühseliger Weg gewesen, der bisweilen gar Züge einer burlesken Performance bekam und mir abverlangte, mich auf eine mich ambivalent berührende ‚Spaßkultur' einzulassen (vgl. hierzu auch Dumont 1992).

Bei vielen Gelegenheiten habe ich philippinische Menschen erlebt, wie sie selbst bedrängenden Situationen etwas Absurdes, Lächerliches abringen konnten und sie in dramatischer Komik in Szene setzten. Wurde ich selbst Zielscheibe ihrer Belustigungen, so empfand ich das nicht immer als lustig, sondern bisweilen als irritierend, anstrengend oder gar als unangenehm. Aber statt derartige ambivalente Episoden zu verschweigen, habe ich einige als – wie ich meine – aussagekräftige Identifikationsdynamiken protokolliert. Ich folge dabei der Argumentation Nadigs (1986, 1992), wonach gerade die sorgfältige Reflexion von Irritationen einen unmittelbaren Zugang zur fremden Kultur

---

ließen (Tedlock 1991). Spätestens aber seit den 60er Jahren und besonders seit den 80er Jahren herrschte in der Disziplin ein generelles intellektuelles Klima des epistemologischen Zweifelns (Ortner 1984: 144), dem mit der Forderung nach konsequenter Reflexion und Selbstreflexion begegnet wurde und wird (z.B. Appadurai 1986, vgl. auch Davies 1999). So argumentierten sogenannte „native anthropologists“ wie z.B. Appadurai, dass Beobachter und Beobachtete keine völlig getrennte Kategorien sind. Theorien seien keine kulturfreien Zonen, sondern mit der gelebten Erfahrung verbunden. Sowohl Wissen, als auch Erfahrung außerhalb der Feldforschung sollten in die ethnographischen Erzählungen einfließen und die Kluft zwischen der engen akademischen Welt und den weiten kulturellen Erfahrungen überbrücken.

ermöglichen. Bei distanzierterer Betrachtung lassen sich solche Inszenierungen immer als vitale Suchbewegungen zwischen Attraktion und Abstoßung, zwischen *mimikry* und *mockery*, zwischen *sameness* und *difference* nachvollziehen.[33]

Das hier angesprochene Oszillieren ist elementarer Bestandteil jeder ethnographischen Forschungserfahrung. An meiner Beziehung zu Belen[34], einer für mich wichtigen Bezugsperson auf den Philippinen, möchte ich dies mit einigen szenischen Vignetten illustrieren. Unsere interkulturelle Begegnung verlief in und zwischen den unterschiedlichsten sozialen Räumen, wo wir uns zu den verschiedenen Differenzen (phänotypisch, ethnisch, bezüglich Klassenposition, Religion und geopolitischer Zuordnung) zu verhalten hatten. Die alltägliche Wirklichkeit dieser Begegnung war geprägt von komplexen, multidirektionalen Machtverhältnissen, mit guten und schlechten, angenehmen und unangenehmen Wirkungen.

Während unserer[35] Aufenthalte auf den Philippinen lebten wir in einem Provinzstädtchen in einem zumeist leerstehenden Familiengästehaus36 einer der Notablen des Ortes. Verwaltet wurde das Haus (einschließlich Garten und Fischteich) auf der Basis einer Patron-Client-Beziehung von Belen und ihrer Familie, die selbst in einer „Dependence“ hinter dem Haus lebten. Im Gegensatz zu dem stattlichen, mehrräumigen Haupthaus, konzentrierte sich die 6-köpfige Verwalterfamilie auf ein 10m2 kleines Zimmer, mit kleiner Kochnische ($4m^2$) und einem überdachten Hof – als Übergang zum Haupt-Haus.

Der Beginn der Beziehung zwischen Belen (und ihrer Familie) und mir (und meiner Familie) war durch diese Vorgaben zunächst deutlich markiert: Wir waren die neuen vorübergehenden Hausmieter (und damit Hausherren), sie blieb die Verwalterin. Durch unser aller Betreiben sorgten wir jedoch allmählich für ein „Verwischen“ der Grenzen. Die drei Kinder Belens wurden für unseren kleinen Sohn Moritz die wichtigsten Bezugspersonen. Und Belen, die sich um unser tägliches Wohl kümmerte, agierte so eigenwillig, dass mein Mann Peter und ich gar nicht wagten, so etwas wie „Dienstaufträge“ zu erteilen. Sie war die Hauswirtschafterin. Unsere Bedürfnisse wurden in ihre alltäglichen haushälterischen Aktivitäten integriert, aus denen es im übrigen kaum ein Entkommen gab.

---

33 Siehe hierzu einige Episoden, die in Kapitel 4 aufgegriffen werden (z.B. Performance für meinen kleinen Sohn Moritz, der als dreijähriges Kind zum Schwiegersohn stilisiert wurde) und die Abschiedsparty am Ende.

34 In Kapitel 4 wird sie ausführlich Raum bekommen, u.a. als eine an einer Heiratsmigration (ihrer Tochter) interessierte Mutter.

35 Die Plural-Form schließt meinen Lebenspartner und Kollegen Peter Bräunlein und unseren Sohn Moritz ein.

36 Das Haus diente ausschließlich für Familienfeiern, stand ansonsten leer und wurde von Belen und ihrem Mann verwaltet. Wie wir später erfuhren, wollte niemand der Familie dort leben, da das Haus „eindeutig“ von Geistern bewohnt sei. Auch wir wurden immer gefragt, wie es uns denn in diesem Haus erginge, ob wir denn nachts nicht gestört wären.

Als wir beispielsweise einen kleinen Ausbruch aus der 3-mal täglichen Fisch-und-Reis-Küche versuchten und Peter selbst einmal Spaghetti zubereiten wollte, erlebte sie diese Geste als große Herausforderung. Spaghetti werden auf den Philippinen, wenn überhaupt, dann mit süßen Würstchen gegessen. Peters Produkt – mit einer vergleichsweise würzigen Fleisch-Gemüse-Tomatensauce – wurde während seiner ganzen Entstehungsphase höchst aufmerksam kommentiert. Anschließende Kostproben wurden höflich gelobt, ansonsten bevorzugte die ganze Familie das – zum Glück parallel gekochte – Reisgericht. Wir wurden in der Folge immer wieder gefragt, ob sie uns denn nicht einmal philippinische Spagetti kochen solle. Wir kehrten reuig zu den Fisch-Reis-Gerichten und einem Belen-organisierten Alltag zurück.

Der überdachte Hof – zwischen unseren Wohnungen – wurde bezeichnenderweise unser beliebtester gemeinsamer Aufenthaltsraum. Hier tobten die Kinder mit den Hunden um die Wette. Hier wurde die mittägliche Siesta gehalten. Hier verrichtete Belen ihre Hausarbeit (wie kochen und waschen) und hier empfing sie ihre Freundinnen zum Kartenspiel. Von hier aus verließ ich das Haus, wenn ich ausging und hier kam ich immer zuerst an, obwohl der offizielle Haupteingang auf der Vorderseite war; hier saßen wir zum täglichen Plaudern beisammen.

Abbildung 1: Der Hinterhof (Foto: A.L.)

Mit der Zeit wurden unser Umgang und unsere Gespräche vertrauter. Belen berichtete nachbarschaftliche Klatschgeschichten, sie teilte alltägliche Sorgen und Gedanken mit, und sie erzählte aus ihrem Leben mit genüsslicher Betonung der Brautwerbungsphase, bei der schließlich ihr schüchterner Mann „gewonnen" hatte. Mein Interesse für „Filipina in Migration" speiste sie mit unendlichen Geschichten aus ihrer großen Familie, aus der Nachbarschaft und sonstigem „Hören-Sagen." Aber auch ihre gebremste Wut gegen ihren geizigen Hausherrn (und unseren Vermieter) hielt sie nicht zurück, und mit Augenzwinkern machten wir uns über den Alten lustig, der wie ein Feudalherr ihr Leben und das ihrer Familie mitgestaltet, – und zu dem ich als gut zahlende „caucasian"[37] eine unvergleichlich andere Beziehung hatte. Nach einem solchen Gespräch und in Vorausschau meiner ersten Abreise[38] meinte Belen einmal: „Andrea, ich fühle mich dir verbunden wie zu einer Tochter".

Nachmittags, nach verrichteter Arbeit, traf sich Belen oft mit ihren Freundinnen – zum Plaudern, Neuigkeiten austauschen und Kartenspielen. Wenn die Freundinnen nicht zu ihr kamen, dann ging sie zu ihnen. Die meisten wohnten jenseits des *Highway* in einer *Squatter*-Siedlung entlang der nicht mehr befahrenen Eisenbahnschienen. Als ich sie das erste Mal bat, mich mitzunehmen, lächelte sie überrascht. Gleichzeitig schien sie sich über mein Interesse zu freuen. Sie tauschte ihr Hauskleid gegen frisch gebügelte Bluse und Hose ein, und zusammen machten wir uns auf den Weg: die „gutbürgerliche" Aldabe-Straße hinunter, den Highway entlang, und auf der anderen Seite in die *Squatter*-Siedlung hinein.

Da gingen wir nun – schon auf den ersten Blick ein ungleiches Paar: Belen, klein und rundlich, eine Filipina in Ausgehkleidung. Und daneben vergleichsweise groß, unübersehbar hellhäutig und blond, mit legerem Wickeltuch und T-shirt gekleidet (was nach philippinischer Etikette eher als nicht-repräsentative Hauskleidung gilt) die Ethnologin. Unterwegs wurde unser gemeinsames Auftreten auf unterschiedliche Weise kommentiert: Die gutbürgerlichen neugierigen Nachbarn wunderten sich über unser gemeinsames Vorhaben.[39] Auf der Highway galten die Pfiffe und „Hey-Joe-Rufe"[40] mir. In der *Squatter*-Siedlung schlüpfte Belen in die Rolle der Übersetzerin. Es war ihr ein Anliegen, ihren Bekannten zu vermitteln, dass ich eine besondere „Nicht-Amerikanerin", so etwas wie eine „Honorar-Filipina" (vgl. auch Ignacio 1998: 201) sei.[41] Wir blieben bei der einen oder anderen Hütte stehen. Überall wurde

37 Kaukasier – ein Sammelbegriff für alle „westlichen Weißen".

38 Von 1996 1998 lebten wir jährlich einige Monate in diesem Haus.

39 Nach dem Motto: Was will die *Kano* (Amerikanerin) mit ihrer Hausangestellten in der Squatter Siedlung?

40 Mit „hey Joe" werden grundsätzlich alle Weißen (ob männlich oder weiblich) amerikanisiert und auf überschwängliche, fröhlich-aggressive Weise gegrüßt.

41 Die Blicke, die so viel besagten wie „was will denn die *Kano* hier?" und die neugierigen Fragen, beantwortete Belen mit ausführlichen Berichten über meine philippinischen Kenntnisse beispielsweise bezüglich Sprache, Eßgewohnheiten und meinem expliziten Interesse an *philippinischem* Leben. Sie betonte immer wieder, wie sehr sich mein Kind Moritz in ihren bescheidenen Verhältnissen wohlfühle und wie freundschaftlich wir miteinander umgehen könnten.

Karten gespielt. Und nirgends schien meine Gegenwart an Belens Seite eine kommentarlose Selbstverständlichkeit zu sein.

Indem wir als Menschen mit mehr oder weniger eindeutigen an unseren Körpern festgemachten „rassischen" und klassenspezifischen Bedeutungen die Straße entlang gingen und verschiedene soziale Räume durchschritten, hatten wir uns den vielfältigen Kommentaren und Zuschreibungen zu stellen und uns zu verhalten. Belen und mich mit den Augen der anderen zu betrachten war wie eine klare Enthüllung und gleichzeitig wie ein Gang durch ein – vielfältig verrückendes – Spiegellabyrinth.[42] Während es uns gelang, auf „unserem" Hof eine vertraute Nähe herzustellen, Grenzziehungen zu verwischen, zu ignorieren, zu überschreiten oder gar aufzuheben, war dies außerhalb dieses geschützten Raumes kaum möglich. Im Gegenteil, die verschiedenen, auf unsere Klassenpositionen anspielenden Kommentare und Szenen benannten die Grenzen nur gar zu deutlich.

Bei einem Haus blieben wir länger stehen. Eine ältere Frau lächelte mich an: „Nächsten Monat kommt mein zukünftiger deutscher Schwiegersohn und holt meine Tochter ab." Sie schien bereits gut über mich informiert zu sein, fragte nach meinem Mann und meinem kleinen Sohn und nach meinem Buch und leitete mich zu einer anderen Hütte weiter, wo sich eine ca. 40-jährige Filipina mit mir auf deutsch unterhalten wollte. Von dieser erfuhr ich, dass sie zwei Jahre als *„tago ng tago"* (ohne [Aufenthalts-]Papiere im Verborgenen) in Hamburger Haushalten geputzt habe. Ich wurde dringend aufgefordert, einen dröhnenden „Minus-One-Recorder"[43] mit meiner Stimme zu beehren. Über meine erschrockene Abwehr machten sich alle lustig.

Philippinische Frauen halten sich in Deutschland im Verborgenen als Haushaltshilfen (ohne legale Papiere) auf. Wenn sie mehr Glück haben, leben sie an der Seite eines (hoffentlich guten) Ehemannes dort. Wohingegen ich so scheinbar leicht und unbeschwert mit meiner Familie auf den Philippinen weilen kann, um ein Buch zu schreiben – in einer Position, die es mir ohne weiteres ermöglichen würde, philippinische Frauen als Dienstpersonal anzustellen. Und wie so oft erlebe ich die überschwängliche dringliche Aufforderung, ihnen einen Schlager-Hit ins Mikrophon zu singen, nicht nur als Chance, mit ihnen ihre Vergnügungen zu teilen, sondern auch als Einwilligung, mich ihrem möglichen Spott auszusetzen. „Minus-One" wird allerorten mit großer Leidenschaft betrieben. Wer auf der Bühne der Imitation, eine gute „Star-Performanz" bietet, genießt große Bewunderung, während dilettantische Präsentationen alles andere als kommentarlos hingenommen werden (vgl. auch Cannell 1995).

---

42 Vgl. auch Behar (1993: 240), deren Ausführungen – gelesen im Feld – ein Spiegel für meine eigenen Erfahrungen zu sein schienen.

43 Es sind dies Musik-Kassetten, bei denen die Singstimme gelöscht ist – minus one – und dafür ‚life' in ein Mikrofon gesungen werden muss. Diese Art von „Star-Imitationen" werden allerorts mit großer Leidenschaft betrieben und dürfen bei keinem Fest fehlen.

Ich war erleichtert, als ich mit Belen schließlich bei einer ihrer mir bekannten Freundinnen ankomme. Wir drängten uns in der „Sala“ zusammen und spielten Karten. Ich war froh, in dieser Runde wieder unauffällig dabeisein zu können.

Auf dem Rückweg schließlich lud mich Joy, die ich regelmäßig bei Belen sah und sprach, zu sich ein. Es war ein einräumiger Bretterverschlag direkt am Straßenrand der Highway, wo sie sich mit ihren drei Kindern eingerichtet hatte. Wir setzten uns auf das raumfüllende Bett und redeten und spielten Karten. Ich fühlte mich durch diese Einladung angenommen und akzeptiert. Hatte doch Joy während unserer Gespräche schon des öfteren angedeutet, dass sie mich auch gerne einmal zu sich einladen würde, dass sie sich aber ihrer Armut schäme. Und ich war tatsächlich sehr berührt angesichts der eindrücklichen Kargheit:

> „Stinkige Abgase und dröhnender Autolärm füllen diesen kleinen, höchstens 6m2, Raum. Ich habe das Gefühl, mitten auf einer voll befahrenen Straße zu sitzen. Joys Tochter, schiebt ihre Schulhefte auf dem raumausfüllenden Bett beiseite, damit ich mich setzen kann. Am Fußende steht ein kleiner „Grillkocher“ mit einem Reistopf und über dem Eingang hängt ein Poster, auf dem pokerspielende Hunde dargestellt sind, und vielleicht als Anspielung auf Joys Spielleidenschaft gedeutet werden können. Im anderen Eck steht ein kleiner Altar. An einer Schnur an der Wand hängen die Schuluniformen der Kinder, weiß leuchtend und frisch gebügelt, (als wollten sie einen trotzigen Ausstieg aus diesem Elend symbolisieren). Joy sagt: ‚So wohne ich!‘ Wie sie das aushalten kann!?“ (Tagebuchaufzeichnung)

Auf den Philippinen konnte ich nie eine fundamentale Asymmetrie ignorieren, die sich an der einfachen Tatsache festmachen ließ, wer sich eine Reise nach Übersee, eine solche Grenzüberschreitung relativ einfach finanzieren konnte (wie ich), und wer sich alles mögliche einfallen lassen musste, um ein bescheidenes Auskommen zu finden (wie ein Großteil meiner Informanten und Informantinnen).

Das Spiel mit Identifikationen im Forschungsprozess erweist sich als eine komplexe Zusammenarbeit zwischen Ethnographin und Informantin, bei dem nicht nur die Ethnographin ihr ‚forschendes Interesse‘ auf die Informantin richtet, sondern auch die Informantin dem Tun der Ethnographin aktiv interpretierend Bedeutung verleiht (vgl. auch Lauser 1995). In diesem Begegnungsprozess ist es nicht nur die Ethnographin, die so etwas wie ‚symbolische Gewalt‘ (Rabinow 1977: 130) ausübt, auch die Informantin hat Macht, die ethnologische Begegnung zu formen, indem sie das Verhalten der Ethnographin nach ihren (Vor-)Verständnissen lenkt – und kontrolliert.

Bourdieu spricht von einer „gewaltfreien“ Kommunikation im soziologischen Forschungsprozess, wenn das „Eindringen“ und „Sich-Einmischen“ durch eine Beziehung des „aktiven und methodischen Zuhörens“ gemildert wird. Dieses wiederum erfordere „eine Aufmerksamkeit für das Gegenüber und eine hingebungsvolle Offenheit, wie man sie im täglichen Leben nur selten findet“ (Bourdieu 1997: 787). Er nennt diese Offenheit „eine Art intellektuelle Liebe“ (S. 791), die dem Gegenüber Gelegenheit gibt, sich zu erklären und dies als „Wohltat des Sich-Aussprechens“ (S. 792) zu empfinden. Was Bourdieu für das verstehende Interview formuliert, gilt in vergleichbarer Weise auch für die Praxis der teilnehmenden Beobachtung. Trotzdem scheint es zu den unlösbaren Problemen der Ethnologie zu gehören, dass spätestens der Akt der Repräsentation fast immer – und sei es noch so subtil – ein gewisses Maß an ‚Gewalt' den Subjekten der Repräsentation antut, allein durch die immer vollzogene Reduzierung, Dekontextualisierung und Miniaturisierung (Said 1985).

Für Belen – um bei diesem Beispiel zu bleiben – erschien ich als willkommene, möglicherweise machtvolle und effektive Ressource, als weitere Verbindung zu neuen Netzwerken im verheißungsvollen „abroad“. Was zunächst materialistisch verkürzt klingen mag, ist mit vielfältigen Dimensionen verwoben. Im Laufe unserer Begegnung entstand eine emotionale Beziehung, in der die unterschiedlichsten Formen des Austausches ausprobiert wurden. Die mir zugeschriebenen Rollen zeigten eine große Bandbreite, die ich entsprechend meinem emotionalen und strategischen Befinden verwarf oder auch annahm: Genannt seien etwa – in Anlehnung an die beschriebenen Szenen – die Rolle der „weißen Hausherrin“, die ich offensichtlich mit wenig Überzeugung und Autorität darstellte.

Weitaus besser erfüllte ich offenbar die Rolle der „Komplizin“, mit der man den Spaß am verbotenen Geldspiel teilt. Da Belen eine leidenschaftliche Spielerin war – und wir außerdem in der Nachbarschaft einer Hahnenkampfarena wohnten – versuchte sie mich regelmäßig, über Geheimwege (durch ein Loch im Zaun) und unter Umgehung der Eintrittsgebühren, in den *sabong* – die Hahnenkampfarena – zu locken. Der *sabong* gilt gemeinhin als ausgesprochen männliche Domäne.[44] Die Strategien Belens und ihrer Freundinnen, über Mittelsmänner an den Wetten teilzunehmen, lockten meine Neugierde und mein ethnographisches Interesse allemal. Belen wiederum fühlte sich vor den kritischen Blicken ihres Mannes und ihrer Schwiegermutter selbstsicherer und „legitimierter“, indem sie mich wohlwollend tolerierend auf ihrer Seite wusste. „Andrea, heute habe ich wieder gewonnen“, rief sie stolz und laut in den Hof, wenn das Glück auf ihrer Seite war. Oder: „Ich habe rechtzeitig aufgehört, bevor der Verlust mich geschmerzt hätte.“ Sie inszenierte ihre Spielleidenschaft als eine aufregende Art des Geldgewinnes entgegen einen moralisierenden „Verwerflichkeitsdiskurs“. Ich war zur Komplizin geworden, sie brauchte nicht zu fürchten, dass ich ihr Faible degoutiert und rufschädigend etwa an den strengen (katholischen) Hausherrn (und Patron) weitergeben könnte.

In der Rolle als „Tochter“ schließlich wurde ich mit verschiedenen Erwartungen und Loyalitätsverpflichtungen konfrontiert, die nicht ohne Gesichtsverlust und Schamgefühle abgeschüttelt werden können. Rein rechnerisch ist Belen nur 5 Jahre älter als ich. Sie fühlte sich mir nah, sie empfand Verant-

44 Zu den Geschlechterverhältnissen siehe Kapitel 4 *Schwierige Frauen – gute Männer, gute Frauen – schwierige Männer*.

wortung für mich und war mir überlegen. Sie war diejenige, die sich um mich wie eine Mutter kümmerte, mich versorgte, mir philippinische Etikette beibrachte, meine Kleidungspraktiken unaufgefordert beratend kommentierte. Dafür erwartete sie von mir eine Loyalität und Verpflichtung wie von einer Tochter – erst recht, wenn ich nicht auf den Philippinen, sondern im (reichen) Deutschland weile.[45]

Verstehen – so möchte ich am Ende dieses Kapitel festhalten – ist ein vielstimmiger, von Machtverhältnissen durchdrungener, interaktiver, fortwährend sich wandelnder Prozess (Kondo 1986), der durch die „Vielseitigkeit" der Forschungsörtlichkeiten noch eine besondere Dynamik erhält. Etwas verhaltener und skeptischer, aber dennoch entschieden, klingen folgende Worte, wonach ethnographische Arbeit mit der paradoxen Erkenntnis leben muss, „[being a] process by which each of us confronts our respective inability to comprehend the experience of others even as we recognize the absolute necessity of continuing the effort to do so" (Brodkey 1987: 74).

Ich hoffe meine Leser und Leserinnen fühlen sich neugierig (genug) für den Weg des Verstehens. Auf der Suche nach kollektiven Erinnerungsspuren möchte ich sie auf die Philippinen mitnehmen, die im folgenden Kapitel als eine historisch gewachsene Kultur der Migration vorgestellt wird.

45 Zu Familienbeziehungen siehe auch Kapitel 4.

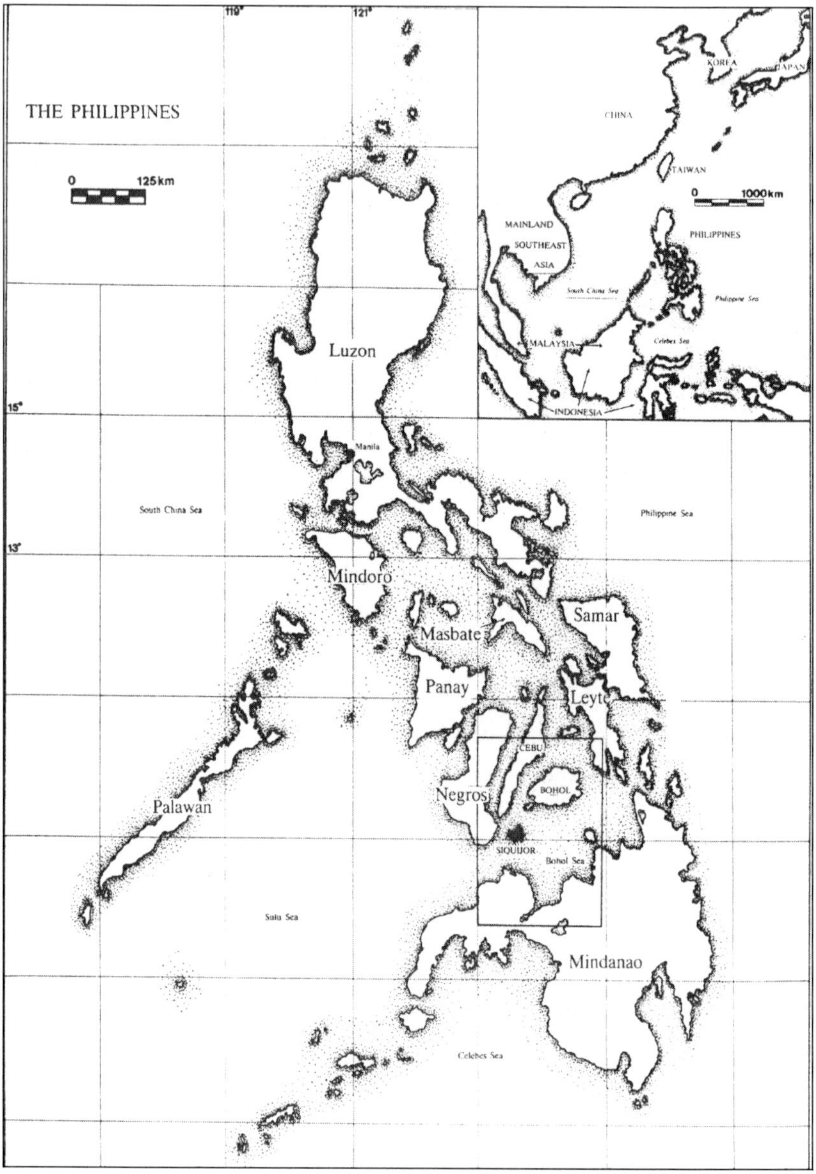

Abbildung 2: Karte: Philippinen

2 Die Philippinen – eine „Migrationskultur"

Politische, sozio-ökonomische und kulturelle Aspekte zur Migrationsgeschichte der Philippinen.

Wer die Philippinen bereist, bewegt sich mit Bussen, Jeepneys[1] und vor allem mit Schiffen fort. Dies liegt nahe bei einem Land, das sich aus über 7.000 Inseln zusammensetzt. Seien es nun kleine Auslegerboote oder riesige Fährschiffe, schnelle Motorboote oder laut dröhnende, gemächlich dahintuckernde Fracht- und Passagierdampfer, die reisende Ethnologin hatte sich fast immer in völlig überladene Verkehrsmittel zu zwängen. Im Unterschied zu den ihr vertrauten übervollen U-Bahnen zur „rush hour" in einer städtischen Metropole reist auf diesen Schiffen eine bunte, vielfältige Cargo mit: Koffer, Kisten, verschnürte Kartons, gefüllte, überquellende, mühsam verpackte Marktkörbe, grunzende Schweine, von ihren Besitzern liebevoll getätschelte Kampfhähne, Bananenbündel, Säcke mit Reis und Knollen, alles findet noch einen Platz. Die Reisende fühlt sich einer verwirrenden Mischung an visuellen, akustischen und olfaktorischen Eindrücken ausgesetzt: Verpackte Hifi-Anlagen konkurrieren mit dem intensiven Aroma der Durian-Frucht, Bauchladenverkäufer preisen lautstark letzte *pasalubongs* (Mitbringsel), Getränke und Barbecue an, Gesprächsfetzen in Englisch, Tagalog und anderen lokalen Sprachen[2]

---

1 Jeepneys sind „wie der Phönix aus der Asche" (Wendt 1994: 59) aus den amerikanischen Armeejeeps hervorgegangen und stellen heute leuchtend bunt und „pop-barockig" umgebaut – ein wesentliches öffentliches Verkehrsmittel und Transportmittel dar. Mittlerweile sind sie auch Fokus folkloristischer Studien geworden (Menez 1996, Torres 1979). Mit ihren metaphernreichen Verzierungen – Kühlerhaube und Seiten sind mit Hahnenkampfszenen, Heiligenbildern, Pferden, ländlichen Idyllen, aber auch mit Sprüchen aus Soap Operas oder aus der Welt der Migration verziert – gelten sie als Symbol philippinischen Einfallreichtums, Improvisationstalentes und kultureller Identität. Sie heißen *Street Hero*, *Highway Star*, aber auch *Good Mother* und *Immaculate Conception* oder *Santo Nino* oder – mit Migrationsbezug – *Desert Storm*, *Anak ng Deserto* (Kind der Wüste) und dröhnen mit pulsierender, ohrenbetäubender Musik durch die Straßen.

2 Die sprachliche Situation auf den Philippinen ist sehr komplex. Die philippinische Tieflandgesellschaft ist geographisch und linguistisch sehr fragmentiert. So soll es mehr als 100 gesprochene Sprachen geben, neun davon gelten als die vorherrschenden Sprachen und werden von 90% der Bevölkerung gesprochen: Tagalog, Cebuano, Ilocano, Hiligayon, Bicol, Waray, Pampango, Pangasinan und Marano. Pilipino, die Nationalsprache beruht vor allem auf dem Tagalog,

werden übertönt von Pop-Musik, Videofilmvorführungen (von Wrestling-Kämpfen bis Schönheitsschauen), Kindergeschrei und Hahnengekrähe. In diesem Teil der Welt, so begreift die Reisende sehr schnell, ist der Begriff Insel nicht notwendigerweise mit Abgeschiedenheit und Isoliertheit gleichzusetzen. Ganz im Gegenteil, das Land der vielen Inseln beeindruckt die reisende Ethnologin durch eine Dynamik und Mobilität, die bereits die ersten Gespräche, in die sie verwickelt wird, bestätigen: Saan galing kayo? Nasaan pupunta kayo? Where do you come from? Where are you going? So grüßen und fragen sich die in der übervollen Enge aneinandergerückten Passagiere nach ihrem Woher und Wohin und wenden sich dabei mit besonderer Aufmerksamkeit an die offensichtlich nicht-philippinische Reisende. Diese hat auf ein beliebtes Frage- und Antwortspiel zu reagieren: „No, it is not my first time in the Philippines!" „No, I am no Missionary." „No, I am not in the Peace Corps. I am no American." „No, I am not engaged in business." „So, what is your mission?" kommt spätestens an dieser Stelle die Frage nach dem Sinn der Reise. „I am an Anthropologist. Maybe I shall write a book about migration." Die Ethnologin wiederum erfährt bereits in ersten kurzen Reisegesprächen über die weltweite Vernetzung philippinischer Familien: „My Aunty is in Italy, my brother in Saudi, and my cousin in Taiwan." „The sister of my neighbour is married with a German, and their cousin, too." „My wife is in Singapur." „My niece is cultural dancer in Japan." Brüder und Schwestern leben und arbeiten in Singapur, Hongkong, Taiwan, Griechenland, Australien, Japan; Cousins und Cousinen, Onkel und Tanten sind in Amerika, Saudi, Europa (in Deutschland, Holland, Norwegen ...), Väter und Mütter halten sich in Canada, auf hoher See, in Hawaii auf, und sie erfährt von vielen „Caucasians", die sich auf den Philippinen niedergelassen haben. Ferne und nahe Familienangehörige werden als „being abroad" aufgezählt. Es drängt sich der Eindruck auf, als ob *jede* philippinische Familie über Familienmitglieder multinational vernetzt sei, eine Art globale Familie bilde.[3]

---

die Sprache der Hauptstadt und der benachbarten Provinzen. In den zentralen Inseln, wo von wesentlich mehr Menschen Cebuano und andere Visaya-Sprachen gesprochen werden, wird die staatlich verordnete Dominanz des Tagalog/Pilipino nicht akzeptiert. Häufig erlebte ich, dass sich die Menschen dort weigerten, mit mir Tagalog zu reden. Sie griffen eher auf das Englisch zurück, als die Sprache einer (höheren) Schulausbildung. In den 1980er Jahren konnten angeblich die Hälfte der Bevölkerung Pilipino sprechen. In vielen Regionen dominiert die lokale Sprache das tägliche Leben. Daher sind viele Filipinos mehrsprachig: sie sprechen die lokale Sprache im Alltag, Pilipino und Taglish als städtische *lingua franca* und Englisch in Wirtschaft, Regierung und Ausbildung (siehe auch die Fußnoten 17 und 26).

3 Zahlen von 1988 geben eine Vorstellung, für Ende der 1990er Jahre ist von einer starken Zunahme auszugehen: ca. 15% aller Familien erhalten Einkommen von „abroad", was ca. 30% ihres Gesamteinkommens ausmacht (Abella 1991: 7, zit. nach Stalker 1994). Abella geht davon aus, dass „Übersee-Filipinos" über 1 Billion US $ jährlich ihren Angehörigen auf die Philippinen überweisen. (Offizielle Zahlen belaufen sich auf 910 Millionen US $. Da viel Geld über informelle Ka-

Zahlen bestätigen erste Impressionen. Die Philippinen sind neben Mexiko die (zweit)größte Emigrations-Nation der Welt. Millionen von Filipinos und Filipinas leben in mehr oder weniger befristeten Aufenthalten nicht nur im westlichen Ausland, sondern – im Kontrast zu Mexiko, dessen Arbeitsmigration vor allem nach Nord-Amerika zielt – in der ganzen Welt zerstreut. Über 2 Millionen Filipinos und Filipinas arbeiten und leben als „Oversea Contract Worker“ (OCW) in über 130 Ländern der Welt. Ende der 1980er Jahre wurden 1,5 Millionen legale OCW registriert, man geht von weiteren mindestens 2 Millionen (und noch mehr) nicht registrierten Arbeitsmigranten aus. Aktuellere Schätzungen gehen von 6,5 Millionen philippinischen Migranten aus (Parreñas 2001: 1, Shinozaki 2003: 67f., Espiritu 2003)[4], es gibt sogar Quellen, denen zufolge 10 Millionen Filipinos und Filipinas ihre philippinische Heimat verlassen haben (Drilling 1997: 27).

Migrationen sind für die Philippinen kein neues Phänomen. Filipinos werden gerne als (schon immer) mobile Menschen charakterisiert. So beschreibt der Ethnohistoriker Scott vor-koloniale, vor-spanische Filipinos als eine „vigorous and mobile population adjusting to every environment in the archipelago, creatively pondering local variations in response to resources, opportunities and culture contacts, able to trade and raid, feed and defend themselves“ (Scott 1992: 12). Und der philippinische Historiker Salazar befindet: „Our historical consciousness, indeed, is that of people constantly on the move across land and beyond“ (Salazar 1987: 466). Über viele Generationen hinweg sind die Menschen sowohl innerhalb des Archipels als auch nach Übersee („abroad“) migriert, um ihr Leben zu verbessern oder an neuen Möglichkeiten teilzuhaben.

Die begrenzten Möglichkeiten in bestimmten Regionen, das Arbeiten in und die Kolonisierung von innerphilippinischen Randgebieten, sowie die Abhängigkeit von saisonaler Plantagenarbeit z. B. auf den großen Zuckerplantagen weniger reicher Landbesitzer, als auch daraus erwachsenen globalen Marktverflechtungen, hat Generationen von philippinischen Arbeitern auf andere Inseln oder in andere Kontinente migrieren lassen und vermittelt die Er-

---

näle, über Verwandte, Freunde und andere „Schatten“-Kuriere übermittelt wird, kann man bis zu einer Verdreifachung der offiziellen Zahlen ausgehen (Abella 1989). In den letzten 20 Jahren ist die Zahl der Migranten enorm angestiegen. „The overall scale of this development can bee seen in the fact that in 1995, remittances from overseas workers accounted for 25% of all Philippine exports“ (Markillie 1996: 7). Johnson erwähnt einen *survey*, dem zufolge 39% aller Befragten Verwandte hat, die im Ausland arbeiten. „Significantly, women account not only for some 70% of those reported to be working abroad but apparently also for a comparatively higher proportion of professional or skilled workers abroad“ (Johnson 1997: 81).

4 Bei diesen Zahlen handelt es sich „nur“ um ArbeitsmigrantInnen (OCW – Overseas Contract Worker) (Catholic Institute for International Relations 1987). Steinberg nennt schon allein über 2 Millionen Filipinos, die in den USA leben und somit die zweitgrößte *community* von Asian-Americans in den USA darstellen (Steinberg 1994: 42; vgl. auch Yukawa 1996: 1-35).

fahrung einer mobilen, wenig verwurzelten Gesellschaft (Larkin 1993). Wo Generationen von Migranten hin- und her-migrierten, hat sich Migration in ein kulturelles System eingewoben und als ein Kulturmuster etabliert.[5] Interessant ist dabei der Gedanke, die Reisen der internationalen ArbeitsmigrantInnen als eine moderne säkulare Version alter religiöser Rituale in Südost-Asien zu deuten. Entsprechend religiöser Pilgerreisen, wo z.B. ein Schamane lange, metaphorische und symbolische Reisen unternimmt (Magos 1992), um Wissen, Erfahrung, spirituelle Begabung und Überlegenheit zu erlangen (Fox 1987), ist die Beschäftigung in Übersee als eine Art säkulare Pilgerschaft geschätzt auf der Suche nach ökonomischer Belohnung und Lebenserfahrung. Internationale Arbeitsmigration wird so als eine Reise der Vollendung gedacht, die bei erfolgreicher Bewältigung eine prestigevolle anerkannte Position verspricht (Aguilar 1996: 114ff.).[6] Dabei begünstigt die soziale Einbettung in eigendynamische Netzwerke den Wettbewerb und Vergleich innerhalb der Familie und Gemeinde: Ansehen und Prestige erfolgreicher Vorbilder spornen gewiss zur Nachahmung an (Goss/Linquist 1995).

Die Tatsache, dass internationale Migration zu einem vitalen Lebensstil einer ganzen Nation gehört, steht als Ausgangspunkt (und Endpunkt) dieses Kapitels. Mit verschiedenen Argumentationssträngen, die historische, koloniale und postkoloniale, ökonomische und politische Aspekte in den Blick nehmen, möchte ich mich diesem Phänomen annähern und den makrostrukturellen Rahmen skizzieren, von dem die Heiratsmigrantinnen, die fokussierten Akteurinnen meiner Studie, geformt und geprägt sind. Meine Ausflüge in die phi-

---

5 Cahill nennt dieses Phänomen „migration mentality“, die zum Kern der philippinischen Kultur durchgesickert sei (Cahill 1990: 34f.). Die Erforschung möglicher Gründe einer solchen, im philippinischen Kontext sehr realen, Migrationsmentalität überlässt er zukünftiger Forschung. Das Stichwort „Culture of migration“ wurde mit ähnlichen Argumenten für karibische Gesellschaften und für Mexiko herausgearbeitet. Migration wurde, wenn auch nur kurzfristig, so etwas wie eine „rite de passage“, ein Weg, um die Welt kennen zulernen und an den gesammelten Erfahrungen zu reifen (vgl. z.B. Pessar 1991).

6 Die Gedanken von dem philippinischen Anthropologen Aquilar zur Liminalität und Wiedererlangung einer neuen Identität bei der Arbeitsmigration als „rite de passage“ sind etwa folgendermaßen zusammengefasst: Obwohl sich die Migranten über die Herausforderungen der „journey of achievement“ bewusst sind, sind doch viele nicht auf die verbalen und manchmal auch körperlichen Demütigungen gefasst (vgl. auch Margold 1995: 275). Dabei wird die Würde und Menschlichkeit durch das Prisma der Nationalität wiederhergestellt, genauso wie sie durch das Prisma der Nationalität angegriffen wird. Stereotype Zuschreibungen geschehen aufgrund von ‘race’ und Nationalität (Filipinas sind sauber, Filipinas reden englisch, Filipinas sind hellhäutiger als andere, sie sind dumm, naiv, weil sie Filipinas sind). Identitätskrise und soziale Liminalität ist mit ihrem Philippinischsein untrennbar verbunden. Daher ist jegliche Verteidigung von Selbstwert, Würde und Ehre ebenfalls durch das Philippinischsein (Nationalität) mediatisiert. Die Lösung aus dieser doppelten Krise (doppelten Liminalität) führt zu einer Verstärkung der Identität als Filipina (Aquilar 1996: 113ff.).

lippinische Geschichte und Zeitgeschichte kreisen vor allem um die Frage nach philippinischer Identität. In Gesprächen charakterisieren sich Filipinos häufig als „very westernised". Sie trügen spanische Namen, äßen chinesisches Essen, und schickten ihre Kinder auf amerikanische Schulen. Einige fassen philippinische Geschichte salopp witzelnd als „300 Jahre in einem spanischen Kloster, gefolgt von 50 Jahre Hollywood" zusammen. Solche nicht nur ironisch gemeinten Selbstbeschreibungen gegenüber einer fremden weißen Besucherin reflektieren einen kulturellen Identitätsdiskurs, der auf den Philippinen durchaus widersprüchlich geführt wird.

Philippinische Geschichte und philippinische Identität rühmen sich eines gemischten (hybriden) Erbes, das sich aus einheimischen (vorkolonialen), spanischen (kolonialen) und amerikanischen (neokolonialen) Quellen und Einflüssen zusammensetzt. Nach dem philippinischen Historiker Renato Constantino äußere sich die starke kulturelle Prägung durch Spanien und die USA in einem deformierten und beschädigten Selbstwertgefühl der Filipinos, einer kolonialen Mentalität, die sich in ihre Seelen und Köpfe eingezeichnet hätte (Constantino 1969, 1978). Andere sprechen von einer gespaltenen nationalen Identität, einer kulturellen Schizophrenie, pendelnd zwischen dem Osten und dem Westen, zwischen konservativ und progressiv, zwischen pietistisch und expansiv (Sacerdoti 1984). Gerne wird auf die Erfahrungen der philippinischen Tieflandgesellschaften[7] mit Bildern eines „layer-cakes" (geschichteten Kuchens) rekurriert. Zweifellos ist diese Gesellschaft von einer vielfältigen kolonialen Geschichte geprägt. Die Frage nach einer *authentischen* philippinischen Kultur muss jedoch neu gestellt werden und kann sich nicht in polarisierenden Positionen erschöpfen, die dem „authentisch Philippinischen" das „nichtauthentisch Andere" gegenüberstellen. Fragen wie: Sind die Filipinos Opfer eines kulturellen Imperialismus? Haben sie ihre asiatischen Wurzeln vergessen? sollten erneuert und erweitert werden durch Fragen nach den kreativen, aktiven Anteilen der Aneignung, Indigenisierung und Verwerfung externer, westlicher Einflüsse. Der Facettenreichtum philippinischer Identitätskonstruktionen wird mit einem Identitätskonzept verstehbar, welches Identität als interaktiven, dynamischen Prozess begreift.

7 Ethnographie und Historiographie der Philippinen kontrastieren das Hochland vom Tiefland: Während die Hochlandbewohner auf koloniale Invasionen mit Rückzug und extremer Abgrenzung reagierten, traten die Tieflandbewohner in einen intensiven Austausch mit den Vertretern kolonialer Macht. Dieser Kontrast benennt charakteristische Unterschiede zwischen Hochland- und Tieflandgesellschaften, die die gesellschaftliche Wirklichkeit auf den Philippinen bis heute strukturiert und auseinanderdividiert. Obwohl die Tieflandbewohner die Berge – das Hochland – als einen wilden und furchteinflössenden Ort begreifen, sahen und sehen sie in ihnen auch eine ökonomische und politische Zufluchtsmöglichkeit. Auch die philippinische Tieflandgesellschaft reagierte mit verschiedenen Strategien zwischen wohlwollenden Austauschbeziehungen und Rückzug gegenüber kolonialen Machteinflüssen. Sie hatte ihre eigenen Bewegungen „up and down the mountains", wie die verschiedensten Guerilla- und Widerstandsbewegungen belegen.

Mit diesen Überlegungen gliedert sich mein Vorgehen in diesem Kapitel in drei Haupt-Schritte:

1. Mit einer Metapher aus der philippinischen Küche nähere ich mich dem Stichwort „Mischkultur“ mit einigen theoretischen Überlegungen in Weiterführung meiner Positionierung in der Einleitung *(Menschen, Prozesse und Identitäten)* an.
2. Nicht nur die Speisekarte, sondern die gesamte Kultur der Philippinen war vielfältigen Einflüssen ausgesetzt. In einem weiteren Schritt sollen daher einige Schlaglichter auf diese historischen Präsenzen[8] und Bezüge geworfen werden *(Historische Grenzen und Grenzüberschreitungen).* Die verschiedenen Etappen der kolonialen und neokolonialen Geschichte werden nicht unbedingt im selben Umfang referiert, zum Teil handle ich sie nacheinander ab, auch wenn sich die jeweiligen „Vergegenwärtigungen“ de facto überschneiden. Die enorme historische Bedeutung der chinesisch mestizischen Minderheit schien mir besonders erwähnenswert *(Chinesen als Filipinos)*, ebenso wie mir ein anschließender Exkurs zum Mestizentum sinnvoll scheint. Dies umso mehr, da viele meiner Gesprächspartnerinnen in ihren Gesprächen darauf Bezug nahmen.
3. In einem dritten Schritt schließlich wird die neo- und postkoloniale Geschichte entlang der Arbeitsmigrationsverläufe geordnet *(Globale Themen und lokale Muster).* Arbeitsmigrationen fanden – wenn auch nicht so extensiv wie in der Nachkriegsära – bereits in der kolonialen Ära statt. Diese Überschneidungen gilt es bei meiner sukzessiven Darstellung im Blick zu behalten.

Menschen, Prozesse und Identitäten

Philippinische Menschen und philippinische Kultur sind nicht nur durch eine hohe Mobilitätsfreudigkeit zu charakterisieren, sondern auch durch eine ausgeprägte Bereitschaft, Fremdes wahrzunehmen, aufzugreifen, wertzuschätzen und es sich imitierend, transformierend ‚einzuverleiben‘. Tatsächlich ist der Rekurs auf die philippinische Küche sehr beliebt und weit verbreitet, um die verschiedenen kulturellen Quellen und Wege philippinischer Geschichte und Identität zu entschlüsseln.[9]

---

8 Ich verwende den Begriff nach Stuart Hall, der die Metapher „Présence Africaine“ eines Aimée Césaire's und eines Leopold Senghors entliehen hat, um die verschiedenen historischen kulturellen „Vergegenwärtigungen“ zu benennen, die die Komplexität kollektiver karibischer Identität konstituieren (Hall 1990).

9 Vgl. z. B. Fernandez 1994 (darin Kapt. IV. „Food in Philippine History“, S. 183ff.). Philippinische „Foodways“ sind nicht leicht nachzuzeichnen und reflektieren deutlich philippinische Geschichte. „The foreign influences being indigenized into a changing culture. An exploration of these patterns will obviously provide a key to the understanding of national identity [...]“ (ibid. S. 220). Die

Abbildung 3: Straßenverkäuferin beim Mischen von *Halo-Halo*

Ein besonders treffendes Bild charakteristischer zentraler Facetten philippinischer Kultur liefert eine Art philippinischer Eisbecher, *Halo-Halo* (Mischmasch) (vgl. auch Wendt 1994). Zu den Zutaten gehören kleingeschnittene Früchte wie Mango, Banane, Papaya, das Fleisch der jungen Kokosnuss, dazu kommen in Sirup gekochte Bohnen, gewürfeltes Wurzelgemüse wie *Kamote* (Süßkartoffel) oder lilafarbene *Ubi* (eine Yamsart) und Sagokügelchen. Das

---

Autorin nimmt die Leser mit auf eine kulinarische Reise malayischer, indisch-arabischer, chinesischer, mexikanisch-spanischer und amerikanischer Couleurs: Dem Grundstock einheimisch-malaiischer Gerichte wie *sinigang* (gesäuerte Suppe mit Fleisch- oder Fischeinlage) oder *sumam* (in Bananenblätter gedünsteter glutinierter Reis) fügten die Spanier eine Reihe von Gerichten zu, ohne die die philippinische Küche nicht mehr existieren könnte wie etwa *adobo* (ein Gericht aus Fleisch, Fisch oder Gemüse gekocht), *embutido* (Schweinefleischpastete) oder *leche flan* (Karamelpudding), und die Chinesen steuerten z.B. die unverzichtbaren *pansit* (Nudelgericht) oder *lechon* (knuspriges Spanferkel) bei. Von den Amerikanern kamen ohne Zweifel die Steaks, MacDonalds und Kentucky Fried Chicken. Selbst *Spaghetti* (mit süßen Würstchen und sparsamem Ketchup aufbereitet) und seit neuestem *Shawarma* (so etwas wie Gyros) haben ihre unverwechselbare Philippinisierung erfahren.

ganze wird mit geraspeltem Eis vermengt und mit gesüßter Dosenmilch übergossen. Nur die *Gesamtheit* dieser Zutaten, wobei Eis und gesüßte Dosenmilch eindeutig die modernen Einflüsse repräsentieren, macht diese unverwechselbare philippinische Mischung aus.

Die Philippinen (genauso wie die Speisekarte) als ein *Produkt* kolonialer Mächte zu beschreiben, impliziert eine Geschichtsauffassung, der zufolge philippinische Kultur und Gesellschaft sich hauptsächlich aufgrund äußerer Einwirkungen herausgebildet hat. *Halo-Halo* hingegen liefert mir ein Bild kultureller Identität, in der die Prägungen kolonialer Mächte zweifellos wahrgenommen werden. Allerdings spielen philippinische Menschen dabei nicht nur die Rolle passiver Opfer einer über sie hinwegrollenden und gleichzeitig sich machtvoll einschreibenden Geschichte, sondern sie sind Akteure in einem dynamischen Prozess, der die Mischkultur hervorbrachte.

Eine neuere kulinarische Metapher philippinischer Identitätskonstruktion sei an dieser Stelle hinzugefügt. Es handelt sich dabei um ein Fleischgericht aus dem Mittleren Osten, *shawarma*, das den philippinischen Geschmack seit Mitte der 1990er Jahre im Sturm erobert hat. Zurückkehrende Arbeitsmigranten aus den arabischen Golfstaaten („Saudi“ – so die philippinische Abkürzung) – haben die Realität ihres erfolgreichen Übersee-Aufenthaltes mit der Errichtung zahlreicher neuer *shawarma*-Imbissbuden unübersehbar markiert, und die philippinische Öffentlichkeit hat darauf enthusiastisch reagiert. Dies ist umso bemerkenswerter, als der philippinische Geschmack bisher dafür bekannt war, *nicht* „hot and spicy“ zu essen. Ebenso begeistert klingt die bedenkenswerte Interpretation eines philippinischen Intellektuellen:

> „In the guise of international labor migrants, ordinary men and women have built from the bottom up a new internationalist perspective, *the shawarma even transforming the OCW (Oversea Contract Worker, A.L.) into an icon of authenticity in the Filipino's globalized world*“ (Aguilar 1996: 112, Hervorhebungen A.L.).

Einige philippinische Historiker kritisieren solche Studien über die Kolonialzeit heftig, die philippinische Geschichte nur auf die Macht äußerer Einflüsse reduzieren, indem sie entweder nur die Christianisierung eines unterworfenen Volkes betonen, oder die Hispanisierung von indigenen Kulturen beschreiben. Eine derartige Betrachtungsweise betone irrtümlicherweise die Passivität einer lokalen Kultur und bewerte die äußeren kulturformenden Elemente zu stark (z.B. Rafael 1988, Ileto 1979). Nur bei oberflächlicher Betrachtung ließen sich die Philippinen als bizarre Kopie Spaniens oder der U.S.A. beschreiben. Ohne die gewalttätigen und destruktiven Aspekte kolonialer Geschichte beschönigen zu wollen, sieht sich eine Ethnologie und Sozialgeschichte des philippinischen Tieflandes durch die Analyse indigener Übersetzungsleistungen herausgefordert (vgl. Canell 1999: 5ff., siehe auch weiter unten).

Kulturelle philippinische Identität, so sollte bisher deutlich geworden sein, wird *nicht* als eine fixierbare Essenz begriffen, die nur in einem quasi archäologischen Verfahren ausgegraben und freigelegt werden muss, um dann als „wahrer Ursprung“ einen sicheren Fixier- und Bezugsrahmen zur Verfügung zu stellen.[10] Meine Ausführungen folgen vielmehr der Idee, Identitäts-Produktion als einen Prozess zu betrachten, als eine fortwährende Wiedererzählung von Geschichtsverläufen.[11] Dieser Prozess ist nie vollendet und konstituiert sich immer innerhalb der jeweiligen Repräsentationen. Kulturelle Identität ist also positioniert, steht immer in einem Kontext (zeitlich und örtlich, bezüglich der Vergangenheit und bezüglich der Zukunft), „it is a matter of ‚becoming' as well of ‚being'" (Hall 1990: 225).

„It belongs to the future as much as to the past. It is not something, which already exists, transcending place, time, history and culture. Cultural identities come from somewhere, have histories. But, like everything which is historical, they undergo constant transformation. Far from being eternally fixed in some essentialised past, they are subject to the continuous 'play' of history, culture and power. Far from being grounded in a mere 'recovery' of the past, which is waiting to be found, and which, when found, will secure our sense of ourselves into eternity, identities are the names we give to the different ways we are positioned by, and position ourselves within, the narratives of the past" (Hall 1990: 225).

Mit einem prozessualen, positionierten Identitätskonzept werden sowohl Gleichartigkeit als auch signifikante und tiefgreifende Unterschiede anerkannt. Diskontinuitäten und Brüche, die eine philippinische Identität konstituieren, und die der Idee einer gemeinsamen Erfahrung widersprechen, können heuristisch wahrgenommen werden. Hall spricht von zwei Achsen oder Vek-

10 Wenn intellektuelle philippinische Nationalisten in den politisch bewegten Jahren der 1980er fast verzweifelt nach ihren „wahren" philippinischen vorkolonialen Wurzeln suchten, in deren Verlauf sie u.a. die philippinische Minderheitenkulturen wiederentdeckten und folklorisierten, so lag diesen essentialisierenden Identitätsstrategien das verständliche Bedürfnis zugrunde, sich gegen neokoloniale und imperiale Zugriffe mit einer gemeinsam geteilten kulturellen Identität, mit dem wahren eigenen Selbst zu behaupten (vgl. z.B. Ignacio 1998). Eine derart gemeinsame Identität ist also eine Einheit gedacht, die für *eine* gemeinsam geteilte Geschichte, für gemeinsame Ahnen, als gemeinsame Quelle jenseits der Unterschiede steht. Dieser Akt einer „imaginären Wiedervereinigung" (imaginary reunification – Hall 1990: 224) ist ohne Zweifel von Bedeutung in einem Kampf gegen hegemoniale Vereinnahmung.
Franz Fanon nennt die Wiederentdeckung einer „essentiellen" Identität in postkolonialen Gesellschaften eine leidenschaftliche, ja besessene Suche „[genährt und geleitet] von der geheimen Hoffnung, jenseits der gegenwärtigen Misere, dieser Selbstverachtung, dieser Abdankung und Selbstverleugnung, eine schöne und leuchtende Ära zu finden, die uns sowohl vor uns selbst als auch vor den anderen rehabilitiert" (Fanon 1981: 178).

11 Hall (1990: 226) spricht von „histories", „and histories have their real, material and symbolic effect. […] Cultural identity is not a fixed essence at all, lying outside history and culture. It is not some universal and transcendental spirit inside us on which history has made no fundamental mark. It is not once-and-for-all. It is not a fixed origin to which we can make some final and absolute return. [...] Of course it is not a mere phantasm either. It is *something* – not a mere trick of the imagination" (ibid).

toren, die gleichzeitig wirksam sind: Der Vektor der „similarity and continuity“ und der Vektor der „difference and rupture“ (S. 226). Die dialogische Beziehung dieser beiden Achsen macht das Nachdenken über kulturelle Identität aus. Die eine Achse der Ähnlichkeit und Kontinuität gibt Begründung in und Kontinuität mit der Vergangenheit, die andere erinnert, dass gerade die Erfahrung einer tiefgreifenden Diskontinuität eine gemeinsame Erfahrung ist.

Ähnlich wie Hall für karibische Identitäten argumentiert, wo Sklaverei, Umsiedelungen, Deportationen, Kolonisierung und Migration die gemeinsamen „entwurzelten“ Erfahrungen von Menschen ausmachen[12], können Larkins Ausführungen zur philippinischen Tieflandgesellschaft gelesen werden, der diese vor allem durch (Binnen-)Migrationen charakterisiert sieht. Gerade durch Migrationen wurde der heterogenen philippinischen Kultur ein gemeinsamer Erfahrungshintergrund mitgegeben, der sich homogenisierend auswirkte. Doch trotz dieser Homogenisierung bleiben Geburtsort, Sprache bzw. Dialekt und Familienhintergrund deutlich trennende Elemente (Larkin 1972, 1993; vgl. auch Steinberg 1994: 40f.).

Differenz und Kontinuität, das sind die Elemente, die fast widersprüchlich schockierend in ihrer Doppelheit existieren. So gibt es eine gemeinsame Geschichte der Kolonisation und Transportation, die tiefgreifend geprägt und geformt, aber dennoch keine Einheitlichkeit hergestellt hat, denn es war metaphorisch wie auch wörtlich eine Übersetzung (Hall 1990: 228).[13]

Um diese Differenz zu erfassen, die eben keine reine „otherness“ ist, greift Hall auf Derridas Ausführungen und seine Vorstellung von ‚différance‘ zurück. Derrida – der durch den Linguisten de Saussure und den sogenannten „linguistic turn“ beeinflusst wurde – geht davon aus, dass Bedeutung (*meaning*) über die Doppelstrategien von Verschiedenheit (*to differ*) und Verschiebung (*to difer*) erzeugt wird. Genauso wie Wort-Bedeutungen in Beziehungen der Ähnlichkeit und der Differenz entstehen, die Worte zu anderen Worten innerhalb des sprachlichen Codes haben, wird auch Identität – Ich – in Relation zum ‚anderen‘ (beispielsweise psychoanalytisch gesehen zur Mutter, die ich nicht sein kann) gesehen. Genauso wie Worte vielfache Echos transportieren, lässt sich auch eine Identität nicht endgültig fixieren. Für Derrida kann es keine festgelegten Signifikate (Begriffe, Bedeutungen) geben, und die Signifikanten (Laut- und Schriftbilder), die ihre Identität nur aus der Verschiedenheit voneinander beziehen, sind einem endlosen Verschiebungsprozess unterworfen. Bedeutung ist instabil, immer gibt es ergänzende Bedeutungen. Und

---

12 „The paradox is that it was the uprooting of slavery and transportation and the insertion into the plantation economy (as well as the symbolic economy) of the Western world that ‘unified’ these peoples across their differences, in the same moment as it cut them off from direct access to their past“ (Hall 1990: 227).

13 Vgl. hierzu auch Rafael 1988, der in seiner Studie die Übersetzung christlicher spanischer Texte ins Tagalog als eine sowohl wörtliche als auch metaphorische „Translation“ versteht. Analog zu Halls Feststellung, Martinique sei beides: Es *ist* und es *ist nicht* französisch, ließe sich ausrufen: die Philippinen sind und sind nicht spanisch, sie sind und sind nicht amerikanisch.

jedes weitere Bemühen, beständige Worte zu schaffen, bringt neue Bedeutungen hervor und untergräbt die vorangegangenen Fixierungsversuche. Bedeutungen (meaning and representation) sind nie unveränderlich und vollendet, sondern werden in jeweiligen Kontexten in Frage gestellt und neu bestimmt, stehen ständig neuen Lesarten und Interpretationen offen.[14] Kulturelle Handlungsmuster behalten ihre Bezeichnung und ihre äußere Form, ihre jeweilige Bedeutung und ihr Sinn für die Akteure können hingegen im historischen Kontext spezifisch umgedeutet werden.

Eine so verstandene Differenz ist eng verknüpft mit dem Begriff der Ambivalenz, den Homi Bhabha in die (post-)koloniale Diskurs-Theorie eingeführt hat (Bhabha 1994, vgl. Ashcroft u.a. 1998). Sein Konzept der Ambivalenz umschreibt die komplexe Mischung von Attraktion und Abstoßung, die die Beziehung zwischen Kolonisator und Kolonisierten charakterisiert. Das Verhältnis ist deswegen ambivalent, weil das kolonisierte Subjekt sich niemals einfach und vollständig dem Kolonisator widersetzt. Ambivalenz heißt, dass Komplizentum (Mittäterschaft) und Widerstand in einer fließenden Beziehung innerhalb des kolonisierten Subjektes existieren. Bhabhas Ambivalenz-Konzept spaltet die eindeutige Autorität kolonialer Dominanz, denn es bringt die einfache Beziehung zwischen Kolonisator und Kolonisiertem durcheinander. Statt willfähriger kolonialer Subjekte, die Werte und Habitus reproduzieren, gehen aus dem kolonialen Diskurs ambivalente Subjekte hervor, deren Nachahmung *(mimikry)* nicht weit von Spöttelei *(mockery)* entfernt ist. *Ambivalenz* beschreibt diesen fließenden Zusammenhang von *mimicry* and *mockery*; eine Ambivalenz, die sich kolonialer Dominanz widersetzt und eine tiefe Störung eines autoritären kolonialen Diskurses produziert.[15] Dabei sind sowohl

---

14 Er bezieht sich mit seinem différance-Konzept auf die strukturalistische Zeichentheorie von de Saussure, der Sprache als ein abstraktes System von Zeichenketten auffasst. Jedes Zeichen besteht aus einem Signifikanten oder *Bezeichnenden* (Laut- oder Schriftbild) und einem Signifikat oder *Bezeichneten* (der Bedeutung). Die beiden Komponenten des Zeichens sind einander arbiträr zugeordnet, und es gibt folglich keine natürliche Verbindung zwischen dem Lautbild und der Vorstellung, für die es steht. Und jedes Zeichen erhält seine Bedeutung aus seiner Verschiedenheit (difference) zu allen anderen Zeichen in der Sprachkette, die Bedeutung der Zeichen ist also relational. Derrida übernimmt von Saussure das Prinzip, dass Bedeutung innerhalb der Sprache hergestellt und nicht von ihr widergespiegelt wird und dass die einzelnen Zeichen keine intrinsische Bedeutung haben, sondern ihre Bedeutung durch die Sprachkette und ihre Verschiedenheit von anderen Zeichen erhalten. Seine poststrukturalistische Antwort auf die Frage nach der Bedeutungsvielfalt und des Bedeutungswandels sieht er in der ständigen Verschiebung des Signifikates. Hier stellt er Saussures Logozentrismus in Frage, der die Bedeutung im Sprachsystem selbst zu lokalisieren sucht (vgl. Weedon 1991).

15 Eindrücklich hierzu ist auch die Dokumentation Lips in seinem 1937 veröffentlichten Buch „The Savage Hits Back“ (dt. Ausgabe 1983) oder der berühmte Dokumentarfilm des französischen Ethnofilmers Jean Rouche „Les Maîtres Fous“ (siehe auch Lauser 1993).

kolonisierte als auch kolonisierende Subjekte in die Ambivalenz eines kolonialen Diskurses verstrickt.

Kulturelle Identität – um wieder bei meiner Argumentationslinie zur philippinischen „Mischkultur“ anzuknüpfen – entsteht also in diesem widersprüchlichen und ambivalenten Raum. Bhabha nennt diesen „Third Space“ (Bhabha 1990), der nicht durch Essenz und hierarchische Reinheit charakterisiert ist, sondern durch Heterogenität und Diversität. Identität lebt also mit und durch Differenz, durch Hybridität[16], die in der durch die Kolonisierung produzierten Kontaktzone (*in-between space*) zur Entfaltung kommt:

> „It is significant that the productive capacities of this Third Space have a colonial or postcolonial provenance. For a willingness to descend into that alien territory [...] may open the way to conceptualizing an *inter*national culture, based not on the exoticism of multiculturalism or the *diversity* of cultures, but on the inscription and articulation of culture's *hybridity*. To that end we should remember that it is 'inter' – the cutting edge of translation and negotiation, the *in-between* space – that carries the burden of the meaning of culture“ (Bhabha 1994: 38).

Was in der postkolonialen kritischen Literatur mit Hybridität, Mix oder Mischung (Werbner/Modood 1997) umschrieben wird, erscheint mir als eine gute Erklärungsfolie philippinischer Erfahrung. Ich erinnere noch einmal an die Metapher des *Halo-Halo*, die Mischung der Speisen, welche sich philippinische Küche nennt. Nennenswert ist auch die philippinische Alltagssprache in den öffentlichen Print- und Bildmedien, das Taglish[17], das durch unzählige

Zur weiteren Diskussion von Bhabhas Ambivalenz-Konzept siehe den guten Überblick in Ashcroft u.a. 1998: 13ff. Inwieweit ambivalente, imitierende und ironische Praktiken in der alltäglichen Begegnung mit der europäischen Ethnologin gelebt wurden, wird in den Kap. 4 und 5 szenisch beschrieben werden.

16 Zum Begriff der Hybridität siehe Ashcroft u.a. 1998. Zur Entwicklung des Begriffes der kulturellen Hybridität siehe Young 1995. Die linguistischen Wurzeln des Begriffes sind in der Sprach-Theorie von Bakhtin zu suchen (siehe Young 1995: 21ff.). „Hybridity makes difference in sameness, and sameness into difference, but in a way that makes the same no longer same, the different no longer simply different“ (Young 1995: 26). In dieser Argumentation steckt eine Logik, die Derrida mit dem Begriff 'brisure' aufgreift: „A breaking and a joining at the same time, in the same place: difference and sameness in an apparently impossible simultaneity“ (ibid.). Damit wird das Konzept der Hybridität aus dem Umfeld der biologistischen Theorie wegbewegt hin zu einer kritischen Theorie der Kultur. Zu einer kritischen Begriffs-Geschichte siehe auch Papastergiadis 1997.

17 Vgl. Rafael 1995. In Rafaels brillanter Analyse (ausgeführt an so verschiedenen Genres wie philippinischen Filmbeispielen, Zeitungsartikeln und Comics) wird deutlich, wie das *Taglish* (eine Mischung aus Tagalog und Englisch) eine Sprache zur Verfügung stellt, in „verschiedenen Registern“ zu sprechen, indem die hierarchischen Beziehungen zwischen kolonialen und einheimischen Sprachen gleichzeitig wachgerufen und wieder verworfen werden: „[...] the capacity of Taglish (is) to reproduce a scene of translation that involves distancing oneself from a hierarchy of signification. [...] The speaker and reader of Taglish partici-

spanische und englische Lehnworte kreolisiert[18] wurde. Angedeutet seien weiterhin die populären philippinischen Schönheitsschauen, wo westliche, hegemoniale Modelle von Schönheit und Weiblichkeit sich mit lokalen Praktiken und Vorstellungen überkreuzen und eigene ästhetische, den alltäglichen Diskurs bestimmende Kriterien schaffen (Johnson 1997, Cannell 1995). Auch der Katholizismus, ursprünglich ein Instrument der Kolonisierung, wird auf bemerkenswerte Weise zur eigenen und eigentlichen philippinischen Religion gemacht (vgl. Ileto 1979, Bräunlein 2003). Und ‚last but not least' wird das Alltagstransportmittel Jeepney in seinen phantasievollen Repräsentationen als Symbol für die Kreativität und Flexibilität philippinischer Identität diskursiviert (siehe Fußnote 1 dieses Kapitels).

pate in the surprising conjunction of languages which produces new constellations of meaning. In this way, s/he begins to disengage her/himself from the discursive grip of the state and approximates the mestiza/o's ability to peel away from what comes from the outside" (S. 115).

18 Mit Kreolisierung wird der Prozess der Vermischung und des kulturellen Wandels bezeichnet. Ursprünglich nur für „Neue Welt"-Gesellschaften in Südamerika und in der Karibik verwendet, wird er in der Literatur immer mehr für die (post-) kolonialen Gesellschaften angewandt, die im Zuge der Europäischen Kolonisierung Akkulturations- und Interkulturationsprozessen ausgesetzt waren. (Mit Akkulturation ist dabei mehr der Prozess der Absorbtion der einen Kultur durch die andere gemeint, während Interkulturation eine mehr reziproke Aktivität, eine gegenseitige Vermischung und Transformation umschreibt.)

Abbildung 4 und 5: Jeepneys (Fotos: A.L.)

Die Idee der *Hybridität* (im Bhabha'schen Sinne) steht für die Beweglichkeit und Anpassungsfähigkeit, die mir als eine bemerkenswerte Eigenschaft philippinischer Migrantinnen auffiel und vielleicht ganz gut in der Selbstbeschreibung von Gloria, einer Heiratsmigrantin, die auf vielen Umwegen schließlich in einer süddeutschen Stadt mir in meiner Küche gegenüber saß, zum Ausdruck kommt: „Weißt du, Andrea, ich komme überall zu recht. Ich habe in Singapur gelebt, in Peru, im Iran und in Afrika. Nun sitze ich hier. Es bereitet mir keine Probleme, ich finde meine Wege“ (1992). Fast könnte man eine Kampagne zum Leben philippinischer Migrantinnen in der Schweiz mit dem Titel „Nirgendwo zu Hause“ (Drilling 1997) mit Glorias Worten „Überall zu Hause“ konterkarieren.

Menschen mit hybrider Identität sind „interkulturelle Makler in den Zwischenräumen von Nation und [britischem] Empire, die unterdrückte Lebensäußerungen von den Rändern der Nation an die totalisierenden Grenzen der Nation übermitteln“ (Pieterse 1998: 106). Dass dies unter Umständen auch zu einem Zustand der Heimatlosigkeit führen kann, soll nicht bestritten werden. Für viele philippinische Migranten und Migrantinnen, so wird im Laufe dieser Arbeit noch zu erfahren sein, wird eine Heimatzugehörigkeit nicht nur an *Orte*, sondern vor allem an *Menschen* geknüpft. Dabei sind die vielfältigen Beziehungsnetzwerke nicht notwendigerweise an konkrete Orte gebunden, sondern können sich in grenzenüberschreitenden, sozialen Räumen entwickeln (vgl. auch Pries 1998, Appadurai 1998 [orig. 1991]).

Die gleichzeitige Präsenz von lokalen und globalen Bildern in einer philippinischen Identität ist die Folge von dem, was ich mit meiner Überschrift als Migrationskultur bezeichnet habe und Clifford mit *traveling culture* (Clifford 1997 [orig. 1992]) umschreibt. Mit dem Wortspiel „roots *and* routes“ (Wurzeln und Wegstrecken) umschreibt Clifford die Denkfigur einer unauflöslichen Spannung und nimmt Bezug auf einen Diaspora-Diskurs, der vor allem von den Betroffenen selbst geführt wird, um ihre eigenen Erfahrungen interkulturellen Lebens und interkultureller Identität zu reflektieren (Clifford 1997 [orig. 1994]).

Die Stichworte „Mischkultur", „Migration als Kulturmuster", „Migration als kulturschaffender Input" lassen sich gar bis in vor- und frühgeschichtliche Epochen zurückverfolgen und sollen nun in einem kurzen historischen Abriss aufgeschlüsselt werden.

Noch einmal: Auch wenn sich das Bild eines Schichtmodells als alltagsmächtiger Diskurs allzu leicht aufdrängt, sollte nun geklärt sein, dass folgende Skizzierungen weniger einem archäologischen Schichtenabtragen entsprechen, sondern vielmehr einer Rekonstruktion ko-existierender Präsenzen geschuldet sind. Die verschiedenen „Schichten" kolonialer Geschichte, nationaler Unabhängigkeit, interregionaler und internationaler Migrationen und kulturelle Konstruktionen einer philippinischen Identität bestehen neben- und miteinander.

Historische Grenzen und Grenzüberschreitungen

Mobilität und Migration hat sich als ein Kultur-Muster historisch konstituiert, innerhalb und durch ein grenzenüberschreitendes Netz von kulturellen und materiellen Beziehungen. Allgemein vermitteln die Geschichtsschreibungen Südost-Asiens den Eindruck von großen Bevölkerungsgruppen, die konstant von einem Platz zum anderen in Bewegung sind. Sie fokussieren die größeren und weniger großen Bevölkerungswanderungen und Eroberungen, das endlose Kommen und Gehen von Flüchtlingen, Nomaden, Vagabunden, „See-Zigeunern", die die Migrationsmuster Südostasiens ausmachten. Die Bewegungen von Menschen, aus welchen Gründen auch immer, gehörten zu den konstanten Faktoren südost-asiatischer Geschichte.

Forschungen der Vor und Frühgeschichte, wie auch der neuzeitlichen Geschichtsschreibung, haben seit den 1960er Jahren einen Paradigmenwechsel herbeigeführt. Beide Geschichtsschreibungen vertraten bis dahin tendenziell die Argumentation, dass wichtige kulturelle Entwicklungen von außen – von „weiter entwickelten Kulturen" Indiens und Chinas – in die südostasiatische Region hineingetragen wurden. Neuere Forschungen hingegen machen deutlich, dass eine solche Sichtweise verzerrend und simplifizierend ist, und sie arbeiten mit überzeugenden neuen Funden die Komplexität indigener kreativer Prozesse heraus.[19]

Einigkeit herrscht über die Durchlässigkeit südostasiatischer Grenzen, über einen Multikulturalismus und eine Offenheit der Menschen Südostasiens gegenüber Einflüssen von außen. Dabei wird den südostasiatischen Meeren

19 Für die Vor- und Frühgeschichte siehe Bellwood 1992.

(China Sea, Gulf of Siam, Java Sea) eine kommunikationsfördernde Rolle zugeschrieben (vgl. Wolters 1982: 35ff.).[20]

Wolters betont, dass neben solchen Gemeinsamkeiten die Geschichte des frühen Südostasiens als eine Reihe *lokaler Geschichten* begriffen werden sollte, als eine Pluralität von (sub)regionalen Entwicklungen, deren Konturen nicht notwendigerweise ein Ganzes bilden müssen. Wandel in diesen Subregionen kann dann im Sinne einer Indigenisierung von fremden Einflüssen in lokale Kontexte verstanden werden. Erst lokale Geschichtsschreibung kann sich darauf konzentrieren, wie die Grenzen indigener Gesellschaften gezogen, erweitert, verengt oder verwischt wurden. Solcherart „localization“ versteht Rafael als „translation of that which appears as heterogenous to a particular society: the process at once linguistic, social, and political which demarcates and reformulates what is „new“ and out of place in relation to that which is already known and accepted“ (Rafael 1988: 16). Philippinische lokale Geschichtsschreibung jedoch ist nur durch das „Gitter“ (ibid.) fremder – vor allem spanischer – Quellen möglich, denn es gibt keine indigenen vorspanischen Quellen (vgl. Scott 1992).[21] Diese (spanischen) Quellen müssen in ihrer diskursiven Entstehung – unter der Perspektive der Christianisierung und Hispanisierung indigener Kulturen – kritisch befragt werden.

Als die Spanier 1521 die Philippinen[22] „entdeckt“ und 1565 eine Segelroute zurück über Mexiko gefunden hatten, war der Anfang einer konfliktreichen kolonialen Beziehung gemacht. Sie fanden im Archipel keine größeren politischen Gebilde vor.

Die Bewohner lebten zerstreut in kleinen Gemeinschaften – *barangays*[23] in den Bergen Luzons, wie auch an den Küsten der größeren Inseln.

---

20 Wolters vergleicht die südostasiatischen Meere mit dem Mittelmeer, indem er grundsätzliche Unterschiede herausarbeitet. Er nennt das südostasiatische Meer „the single ocean“ und meint damit die weite Wasserausdehnung von den Küsten des östlichen Afrika und des westlichen Asiens zu der langen Küstenlinie des indischen Subkontinents bis nach China. „The sea, defined in this manner, was, I believe, a significant fact of life in earlier Southeast Asia not only because treasure from distant places always arrived but also for other reasons [...]” (1982: 38). Mit den anderen Gründen beschreibt er die politischen Umstände der Anrainerländer bzw. -Staaten, welcher von einer „genuine unity“ getragen seien. Trotz vereinzelter Versuche einer hegemonialen Vorherrschaft über die Meere, blieb der „single ocean“ bis ins 17. Jahrhundert eine offene, neutrale Zone mit ununterbrochenen Handelsmöglichkeiten über mehrere Jahrhunderte. Die Folge dieser Freiheit der Meere war eine Tradition der Gastfreundschaft gegenüber fremden Händlern. Der „single ocean“ ist eine signifikante Tatsache der südostasiatischen historischen Geographie, und kontinuierlicher und lebendiger Handelsaustausch hat sicherlich die kulturelle Kommunikation befördert, welche ein Kennzeichen südostasiatischer Geschichte blieb.

21 Scott diskutiert außerdem archäologische Funde und frühe chinesische Berichte.

22 Das südostasiatische Archipel erhielt den Namen erst 1543 nach dem spanischen König Philipp II.

23 *Barangays* hießen die Boote, mit denen die malayischen Siedler den Archipel erreichten. Jedes Segelboot soll mehrere Familien – die Einheit der Siedlungs-

Während die nomadisierenden Aetas (die Spanier nannten sie wegen ihrer phänotypischen Erscheinung Negritos – „Negerchen") als die „Ureinwohner" gelten, werden die Küstenbewohner als später eingewanderte Malayen bezeichnet.[24] Scott beschreibt die Tieflandgesellschaften als kleine (mehr oder weniger) geschichtete soziale Gebilde, die sich nie zu einem Staat zusammentaten, sondern in politischer Beweglichkeit miteinander Handel trieben und sich bekämpften. Die Macht eines *datus* (Oberhauptes) bestand darin, dass er an niemanden gebunden war und zu einer großen Gefolgschaft eine Patronagebeziehung haben konnte. Trotz der Existenz dreier Ränge (Adlige, Freie und Gemeine) waren solche Beziehungen jedoch fließend und nach oben und unten verhandel- und veränderbar, d.h. ein *datu* konnte zu einem Gemeinen absteigen und umgekehrt ein Gemeiner bis zur Position eines *datus* aufsteigen (Scott 1985b, 1995).

Spanische Herrschaft

Zur wichtigsten Säule der über 300 Jahre dauernden spanischen Präsenz wurden die Ordensleute, die die Missionsarbeit übernahmen und in vielen Landesteilen die Repräsentanten der kolonialen Verwaltung waren (Wendt 1997: 15). Ende des 16. Jahrhunderts wurde Manila zur Hauptstadt und der Archipel zu einer politischen Einheit erklärt. Spanische Präsenz konzentrierte sich vor allem auf Manila und Umgebung, da die Spanier sich auf den Philippinen, im Gegensatz zu Lateinamerika, vor allem auf den Galleonen-Handel konzentrierten, und weder Minen ausbeuteten, noch zu Beginn ihrer Herrschaft eine umfangreiche Hacienda-Ökonomie betrieben. Dieser Galleonen-Handel brachte chinesische Ware – Seide und Porzellan – von Manila in die „Neue Welt", wo sie gegen Silber aus Mexiko und Peru eingetauscht wurde, dessen Weiterverkauf wiederum einen kolossalen Profit einbrachte. Dieses Geschäft verlangte von den spanischen Kolonialisten keinen großen Aufwand, außer in Manila die entsprechenden politischen und ökonomischen Kontakte zu chinesischen Händlern aufzubauen (Schurz 1959).

Die Tatsache, dass es auf dem vorspanischen (philippinischen) Archipel – im Gegensatz zu Burma, Siam, Kambodscha, Vietnam oder Java – keine Staaten mit militärischer und bürokratischer Macht gab, hieß für die koloniale Eroberung und Sicherung, dass etwa im Vergleich mit Lateinamerika wenig Gewalt erforderlich war.[25] Spanische Macht wurde außerhalb Manilas vor allem durch die Kirche vermittelt (in einer Weise, die in Lateinamerika keine Parallele findet). Der Islam hatte sich nur in den südlichen Inseln konsolidie-

gemeinschaft – enthalten haben (Agoncillo & Guerrero 1978: 45). Vgl. hierzu auch die interessanten Ausführungen Dumonts über den fast mythisierenden Diskus zu diesem Konzept (Dumont 1992: 87ff.).

24 Zur Besiedlungsgeschichte siehe Bellwood 1997 und Scott 1995.

25 Über die spanischen Philippinen gibt es eine stattliche Anzahl Literatur. Als Standardwerke gelten: de la Costa 1967, Phelan 1959, Constantino 1975, McCoy 1982.

ren können. In den übrigen Provinzen geschah die eifrige Christianisierung nicht in spanischer Sprache (was erklärt, dass Spanisch nie eine *lingua franca* – eine Verkehrssprache – wurde wie z.B. in Lateinamerika), sondern in den verschiedenen Lokalsprachen. Dies mag auch eine Erklärung dafür abgeben, dass es bis 1900, und sogar bis heute schwierig war und ist, eine einheitliche Nationalsprache durchzusetzen.[26]

Außerdem entwickelte der spanische Klerus auf den Philippinen nie eine substantielle *„criollo*[27] hacendado class“ (Anderson 1995: 6).

Die hispanisierende Christianisierung der Philippinen kann aus einer gewissen Perspektive als Erfolgsgeschichte geschrieben werden: Verglichen mit Lateinamerika verlief sie relativ „reibungslos“, begünstigt durch die scheinbare Bereitwilligkeit der indigenen Bevölkerung, den Katholizismus zu übernehmen, was selbst die spanischen Ordensbrüder erstaunte. Sie brachte westliche Zivilisation und kulturelle Vereinheitlichung auf die Philippinen (Phelan 1959).

Die Arbeiten eines Ileto (1979), Rafael (1988) oder Scott (1985) zeigen jedoch auch eine Jahrhunderte lange Tradition des anti-kolonialen Widerstandes auf, die von charismatischen religiösen Führern und Führerinnen durchaus in einer Identifizierung mit Jesus Christus geführt wurden. Die einflussreiche Studie *Pasyon and Revolution* von Reynaldo Ileto (1979) zeigt, wie das rituelle Lesen der Passion, die sogenannte *Pasyon*, vom anfangs kolonialen Instrument in ein Epos mit indigenen kulturellen Werten übersetzt und als revolutionäre Vorlage gedeutet wurde.

In der anderen hervorragenden Arbeit von Vicente Rafael, *Contracting colonialism* (1988), sind ebenfalls Religion, Widerstand und kulturelle Identität zentrale Themen. Rafael zeigt, wie sowohl gewöhnliche Filipinos, als auch Filipinos aus der Elite die Forderungen der spanischen Kirche an die philippinischen Untertanen für sich so übersetzten, dass die Bedeutung der Unterwerfung auf subtile Weise mehr in Richtung einer Reziprozität umformuliert wurde. Mit anderen Worten, sie weigerten sich, die Forderung nach einer bedingungslosen Unterordnung an die kolonialen Autoritäten zu „verstehen“, indem sie ihr eigenes vor-koloniales Verständnis von Macht „dazwischensetzten“. Mächtige sind in einem gewissen Sinne (wie die *datus* aus Scotts Analyse) abhängig von dem Respekt und der Zustimmung, welche ihre Gefolgschaft bereit ist, ihnen entgegenzubringen (Rafael 1988: 131). Macht selbst ist des-

26 Von dem Präsidenten Manuel Quezon wird berichtet, dass er einen Dolmetscher benötigte, wenn er durch die Provinzen reiste: „I am all right, when I go to the Tagalog provinces, because I can speak to the people there in the vernacular, in Tagalog. But if I go to Ilocas Sur [die Nachbar-Provinz auf der Hauptinsel Luzon], I am already a stranger in my own country, I, the President of the Philippines“ (Steinberg 1994: 35). Und so bestätigt ein philippinischer Kulturwissenschaftler 1993 immer noch: „There is no language, with which we can successfully communicate“ (Alegre 1993: 58).

27 *Criollo* sind Spanier, die nicht in Spanien geboren sind.

halb in eine endlose Schleife verstrickt, und Herrscher und Beherrschte sind die „two opposite points on its circumference“ (Canell 1999:11).[28]

Rafael wie auch Ileto untersuchen die kulturellen Muster *utang na loob* und *hiya*, welche als Konzepte (u.a. auch) von Macht und Reziprozität sich von denen der Spanier unterscheiden; denn sie lassen einen Handlungsspielraum zu, sich sowohl den spanischen Hierarchien zu widersetzen, als auch an dem Prozess der Konversion teilzuhaben. Während für die Spanier Übersetzung (beispielsweise der biblischen Texte) darauf abzielte, die lokale Sprache und Kultur auf zugängliche Objekte imperialer Intervention zu reduzieren, war für die Tagalog „translation a process less than internalizing colonial-Christian conventions than of evading their totalizing grip by repeatedly marking the differences between their language and interests and those of the Spaniards“ (Raffael 1988: 211). Sowohl Rafael als auch Ileto unterziehen obengenannte Konzepte *(utang na loob, hiya)* einer Revision hinsichtlich der Möglichkeiten, soziale Konflikte in hierarchischen Beziehungen zu verhandeln („contracting“) und sich zu widersetzen, „to slip sidewise into something else“ (Canell 1999: 11).

Chinesen als Filipinos

Das Reden über Chinesen und das Rekurrieren auf gemischt-kulturelle, chinesische Familienbezüge gehört auf den Philippinen zu einem durchaus ambivalenten Alltagsdiskurs. Da auch einige meiner Gesprächspartnerinnen ihre chinesische Linie und die Differenzen in ihrer „hybriden“ Familie thematisieren, möchte ich die chinesische Präsenz philippinischer Identität etwas ausführlicher referieren.

---

28 Dieses Konzept der relationalen Macht hat Anderson vergleichbar für die javanische Kultur herausgearbeitet: Ein fundamentales Problem für javanische Herrscher wäre weniger die Legitimität der Macht gewesen, als das Problem der Akkumulation und des Erhaltes. Macht, so Anderson, werde als eine Energie gedacht, die als gleichbleibende Größe im Universum bleibe. Eine Verteilung der Macht impliziere daher verschiedene Personen, die Macht in Relation zueinander gewinnen und verlieren (Anderson 1990: 23-4). Ein solches Machtkonzept lässt sich auch mit Foucaults theoretischen Einsichten verbinden, wonach ein Individuum nicht als Gegenüber der Macht zu denken ist, sondern als eine ihrer Wirkungen. In „Der Wille zum Wissen“ stellt Foucault seine „Regel der taktischen Polyvalenz der Diskurse“ auf. Hier heißt es, dass die Welt des Diskurses nicht zweigeteilt ist zwischen dem zugelassenen und dem ausgeschlossenen oder dem herrschenden und dem beherrschten Diskurs, es gibt nicht auf der einen Seite den Diskurs der Macht und auf der anderen Seite den Diskurs, der sich ihr entgegensetzt. Vielmehr handelt es sich „um ein komplexes und wechselhaftes Spiel, in dem der Diskurs gleichzeitig Machtinstrument und -effekt sein kann, aber auch Hindernis, Gegenlager, Widerstandspunkt und Ausgangspunkt für eine entgegengesetzte Strategie“ (Foucault 1983: 122). Daraus ergibt sich die berühmte Formel „Wo es Macht gibt, gibt es Widerstand. Und doch oder vielmehr gerade deswegen liegt der Widerstand niemals außerhalb der Macht“ (ebd.: 116).

Chinesische Händler besuchten die Philippinen (wie auch andere südostasiatische Gesellschaften) Jahrhunderte, bevor Islam oder Christentum das Archipel erreichten. Chinesen migrierten über Hunderte von Jahren in die südostasiatische Region und gingen irgendwo und irgendwann alle denkbaren Beziehungen mit unabhängigen, kolonialen, post-kolonialen Systemen und buddhistischen, muslimischen, christlichen und „animistischen“ Gesellschaften ein.[29]

Meine Skizzierung chinesisch-philippinischer Geschichte beginne ich mit der spanischen Kolonialzeit, da in dem für die Spanier wichtigen Handel zwischen Acapulco und Manila die Chinesen mit ihren ausgefeilten Handelsbeziehungen eine Schlüsselrolle spielten. Chinesische Präsenz lässt sich an diesen Wirtschaftsbeziehungen festmachen. Chinesen bekamen unter der spanischen Kolonialregierung ökonomische Macht und konsolidierten ihren Reichtum und ihre politische Macht unter amerikanischer Vorherrschaft.[30] Es ist die Dominanz der chinesischen Mestizos, welche die Philippinen vom spanischen Amerika unterscheidet (wo ebenfalls Mestizos, aber eben keine chinesischen Mestizos an der Macht waren), ebenso wie von anderen südostasiatischen Ländern (z.B. Indonesien, Malaysia, wo chinesische Mestizen von der politischen Macht ferngehalten wurden).[31]

Der spanische Klerus war von Beginn an bemüht, die Chinesen, die damals *sangleyes* (Händler) genannt wurden, zum Christentum zu konvertieren.[32] Während sie bei den immigrierten Vätern nicht besonders erfolgreich waren, waren sie dies umso mehr bei deren Kindern, die aus der Ehe mit einheimischen Frauen hervorgingen.[33]

Chinesen, die sich hauptsächlich in Manila und in begrenztem Umfang auf dem Land niederließen, hatten eine ambivalente Position: Sie wurden ge-

---

29 Einen sehr guten Einblick zu chinesischen ‚histories' in Südostasien liefert ein Reader, herausgegeben von Anthony Reid (1996). Das Buch belegt eindrucksvoll, dass auch Chinesen zu den migrationsfreudigsten Menschen der Welt zu zählen sind (S. xiv). Siehe auch: Buchholt 1998, Hsu/Serrie 1998.

30 Wickberg 1965 gilt als Standardwerk. Zur aktuellen Situation: Ang See 1997.

31 Zu den verschiedenen Formen der Integration und Assimilation chinesischer Migranten siehe Skinner 1996. Im folgenden referiere ich, wenn nicht andere Bezüge angegeben werden, weitestgehend die Argumentation von Anderson (1995: 3-50).

32 Die Philippinen galten den Spaniern gar als Sprungbrett für den langen Weg der Missionierung Chinas.

33 „The marked imbalance in the Chinese sex ratio historically in the Philippines has long led to unions of Chinese *men* with Philippine *women*. Marriages of ethnic Chinese women with Philippine men has been historically rare and almost taboo amongst Philippine Chinese since the offspring of such a union would not belong to a Chinese clan. The rare offspring of such present day marriages are not seen by the Chinese as even being Chinese mestizos. This whole question of how Chinese mestizos are identified as Filipino or Chinese brings us to the issue or past colonial and present Philippine policies toward assimilation of Chinese and the status of their ‘mixed-blood' offspring“ (Weightman 1998: 69).

braucht und gleichzeitig aufgrund ihrer ökonomisch erfolgreichen Position und ihrer sozio-religiösen Differenzen mehr oder weniger offen und gewaltsam diskriminiert.[34] Aus diesem Grund sahen („philippinische") Chinesen durchaus einen Vorteil, zum römisch-katholischen Glauben zu konvertieren und eine einheimische Frau *(india)* zu heiraten; denn mit dieser Strategie konnten Restriktionen gegen die chinesische Gemeinde unterwandert werden. Obwohl viele der chinesischen Migranten, die oft Ehe-Frau und Familie in China zurückgelassen hatten, eine Rückkehr und mit der Rückkehr eine Abkehr von ihrem neuen Glauben planten, ließen sie sich auf den Philippinen auf diesen neuen Glauben als Teil ihres Arbeitslebens ein (Steinberg 1994: 45).

Das spanische Kolonialgesetz gestand den Nachkommen aus diesen „Mischehen" einen eigenen juristischen Status als *Mestizen* zu. Dieser Begriff bezeichnet seitdem *nicht* – wie sonst gebräuchlich – die Nachkommen von Spaniern und Einheimischen, sondern die Nachkommen von Chinesen und lokalen Frauen. Diese Mestizen und deren Nachkommen organisierten sich in eigenen Gilden *(gremios)*, trugen Kleidung und Haartracht, die sie unterschied, und bildeten „a distinct stratum of colonial society" (Anderson 1995:7), der später der Kern der (philippinischen) Elite wurde.[35] Dabei waren die Mestizen mit beiden Gesellschaften vertraut. Sie wurden durch ihre einheimische Mutter *(india)* innerhalb der philippinischen kulturellen Traditionen aufgezogen und bewegten sich in deren Verwandtschaftsnetzwerk genauso wie – durch ihre Assoziation mit ihrem Vater – innerhalb der chinesischen Gemeinde. Es entstand eine Mestizo-Subkultur, die weder *indio* noch chinesisch war, und sich in Manila durch ein bestimmtes Stadtteil, *Binondo*, lokalisieren lässt. Diese chinesischen Mestizos galten anders als in Malaysia oder Java nicht als eine spezielle Untergruppe der Chinesen, sondern waren „a special kind of native" (Steinberg 1994: 45).

Eine wichtige Phase in der bewegten Geschichte der philippinischen Chinesen sieht Wickberg in einer relativ kurzen Periode des britischen Imperialismus auf den Philippinen (Wickberg 1965, zit. nach Anderson 1995). Madrids Beteiligung am „siebenjährigen Krieg" beantwortete London mit einer zweijährigen Besetzung Manilas (1762-64). Die lokalen *sangleyes* (chinesischen Händler) – häufig Opfer iberischer Gewalttaten – liefen über, wurden jedoch nach Abzug der Engländer von ihren vorherigen Unterdrückern mit umso größerer Rache bestraft. Die meisten wurden vertrieben, und weitere „legale" Immigrationen fast über ein Jahrhundert lang unterbunden. In dieses

34 Chinesen erfuhren auf den spanischen Philippinen besonders in den ersten Jahrhunderten der kolonialen Herrschaft beispiellose Restriktionen. So gab es 1603, 1639, 1662, 1686 und 1762 von der Kolonialregierung initiierte Massaker. Genauso beispiellos in Südostasien ist aber auch, wie sich die Chinesen und ihre Mestizen-Abkömmlinge diesen Restriktionen entzogen und in eine neue Elite der lokalen Gesellschaft eingingen (Wickberg 1965).

35 Katholische Chinesen und chinesische Mestizen mussten zwar höhere Steuern bezahlen und hatten weniger Privilegien als „native Filipinos". Sozial und ökonomisch hatten sie aber eine höhere Position inne.

Vakuum traten die Mestizos. Sie übernahmen den lokalen Handel und begannen mit kleinformatigem Latifundismus.[36] Dies erklärt auch – neben der reaktionären Kontrolle, die der Klerus ausübte – warum es bis in die 80er Jahre des 19. Jahrhunderts im philippinischen Archipel keine – mit Lateinamerika vergleichbare – Intelligenzia gab.[37]

Nach dem Ende des Galleonen-Handels[38] liberalisierten die Spanier auf der Suche nach neuen Ressourcen die Immigrationsgesetze und hoben den Bann auf. Im Zuge der Liberalisierung war es nun auch den (nicht-christianisierten) Chinesen erlaubt, außerhalb der ihnen zugewiesenen Ghettos *(parian)* zu leben.

Opiumkrieg (1839-1842) und Bürgerkrieg (Taiping Rebellion 1850-1864) taten ein übriges, so dass Chinesen – und das waren vor allem chinesische Männer – nun wieder von den Philippinen wie ein Magnet angezogen wurden. „Virtually all of the Chinese in the Philippines at the end of the Spanish era were men, since Chinese tradition encouraged the man to venture forth as a ‚soldier of fortune'" (Steinberg 1994: 43).

Mestizen – inzwischen 1/4 Million einer 4 Millionen-Bevölkerung (vgl. Anderson 1995: 8) – trieben mit großer Energie und Disziplin den lokalen Handel zwischen den Inseln voran und stiegen in kleine städtische Geschäfte ein. Sie entwickelten symbiotische Beziehungen mit westlichen Händlern und agierten als Vermittler zwischen einheimischer Ökonomie und dem modernen Exportsektor. Sie hatten nun genug Kapital, um in den Provinzen zu expandieren und als „Grenz-Kapitalisten“ richtige Haciendas zu verwalten.[39]

Der wachsende Reichtum der Mestizos und die Internationalisierung der Ökonomie ermöglichte es nun einigen jungen Mestizo-Männern, in Europa zu studieren. Als *ilustrados* (die Aufgeklärten) formierten sie sich als die Spitze eines kulturellen Widerstandes gegen die spanische Herrschaft und die politische Dominanz der *Peninsulares* (in Spanien geborene Spanier).

Chinesische Mestizos (und in kleinerem Umfang spanische Mestizos) entwickelten als *ilustrados* eine neue Identität, konsolidierten selbstbewusst eine pan-philippinische Schicht und nannten sich Ende des 19. Jahrhunderts *„Filipinos“*, ein Terminus, der bis dahin nur „spanischen Kreolen“ vorbehalten

---

36 „small-scale latifundism“, der sie, welthistorisch betrachtet, einige Generationen hinter den lateinamerikanischen Großgrundbesitzern zurückliegen ließ.

37 Nationalistische Aufstände, die Lateinamerika zwischen 1810-1840 erschütterten, fanden auf dem Archipel bis 1880 nicht statt.

38 Die letzte Galleone segelte 1811. Spanien war in zahllose Konflikte verwickelt und geschwächt und konzentrierte sein koloniales Interesse verstärkt auf das nähere und reichere Kuba.

39 Mit dem spanischen Modell der feudalen Hacienderos in Lateinarmerika aber immer noch nicht vergleichbar. Als Beispiel für diesen Prozess mag die Geschichte der Insel Negros stehen: Heute *die* Zuckerinsel der Philippinen schlechthin, war sie noch Mitte des 19. Jahrhunderts beinahe unbewohnt und musste in den nächsten 50 Jahren eine unglaubliche „Entwicklung“ erleben (Larkin 1993, Rutten 1982).

war.[40] Die neue Bedeutung war eine nationalistische. Filipino wurde nun jeder, der auf den Philippinen geboren wurde und sich mit den Interessen dieses Archipels identifizierte, egal welcher „Rasse“, welchen Glaubens und nationalen Ursprungs. Diese neue Gruppe mit dem neuen Sinn einer nationalen Identität hatte großen Einfluss auf die Formulierung einer antikolonialen nationalistischen Bewegung. Der spanische Begriff *indio* wurde in der Folge von „reinblütigen“ Einheimischen als pejorativ abgelehnt. Man musste also kein Mestizo sein, um ein moderner Filipino zu werden, aber die Mestizos bestimmten die Werte eines modernen Filipino (vgl. Steinberg 1994: 48).

Nationales Bewusstsein führte unter Federführung von José Rizal, Andrés Bonifacio und Emilio Aguinaldo zu einem Widerstandskrieg gegen die Spanier, der mit us-amerikanischer Hilfe 1898 die spanische Vorherrschaft auf den Philippinen beendete.[41]

Heutige Filipinos sind sich der Namen ihrer größten Helden und politischen Führer und deren halbchinesischen Abstammung voll bewusst. Namen wie Rizal, Osmena, Sandico, Tan, Yulo, Aquinaldo, Aquino, und Marcos (um nur einige zu nennen) dominieren bis heute in Politik, Wirtschafts- und Finanzwelt, an den Universitäten, in der Wissenschaft und in der Literatur.[42] Prestige- und statusmächtige Berufe bekleiden Filipinos mit chinesischer und/oder spanischer Abstammung. Die mestizische Elite beider Traditionen hat ausgiebig untereinander geheiratet.[43]

---

40 Filipino war bis dahin der Terminus für einen „insularen Kreolen“, d.h. ein „Kaukasier“, der in einem bestimmten Teil des spanischen Imperiums, nämlich den Philippinen geboren war.

41 Rizal entlarvt in seinen bekannten Novellen *Noli Me Tangere* und *El Filibusterismo* auf satirische Weise die spanische Kolonialmacht. Er wurde 1896 hingerichtet und lebt seitdem als *der* Nationalheld in den Köpfen der Filipinos weiter. Doch nicht nur als historische, heldenhafte Figur stiftet Rizal Identität. Es entwickelte sich ein mystischer Nationalismus, der von einem Weiterleben Rizals im Verborgenen ausgeht (siehe hierzu Foronda 1961, Marasigan 1985). Bonifacio gilt nicht als *ilustrado*. Als Autodidakt gründete er eine geheime revolutionäre Gesellschaft, *Kataastaasang Kagalanggalang na Katipunan ng mga Anak ng Bayan* (die höchste und respektierteste Gesellschaft der Kinder des Volkes), kurz *Katipunan*, mit der er die *„indio“*-Massen mobilisieren wollte. Zum Prozess der Heroisierung von Bonifacio vgl. May 1997. Aguinaldo wurde 1899 zum General der Republik der Philippinen erklärt, nachdem er, juristisch abgesegnet, Bonifacio hinrichten hatte lassen. Standard-Werke über die Revolution: Agoncillo 1956, 1960; und die kluge Arbeit von Ileto 1979. Über die *Ilustrado*-amerikanische Kollaboration und ihre Ambiguitäten gibt auch Steinberg (1994: 66-73) einen knappen guten Überblick.

42 Über die öffentlichen Medien wird deren Lebensstil und Lebenswandel weit verbreitet und im Alltagsdiskurs *aller* Filipinos leidenschaftlich verhandelt. Immer wieder verblüfften mich die detailreichen Kenntnisse selbst derer, die sich keine Tageszeitungen leisten konnten.

43 So hat sich z.B. in Zentral-Luzon eine hispanisiert-chinesisch-mestizische Großgrundbesitzer-Klasse etabliert (Larkin 1972).

Während sich also chinesische Mestizen in der spanischen Ägide mit erstaunlichem Erfolg integrieren konnten, veränderte sich dies unter U.S.-amerikanischer Vorherrschaft. Während die amerikanische Kolonialregierung die meisten ökonomischen Restriktionen aufhob, die ehemals die Chinesen in eine politische und soziale Assimilation gedrängt hatten, wurde es gleichzeitig für Chinesen unmöglich, philippinische Bürger zu werden (Weightman 1998). Die Mestizen (also wieder die Kinder philippinischer Mütter und chinesischer Väter) konnten mit 21 Jahren die philippinische Staatsbürgerschaft wählen. Dabei gab es einige Konfusion, denn einige philippinische Frauen wurden bei der Heirat mit einem Chinesen chinesisch.

Exkurs: Die Mestizos

Der Begriff Mestizo hat auf den Philippinen keine negative Konnotation. Ganz im Gegenteil, im alltäglichen Schönheitsdiskurs beispielsweise gilt es als äußerst begehrenswert, mestizisch auszusehen (keine schwarzen Haare, helle Haut und eine wohlgeformte Mestiza-Nase). Viele meiner Gesprächspartnerinnen betonten, dass der Wunsch nach einem „schönen“ mestizischen Kind nicht unwesentlich zu dem Entschluss beigetragen habe, einen hellhäutigen Mann zu heiraten.

Um die Logik des Neides um und des Begehrens nach „Mestizentum“ zu verstehen, gilt es noch einmal zusammenfassend in Erinnerung zu rufen, dass in der historischen Imagination der Mestizo/die Mestiza eine privilegierte Position genossen hat, die mit wirtschaftlichem Reichtum und politischem Einfluss verbunden war. Mestizen werden als solche mythologisiert, die sehr nahe an den Quellen der kolonialen Macht stehen (Rafael 1995: 104).

Nicht nur Chinesen, auch Spanier kamen in der Regel ohne Frauen, in der Hoffnung, auf den Philippinen so schnell wie möglich ihr Glück zu machen und dann nach Mexiko oder Spanien zurückzukehren.

„Many Spaniards and Latin Americans, ethnically Caucasian, took up with concubines while living in the Philippines. Some of the foreigners, especially those on the lower levels of the bureaucracy and the military, chose to stay after their tour of duty had ended, marrying into the local gentry and inheriting a level of wealth through their wives' families that they had not known in Spain, Peru, or Mexico“ (Steinberg 1994: 46).

Die einheimischen Frauen, die solch einen „Kaukasier“ heirateten, gewannen an Status und erhöhten durch die aus den Philippinen hinausreichende Verbindung das ökonomische Potential ihrer Familien.

Mit der Herausbildung eines nationalen Bewusstseins, als Folge der ökonomischen (chinesisch-)mestizischen Erstarkung, war sozialer Status nicht durch ethnische Reinheit, Familienstammbäume oder gar Kastenzugehörigkeit determiniert

„It is not surprising, therefore, that the mestizos considered *wealth and consumption to be the only available means by which a social hierarchy could be established.* It did not matter who your parents or grandparents were if you had the funds to join, to intermarry, and to claim position. *Land ownership* was the tangible symbol of success, and the acquisition of land became one of the central pursuits, especially during the Spanish era when political and government opportunities were severely restricted" (Steinberg 1994: 48, Hervorhebung A.L.).

Weiterhin erinnert die Position der Mestiza/des Mestizo an das Erbe der *ilustrados*, einer Generation universitäts-gebildeter Nationalisten. José Rizal, ein chinesischer Mestize, und der spanische Mestize Manuel Quezon sind zwei der hochgefeierten Helden, die für die Idee einer philippinischen Nation stehen.

„Betwixt and between languages and historical sensibilities, mestizoness thus connotes a surplus of meanings as that which conjures the transition from colonial to the national, indeed as the recurring embodiment of that transition" (Rafael 1995: 105).

Mestiza oder Mestizo zu sein, heißt, die Beziehung und Nähe zu den von außen kommenden Ressourcen der Macht zu kultivieren, ohne jedoch vollkommen von ihnen absorbiert zu werden.

Angesichts der Leidenschaft, mit der auf den Philippinen tägliche Soap-Operas, Tele-Novelas und philippinische Kino-Filme aufgesogen und anschließend je nachdem hämisch, bedauernd, aufgebracht usw. diskutiert werden[44], scheint mir Rafaels (1995: 119ff.) Gedankengang bemerkenswert. Die Themen der Soaps spielen sich durchweg in der reichen (mestizischen) kosmopolitischen Oberschicht ab, werden von mestizischen Schauspielern und Schauspielerinnen repräsentiert und werden in der taglischen Sprache (eine Mischung aus Englisch und Tagalog) vermittelt.

Rafael nun vergleicht die Position eines Kinozuschauers im Kontext der neo-kolonialen Philippinen mit den Qualitäten eines Mestizentums. Ständig ginge es darum, wachsam zu sein „to what comes before and outside of oneself" (ebd.: 105). Dies erzeuge eine kontinuierliche Liminalität – ein Dazwischensein – an den Kreuzungen Spanien und Philippinen, Hollywood und Manila. Kino-Bilder könnten konsumiert werden, ohne selbst gänzlich konsumiert zu werden. Schauen – mit dem Beigeschmack des Neides – biete immer noch den Freiraum, die verschiedenen Idole gegeneinander auszuspielen. Neid werde so zum Standort, von wo aus eine neue Art der Vermittlung (agency) formuliert werden könne. Er berge in sich die Kapazität, sich auf verschiedene Identitäten zu beziehen, verschiedene Ichs für sich in Anspruch zu nehmen.

Mestizen, egal ob chinesisch, spanisch oder amerikanisch, werden auf den Philippinen als Vermittler der Modernität gesehen, ja sie gelten geradezu als die Verkörperungen des Begehrens, modern zu sein (vgl. hierzu auch Cannell 1995 und Johnson 1997).

44 Der Renner von 1997 war zum Beispiel *Mari Mar*, eine mexikanische *soap opera*, die in den Philippinen begeistert aufgenommen wurde. Fortgang und Probleme wurden mit Leidenschaft in täglichen Tageszeitungskolumnen verhandelt.

„Amid the displacements and inequalities characteristic of colonial history, mestizos/as are mythologized as agents of the negation und sublation of the colonial order: the nation state“ (Rafael 1995: 105).
Und weiter:
„It is a sense of the mestiza/o as the subject position from which to speak of the relationship between the colonial and the national, elite and the popular, the outside and the inside as if these pairs were potentially substitutable yet never commensurate to one another. The envy on and for mestizoness thus has to do with its capacity to appear to be part of, yet apart from social hierarchy“ (106).

Koloniale und neo-koloniale U.S.-amerikanische Präsenz

Kurz vor der Jahrhundertwende maßen sich vier Kräfte auf der philippinischen Bühne: der spanische Kolonialismus, der amerikanische Imperialismus, die philippinischen Ilustrados und die philippinischen „Massen“ (vertreten durch *katipunan*, siehe Fußnote 41) und rangen in wechselnden Koalitionen und Konfrontationen um die Macht.[45] Die amerikanische Kolonial-Ära ging von 1898 bis 1946 und startete mit einem brutalen Krieg gegen die Widerstandsgruppen der Katipunan-Bewegung, die nun von dem betrogenen Aguinaldo angeführt wurden.[46] Von 1942-1945 war sie außerdem durch eine japanische Schreckensherrschaft unterbrochen.[47]

So erbarmungslos die Amerikaner das Land unterworfen hatten, so planmäßig gingen sie danach an seine „Zivilisierung“. Die amerikanische Kolonisation änderte vieles[48] und verfolgte die politische und ökonomische Vereinheitlichung der philippinischen Gesellschaft. Die Amerikaner schufen eine Infrastruktur, ein Verwaltungs-, Bildungs- und Gesundheitssystem und prägten die Philippinen nachhaltig nach ihren Vorstellungen und sie stärkten die ökonomische Position der Mestizo-Elite entscheidend. So fiel das kirchliche,

---

45 Während die US-Amerikaner dem philippinischen General Aguinaldo in ihrem gemeinsamen Kampf gegen die spanische Kolonialherrschaft die philippinische Unabhängigkeit zusicherten, führten sie in der Zwischenzeit mit den belagerten Spaniern Geheimverhandlungen, denen zur Folge die Spanier die Philippinen, zusammen mit Puerto Rico und Guam, der aufsteigenden Weltmacht USA gegen eine Entschädigungssumme von 20 Mio. US$ überließen.

46 Philippinische Historiker sprechen sogar von einem ersten „Vietnam“-Krieg der Amerikaner (Siebert 1989: 175).

47 Die japanische Beherrschung wird in der philippinischen Bevölkerung aufgrund ihrer Brutalität traumatisierend erinnert. Schockierend vor allem auch die Misshandlungen und Vergewaltigungen an philippinischen Frauen, die erst in neuester Zeit eine öffentliche Sprache gefunden haben und zu politischen Kompensationsverhandlungen geführt haben (siehe hierzu: Hicks 1995, Henson 1996 und die Debatten in der Tagespresse des *Philippine Inquirer).* Heute stellt Japan einen großen Anziehungsmagnet, vor allem auch für philippinische Migrantinnen dar: Cahill 1990, Ballescas 1992, siehe auch die Bibliographie von Yukawa 1996: 140-158 (Schlüsselworte wie *intermarriage migration* und *entertainment migration* dominieren).

48 Zur US-amerikanischen Ära gibt es umfangreiche Literatur. Ich folge zunächst den Ausführungen von Anderson 1995.

inzwischen enteignete Landeigentum in ihre Hände, ebenso wie ihnen ein unbesteuerte Zugang zu den größten Weltmärkten erleichtert wurde. Die politischen Erneuerungen schufen eine solide, sichtbare „nationale Oligarchie".

„From very early on mestizo cacique understood that these [political] offices, in the right hands, could consolidate their local political fiefdoms. Not unexpectedly, the right hands were those of family and friends. Brothers, uncles, and cousins for the senior posts, sons, and nephews for the junior ones" (Anderson 1995: 12).

Hier lag der Ursprung der „politischen Dynastien", aus denen sich die späteren Präsidenten rekurrierten.

Die Absichten der Amerikaner waren relativ deutlich: ihnen ging es um einen kolonialen Anschluss im Vergleich mit den europäischen kolonialen Traditionen[49], um ein willkommenes Sprungbrett im Pazifik und um neue Absatzmärkte ihrer expandierenden Industrie.

Die auf der Hacienda-Ökonomie basierende Industrialisierung führte im philippinischen Archipel zu extensiven Migrationen, welche sich durch die globale Ausdehnung einer „cash-crop"-Ökonomie nur noch verstärkten. Das bis heute anhaltende Bemühen, die familiären Bande über Entfernungen hinweg aufrechtzuerhalten, war bereits zu dieser Zeit sehr ausgeprägt.

„Despite (or because of) the process of colonialist-controlled industrialization, there was still an excess of labor over wage employment opportunities in the Philippines, as a wage sector employment represented a small proportion in the overall economy. Consequently, the continuing need for subsistence production assumed an even greater importance, which further reinforced the value and significance of the family unit. The resulting insecurity in the larger society provided both the material and non-material bases for the continuing importance of the family" (del Rosario 1994:180).[50]

Die ökonomische Situation führte also eher zur einer Stärkung der Verwandtschaftsbeziehungen und vergrößerte die Notwendigkeit zu „reisen" und zu migrieren: von den kleineren Inseln zu den größeren Inseln, vom Land in die Stadt, von erschlossenen Gebieten zu unerschlossenen – und in fremde Länder. Migration wurde ein Lebensstil und eine Überlebensstrategie für die Familien.

Bereits zu Beginn des 20. Jahrhunderts setzte eine starke Migrationsbewegung in die US-Staaten ein, die in der Literatur häufig als „erste Welle" beschrieben wird. Als „zweite Welle" wird der „brain drain" der 1970er Jahre und als „dritte Welle" der Arbeitsexodus in die Golfstaaten seit dem Ölboom von 1973 bezeichnet (siehe weiter unten).

Die große Gruppe der armen Bauern ohne Land, die als Landarbeiter auf den Plantagen der Grundbesitzer arbeiteten, entweder nur saisonal oder auch über einen größeren Zeitraum als Pächter, migrierten zum Teil auch in großen

49 In Europa teilte man sich gerade den afrikanischen Kontinent auf, Indien und Indonesien war fest in englischer und niederländischer Hand.

50 Zur Genese der politischen Ökonomie der Geschlechterverhältnisse auf den Philippinen siehe auch Eviota 1992.

Wanderarbeitergruppen. Seit 1906 haben solche Filipinos die Philippinen verlassen, um auf den Zuckerplantagen auf Hawai[51] oder auf den Feldern in Kalifornien[52] zu arbeiten. Die Arbeitsmigration nach Hawai war zunächst eine ausschließlich männliche. Erst ab den 1930er Jahren, und vermehrt ab den 1950er, 1960er Jahren folgten Frauen im Zuge einer Familienzusammenführung ihren Männern (Zahlen siehe Teodoro 1984: 35ff.).[53]

Bereits im Rahmen der „Hawai-Welle“ fanden Heiratsmigrationen in größerem Ausmaß statt. Es ist durchaus denkbar, dass sie *eine* Vorlage abgegeben haben könnten für die interkulturellen und internationalen Heirats-Migrationen, die sich seit den 1970er und 1980er Jahren verstärkt etabliert haben und bis heute anhalten. In diesem Zusammenhang bildete sich ein spezifisches Heiratsmigrationsmuster heraus: In der Regel suchte ein älterer, philippinischer, auf Hawai lebender Migrant eine junge philippinische Braut von den Philippinen, die im Gegensatz zu seinem Hintergrund gut ausgebildet und stadtorientiert war. Wie eine solche „*pen-pal-courtship*“ (Brief-Brautwerbung) arrangiert wurde und vonstatten ging, wird sehr eindrücklich beschrieben (und scheint bis zum heutigen Zeitpunkt die Folie für die Praktiken einer Heiratsmigration abzugeben):

„Utilizing his social networks in Hawai, an older man might approach his compadre, who may have married three or more years before, to inquire whether his wife has a sister, cousin, niece, or other female relative back in the Philippines. After a while, his friend and his wife might bring her relative, a sister, perhaps, to Hawaii on tourist visa [...]“
“[...] a man has gone back to the Philippines for a visit and has married a woman considerably younger than himself. He brings her to Hawaii with him, where she begins to correspond with a friend of her age in Manila. A very close friend of her husband comes by and lets them know he is thinking about getting married, possibly for the second time. The new bride suggests that she and her husband's friend could write to each other and see if anything romantic develops [...]“ (Anderson/Coller/Pestano 1984: 122ff.).

Nachdem Fotografien ausgetauscht waren, und die junge Frau festgestellt hatte, dass ihr Briefpartner „wenigstens nicht hässlich war“ (ibid.), versäumte er

51 Zur Hawai-Migration siehe Anderson/Coller/Pestano 1984, Teodora 1984.

52 40% der gesamten landwirtschaftlichen Arbeitskraft in Kalifornien wurde von Filipinos getragen. Die ersten Migranten kamen über Hawai nach Kalifornien, später wurde direkt angeworben (CIIR 1987: 34-49).

53 In der Folge dieser veränderten Immigrationspolitik verschob sich das Geschlechterverhältnis auf 1:5 seit den 1930er Jahren (jede fünfte war eine Migrantin). Tatsächlich war die Immigrationspolitik keine familienfreundliche, die Lohnverhältnisse waren viel zu schlecht, um ganze Familien nachkommen zu lassen. Eine anekdotenreiche essayistische Ethnographie berichtet sehr alltagsnah, wie sich (statt dessen) zwischen einem Dorf in Ilocos Norte und ihren verwandten und bekannten Migranten in Hawaii ein bewegtes und dramatisches Netzwerk spinnt, und wie im Kontext der Migration die dörflichen Hierarchien und sozialen Verhältnisse verhandelt werden. „Here we have two important products, emigrants and garlic, and that is why we are rich“ (Griffiths 1988).

es nach Möglichkeit nicht, sein Auto und andere Besitztümer zu erwähnen. Ihre Entscheidung zur (Heirats-) Migration dürfte dadurch sicherlich erleichtert worden sein, neben der Gewissheit – dank einer stattlichen philippinischen *community* in Hawai – nicht in einer vollkommen fremden Welt ankommen zu müssen. War der Mann ernsthaft interessiert, so wurde von ihm erwartet, dass er in das nächste Flugzeug stieg, um persönlich bei ihrer Familie vorzusprechen und überzeugende Gaben zu überreichen. „This pen-pal correspondence, in which the two individuals have been introduced by a mutual friend, is the most common and most trusted method finding spouses [...]“ (ibid.).

Seit den 1940er Jahren migrierten Filipinos auch in andere Länder[54], ein Prozess, der durch die japanische Invasion vorübergehend gestoppt, und danach wieder aufgenommen wurde.

Als die USA nach Ende des zweiten Weltkrieges und einem Sieg über die Japaner 1945 wieder auf die Philippinen zurückkehrten, erkannten sie zwar formell die Unabhängigkeit der Philippinen an, banden das Land jedoch durch eine Reihe von wirtschaftlichen, politischen und militärischen[55] Verträgen eng an ihre Interessen.

In den beiden Jahrzehnten nach dem Zeiten Weltkrieg wechselten sich die beiden großen nach amerikanischem Muster entstandenen Parteien in der Regierungsverantwortung ab. Ihre Programme unterschieden sich kaum, gemein-

54 Ähnlich gibt es z.B. auch zu Australien, welches heute zu den favorisierten Zielländern philippinischer Heiratsmigrantinnen zählt, frühe Migrationsbezüge (vgl. auch Yukawa (1996: 132-140). „Traditionelle“ Zielländer früher philippinischer (Nach-Kriegs-)Migrationen waren auch „Britisch Nord Borneo“, Canada, die Niederlande und England.

55 So waren auf den Philippinen bis 1996 US-Militärbasen stationiert, in deren Umfeld sich im übrigen ein institutionalisierter Vergnügungs- und Prostitutions-Industriezweig etablierte. Solche geschaffenen Strukturen wurden auch gezielt zur ökonomischen Entwicklung der Tourismusindustrie eingesetzt, die in den Ländern wie Thailand und Philippinen (aber nicht nur dort) internationale männliche Sex-Touristen anlocken (Leheny 1995, Schlehe 1998, Truong 1990).
Philippinische Männer wurden vom U.S.-amerikanischen Militär rekrutiert. Als Mitglieder der U.S.-amerikanischen Armee standen ihnen eine amerikanische Staatsbürgerschaft zu. Angehörigen dieser „naturalisierten“ Filipinos war die problemlose Einreise in die Staaten erlaubt, was u.a. eine sogenannte *war bride*-Migration zur Folge hatte. „Kriegs-Bräute“ wurden in diesem Falle die Frauen der philippinisch-amerikanischen Militärdienstleistenden genannt. Zum Phänomen der „Kriegs-Bräute“ – der „Heiratsmigrantinnen“ von U.S.-amerikanischen Soldaten während und nach dem Zweiten Weltkrieg – siehe Scibetta/Shukert 1988, wo erstmals ein Überblick gegeben wird über die beispiellose Immigration von annähernd einer Million ausländischer Bräute. Das sogenannte „Deutsche-Fräulein-Wunder“, die deutsch-amerikanischen Kriegsbräute, wurde meines Wissens als Phänomen wissenschaftlich kaum bearbeitet (siehe Kleinschmidt 1993). Aufschlussreich wäre beispielsweise ein mediendiskursanalytischer Vergleich des damaligen „deutschen Fräulein-Wunders“ in den amerikanischen Medien und der aktuellen philippinischen Heiratsmigration in den deutschen Medien.

sam war ihre Loyalität gegenüber den USA und der Wille, die Privilegien der herrschenden Oberschicht zu wahren.[56] Eine solche Politik, getragen von Industrialisierungs- und „Entwicklungs“programmen, verstärkte die geographischen und sozialen Ungleichheiten auf den Philippinen. Die Polarisierung bezüglich Landbesitz nahm zu. In den 1950er Jahren waren ungefähr zwei Drittel der ländlichen Bevölkerung landlos, mit steigenden Zahlen vor allem in den Gegenden, in denen eine kapitalistische Produktion weiterentwickelt wurde. Begünstigt wurden vor allem US-amerikanische Interessen und die der philippinischen herrschenden Elite, die die Kapital-intensiven, städtischen Industrien kontrollierten (vgl. auch Eviota 1992: 79ff.).

In den frühen 1950er Jahren formierte sich daher eine entschlossene, von Bauern getragene Widerstandsbewegung, die allerdings im Laufe der Dekade mit massiver amerikanischer Unterstützung zerschlagen wurde.[57] Im Zuge davon transmigrierten Tausende von verarmten Bauern der Insel Luzon (als das Hauptaktionsgebiet der rebellierenden „Huk“) in das ‚leere' Mindanao im Süden (wo sie sich bald in einen gewaltsamen – bis in die neueste Zeit anhaltenden – Konflikt mit den lokalen Muslims verstrickten).

All diese Entwicklungen verstärkten die Migrationsbewegungen über die Grenzen der Städte, Provinzen und Regionen hinweg (Smith 1977).[58]

Für die Philippinen ist dabei charakteristisch, dass einer Land-Stadt-Migrationsrichtung eine ebenso ausgeprägte Land-Land-Migrationsrichtung gegenübersteht. So stiegen seit den 1970er Jahren die *„rural-to-rural“* Migrationen im Vergleich zu *„rural-to-urban“* Migrationen an, es sind sogar zunehmende Bewegungen von der Stadt zum Land zu beobachten (Perez 1985: 356-57). Ein Typ der *„rural-to-rural“* Migration (von dicht bevölkerten landwirtschaftlichen Gegenden zu weniger oder dünn besiedelten „frontier areas“) brachte viele philippinische Siedler-Familien in den letzten 30 Jahren vor al-

---

56 U.S.-Orientierung der Elite war ungebrochen. Von der Zeit, als die ersten *pensionados* um einer modernen Erziehung willen in die USA reisten, wurden die Staaten ein kultureller, sozioökonomischer und politischer Magnet, der bis in die neo-imperiale und heutige (post-koloniale) Ära hinein wirkt, und als problematisches Phänomen des „brain drain“ in die USA erkannt wird.

57 Bereits während der japanischen Okkupation hatte sich eine von Bauern getragene Guerilla-Bewegung – HUKBALAHAP organisiert, die sich in einer langen Tradition der ländlichen Revolten sah, und auch nach dem japanischen Abzug als kommunistisch tätige Untergrundarmee für eine gerechte Bodenverteilung und gegen die Rückkehr der in die Städte geflohenen Landbesitzer kämpfte. Der Guerillakrieg der „Huk“ stützte sich auf eine breite Basis landloser Pächter und wurde 1954 (unter President Magsaysay) militärisch niedergeschlagen. Als klassischer Text zur HUK-Rebellion gilt die Arbeit von Kerkvliet 1977.

58 Ein gesamtphilippinischer Zensus der 1970er Jahre schlüsselt folgende Zahlen auf: 25% der Gesamtbevölkerung (ohne Altersunterscheidung) wurden als „lifetime migrants“ erfasst, die außerhalb ihrer „municipalities of origin“ leben, 14% lebten außerhalb ihrer „regions of origin“ (Perez 1985 zit. nach Eder 1990).

lem auf die größeren – bis dahin dünn besiedelten – Inseln Mindanao, Palawan und Mindoro.

Die Migration von den ländlichen Dörfern in die wachsenden städtischen Zentren mit neuen expandierenden Beschäftigungsmöglichkeiten – die sogenannte *Land-Stadt-Migration* – ist ein weit verbreitetes und ausgiebig untersuchtes Migrationsmuster.[59] Die in der Migrationsforschung vorherrschende Vorstellung, MigrantInnen würden ihre ländliche Heimat verlassen, um sich dauerhaft in der Stadt niederzulassen, wird für philippinische Migrationsmuster bereits zu Beginn der 1970er Jahre verworfen. Van den Muijzenberg prägte den Begriff *circo-commuting* (Van den Muijzenberg 1973), um eine oszillierende Bewegung zwischen Land und Stadt zu beschreiben. Damit meinte er nicht das tägliche Pendeln (commuting) zu den städtischen Arbeitsmärkten, sondern wiederholte mehrmonatige Pendelbewegungen. Viele Filipinos und Filipinas verbringen einen Teil des Jahres in der ländlichen Provinz, einen anderen Teil in der Stadt, oder in anderen ländlichen Regionen *(saisonale Land-Land-Migration)*, wo z.B. auf den Monokulturplantagen (Zucker, Ananas) oder in bestimmten touristischen Zentren saisonale Arbeitsangebote locken (vgl. auch Chant/McIlwaine 1996).[60]

Ein weiteres bemerkenswertes Spezifikum ist, dass die Land-Stadt Migration auf den Philippinen (ähnlich wie in Lateinamerika) bereits seit den 1960er Jahren von Frauen dominiert war (Engracia/Herrin 1984, Eviota/Smith 1984, Trager 1984, Stark/Lauby 1987, Khoo et al. 1984: 1255, siehe hierzu weiter unten *„Women in migration“*).

59 In der ethnologischen Migrationsforschung wuchs das Interesse an diesen Prozessen parallel mit der Ausbildung der sogenannten *peasant studies* und *urban anthropology* (Brettel/deBerjeois 1992: 41-63; Ackermann 1997: 1-28). Einen guten Überblick über philippinische Migrationsstudien gibt eine kommentierte Bibliographie von Perez/Patacsil 1989.

60 In der Migrationsforschung der 1980er Jahre etablierte sich der Begriff der *Zirkulation* oder *Rückkehrmigration* für die Bezeichnung jener Bewegungen, die nicht permanent, sondern in einem reziproken Austausch vollzogen werden und wieder zum Ausgangspunkt zurückkehren (Chapman/Prothero 1983). Während der Begriff der *circular* und/oder *return migration* für längerfristige Bewegungen steht, benennt der Begriff *relay migration* kurzfristigere Bewegungen, in die nicht nur einzelne Individuen involviert sind, sondern verschiedene Familienmitglieder miteinbezogen und nachgeholt werden. Die konzeptionelle Öffnung bezüglich der Unbeständigkeit und Vieldeutigkeit von Migrationsbewegungen erweiterte den Blick für familienvernetzte Migrationsentscheidungen, die für den philippinischen Kontext besonders charakteristisch sind (z.B. Findley 1987, Trager 1988, und Kapitel 3 dieser Studie). *Oszillierende* und *Relay-Migrationen* ermöglichen auf jeden Fall dem familiären Haushalt, die Einkommensquellen zu diversifizieren und Risiken zu streuen und/oder zu puffern. Aber auch für die Arbeitgeber ist dieser Migrationstyp in hohem Maße funktional, die Arbeitsrekrutierung berechenbar und überschaubar.

Globale Themen und lokale Muster

Die politische Ära des Präsidenten Ferdinand Marcos und seiner Frau Imelda (von 1965-1986) ist unter anderem mit einem Exodus von (Arbeits)Migranten verbunden. Nepotismus und Korruption traten im Staats- und Wirtschaftsleben offen zutage. Auf dem Höhepunkt militanter studentischer Proteste gegen die allseitigen Missstände verhängte Marcos 1972 das Kriegsrecht und sicherte sich eine weitere Amtsperiode und totalitären Herrschaftsanspruch.

„From one point of view, Don Ferdinand can be seen as the Master Cacique or Master Warlord, in that he pushed the destructive logic of the old order to its natural conclusion. In place of dozens of privatized ‚security guards', a single privatized National Constabulary; in place of personal armies, a personal Army; instead of a myriad pocket and rotten boroughs, a pocket or rotten country, managed by cronies, hitmen, and flunkies.
But from another viewpoint, he was an original; partly because he was highly intelligent, partly because, like his grotesque wife, he came from the lower fringes of the oligarchy. In any case, he was the first elite Filipino politician who saw the possibilities of reversing the traditional flow of power. [...] [He] understood that in our time wealth serves power, and that the key card is the state. Manila's Louis Napoleon“ (Anderson 1995: 20).

Seit den 1970er Jahren emigrierten über eine Million Filipinos – die meisten kamen aus einer städtischen „Mittel“-Schicht, die anti-oligarchisch orientiert war – über den Pazifik in die Staaten.[61] Diese zweite Migrationswelle setzte sich vor allem aus gut ausgebildeten Berufstätigen – Ärzte, Zahnärzte, Krankenschwestern, Ingenieure (CIIR 1987: 17) – zusammen.[62] Die philippinische Mittelschicht in Übersee harrte der Dinge. Es gab nichts, was sie zu einer definitiven Rückkehr ermutigte. Im übrigen pufferten ihre Überweisungen die Devisen-Krise ab, mit der die Regierung konfrontiert war (Anderson 1995: 44). Periodisch kamen sie als *balikbayan*[63] nach Hause mit Koffern voll Ge-

61 In Indonesien war das Suharto-Regime weitaus blutiger und repressiver, aber die Emigration war gering. Burma (bis 1963) und Malaysia war „English-educated“, aber die Immigration nach London war gering.

62 Von 1946 bis in die 1960er Jahre waren die meisten Immigranten in die USA Mitglieder der amerikanischen Armee oder Verwandte früherer Migranten. Mit der Abschaffung der „national origin quota in the U.S. Immigration Act of 1965“ folgten nun hochqualifizierte Berufstätige (CIIR 1987: 16-17). Ein vergleichbarer „brain drain“ wurde auch nach Kanada und Australien verzeichnet (Yukawa 1996: 2).

63 *Balikbayan* (wörtl. Heimkehrer) war ein von Präsident Marcos initiiertes Programm, möglichst viele Übersee-Filipinos einzuladen, für die Ferien nach Hause zurückzukehren. Über die Jahre haben sich Regulierungen, Konditionen und Privilegien des Konzeptes nach und nach verändert. Bis heute jedoch sind *Balikbayan* die heißersehnten Heimkehrer mit ihren kistenweise „Mitbringseln“ (siehe auch Blanc-Szanton 1996).

schenken und Devisen, für substantielle Investitionen jedoch erschien ihnen das Land zu unsicher.[64]

Die ökonomische Situation auf den Philippinen verschlechterte sich auch in den 1970er und 1980er Jahren zunehmend. Dabei sind drei wichtige globale Zusammenhänge zu nennen, die die philippinische Migrationspolitik dieser Zeit beeinflussten:

1. Das Anwachsen des Ölpreises auf dem Weltmarkt (1973-1974 und noch einmal 1979-1980), wodurch die ölexportierenden Länder des Nahen Ostens große Profite anhäufen konnten. Ihre ehrgeizigen Industrialisierungs- und Wohlfahrtsprogramme konnten sie nicht mit eigenen Arbeitskräften leisten und daher stiegen sie in ein umfangreiches Arbeits-Import-Programm ein.
2. Das Ansteigen der internationalen Zinsraten 1979-1980, welche automatisch die philippinischen Kredit-Zinsen auf US$ 159 Millionen erhöhten (Constable 1997: 33).
3. Die globale Rezession von 1980-1982, welche den philippinischen Export reduzierte und zu einem drastischen Devisenmangel führte. Die philippinische Regierung unter Präsident Marcos reagierte mit einer forcierten Entwicklung der Tourismusindustrie und vor allem mit einer aktiven Förderung einer „labor export policy"[65], welche von seinen Nachfolgern fortgesetzt wurde. Was anfangs als „temporary measure" eingeführt wurde, um Arbeitslosigkeit und Unterbeschäftigung[66] zu vermindern und Devisen ins Land zu bringen, wurde eine „permanently temporary" Politik (Asian Migrant Center 1992: 20, zit. nach Constable 1971: 33). „Migrant labor has grown [...] from being a stop-gap measure [...] to being a vital lifeline for the nation, and thus migrant workers are hailed as the 'new economic heros' of the Philippines" (ibid.).[67]

64 Die als bewaffnete Kampforganisation der (illegalen) maoistisch-kommunistisch orientierten Partei gegründete New People's Army (NPA – im widerständigen Volksmund bisweilen auch „Nice People around" genannt) fand seit Anfang der 1970er Jahre in verschiedenen Regionen des Landes immer mehr Zulauf. In den 1970er Jahren hatte die Kommunistische Partei und die NPA – mit ihrem Programm für soziale Gerechtigkeit und eine grundlegende Landreform – die *de facto* Verwaltung in einer Reihe von (entlegenen) Provinzen übernommen, wo über das Einsammeln von „Steuern" eine Landumverteilung in Angriff genommen wurde (Kessler 1989, Chapman 1987). Bis in die Ramos-Ära verstrickten Regierungs-Armee und NPA das Land in bürgerkriegsähnliche Zustände.

65 „This term implies the earnings of foreign currency for services rendered in the same way that the export of goods involves a return flow of money" (Abella 1979).

66 In welchem Umfang die „Arbeits-Export-Politik" tatsächlich Arbeitslosigkeit puffert, ist nicht geklärt. Untersuchungen zeigen, dass vor allem Arbeiter migrieren, die schon erfolgreich angestellt waren, und es im Gegenteil nicht immer einfach ist, diese Stellen adäquat zu besetzen (siehe Goss/Lindquist 1995: 322).

67 Der Helden-Diskurs wurde vor allem auch in der Tagespresse des *Philippine Inquire* inszeniert.

Zwischen 1975 und 1983 migrierten ca. 90% der (gelernten und ungelernten) Vertragsarbeiter (OCV – Overseas Contract Worker) nach Saudi Arabien, Kuweit und die Vereinten Arabischen Emirate. In der Literatur wird von einer dritten Migrationswelle gesprochen, die sich in ihren geographischen, ökonomischen und sozialen Dimensionen von den anderen beiden unterscheidet.[68] Die erste Migrationsphase in den Nahen Osten war dominiert von männlichen Bauarbeitern. Seit Mitte der 1980er Jahre wuchs der Bedarf im Dienstleistungssektor, was zu einer Feminisierung der Migration in den Nahen Osten führte.

Philippinische Migrationsbewegungen erfuhren also seit den 1970er Jahren eine bis dahin unerreichte Dimension und Zusammensetzung, indem sich „nicht-traditionelle" Zielregionen erschlossen.[69] Auch europäische Länder lockten mit ihrem Wirtschaftswachstum philippinische Migranten und Migrantinnen vor allem in den Dienstleistungssektor im Hotelgewerbe, in den Krankenhäusern und in den privaten Haushalten.[70] Spätestens seit der Golf-Krise diversifizierte man die Arbeitsmärkte und die folgenden Migrationen „exportierten" vor allem Frauen als „domestic worker" (DW) in die wohlhabenden Länder Asiens (Süd Korea, Taiwan, Hong Kong[71], Singapur[72], Malaysia und nach wie vor Japan[73]) – und verstärkt nach Australien und Europa.

68 Wurde die zweite Migrationswelle als „brain drain" identifiziert, so ließe sich die dritte eher als „muscle drain" bezeichnen. Zu den numerischen Dimensionen: Wurden 1979 weniger als 50.000 Filipinos in den Golfländern registriert, so waren es 1983 bereits ungefähr 500.000. Trotz Ölkrise und Golf-Krieg 1991 pendelten sich die Zahlen bei ca. einer halben Million ein (Yukawa 1996: 3; POEA 1990 zit. nach Goss/Lindquist 1995: 336).

69 Waren zu Beginn der 1970er Jahre Japan, Großbritannien und die USA die Hauptziele philippinischer Migranten und Migrantinnen, so wurden in der Folge die Golfstaaten immer bedeutender, aber auch Hongkong, Italien und Spanien.

70 England, Italien und Spanien gehörten zu den ersten europäischen Hauptzielländern, später folgten Griechenland, *Deutschland* und in neuerer Zeit auch die Türkei (siehe Weyland 1997). Nicht selten fungierten katholische Geistliche als anfängliche Migrationsvermittler (del Rosario 1994: 216, Tacoli 1996). Zur Rekrutierung über kirchliche Kanäle siehe auch Hillmann (1996: 129).

71 Hong Kong gehörte zu den frühen Aufnahmeregionen philippinischer „Hausarbeiterinnen" (domestic workers), die den Frauen in Hong Kong den Einstieg in das Berufsleben ermöglichten. 1994 waren von (legalen) 124.600 ausländischen Hausangestellten 108.400 Filipinas (Constable 1997: 36).

72 Die meisten Filipinos in Singapur sind ebenfalls weibliche Hausangestellte. Nach Wong (1996: 92) lässt sich der philippinische Eintritt in den singapurianischen Hausangestellten-Markt auf die Kontakte zurück führen, die singapurianische männliche Touristen Ende der 1970er Jahre in Manila, dem Ziel männlicher Sex-Touristen, knüpften. „Such men were often self-employed taxi-drivers or hawkers. As small-time businessmen, they saw the opportunity to marry business with pleasure by bringing some girls back with them to Singapore for placement on the domestic labour market" (ibid.). In den 1980er Jahren wurden diese Pioniere von seriöseren Rekrutierern abgelöst (ibid.: 94ff.).

73 Eine auffällig beständige und problematische Migrationsbewegung ist die asiati-

In den 1990er Jahren war die philippinische Arbeitsmigration weltweit expandiert. Unzählige „Übersee-Arbeits-Programme" hatten sich in öffentlichen wie auch privaten Sektoren institutionalisiert.[74]

---

scher (vor allem philippinischer) Frauen in die japanische Vergnügungsindustrie. Philippinische Frauen stellen die größte Gruppe der Unterhalterinnen, die unter der euphemistischen Bezeichnung der Kulturtänzerinnen (*cultural dancer*) in einschlägigen Etablissements auftreten. „What began as a flow of undocumented female entertainers reached such proportions that the Japanese government created a visa category for entertainers, classifying them als skilled workers. In 1994, 52.955 entertainers were deployed to Japan. In addition, undocumented female entertainers still constitute a large number" (Yukawa 1996: 4, und 140-159).

74 Die philippinische Regierung reagierte auf diesen starken Arbeitsexodus durch „regulierende" Institutionalisierung. Es wurden verschiedene Administrationen geschaffen wie POEA (Philippine Overseas Employment Administration), oder OWWA (Overseas Workers Welfare Administration). Ziel war ursprünglich, ein Monopol über die internationale Arbeitsmigration zu schaffen und private Rekrutierungsagenturen zu unterbinden. Die Überforderung der Bürokratie angesichts der Masse der Migranten und Migrantinnen, der allerorts stattfindenden illegalen Rekrutierungen und des Widerstandes etablierter Rekrutierungsagenturen, veranlasste die Regierung, sich auf die Kontrolle der Lizensierung privater Agenturen zu beschränken. Die Philippinische Regierung organisierte ein Überweisungssystem, das die Überweisungen der FOCWs (Filipino overseas contract workers) in autorisierte Geldbankkanäle zwang, wo ein bestimmter Zinssatz als Steuer gleich abgezogen wird. „For land-based workers, this varies from 50% to 70% of wages, for shipworkers as much as 80%" !!! (Goss/Lindquist 1995: 340). Solche Institutionen mit den euphemistischen Begriffen wie „welfare", werden von den „contract worker" realistisch-trocken als „Geldabzocker" wahrgenommen: *magaling lang sa pagkuha ng pera namin* – sie sind nur gut, um unser Geld zu nehmen (Guzmann 1993). Und es versteht sich beinahe von selbst, dass Mechanismen entwickelt wurden, die Überweisungen außerhalb des staatskontrollierten Systems zu transferieren. Solche informellen Systeme reichen von *balikbayans* und sonstigen Heimkehrern als Kuriere (gegen eine gewisse „Gebühr") bis zu anderen *padala* (Rückbring)-Arrangements, wo Agenten das Geld über internationale Banken auf die Philippinen „schicken" und den Familien auf den Philippinen in Pesos auszahlen.
Im Alltagsdiskurs, der sich auf kunstvoll-folkoristische Weise in den Inschriften auf öffentlichen Jeepneys widerspiegelt, wird z.B. vom *Katas ng Saudi*-Syndrom gesprochen. *Katas* ist ein gepresster Orangensaft. Der Slogan selbst ist mehrdeutig und kann neben den schweißtreibenden, ausbeuterischen Opfern, die OCW's erbringen müssen auch umgekehrt gelesen werden: nämlich dass „Saudi" wie eine Frucht gepresst wurde, was eine neue Frucht – das Jeepney – wachsen ließ. In der Regel wurden diese Jeepneys von dem in der Emigration hart erwirtschafteten Geld gekauft, um als (weiteres) Standbein im vielfältigen Haushaltseinkommen zu fungieren. Die Erfahrungen der Arbeitsmigranten werden neben anderen Themen wie Liebe und Sex, ökonomischer Erfolg, Titeln von Kino-Filmen, Soap-Operas und populären Songs auf einen öffentlichen knappen Nenner gebracht: *Pawis ng Disyerto* – Schweiß der Wüste, *Anak ng Desierto* –

1995 markierten zwei gesetzliche Regelungen zum Schutze der internationalen Arbeitsmigranten und -migrantinnen einen neuen Moment in der philippinischen Arbeitsmigrationspolitik. Es war dies eine Antwort auf die dramatischen Geschichten von zwei philippinischen Arbeitsmigrantinnen, die in einer bis dahin einzigartigen Weise die philippinische Öffentlichkeit in Wut und Erregung versetzten. Zum einen handelte es sich um das Schicksal der 16-jährigen Sarah Balabagan, die nach einer Vergewaltigung ihren Arbeitgeber in den Vereinigten Emiraten erdolchte. Sie wurde zu Kerkerhaft, dann zur Todesstrafe verurteilt und schließlich, aufgrund vielfältiger Intervention, begnadigt und kehrte als gefeierte Heldin auf die Philippinen zurück. Die philippinische Öffentlichkeit war zu diesem Zeitpunkt durch den dramatischen Ausgang des Falles Flor Contemplacion höchst sensibilisiert. Flor wurde 1995 in Singapur aufgrund eines Indizienprozesses nach einem Doppelmord an einem philippinischen Kindermädchen und dem 5-jährigen Kind, das jene zu betreuen hatte, hingerichtet. Ihr Name steht für das Opfer, das ein Leben in der Fremde abverlangen kann (vgl. Beltran/Rodriguez 1996, „Migration Clipping" 1995, Torrevillas 1996; sowie eigene Lektüre des *Philippine Daily Inquirer* (Mai–August 1996 und März–April 1997).

„Never in recent memory had the Philippine nation responded with collective anger to the hanging of a domestic helper. Rallies were held, the Singaporean flag was burned by an inflamed ex-policeman. Diplomatic ties between the two countries were ruffled, resulting in the downgrading of the Philippine Embassy in Singapore. [...] The nation believed that Contemplacion was innocent, but that if she was indeed guilty she was not given the best legal protection" (Torrevillas 1996: 48f.).

Dennoch, selbst auf der Höhe dieser Auseinandersetzungen und der offiziellen Aussetzung der bilateralen Abkommen zwischen der philippinischen und singaporischen Regierung, belegen die Daten eine ungebremste (illegale) Migration (Wong 1996).[75] Die Beispiele von Missbrauch und Ausbeutung schrecken nicht grundsätzlich vor Migrationen ab. Es scheint so, als ob in den sensationalisierten Geschichten von Missbrauch artikuliert wird, was an alltäglichen Qualen der Migrations-Arbeit verschwiegen wird. Erzählbar sind die in der Migration erfahrenen beschämenden Demütigungen allenfalls als Abenteuer-Geschichten, die letztendlich wie eine erfolgreiche Odyssee gemeistert wurden (vgl. Margold 1995).

„For migrant workers, departure is not feared. What is dreaded is the end of the economic pilgrimage which, should it be a failure, would consume the returned migrant with personal shame. [...] Hence all the more reason not to divulge the everyday

Kind der Wüste, *Init at Lamig ng Saudi* – Hitze und Kälte in Saudi Arabien, *Homesick vs. Dollar* oder *California Dream* – der Traum vom besseren Leben.

75 „Of the roughly 490.000 Filipino women employed as such, nearly 60% were working overseas illegally. Although the illegal migrants from the Philippines are concentrated in Europe, the next largest concentrations are in Singapore and Japan" (Gulati 1993: 28, zit. nach Wong 1996: 94).

struggles of overseas employment unless one is resigned irreconcilably to a fate of bad luck“ (Aquilar 1996: 118).

Die meisten setzen jedoch auf die Glückskarte und rechnen mit einer erfolgreichen Migration, wie so viele vor ihnen.

„Many are actually aware of the risks involved in this secular pilgrimage but, drawing on the Filipino's gambling mentality, they willingly undergo – many via illegal migration – the experience of economic exile to reap its many rewards. Like the ritual that gambling is, the economic journey is a rite of passage in which the labour migrant is neither here nor there, the individual's beingness somehow suspended until the status of a successful returned OCW is attained“ (Aquilar 1996: 114f.).

Heute sind Filipinos und Filipinas stark in internationale Migrationen involviert, die zu einem großen Teil transnationalen[76] oder vielmehr multinationalen Charakter tragen. Aktuelle Studien sprechen von multinationalen Familien und Haushalten und von einer „labor-diaspora“ (z.B. Parreñas 2001). Dabei wird Transnationalismus als ein Prozess definiert, in dem die Migranten soziale Felder schaffen, die das Land ihrer Herkunft und das Land ihrer Niederlassung miteinander verbinden. Transmigranten unterhalten vielfältige grenzüberschreitende Beziehungen im familiären, ökonomischen, sozialen, organisatorischen, religiösen und politischen Bereich. Transmigranten handeln, entscheiden, sorgen und identifizieren sich in Netzwerken, die sie an zwei oder mehr Gesellschaften gleichzeitig binden (Glick Schiller et al. 1992: 1-23). Die für die innerphilippinische Migration charakteristische *oszillierende* oder *zirkulierende* Migrationsdynamik gilt also auch für die internationalen und transnationalen Migrationsbewegungen, die in der Regel von längerer Dauer sind, um Risiken und Kosten zu rechtfertigen. Statt eines unidirektionalen und einmaligen Ortswechsels handelt es sich vielmehr um ein Kommen und Gehen, das einen Kreislauf von Menschen, Informationen und Gütern in Gang setzt.

„Kumulative Migrationsprozesse werden dadurch in Gang gesetzt, dass sich stabile familiäre und nicht familiäre Netzwerke entwickeln, die die Wirtschaftsaktivitäten und die Lebensbedingungen in den Herkunfts- und Ankunftsregionen der Migranten immer stärker miteinander verschränken und dadurch synergetisch und akzelerierend auf die Wanderungsdynamik selbst wirken“ (Pries 1998: 60).

Dieser kursorische Überblick philippinischer (Arbeits-) Migrationswege sollte deren Beschaffenheit und Ausmaß skizzieren. Überall führten sich verändernde Arbeitsanforderungen und neue Arbeitsmärkte zu einer starken Feminisierung philippinischer Migrationswege. Allerdings sind diese Arbeitsmöglichkeiten vorrangig am unteren Ende des Dienstleistungssektors – das sind häusliche Dienstleistung und „Unterhaltung“ (häufig ein euphemistischer Begriff für Prostitution) – angesiedelt.

76 Transantionalismus wird definiert als eine „spatial extension of the local community [...] corresponding to the political, economic, and social ordering of late capitalism“ (Kearney 1991: 52-74) oder als ein „social process in which migrants establish social fields that cross geographic, cultural, and political borders“ (Glick Schiller et al. 1992: ix).

Das Phänomen der weiblichen Migration soll daher im folgenden noch einmal gesondert ins Auge gefasst werden.

„Women in Migration“

„Verglichen mit Manila ist Singapur so eine reiche und schöne Stadt“, schwärmte Alicia, meine philippinische Nachbarin in Bulacan auf den Philippinen, wenn sie auf Heimaturlaub war. Das beeindruckende Wirtschaftswachstum von Singapur und Hongkong (bis 1998), den kapitalistischen Zentren in Südostasien, der hohe Lebensstandard und die niedrige Arbeitslosenrate wird oft der krisengebeutelten Ökonomie der Philippinen, deren hohen internationalen Verschuldung und Armut gegenübergestellt. Angesichts dieses ökonomischen Gefälles und der beeindruckenden Nachfrage für philippinische „Domestic Worker“ (Wong 1996, Constable 1997) ist es kaum mehr verwunderlich, warum 99% der philippinischen Arbeitsmigration dort von Frauen abgedeckt wird (Tyner 1994).

Zwar migrieren auf den Philippinen Männer und Frauen in ungefähr gleicher Anzahl, hinsichtlich ihrer Beschäftigung in der Migration zeigen sich jedoch deutliche Geschlechterunterschiede, die selbstverständlich mit den Beschäftigungsangeboten in den Zielländern korrelieren. Während im Nahen Osten die philippinischen Männer vor allem im Baugewerbe unterkommen, werden Filipinas im Dienstleistungssektor eben genannter Länder, so wie in vielen Ländern Europas (vgl. Weyland 1997, Hillmann 1996) beschäftigt.

Dass die Kategorie des Geschlechtes in Bezug auf Migration von Bedeutung ist, wurde in der Migrationsforschung der letzten Jahren zunehmend thematisiert. Dabei sind Frauen nicht nur durch eigene Migrationsbewegungen in Migrationsprozesse involviert, sondern häufig sind sie diejenigen, die durch Aufrechterhaltung der heimischen (Subsistenz-) Produktion die Arbeitsmigration eines männlichen Haushaltsmitgliedes ermöglichen und mitragen. Die Entdeckung der Bedeutung weiblicher Migrantinnenarbeit im Zuge der globalisierenden Organisation des kapitalistischen Systems hatte zunächst vor allem die Arbeitskraft von Frauen aus der sogenannten Dritten Welt im Produktionsbereich (vor allem in der Exportproduktion von Textilien und Elektronik) fokussiert (Sassen-Koob 1984; Ong 1987 und Wolf 1992 für den südostasiatischen Kontext). Die von Migrantinnen erbrachte Arbeit ist aber vor allem auch im Dienstleistungssektor, häufig im schlecht bezahlten informellen Sektor (als Hausmädchen, Kindermädchen, Putzfrauen, Köchinnen, Wäscherinnen, Büglerinnen) angesiedelt.

Migrationsbewegungen mit dem Ziel, in einem fremden Haus zu dienen, sind – wenn man in die Geschichte zurückblickt – schon immer weltweit ein Merkmal weiblicher Migration gewesen. Ähnlich wie in der vorindustriellen Zeit in West-Europa, wo die Familien-Ökonomie junge Töchter für den häuslichen Dienst in die Städte schickte[77], ist eine weiblich dominierte Land-Stadtmigration auf den Philippinen festzustellen.

77 Vgl. Tilly/Scott 1978. Selbst in der rasanten Industrialisierung Englands in den

„For individuals, servanthood was a means of acquiring the material prerequisites for marriage. For the society and economy as a whole, the institution facilitated the systematic transfer of rural labour out of agriculture, either temporarily or permanently, and often the easy recruitment or rural labour into urban employment“ (Smith, Khoo and Go 1984: 17).

In Südost-Asien sind die Philippinen das einzige Land, wo eine „unabhängige“ (d.h. nicht nur männerbegleitende) weibliche Migration in die städtischen Zentren bereits seit den frühen 1960er Jahren in signifikanter Zahl festgestellt wurde (Engracia/Herrin, Eviota/Smith 1984, Pernia 1977: 115, Trager 1984, Thadani 1984, Pazcruz/Paganoni 1989). Die Daten zeigen, dass der größte Proporz migrierender Frauen im Dienstleistungssektor – vor allem als Hausangestellte – beschäftigt ist. Ein Migrationsmuster, das ähnlich auch in Latein-Amerika vorgefunden (Khoo et al. 1984: 1255) und in der Literatur als ein besonders „verwundbares“ Arbeitsfeld beschrieben wird (Constable 1997).

Wie Angebot und Nachfrage auf dem Dienstleistungssektor sich aufeinander beziehen, zeigt Wong (1996) für Singapur und Constable (1997) für Hongkong des 20. Jahrhunderts eindrucksvoll auf. Dass ein solcher Arbeitsmarkt durchaus auch eine Eigendynamik entwickelt, belegen die Daten einer ungebremsten (illegalen) Migration trotz offiziell verordneten Migrationsstops. Eine solche Dynamik entwickelt sich nur aufgrund eines weit verzweigten Migrationsnetzes mit interpersonalen Beziehungen.[78]

1850er Jahren waren 40% der weiblichen Arbeitskraft im häuslichen Dienstleistungsbereich angestellt, gegenüber 22% in der Textilverarbeitung.

78 Die Rekrutierung von internationalen ArbeitsmigrantInnen geschieht auf komplexe vielschichtige – sowohl informelle, wie auch formale Weise. Soziale Netzwerke werden zu Migrationsnetzwerken. Erfolgreiche MigrantInnen versuchen häufig ihre Erfahrungen und praktischen Kenntnisse auch in gewinnbringende Aktivitäten umzusetzen, indem sie Vermittlungsagenten werden. Goss und Lindquist bezeichnen Rekrutierungsagenturen als eine *Migrationsinstitution*: „The migrant institution is a complex articulation of individuals, associations, and organizations which extends the social action of and interaction between these agents and agencies across time and space“ (Goss/Lindquist 1995: 319). Migration wird institutionalisiert, Migrationsnetzwerke werden zu Migrationsinstitutionen, „that articulate, in a nonfunctionalists way, the individual migrant and the global economy, ‘stretching’ social relations across time and space to bring together the potential migrant and the overseas employer“ (ibid. 335). Auf den Philippinen ist die direkte Rekrutierung illegal. Versuche der philippinischen Regierung, die internationale Arbeitsmigration zu monopolisieren, scheiterten an der Ineffektivität der Bürokratie (siehe auch Fußnote 74). Die Kontrolle des Staates beschränkt sich nun auf lizenzierte Rekrutierungsagenturen. Private Agenturen müssen ein Minimum-Kapital (500.000 Pesos) aufweisen, eine Sicherheit hinterlegen (100.000 Pesos) und jährliche Lizenzgebühren bezahlen. Eine solche offizielle Autorisierung erfordert also in der Regel ausreichendes Kapital, gute politische und internationale Kontakte und ein weitreichendes Netzwerk. Die Ausgaben der Agenturen schlagen sich in den zum Teil sehr hohen Vermittlungsgebühren für Migrationswillige nieder. Im lokalen Kontext lassen sich angesichts der notwendigen Voraussetzungen drei Typen von Vermitt-

Die problematischste Kategorie weiblicher Arbeitsmigrantinnen ist die der „Entertainerinnen“ oder „Unterhaltungskünstlerinnen (siehe Fußnote 73) da sie in hohem Maße „verwundbar“ gegen Missbrauch, erzwungene Prostitution und illegale Arbeits- und Aufenthaltsverhältnisse sind, die häufig von einer mächtigen, gut organisierten „trafficking industry“ kontrolliert werden. Seit den 1990er Jahren befassen sich eine Reihe von Studien mit der Unterhaltungsindustrie in Japan und den sozioökonomischen Hintergrund philippinischer Migrantinnen, über Rekrutierungsmethoden, Arbeitsbedingungen und Probleme der Menschenrechte (z.B. Ballescas 1992, 1993, Matsuda 1993, Osteria 1994, Samonte 1994, Beltran/de Dios 1992).

Etwa zeitgleich findet auch eine deutschsprachige Diskussion (vor allem in Medien und engagierten sozialpädagogischen Veröffentlichungen) über den Zusammenhang von Tourismus, Prostitutionstourismus, Frauenhandel und die Ehevermittlung deutsch-asiatischer Ehen statt (agisra 1992, Heine-Wiedenmann/Ackermann 1992, Lenz/Ramil-Weiss/Thiemann 1993, Beer 1996).

---

lern charakterisieren: 1.) Der lokale Patron, meist ein Politiker aus wohlhabender Familie. 2.) Erfolgreiche Migrationsrückkehrer, die in der Gemeinde als nachahmenswerte Vorbilder respektiert werden. und 3.) Professionelle private Rekrutierer, die bereits in Migrationsorganisationen in Manila arbeiten und dieses spezielle Wissen in der Provinz umsetzen (vgl. Goss/Lindquist 1995: 341ff.). Legal ausreisende ArbeitsmigrantInnen können sich durch den Dschungel der philippinischen Bürokratie nicht ohne solche institutionalisierten Vermittlungen durchschlagen, selbst wenn es theoretisch denkbar wäre. Praktisch öffnen sich die erforderlichen Türen nur mittels wissender Agenten. Kopien der nötigen Papiere (Overseas Employment Certificates – OEC, Vertragspapiere mit Agentur und Arbeitgeber) müssen beim *Labor Assistance Center* (LAC), das direkt am internationalen Flughafen etabliert ist, hinterlegt werden. Die Nachfrage nach Arbeitsmigrationen ist jedoch so hoch, dass sich illegale Operationen allemal zu lohnen scheinen. Dabei geraten unzählige Ausreisewillige oft an betrügerische Rekrutierer und werden viel Geld los – häufig ohne Arbeitsvermittlung. Auf der anderen Seite gilt das „direct hiring“ – die Vermittlung über Freundinnen und Verwandte, die bereits im Zielland arbeiten, als sicherer und vertrauensfördender, persönliche Verbindlichkeit und Bürgschaft wird damit verknüpft. Vermittlung über persönliche Netzwerke versprechen Vertrauen, Reputation und Verlässlichkeit – auch für die zukünftigen Arbeitgeber (vgl. Weyland 1997). Auch wenn über freundschaftliche Beziehungen der Kontakt zu einer „direkten“ Vermittlungsagentur hergestellt wurde, heißt dies noch lange nicht, dass den Ausreisenden genaue Informationen zum Reiseverlauf vorliegen (vgl. auch Hillmann 1996: 129ff, Niesner u.a. 1997). Zahlenbeispiel für „legale“, registrierte Rekrutierungsorganisationen von den Philippinen: ungefähr 700 Agenturen, die 1991 allein 701.500 Contractarbeiter lanciert haben. Viele Agenturen arbeiten nur in einem bestimmten Sektor – 307 Agenturen konzentrierten sich ausschließlich auf die Beschäftigung von Frauen als „domestic workers“ oder „entertainers“ (Jiang/Aznam 1992). Für weitere Zahlenbeispiele siehe auch Beltran/de Dios 1992: 43.

Ebenfalls seit den 1990er Jahren haben die „Intermarriages"[79] philippinischer Frauen vor allem in Australien und Japan einige (wissenschaftliche und medienöffentliche) Beachtung gefunden und zu manchen Kontroversen geführt. Es handelt sich dabei – soweit ich die Literatur überschaue – um Reportagen und Aufsätze, die sich mit dem „Filipina brides problem" auf diskursanalytische Weise einerseits und soziologisch-demographischer Ausrichtung andererseits auseinandersetzen (z.B. Chuah et al. 1987, Smith and Kaminkas 1992, Iredale 1994, Tan and Davidson 1994, Holt 1996, Brown 1996). Einen soziologischen Vergleich von Filipinas, die mit australischen, japanischen und schweizerischen Männern verheiratet sind, lieferte Cahill (1990). Untersuchungen speziell zu deutsch-philippinischen Ehen sind immer noch rar (vgl. Beer 1996, Niesner u.a. 1997), wobei mir auch zwei Studien philippinischer Wissenschaftlerinnen bekannt sind. Zum einen veröffentlichte die Psychologin Samonte den Aufsatz „Sources of Stress and Coping Mechanism among Filipinas in West Germany and Holland" (1992), zum anderen liegt eine unveröffentlichte Dissertation „Marital Roles and Marital Stability – A Sociological Study of Filipino-German Marriages" der Soziologin Lange vor (1993).[80]

All diese Studien befördern zweifellos auf vielfältige Weise die Diskussion um die Heiratsmigration philippinischer Frauen. Sie fokussieren je nach Ausrichtung Einzelaspekte, wobei die Frage nach Ehe-Zufriedenheit und Ehe-

---

79 Wörtlich übersetzt als „Zwischenheirat" wird dieser vage Begriff zur Bezeichnung einer Ehe verwendet, wenn es entweder um nationale, religiöse, kulturelle und ‚race' Differenzen geht. Außer dem negativ konnotierten Begriff der „Mischehe" kennt das Deutsche keine all diese Differenzen einschließende Bezeichnung. Zur theoretischen Diskussion von Zwischenheirat (*Intermarriage*, Mischehe, interethnische Ehe u.ä.) siehe auch Kap. 5 und Thode-Arora 1999, Waldis 1998.

80 Als „betroffene", mit einem deutschen Mann verheiratete Filipina, die sich zudem aufgrund ihres familiären Hintergrundes und ihrer universitären Ausbildung einer bestimmten sozialen Schicht zuordnet, war es ihr ein besonderes Anliegen, dem vorherrschenden Diskurs der „gekauften Prostitutionsbräute" eine Normalität der zufriedenen Ehefrauen gegenüberzustellen. In ihrem Epilog bekennt sie, dass die Begegnung mit philippinischen Heiratsmigrantinnen sie dazu zwang, soziale Arroganz und Berührungsängste zu hinterfragen. Mit der Zeit begann sie, die „anderen" Filipinas mit „anderen Augen" zu betrachten und sie für ihre Überlebensstrategien zu respektieren. „I got rid of the lingering arrogance", bekennt sie [...] Nowadays, I would smile at any Asian looking woman and oftentimes, I get a smile back, but sometimes, they would show the same behaviour I exhibited before" (S. 193). Die philippinische Soziologin del Rosario, die ebenfalls mit einem europäischen Mann verheiratet ist, verfasste eine aufschlussreiche Dissertation zum Phänomen der „Mail-Order Bride Migration" (del Rosario 1994). Als ich ein paar ihrer Ergebnisse (aus holländischen und englischen Kontexten) mit einigen meiner Gesprächspartnerinnen diskutierte, fielen dennoch kritische Bemerkungen, ob nicht doch die Erfahrungen aus einem bestimmten privilegierten Milieu favorisiert worden seien.

Stabilität und die Probleme in einer „Intermarriage“ im Vordergrund zu stehen scheinen. Die meines Erachtens notwendige Frage nach den *komplexen* Zusammenhängen von Familie, Heirat, Ehe mit den Aspekten von Frauenarbeit (sowohl reproduktive als auch produktive) *und* Migration in grenzüberschreitenden und *kulturdifferenten* (Ehe-)Kontexten kommt in diesen Studien nicht ausreichend zur Diskussion. Deutlich wird, wie schwierig und letztendlich unergiebig das Auseinanderdividieren von Familie, Ehe und Arbeit in der Herkunfts- wie in der Zielkultur ist, wenn es darum geht, Frauen-Migrationen zu analysieren.

Um die Heiratsmigration mit anderen internationalen migratorischen Bewegungen zusammenzubringen, führt die Historikerin Sinke (1992) das Konzept der sozialen Reproduktion als Grundlage für den internationalen „Heiratsmarkt“ ein. Am Beispiel der Migration deutscher Frauen nach Amerika im späten 19. und frühen 20. Jahrhundert untersucht sie die Parallelen und Verbindungen des Heiratsmarktes mit dem besser untersuchten internationalen (männlichen) Arbeitsmarkt. Während alleinreisende Migrantinnen in der Forschung hauptsächlich als Arbeitsmigrantinnen untersucht wurden, erinnert sie daran, dass für viele junge deutsche Frauen Amerika ein Ort zum Heiraten *und* Arbeiten war. Sinke's Diskussion (vor allem anhand von Briefdokumenten) zeigt, wie materielle Überlegungen innerhalb bäuerlicher Familien eine Heiratsentscheidung über die individuellen romantischen Impulse hinaus beeinflussten. Für eine deutsche Immigrantin des späten 19. Jahrhunderts galt die Heirat als definitive Erfüllung eines weiblichen Lebens – ein Diskurs, der auch auf den heutigen Philippinen vorherrscht (del Rosario 1994: 206, siehe auch Kap.4). Sinkes Daten zeigen, dass die Heiratsgesetze in der Heimat rigide waren und in der Folge uneheliche Kinder zur Tagesordnung gehörten. „Regardless of the numbers involved, there was still a stigma attached to illegitimacy that both drove those with „uneheliche Kinder“ from their homeland and pushed others to avoid that fate by improving their economic circumstances in America“ (Sinke 1992: 74). Die Heirat gehörte neben dem Leben als Hausangestellte zu den wenigen ökonomischen Optionen, die sich Frauen erschlossen. Dabei konnten nicht nur Frauen über dem heiratsfähigen Durchschnittsalter, sondern auch Witwen am internationalen Heiratsmarkt teilnehmen. Den Briefen ist zu entnehmen, dass rege weibliche Informationsnetzwerke über „gute“ Ehemänner kursierten, wobei damit weniger die romantische Liebe, sondern eine ökonomische Solidität gemeint war.[81]

81 Zum Beispiel schrieb Minnie Decker einer Freundin: „I have to tell you that things are going exceptionally well for me, because I have gotten such a good husband, we live happily and in satisfaction together.“ Decker legte ein Hochzeitsfoto bei, aber keine weitere Information über ihren Ehemann, außer dass er ein Deutscher war und sie ein gutes Geschäft hatten. Sie legte jedoch die Liste all ihrer Hochzeitsgeschenke bei und beschrieb ihre Hauseinrichtung im Detail (Helbich/Kamphoefner/Sommer 1988: 586-587, zit. nach Sinke 1992: 76).
Diese „materielle Litanei“ ist mir aus meiner eigenen Forschung als ein vorherrschender Diskurs vertraut (siehe Kap.5).

Das von Sinke untersuchte Phänomen eines „internationalen Heiratsmarktes“ bietet einige aufschlussreiche Analogien für das Verständnis philippinischer Heiratsmigration an. Die von ihr untersuchten Heiratsmigrationen fanden zwar auf einer internationalen Bühne statt, jedoch handelte es sich selten um „intermarriages“ oder interethnische Ehen, in der Regel heirateten deutsche Migrantinnen bereits migrierte deutsche Männer.

Die „cross-national intermarriage“ etabliert sich als ein modernes Phänomen, das das dramatische Ansteigen internationaler Mobilität seit Mitte des Jahrhunderts reflektiert (Cotrell 1990). Insofern gilt es bei philippinischen Heiratsmigrationen eine wesentliche „intermarriage“-Ebene der interkulturellen Verhandlung und Kommunikation mitzureflektieren und analysieren (siehe hierzu vor allem Kap. 5).

Mein bisheriges Vorgehen war geleitet von dem Anliegen, die Heiratsmigration philippinischer Frauen in einen umfassenden Kontext einzubetten. Unter dem Leitwort der philippinischen Migrationskultur bin ich in einem weiten Bogen verschiedenen Spuren gefolgt und habe einige wichtige Argumentationslinien aufgezeigt. Die Gegenwart – und das Verhandeln kulturelle Identität – erschließt sich aus einem Verständnis der Geschichte. Da bisherige Migrationsstudien eine historische Perspektive beharrlich vernachlässigen, erschien es mir umso dringlicher, über historische 'Vergegenwärtigungen' bis hin zu aktuellen Migrationspolitiken einen makro-strukturellen Rahmen zu erarbeiten. Wie in diesem Kontext konkrete Menschen spezifische Migrationsstrategien verhandeln und leben, soll uns nun im weiteren Fortgang beschäftigen.

3 Heiratsmigration und die Komplexität von Migrationsprozessen

Migrationen im familiären Netzwerk

Migration ist nicht einfach nur als die Bewegung eines Individuums von einem Ort zu einem anderen von mehr oder weniger permanenter Dauer zu verstehen. In Migrationsprozesse sind nicht nur die migrierenden Individuen involviert, sondern auch diejenigen, mit denen die Migranten und Migrantinnen in Beziehung stehen: Familien, Freunde, Bekannte und Nachbarn, Arbeitgeber usw.. Wurden in Kapitel 2 *Die Philippinen – eine „Migrationskultur". Politische, sozio-ökonomische und kulturelle Aspekte zur Migrationsgeschichte der Philippinen* historische, koloniale und postkoloniale, ökonomische und politische Konfigurationen skizziert, so soll in diesem Kapitel der Blick vom umfassenden makrostrukturellen Rahmen in die Nahaufnahme schwenken, hin zu einem alltags- und lebensweltbezogenen Verständnis. Die Beschreibung einer Migrationsfamilie soll in den Vordergrund rücken. Mit Blick auf die individuellen Migrationsgeschichten und Familiennetzwerke lassen sich vielfältige und vieldimensionale Migrationsmuster zunächst nach Kriterien des Zieles, der Dauer und der Form unterscheiden. Es geht darum, zu vergegenwärtigen, wie individuelle Akteure die strukturell gegebenenen Möglichkeiten für ihre eigenen Lebensentwürfe nutzen, wie ihre Aktivitäten vom umfassenderen Kontext geformt und begrenzt, jedoch nicht determiniert werden. Die Frage nach geschlechtsspezifischen bzw. geschlechtsunspezifischen Ausformungen und Strategien soll uns auch in diesen Kapitel mehr oder weniger explizit begleiten. Bereits in diesem Kapitel (besonders aber dann in den beiden folgenden) wird es auch um das Ausloten von sich verändernden Geschlechterkonstruktionen im Kontext der Migration gehen.

Ausgehend von Paty Frank, die seit 1985 in Deutschland lebt und mit einem deutschen Mann verheiratet ist, werde ich Migrations-Wege, Migrations-Strategien und Migrations-Geschichten von ihr und ihren Familienmitgliedern nachzeichnen und rekonstruieren. An diesem konkreten Fallbeispiel zeigt sich die Heiratsmigration als *eine* Migrationsstrategie innerhalb eines familiären und nachbarschaftlichen Migrationsnetzwerkes. Paty hatte spezifische persönliche Gründe, sich auf den Weg zu machen, es war ihre Entscheidung, die sie durchaus eigenwillig zu vertreten hatte und schließlich ihre Erfahrung, die sie auszuhalten hatte. Ihr Agieren war und ist gleichzeitig eingebettet in einen familiären, gesellschaftlichen und kulturellen Kontext, in dem Migration Bestandteil von Lebensentwürfen ist.

In meinem Bestreben einer personenzentrierten Ethnographie (Langness/ Frank 1981) sehe ich den notwendigen Ausgleich zu den immer noch vorherrschenden statistischen Studien zur Migration (z.B. Rotthoff 1995). Dabei ist es mir weniger ein Anliegen, in den spezifischen Geschichten das besonders Typische oder Repräsentative herauszuarbeiten (auch wenn ich zahlreiche Aspekte in vielen anderen Geschichten wiederfinde), sondern ich bin vielmehr von der Vorstellung geleitet, dass sich im Fallbeispiel, also in der komplexen, dichten Beschreibung Einzelner, gesellschaftliche Zusammenhänge konkretisieren.

Mit einem Exkurs zur jungen Generation *(Carlo, der Unentschlossene)* werde ich die Skizzierung eines familiären Migrationsnetzwerkes abrunden. Am Beispiel von Carlo und seinem experimentierenden Ringen um eine sozio-ökonomische Konsolidierung innerhalb seiner familiären Vernetzungen und Verpflichtungen werde ich die Dynamik und Fluidität seines Haushaltes kurz veranschaulichen. Gilt doch die Kategorie des Haushaltes trotz umfassender Kontroverse um seine Definition (siehe unten und Fußnote 53) gerade in der Migrationsforschung als angemessene Untersuchungseinheit (Eder 1982, Pertierra 1979).

Mit einem abschließenden *Zwischenresümee zur Heiratsmigration* werde ich knapp und thesenartig wesentliche bisher zur Sprache gekommene und gleichwohl über das konkrete Fallbeispiel hinausreichende Aspekte hinsichtlich von Heirats*migration* zusammenfassen. Das Wort Heiratsmigration weist unmissverständlich auf den Doppelaspekt des zu untersuchenden Phänomens hin – der Heirat, die mit einer Migration verbunden ist. Bezeichnet man nicht jede mit der Heirat verknüpfte Ortsveränderung (z.B. von einem Haus zum nächsten, vom Dorf der Herkunftsfamilie zum Nachbardorf des Ehemannes bei virilokaler postmaritaler Residenz) als Migration, so wird der Begriff Migration einer wissenschaftlichen Konvention zufolge mit größeren Entfernungen und vor allem mit Arbeit konnotiert. Mit dem Zwischen-Resümee soll der Migrationsdiskurs vorerst in den Hintergrund treten und die Bühne freigeben für den folgenden Ehe-Diskurs: Kapitel 4 auf den Philippinen und Kapitel 5 in Deutschland.

Paty Frank's Geschichte

Gesprächssprache und *Schriftsprache* unterscheiden sich. Folgende Zitate sind Transkriptionen entnommen von mehreren, auf Tonband aufgezeichneten, lebensgeschichtlichen Gesprächen mit Paty. Insofern sind sie Dokumente einer gesprochenen Alltags-Sprache. Im Gegensatz zur eher elaborierten Schriftsprache wird im spontanen Gespräch häufig nach Worten gesucht, ist der Erzählstil sprunghafter, assoziativ und wird mit Gesten und Mimik untermalt. Paty hat sich in ihrem Lebenskontext ein spezifisches „hybrides" Deutsch angeeignet.

Diese Art „Pidgin-Deutsch“, das sie mit ihrem Mann und ihren Kindern spricht, ist eine im Alltag erlernte Sprachform und setzt sich aus deutschen (Dialekt), englischen und tagalischen Elementen zusammen. Wortschatz und Sprachstruktur sind vereinfacht und folgen bisweilen der Grammatik des *Pilipino* (Tagalog). So kennt z.B. das *Pilipino* keine geschlechtsspezifische Unterscheidung bei Pronomen, Artikeln und Subjekten. Viele meiner Gesprächspartnerinnen behielten diese ihr vertraute Sprachgewohnheit bei, wenn sie Deutsch redeten. Eine weitere Eigenheit der philippinischen Sprache ist, dass das Pilipino/Tagalog Abakada-Alphabet den Buchstaben *F* nicht kennt, sondern mit *P* ausspricht. Um die P/F-Aussprache gibt es unter Filipinos (bzw. Pilipinos) scherzhafte bis leidenschaftliche Verhandlungen: Ist den einen das *P* Ausdruck authentischer philippinischer Eigenheit, so schämen sich die anderen um die „ungebildete“ Aussprache. Paty bestand darauf, mit mir Deutsch zu reden. Meistens hatte ich mich so „eingehört“ und an ihre Sprache „gewöhnt“ (wie es ihr Mann Karl einmal ausdrückte), dass mir die ihr eigenen Wortschöpfungen gar nicht mehr bewusst wurden.

Um einer gewissen Authentizität willen habe ich mich im folgenden für relativ lange Zitate und für relativ wörtliche Gesprächstranskribtionen entschieden und fortwährend mit den Dilemmata ethnographischer Repräsentation gerungen (Berg/Fuchs 1993, vgl. Bourdieu 1997: 798f.). „Transkribieren heißt immer auch schreiben im Sinne von neu schreiben: Gleich dem Übergang vom Geschriebenen zum Gesprochenen, der im Theater vollzogen wird, erzwingt auch der Übergang vom Gesprochenen zum Geschriebenen durch diesen Wechsel des Mediums Ungenauigkeiten, die zweifellos die Voraussetzung für wahre Genauigkeit sind“ (Bourdieu 1997: 798). Daher habe ich um einer leichteren Lesbarkeit willen einige Gesprächspassagen „geglättet“, Wiederholungen gekürzt, und um eines leichteren Verständnisses willen für „Nicht-Eingehörte“ zusätzliche Wörter [in eckigen Klammern] hinzugefügt.
Wenn Paty in einigen Gesprächsausschnitten nach Worten ringt (gekennzeichnet mit ...), so deute ich dies vor allem inhaltsbezogen: es handelt sich um „sensible“ Themen, die unabhängig vom Wortschatz *nicht* direkt und konfrontativ ausgesprochen werden können, sondern entsprechend der indirekten, harmonisierenden „smooth“ (del Rosario 1994: 291) philippinischen Kommunikationsweise nur angedeutet werden.

In Deutschland

Paty lernte ich in einem philippinischen Lebensmittelladen kennen, den ich bereits an anderer Stelle als vitalen Begegnungsraum philippinischer Migrantinnen vorgestellt habe (Lauser 1997). Paty lebt nicht in der Stadt, sondern in einem kleinen Dorf, wo ihr Mann Karl im Nebenerwerb eine Landwirtschaft betreibt. In der nächstliegenden Provinzstadt arbeitet er in einer Zementmühle. Karl und Paty haben drei gemeinsame Kinder zwischen 5 und 12 Jahren (Christa, Bianca und Christoph). Die 85-jährige Schwiegermutter bzw. Mutter zählt ebenfalls zu ihrem Haushalt. Die Geschwister ihres Mannes leben in mehr oder weniger naher Nachbarschaft.

„Ja, Gott sei Dank die Familie von mein Mann hat einen guten Zusammenhalt. Ich bin schon 12 Jahre hier. Die geholfen haben immer zu uns, zusammengehalten. Die Mutter, Gott sei Dank, die ist schon 85, aber fit, nä. Mein Schwager und Schwägerin, ... die Familie von mein Mann gut zusammen. Der andere [Schwager] ist a bissele weit weg, aber der Familie von mein Mann ist gut zusammen, ja.
Im Dorf, oh Gott, ich schäme[1] mich, ich bin nicht ganz so im Dorf, nä, ..."
„Du kannst mit den Leuten nicht so gut?" ...
„Schon aber, wenn [sie] so neugierig [sind], doch schon, aber andere manchmal they, weißt du ... [sie stockt, sucht Worte ...]
„Sind sie dir zu neugierig?"
„Ja (kichern) ja weißt du, jetzt [ich] bin schon ganz anders. Ich bin jetzt mit der Leute. ... [Früher dagegen war ich eher so:] Manchmal Grüß Gott und dann bin ich schon gleich weg, nä. (kichern) Ich hab nicht gewusst, das ..., ganze Dorf ... [war mir fremd und hat mich beäugt] Mein Mann und die Familien, Schwägerin und Schwager hat gesagt, weißt du, die Filipina Frauen ..."

Nach 12 Jahren und anfänglichem heftigen Kulturschock scheint sich Paty angenommen und wohl zu fühlen. Sie lobt die Nachbarschaftlichkeit und Hilfsbereitschaft der deutschen Frauen, die sie zunächst skeptisch stereotypisierend beäugt haben und sie ist voll des Lobes über ihre Schwiegerfamilie und besonders ihre Schwiegermutter, deren breiten Dialekt sie bis heute nur „ahnend" versteht. Die von der Schwiegertochter ungeliebte Stallarbeit macht die Schwiegermutter klaglos allein. Sie bleibt immer freundlich, selbst dann, wenn Paty unter dem Vorwand, heftige Kopfschmerzen zu haben, sich vor der Feldarbeit schützt. Und wenn Paty unterwegs ist, übernimmt sie auch die Kinderbetreuung.

Paty ist im Dorf als (einzige) Filipina gut aufgenommen. Sie kann arbeiten wie eine Einheimische, auf dem Feld, im Wald, sie macht Heu, und wenn es sein muss, versorgt sie den Stall. Sie ist sehr stolz auf ihre Kinder, die gut in der Schule vorankommen. Darüber hinaus ist sie aber auch rege in der städtischen philippinischen *community* vernetzt, so dass es ihr manchmal fast zu viel wird.[2]

---

1 Der Kontext ihrer Erzählung: sie berichtet von einem Unfall ihres Mannes im Stall. Und auf einmal bekam sie von überall her Hilfe angeboten: „Zu mir alle angerufen. Die deutschen Frauen, wünschen zu mir Weihnachten, weißt du. Dann die erste klingt sooo, weißt du, im Telefon ich bin so ... he und so. ‚Aber warum du traurig?' hat gefragt. ‚Mein Mann hat Unfall', und so. Und dann geht weiter zu andere Frauen und so. Und andere Frauen hat angerufen. ‚Wir sind da und helfen', nä. So viele, was machen und helfen. Und dann [...]" (wörtliche Gesprächstranskription, Februar 1997).

2 „Seit [der] Weihnachtsfeier ich komme nimmer. Nä, wegen meine Kinder. ‚Mama wir wollen inlineskaten, Mama wir wollen Schlitten fahren', nä. Oder ich hab

Neben ihrer eigenen Familie, ihren eigenen Kindern, die ihr ein und alles sind, ist sie immer noch eng vernetzt mit ihrer philippinischen Herkunftsfamilie. Immer wieder formuliert sie, wie fundamental wichtig diese beiden Familienzugehörigkeiten für sie sind. Sie bedeuten für sie nicht auflösbare Bande und es bereitet ihr emotionale Probleme, konfligierende Interessen in Einklang zu bringen.

„Ehrlich. Gestern ich hab gesagt, for mein Mann. Ich hab gesagt, ich vermiss meine Mutter, nä. Ehrlich, ich vermiss meine Mutter. Ehrlich, ich weiße nicht, einfach meine Augen zu und der Gesicht von meine Mutter ist so deutlich, ich hab's gesehn, nä. Aber meine Augen ist zu, nä. Aber zum Gedanken vielleicht, ich weiße nit. Dann ich beten oder ich ruhig (sie sucht nach Worten) ... Kann man nix machen (lacht sie). Oder ich bloß denken [an] meine Kinder, nä. Ich hab gesagt zu mein Mann, wenn ich hab kein Kind, ich bin nit so, ich [wäre] schon so oft nach Pilippinen. Aber, Gott sei Dank wir haben Kinder und wegen ...“
„Das schafft dir eine eigene Heimat?“
„Ja, aber wegen unsere Kanal.[3] [Kann sie nicht so schnell auf die Philippinen fahren, A.L.]. Mein Mann hat gesagt: Heilige Kanal. (Wir lachen). Ich hab gesagt: ‚Was? Der heilige Kanal? Aha?',„ (Lachen).
„Ihr müsst vielleicht im Lotto gewinnen.“
„Oroh, Andrea, ja (lachen). Dann wir beide fahren nach New York.“
„Ja“ (lachen).

Paty betont immer wieder, dass sie da zu Hause ist, wo ihre Kinder zu Hause sind. Sie kann es sich nicht vorstellen, eines Tages in räumlicher Distanz zu ihren Kindern leben zu müssen. Auf der anderen Seite pflegt sie einen ausge-

---

a Freundin, [die] hat a Geburtstag oder feiern oder so, nä. Keine Zeit. Und dann letzten Donnerstag die Präsidentin vom Verein hat zu mir angerufen. (Sie lacht). ‚Warum du nicht mehr kommst?' (Sie lacht). Ja, mein Mann [hat] gelacht und gelacht. ‚Wir brauchen dich schon', und [sie] hat gesagt ‚zum Üben zum Tanzen.' Treffen jede Sonntag. Aber ich ich kann net, ich hab gesagt, wegen meine Kinder in der Schule ich kann net, manchmal Sonntag sie müssen lernen, nä. Oder wir wollen wo hingehen oder tun, nä. Jeden Sonntag mit Kaffeetrinken und Tanzen.“ – „Mit Ehemännern und Kindern?“ – „Ja, nein, manche Ehemänner kommen net. Manche, die hat gesagt, langweilig da. Aber mein Mann, ich habe Bekannte da in der Stadt, mein Mann gehen in Bekannte, ja und meine Kinder z.B. Bianca und Christa, they üben auch zum Tanzen. Manchmal der Christoph muss auch dableiben zum Üben. Sie tanzen scheen, Christoph auch. Wir haben gemacht, Weihnachtsfeier ... Und dann der Leute, nä und dann der Präsidentin hat zu mir angerufen, dass am Sonntag warum ich kommen nimmer, nä. Ich hab gesagt, wegen ich kann nicht, meine Kinder sagen: ‚Na wir muss dahingehen.' Freilich muss fragen erst Familie. [Die Präsidentin] Hat gesagt: ‚Wir brauchen dich, wir müssen ahmmm, bald schon wieder Aufführung' [vorbereiten]. April Oster, ja so. Und dann wir müssen andere [Aufführungen]. So wir tanzen so Hawaian und Modern und ja. Kriegst du Rückenweh (sie lacht). Aber ich bin schon langsam [alt], meine Arme schon tut weh jetzt, nä. Ich bald schon 40.“ (Lacht) (Februar 1998).

3 Ein Abwasserkanal muss von der Dorfbevölkerung anteilig in einer Größenordnung von 30.000-40.000DM finanziert werden.

prägten „Rückkehrmythos“[4]. Die Vorstellung, ihren Lebensabend zusammen mit ihrem dann pensionierten Mann Karl auf den Philippinen zu verbringen, verfolgt sie nicht nur in utopischen Träumen. So kaufte sie bereits Bauland in der Nachbarschaft ihres Elternhauses, um sich dort einen Alterssitz zu errichten. Dass ihre Kinder dann vermutlich eher nicht auf den Philippinen leben werden, sieht nicht nur sie durchaus realistisch. So zweifelt auch ihre philippinische Familie eine dauerhafte Rückkehr Patys an. Bisher waren ihr Mann und ihre Kinder erst einmal für drei Wochen auf den Philippinen. Diese Reise bedeutete für sie eine interessante Erfahrung, eine tiefergreifende Hinwendung und Liebe zu diesem Land scheint sich daraus aber nicht entwickelt zu haben.

„Ja, weißt du, ja ich hab gedacht, wenn wir nach Pilippinen gehen, nä ... und damals mit meine Kinder nur Lego zu tun, nä. Lego und Rennen und Ball spielen, nä. Aber jetzt meine Kinder ist schon 12, 7, ... denen muss auch andere Urlaub [geboten werden], soo z.B. in Bagio oder wir gehen in Cebu[5]. Oder immer dahin gehen, dorthin gehen. Wegen jetzt nimmer mit Lego zu tun, nä.“
„War das für deine Kinder kein Problem mit der Sprache?“
„Ahm, mit der Hand, mit der Fuß (lacht). Ah, die Christa, die is bald schon pilipinisch lernen, nä. They lernen schon a bißel. Wir sind dort bloß drei Wochen, nä. Eigentlich nur zwei. Der letzte [Woche war] mit der Goldenen Hochzeit von Amang und *Inang* [gefüllt]. Aber jetzt der Christoph, nächste Donnerstag wir gehen in Versammlung wegen Realschule. Der Christoph kann schon English und Mathe. Aber Deutsch ist a bißele ... (lacht). Aber Bianca, die lernen schon jetzt English, nä. Sie lernt schon selber. Die Kleine schon pilipinisch a bißel nä.“
„Redest du mit ihnen pilippinisch?“
„Ja, a bissel (sie lacht).“ (Jan. 1996)[6]

Dass für ihren ruhigen, schweigsamen Mann Karl diese Reise überdies tiefe Irritationen mit sich brachte, lässt sich auch aus der Wahrnehmung seiner philippinischen Schwiegerfamilie herauslesen. Ihnen schien Karls Trinkfestigkeit besonders bemerkenswert. So habe er die meiste Zeit schwitzend vor dem Ventilator auf der Terrasse gesessen und in kürzester Zeit, ohne mit der Wimper zu zucken, einige Flaschen des philippinischen Bieres getrunken.[7]

Welch intensiven Austausch an Kommunikation und sonstigen Gaben sie zu ihren philippinischen Familienmitgliedern pflegt, realisierte ich in vollem Umfang, als ich selbst eine Perspektive „von den Philippinen aus“ einnehmen konnte.[8] Mit einzelnen Familienmitgliedern hatte ich (und meine Familie) re-

---

4 Gmelch (1980. 138) spricht auch von einer „dauerhaften Vorläufigkeit“, bei der die Verbindung zur Herkunftskultur durch wiederholte „Heimatbesuche“ und Pendelmigrationen aufrechterhalten wird, eine endgültige eindeutige Rückkehr aber nicht mehr vollzogen wird.

5 Baguio und Cebu sind klassische Touristenorte

6 Das Gespräch wurde kurz vor unserer Abfahrt auf die Philippinen geführt.

7 Biertrinken ist auf den Philippinen ein männliches Ritual, das nur in einer Gemeinschaft zelebriert wird. Dann hat es nicht selten exzessive Züge und mündet häufig in unkontrollierbare Gefühlsausbrüche.

8 Während meiner Aufenthalte auf den Philippinen (zwischen 1996-1998) entstand zu ihrer Familie ein intensiver Kontakt. Nicht zuletzt auf Vermittlung von Paty

gelmäßig Kontakt. Über informelle Alltagsgespräche, Interviews und gemeinsame Familienfeiern lernte ich Familiengeschichten kennen und ging selbst in einige Geschichten ein. Zurück in Deutschland verblüffte mich Paty mit ihrer detaillierten Informiertheit über die alltäglichen Gespräche und Ereignisse ihrer philippinischen Familie, die ich mit eigenen Fotos, Videoaufnahmen und Erzählungen zu erweitern hatte.[9]

So sehr Paty an den Lebensverläufen ihrer nahen philippinischen Verwandten (Schwestern und Brüdern, Eltern, Neffen und Nichten) mit regem Verantwortungsbewusstsein und häufigen Telefonaten, Briefen und Videos teilnimmt, so schwierig scheinen sich *ihre* Lebensverhältnisse in den philippinischen Alltag übersetzen zu lassen. Wie viele (um nicht zu sagen fast alle) meiner philippinischen Gesprächspartnerinnen ringt sie um eine Balance zwischen den allgegenwärtigen Anforderungen und Erwartungen nach finanzieller Unterstützung und ihren eigenen ökonomischen Möglichkeiten und Bedürfnissen.[10] Dieser ambivalenten Verpflichtung kann sie sich nicht entziehen,

---

arbeitete Patys Neffe zusammen mit meinem Mann, der ebenfalls eine ethnographische Forschung in der Provinz Bulacan durchführte.

9 Eine gewisse Alltäglichkeit lese ich auch von den Gaben ab, die ich bei meinen Reisen zwischen den beiden Ländern („from-door-to-door“ sozusagen) zu übermitteln hatte: es waren vor allem kulinarische Gaben wie Schokolade, Sekt, Salami u.ä. und natürlich Geld aus Deutschland und Nüsse, San-Miguel-Bier, Mangos, Bananen u.ä. von den Philippinen.

10 „Sie hat zu mir gesagt in Telefon, November, nä, wenn zu mir angerufen. Und dann mein Vater hat zu mir geschrieben. They brauchen a – [Geld] – wegen so viel Telefon, nä (lacht) – Telefonrechnung und so, ... Ich habe geschrieben, letzte Woche zu mein Vater. ‚Lourdes hat gesagt, dass sie selber zahlen, wegen ich hab angerufen, wegen der Lourdes brauchen Hilfe und so und so ...‘ . Ich hab gesagt: ‚Lourdes, du hast zu mir so oft angerufen, wegen Hilfe und so, aber ich kann nicht bezahlen diese Rechnung.‘ Z.B. meine Eltern kann zu mir anrufen, aber der Rechnung ist bei mir bleiben. Ich hab erzählt zu meine Familie: ‚Das kann man schon machen.‘ Aber mein Vater hat bloß geschrieben, wegen Geld, wegen wann ich bezahlt der Telefonrechnung. Z.B. ich schicken a Deutsch Mark, sie umtauschen und sie bezahlen die Telfonrechnung auf den Philippinen. Aber ich hab geschrieben zu mein Vater: ‚Vater, de Lourdes hat selber zu mir gesagt, sie hat zu mir bloß angerufen, aber sie zahlt selber der Telefon-Rechnung.‘ Ja und dann, ich hab gesagt: ‚Ich hab hier schon Familie. Hier in Deutschland ist ganz anders, musst du deine ...‘ . Gott sei Dank mein Mann weiß schon ganz genau, dass ich will auch sparen. Nicht alles ausgeben.“ – „Er ist gut zu Dir?!“ – „Ja, er sagt nie was. Er weiß ganz genau, dass ich will auch sparen, nä. Nicht alles ausgeben. Manche Pilipinafrauen so und so macken zu der Mann, nä. Ich hab gesagt, nä, ich, mein Mann und meine drei Kinder, so nä. Aber ich habe geschrieben zu mein Vater, ich kann nicht bezahlen die Telefonrechnung von Lourdes, nä, ich brauche selber ....“ – „War denn die Telefonrechnung so hoch?“ – „8.000 [Peso].“ (Wir lachen.) (August 1997).
Wertedimensionen: Der damalige (1997) Tauschwert stand bei 20 Peso = 1 DM. 1998 bekam man für 1 DM bereits 24 Peso. Mit 6.000-10. 000 Peso (ca. 300-500 DM) monatlich kommt eine 5-köpfige Familie mit drei schulpflichtigen Kindern

sie muss immer wieder von neuem ausgehandelt werden, will sie nicht den Bruch riskieren, und sich Hochnäsigkeit und Verantwortungslosigkeit vorwerfen lassen. Oft betont nicht nur Paty in solchen (Verhandlungs- und Rechtfertigungs-)Gesprächen, dass sie nun eigene Kinder hat: „... aber ich habe gesagt, jetzt ich habe schon drei Kinder!" Nur die Sorge um die eigenen Kinder legitimiert einen Rückzug aus den Loyalitätsverpflichtungen zu den eigenen Geschwistern und Eltern. Auch die mehr oder weniger explizit formulierten Erwartungen, sie möge als Migrationskatalysator wirken, erwidert sie mit ambivalenter Skepsis.[11]

Welche Spannung Paty diesbezüglich als Vermittlerin auszuhalten hat, zeigte sich auch anlässlich eines einwöchigen Besuches ihrer ältesten Schwester Nora, die im Rahmen ihrer Tätigkeit im Erziehungsministerium eine Dienstreise nach Deutschland genehmigt bekam. Aus der Kernfamilie ist sie damit die erste und einzige, die Paty in Deutschland besuchen konnte, zu groß ist ansonsten der finanzielle Aufwand, der mit solchen Reisen verbunden ist. Auch umgekehrt lassen die ökonomischen Verhältnisse von Karl und Paty regelmäßige Philippinenreisen nicht zu. So war die Familie Frank, wie bereits erwähnt – erstmals anlässlich der Goldenen Hochzeit von *Amang* (Vater) und *Inang* (Mutter) auf den Philippinen. Eine weitere Reise steht zwar auf Patys Wunschliste, der deutsche Alltag fordert aber andere Prioritäten: Eine Abwasserkanalisation muss mit hohem Eigenanteil (ca. 40.000 DM) finanziert werden, ein Sommerurlaub an die Nordsee steht an und ein Kurztrip nach Rom.

Schon Wochen vor Noras Ankunft zügelte Paty ihre Aufregung in einer Hyperaktivität: Die begleitenden Kolleginnen und Vorgesetzten von Nora müssten wenigstens an einem Tag bewirtet werden. Paty plante ein großes Essen bei uns in Bremen (700 km entfernt von ihrem dörflichen Wohnort).[12] Bereits Wochen vorher bereitete sie das philippinische Festessen zu, fror es in der Tiefkühltruhe ein, um es dann unter dem größten Entzücken aller[13] in unserer Bremer Wohnung aufzutischen. Paty plante für Nora mehrere Kurztrips innerhalb Europas. Ein Besuch eines Cousins in Paris sollte mit einem Abste-

– wenn sie nicht in Manila leben muss – bescheiden bis angemessen über die Runde. (Ein Haushalt von der Kategorie mahirap din und sapat-sapat lang.)

11 Als ihr Neffe Carlo sie um 40.000 Peso bittet, um eine Arbeitsmigration nach Taiwan zu finanzieren, verweigert sie das Geld, ebenso wie sie die, von ihm erhoffte, Einladung nach Deutschland nicht ausspricht. Carlos Migrationswünsche konkretisierten sich in einer Ehekrise. Paty, die mütterliche Tante, war gegen eine Trennung. So zog Carlo zunächst ‚nur' in den großelterlichen Haushalt zurück, wo er sich mit Schweinezucht und sonstigen Jobs versuchte. Im zweiten (Forschungs-)Jahr war er zu seiner Frau zurückgekehrt (siehe weiter unten). Ihre migrationswillige Schwester Lourdes will sie ebenfalls nicht nach Deutschland holen (siehe weiter unten).

12 Mein Mann Peter und ich, als Universitätsangestellte, schienen ihr einen angemessenen Rahmen, vor allem für die begleitenden „ministerialen" Vorgesetzten ihrer Schwester, zu bieten.

13 Noras Vorgesetzte war sichtbar begeistert: es wäre das erste wahre Essen, seit sie die Philippinen verlassen hätte.

cher ins Disneyland verknüpft werden. Einen Neffen in London und einen weiteren Cousin in Frankfurt galt es, vor dem Rückflug noch aufzusuchen.

Noras kurzer Deutschland- (und Europa-) Besuch scheint sich eindrucksvoll in die Familiengeschichten eingeschrieben zu haben: So wusste später Carlo (Noras Sohn und Patys Neffe) von der Relativität des Reichtums und der Armut zu berichten. Bettler an den Hauptbahnhöfen der Großstädte wären schockierend gewesen, die parkenden Autos am Straßenrand (und nicht in den Garagen) beeindruckend. Auch die großstädtische herrschaftliche Architektur Hamburgs und Paris' wurde mit der ländlichen bescheidenen Dorfstruktur Hermandorfs (der Wohnort der Familie Frank) verglichen. Und immerhin kam Nora in dem Wirbel der Woche dazu, Patys Alltag als einen arbeitsamen wahrzunehmen. So berichtet Paty von einem Telefonat, das sie später mit ihrem Vater geführt hat.

„Die Ate Nora hat schon verstanden, wie das Leben ist in Deutschland. ‚Du arbeitest schwer!' Ich habe gesagt: ‚Ja'.
Mein Vater hat gesagt: ‚Was, du arbeiten mit im Feld?' hat zu mir gesagt. ‚Warum Vater, du hast nit geglaubt?' – ‚Schau a mal deine Hand!' (lacht) hat [er] zu mir gesagt. Ich hab gesagt: ‚Vater, [es gibt] hat a Lotion in Deutschland, a Lotion (lacht). Kann man schön nach der Arbeit mit Lotion.' Ja, hat zu mir gesagt, hat nit geglaubt. Aber vielleicht Ate Nora hat erzählt, nä.
Ja freilich, ich bedanken, dass mein Mann ist gut, und [seine] Familie [ist auch gut] ... Ate Nora hat gesagt: ‚Deine Schwiegermutter ist ehrlich gut.' Ich hab gesagt: ‚Ja'. Dann hier, meine Schwägerin und Schwager, wir sind hingegangen, nä. Hier die Haus, ich habe gezeigt. Ja und meine Schwester hat gesehen, dass ehrlich ich bin in gute Hand nä, gute Pamilie gekommen oder gelandet“ (lacht herzlich). (Februar 1998).

Noras Eindrücke vor Ort scheinen sich (zumindest zeitweise) mäßigend auf die Erwartungen nach Geldüberweisungen ausgewirkt zu haben. In einem Gespräch über die beängstigende Inflation und ökonomische Krise auf den Philippinen thematisiere ich die geradezu haushaltsstrategische Notwendigkeit der Geldüberweisungen.

„Ja, ja, mhmh. Weißt du Andrea, seit Ate Nora ist hier [gewesen], wenn ich hab gefragt: ‚Ich schicken a Geld?' ‚Nein', [hat sie] gesagt ‚nein'. Aber ich hab gesagt: ‚Warum [nicht]?' ‚Ah deine Geld kannst du schon für deine Kinder [brauchen]. Aber darf man net sagen zu unsere Eltern, Amang und *Inang*' (lacht). Wegen [dennoch] ich hab gefragt: ‚Ich kann schon schicken, ich kann schon geben a bißele Geld, nä.' Und Ate Nora hat, seit die hat gesehen, weißt du, mit Arbeit und so, mit meine viele Arbeit...
Und [vorher] sie hat gedacht wegen, weißt du, [verglichen] mit der Geld in Pilippinen hat gedacht, Geld in Deutschland ist nur da. Kann man gleich nehmen. Und jetzt vor Weihnachten, ich hab sie gefragt und [sie] hat gesagt: ‚Nein Paty, brauchst du nimmer so schicken', hat gesagt, ‚du kannst schon für deine Familie so geben'. Aber ich hab gesagt: ‚Du darfst net sagen zu unsere Eltern'. [Sie] Hat gesagt: ‚Nein'. Aber trotzdem ich hab noch, mein Mann hat gegeben (lacht).“ (Feb. 1998)

Neben dem vordergründigen Verhandeln über Geldüberweisungen wird in dieser Passage auch eine Ebene angesprochen, in der es um die Situierung der beiden Schwestern innerhalb der Geschwisterschaft und die damit verbundenen Verpflichtungen gegenüber den Eltern und der Herkunftsfamilie geht.[14] Es findet ein Aushandeln und eine Verständigung zwischen der ältesten Tochter bzw. Schwester Nora und der jüngsten Tochter bzw. Schwester Paty über das Ausmaß ihrer jeweiligen Verantwortung statt.

Von Töchtern wird eher als von Söhnen erwartet, dass sie gegebenenfalls unverheiratet bleiben, um ihre Eltern im Alter zu pflegen (Trager 1988: 83). Diese Verpflichtung trifft häufig entweder die älteste oder die jüngste Tochter: Die Älteste wird von Anfang an in die Verantwortung ihren jüngeren Geschwistern gegenüber genommen, und „verpasst" darüber häufig die eigene Verheiratung und Familiengründung.

In diesem Fall hat die älteste Tochter und Schwester Nora eine eigene Familie, aber auch einen relativ gut situierten Beruf. Daher wird von ihr trotz der Sorge um ihre eigene Familie auch die Unterstützung der Eltern in gewissem Umfang erwartet. Haben die älteren Geschwister bereits eigene Familien und möglicher- und verständlicherweise keine ausreichenden finanziellen und sozialen Kapazitäten für die Alterssorge der Eltern, bleibt diese Aufgabe für die Jüngste „übrig". Paty als jüngste Tochter fühlt sich von diesem Wertekanon besonders angesprochen, zumal sie damals entgegen des väterlichen Wunsches ihre Migration forciert hatte.

Generell bedeutet sowohl für die älteste als auch für die jüngste Tochter die Verpflichtung gegenüber den Eltern und Geschwistern ein Spannungsverhältnis zu der eigenen Familiengründung. In diesem Kontext erscheint die Heiratsmigration in ein reiches Land durchaus als Ausweg aus diesem Dilemma: die Heiratsmigrantin kann die Eltern und Geschwister finanziell unterstützen *und* der wenig geschätzten Rolle einer *matandang dalaga* (alten Jungfer) entkommen.[15]

Die Frage, in welchem Umfang auch für Paty die Positionierung innerhalb der Geschwisterschaft für die (Heirats-)Migration motivierend war, soll uns neben anderen Aspekten bei unserem Streifzug auf die Philippinen begleiten.

Auf den Philippinen

Paty ist mit *sechs* Geschwistern in einer ländlichen Gegend der Provinz Bulacan aufgewachsen. Sie selbst ist die zweitjüngste (die jüngste der Töchter und die dickköpfigste, wie sie einmal lachend erzählt). Ihr folgt noch ein jüngerer Bruder. Alle Geschwister leben in der selben Provinz in mehr oder weniger naher Nachbarschaft zum elterlichen Haus.

---

14 Zur Sozial- und Familienorganisation siehe ausführlich Kap. 4

15 Vgl. auch Lilias Erzählung in Kapitel 4, die die Sorge, eine *matandang dalaga* zu werden, als ein Heiratsmigrationsmotiv expliziert. Siehe auch sowohl Beer 1996 als auch del Rosario 1994: 337, die in ihrem Sample philippinischer Heiratsmigrantinnen besonders viel erstgeborene (*panganay*) und jüngste (*bunsuan*) Töchter ausmachte.

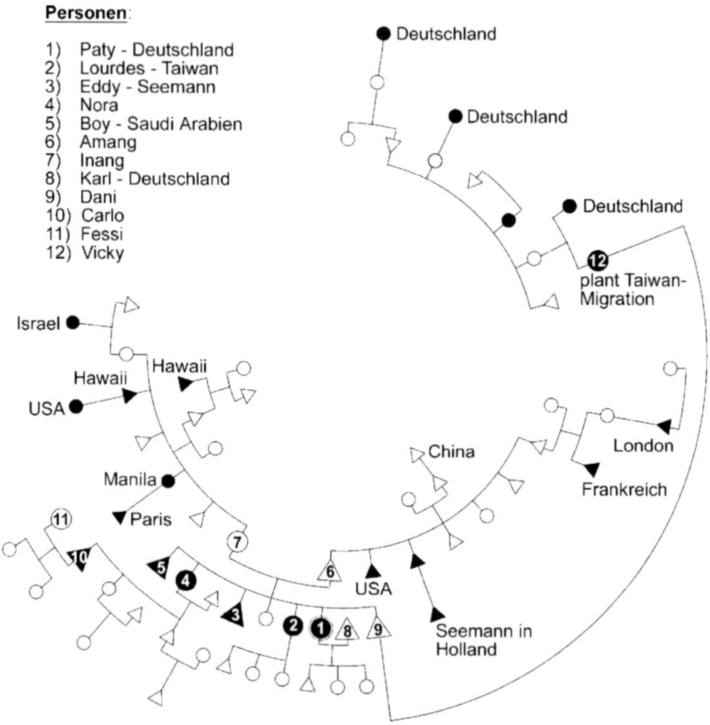

Abbildung 6: Genealogische Skizze der multinationalen „Migrations“-Familie von Paty Frank-Azurin

Die Familie Azurin hatte immer ausreichendes Auskommen. Der Lebensunterhalt basierte auf dem Erlös eines mehrere Hektar großen Fischteiches, den der Vater mit *fünf* weiteren Geschwistern besaß und bewirtschaftete. Damit ist die Familie Azurin nicht zu den sehr armen landlosen Haushalten zu zählen.[16] Mit dem (Fisch-)Landbesitz und weiteren nichtlandwirtschaftlichen Aktivitäten, wie Verkauf und Handel der Fischprodukte und Investitionen in *Jeepney*

16 Kerkvliet diskutiert die analytischen Dimensionen Klasse und Status sowohl mit wissenschaftlichen Kategorien, als auch mit lokalen Konzepten. Für die philippinische Gesellschaft arbeitet er vier Haupt-Klassen *(workers, peasants, small business people* und *capitalists)* und vier Status-Gruppen (sehr arm, weniger arm, angemessen und reich) heraus, die sich zu verschiedenen sozio-ökonomischen Positionen kombinieren lassen (Kerkvliet 1990: 65ff). Yu und Liu unterscheiden sechs soziale Klassen: *lower-lower class, upper-lower class, lower-middler class, upper-middle class, lower-upper class, upper-upper class* (Yu / Liu 1980: 30-35).
Weitere Diskussion zur Haushalts-Ökonomie siehe weiter unten und in Kap. 4.

(Kleintransporter und Minibus) und *Tricycle* (so etwas wie ein Motorradtaxis) als Transportmittel, konnte ein angemessenes Auskommen gehalten und gesichert werden. Als die Vatergeneration vor 10 Jahren auf das Altenteil ging, wurde der Fischteich (für 100.000 Peso) verpachtet. Heute bringt die Vermietung 1,2 Mill Peso[17] im Jahr ein. Ein Ausdruck ihres Status' ist, dass allen Kindern eine Schulausbildung ermöglicht werden konnte. Es mussten dafür zwar einige Opfer erbracht werden, wie die Mutter erwähnt, größere Verschuldungen konnten aber vermieden werden. *Amang*, der Vater, erklärt diesen verbesserten Status durch harte Arbeit, Sparsamkeit und ein gutes soziales Netzwerk, auf das man in knappen Zeiten zurückgreifen konnte, und wo man auch zu niedrigen Zinsen Geld leihen konnte. Als Erfolg wird verbucht, dass einige der Kinder es dabei zu ansehnlichen „white collar jobs" (Lehrer, Bank- und Verwaltungsangestellte) gebracht hatten.

Das Elternhaus wurde 1986 (nicht zuletzt mit Geldüberweisungen migrierter Kinder) zu einem Steinhaus renoviert mit Terrasse, großer *Sala* und 4 *Bedrooms*. Von der Terrasse betritt man die *Sala*, deren Funktion eine Mischung aus Wohn-, Repräsentations- und Empfangsraum ist. Entsprechend ist der Raum vor allem mit Sofa und mit wichtigen „Insignien des Erfolges" wie Fotos von Hochzeiten, Goldener Hochzeit, Schulabschlussfeiern ect., Urkunden, Hifi, Video, TV und, *fridge* bez. *Ref* [18] ausgestattet. Ein Hausaltar mit Heiligenfiguren, Jesusdarstellungen, Kerzen und Nippes rundet die Repräsentation einer Familienidentität ab. Die Besucherin, die sich auf dem blumenbedruckten Sofa niederlässt, blickt direkt auf ein Regal, wo die elektronischen Unterhaltungsgeräte neben Porzellannippes und – wegen des Staubes – in Plastik eingewickelten Stofftieren untergebracht sind. Ihr Blick schweift über eine barocke Wanduhr zu einer großen Abbildung von St. Nino, um die herum die fotografisch festgehaltenen Höhepunkte der Familiengeschichte inszeniert sind: Aus gerahmten Fotodarstellungen blicken die Kinder in der Schultracht der Graduierten. Hochzeitspaare, Familiengruppenbilder oder Familienmitglieder, fern der Familie auf irgendeinem Flughafen oder vor irgendeinem Hoteleingang schauen auf die Besucherin herab.

Im Haus wohnen sozusagen als stabile Einheit die Eltern *Amang* und *Inang* (Vater und Mutter). Bei meinem ersten Besuch übernimmt *Inang* eine überschwängliche Bewirtung und *Amang* die Konversation. Mit den Worten: „She is my first and last love. She is my only and last one. I will go with her, even to heaven" stellt er uns seine Frau vor. Auch wenn mich diese pathetischen Worte an die überschwänglichen Grußkarten erinnerten, die vor allem am Valentinstag aller Orten zu kaufen sind, so bestärkten sie meinen ersten

17 Durch 6 Geschwister = 200.000 Peso jährlich für *Amang* und *Inang*. Bei einem Kurswert von 24 DM (1998) = ca. 8.000 DM

18 Während amerikanische Umgangssprache sich mit der Bezeichnung *fridge* auf einen Kühlschrank (refrigerator) bezieht, wird er in philippinischer Umgangssprache *ref* oder *pridyider* genannt. Der Gebrauch gerade solcher alltäglichen Wortschöpfungen dienen in der Diaspora als „Marker" für „Philippinischtum" (vgl. auch Ignacio 1998).

Eindruck der Ehefrau als einer durch und durch präsenten Hausfrau – *maybahay* oder die „Königin des Hauses“, wie sie oft euphorisch bezeichnet wird.[19]

Weitere mehr oder weniger dauerhaft anwesende Haushaltsmitglieder sind die Tochter Lourdes mit ihren drei Kindern, ebenso wie die beiden erwachsenen Enkelsöhne Carlo und Norman, die Söhne der Tochter Nora. Als Lourdes nach Taiwan migriert, werden ihre Kinder, die zwischen 5 und 12 Jahre alt sind, hauptverantwortlich von *Amang* und *Inang* versorgt. Aber auch Carlo und Norman kümmerten sich um deren geregelten Alltag wie zum Kindergarten und in die Schule begleiten und wieder abholen, Hausaufgabenbetreuung u.ä.. Der Enkelsohn Carlo wuchs von klein an im großelterlichen Haushalt auf. Als er nach Schwierigkeiten in seiner Ehe den ehelichen (uxorilokalen) Haushalt für ein Jahr verließ, zog er wieder bei *Amang* und *Inang* ein, ebenso wie sein Bruder Norman, der nach einer Arbeitsmigration in einer anderen philippinischen Provinz bis zu seiner Verheiratung wieder bei seinen Großeltern lebte.

Kuyay Boy, der älteste Bruder

Im nahtlos anschließenden Haus (Hof, Zugang zum Fluss und „dirty kitchen“[20] sind gemeinsam) lebt der älteste Sohn Boy mit Frau und drei Schulkindern. Heute arbeitet er als Verwaltungsangestellter in der Provinzstadt, seine Frau versorgt einige Schweine und eine kleine Hühnerfarm. Boy heiratete relativ spät, da er Anfang der 80er für ein paar Jahre als *contract worker* (Vertragsarbeiter, Hilfsarbeiter auf dem Bau) nach Saudi Arabien migrierte. „*Kung may opportunity talaga nagaabroad ka!*“ (Wenn es eine Gelegenheit gibt, dann gehst du wirklich nach Übersee), kommentierte er knapp und bezeichnend die Bereitwilligkeit der Filipinos im allgemeinen und seiner Familienmitglieder im besonderen, sich in die Ferne aufzumachen. Damals war auch Paty schon aufbruchwillig und liebäugelte ebenfalls mit einer Arbeitsmigration nach Saudi Arabien. Der Bruder jedoch war nicht bereit, den Weg zu ebnen, mit dem Argument, dass dieses Land nichts für Frauen sei. Ganz offensichtlich wollte er nicht die Verantwortung für eine schwierige Emigrationser-

---

19 Studien über philippinische Familien- und Haushaltsstrukturen räumen den Frauen im häuslichen Bereich eine machtvolle und wichtige Stellung ein. Dabei wird besonders die Kontrolle über die Familienfinanzen betont (z.B. Gastillo / Guerrero 1969, Jacobson 1979, Neher 1982, Szanton 1982, Trager 1984; vgl. Illo 1995a 1995b; siehe auch Anderson, Rees & Sardalla 1996: 1-69). Geschlechterordnung in Familien- und Haushaltsstrukturen wird in Kapitel 4 diskutiert.

20 Die Essenszubereitung (Reinigen und schneiden des Gemüses, Schlachten und Rupfen von Hühnern, Ausnehmen von Fischen), das Kochen (meist auf offenen Gasflammen) und der Abwasch geschieht in der „schmutzigen“ überdachten Küche außerhalb des Wohnbereiches. In bessergestellten Haushalten (wie der der Azurins) gibt es zusätzlich eine Küche innerhalb des Wohnbereiches (nach amerikanischem Vorbild) wo kleine Zwischenmahlzeiten *(merienda)*, Snacks, Obst und Kaffee hergerichtet werden.

fahrung übernehmen (*ayaw ko maranasan niya ang pinagdaanan ko* – ich wollte ihr die Erfahrungen ersparen, die ich durchgemacht habe).[21]

„Ja dann ich habe gesagt, ich brauche nicht deine Hilfe. Ich gehen. Ich habe Prüfung gemacht (als Hebamme A.L.) ich gehen nach Singapur ..., oder Australien ..." (erzählte Paty).

Ate Nora, die älteste Schwester

Ate Nora galt in der Familie als die „Kluge" *(matalino)*. Sie war motiviert für eine höhere Ausbildung, um deretwillen sie in die Hauptstadt Manila ziehen („migrieren") musste, wo sie im Haushalt einer mütterlichen Tante lebte. Sie hat sehr früh mit 19 Jahren geheiratet, drei Kinder bekommen und kontinuierlich eine berufliche Karriere verfolgt. Als Carlo, der älteste Sohn geboren wurde, wuchs dieser im großelterlichen Haushalt auf, wurde von seinen Großeltern (die er *amang* und *inang* nennt) und seinen Tanten *Tita* Paty und Lourdes versorgt.

„Ate Nora, [hatte] keine Zeit, zum Mitgehen in die Schule. Ich dann mitgehen. Wie meine Kind [habe ich ihn behandelt]. Als er geheiratet, ich hab geweint und geschimpft," erinnert sich lachend Paty. (Febr. 1997)

Nora war zunächst Lehrerin und später im Erziehungsministerium für das Alphabetisierungsprogramm zuständig. Diese Tätigkeit ermöglichte ihr auch weltweite Dienstreisen. Heute lebt sie mit Mann und Enkelin[22] im Einzugsgebiet von Manila, aber dennoch in der heimatlichen Provinz, nicht allzu weit (ca. 30 km) von der elterlichen Wohnung entfernt, und pendelt täglich im erstickenden Verkehr nach Manila.

Noras Mann hatte nie eine vergleichbare Karriere angestrebt. Ursprünglich aus wohlhabender Familie kommend, hatte er nach der Trennung seiner Eltern den vorgegebenen Weg (gute Ausbildung auf Privatschulen) nicht weiterverfolgt. Vater und Kinder erlebten durch die Trennung einen sozialen Abstieg. Es war die Mutter, die zu einem anderen Mann ging, Haus und Geschäfte blieben bei ihr, da der Wohlstand an die mütterliche Linie gebunden war. Noras Mann unterstützt als Hausmann die Karriere seiner Frau. Selbst jetzt, da die eigenen drei Kinder erwachsen und verheiratet sind, übernimmt er, ähnlich wie früher Carlos Großeltern, die Erziehung seiner ältesten Enkelin, die nur an Wochenenden im Haushalt ihrer leiblichen Eltern lebt. Als Schweine- und Hühnerzüchter und Fischzwischenhändler bezieht er Nebeneinkünfte.

Kuyay Eddy, der nächste Bruder, hatte sich in jungen Jahren als Seemann anheuern lassen, ein Modell der Arbeitsmigration, in dem ihm seine Neffen Carlo und Norman nacheifern wollten. Beide entschieden sich jedoch statt dessen für eine frühe Ehe. Heute ist Eddy verheiratet und Vater von fünf Kindern.

21 Zwischen 1970 und 1983 gehörte Saudi-Arabien zu den Haupt-Anwerbern philippinischer Arbeitskraft (vgl. Kap. 2).

22 Die erstgeborene Tochter ihres erstgeborenen Sohnes Carlo. (Zu Carlos Haushalt siehe weiter unten.)

Als „instructor“ (vergleichbar mit einem Berufsschul-Lehrer) ist er an einer technischen High School tätig. Eddy ist der einzige in der Azurin Familie, der sich der philippinischen Leidenschaft des Hahnenkampfes hingibt. Regelmäßig geht er zur Hahnenkampfarena *(sabongan)* und hofft auf den großen Wettgewinn. An solchen Orten kursiert sehr viel Geld, gehen große Summen durch die Hände der „Spieler“, werden Schicksale entschieden.[23]

Abbildung 7: Kurz vor dem Hahnenkampf (Foto: A.L.)

Eine weitere Schwester, *Anna*, heiratete virilokal in eine andere Provinz. Sie arbeitete auf einer Bank, gab später aber die Arbeit auf, um sich ihrem Haushalt und ihren 4 Kindern zu widmen. *Ate* Anna wird von Paty als eine ruhige, zurückhaltende beschrieben:

„Freundlich schon, aber nicht ganz da. Nicht ganz da, nicht so wie Ate Nora und Lourdes. Ich und Anna a bissele (kichern) schleichen. Die Liebling von mein Vater ist ehh Ate Nora und Lourdes. Aber jetzt de Lourdes ist so freck und Ate Nora hat geschimpft“ (Febr. 98).

Ate Lourdes schließlich ist, den Schilderungen Patys zufolge, die Lieblingstochter des Vaters und die „Sorgenschwester“ Patys: „Sie ist meine große Problem, nä, die Lourdes.“

23 Obwohl der Hahnenkampf ein zentrales Thema in der philippinischen Gesellschaft ist, wurde er bisher in der kulturanthropologischen Literatur erstaunlicher Weise noch nicht entsprechend sorgfältig bearbeitet. Zum Hahnenkampf (wie auch zur „gambling mentality“) ist mir bisher nur bekannt: Aguilar 1998, Guggenheim 1994 (siehe auch weiter unten Kapitel 4).

„Ja, weißt Du, Lourdes ist a bissele ... (kicher), sie ist a Lieblingstochter von mein Vater. Mein Vater gibts alles zu ihr. Geld ... jetzt sie hat schon drei Kinder, aber er gibt alles Lourdes. Ja, seine gute Tochter ist Lourdes, nä. Immer noch der beste. Ich bin die Jüngere. Von den Töchtern bin ich der Jüngste, dann der Dani, er ist der Jüngste. Lourdes die Dritte. Meine jüngste Bruder, dann ich, und dann der Lourdes. Aber, aber Lourdes ist, ehm, weißt du, wenn meine Vater geschimpft, Lourdes ist ruhig, kein Antwort, keine Ton, aber, aber ... Wir sind 7, aber wenn 6 Kinder hat mein Vater geschimpft, wir haben geantwort. (Kicher). Aber Lourdes ist anders, keine Antswort, aber: ‚Geld Vater!'" (Wir lachen) (Jan. 1997).

Im familiären Gefüge scheint sie eine Bevorzugte zu sein, im gesellschaftlichen Ansehen jedoch weniger. Lourdes' drei Kinder sind von verschiedenen Männern. Keiner ist geblieben. Seit einigen Jahren lebt Lourdes mit ihren Kindern bei den Eltern und arbeitet als Sekretärin im Bürgermeisteramt.

Als ich Lourdes bei meinem ersten Aufenthalt kennen lernte, erlebte ich sie als eine „migrationsbegierige" Frau. Sie war noch unentschieden, ob sie über die Vermittlung einer Cousine in Israel eine Arbeitsmigration nach Israel antreten, oder wie so viele aus ihrer dörflichen Nachbarschaft in das Nachbarland Taiwan migrieren sollte. Am liebsten, so offenbarte sie recht bald, wäre ihr jedoch eine Heiratsmigration nach Deutschland. Sie sei nicht mehr die Jüngste, hätte aber durchaus große Lust auf eine Ehe. In ihrer Lage, mit drei (unehelichen) Kindern, einen guten philippinischen Ehemann zu finden, wäre ziemlich schwierig. Als ich nach einigen Monaten nach Deutschland zurückkehrte, hatte sich Lourdes immer noch nicht für eine Arbeitsmigration entschieden. Statt dessen gab sie mir einige „Heiratsgesuche" (Fotos und maschinengeschriebene Charakteristiken von sich und ihrem zukünftigen Ehemann) mit. Obwohl sie meine abwehrende Haltung kannte, forderte sie mich erstaunlich dringend auf, doch für sie tätig zu werden.

So bestätigte auch ihr Neffe in einem Gespräch, dass seine Tante weniger einen Job in der Ferne suche, sondern einen Ehemann. In einem anderen Gespräch mit dem Neffen äußerte er, ganz entgegen seiner sonst zurückhaltenden Art, seine Ungeduld und Scham gegenüber seiner Tante. Sein Ärger brach geradezu aus ihm heraus. Sie würde immer wieder Schande über die Familie bringen, in der ganzen Gemeinde würde man sich bei dem Namen Azurin nur angewidert wegdrehen. Es gäbe fast niemanden, der ihr nicht Geld geliehen hätte und kaum jemand hätte sein Geld wiedergesehen. Sie sei eine „Swindler", dafür sei sie bekannt. Würde man sich aber *Amang* oder *Inang* gegenüber kritisch zu Lourdes äußern, dann würde einem der Mund verboten, dann würde *Amang* indes den Kritiker selbst zurechtweisen.

Anschließende Gespräche mit Paty (in Deutschland) machten das ambivalente, rivalisierende Verhältnis der beiden Schwestern deutlich. So hatte nicht nur Lourdes Paty immer wieder um die Vermittlung einer Heiratsmigration gebeten. Und Paty rang immer wieder mit ihren widerstreitenden Gefühlen, auf der einen Seite das Leben ihrer Schwester unterstützend begleiten zu müssen, und dem Bedürfnis auf der anderen Seite, für diese unzuverlässige Schwester keine Verantwortung übernehmen zu wollen:

„... aber ja ich bin mit der Lourdes ... kein Vertrauen in Lourdes. Vor allem sie ist meine Schwester, ich kenne schon ...“

Als die Spannung mit ihrer Schwester Lourdes erst einmal angesprochen worden war, kam sie immer wieder in unseren Gesprächen darauf zurück:

„Ich hab gesagt: ‚Ich will auch der Lourdes nach Deutschland holen!'“
„Du willst sie jetzt auch nach Deutschland holen?“
„Nein, aber mag schon, aber mit der Lourdes, weißt du, ich bin nicht ganz so, Lourdes ist so ein Temperament, so ... In Deutschland das ist anders so ...(lacht). In Deutschland da muss [man] brav sein“ (lacht) (Febr. 1998).

In einem anderen Gespräch räumte sie ein, dass sie nicht grundsätzlich gegen die Vermittlung einer Heiratsmigration sei. Warum sollen nicht andere auch so Glück haben wie sie selbst und sie scheue auch nicht grundsätzlich die Verantwortung einer solchen Vermittlung. Im Falle von Lourdes schienen ihr aber die Probleme unausweichlich, und sie wollte ganz offensichtlich Distanz.

„Mein Mann [wurde] gefragt, so viele deutsche Männer [hätten ihn] gefragt, wenn Freunde, [oder] meine Schwester ... heiraten [wollten]. Ich habe gesagt: ‚Nein!' ... Ich habe gute Ehe, nä. Ich habe schon gesehen, dass ganz anders ist Philippinen zu Deutschland, nä. ... Ich habe schon geholfen zu Pilipina Frau, aber ich hab gesagt, jetzt ich mag nicht [mehr]. Aber eine andere Freundin hat eine Verwandte, und die hat schon [wurde schon vermittelt], klappt schon, nä. Verwandte und Bekannte ... . Aber ich mag nicht, nä. Ich habe Angst. Und dann, wenn nicht gut geht, ist meine Schuld, nä“(Febr. 1997).

Als Lourdes später schließlich doch nach Taiwan migriert war und sich mit vielen Problemen konfrontiert sah, reflektierte Paty noch einmal ihre abwehrende Haltung legitimierend:

„Sie hat auch gesagt: ‚Ich will nach Deutschland!' Der Lourdes. Schon lange her. Aber, aber, viele Leute hat gesagt ... Viele Männer hat mir gefragt, ob ich habe Freundinnen oder Freundin oder Schwester oder Cousine. Deutsch Mann hat zu mir gefragt, nä. Aber ich habe Angst. Einmal, wenn wir sind in Nordsee. Zwei Männer hat gefragt, wenn ich zurück zum Bangkok oder Philippinen, they will so Asiatin heiraten. Scheene Männer, so jung. Hat gesagt, they hat a Restaurant. Hab gesagt, ‚Papa (ihr Mann A.L.), Stelle for Lourdes' (lacht). Hat er gesagt: ‚Unsinn, sie kann gleich zu uns kommen.' Angst wegen der Lourdes, [dass es dann wieder] hat Probleme. [Wenn sie dann] kommt zu uns ..., Lourdes ist meine Schwester, sie allein, sie ist a bißele ... Weil die is schon vorbei ..., die is schon, na ja ...“ (Febr. 1998)

In diesen Auszügen formuliert Paty nicht nur die konkrete ambivalente Beziehung zwischen ihr und ihrer Schwester, sie spricht auch generell die Schwierigkeiten an, die mit einer Heiratsmigrationsvermittlung verbunden sind.

Was im öffentlich-rechtlichen Diskurs, ebenso wie in bestimmten journalistischen oder feministischen Diskursen als Frauenhandel[24], „Mail-Order-Marriage Business“[25], neuer Sklavenmarkt[26] oder „trafficking in human flesh“[27]

---

24 Als Auswahl: Tübinger Projektgruppe Frauenhandel 1989, Launer 1991, Ackermann/Filter 1994, Renschler 1987, agisra 1990, Lipka 1985, s.a. Beer 1996.

25 Samonte & Carlots 1995

26 Schmidt 1985

angeprangert wird, scheint im informellen Beziehungsnetzwerk philippinischer Migrantinnen beinahe so etwas wie normale Realität zu sein: Die Anfragen um eine Heiratsvermittlung werden von beiden Seiten (der deutschen und philippinischen) an Filipinas herangetragen, und kaum eine meiner Gesprächspartnerinnen konnte sich diesen Erwartungen entziehen.

Die Bandbreite der individuellen Reaktionen jedoch ist vielfältig und verfolgt verschiedene Interessen. Während einige deutsch-philippinischen Paare durchaus in einem professionellen und semi-professionellen Rahmen an Heiratsvermittlungen verdienen wollen[28], versuchen andere ihr ganz persönliches Netzwerk mitzugestalten. So vermittelte z.B. Lore nach einer eigenen Probezeit von drei Jahren ihre beiden jüngeren Schwestern an zwei Brüder ihres Mannes, ebenso wie eine Cousine an einen Freund der Familie. Und Aurelia, eine andere Gesprächspartnerin, folgte einem ähnlichen Muster, indem sie drei Cousinen und zwei jüngere Schwestern nicht nur nach Deutschland, sondern in ihre unmittelbare Nachbarschaft vermittelte.

Solche verwandtschaftlichen Netzwerke über geographische und kulturelle Grenzen hinweg können sich als tragende Bande erweisen, wie es auch das Beispiel von Maria und ihren beiden Cousinen zeigt. Maria kam vor 15 Jahren (über die Vermittlung ihrer besten Freundin) und vermittelte ihrerseits ihre beiden Cousinen an Freunde ihres Mannes. Alle drei Ehepaare haben 1995 die gemeinsame Rückkehr in das Heimatdorf der Frauen angetreten. Mit Erspartem und den Renten ihrer Männer wollten sie ein kleines Strandressort in ihrem heimatlichen Fischerdorf betreiben. So wie die Frauen sich in Deutschland gemeinsam gestützt hatten, wagten sich die drei Ehemänner als Verbündete in die Fremde. Dabei organisierten die Paare ihr Leben als ein Pendeln zwischen den Kontinenten.[29]

Patys Furcht, sich mit einer Heiratsvermittlung eine belastende Verantwortung und krisenanfällige Beziehung aufzuhalsen, findet in der philippinischen *community* mehr als genug Vorlagen. Migrationen werden als erfolgreiche und nicht erfolgreiche verhandelt. So kursierten auch über enttäuschte Projekte und heftige Schwesternzerwürfnisse zahlreiche Geschichten.[30]

Lourdes entschloss sich schließlich (Ende 1996) zu einer Arbeitsmigration (als Hausangestellte) nach Taiwan. Die dazu notwendigen Kosten von 40 000

27 Asiaweek April 1983, Vleuten 1991

28 Vgl. Beer 1996, Samonte/Carlota 1995, Niesner u.a. 1997: 70ff. Siehe auch Kapitel 5, Gina und Rainer Müller, deren „Geschäfte" allerdings eher zu Schulden, denn zu Gewinnen führten.

29 Gedächtnisprotokolle Maria 1993. Sommer 1999 traf ich Maria zufällig wieder. Sie verkaufte am Markt-Stand einer Cousine – einer mit einem deutschen Gemüsehändler verheirateten Filipina – Gemüse. Dieses Mal wolle sie auf jeden Fall bis Dezember in Deutschland bleiben. Nach ihrem letzten Besuch in Deutschland vor drei Monaten war ihr Mann – wieder zurück auf den Philippinen – gestorben. Sein Herz hatte ihm zu schaffen gemacht. Für Maria stand zweifellos fest, die „Germany-Connection" aufrechtzuerhalten.

30 Siehe in Kapitel 5 z.B. das Zerwürfnis von Sally und ihrer Schwester.

Peso an die Arbeitsvermittlungs-Agentin stellte *Amang* bereit, der wiederum eine hohe Summe bei seinem Enkelsohn Carlo einforderte. Nach drei Monaten, und ohne die Ausgaben hereingewirtschaftet zu haben, kehrte Lourdes zurück. Die Gründe ihrer Rückkehr kristallisierten sich schließlich den Familienangehörigen heraus, durften aber nicht offen ausgesprochen werden.

„Ja, aber ich hab geschrieben. Ich hab gesagt: ‚Ate (Schwester) du bist 40 Jahre alt. Du musst noch Mal [einen] Anfang [versuchen]. Du hast [bisher] so viele Probleme gegeben an unsere Eltern. Ahh, immer Geld, immer Geld. Seit 18 oder 19 [Jahren] immer Geld, immer was gewollt zu meine Eltern.' ... Aber weißt du, der Lourdes ist ‚one-day-millionaire'. Sie denken nicht, was nächste Tag oder morgen, weißt du. Ich hab geschrieben: ‚Du bist schon alt genug, nä und du bist nun in andere Land. Musst du a bissel [überlegen] was ist Geld, oder was ist andere Leute [und wie das mit deinen Bedürfnissen] zusammengehen. Kannst du schon vertrauen ...' aber der Lourdes, die ist zu schnell vertrauen. A bissel darf man net gleich so einmischen ... .
Hab gesagt: ‚Wenn du noch mal verliebst, nicht so viel im Herz, mehr im Kopf. Mehr im Kopf, alle beide sammen, nä. Aber [du] hast schon drei Kinder. Du Kopf, so wenig Kopf. Wegen for die Zukunft deiner Kinder, nä“ (Febr. 1997).

Was die Eltern auf keinen Fall hören wollten, wurde in der Familie und der Nachbarschaft mit vorgehaltener Hand geklatscht *(magtsismis)*: Lourdes musste die Arbeitsstelle als Hausangestellte (Maid) so überstützt verlassen, weil die eifersüchtige Hausherrin sie keinen Tag länger in ihrem Haushalt dulden wollte.

Mit einem neuen Namen[31], einer neuen Identität und weiterem Startkapital, das sie dieses Mal aus ihrem Bekanntenkreis zusammenleihen musste, machte sich Lourdes drei Monate später erneut in eine Hausangestellten-Stelle nach Taiwan auf. Dieses Mal ist sie fest entschlossen, wenigstens ein bis zwei Jahre unauffällig durchzuhalten, und von den 15.000 Peso Monatsgehalt mindestens 5.000 Peso monatlich nach Hause zu schicken. Mit Parolen und Merksätzen ihrer migrationserfahrenen Geschwister und Freunde wird sie zum Durchhalten aufgefordert, und es werden ihr die wichtigen materialistischen Motivationen der Migration vor Augen gehalten: *Isang suwelduhan mo lang, makakabili ka na ng mga kailangan mo* – mit nur einem Gehalt kannst du alles kaufen, was du brauchst. *Pag naho-homesick ka, iniisip na lang mo ang dollar na mawawala. Kaya pag-suweldo na, wala na ang homesick* – Wenn du Heimweh hast, denke nur an die Dollar, die du verlieren würdest. Kommt der Zahltag, verschwindet das Heimweh. *Hindi habang panahon narito ka* – Du wirst nicht das ganzes Leben dort sein. *Magiging mas responsable ka* – Du musst verantwortungsvoller werden. Oder: *Ganoon ang takbo ng buhay* – so ist der Lauf der Dinge – im Ausland ist man auf der unteren Stufe – *siyempre ang mga iba ang may-ari ng negosyo at kami ang nagtatrabaho.* Oder: In der Migration braucht man *tibay ng dibdib, lakas ng loob* – Stärke.

Kuyay Dani, der jüngste Bruder lebt mit Frau und drei Kindern in unmittelbarer Nachbarschaft von *Amang* und *Inang*. Er arbeitet bei den Strom- und Wasserwerken der Provinz. Seine Frau hat eine gut bezahlte Stelle bei der Pro-

31 Da sie angeblich auf einer „schwarzen Liste“ stand.

vinz-Bank. Ihr Haushaltseinkommen ist solide und angemessen. Zwei Hausangestellte (*katulong* – Helferin und *yaya* – Kindermädchen, eine davon ist die Tochter einer Cousine) versorgen Kinder und Haushalt. Die Kinder besuchen Privatschulen – eine höhere Ausbildung für alle drei ist vorgesehen.

Als Paty sich damals sehr hartnäckig *(matigas ng ulo)* auch gegen verschiedene Widerstände für eine Migration entschlossen hatte, war es schließlich ihr Bruder Dani, der den Weg nach Deutschland vorbereitete. Seine Schwiegertante (mütterliche Tante seiner Frau) lebte bereits in Süddeutschland. Sie war als ausgebildete Krankenschwester in den 70er Jahren mit einem sogenannten Gastarbeitervertrag eingereist – Krankenpflegekräfte waren zu der Zeit besonders gefragt – und geblieben.[32] Diese Tante ist mit einem deutschen Mann verheiratet und war nicht nur für Paty eine Migrationsvermittlerin: zwei Cousinen und einer Schwester der Schwägerin ebnete sie ebenfalls den Weg nach Deutschland. Diese Kettenmigration[33] setzt sich bis heute fort: 1998 feierten jene gerade erwähnten Hausangestellten aus des Bruders Haushalt eine Doppelhochzeit mit ihren deutschen Ehemännern auf den Philippinen und rüsteten sich eine Woche vor unserer eigenen Rückreise aufgeregt unternehmungslustig für ihren neuen Lebensabschnitt nach Deutschland. Fast die ganze Hochzeitsgesellschaft war mit angeheuerten Jeepneys zum internationalen Flughafen Manilas gefahren, um dort, wie viele andere Familien auch, einen tränenreichen und aufmunternden Abschied zu zelebrieren.

Danis Frau Vicky trug sich 1998 ebenfalls mit Migrationsgedanken. Sie dachte dabei an einen zweijährigen Arbeitsvertrag in Taiwan, um – so die of-

---

32 Seit Mitte der 1960er Jahre kamen Frauen aus den Philippinen und Südostasien im allgemeinen als Krankenpflegerinnen in die Bundesrepublik Deutschland. Mit befristeten Arbeitsverträgen sollte dem Pflegenotstand in deutschen Krankenhäusern begegnet werden. Viele der „schwebenden", „sanften Engel" oder „Lotusblüten" blieben (vgl. Simon 1985). Zur Lebensgeschichte dreier philippinischer Krankenschwestermigrantinnen siehe auch Broekmann 1993, zur Geschichte südostasiatischer Krankenschwestern in Deutschland siehe auch Stolle 1990; Sülwold 1990 zit. nach Broekmann 1993.

33 Mit *chain migration* wird in der Literatur eine Migrationsform bezeichnet, bei der einzelne PioniermigrantInnen den Migrationsweg ebnen und nachfolgenden MigrantInnen helfen, sich niederzulassen (und Arbeit zu finden). Der Begriff „chain migration" wird bereits in einem Bericht des Comission-General der USA von 1907 erwähnt, in dem es heißt, dass in den Vereinigten Staaten etablierte Migranten durch briefliche Werbung in ihre europäische Heimatgemeinden weitere Personen zur Auswanderung veranlassen und auf diese Weise ‚Glied an Glied' zu endlosen ‚Wanderungsketten' geschmiedet würde (vgl. Report of Commission-General, 1907. Washington, S. 60, zit. in v. Delhaes-Guenther 1984: 134). Mit der Zeit entstehen weitverzweigte Netzwerke. So wird z.B. ein Stadtteil in der Laguna Provinz, Philippinen – der District St. Rosa der Stadt Alaminos – „Italian Village" genannt. Dieser Spitzname nimmt Bezug auf ein vitales Migrationsnetzwerk zwischen St. Rosa und Italien. Angeblich arbeitet aus fast jedem Haushalt eine Frau in Italien im informellen Sektor (persönliches Gespräch mit Illo, University of Ateneo Manila, vgl. auch Caces 1987, Fawcett 1989; zu Migrationsnetzwerken siehe weiter unten).

fizielle Begründung – die teure Schulausbildung ihrer Kinder abzusichern (*para sa kinabukasan ng mga bata* – für die Zukunft der Kinder). Paty, die offensichtlich gute Vermittlungskontakte auch nach Taiwan hat, erzählte von einem Telefonat mit ihrer Schwägerin:

„Meine Schwägerin, die will auch nach, ahh Taiwan. Meine Schwägerin, ahh die Frau von meine kleinste Bruder, will auch fort. Sie beide verdienen so scheene. Aber drei Kinder. Ahh, my Bruder a bißale frech, nä – (sie lacht). My Bruder verdienen auch so scheene, in Meralco gearbeitet.“
„Und trotzdem will sie weg?“
„Trotzdem will sie ehhh ... nein, es ist a bißel ... drei Kinder und Privatschule ehh ... (ahah) Vor zwei Wochen [hat sie] mich angerufen, sie will nach Taiwan, wegen mei Bruder ist so und so ...“
„Wie ist der Bruder?“ (frage ich lachend)
„Dani?“ (mhmh) „ahmm ... ahmm ... soooo ... ahh andere Frau (ahah) weißt du, sooo, aber aber (lacht). Ich hab nicht erlebt ... eehh, ich habe zwei Freunde gehabt ... ahh, aber nicht so ... ehhh. Bei Pilipinos ist das sooo. Sie will das nicht sehen ...“[34]
„Und deswegen ist sie jetzt auch bereit, wegzugehen ... ?“
„Ja, deswegen auch.“
„Und die Kinder, wer kümmert sich um die?“
„Der Bruder von meine Schwägerin. Aber erst, ehh sie geht erst im Januar.“ (Feb. 98)

Emotional bedrängende, konfliktreiche Beziehungen wurden häufig von meinen Gesprächspartnerinnen als Katalysator für Migrationsentscheidungen genannt. Speziell der Diskurs über die „Geliebte“ ist auch für die Analyse der Heiratsmigration relevant. Für viele Heiratsmigrantinnen bedeutet die Heiratsmigration u.a. ein Ausstieg aus dem triadischen Beziehungsnetz des Querida-Systems, in dem sie die Rolle der *querida* eingenommen hatten.[35]

Die Migration im allgemeinen – bzw. die Heiratsmigration im besonderen – wird in einem emotional bedrängenden Kontext als Zäsur, als ein Aufbruch in einen neuen Lebensabschnitt inszeniert. Getragen von der Vorstellung, auch den Problemen entkommen zu können, lassen sich die für den Aufbruch nötigen Energien mobilisieren und der Traum vom besseren Leben träumen. Das allgemein vorherrschende (Migrations-)Argument der ökonomischen Verbesserung dient dabei häufig als überzeugende („ideologische“) Entschuldigung angesichts der Tatsache, dass mit der Migration auch ganz real die Funktionsfähigkeit eines Haushaltes auf die Probe gestellt und riskiert wird, und dass unartikulierte oder unartikulierbare Motive ein wichtiger Motor dahinter sind.

„Personal and other motives which Ilocano culture does not always articulate is sometimes expressed through the idiom of economic improvement. Only this excuse

34 Hier spricht Paty an, was in der Literatur als ‚querida-system’ verhandelt wird: „[...] keeping a woman outside marriage is so widely practiced that it transcends social class and ethnolinguistic differences, even though it is against the church’s teachings“ (Yu & Liu 1980: 179). (Siehe auch weiter unten Kapitel 4).

35 Vgl. hierzu auch Kapitel 4 die Geschichten von Delia *Ich wollte ein verheiratete Frau sein* und Girley *He was my fate*.

justifies that a mother may leave her children, that a wife may nag her improvident husband or that a single woman may travel abroad“ (Pertierra 1992: 143).

Auch in Patys lebensgeschichtlichen Erzählungen wird eine biographische Krise, eine „unglückliche Liebe“, als migrationsmobilisierend genannt.

Patys Aufbruch

Paty entschied sich im Einvernehmen mit den Eltern für die Ausbildung zur Krankenschwester, was auf den Philippinen eine 4-jährige schulische Ausbildung an einem College nach U.S.-amerikanischem Muster mit dem Abschluss als „Bachelor of Science of Nursing“ umfasst. Da für das Diplom zur Hebamme eine kürzere Ausbildung ausreichte, legte sie ihre Prüfung für den Hebammenberuf ab. Damit hatte sie gezielt eine Ausbildung angestrebt, von der bekannt war, dass es auf dem internationalen Arbeitsmarkt eine große Nachfrage dafür gibt.[36] Während die Ausbildung auf den Philippinen eine kostspielig aufwendige ist, ist die anschließende Gehaltsstufe eine relativ unattraktive.[37]

Zusammen mit ihrer besten Freundin, mit der sie gemeinsame Erfahrungen auf der Schule und später bei ihren ersten Stellen im Krankenhaus teilte, träumte sie von dem Aufbruch in die große Welt. Ihre Freundin zog schließlich nach Amerika und heiratete in New York einen Filipino. Paty verstrickte sich in eine komplizierte Liebesgeschichte und sah nur noch in der Migration einen Ausweg. So war sie mit einem besitzergreifenden Mann verlobt, dessen einengende Eifersucht sie kaum ertragen konnte. Statt ihn zu heiraten, distanzierte sie sich, schaute sich nach Alternativen um und fürchtete um so mehr seine gewalttätigen Ausbrüche.

„Wie viele Jahre warst Du verlobt?“

„Lange. Ich bin erst, weil er so eifersüchtig, ich bin erst, bin erst, bin ... aber ich habe noch andere Freund. Ich hab zwei. Der eine Mann, den anderen habe ich nicht ganz so gemocht, nä. Aber ich habe, ich hab erst, ahhh, leftturn gemacht, nä (lacht) Weil so eifersüchtig, so, ich will, ich bin, ich will soo Vertrauen. Macho er, ich will, dass er vertraut.“

„Und dann hat er sich entschlossen, nach London zu gehen?“

---

36 Wegen der großen ausländischen Nachfrage nach Pflegepersonal stieg auf den Philippinen die Zahl der Krankenpflegeschulen zwischen dem zweiten Weltkrieg und 1980 von 17 auf 130 (Süllwold 1990: 71, zit. nach Broekmann 1993).

37 Der Lohn einer Krankenschwester betrug auf den Philippinen 1988 monatlich zwischen 2.102 Pesos (US $ 142) und 4.786 (US $ 219). Im Vergleich dazu verdiente eine Krankenschwester in den USA zwischen 2.000 und 3.000 Dollar monatlich. Die Lebenshaltungskosten einer Familie mit fünf Personen lagen zwischen 9.650 Pesos in der Hauptstadt und 2.368 auf dem Land (zit. nach Broekmann 1993: 46). Die Zahl der nach Deutschland eingewanderten Hebammen war größer als die der Krankenschwestern. Wegen der kürzeren Ausbildungsdauer wurden sie in Deutschland als Krankenpflegehelferinnen mit niedrigerem Gehalt eingestuft (ibid.).

„Nein, jaa, nein, noch nicht, noch nicht. Er hat zuerst mich erwischt zu Hause, da kam der andere zu Besuch. (aha) Und dann wollte er heiraten und so, aber Amang war dagegen.“[38]

Nachdem Paty ihn als zu dominant, übertrieben eifersüchtig und „macho“ in die zweite Reihe verwiesen hatte, folgte der Ex-Verlobte dem Ruf einer Filipina nach London – einer Migrantin aus der ersten Krankenschwestergeneration der 60er. In einer Heirats-Migration erhoffte er sich möglichst großen Abstand, sozialen Aufschwung und Rehabilitierung seines verletzten männlichen Egos. Eine andere Frau sollte ihn heiraten und ein Leben im reichen Westen ermöglichen. So ließ er seine zögerliche Verlobte Paty zurück, mit der Bitte, keinen anderen zu heiraten, da er sie nach einer schnellen Scheidung nachholen würde.

„Und mein Verlobter hat zu mir geweint, hat gesagt: ‚Ich heirate Frau, wegen, ich will nach London.‘ Und dann ich habe gesagt: ‚Und was ist dann bei mir?‘ Er hat gesagt: ‚Du darfst nicht heiraten, ich hol dich ab. Das ist versprochen.‘ Aber meine Schwester hat geschimpft: ‚Nein, brauchst du nicht, er hat schon a pilipinische Frau und willst du noch weiter mit diese Mann?‘ Und dann ich habe gscheit geweint. War verletzt ...“

Diese Zurücksetzung wollte nun Paty ihrerseits nicht passiv wartend hinnehmen, ihre Aufbruchträume präzisierten sich in konkrete Pläne. Sie dachte nun jeden Tag an eine Migration.

„Jeden Tag, jeden Tag, aber, keine Meeglichkeiten mehr zu Hause. Ich habe Angst dass ich kriege keinen anderen Mann ...
Amang hat gesagt, bleib paar Jahre bei uns.“

„Und dann bist Du aber trotzdem gegangen?“

„Jaaaa. Bevor ich nach Deutschland ging, Amang war dagegen. Ich will erst in Australien, Saudi, ich will erst in Singapur. Aber Amang hat immer gesagt: ‚nein, nein, nein.‘“

Die Furcht vor einem unverheirateten Dasein im Haushalt ihrer Eltern, eine Rolle, die der Vater entsprechend dem philippinischen Wertekanon für sie vorsah, ließ sie „dickköpfig“ (*matigas ng ulo*) jede Ausbruchsmöglichkeit prüfen. Schließlich tat sich über ihres jüngsten Bruders Schwiegerfamilie ein realistischer Weg auf. Der Bruder übernahm in Absprache mit der (Schwieger)-Tante in Deutschland die ganzen bürokratischen Vorbereitungen für ein zunächst drei-monatiges Touristenvisum nach Deutschland.

„Ja, ich habe schon auch geweint und ich nicht weiß, was machen. Ja, in Deutschland, soll ich heiraten oder arbeiten. Wegen ich als Tourist, nä. Mein Bruder, der Dani, hat alles gemacht, meine Papiere. Von Anfang an alles schwer. Auch meine Schwester Nora hat schon gewusst: ‚Dann du heiraten, dann du kannst gleich arbeiten, ne.‘ Dann mein Freund (der Ex-Verlobte) hat geheiratet, und mein Bruder hat schon gleich gemacht meine Papiere nach Deutschland.“

„Du bist nach Deutschland gekommen, und dann hast du erst Karl kennen gelernt?“

38 Dieses und alle folgenden Zitate: wörtliche Gesprächstranskriptionen August 1998.

„Ja, zuerst zu meine Tante. Die Tante von mein Schwägerin. In Ockersheim zuerst."

Als die drei Monate abgelaufen waren, stand ihre Rückreise an. Über ein Zeitungsinserat lernte sie schließlich ihren Mann Karl kennen. Sie erzählte von ihrer ersten Begegnung und wie sie den schüchternen, schweigsamen Mann offensichtlich beeindruckt hatte.

„Karl hat [gedacht]: ‚Ah eine hiebsche Frau.' (Lachen) Und dann er hat zu mir angerufen, [bzw.] zu der Tante, und ich habe [zu ihr] gesagt: ‚Aber wenn die schimpfen und schrein, ich gehe sofort weg.'" (Lachen)

Ihre Erfahrung mit dem jähzornig eifersüchtigen Ex-Verlobten hatte ihr ihre Ansprüche an einen Ehemann bewusst gemacht. Sie erwähnte immer wieder, wie enttäuscht sie war, dass dieser Mann ihr nicht vertrauen konnte, sondern übertrieben eifersüchtig über ihr ganzes Leben wachen wollte.

„Ich habe Angst damals, dass ich einen Fehler gemacht, dass ehhh er mich ersticht, oder ehhh ... Eifersüchtig immer ..."

Ihrem Mann Karl erzählte sie in der knappen Kennlernphase, die ihnen noch blieb, von ihren Erlebnissen und Erwartungen.

„Er weiß schon, dass ich, dass ich bin frech (lacht). Aber ich hab gesagt: ‚Ich bin frech.' Ich habe gesagt: ‚Wenn ich bin geheiratet, ich will keinen macho!' Wenn ein Mann ist so eifersüchtig, ist eifersüchtig auf etwas, du hast nicht gemacht und vielleicht ehhh solche Gedanken, ehhh keine, keine Geduld oder, ich mag so was nicht. Ich hab erst kennen gelernt mein Mann, ich habe noch kein Deutsch gekannt, aber ich habe Wort im dictionary [gesucht], dass ich will Vertrauen. Vertrauen war erstes wichtiges Wort, ich will Vertrauen ..."
„Ja, ich hab gesagt zu mein Mann: ‚Wenn du bist genauso [wie der Ex-Verlobte], wir sind drei Tage verheiratet, wir sind gleich geschieden.' Und er lacht, hat gesagt: ‚Das glaub ich schon.'" (Wir kichern herzlich)

Anlass für ihre ausführliche Lebensrückschau war ein Besuch der Familie Frank in London bei einem Neffen Patys. Dieser Neffe war vor drei Jahren, ähnlich wie ihr Exverlobter, auf einen vermittelten Briefkontakt hin nach London heiratsmigriert.

„Mein Neffe in London, nä, seit drei Jahre ist verheiratet mit einer Pilipina, [die] 40 Jahre alt [ist]. Sie lebt schon 12 Jahre in London und hat ihn geholt. Sie haben nun ein Kind. Aber weißt du, in London gibt es so viele Frauen, die heiraten Pilipino Männer, sie holen a Pilipino Männer von den Philippinen. Umgekehrt [wie bei mir]. Aber pilipinische Frauen. Viele sind schon alte pilipinische Frauen, nä. Und junge pilipinische Männer. So kann man schon sagen."

Sie hat damit ein interessantes Phänomen männlicher philippinischer Heiratsmigration angesprochen, das bisher wissenschaftlich noch überhaupt nicht reflektiert wurde: Immer mehr philippinische unverheiratete (oder verwitwete) Migrantinnen, die sich ökonomisch etabliert haben, suchen nun ihrerseits philippinische „mail-oder-bridegrooms" und ermöglichen damit jungen Männern mittels Heirats-Migration einen soliden Aufenthalt „abroad". Dabei handelt es sich ganz offensichtlich nicht (nur) um sogenannte Scheinehen. Abgesehen davon, dass Migrationsforschungen einen großen Nachholbedarf bezüglich der Kenntnis weiblicher Migrationsstrategien haben, wurde die geschlechtsspezifische Perspektive eines solchen Migrationsmusters bisher immer nur umgekehrt verhandelt: Es sind die Männer, die arbeitsmigrieren und es sind die Frauen, die heiratsmigrierend dem Ruf der Männer folgen (vgl. z.B. Wolbert 1984).

Nach meinen eigenen Forschungsbeobachtungen handelt es sich bei dem Phänomen des „mail-order-bridegroom", des Bräutigams auf Bestellung um eine Dynamik, bei der zum einen ursprüngliche Heiratsmigrantinnen, die inzwischen jedoch verwitwet und relativ gut etabliert in Deutschland leben, für junge philippinische migrationswillige Männer zu attraktiven Ehepartnerinnen werden. Zum Anderen sind es Frauen, die in den 1960er/70er Jahren als Krankenschwestern in den Westen „arbeits"migriert sind, hart für ihre ehrgeizigen Ziele gearbeitet haben und die Zeit für eine eigene Familiengründung beinahe verpasst haben, die sich nun philippinische Ehemänner holen (*kuha*).

In diesem Zusammenhang ist zum Beispiel auch ein autobiographischer Bericht von Corazon aufschlussreich, der sich mehr oder weniger explizit an migrationswillige philippinische Frauen wendet. In ihm kommt zum Ausdruck, welche Stärke, Genugtuung, aber auch welche Opfer die Arbeitsmigration für sie bedeutete. Solche Erfahrungsberichte sind Bestandteil des alltäglichen Migrationsdiskurses auf den Philippinen und in der philippinischen *community* in der Migration und geben häufig die Folie für eigene Migrationsphantasien ab:

Nachdem sie die Stationen ihrer Odyssee aufgezählt hat, die jeder Leserin Respekt abverlangt, angesichts der Selbstdisziplin, des Ehrgeizes und der schließlich erreichten sozialen Position, kommt sie zu folgendem Schluss:

> „Ich bin erfolgreich in der Weise, dass ich mein Ziel erreicht habe, aber ich habe auch eine Menge dafür aufgeben müssen: Meine Jugend, die Freude, mit meiner Familie sein zu können, die Aussicht auf eine Heirat und eine eigene Familie, der Verlust, meiner eindeutigen Identität als Filipina. Bin ich nun noch filippinisch? Physisch bin ich immer noch dasselbe dunkelhäutige Mädchen, das vor 13 Jahren die Philippinen verließ. Ich bin in vielerlei Hinsicht verwestlicht, ich fühle mich Deutschland und den Philippinen zugehörig. Nennt man das den Erfolg einer Migrantin? So ist mein Rat an alle, die eine Bewerbung für Saudi Arabien oder sonst wo in Übersee, ausfüllen wollen: Bedenkt, was ihr aufgebt im Tausch für diesen Traum. Nicht nur die Armut, sondern auch eine Familie. Ich bin sehr erfolgreich, aber meistens doch sehr einsam. Ich sehne mich nach der Freude eines Familienlebens, nach engen Freundschaften in meinem Mutterland."[39]

Das Leben in der Migration hat ihr einen sozialen und ökonomischen Aufstieg ermöglicht. Sie hat ihre philippinische Familie mittels ihrer Überweisungen an diesem Aufstieg teilnehmen lassen und dafür ein hohes Prestige im philippinischen Kontext erhalten. Dieses große Engagement für ihre philippinische Fa-

39 Frei übersetzt nach einem Compendium von „aktuellen und wirklichen Geschichten": *Paano ba ang mabuhay sa ibang bansa?* – Wie ist das Leben in einem anderen Land? Zusammengetragen von Anthony Paganoni, Scalabrinians, Quezon City 1986, in denen zahlreiche solcher und anderer Bekenntnisse nachzulesen sind.

milie ließ sie trotz physischer Präsenz in Europa gedanklich und emotional viel auf den Philippinen weilen. Die Suche nach einem philippinischen Ehemann scheint dann durchaus naheliegend zu sein, zumal auf den Philippinen genug aufbruchwillige Männer warten.

An dieser Stelle mag noch einmal nachvollziehbar sein, warum die Heiratsmigration als *eine* Migrationsstrategie für viele Frauen eine gewisse Attraktion ausübt, lässt sie doch zunächst die Option offen, mehrere, sich zunächst ausschließende Ziele, zusammenzubringen: ein prestigeträchtiger, sozialer Aufstieg, die Unterstützung der philippinischen Familie *und* die Gründung einer eigenen Familie.

Heiratsmigration hat nicht einfach nur mit Heiratsabsichten zu tun, auch wenn der Heiratswunsch ein wichtiges Motiv für die Migration ist. Sie ist ein Phänomen, das im Kontext umfassenderer Prozesse der Mobilisierung weiblicher (und nicht nur weiblicher) Arbeitskräfte in unterschiedlichen sozioökonomischen, kulturellen und politischen Zusammenhängen gesehen werden muss.

So stand die Heiratsmigration für Paty, wie für viele meiner Gesprächspartnerinnen, nicht von vornherein fest. Denkbar wären auch andere Arbeitsmigrationswege in Übersee gewesen. Ebenso wie Paty, die von Saudi-Arabien, über Australien und Singapur alle möglichen Migrationsziele in Erwägung zog, skizzierte auch Celerina ihre Heiratsmigration:

„Ich wollte als domestic helper nach Kuweit. Meine Freundin dort hatte mir schon eine Stelle und einen Arbeitsvertrag besorgt. Ich saß bereits auf gepackten Koffern und wollte abreisen. Aber da brach der Golfkrieg aus. Zum Glück hatte sich meine Abreise etwas verschoben, sonst wäre ich genau in den Krieg gefahren. Dann begann ich Pen-Pal-Inserate zu lesen. Und dann kam Jürgen" (Celerina 1994).

Während die Arbeitsmigration für unverheiratete Frauen bedeuten kann, eine Eheschließung immer weiter hinauszuschieben, ist die Heiratsmigration mit der Hoffnung verbunden, das Projekt der eigenen Familie *und* die Unterstützung der Herkunftsfamilie zusammenzubringen. Mit der Heiratsmigration lassen sich im optimalen Fall wesentliche philippinische Ideale vereinbaren: die Pflicht der Kinder bzw. Töchter (vor allem der *Panganay* – der Ältesten oder der *Bunso* – der Jüngsten), Geschwister und Eltern zu unterstützen *und* das Leben einer verheirateten Frau und Mutter zu führen.

Ein Blick auf das Phänomen der „Ehemänner auf Bestellung"[40] verdeutlicht außerdem, wie Geschlechterkonstruktionen im Kontext von Migration experimentierend neu verhandelt werden können. Sofern Frauen den Weg in eine erfolgreiche Migration ebnen können, scheinen die Kriterien für eine „optimale" Ehefrau flexibel neu gedeutet werden zu können. Auch die Wahlmöglichkeiten für philippinische Frauen scheinen sich neu zu mischen: Aufgrund ihrer erfolgreichen Migration, die sich unter anderem in einem eigen-

40 Eine weitere Variante für das Modell des heiratsmigrierenden Filipino klingt in der im Epilog beschriebenen „Verkupplungsparty" an (siehe dort *Zum Abschied oder Feldforschung und „Spiel"*).

ständigen Aufenthaltsrecht im Aufnahmeland äußert, sind sie nicht auf eine aufenthaltsstabilisierende Ehe angewiesen, sondern haben die Wahlfreiheit zwischen einheimischen („caucasian“) Männern und philippinischen (jungen) Männern, die sie sich „holen“.

Meine Skizzierung eines familiären Migrationsnetzwerkes werde ich mit einem Exkurs zur jungen Generation der Azurin-Familie abschließen. Hier lässt sich zeigen, wie schwierig es ist, einen gewissen Wohlstand und Sozialprestige zu erhalten und wie fragil und fließend die sozialen und ökonomischen Verortungen sind. Armut und Überlebenskampf werden sowohl in der Migrationsliteratur als auch im Alltagsdiskurs als vordergründiges Migrationsmotiv aufgeführt. Welche Dimensionen von Armut schwingen hier mit? Es sind ja gerade nicht die Ärmsten (*walang wala*), die ihr Überleben über Migrationen bewältigen können, da sie in der Regel für diese Strategien nicht das notwendige Startkapital aufbringen können. In Anlehnung an Georg Simmels (1968) Verständnis ist Armut eine relative Größe, die neben der Einkommensgröße vor allem den sozialen Status verortet. „Armut“ zeichnet dann eine einseitige Abhängigkeit aus. In diesem Kontext gilt als arm, wer sich in einer zugewiesenen Abhängigkeit befindet. Carlos Bemühungen einer Konsolidierung seiner Existenz finden in einem interaktiven sozialen Feld statt. Familiäre Vorgaben gilt es fortzusetzen und zu erfüllen. „The Wheel of Fortune“ (Jellinek 1991), das Auf und Ab und die stetigen Anforderungen nach einem angemessenem Auskommen setzen sich fort und verlangen immer wieder von neuem nach kreativen Überlebensstrategien. In Carlos Fall bewegen sich die Strategien innerhalb eines mehr oder weniger expliziten alltäglichen Migrationsdiskurses, in den auch seine Tante Paty (aus Deutschland) eingebunden ist.

Exkurs: Z.B. Carlo, der Unentschlossene

Carlo hatte das College besucht, aber nicht mit einem Diplom beendet. Er war sehr früh Vater geworden und hatte früh geheiratet. Seitdem hat er sich als Fabrikarbeiter und Hühnerzüchter erprobt. Als ich ihn 1996 24-jährig kennen lernte, lebte er – wie bereits erwähnt – von seiner Frau und seinen beiden Töchtern getrennt im großelterlichen Haushalt, in dem er aufgewachsen ist. Als er zur Welt kam, hatten seine Eltern dort (uxorilokal) gelebt. Als sie schließlich ein eigenes Haus finanzieren konnten, war er sieben Jahre alt und blieb im Hause seiner Großeltern (siehe oben).

Der Grund seiner (wie er sagt) vorübergehenden Trennung von seiner Frau mag zum einen an seinen außerehelichen Aktivitäten gelegen haben, die seine Frau nicht ertragen wollte. Er selbst gab auch die beengten Wohnverhältnisse im Haushalt seiner Schwiegereltern an, mit einer kranken und pflegebedürftigen (Schwieger-)Mutter. Sein langfristiges Ziel sei ein eigenes Haus mit einem eigenen Haushalt. Die Idee, in Übersee das schnelle Geld, *big bills* (Cruz/Paganoni 1989), zu machen, brannte ihm unter den Nägeln. Seine schwierige Ehe halte ihn auch nicht richtig zurück, im Gegenteil, eine erfolgreiche Rückkehr könnte ein vielversprechender Neuanfang bedeuten. Auch

Carlo klopfte die familienerprobten Migrationsnetzwerke ab: eine Fabrikarbeit in Taiwan, ein Arbeitsvertrag als Seemann oder gar ein Start in Deutschland, vermittelt durch seine Tante Paty (vgl. Fußnote 11). Da alle Migrationsideen mit einem Startkapital (für Agenturvermittlung und Flug) verbunden sind, war Carlo auf wohlwollende Geldverleiher angewiesen. Er setzte auf seine Tante Paty, die ihm aber die erwartete Unterstützung verweigerte. Paty war unbedingt für den Erhalt der jungen Familie und sah in der Migration nicht gerade den Fortbestand der Ehe gesichert. Sie fädelte andere Kanäle ein, die schließlich in eine bezahlte Forschungsassistenz bei meinem Mann Peter mündeten.

Im Haushalt seines Großvaters versuchte Carlo eine Schweinezucht mit einer von seinem Onkel gesponserten Muttersau als sein „business" aufzubauen. Mit drei weiteren Mutterschweinen[41], so rechnete Carlo sich aus, könne er alle 45 Tage kleine Schweine im Wert von 1.000 Peso verkaufen. Auf diese Weise wäre ein Grundeinkommen von ca. 5.000 Peso monatlich gesichert, mit denen er sich, seine Frau und seine zwei Töchter relativ gut über die Runden bringen könne (Sonderausgaben wie Krankenhaus, Medizin oder Schulgeld nicht mitgerechnet).

Längerfristig schwebte Carlo die Investition eines *Tricycles* (ein Motorrad-Taxi) vor. Ein Motorrad mit Passagiergehäuse würde 70.000 Peso bei Barbezahlung kosten. Könnte er seinen Phantasien freien Lauf lassen, so würde er ein Transport- und Taxiunternehmen aufbauen – das wäre ein garantiert expandierendes Projekt. Das hierfür nötige Startkapital lässt sich jedoch nur mit utopischen Überweisungen von *abroad* denken.

Seine Frau Tessi lebte mit der jüngeren Tochter bei ihren (Stief-)Eltern[42]. Zusammen mit ihrer (Stief-)Mutter betreibt sie einen *sari-sari-store* (Krämerladen). Früher hatte sie mit ihrer (Stief-)Schwester in der Wohnstube eine Stickerei-Manufaktur betrieben. Sie stellten Topflappen für den Export her. Das *business* zerbrach auch an den Spannungen zwischen den (Stief-)Schwestern.

Als wir 1997 auf die Philippinen zurückkehrten, war Carlo zu seiner Frau zurückgekehrt. Die Schweine hatte er zu einem guten Preis verkauft, musste allerdings einen großen Anteil für den Migrationsstart seiner Tante Lourdes zur Verfügung stellen (siehe oben). Statt ihm das Geld nach und nach zurückzuerstatten, würde Lourdes ihn nun mit verheißungsvollen Arbeitsvermittlungen nach Taiwan locken, meinte Carlo derzeit abwinkend.

Carlo verwirklichte, nicht zuletzt mit dem Gehalt als „research assistent", den Kauf eines Tricycles. Er erhielt bei dem befreundeten Verkäufer eine günstige Ratenzahlung, die ihn über drei Jahre monatlich mit 2.500 Pesos belastet, einschließlich kostenlose Benutzung der Reparaturwerkstatt. Seine Arbeitszeit als *Tricycle driver* geht von 6 Uhr morgens bis 16.00 Uhr nachmittags. Ein guter Arbeitstag bringt ihm ca. 400-450 Pesos, ein schlechter nicht

41 Ein Mutterschwein kostete 1996 ca. 4.000 Peso.

42 Tessi wurde von ihrem Onkel bzw. dem Bruder ihrer Mutter als kleines Kind aufgenommen. Erst im Erwachsenenalter erfuhr sie von ihrer leiblichen Mutter und ihren zahlreichen anderen Geschwistern – einschließlich Zwillingsbruder.

mehr als 200. Mit diesem Transportmittel unterstützt er auch seine Frau bei ihren diversen *buy-and-sell*-Aktivitäten.

Tessi versuchte mit dem *sari-sari-store* als Basis alle möglichen kleinhändlerischen Unternehmungen. So arbeiten eine *pinsan*[43] und Schwester, sowie ihre Mutter als *caretaker*[44] von Fischteichen. Dies nahm Tessi als Anstoß, in den Fischzwischenhandel einzusteigen. Dabei kümmerte sie sich nicht nur um den Vertrieb der in den Fischteichen gezüchteten Sorten, sondern sie versuchte sich auch im Fischzwischenhandel der Meeresfänge. Mit Carlo als ihrem Transporteur steht sie an zwei bis drei Nächten gegen 2 Uhr am Fischhafen, kauft den Fischern ihren Nachtfang ab, um ihn dann an die umliegenden Märkte den Direktverkäufern weiterzuverkaufen. Einerseits ist die Nachtarbeit körperlich anstrengend, andererseits lässt sie sich gut mit dem Laden und der Kinderbetreuung am Tag vereinbaren. Als die große Trockenheit auch diese Einnahmequelle vorerst unrentabel machte, startete Tessi mit einer Garküche.

Das Haushaltsmanagement der beiden liegt in den Händen der Frau, die eine klare Vorstellung davon zu haben scheint, was Carlo an Einnahmen abzuliefern hat. Würde er sich beispielsweise beim Umkleiden einschließen, um eventuelle Sondereinnahmen zu verstecken, so würde das bei seiner Frau sofort Misstrauen erwecken und sie würde umgehend nach der Geldbörse suchen, erwiderte Carlo meine neugierigen Fragen lachend.

Carlos saisonaler Zugewinn als *research assistent* eines „Kaukasiers“ ließ offensichtlich auch sein Ansehen bei seinen Schwiegereltern steigen. Sein Schwiegervater, der ebenfalls im Fischzwischenhandel tätig ist, lockte ihn mit einem Job-Angebot. Es ginge um das Management eines großen Fischteiches, der mit einem Grundkapital von einigen Tausend Pesos mit Fingerlingen bestückt werden sollte, die später einen immensen Gewinn abgeben würden.

Wie lässt sich Carlos und Tessis Ringen nach einer angemessenen Existenzsicherung sozio-ökonomisch verorten? Wie ist Carlos individuell erlebte

43 Cousin/Cousine. Oft werden verwandtschaftliche Begriffe auch für weit entfernte Verwandte verwendet, um eine engere Beziehung zu konnotieren, als es genealogisch wahr ist. Generell ist man auf den Philippinen darum bemüht, sich über viele persönliche Beziehungen – auch nach oben – zu vernetzen *(kabit-kabit)*, so dass man sich für alle möglichen Belange in einem (nicht-anonymen) interpersonalen Netzwerk bewegen kann (vgl. auch Kerkvliet 1990: 202ff). Über die Bedeutung der sozialen Beziehungen auf den Philippinen siehe auch Hollnsteiner 1973, Davis 1973, Morais 1981 und Kapitel 4 *Pamilya und die Bedeutung von Beziehungsketten und lokalen Wertekonzepten*. Eine starke Beziehung besteht oft aus mehreren, sich gegenseitig bestärkenden Bündnissen: Zwei Menschen sind z.B. miteinander verwandtschaftlich verbunden. Der besser Situierte gibt dem zweiten einen Kredit, der zweite arbeitet gelegentlich für den ersten, später wird der erste Pate eines Kindes des zweiten und so weiter. Was als einfache Beziehung begann, wird zu einem vielfältigen Austauschprozess. (Zur Qualität sozialer Netzwerke siehe auch Scott 1977, Boissevain 1974).

44 Es ist dies eine Art Pacht-Verhältnis. In diesem Fall ist der Pachtvertrag nach dem *hati-hati-system* definiert, d.h. die Hälfte der Einnahmen geht an den Besitzer, die andere an den Pächter.

Armut gesellschaftlich positioniert? Da der Migrationsdiskurs unweigerlich um die Dimensionen von „arm“ und „reich“ kreist, drängt sich die Frage auf, welche Bedeutungen nun im Reden über arm und reich mitschwingen, und wie soziale und ökonomische Positionen im allgemeinen und Carlos’ im besondern bestimmt werden.

Im philippinischen Alltagsdiskurs wird eine soziale Schichtung *(kalagayan)* allgemein zwischen Armen *(mga mahihirap)* und Reichen *(mga mayayaman)* differenziert. Migrationsrückkehrer *(balikbayan)* werden zunächst grundsätzlich als reich betrachtet. Die meisten rechnen sich selbst zu den „Armen“ zu, aber einige sind ärmer als andere.

Die Ärmsten sind *walang wala*, sie haben nichts, sie sind sehr arm. Sie haben kaum Einkommen, kleine „Häuser“, d.h. ein bis zwei kleine Zimmer mit einer Kochfläche; und was am schlimmsten ist, sie haben wenig zu essen und müssen oft Hilfe erbitten. Wenn sie einkaufen, tun sie es oft auf Kredit beim Laden nebenan. Das Einkommen deckt gerade die allernötigsten Bedürfnisse. Geld sparen – z.B. für die Ausbildung der Kinder – ist fast unmöglich. Die Ausbildung ihrer Kinder geht kaum über die 6. Klasse hinaus, da Geld für Schulgebühren, Materialen und angemessene Kleidung nicht ausreicht.

Ein wenig besser dran sind die *isang kahig, isang tuka,* die von der Hand in den Mund leben und die *mahirap din* – auch arm sind. Sie haben aber wenigstens genug zu essen und sind bei Geldleihern kreditwürdig, da sie rückzahlfähig sind. Für größere Ausgaben und plötzliche medizinische Hilfe müssen Schulden gemacht werden. Kinder schaffen es bis zur Highschool und unter großer alltäglicher Sparsamkeit kann auch ein besonders motiviertes Kind bis zum College geschickt werden.[45]

In der Mitte rangieren die *sapat-sapat lang* und *nakakaangat*, diejenigen mit gerade mal ausreichenden Ressourcen und einem angemessenem Lebensstandard. Sie müssen sich keine Sorgen um das Essen machen und haben auch genug Geld für die normalen Ausgaben. Die Ausbildung der Kinder bis zum College ist ohne Schulden möglich und es können einige Ersparnisse als Rückhalt für Notfälle angelegt werden. Die Häuser sind größer und stabiler als die der Armen und mit aufwendigeren Möbeln ausgestattet, z.B. Armstühle und Regale für Nippes. Elektrische Geräte (Fernseher, Ventilator und Kühlschrank) gehören zur Grundausstattung. Hausangestellte, in der Regel aus der ferneren Verwandtschaft, gehören zu einem solchen Haushalt.

Reiche Haushalte lassen sich noch einmal unterscheiden in solche mit viel Geld *(makuwalta)* und die sehr Reichen *mayaman mayaman*. Die Reichen haben wirklich viel zu essen *(maraming magandang ulam)*, besitzen ein schönes großes Haus mit Sofas, Hifi-Anlagen, Glasschränken mit repräsentativen Geschirr und sonstigen Haushaltswaren.

45 Z.B. der Haushalt von Belen und Ising in Kapitel 4.

Zu reichen Haushalten gehört ein Jeep oder ein Auto. Die College-Ausbidlung der Kinder gilt als garantiert.

Bei den „Superreichen“ ist alles noch einmal gesteigert: mehrere Häuser, mehrere Autos, die Kinder in Prestige-Schulen, nicht nur in Manila, sondern auch in den U.S.A. oder in Europa. Sie reisen häufig um der Geschäfte und des Vergnügens willens und haben Verwandte in Amerika.
Eine zweite Typologisierung im alltäglichen Diskurs benennt die Art der Arbeit und die Einkommensquellen *(hanapbuhay)*: Die mit regelmäßiger Arbeit sind *mga manggagawa* – Arbeiter, *mga kapintero* – Zimmermänner, *mga empleyado* – Angestellte, *mga sinusuwelduhan* – Lohnempfänger. Menschen mit Farmland sind *mga magsasaka* und *mga magbubukid.* Die *mga negosyante* und *mga tindera* oder *mga tindero* sind Kleinhändler oder Ladeninhaber. Die *mga nagpapasaka* besitzen Land, heuern Arbeiter an o-der haben Pächter, die die aktuelle Arbeit tun, die *mga malaking negosyante* haben ein großes Geschäft; und beide können *mga mamumuhunan*, oder *mga kapitalista* – Kapitalisten sein. Diese beiden Typologisierungs-Kategorien (soziale Schichtung einerseits und Arbeit und Einkommen andererseits) lassen sich nun zu verschiedenen Haushaltszusammensetzungen kombinieren (vgl. Kerkvelit 1990)[46].

46 Nach Kerkvelits (1990: 70ff.) Zuordnung kontrollieren z.B. *Arbeiter-Haushalte* weder Land noch andere bedeutende Produktionsmittel. Haushaltsmitglieder verkaufen ihre Arbeitskraft für Lohn (Geld oder Reis) an die, welche die Produktionsmittel kontrollieren. *Arbeiter-Haushalte* heuern kaum andere Arbeiter an, und wenn, dann nicht, um Produkte für den Markt zu produzieren, sondern als Dienstleistung (Wäscherin – *labandera* oder Haushaltshilfe – *katulong*). *Arbeiter-Haushalte* unterscheidet Kerkvelit in drei Typen: *Landarbeiter* verdingen sich bei der Feldarbeit. Wenige haben eine beständige Anstellung. In einigen *Landarbeiter-Haushalten* engagieren sich typischer Weise die Frauen gelegentlich im Kleinhandel, einige sind saisonale Kontraktarbeiter oder Feldhelfer. Ein zweiter Typ der *Arbeiter-Haushalte* hat Mitglieder, die einer ziemlich regelmäßigen, wenn auch nicht beständigen Arbeit als *Bauarbeiter* nachgehen. Das Einkommen ist niedrig und unregelmäßig, daher gibt es noch zusätzliche Einkommen als Erntehelfer oder im Kleinhandel, wo z.B. Frau (und Tochter) Snacks und Soft-Drinks in der Stadt (vor Schulen und Ämtern) verkaufen. Ein dritter Typ lebt von nicht-ländlicher Anstellung als „bulldozer operator“ oder *Mechaniker* (S.70ff.).

Im Gegensatz zu den *Arbeiter-Haushalten* kontrollieren *Bauern-Haushalte* Land. Sie können essen, was sie produzieren und sie stellen andere ein, wenigstens zur Ernte, wenn nicht auch zu anderen Zeiten des Anbau-Zykluses. Land-Kontrolle heißt nicht, dass sie das Land besitzen. Die meisten Bauern sind „*tenants, CLT-holders* (certificate of land transfer) and amortizing owners“ (71), die dennoch die Felder kontrollieren. „Owners have title, tenants, certificate holders, and amortizing owners have tenancy or possession rights, which the can mortgage or sell“ (ibid.). Die meisten *Bauern-Haushalte* haben vielfältige Einkommensquel-

Ein Haushalt hat konsequenterweise in der Regel mehr als eine Einkommensquelle und mehr als einen Verdiener, eine Tatsache, die in vielen statistischen Untersuchungen zugunsten einer virizentristischen Perspektive unterschlagen wird (vgl. Illo 1995: 220).

Weder Carlo und Tessi, noch ihre Eltern bestellen eigenes Land bzw. Fischteiche. Die Zeiten, als man die notwendige Nahrung noch selbstversorgend erwirtschaftete, seien vorbei, meinte Carlo einmal fast bedauernd. Alles sei von der Geldwirtschaft bestimmt, alles koste Geld. Er und seine Frau erproben sich in diversen kleinökonomischen Aktivitäten, vor allem als Zwischenhändler *(buy-and-sell)* und Ladeninhaber. Das große Glück, das auch den Fleißigen hold sein muss, hatten sie noch nicht *(walang suerte na)*. Immer dann, wenn Carlo etwas Geld auf die hohe Kante hätte legen können, gab es genug Verpflichtungen in den beiden Haushalten, auf die er sich stützen kann, wenn er selbst Hilfe benötigt. So wurde der Erlös des Schweineverkaufs für die Migration seiner Tante eingefordert. Inwieweit diese Investition auch für Carlo und seine Familie Gewinn bringt, hängt vom Verdienst und Durchhaltevermögen Lourdes' ab. Auch in seiner Schwiegerfamilie kann er es sich kaum leisten, kleinlich und geizig *(kuripot, maramot)* zu sein. Dass seine Verdienste sich bisher immer nur als saisonale erweisen, macht eine zielgerichtete Planung nicht einfach. Gleichwohl gehören „die Carlos" zu den „weniger Armen", *hindi walang-wala, hindi rin sapat-sapat* – sie sind weder völlig arm, noch haben sie genug für ein gutsituiertes Auskommen. Diese Zwischen-Position bestimmt Carlos Orientierung, die ohne Migrationsvernetzung nicht mehr auszukommen scheint. Der Sozialverband Familie entlässt ihn nicht aus seinen Verpflichtungen, wie auch er umgekehrt familiäre Solidarität einfordert. Dass dieses System keine romantisch zu verklärende „traditionelle" Sozialversicherung darstellt, sondern mit konfliktreichen Verhandlungen verbunden ist, sollte deutlich geworden sein.

Das „Glücksrad"[47] dreht sich weiter. Ein Brief vom August 1999 deutet an, dass er zur Zeit wieder eher „unten" ist, seine damaligen Ressourcen nicht gewinnbringend hatte einsetzen können und sich wieder an vertraute Migrationsnetze wendet: Nach einem heftigen Streit mit seinem Schwiegervater, (der vermutlich das „große Fischgeschäft" in den Sand gesetzt hat) und dem Tod der kranken Schwiegermutter, verließen Carlo und seine Familie den uxorilo-

len, „hence are related in complex ways to other means of production and the buying and selling of labour power" (72).

47 Im Alltagsdiskurs wird Prosperität immer auch mit Glück in Verbindung gebracht. Wenn die Dürre die Fischteiche austrocknet, hatte man eben kein Glück, wenn man sie mit teuren Fingerlingen bestückt hatte. *Walang suerte* – wäre der typische Kommentar. Obwohl die Variable „Glück" im philippinischen Alltagsdiskurs ständig betont wird, hat das Phänomen bisher nur Fußnotenaufmerksamkeit erhalten (vgl. Kerkvliet 1990: 170). Aguilar (1998: 149-154) spricht von einer kolonial-historisch gewachsenen „gambling mentality".

kalen Haushalt und zogen wieder in *Amangs* Haus, wo außerdem *Inang* krank und pflegebedürftig war, und sein Bruder Norman mittlerweile mit Frau und Kind Unterschlupf gefunden hatten. Carlo ist wieder auf seine Einkommensquelle als Tricycle-(Taxi-)Fahrer angewiesen. Durch den Wohnortwechsel fallen auch die Einnahmen aus dem *sari-sari-store* seiner Frau aus. Weiterhin verhinderten heftige Monsunregen und Überflutungen eine regelmäßige Arbeit (und damit regelmäßiges Einkommen). Scheinbar hat er das, während der Assistenz verdiente, Geld so „distributiv“ verbraucht, dass noch nicht einmal das Taxi-Motorrad abbezahlt ist und ihn nun die monatlichen Zinsschulden drücken. Dieses Mal hatte er, zumindest bei seiner Tante Paty, hoch gepokert, und vorerst einmal eine Absage erhalten. Er beantragte eine sehr hohe Summe, um auf dem Bauland seiner Tante ihr geplantes Haus zu bauen, um es dann mit seiner Familie zu bewohnen.

Indes war Paty gerade bei anderen Überlegungen angekommen. Eine längere Trennung von ihrem Mann hätte ihr zum ersten Mal, wie sie sagt, richtig deutlich gemacht, wie sehr sich inzwischen ihre Solidaritäts-Relationen verschoben hätten. Niemals mehr wolle sie ihren Mann und ihre eigenen Kinder verlassen. Sie hätte realisiert, wie sehr sie sich nach ihrem Mann gesehnt habe und ihn vermisst habe. Während sie bis dahin immer noch ihre Eltern und Geschwister als die „family number one“ in ihrem Herzen getragen habe, hätte sie nun klar erkannt, dass ihre Kinder und ihr Mann die „Nummer eins“ seien. Wenn sie ihre Augen schließe, würde sie dies so deutlich wie noch nie spüren. Sie sei selbst erstaunt, ja fast ein wenig erschrocken darüber. Eine Rückkehr auf die Philippinen, die sie immer noch nicht in Frage stellt, muss nun jedoch anders geplant werden. Ein kleines Strandhotel in einer touristisch attraktiven Gegend, scheint mit ihrer deutschen Familie und vor allem mit ihrem Mann[48] besser zu vereinbaren sein,[49] als ein Alterswohnsitz in der moskito-verseuchten und von zyklischen Überschwemmungen bedrohten Heimatgegend ihrer philippinischen Familie. Das bereits gekaufte Bauland würde sie am liebsten gegen Miete an ihren Neffen Carlo übergeben, damit ihre eigenen finanziellen Begrenzungen sie nicht gar zu weit von ihrem neuen Plan entfernten. Schon hat sie über eine philippinische Freundin in Deutschland ein besonderes Strandhotel im Sinn – für den Kauf reichen ihre derzeitigen Kapazitäten nur, wenn sie das Bauland wieder verkauft.

Nun denn, die familiären Verhandlungen werden fortgesetzt. Denkbar sind eine Reihe von Möglichkeiten. Warum nicht auch die eines touristischen Familienbetriebes mit innerphilipinischen Ortsveränderungen?

---

48 Sie denkt laut darüber nach, dass ihr 15-jähriger Sohn den väterlichen Hof übernehmen und bewirtschaften wird, und so das deutsche Standbein erhalten wird. Ein Pendeln wird als die optimalste Lösung fantasiert: Im Winter auf den Philippinen und im Sommer in Deutschland.

49 Und findet eine Reihe erfolgreicher Vorbilder in ihrem Bekanntenkreis (siehe hierzu auch Kap.5).

Zwischenresümee zur Heiratsmigration im Kontext sozialer und familiärer Migrationsnetzwerke

Heiratsmigration, so sollte bisher deutlich geworden sein, ist als *eine* Migrationsstrategie im Kontext internationaler Migrationen zu betrachten. Dabei verweben sich im Phänomen der philippinischen Heirats-Migration auf komplexe und besondere Weise die Anforderungen und Vorstellungen von *Heirat* und *Ehe*, *Familie* und *Arbeit*.

In der ethnologischen empirischen Migrationsforschung wurden die Begrenzungen und Verzerrungen vorherrschender Migrationstheorien schon früh wahrgenommen (Abu-Lughod 1975, Lomnitz 1976, Kearney 1986). Während der sogenannte strukturalistische Migrations-Ansatz vor allem die Bedeutung regional spezifischer historischer Rahmenbedingungen betont und dabei vor allem die aus ungleicher Entwicklung entstandene Arbeitsverteilung in einem welt-kapitalistischen System hervorhebt (Portes/Walton 1981, Meillasoux [1975] 1976, Roberts 1978, Potts 1990, Safa 1982)[50], konzentriert sich auf der anderen Seite der sogenannte neo-klassische Equilibriums-Ansatz[51] auf die ökonomisch rationalen individuellen Entscheidungen (Da Vanzo 1981, Harris/Todaro 1970). Rational kalkulierende Akteure streben eine ökonomische Nutzenmaximierung an und reagieren auf Kosten-Nutzen-Relationen. Bezogen auf Migrationsprozesse bedeutet das, dass Menschen in erster Linie aufgrund interregionaler Unterschiede der Lohnhöhe und Beschäftigungschancen geographisch mobil werden.[52]

50 Strukturalistische Modelle haben *geschlechtsspezifische* Mobilität aufgrund sich wandelnder Arbeitsaufteilung und sich verändernder Zusammenhänge auf dem Weltmarkt diskutiert (Bennholdt-Thompson 1984, Sassen-Koob 1983). Der Prozess einer deutlichen Ausdifferenzierung in städtische und ländliche (Arbeits-) Regionen aufgrund der kapitalistischen Entwicklung beeinflusste auch geschlechtsspezifische Migrationsverläufe, da ländliche, geschlechtsspezifische Arbeitsteilung sich infolge eines umfassenden Beschäftigungsstrukturwandels veränderten. Das allgemeine strukturalistische Interesse an den Umformungsprozessen der Produktionsbeziehungen und Örtlichkeiten schloss auch die Analyse einer weiblichen Beteiligung innerhalb dieser Transformationen ein. Strukturalistische Modelle vernachlässigten jedoch durch die Übergewichtung der Produktion die Reproduktionszusammenhänge, in die Frauen und Männer involviert sind.

51 Häufig auch als „human-capital“-Ansatz bezeichnet (vgl. Stalker 1994).

52 Bezüglich Frauenmigrationen und Geschlechterverhältnisse vernachlässigten neoklassische Modelle weitgehend die Differenzen unter Frauen (z.B. hinsichtlich Klasse, Lebenszyklus, kulturellem Hintergrund usw.), sondern behandelten sie vielmehr als eine homogene Gruppe. Neoklassische Modelle zeigten sich durchaus „female-aware“ (Chant/Radcliffe 1992: 20) aber nicht „gender-aware“, da sie migrierende Frauen als eine besondere, erklärungsbedürftige Gruppe betrachteten, wohingegen Männermigrationen sich relativ unproblematisch auf Lohnunterschiede zurückführen ließen (Behrmann/Wolf 1982, Thadani/Todaro 1979). Gerade Heiratsmigration ist jedoch ein Migrationstypus, der sich nicht

Auch wenn diese beiden dominanten theoretischen Perspektiven verschiedene Fragen zu beantworten suchen – einerseits die Frage nach den strukturellen Determinanten, die zur Migration führen, andererseits die Frage nach den individuellen Erscheinungsformen, die die Migrationsentscheidungen beeinflussen, wird ihnen zu Recht eine simplifizierende ökonomistische Verengung vorgeworfen: Die ökonomische Struktur bleibt der einzige Fokus, genauso wie Handlungsfähigkeit (agency) nur in Terminologien der ökonomisch rationalen Entscheidungsfindung verstanden wird (vgl. Pries 1997).

Mein Vorgehen in diesem Kapitel war von einem familienstrategischen Migrationsmodell inspiriert (Trager 1988). In der Migrationsforschung hat sich als „mittlerer“ Weg – um die strukturellen und individuellen Faktoren auf einem sogenannten „middle-range level“ (Lomnitz 1876: 134) abzustimmen – eine Diskussion entwickelt, die den Haushalt als Analyse-Einheit in den Mittelpunkt rückte (Wood 1981, 1982).

Um die Migrationsprozesse und Netzwerke philippinischer Migrantinnen nachvollziehen zu können, scheint mir jedoch eine Klärung nötig zu sein, was als Haushaltseinheit verstanden werden soll.[53] Im philippinischen Kontext lassen sich die Kategorien Haushalt und Familie schwer voneinander lösen, nötig ist jedoch eine Erweiterung der vorherrschenden Definition von Haushalt als

---

wie eine unabhängige Variable betrachten lässt, sondern erst in seiner sozialen, ökonomischen, ideologischen und geschlechtsspezifischen Verwobenheit verstehbar wird. Neben den ökonomischen Faktoren beeinflussen gerade auch soziale Faktoren sowohl im Herkunftsland wie auch im Zielland geschlechtsspezifische Migrationsbeteiligung.

53 Über die Definition des Haushaltes gibt es eine umfangreiche kontroverse Debatte: Während einige Autoren fordern, angesichts der verschiedensten Ausformungen von Haushalten die Suche nach universalen Definitionen aufzugeben, halten andere Autoren an minimalen Definitionen fest, wonach Haushalte gewöhnlich als *Residenz- und Konsumeinheiten* gelten, deren Mitglieder in der Regel durch *konsanguinale* und *affinale* Beziehungen verbunden sind. In Haushalten kommen die verschiedenen Aspekte von Familien- und Verwandtschaftsideologien zum Ausdruck, es sind Einheiten, wo wichtige soziale und kulturelle Werte vermittelt werden, die sich durchaus über Raum und Zeit verändern können. Normen bezüglich Arbeitsteilung, Macht- und Statusdifferenzen zwischen den Geschlechtern und Generationen werden durch Haushalte verkörpert. Häufig werden die Begriffe Haushalt und Familie gleichgesetzt, was nicht unbedingt zur Klärung dieser Begriffe beiträgt. In neueren Arbeiten zu Gender und Haushalt wird daher auf die Diversität und Komplexität von Haushaltsformen abgehoben und die Auswirkungen auf Geschlechterbeziehungen in und außerhalb des häuslichen Bereiches untersucht (z.B. Chant/McIlwaine 1995, Chant 1992, Smith and Wallerstein 1992). Haushalte haben nicht notwendigerweise eine ‚joint utility'-Funktion (Chant/McIlwanin 1995: 5), sondern sind oft durch Konflikte charakterisiert, es sind Arenen der „cooperative conflicts“ (Sen 1990). Während der Haushalt gar zu voreilig als ein Ort der weiblichen Unterdrückung betrachtet wurde, richtet sich seit den 1990er Jahren das Interesse verstärkt auf die Machtverhältnisse und die Implikationen für Frauen und Kinder z.B. auch in verschiedenen lebenszyklischen Phasen (Blumberg 1991, Wolf 1990, 1991).

residentielle Einheit. Während MigrantInnen mehr oder weniger permanent ihre Familienhäuser verlassen haben, bleiben sie wichtiger Teil des Unterstützungsnetzwerkes der zu Hause Gebliebenen. Zu Familienland und Familienhaus bestehen enge Bande. Häufig wird neues Land hinzugekauft, oder das Elternhaus aufwendig renoviert und ausgebaut, wie auch das Beispiel der Familie Azurin zeigt. Die Bande konzentrieren sich aber nicht nur auf den (Heimat-)*Ort*, sondern besonders auf die *Menschen* zu Hause – und wo auch immer diese Menschen (vor allem Familienmitglieder) leben. Angesichts der globalen Verbreitung philippinischer Migranten werden Familiennetzwerke zu den jeweiligen Orten aufgebaut, an denen die migrierten Familienmitglieder leben: dem Heimatort auf dem Land, der Stadtwohnung, zu anderen Städten, in Übersee. Die wichtigen Unterstützungsnetzwerke entwickeln sich um die Familienmitglieder, ihre Residenz ist von untergeordneter Bedeutung. „What is clear is that, for nearly all involved, migration is a process leading to extensive interaction and support among individuals who may be widely dispersed in space, but for whom such dispersal does not generally lead to a breaking of ties“ (Trager 1988: 183).[54] Eine Haushaltszugehörigkeit ist nicht an *einen* Ort gebunden, geschweige denn durch gemeinsames Wohnen definiert. Die Migrantin ist auf verschiedene Weise Teil des Haushaltes und wird von anderen Familienmitgliedern als Teil betrachtet.[55] Indem migrierte Familienmitglieder integraler Teil des Unterstützungssystems bleiben, vergrößert sich die sowieso schon beträchtliche Flexibilität in philippinischen häuslichen Arrangements. Einkommensquellen können diversifiziert und Risiken gestreut und/oder gepuffert werden.

> „Families and households engage in a wide variety of activities at different times and in different places as part of the effort to mobilize resources for maintaining themselves; migration is one means of obtaining access to diverse sources of income“ (Trager 1988: 184).[56]

---

54 Ähnlich dynamisches „networking“ in einer deterritorialisierten Welt und das Konstruieren von Heimat über Menschen mehr denn über Orte beschreibt Olwig in einem Fallbeispiel aus der Karibik (Olwig 1997).

55 Weitere ethnographische Beispiele sind in Kapitel 4 und 5 ausgeführt. Die Beschleunigung der globalen Kommunikation in Verbindung mit den verschiedenen Migrationswegen bringt (nicht nur für Filipinos und Filipinas) eine neue Art der „globalen Familie“ hervor, wo Haushalt weniger als eine Wohneinheit, sondern als ein *Netzwerk des Austausches* gilt. So erwähnt Momsen (1992) ähnliches für karibische Migranten: Einer Studie zur Folge haben Schulkinder im Ausland arbeitende Verwandte als Mitglieder ihres Haushaltes aufgelistet. Erste ethnographische Beschreibungen und Diskussionen sind z.B. nachzulesen in Basch/Glick-Schiller/Szanton Blanc 1994 und Smith/Guarnizo 1998.

56 In der „Haushalts-Debatte“ gab es Stimmen, die vor allem bestimmte Schlüsselaufgaben ansprachen, welche ungeachtet der verwandtschaftlichen oder koresidentiellen Beziehung definiert werden (Wilk/Netting 1984, Carter 1984). Caces et al (1985) untersuchen Migrationsnetzwerke, indem sie zwei Konzepte identifizieren – *shadow households* und *competing auspices*. „Schattenhaushalte” bestehen aus „all individuals whose principal commitments and obligations are to a

Die weitverstreuten, trans- bzw. multinationalen philippinischen Migrationsnetzwerke umfassen jedoch nicht nur koresidentielle und nichtkoresidentielle Haushalts-und Familienmitglieder, auch andere Menschen, wie Freunde, Nachbarn, rituelle Verwandte, werden in die Pflicht genommen. Um die Aktivitäten einer Familie (wie die Azurins) nicht auf ausschließlich familiäre Netzwerke zu reduzieren, bedarf es eines breiter gefassten Analyserahmens des *sozialen und familiären Migrationsnetzwerkes.* Erst mit dieser Erweiterung kann sowohl den flexiblen Haushaltszugehörigkeiten („domestic units“) Rechnung getragen werden[57], als auch die Bedeutung familiärer, nicht-im-Hause-wohnender *und* nichtverwandtschaftlicher Beziehungen als wichtige Bezugsgrößen in den Blick genommen werden (vgl. Trager 1988, Caces et al. 1985, Lindquist 1993). Wichtige Informationsnetzwerke – so hat auch das Fallbeispiel gezeigt – können, neben bereits migrierten Verwandten, Freunde, Nachbarn, aber auch publiziertes Material, sowie staaatliche und private Rekrutierer sein (Caces 1987, Gurak/Caces 1989, Fawcett 1989, Findley 1987, Massey/Espana 1987, del Rosario 1994, vgl. Fußnote 78 in Kap. 2).

Heiratsmigration wurde bislang vor allem entlang einer Reduzierung der Frauen als Opfer von Menschenhandel thematisiert, wobei durch die mehrfach unterdrückenden Verhältnisse die besondere Verwundbarkeit betont wurde (Niesner u.a. 1997). Im Gegensatz dazu berichten viele Frauen – ebenso wie Paty – von ihren eigenwilligen Entscheidungen und Motiven, von einem beträchtlichen Maß an Selbstbestimmung. *Die Heiratsmigration wird als aktiv gestalteter Lebensschritt* beschrieben. Viele Heiratsmigrantinnen bewegen sich innerhalb eines sozialen Netzwerkes von Verwandten, Bekannten und ehemaligen Nachbarn, die diesen Schritt schon vor ihnen gegangen sind, sie nachgeholt haben *(kuha)* und nun vermittelnd zur Seite stehen. Solche privaten und semiprivaten Vermittlungen haben natürlich eigene Verpflichtungsbeziehungen zur Folge, die durchaus konfliktreich werden können. Im philippinischen Wertekontext ist die innere Verpflichtung *(utang na loob)*, eine bestmögliche Verbindung zu vermitteln, sehr groß und auch bei Schwierigkeiten nicht einfach abzuschütteln. Neben diesen privaten Vermittlungen ist auch die Kontaktaufnahme über „Pen-Pal-Clubs“ (sogenannte Brieffreundschaftsclubs)

---

particular household but who are not residing in that household“ (1985: 8. „Competing auspices“ beziehen sich auf die Bande zu Freunden oder Verwandten, die die Migrationsentscheidungen beeinflussen. Dass „principal commitments and obligations“ nicht nur an *einen* Haushalt gebunden sein müssen, sondern sehr flexibel und vielseitig definiert werden, zeigt die philippinische Realität, verdeutlicht in meinem Fallbeispiel an den vielseitigen Verpflichtungen Carlos. Trager schlägt daher vor, von „dispersed family networks“ zu sprechen (ibid.).

57 Flexible „domestic units“ wurden schon immer als ein philippinisches Charakteristikum diskutiert (Go 1993, Medina 1991, Perez 1995). Durch Migrationen erweitern sich die Ausformungen einer Haushaltszugehörigkeit (Ramirez 1984, Trager 1988, Parreñas 2001: 61ff.).

weit verbreitet. Auch hier wird eine mögliche Heiratsmigration gezielt und zukunftsorientiert in Erwägung gezogen.

Häufig ist die Heiratsmigration ein Schritt *nach biographischen Brüchen und Krisen*, die nicht nur ökonomischer Natur sind. Neben einer ökonomischen Perspektivlosigkeit werden oft familiäre Enttäuschungen oder Trennungen von philippinischen Männern erwähnt, aber auch der Wunsch, aus der Enge der traditionellen Verhältnisse in die große Welt aufzubrechen. „Wir waren nie so arm, dass wir Hunger leiden mussten. Aber ich wollte raus. Ich konnte mir einfach nicht vorstellen, hier in dem Dorf zu bleiben und alt zu werden". So brachte es einmal eine Gesprächspartnerin auf den Punkt.

Das Phänomen der Heiratsmigration hat nicht einfach nur mit Heiratsabsichten zu tun, sondern muss im Kontext umfassender Prozesse der Mobilisierung weiblicher Arbeitskräfte in unterschiedlichen sozio-ökonomischen, kulturellen und politischen Zusammenhängen gesehen werden. Seit den 1970er Jahren steigerte eine exportorientierte Wirtschaftspolitik der Philippinen auch die Emigration philippinischer Arbeitskräfte um ein beträchtliches. Die Erschließung neuer Arbeitsmärkte (z.B. im Nahen Osten, in Japan, Hongkong, Singapur, Taiwan, aber auch in Italien, Spanien und anderen europäischen Ländern) und der weltweite Wandel in der Nachfragestruktur nach Arbeitskräften trugen auch zu einer Feminisierung der Migrationsströme von den Philippinen bei. Sowohl im Produktionsbereich, als auch im Dienstleistungssektor der globalen Städte ist der Bedarf an weiblichen Arbeitskräften gestiegen. Es wäre jedoch eine Verkürzung, die Heiratsmigration als reine Fortsetzung der Arbeitsmigration zu sehen, wie dies der philippinische Historiker Salazar (1987: 479) vorschlägt.

Die Motivation zur Heiratsmigration ist getragen von der Vorstellung einer Erweiterung der Möglichkeiten. Im besten Falle, wenn sie erfolgreich ist (d.h. wenn der deutsche Ehemann ausreichend verdient und zur Unterstützung der philippinischen Familie bereit ist) ersetzt sie gar die Lohnarbeit und setzt neue Kapazitäten des „Networking" frei.

Vielfach sind die *„Migrationsschritte"* gestaffelt[58]: Zunächst der Aufbruch aus den dörflichen traditionellen Verhältnissen in die Stadt, wo die Frauen vor allem Arbeit in Verkaufs- und Dienstleistungsberufen im sogenannten informellen Sektor[59] finden. Berufliche Weiterbildung neben dem Unterhalt-Verdienen – nicht selten als schlecht bezahlte „housemaid" – machen oft den Alltag in der Hauptstadt aus. Erwähnenswert ist, dass ein Großteil der jungen Frauen nicht „auf-das-Geratewohl" in die Stadt migrieren, sondern von Bekannten und Verwandten in der Stadt Hilfe erhalten. Häufig verrichten sie bei diesen für Kost und Logis zu Niedrigstlöhnen Dienstleistungsarbeiten (Trager 1984: 1271, Trager 1988: 59-74). Im großen und ganzen werden die *Netzwerke* jedoch als Migrationserleichterung empfunden. Freundinnen und weibliche

58 Siehe Kapitel 2, *Women in Migration*; vgl. auch Ruenkaew 1999.

59 Dazu zählen Näherinnen, Hausmädchen (*katulong*), Wäscherinnen (*labandera*) und „hospitality girls" – ein euphemistischer Begriff für Sex-Arbeiterinnen.

Verwandte, die schon in der Stadt arbeiten, können nicht nur bei der Arbeitsplatzsuche vermitteln, sondern darüber hinaus soziale und kulturelle Hilfe beim Überleben in einer Großstadt mit den vielfältigen Anforderungen leisten.

Da die Netzwerke immer größer, dichter und weiträumiger werden, ist von hier aus der nächste Schritt zu einer vergleichsweise gut bezahlten Haushaltsarbeit in Singapur, Hongkong und anderen Nachfrageländern und globalen Städten nicht mehr so groß. Weibliche Netzwerke beschränken sich dabei nicht nur auf Informationsvermittlung, sondern beinhalten tatkräftige Unterstützung, Vorbereitung und Durchführung der Migration (PuruShotam 1992, Fawcett et al. 1984, Wong 1996, Constable 1997, Weyland 1997, Parreñas 2001).

Die Kurzbiographie einer meiner Gesprächspartnerinnen Luci steht für eine gestaffelte Migrationserfahrung, die schließlich in eine Heiratsmigration mündete:

„Da mein Vater früh starb und meine Mutter mit meinen jüngeren Geschwistern beschäftigt war, konnte sie mein Schulgeld nicht mehr aufbringen. Mein Onkel wollte, dass ich die Schule aufgebe und im Haushalt arbeite. Ich wollte aber unbedingt in die Schule gehen. Da lief ich weg. Im Dorf gab es einen Taxifahrer, dessen Mutter pflegebedürftig war. In dessen Haushalt arbeitete ich schließlich und dafür bezahlte er mein Schulgeld. Ich arbeitete im Haushalt und ging in die Schule. Als die Frau starb, ging ich in die Stadt und arbeitete in einem amerikanischen Haushalt. Ich lernte weiter und ließ meine Geschwister in die Schule gehen. Dann erzählte mir eine Bekannte, dass sie eine Stelle in Hongkong über eine Freundin, die dort bereits arbeitete, angeboten bekommen hätte. Sie wolle aber gerade nicht die Philippinen verlassen. „Vermittle mich in die Stelle!" bat ich sie. Und so kam ich nach Hongkong. Zuvor musste aber noch das Geld für die Papiere und den Flug zusammengebettelt werden. Meine Mutter und mein Onkel nahmen schließlich einen Kredit bei der Bank auf. Dort in Hongkong arbeitete ich in einem Haushalt, der Mann war Ingenieur. In Hongkong lernte ich meinen Mann über *penpal* kennen. Und nun bin ich hier." (Gedächtnisprotokoll Juni 1992)

Nicht selten erscheint an einem Punkt der internationalen Migrationserfahrung die Heiratsmigration in ein reiches Land als verlockende Perspektive. Dabei ist *die Heiratsmigration immer mit der Hoffnung auf einen sozialen und ökonomischen Aufstieg* auch für die Herkunftsfamilie verbunden.

Heiratsmigration wird, genauso wie andere Migrationsstrategien, nicht nur als existentielle Überlebensstrategie gewählt, sondern auch als eine Strategie der vertikalen Mobilität für sich selbst, wie für die Familie auf den Philippinen. Mit Hilfe der Geld-Überweisungen erschließen sich für die Herkunftsfamilie neue Ressourcen. Geschwister können zukunftsträchtige, langjährige Ausbildungen absolvieren, es kann Land gekauft werden und der Haus- und Lebensstandard verbessert werden, um nur einige der meistgenannten Verwendungszwecke der immer erwarteten Überweisungen zu nennen.

Der ökonomische Kontext, in dem Migration im allgemeinen und Heiratsmigration im besonderen angestrebt und vollzogen wird, ist zweifellos eine wichtige Größe. Migrationsstrategien, -Motive und -Verhalten werden jedoch nicht nur durch materielle Kriterien bestimmt. Mit dem Beispiel der Familie Azurin sollte bereits veranschaulicht werden, dass soziokulturelle Werte, die Bedeutung der Familie und Familienverpflichtungen, die Eltern-Kind-Beziehungen oder die Geschlechterordnung gerade auch bei der Heiratsmigration wichtige Sinndeutungen abgeben. Das nächste Kapitel 4 *Ehegeschichten im philippinischen Kontext. Zur Sozialorganisation und Geschlechterordnung in der philippinischen Herkunftskultur* handelt daher vom Reden über Ehen, Männer und Frauen, Eltern und Kindern im philippinischen Kontext, ebenso wie von verwandtschaftsethnologischen Thesen zur philippinischen Sozialorganisation.

4 Ehegeschichten im philippinischen Kontext

Zur Geschlechterordnung und Sozialorganisation in der philippinischen Herkunftskultur

Die Heiratsmigration von Frauen wie Paty (Kapitel 3), von Melinda, Delia und Lilia, die im folgenden zur Sprache kommen, ist nicht losgelöst von dem Ehe-Diskurs auf den Philippinen. Die dort formulierten Geschlechteridentitäten, die kulturellen Konstruktionen von Weiblichkeit, Männlichkeit und Familie – sowohl in der Praxis, als auch in der Ideologie – werden als Begrenzungen oder Vorgaben erfahren und verhandelt. Sie bilden den Erfahrungskontext, aus dem die Frauen kommen, auf den sie rekurrieren und mit dem sie sich auseinandersetzen. Dabei sind Geschlechter-Ordnungen genauso wie andere kulturelle Konstruktionen weder statisch, noch von sozialen, politischen und ökonomischen Veränderungen losgelöst. In diesem Kapitel beschäftige ich mich daher mit der Konstruktion von Geschlechterbildern. Ich frage danach, wie vergeschlechtlichte Identitäten *(gendered identities)* hergestellt werden und gehe davon aus, dass sie in der gesellschaftlichen Rede – im ideologischen Diskurs ebenso wie auf der realen Alltagsbühne – ständig neu bestätigt, in Frage gestellt und ausgehandelt werden. Über die Geschlechter-Bilder von Frauen und Männern werden vielfältige Machtbeziehungen ausgehandelt, Frauen und Männer stehen miteinander und untereinander in einem kontinuierlichen Austausch über ihre jeweiligen Positionen innerhalb der sozialen Organisation. Geschlecht ist ein umkämpfter Diskurs (Dracklé 1998: 109), der sich am Phänomen der Heirat verdichtet.

Mein Vorgehen in diesem Kapitel konzentriert sich auf die Entwicklung eines Analyserahmens für die sozio-kulturelle Bedeutung von Heirat und Heiratsmigration. Das Reden über Liebe, Ehe und Heirat in den vielfältigsten Kontexten führte zu Einsichten über verschiedene Formen der Paarbeziehung. Erst über das allmähliche und mosaikartige Zusammentragen einer Vielzahl individueller Geschichten ließ sich so etwas wie ein feinsinniges Verhältnis dieser Aussagen zueinander erkennen. Diesen Weg möchte ich nachzeichnen, um die Umgangsweisen zwischen Männern und Frauen, Eltern und Kindern in ihren jeweiligen Machtverhältnissen in den Blick zu nehmen *(„What is love“. Gespräche über Ehe, Heirat und Liebe)*.

Sollen die in den Geschichten und Szenen angesprochenen Geschlechterrollen und -praktiken für die Gender-Diskussion der Philippinen fruchtbar gemacht werden, so ist dafür ein Verständnis des Stellenwertes der Familie und Verwandtschaft geboten, ebenso wie die Betrachtung zentraler Werte und sich daraus ergebender gesellschaftlicher Verhaltensmuster. Diese Themen werde ich in einem zweiten Komplex diskutieren *(Familie, Verwandtschaftsallianzen und Genderidentitäten)*. Meine ethnographische Analyse konzentriert sich anschließend zum einen auf die kulturelle Konstruktion der Töchter *(Gehorsame und widerständige Töchter; Entkommen – Unterwerfung)* und, zum anderen auf die kulturelle Konstruktion von Weiblichkeit und Männlichkeit, die im ehe-alltäglichen Ringen dort ausgehandelt wird, wo hegemoniale Diskurse zu Gender mit entgegengesetzten zusammenstoßen und auf komplexe Weise weibliche und männliche Macht widerspiegeln *(Schwierige Frauen – gute Männer, gute Frauen – schwierige Männer)*.

Die Frage nach Kontinuität und Wandel bedeutsamer Geschlechterdiskurse und -konstruktionen begleitet mehr oder weniger explizit die folgenden ethnographischen Ausführungen. Dabei kann es mir weniger um eine historiographische Rekonstruktion gehen – diese komplexe Aufgabe müsste von ethno-historischen Detailstudien geleistet werden. Auch das, in der vorfindbaren Literatur beliebte, *eindeutige* Herausfiltern von spanischen, amerikanischen oder sonstigen Einflüssen ist nicht meine Intention. Dies entspräche nicht meinen theoretischen Überlegungen, die gerade nicht von einem „geschichteten" Abtragen historischer Schichten oder Präsenzen ausgehen, sondern von einer vielfältig verwobenen Vermischung (vgl. hierzu auch meine Einleitung und Kapitel 2). Diese jedoch in ihrer Komplexität auszubuchstabieren, würde den Rahmen dieser Untersuchung sprengen. So fühle ich mich zwar zu einer historisch inspirierten Spurensuche hingezogen, muss mich aber, der Komplexität meiner Gesamt-Studie entsprechend, mit dem *Beschreiben* vorgefundener Phänomene, Praktiken und Effekte bescheiden. Wo historische Präsenzen augenfällig sind, scheue ich mich nicht, sie zu benennen. Auf der anderen Seite sollen jedoch nicht alle ambivalenten Praktiken vorschnell durch die Brille des sozialen und kulturellen Wandels ausgedeutet werden müssen.

Obwohl in den letzten 25 Jahren in den philippinischen „Women's Studies" viel über philippinische Frauen geschrieben wurde (vgl. Anderson u.a. 1996, Castillo 1876, 1977, Castillo/Guerrero 1969, Hollnsteiner 1975, Monteil/Hollnsteiner 1976, Rojas-Aleta u.a. 1977, Neher 1982, Azarcon-de la Cruz 1988), so muss dennoch ein Mangel an *Geschlechter*forschung beklagt werden.[1] Auffallend ist in der Literatur zum einen eine Ausblendung männlicher Geschlechterkonstruktionen[2] und zum anderen eine widersprüchliche Un-

1 Die philippinische Hundertjahresfeier im Jahre 1998 scheint einige Studien über die Rolle von Frauen in der philippinischen Geschichte und speziell während der Revolution inspiriert zu haben. Die philippinische Sozialgeschichtsschreibung beginnt seitdem – zwar noch zaghaft – die signifikanten Positionen von Frauen in der philippinischen Geschichte zu belegen und sie durch eine Gender-Perspektive zu erweitern: Siehe z. B. Camagay 1995, Salazar 1996, Women's Role in Philippine History 1996 und ein guter Überblick in Roces 1998: 25.

2 Bekannt sind mir lediglich zwei Studien über männliche Homosexualität: Garcia 1996, Johnson 1997.

stimmigkeit. Versuche, „das Bild der Filipina” zu homogenisieren, führten einerseits zu blinden Idealisierungen und andererseits zu drastischen Übertreibungen.

„Analyses of Filipino gender relations and ideology have tended to be pitched in essentialist and impressionistic, if not political and often quite alien terms. Such gross, and often contradictory, depictions of Filipino women have run the gamut of overarching representations from high status, even domineering, to shy, subordinate, and oppressed. The reader encounters a number of other contrasting images such as: modest vs. strong-willed, moral vs. seductive, assertive vs. passive, and ambitious vs. dependant.” (Anderson u.a. 1996: 2)

Dass radikale historische Prozesse widersprüchliche Diskurse und Bilder hervorbringen, die sich eben nicht essentialisierend homogenisieren lassen, sondern in ihren situationsbezogenen Kontexten mit ihren Dissonanzen und Mehrdeutigkeiten untersucht werden müssen, wird an einigen wirkmächtigen Bildern weiblicher Macht und Ohnmacht[3] zu diskutieren sein und könnte zur Formel „Die Filipina als Metapher für Krise” (Santiago Quindoza 1992) radikalisiert werden. Dabei steht Maria Clara für das spanische Erbe, *Inang Bayan* (Landesmutter und Mutterland) wird mit der nationalistischen Bewegung korreliert, die kämpferische Nonne mit dem revolutionären Aufbruch und die Schönheitskönigin gilt als Metapher für die Auseinandersetzung mit westlicher, amerikanischer Hegemonie.

Auch wenn ich mich in diesem Kapitel der Beschreibung von Geschlechter*verhältnissen* verpflichte, so wird sich eine Zusammenschau am Ende des Kapitels auf die weiblichen Identifikationen konzentrieren *(Starke Frauen, fragile Identitäten)*. Die Komplexität der Thematik verlangt nach einer solchen Zuspitzung, ganz zu schweigen von der erklärten Absicht, die weiblichen Heiratsmigrantinnen als Protagonistinnen der gesamten Studie in den Mittelpunkt zu rücken (vgl. Einleitung und Kapitel 1).

Einführend möchte ich die „Ethnographie der philippinischen Geschlechterordnung“ in den Kontext ethnologischer Diskusssion um Gender im insularen Südost-Asien stellen. Dies scheint mir geboten, da die Ethnographie der Philippinen im Vergleich zu einer gut etablierten Diskussion über Verwandtschaft und Gender („kinship and gender“) in der weiteren Region des insularen Südost-Asiens marginalisiert ist. Außerdem gibt es, wie bereits in der Einleitung erwähnt, abgesehen von einigen Ethnographien zu philippinischen Hochlandgesellschaften wenig ethnographische Auseinandersetzung mit der christlichen philippinischen Tieflandgesellschaft (vgl. hierzu auch Cannell 1999 und Rosaldo 1988).

Geht es um die Rekonstruktion vor-kolonialer, vor-spanischer Gesellschaftsverhältnisse auf den Philippinen bietet sich, angesichts der dürftigen historischen Quellendiskussion, ein vergleichender Blick auf die Ethnogra-

3 Vgl. hierzu z.B. Roces 1998, Owen 1998, Johnson 1997.

phien noch-nicht-christlicher Hochlandgesellschaften an.[4] Zum anderen zeigt ein vergleichender Blick in die Ethnographie des insularen Südostasiens[5], dass Verwandtschaft und Gender immer mit den politischen Institutionen einer kolonialen Vergangenheit verwoben waren (vgl. auch Eviota 1992).

Die ethnologische Diskussion um Gender im insularen Süd-Ost-Asien als Kontext für eine Ethnographie der Philippinen

Schon immer galt in der klassischen verwandtschaftsethnologischen Theorie den Heiratssystemen besonderes Interesse, da über die Allianzbeziehungen gesellschaftsrelevante Machtverhältnisse verhandelt werden (vgl. auch Lauser 1994b). Seit den 1970er Jahren werden jedoch formalistische Modelle der Verwandtschaftsethnologie, welche über ungefähr ein Jahrhundert das Mark der Ethnologie ausmachten[6], einer kritischen Prüfung unterzogen. Ethnologische Untersuchungen bewegten sich weg von strukturfunktionalistischen Diskussionen über Verwandtschaft und verlagerten sich zum Teil auf die Konstruktion von „gender" und „body". Diese Verschiebung läuft parallel mit einer allgemeinen Verlagerung ethnologischen Verständnisses von der Struktur zur Praxis und von der Praxis zum Diskurs (Carsten 2000).

Nicht zuletzt die Diskussion um bilaterale Verwandtschaft, die vor allem in Südost-Asien weit verbreitet ist und sich weder in dominante unilineare Deszendenztheorien noch in gängige Allianztheorien fügen ließ, verdeutlichte die Unzufriedenheit an formalistischen Modellen und lenkte den Blick auf die dynamischen *Prozesse* von Verwandtschaftsbeziehungen. Verwandtschaft ist nicht nur etwas durch Zeugung gegebenes, sondern steht gerade auch in alltäglichen Praktiken unter Konstruktion: kleine, scheinbar triviale selbstverständliche Handlungen, wie z.B. das Teilen von Mahlzeiten, das Weiterreichen von gekochter Nahrung an den Nachbarn, das selbstverständliche Betreten eines Hauses zu gemeinsamer Kaffee- oder Betelnusspause, verlangen nach sorgfältiger Untersuchung bezüglich der symbolischen und sozialen Bedeutung für das Haus (siehe Carsten/Hugh-Jones 1995).[7] So kommentiert

4 Ich bin von den Inspirationen eines solchen Vorgehens überzeugt, solange der tentative Charakter derartiger Analogien nicht in eine naive Gleichsetzung von ethnographischer Gegenwart mit historischer Vergangenheit mündet.

5 Dabei ist besonders Indonesien als ethnographische Region gut erforscht. In dem einflussreichen Reader von Jane Atkinson und Sally Errington (*Power and Difference. Gender in Island of Southeast Asia*, 1990) werden trotz großer Unterschiede in der Region des insularen Südostasiens gemeinsame Themen bezüglich „Gender", „Power" und „Differenz" herausgearbeitet.

6 Ob nord-amerikanische, britische oder französische Schulen, von Morgan zu Schneider, von Durkheim zu Lévi-Strauss, von Rivers und Malinowski zu Radcliffe-Brown und Fortes, wesentliche ethnologische Theorien konzentrierten sich auf die Frage nach „kinship".

7 Eine Erkenntnis, die bereits Malinowski formulierte: „The average anthropologist [...] has his doubts whether the effort needed to master the bastard algebra

Carsten an ethnographischen Beispielen des insularen Südostasien das von Lévi-Strauss nachgereichte Modell der „Haus-Gesellschaften" (société à maison) dahingehend, dass das „Haus" nicht in der von Lévi-Strauss vorgegebenen Weise etwas verkörpert, das gegensätzliche Verwandtschaftsprinzipien transzendiert oder vereint, sondern vielmehr als Arena zu betrachten ist, wo solche Prinzipien sich im Laufe der Zeit gegenseitig ablösen und Verwandtschaft weniger Struktur als Prozess ist (Carsten 1995: 127).

Die auf den Philippinen vorfindbare Pluralität der Heiratsmodalitäten lässt sich *nicht* in eine kohärente, formalistische verwandtschaftsethnologische Struktur-Theorie pressen, sondern verlangt nach Perspektiven, in denen die Ritualisierungen von Heirat in ihren teils widersprüchlichen, historischen und auch alltagsbezogenen Bedingtheiten nachgezeichnet werden können. Wie verändert sich der Kontext von Heirat und Lebensunterhalt allgemein entlang der Kontraste arm/reich, Stadt/Land und früher/heute im Laufe der verschiedenen historischen Präsenzen (vgl. Kaptiel 2)? Eheschließungen auf den Philippinen sind und waren sozialen und ökonomischen Wandlungsprozessen unterworfen. Welche Modelle, Konzepte und Bilder wirken, mit oft widersprüchlichen Bedeutungen, auf die Verheiratungsmodalitäten?[8]

Die Diskussion um Gender in Südost-Asien arbeitete heraus, dass „westliche" naturalisierenden Konzepte von Geschlechter-Differenz den Diskurs um Macht und Differenz zwischen Menschen in dieser Region nicht fassen können und verwies auf Hierarchisierungsmechanismen, in denen viel mehr die Bedeutung von Geschwisterschaft und Generationen zum Tragen kommen. Differenz wird entlang von Seniorität und Komplementarität imaginiert und verhandelt (Karim 1995, Atkinson/Errington 1990).

Die Philippinen werden dabei den sogenannten „zentristischen" Gesellschaften zugeordnet im Gegensatz zu den sogenannten „Tausch"-Gesellschaften Ostindonesiens (Errington 1990: 55). Eine „zentristische" Geschlechterideologie betone mehr die Einheit und Komplementarität und kenne keine dezidierte Ideologie der Geschlechterungleichheit, was sich sowohl im rituellen und zeremoniellen Leben, als auch auf vielfältige Weise in alltäglichen Sensibilitäten äußere (ibid.: 53). Geschlechter-Differenz wird in solchen Gesellschaften relativ vernachlässigt, Männer und Frauen haben denselben Ursprung und mehr oder weniger dieselbe natürliche Substanz. Das heißt nicht, dass Unterschiede zwischen Männern und Frauen, ihre geschlechtsspezifischen, genitalen und anderen körperlichen Zeichen nicht wahrgenommen werden, aber diese werden nicht als primäre, einzigartige Schauplätze in der Konstruktion einer authentischen (sexualisierten, natürlichen) Identität verhandelt wie

of kinship is really worth while. He feels that, after all, kinship is a matter of flesh and blood, the result of sexual passion, and maternal affection, of long intimate daily life, and of a host of personal intimate interests" (1930: 19).

8 Detaillierte lokale Geschichtsschreibung der Philippinen steht in zaghaften Anfängen. Ein inspirierender Anfang bezüglich der Ritualisierung von „courtship and marriage" in Vergangenheit und Gegenwart der Region Bicol wurde in neuester Zeit von Cannell (1999: 48-76) geleistet.

dies in vielen westlichen Gesellschaften zu sein scheint (Atkinson/Errington 1990: 5, Atkinson 1990, Tsing 1990, Karim 1995, Lauser 1994b).

Dieser andere Blick auf die Beziehung zwischen Körper und Identität wird in ganz Südost-Asien dokumentiert „with the possibility of seeing men and women as more the same than the different" (Cannell 1999: 50). Ein solcher Diskurs, der Männer und Frauen nicht in erster Linie durch männliche und weibliche Essenzen determiniert, ermögliche den Frauen Spielräume, sich in machtvolle politische oder spirituelle Bereiche einzumischen und vorzuwagen, die gewöhnlich dennoch vor allem Männer vertreten (vgl. Tsing 1990, Attkinson 1990, Errington 1990). Frauen werden nicht per se aus diesen Bereichen ausgeschlossen. Daher verstoßen Frauen, die dominante Alltagspraktiken durchbrechen, nicht gegen Gesetze, sondern rütteln an den im Alltag etablierten und gelebten Ungleichheiten und Unterschieden – Atkinson nennt es „beat the odds" (Atkinson 1990: 83).[9]

Ethnographien des insularen Südostasiens verweisen auf die große Bedeutung der Geschwisterschaft (Errington 1989, Atkinson/Errington 1990, Carsten 1995, Lauser/Bräunlein 1993). Vorlage und Paradigma geschlechtlicher Differenz sind weniger Ehefrau und Ehemann, sondern Bruder und Schwester, das Paar, das in den Ursprungsmythen der ganzen Region eine ursprünglich als Einheit gedachte Potenz aufspaltete (Errington 1990: 47).[10]

Verwandtschaft wird in Generationenabfolgen von Geschwisterschaften gedacht, wobei Vettern und Basen ersten Grades häufig wie Geschwister betrachtet werden. Entsprechend sind die Onkeln und Tanten in Egos aufsteigender Generation nahe Mit-Mütter und Mit-Väter, was u.a. auch in flexiblen Adoptionspraktiken zum Ausdruck kommt. Die Logik einer bilateralen geschwisterzentrierten Verwandtschaftsideologie ist relativ einfach: Eine „echte" Geschwisterschaft teilt einen gemeinsamen Ursprung – die Eltern. Etwas „entferntere" Geschwister (z.B. die Vettern und Basen 1. Grades) haben gemeinsame Großeltern. Die nahen wie auch die entfernten Geschwister der Eltern sind Egos Onkel und Tanten, ebenso wie die Kinder der nahen Geschwister, als auch der „entfernten Geschwister" (Cousins und Cousinen) Egos Neffen und Nichten sind. Brüder und Schwester werden mit geschlechtsneutralen

9 Siehe auch Errington 1990: 55 und Roces 1998, die Ausmaß und Wirkung informeller, weiblicher Verwandtschaftspolitiken der Nach-Kriegsphilippinen untersucht.

10 In den Ursprungsmythen der Region erscheint oft ein Bruder-Schwester-Paar. „The two marry, have a child, and then, having discovered they are brother and sister and have therefore committed incest, must part. Or, they whish to marry, but, being brother and sister, are not allowed to do so, and each seeks a spouse explicitly as a substitute for the prohibited sibling. Or, in other variations, they are ‚married' when they enter the world, for they are born as opposite-sex-twins; but, as they are gods, their relationship is all right. The variations are many, but they all feature an ancestral brother-sister pair whose sexual relationship or lack of it, and their eventual parting, is equivalent to the original fracture of unity that brings about the world's events and begins human history" (Errington 1990: 51).

Termini bezeichnet, sie gelten als enge Verbündete, die füreinander in hohem Umfang verantwortlich und verpflichtet sind. Dabei wird entsprechend eines Senioritätsprinzips der Altersabfolge Rechnung getragen. Das geschwisterliche, im Prinzip solidarische Band ist fundamental und gilt als Vorlage für die Beziehung zwischen Ehemann und Ehefrau, ja die Beziehungen zwischen Bruder und Schwester und Ehemann und Ehefrau werden wie gegenseitige Transformationen behandelt (Errington 1990: 48, siehe Fußnote 10). Mit anderen Worten bleibt das auf der ehelichen Verbindung gründende matrimoniale Verwandtschaftsverhältnis an die Konzeption eines horizontalen Geschwisterverhältnisses gebunden, ja leitet sich daraus her. Gewohnheitsrechtliche Erbregelungen sehen entsprechend das Teilen des Erbes zwischen Verwandten „gleichen Grades" vor.[11] Bevorzugt sind Heiratsverbindungen unter Vettern und Basen außerhalb des kleinen Kreises naher Verwandter und mit nahen Nachbarn, Freunden und rituellen Verwandten, über die man gut Bescheid weiß. So erklären sich auch die häufigen matrimonialen Doppelallianzen, wo zwei leibliche Geschwister einer Familie (Bruder und Schwester, Vetter und Kusine 1. Grades) zwei leibliche Geschwister oder Vetter und Kusine 1. Grades einer anderen Familie heiraten (vgl. auch Bräunlein/Lauser 1993: 152ff, 163, 167).[12]

Mit dieser knappen Skizzierung sollten wesentliche Elemente benannt sein, die als vorkoloniale, vorspanische Praktiken bis heute Normen, Handlungsstrategien und gelebte Erfahrungen mitformen.[13] Auch Blanc-Szanton (1990) betont in ihrer Studie über die philippinische (Ilonggo) Region der Visayas, dass die lokalen Antworten auf die koloniale Begegnung variantenreich und weit davon entfernt waren und sind, europäische Stereotypen zu Sexualität und Gender nur passiv zu absorbieren. Statt dessen vollzog sich die Einver-

11 Will z.B. ein Ehepaar seinen Besitz zusammenlegen und es an seine Nachkommen weitergeben (und nicht an die jeweiligen bilateralen Geschwister) müssen vielfältige und kompliziert verwobene Kompromisse ausgehandelt werden, die nicht zuletzt auch über Matrimonialstrategien laufen. Um Besitztum, besonders Grund und Boden zusammenzuhalten, wird beispielsweise nicht faktisch, sondern nur formal geteilt und bereits bestehende Allianzen durch Heiratsallianzen gefestigt. Geerbte Parzellen werden nicht zerstückelt, sondern gemeinsam bewirtschaftet, durch Heiraten erweitert und gegebenenfalls gegen gleichartige Grundstücksteile eingetauscht.

12 Dieses Modell der Doppelallianz ist auch in meinem Sampel der heutigen Heiratsmigration mehrmals anzutreffen, wenn auch weniger aus ökonomischen oder gar erbrechtlichen Erwägungen, sondern aus Motiven der sozialen Nähe und Vertrautheit. (So arrangierte z.B. Lore nach erfolgreicher Heirat mit einem deutschen Angestellten die Verheiratung ihrer jüngeren Schwester mit dem jüngeren Bruder ihres Ehemannes, sowie die Verheiratung einer Kusine mit einem Vetter ihres Mannes. Oder Aurelia bringt Schwester und Cousine mit Vettern ihres Mannes zusammen.)

13 Gegenwärtige Aspekte zur Familie und Verwandtschaft werden weiter unten beschrieben (*Familie, Verwandtschaftsallianzen und die Bedeutung von Beziehungsketten und lokalen Wertekonzepten*).

leibung neuer Elemente in das (Ilonggo) Geschlechter-System selektiv, und die verschiedenen Neuformulierungen bewegten sich nie von einem grundsätzlichen Gender-Modell weg, das eher die vergleichbaren, komplementären als die gegensätzlichen Qualitäten von Weiblichkeit und Männlichkeit betone.

Die verschiedenen Perioden kolonialen und neo-kolonialen Zusammentreffens[14] hatten ihre eigenen verschiedenen, diskontinuierlichen, bisweilen überlappenden und oft sich widersprechenden und mehrdeutigen symbolischen Formulierungen und Reformulierungen von Geschlecht und Sexualität, die wiederum von verschiedenen sozialen Gruppen entsprechend ihrer widerstreitenden Interessen und Anstrengungen in disparaten und fragmentarischen Geschlechter-Bildern verhandelt wurden und werden. Während koloniale Regierungsinstitutionen und lokale Eliten artikulierte Symbolordnungen explizierten, wurden diese von verschiedenen Bevölkerungsgruppen zu verschiedenen Zeiten auf verschiedene Weise rezipiert und verhandelt.

„In other words, ideas, words, metaphors, increasingly became political „material" elements of discourse, and there occurred an increasingly conscious utilization and manipulation of concepts of ‚culture', ‚tradition', and ‚sexuality'" (Blanc-Szanton 1990: 348).

Meine ethnographische Spurensuche möchte ich im folgenden mit dem Nachzeichnen einiger Ehegeschichten beginnen. Dieses Vorgehen ist getragen von der Idee, dass sich gerade auch an den konkreten, oft tastenden Forschungs-Begegnungen herauslesen lässt, wie verwirrend und kompliziert das Mosaik von Traditionen sich artikuliert. Rollenbilder und geschlechtsbezogene Verhaltensideale wie sie in einer Ethnologie des Mittelmeerraumes beschrieben werden (beispielsweise bei Pitt-Rivers 1965, 1977, Campbell 1964, Peristiany 1965, Mernissi 1975, Dwyer 1978, Brandes 1980, 1981, Drackl é 1998)[15],

14 Als grobe Klassifikationen seien genannt: zwei koloniale Systeme (noch einmal unterschieden in frühe und späte spanische Zeit, und frühes und spätes zwanzigstes Jahrhundert der nordamerikanischen Zeit), und die tiefen sozialen und ideologischen Veränderungen, die aus der Kommerzialisierung und Industrialisierung des 20. Jahrhundert erfolgen (siehe Kapitel 2).

15 In der Ethnologie des Mittelmeerraumes wurde lange Zeit mit den Kategorien ‚Ehre' und ‚Scham' ein Verhaltenskomplex benannt, der als zentrales Merkmal galt. Ehre bezeichnet den öffentlichen Kampf des Mannes um Anerkennung. Dabei ist männliche Ehre am rivalisierenden Konkurrenzkampf ausgerichtet und im höchsten Maße vom sozialen und sexuellen Wohlverhalten der Frauen und Töchter abhängig, die gesellschaftliche Anerkennung über Scham, das heißt vor allem über sexuelles Wohlverhalten, erhalten. Nur die Domestizierung der Frau als Mutter und Ehefrau sichert männliche Ehre, und Männer scheinen permanent damit beschäftigt zu sein, ‚ihre' Frauen auf Wohlverhalten hin zu kontrollieren. Auch wenn man in neuerer Zeit die männlich orientierte Interpretation eines solchen „Mediterranismus" kritisierte (Fernandez 1983, Herzfeld 1984, zit. nach Drackl é 1998), so sehen die vorherrschenden Geschlechterbilder nach wie vor eine auffällig strenge Trennung der Geschlechter in Frauen- und

meinte ich in meinen philippinischen Begegnungen wiederzuerkennen. Und doch schienen die scheinbar vertrauten Gemeinsamkeiten, die mit ‚Ehre' und ‚Scham' begründeten Stereotypisierungen, die ähnlichen Symbole und Metaphern auf verschiedene Weise kombiniert und betont zu werden. 300 Jahre spanischer Kolonialismus hat auch in der philippinischen Gesellschaft idealisierte Weiblichkeitsnormen wie die der keuschen jungfräulichen unverheirateten Frau *(birhen, malinis na babae)* oder die der leidenden, sich für die Familie aufopfernden Mutter und Frau *(inang martir)* hinterlassen. Solche Muster prägen den philippinischen Diskurs und scheinen doch lokal weniger dramatisch und streng gelebt und interpretiert zu werden als in den mediterranen Vorlagen. So gilt die Keuschheit vor der Ehe vor allem in der philippinischen Mittelschicht als wichtige Voraussetzung für ein gutes Heiratsarrangement (Jocano 1969: 61f.). Das Übertreten dieser Norm ist jedoch weit verbreitet (Yu/Liu 1980: 66ff.) und fordert nicht solch düstere Geschichten und dramatische Schatten auf die Ehre der Väter und Söhne heraus wie es in mediterranen Gesellschaften überliefert ist (Blanc-Szanton 1990: 351, 353). Ein junges Mädchen, das wie Delia (siehe Delias Geschichte im folgenden) eine Mätresse *(querida, kerida)* wird, wird nicht „verdammt" (wie im ländlichen Spanien oder Portugal). Obwohl eine *querida* soziale Ächtung und Stigmatisierung ob ihres unkonventionellen Lebensstils ertragen muss, gibt es auch so etwas wie Toleranz für die Strategien einer Frau, die es geschafft hat, sich von einem verheirateten Mann aushalten zu lassen. In einem katholischen Land wie den Philippinen, wo Ehen (wenn sie – wie gesellschaftlich erwartet – kirchlich geschlossen wurden) kaum legal geschieden werden können, erfüllt das *querida*-System, das in allen sozialen Schichten weit verbreitet ist, eine doppelte Funktion: Es unterläuft und stärkt gleichzeitig die Institution der Ehe und Familie.[16]

Ähnlich gebrochen begegnete mir auch das Ideal der leidenden, sich für die Familie aufopfernden Mutter *(inang martir)*. Melinda (in nachfolgender Geschichte) greift ganz offensichtlich in ihrer Erzählung auf diese Symbolik zurück. Doch statt in dieser Stilisierung aufzugehen oder ein manipulatives Märtyrer-Bild zu kultivieren, wie es Blanc-Szanton für die mexikanische Entsprechung erwähnt (Blanc-Szanton 1990: 352), inszeniert Melinda sich durchaus mit fordernden und abenteuerbereiten Komponenten. Bezüglich ihrer Ehe-Vorstellungen schickt sie sich gerade nicht in eine aufopfernde Märtyrerrolle,

---

Männerräumen vor. Dabei begründen hegemoniale Geschlechterbilder die Differenz zwischen Männern und Frauen als Opposition und stellen gleichzeitig damit eine Kohärenz in den so konstruierten Gruppen her (Dracklé 1998: 129).

16 „By inserting a qualifying statement which circumscribes the conditions under which the charge of concubinage may be made, and by imposing procedural obstacles to application for legal separation, the law ensures the permanence of legally contracted marriages and guarantees the stability of the family system. It forces men to remain ‚accountable' to their wives, but at the same time allows them some relief from unhappy or insufferable marital relationships. The querida system thus functions as a safety valve" (Yu/Liu 1980: 201). Siehe auch weiter unten*: Schwierige Frauen – gute Männer, gute Frauen – schwierige Männer.*

die sich angesichts ihrer Schicksalsschläge ja geradezu anböte. Im Gegenteil, in der Auseinandersetzung mit ihrem deutschen Ehemann zeigt sie sich als eine agierende Person, die, so interpretiere ich, gerade wegen der bereits ausgehaltenen Krisen sich nicht in einer leidvollen Beziehung einrichten will und die Suche nach einem verantwortungsvollen männlichen Partner nicht aufgibt.

„What is love?" – Gespräche über Ehe, Heirat und Liebe

Meine Spurensuche nach philippinischen Perspektiven auf Ehe und Heirat nahm seinen Anfang in Gesprächen mit philippinischen Heiratsmigrantinnen, die bereits in einer interkulturellen Ehe in Deutschland lebten (z.B. *Melinda* und *Delia*). Sie erweiterte sich in Begegnungen mit Frauen, die ihr Leben in der Megametropole Manila zu organisieren hatten und die Option einer Heiratsmigration in Erwägung zogen (z.B. *Lilia*), und folgte schließlich den Erzählungen bis in die philippinische Provinz (z.B. *Belens Ehegeschichte* und *Tochter Riza*). Es ist dies im übrigen die umgekehrte Richtung, die viele meiner Gesprächspartnerinnen gegangen sind, die den ruralen Lebenszusammenhang häufig zunächst mit einer Migration in die Stadt hinter sich ließen und den Sprung auf die internationale Bühne erst von Manila aus wagten.

Anders als zum Beispiel in südasiatischen Kontexten ist die arrangierte Ehe auf den Philippinen niemals die einzige Art und Weise gewesen, einen Ehepartner zu bekommen. Immer gab es institutionalisierte Mittel und Wege, die elterliche Zustimmung zu umgehen, wie z.B. besonders das „Durchbrennen, um zu heiraten" – *pagtatanan ng magkasintahan* (vgl. auch Lauser 1993: 269ff., Cannell 1999: 29ff.). Spätestens nach der Geburt des erstgeborenen Kindes bzw. Enkels traten wohlgesonnene Verwandte als Vermittler auf oder besuchte das Paar die Eltern, um formell um Vergebung zu bitten und den Familienfrieden wieder herzustellen.

So ist die arrangierte oder gar forcierte Eheschließung nur das eine Ende eines Kontinuums der elterlichen Intervention bezüglich der Verheiratung ihrer Kinder. Normalerweise entspringt die Ehe der persönlichen Entscheidung des jungen Mannes und der jungen Frau, doch wegen der engen verwandtschaftlichen Bindungen geschieht dies selten losgelöst von dem Einverständnis der Eltern und Verwandten. Am anderen Ende steht schließlich die Option der vollkommenen Eigenverantwortung der Kinder bei ihrer Partnerwahl. Denkbar ist das Modell der romantischen Liebe genauso wie die gesellschaftlich wenig geschätzte Position der *querida*, der Geliebten neben der legal und sozial anerkannten verheirateten Ehefrau.

Wenn heute die Zahl der arrangierten Ehen zurückgeht, heißt es dennoch nicht, dass mit dieser Form vollkommen gebrochen wurde, oder dass sie gar durch eine völlig neue Form der ‚modernen Romanze' ersetzt wurde.

Melindas Geschichte: Ich muss Opfer bringen – kailangan ko magmatir

Melinda[17] *lebte vor ihrer Heiratsmigration nach Deutschland als jüngste Tochter mit ihrer verwitweten Mutter*[18] *und ihrem sechsjährigen Sohn aus einer zerbrochenen Ehe in Mindanao, in einer von Bürgerkriegswirren beunruhigten Gegend. Der Ehemann und Vater ihres Sohnes hatte sie wegen einer anderen Frau verlassen, um mit seiner neuen Familie in einer anderen Region als Lastwagenfahrer zu leben. Solange er noch am Leben war, konnte sich Melinda formal nicht wiederverheiraten, sondern eine neue Beziehung nur auf einer sogenannten „common law"-Grundlage führen – was sie tat.*[19]

In Antonio hatte sie einen neuen philippinischen allgemein anerkannten Partner (kinakasama) *gefunden. Er sei ein gutaussehender Mann gewesen, der im Gegensatz zum Ehemann aus Liebe und freier Entscheidung in den Haushalt von Melinda und ihrer Mutter gezogen war. Ihr Ehemann dagegen sei schon immer ein Frauenheld* – palikero – *gewesen, sagte Melinda. Selbst während ihrer Verlobungszeit, die im übrigen vor allem auf Betreiben der Familien zustande gekommen war, habe er nach anderen Frauen geschaut, und vom Herzen her wohl eher eine andere bevorzugt. Mit Antonios Einzug in den „Frauen-Haushalt" war wieder eine Art Gender-Gleichgewicht hergestellt, das durch den Tod des Vaters und mit dem Verschwinden des Ehemannes gestört worden war. Aus philippinischer Perspektive – und im bäuerlichen Kontext* (sa bukid) *allemal – mutet ein Leben ohne die Unterstützung eines gegengeschlechtlichen Partners fast wie ein unerträgliches, zu bedauerndes Stigma an. Angesichts dessen ist die Toleranz für eine nicht-eheliche common-law-Partnerschaft sehr groß.*[20] *Als nach kurzer Zeit Antonio ebenfalls bei einem Anschlag ums Leben kam, – er war Soldat und hatte in der Armee gegen „Aufständige" zu kämpfen – reifte in Melinda allmählich der Entschluss für eine Heiratsmigration.*

---

17 Meine Begegnungen mit Melinda fanden in Deutschland statt. Wir wurden einander über gemeinsame philippinische Bekannte vorgestellt. Die 34-jährige Melinda war damals (1993) erst zwei Jahre in Deutschland. Als sie ihre Ehe mit ihrem deutschen Mann Stephan als krisenhafte Belastung erlebte, suchte sie verstärkt den Kontakt zu mir. Unsere Gespräche wurden vor allem in *Pilipino* geführt (Melindas Muttersprache ist *Cebuano*) und bis auf eines, das auf Band aufgenommen wurde, in Gedächtnisprotokollen festgehalten.

18 Der Vater war Polizist und zusammen mit seiner Frau (Melindas Mutter) Betreiber eines Restaurants, in dem sich häufig Soldaten aufgehalten hatten. Er war bei einem Anschlag ums Leben gekommen.

19 Die philippinischen zivilrechtlichen Grundlagen beharren auf der Unauflöslichkeit der Ehe (vgl. z.B. Burmeister-Beer 1987). Nach dem philippinischen bürgerlichen Gesetzbuch ist die Ehe zwar unauflöslich, erlaubt aber den Ehepartnern eine legale Trennung, ohne dass die eheliche Verbindung aufgelöst wird.

20 „Common-law-Ehen" – Medina (1991: 104) nennt sie auch „consensual marriage arrangement" – sind unter armen Menschen, die sich offizielle Heiraten, die mit Brautgaben und aufwendigen Festlichkeiten verbunden sind, nicht leisten können, weit verbreitet (vgl. auch Hunt, et. Al. 1987).

Oder sollte ich besser schreiben, der Entschluss wurde für sie ‚ausgereift'? Denn als ich sie danach fragte, wie sie denn ihren deutschen Mann Stephan kennen gelernt habe, führte sie ihre Schwester und ihre Cousine als die treibenden Akteure an. Sie selbst sei zunächst müde und antriebslos gewesen – „Witwe des Herzens" und dennoch Ehefrau mit abwesendem Ehemann (hiwalay sa assawa)[21]. *Dass sowohl ihre Mutter, als auch ihre älteste Schwester ein Leben ohne männliche Unterstützung zu organisieren hatten, erschien ihr wie eine zusätzliche Last, jetzt wo auch sie sich wieder diesem Schicksal ausgeliefert sah. „Das Leben ist schwer und verlangt Opfer –* mahirap ang buhay kaya nga kailangan ko magmatir". *Mit diesen Worten rahmt Melinda ihre Geschichten, sie gehören wie refrainartige Stoßseufzer zu ihrer Erzählung. Zunächst habe es einen Briefkontakt gegeben, den ihre Schwester*[22] *für sie angefangen habe. Da Stephan kaum Englisch konnte, aber auch ihre Schwester wie sie selbst nur rudimentäre Englischkenntnisse besaßen, bewältigten sie den Briefkontakt mit vereinten Kräften: Stephan schrieb seine Briefe weitgehend in Deutsch und schickte ein deutsch-englisches Wörterbuch mit, damit sie seine Botschaften entschlüsseln könnten. Sie schrieben ihm in Englisch oder eben auch in Deutsch – mit Hilfe des Wörterbuches und ihrer Cousine, die etwas besser Englisch konnte. Lachend beschrieb Melinda, welch schwierige und rätselhafte Aufgabe diese Briefe ihnen auferlegte und welchen Unsinn sie bisweilen zusammengepuzzelt hätten, zumal in den Wörterbüchern ja immer mehrere Bedeutungen zur Verfügung stehen.*

Nach einem Jahr schließlich habe sich Stephan mit einem Besuch angekündigt.[23] *In der Provinzstadt Davao wurde ein Treffen in einem bestimmten*

---

21 Zu ihm gäbe es überhaupt keinen Kontakt mehr. Möglicherweise ist er tot. Das philippinische Ehefähigkeitszeugnis, das sie für die deutsche Ehe benötigte, bescheinigte ihren Witwenstatus.

22 Melinda hat zwei Schwestern und zwei Brüder, wobei in ihrer Erzählung vor allem die Schwestern auftauchen. Die eine sei zufrieden mit einem philippinischen Mann verheiratet, die andere, die älteste, sei zwar auch mit einem Filipino verheiratet. Dieser hätte aber seine Familie mehr oder weniger eindeutig verlassen und würde nun schon seit Jahren in Singapur leben. Aus dieser Ehe gäbe es drei Kinder. Anfängliche Überweisungen aus Singapur seien schon lange ausgeblieben. Einer ihrer Brüder sei auf der Straße erschossen worden.

23 Er selbst beschrieb diese Reise in einem anderen Gespräch als das traumatischste Abenteuer seines Lebens. Nicht ohne Sinn für Humor und Selbstironie schildert er seine Panik und Hilflosigkeit in Manila, wie er als „schwitzender Trottel" (und alles andere als ein weltgewandter Globetrotter) allen möglichen Gaunereien ausgeliefert war und prompt während der ersten Stunden seines Tropenaufenthaltes seines Geldes beraubt wurde; wie er, um zu sparen, statt eines Fluges eine Schiffspassage nach Mindanao buchte und auf dem völlig überfüllten Schiff um sein Leben bangte; und wie erleichtert er war, als er endlich in Davao angekommen war. Als er dann Melinda gegenüber gesessen habe, habe er eine andere Verabredung in Cebu innerlich gestrichen: Seine Mühen schienen sich gelohnt zu haben, es konnte keine größere Verheißung mehr geben, um derentwillen er weitere Qualen alleine auf sich zu nehmen bereit gewesen wäre. Er-

Restaurant verabredet. Melinda habe sich nur äußerst widerstrebend überreden lassen, mit Schwester und Cousine dorthin zu gehen. Als sie ihm dann gegenübergesessen habe, habe es ihr Atem und Sprache verschlagen. Seine Leibesfülle habe sie dermaßen erschreckt, dass sie sich vor Fassungslosigkeit nur noch an ihrer Coca Cola habe festhalten können, erzählte sie lachend. Die ältere Cousine habe das Gespräch übernommen. Sie habe ihr durchaus zugestimmt, dass der Mann auf den ersten Blick erschreckend aussehe, aber sie würde seinen Augen ansehen, dass er gut sei. Seine Augen seien gut – mabait ang tingin niya[24]. *Mit solch aufmunternden Worten habe ihr die Cousine zugeredet. Als sie schließlich allein, mittlerweile mit einem Stück Kuchen, ihrem Ehe-Mann in spe gegenübergesessen habe, habe er sie ganz freundlich angesprochen und sie gefragt, ob er sie denn küssen dürfe.*[25] *Da wäre in ihr so etwas wie Neugierde oder gar Abenteuerlust erwacht und sie hätte sich gesagt, warum nicht. Und er hätte sie geküsst und sie hätte geglaubt, dass er zwar hässlich aussehe, aber gut sei, erzählte sie lachend.*

Sie habe ihn dann nach einer Woche „Begutachtung" nach Manila begleitet in der Annahme, dass sie ja noch einmal zurückkommen und ihrem zukünftigen Mann erst später nachfolgen würde. Keiner habe sie zurückgehalten, im Gegenteil. In Manila habe Stephan unter großem Aufwand und mit Hilfe dort etablierter einschlägiger Netzwerke alle nötigen Papiere zusammentragen können – auch die schwierigen. Die Sorge vor umständlichen Komplikationen und sein inständiges Bitten führten dazu, dass sie dann doch Hals über Kopf mit Stephan die Reise nach Deutschland antrat, ohne sich noch einmal ausführlich zu verabschieden. Den Anfang in Deutschland fand sie dann wirklich sehr schwer.

Sie weiß ihren Sohn Alex bei ihrer Mutter und ihrer Schwester in guten Händen, dennoch würde sie ihn gerne nach Deutschland holen, wenn denn die Ehe besser liefe.

Ihr deutscher Ehemann Stephan war Frührentner. Da seine erste traumatische Philippinenerfahrung (siehe Fußnote 23) den Traum von einem Lebensabend im Südseeparadies gründlich erschüttert hatte, plante er nun eine Existenz im überschaubaren Spanien. Je offensiver er dieses Ziel anging, desto heftiger geriet er mit Melinda in Streit. Paglagi magstreit kami – *immer gibt es bei uns Streit, begann Melinda ein Gespräch, bei dem sie schon die Trennung vorausnahm: Stephan wollte eine Immobilie in Spanien kaufen, wofür er einen Kredit hätte aufnehmen müssen. Ihm schwebte ein kleines Restaurant vor, mit Melinda als ausgezeichneter Köchin. Melinda war absolut gegen diese Investition. Wenn schon investieren, dann auf den Philippinen und ohne Verschuldung. (Zu Stephans Vorgeschichte gehörte bereits ein geschäftlicher Bankrott und eine gescheiterte Ehe): „Er ist schon alt. Wenn er stirbt, dann muss ich*

---

schöpft und fast dankbar habe er sich in die planenden Hände von Melinda, Schwester und Cousine begeben.

24 Wörtl.: sein Blick ist gut.

25 Ein Anliegen, das laut philippinischer Etikette beim ersten Treffen tabu ist.

die ganze Verschuldung übernehmen und bin für mein Leben verschuldet. Ich weigere mich, irgendwelche Papiere zu unterschreiben. Ich bin arm, aber ich habe auch keine Schulden. Ich sage immer zu ihm: ‚Du bist alt, du musst dich um deinen Sohn kümmern.'" (Sie haben einen gemeinsamen 1-jährigen Sohn).

Sowohl Melinda als auch Stephan kämpften für ihre Ziele mit gegenseitigen Forderungen und Drohungen. Während Melinda ihrem Mann mit Scheidung drohte, spielte er, gegen seine Angst, wieder allein gelassen zu werden, ihre unsichere Aufenthaltserlaubnis aus, die erst nach drei Ehejahren eheunabhängig wird: Er forderte die Zusammenlegung der Gehälter. Melinda putzte in mehreren Haushalten, in einem Hotel und in einer Apotheke und unterstützte mit diesen Einkünften ihre philippinische Familie – Mutter und Sohn, ebenso wie Schwester, Neffen und Nichten. Angesichts der Anhäufung ihrer Jobs fühlte Stephan sich nicht nur finanziell vernachlässigt. Er verlangte mehr eheliche, auch sexuelle, Hingabe. (Nach der Geburt ihres gemeinsamen Sohnes Bernd verweigerte sie sich aus Sorge vor einer weiteren Schwangerschaft, nötigenfalls auch mit einem Messer unter der Matratze, wie sie lachend gestand: „Wir Filipinas schlafen immer mit einem Messer unter der Matratze. Mein Mann hat schon einmal gesagt, er sei mit einer Terroristin verheiratet").

*Dieser schwelende Streit spitzte sich zu, als sich Stephans Trink-Freund Kurt, ebenfalls mit einer Filipina verheiratet, einmischte. Eines Abends kam es in Stephans und Melindas Wohnung zu einer dramatischen, aber für Melinda letztendlich klärenden Szene: Kurt habe Melinda als unerträgliche „Domina" verhöhnt und die Filipinos allgemein als „faule Gangster" bezeichnet. Mit dieser unflätigen Anschuldigung habe er Melinda tief verletzt (*nasaktan ang loob ko *– er hat mich im Innersten verletzt). Auf Melindas Aufforderung, die Wohnung zu verlassen, habe er Stephan aufgefordert, endlich mal zu zeigen, wer der Mann im Hause sei. Sie habe mit der Polizei gedroht, woraufhin Stephan versucht habe, sie festzuhalten und Kurt das Telefon zerstört habe. Melinda habe gebissen, um sich geschlagen und nach einem Messer gegriffen. Dabei wäre wohl einiges zu Bruch gegangen.*

„Hat er dich denn geschlagen?" fragte ich Melinda, weil sie beim Erzählen immer um sich schlug. Nein, sie habe ihn geschlagen. Er nicht richtig, er habe sie nur abwehren wollen. „Nun drohe ich ihm aber. ‚Du hast mich geschlagen. Ich kenne meine Rechte hier in Deutschland und das darfst du nicht.'" Er sei nun wieder eingeschüchtert und hätte sich gar entschuldigt. Ihr würde aber immer deutlicher, dass dieser Mann nicht auf ihrer Seite sei. Melinda meinte, sie habe gewusst, dass sie keinen reichen Mann geheiratet habe. Aber auf keinen Fall wolle sie hier mit Schulden beladen werden.

Melinda hielt noch ein Jahr durch. Während eines mehrwöchigen Spanienurlaubes ihres Mannes lernte Melinda über ein Inserat einen jüngeren Mann kennen, zu dem sie mit Sohn Bernd zog.

Kommentar von Stephan: „Damit habe ich nicht gerechnet, dass die Melinda mich verlässt. Wir waren ja schon lange im Streit wegen Spanien, ne. Sie hat das blockiert. Und nun hänge ich an dem Jungen."

Stephan zog nach Spanien. Nach einem weiteren Jahr Trennung waren sie geschieden.

Während Melinda auf der Suche nach einer lebbaren Ehe gelernt hatte, Trennungen und Zäsuren auszuhalten, ja sie nötigenfalls auch selbst in die Wege zu leiten, rang Delia mit ganz anderen Prämissen und Sinngebungen um ein Leben als verheiratete Frau.

Delia: Ich wollte eine verheiratete Frau sein

„Ich habe zu Liza gesagt: ‚Du bist dumm, wenn du nur auf deine Gefühle hörst. Du bist dumm, wenn du dein Temperament nicht zügeln kannst. Ayos, du hast ihn geliebt, die Liebe hat dich blind gemacht (bulag sa ibig), *jetzt wird es Zeit, die Augen zu öffnen und den Kopf zu gebrauchen.” Delia*[26] *schaute mich herausfordernd an, ob ich etwa anderer Meinung sein könnte: „Warum will sie sich scheiden lassen? Warum setzt sie die Sicherheit einer verheirateten Frau auf's Spiel? Jürgen ist reich, sie haben ein Haus, er hat einen guten Beruf, er ist ein großzügiger, gebildeter Mann!” Er habe nichts dagegen, wenn sie arbeitet, fuhr sie fort, er lasse ihr Freiheiten und sei im Gegensatz zu einem Filipino tolerant! Dass der Ehemann eine Geliebte hat, oder auch mehr als eine Geliebte, darüber müsse man gelassen hinwegsehen lernen. In Jürgens Fall könne sie sich sogar sehr gut vorstellen, dass auch er Liza ganz gelassen und diskret Liebhaber zugestehen würde, wenn er es überhaupt wissen müsse. Statt dessen lasse sie sich von ihren gedemütigten Gefühlen bestimmen. Lebensreife und Klugheit zeige sich an einem selbstsicheren Umgang mit Gefühlen. Mit einem Messer sei die Liebe eines Mannes nicht zurückzugewinnen.*[27] *Natürlich, Liza ist eine Frau, und welche Frau, die lange enthaltsam war – wegen anderen Frauen sein musste – sehne sich nicht nach Liebe, ja*

---

26 Delia lernte ich bei einem gerichtlichen Scheidungstermin (in Deutschland) kennen, wo wir für eine gemeinsame philippinische Bekannte bzw. Freundin aussagen sollten, die für eine Zugewinnregelung kämpfte. Anlässlich des unschönen Scheidungsverfahren und über ihre Kommentare zum derzeitigen Lebensabschnitt ihrer Freundin verspürte Delia das Bedürfnis, über ihre eigenen Ehe-Erfahrungen zu sprechen. Delia war zum Zeitpunkt unserer Gespräche (Oktober – Dezember 1992) 46 Jahre alt und lebte bereits seit 10 Jahren in Deutschland. Da sie sich in einem englischsprachigen Kontext bewegte – sie war Sekretärin in „Little America“ (wo die U.S.-amerikanische Armee stationiert war) – sprachen wir vor allem Englisch. Delia war eine ausgesprochen attraktive und jugendliche Erscheinung, mit ihren langen Haaren sah sie neben ihrer 15-jährigen Tochter eher wie die größere Schwester als die Mutter aus.

27 Damit spielte sie auf eine im Gericht verhandelte Szene an, wonach Liza in einem Eifersuchtsanfall – dieses Mal blind vor Wut – mit einem Messer in der Hand gewütet haben und sämtliche Zimmerpflanzen der Wohnung niedergemäht haben soll. Jürgen hatte sich damals ernsthaft bedrängt gefühlt und war erschreckt zu den Nachbarn geflüchtet.

Sex.[28] *Aber gedemütigte Gefühle seien das eine, die wohl geachtete Position einer verheirateten Frau das andere. So sehr habe sie selbst sich nach diesem Status gesehnt. Sie kenne die gedemütigten Gefühle einer unverheirateten Frau. Anfang der 1980er Jahre habe sie sich für die Heiratsmigration entschieden.* „You know, Andrea, it was my most serious aim in life to be a married woman."

Ihre Jugend sei leicht und unbeschwert gewesen. Sie habe gute Schulen besucht und habe eine fröhliche Clique gehabt. Man habe Strand-Parties gefeiert und sei viel gemeinsam ausgegangen. Rückblickend, meinte Delia, sei dies vielleicht der Grund für ihre Naivität gewesen. Sie habe sich jedenfalls in einen „reifen" Mann verliebt, der sie wie eine Prinzessin behandelt habe. Als sie realisierte, dass sie seine Geliebte war und keine Ehe zu erwarten hatte, sei sie bereits schwanger gewesen. Der Mann sei sehr großzügig gewesen, er habe sie und ihre Kinder (drei Jahre nach der Geburt ihres ersten Sohnes folgte noch die Geburt einer Tochter) immer gut unterstützt. Sie habe mit ihren Kindern in einem Apartment in der Stadt gelebt und auf den geliebten Mann gewartet. So sei sie jahrelang seine querida *gewesen, es habe Phasen gegeben, wo er mehr bei ihr, als bei seiner Ehefrau gelebt habe. Sie habe ihm ihre ganze Liebe und Zärtlichkeit gegeben und ein warmes Heim gestaltet. Nach Jahren schließlich habe sie realisieren müssen, dass sie nicht mehr für die Position der* querida *neben der Ehefrau (und möglichen weiteren jüngeren Geliebten) bereit wäre. Diese Erkenntnis habe sie wie eine Welle der Demütigung und Depression überrollt. In einem schmerzhaften Gewaltakt*[29] *habe sie eine Trennung vollziehen müssen und sei zu ihrer Familie in die Provinz zurückgezogen, wo ihre verheirateten Brüder sie aufgenommen hätten. Mit der Zeit sei ihr unumstößlich klar geworden, dass nur eine anerkannte, erfolgreiche Ehe ihr Genugtuung und Rehabilitation verschaffen würde. So habe sie sich in Brieffreundschaften gestürzt und sich schließlich nach den Kriterien Klugheit und Reichtum entschieden. Die Briefe ihres heutigen deutschen Mannes, der sich als anerkannter Ingenieur vorstellte, hätten ihr gefallen, ebenso wie beigelegte Fotos sie überzeugt hätten.*

Seit zehn Jahren ist sie nun mit diesem Mann verheiratet. Sie ist wild entschlossen, diese Ehe zu erhalten, die ihr trotz vieler Abstriche den Status einer verheirateten Frau verleiht.

Die Paradoxien und Gesetze des Schicksals hatten ihr mit diesem Mann einen verschlossenen, gefühlskalten, wie sie sagt, gequälten, impotenten Partner beschert. Delia beschrieb ihn als einen wortkargen Trinker, der seine Probleme mit Alkohol „wegzuspülen" versuche: „You know, Andrea, in these 10 years of my marriage I never had sex with him. – Never. I was so suffering. He had problems. ..." Als Delia zu Beginn der Ehe realisieren musste, dass seine Im-

---

28 „Weißt du Andrea, wir Frauen unter uns haben viel über Sex geredet, was ist auch schon dabei!"

29 In einem anderen Gespräch gestand sie ziemlich konkrete Mordpläne, so heftig sei sie involviert und verletzt gewesen.

potenz zu ihrem gemeinsamen Leben gehören würde, stellte sie Bedingungen an diese Ehe, die offensichtlich beide aufrechterhalten wollten: „I want to live with my children. They are my life, I am their mother." Die Sehnsucht nach ihren Kindern, die auf den Philippinen bei ihrem Bruder lebten, sei immer größer geworden, umso mehr, als sie die Hoffnung aufgegeben hatte, von ihrem Mann ein Kind zu bekommen. Aber eine Rückkehr auf die Philippinen, wie es ihre philippinische Familie und ihre Brüder ihr anboten und nahelegten, zog sie nicht wirklich in Erwägung. Statt dessen habe sie ihren widerstrebenden Mann unter Druck gesetzt. „I want to live with my children, you will lose me, if you don't adopt them!" habe sie zornig weinend geschrien. Ihr Mann habe daraufhin schweigend die Wohnung verlassen. Und auch sie sei zunächst zu einer philippinischen Freundin gezogen. Später seien sie sich weinend in die Arme gefallen. Er habe sie „my angel" genannt und ihr beteuert, dass er sie nie verlieren wolle. Und so seien ihre Kinder (im Alter von 5 und 8 Jahren) nach Deutschland gekommen. (Sie zeigte mir eine Studiofotografie aus den Philippinen: Delia als junge Mutter, die wie eine „Schutzmantelmadonna" ihre Arme um ihre Kinder rechts und links von ihr legt). Allerdings wäre ihr Familienleben nicht ganz leicht gewesen. „So I had to tell them the truth."

Zum Zeitpunkt unserer Gespräche lebten die Kinder bei ihren (deutschen bzw. türkischen) Freunden. Delia experimentierte mit einem jungen Liebhaber. Aber die Ehe wollte sie weiterhin erhalten, nicht zuletzt auch wegen einer zu erwartenden Erbschaft als Alterssicherung.

Das Leben in einer Ehe und das Großziehen gemeinsamer Kinder wird auf den Philippinen gemeinhin als das unhinterfragt Selbstverständliche beschrieben. Alles andere – ein Leben ohne Partner und noch viel mehr ohne Kinder – ist erklärungsbedürftig und „abnormal". Die Wertschätzung, die einer lebenslangen Monogamie und katholischen Heirat eingeräumt wird, ist sehr stark, aber gegenseitiges Vertrauen und gemeinsame Kinder sind noch wichtiger. So kommt es, dass Trennungen bei fehlender Harmonie nicht tabuisiert sind und durchaus auch, obgleich weitaus seltener, von Frauen vollzogen werden. Dass hinterbliebene Ehegatten (Männer wie Frauen, ob verwitwet oder einfach nur verlassen) das Bedürfnis nach einer Wiederverheiratung verspüren, versteht man. Daher werden nichtamtliche Verbindungen in hohem Maße toleriert.

Alleinstehende Frauen sind allerdings immer auch ein Anlass für vielfältige Phantasien und *tsismis* – Klatsch und Tratsch –, in denen die Gründe ihres Alleinseins ausgiebig besprochen werden (Almirol 1981).

Um den philippinischen Alltagskontext einer Melinda oder Delia nachvollziehen zu können, möchte ich zunächst einige Artikulationen von Frausein skizzieren, die in der alltäglichen Rede und Praxis verhandelt werden. Hier werden einerseits moralische Werte vernehmbar, denen zufolge das Verhalten von Frauen ‚lauter', zurückhaltend und ehrenhaft *(mahinhin)* zu sein hat, andererseits gilt gerade auch den jungen Frauen Respekt, die einen sozialen Aufstieg auf nicht ganz so ehrenhafte, ‚reine' Weise geschafft haben.

Artikulationen von Frausein im philippinischen Alltag

Das Weiblichkeitsideal von *kahinhinan* wird in der Literatur häufig als *Maria Clara Tradition*[30] verhandelt und steht als spanisches christliches Erbe für ein moralisches Bild der guten Frau, wie es vor allem in der städtischen katholischen Mittelschicht nachwirkt, und von staatlichen Diskursen gestützt, auch den städtischen Frauen aus der Unterschicht oder den Landfrauen auferlegt wird. Castillo spricht von „feminismo" und beschreibt es wie folgt:

> „The Filipino woman wants to get married; to have children (childlessness or even a one-child marriages is not preferred), to be subordinate yet equal; to be seductive without being seduced; to be a companion to her husband and a mother to her children" (Castillo 1976: 250).

Maria Clara ist ein idealisiertes Stereotyp einer konservativen, „traditionsverhafteten" philippinischen Frau – schüchtern, zurückhaltend, unterwürfig. *Kahinhinan* repräsentiert die Reinheit der Jungfrau Maria ebenso wie das vornehme Leiden philippinischer Frauen von Maria Clara bis zur ehemaligen Präsidentin Corazon Aquino, die immer als eine fromme, redliche nationale Mutterfigur porträtiert wurde. Das Adjektiv *mahinhin* wird zu einem genderspezifischen, nur für Frauen anzuwendenden Attribut, das übersetzt werden kann mit bescheiden, tugendhaft, fromm und nach einem Verhalten verlangt, bei dem die Augen nach unten gerichtet sind und nie zu laut oder mit weit geöffnetem Mund gelacht werden sollte. Gegenteiliges Verhalten gilt als freizügig, und Frauen, die sich entsprechend unkontrolliert und ungezügelt verhalten, werden gerne mit verächtlichen Spitznamen wie *malandi* (Flirtende, Sinnenfreudige) oder *kalapating mababa ang lipad* (ein Täubchen, das nieder fliegt) versehen (Siapno 1995).

Bedauert man „alte Jungfern" ob ihrer Männerlosigkeit und ihrer reizlosen Ausstrahlung, werden um so mehr alleinstehende Frauen mit vorangegangenen Ehe-Erfahrungen beargwöhnt.

---

30 Maria Clara stellt in der berühmten Novelle „Noli me tangere" des philippinischen Nationalhelden Rizal die geliebte Protagonistin der revolutionären Hauptfigur Crisostomo Ibarra dar. Die sozial-kritische Novelle wurde in Spanisch geschrieben und handelt von den Ereignissen auf den Philippinen während der letzten Dekade der spanischen Herrschaft. Die Ikone Maria Clara steht für das spanische Erbe und wird in der philippinischen feministischen Debatte als das größte Unglück bezeichnet, das die Filipina in den letzten 100 Jahren befallen hat (Nakpil 1963, zit. nach Santiago Quindoza 1992: 119-120). Maria Clara wird in der Novelle als schöne, zerbrechliche und humorlose Person beschrieben, die ständig in Ohnmacht fällt, und beständig Opfer unglückseliger Lebensumstände ist. Sie wird von ihren Eltern eingeschüchtert und von Mönchen mißbraucht (wovon sich einer als ihr leiblicher Vater entpuppt); sie hintergeht ihren Geliebten und entzieht sich in ein Kloster, nur um dort weiterhin mißbraucht zu werden. Sie macht ihr Talent zum Unglücklichsein zu ihrer größten Tugend, wie es Nakpil (ibid.) treffend zusammenfasst. Zum Bild der Maria Clara siehe auch weiter unten (*Starke Frauen, fragile Identitäten*).

Reizvolle sexuelle Ausstrahlung wird normalerweise jungen unverheirateten Frauen zugestanden. Frauen sind begehrenswert, solange sie Objekt und nicht Subjekt sexueller Begierde sind. „Sexuality is what women satisfy, not express for their own satisfaction" (Siapno 1995: 225). Auch wenn legitimierte Sexualität nur innerhalb einer Ehe stattfindet, erwartet man von Ehefrauen mittleren Alters nicht, dass sie sexuelles Begehren, sondern vielmehr mütterliche Zärtlichkeit artikulieren. Witwen hingegen werden mit sexueller Begierlichkeit assoziiert. So werden die sexuellen Phantasien zu „guten Frauen" in Bildern der Jungfrau oder der opferbereiten, treusorgenden Mutter *(inang martir)* domestiziert oder aber in der beängstigenden folkloristischen Vorstellung der *asuangs* imaginiert und entfesselt (Siapno 1995: 223). Dabei stehen die *asuangs* als geisthafte begierige Wesen, hexenähnlich, mit übernatürlichen Kräften und der Fähigkeit, ihre Gestalt zu verändern.[31]

Neben den idealisierten und domestizierten Frauen-Bildern gibt es Gegenmodelle der anderen, sexuell aktiven Frau: zum einen die Geliebte *(querida, kerida)*, zum anderen die Hure *(puta)*. Eine *puta* ist eine Frau, die für ihre sexuellen Dienste bezahlt wird, ohne selbst zu begehren. Der Besuch in „Hurenhäusern“ *(casa)* erfolgt häufig im Rahmen gemeinsamer Ausflüge der Männergruppe *(barkada)*. Für Männer scheint das öffentliche Thematisieren ihrer sexuellen Aktivität notwendiger Ausdruck von Virilität zu sein. Andernfalls liefe ein Mann Gefahr, in seiner Clique als homosexuell *(bakla, bayot)* belächelt zu werden.

Auch wenn unweibliches Verhalten *(walang mahinhin)* in der alltäglichen Rede schnell als „hurenhaftes“ verunglimpft werden kann, so scheinen die Grenzen nicht eindeutig scharf, sondern relativ flexibel gezogen zu werden. Das Thematisieren und Diskreditieren von Frauen als „Huren“ geschieht oft in andeutenden oder gar scherzhaften Weise und verfehlt nicht seine kontrollierende und verletzende Wirkung. Selten jedoch provoziert sie Schlägereien, Anstoß und heftige soziale Ächtung.

---

31 Das *asuang* repräsentiert in philippinischen Glaubenssystemen ein mächtiges, furchteinflößendes übernatürliches Wesen. Innerhalb mehrerer verschiedener Erzähltraditionen gibt es ein Hauptthema, dem zur Folge das *asuang* eine außergewöhnlich schöne Frau mit langen dunklen Haaren ist. Bei Tag zeigt sie sich „normal", nachts kann sie sich jedoch in nichtmenschliche Formen verwandeln. Auf der Suche nach auszusaugenden Opfern kann sie herumfliegen. Sie bevorzugt schwangere Frauen, in die sie mit ihrer langen spitzen Zunge eindringt, um den Fötus auszusaugen. Während der untere Teil ihres menschlichen Körpers auf der Erde bleibt, kann sie mit ihrer oberen Körperhälfte auf Reisen gehen. Wirksame Gegenmittel sind Essig, Knoblauch und Pfeffer, die eine Wiedervereinigung mit der anderen Körperhälfte verhindern. Solche Vorstellungen sind trotz Dämonisierung seitens der katholischen Kirche weit verbreitet. Literatur zu *asuang*: Pertierra 1983, Cannell 1999.

Bemerkenswert ist beispielsweise, mit wie viel Toleranz „Sex-Arbeiterinnen", die die Grenzen zwischen Scham und Schicklichkeit bereits überschritten haben, letztendlich im Kreise ihrer Verwandten behandelt werden. Angesichts ihrer hohen psycho-sozialen Kosten ist man bereit, an ihnen so etwas wie Stärke, Vitalität und Leidensfähigkeit zu honorieren und auch ihrem „unehrenhaften" Leben positive Seiten abzugewinnen, solange eine armselige, freudlose und misshandelnde Ehe-Beziehung die unveränderbare Alternative wäre (siehe auch Chant/McIlwaine 1995).[32]

Historisch betrachtet wurde die Prostitution auf den Philippinen im Rahmen der politischen Ökonomie des Kolonialismus, des Militarismus und des internationalen Sextourismus situiert (siehe auch Kapitel 2, Hilsdon 1995, Azarcon de la Cruz 1985, de Leon u.a. 1991 zit. nach Law 1997). Das in Bewegung geratene und umkämpfte Terrain von Sexualitäten, hervorgegangen aus ‚race'-, klassen- und geschlechtsspezifischen Differenzen äußert sich besonders auch am philippinischen Diskurs zur Prostitution im Kontext von Migration und Sextourismus, wo verschiedene Entwürfe gelebt werden (siehe z.B. Law 1997) und über Erzählungen, Filme und Erfolgsstories fantasiert werden.

Auch wenn der Schritt in eine bezahlte Sexarbeit vor allem eine Entscheidung für Frauen aus armen Familien ist, und kaum zu den Optionen städtischer Frauen der Mittelschicht und Oberschicht gehört, gibt es auf den Philippinen eine weit verankerte Beziehung zwischen Geld und Liebe, jenseits der Käuflichkeit. In den Erzählungen junger, in der Prostitution arbeitenden Frauen, taucht häufig die verpflichtende Eltern-Kind-Beziehung als Begründung auf, nicht weil die Eltern „arm" sind, sondern weil es die Pflicht einer Tochter ist, die Schulden ihrer Erziehung zurückzuzahlen. Eine ambitionierte Tochter und Frau, die bisher keine Chance für eine Collegeausbildung und eine entsprechend gut bezahlte Anstellung hatte, mag dabei die Arbeit in einer Bar oder *casa* durchaus auch als Gelegenheit sehen, eng gesetzte (sozio-ökonomische) Grenzen zu überschreiten und Erfahrungen für einen sozialen Aufstieg zu sammeln.

32 Eine Reihe von Studien betonen, dass Eltern letztendlich eine Versöhnung mit ihren Töchtern suchen, die in der Sex-Arbeit tätig sind oder außereheliche Kinder haben (Villariba 1993: 20, Whitam et al. 1985: 149, zit. nach Chant/ McIlwaine 1995: 272).
Das Verhandeln von strengen moralischen Richtlinien einerseits und das Tolerieren von fortwährenden Überschreitungen andererseits machte meine Forschung in unzähligen Gesprächen und Begegnungen so verwirrend. Siehe auch weiter unten z.B. Belen, die ihre Tochter streng bewachte und gleichzeitig den japanischen Freier ihrer Nichte als kluge Strategie guthieß. Auch der Klatsch und Tratsch in der philippinischen „community" in Deutschland lebte von der Frage, woran man eine Prostituierte erkennt und wie man sich von hurenhaftem Verhalten abhebt (siehe Kapitel 5 *„contesting values"*).

So reflektiert die Barhostesse Virgie in einem Gespräch mit der Kulturwissenschaftlerin Law (1997: 243) die Erfolgschancen ihres Berufes:

„Why should she go back to the hard life? She's already been there, that's why she's in the bar. Why be a martyr? Working in a bar is ok if you work hard. It makes you smarter. If a woman has low education, like grade 3 or 4, then if she works in a bar she becomes smarter. She gets to meet professional men, go to expensive restaurants, more than even a teacher can. She has more chances to experience and learn. Me, I'm just like this, but I've met the owners of the big hotels here, and we've been talking. Sometimes I say to myself, if I was staying in my province, I would not meet the owner of the S. Hotel. [...] My friend, she's only grade 4, but she learned English and became more confident. She got a new hairstyle, some new clothes, and people started calling her ma'am. She dresses in white and goes to the casino. When people ask her what she's doing on the jeepney, she says she's working the night shift at Chong Hua Hospital."

Ähnlich ambitioniert und widersprüchlich versuchte auch die Mutter Dorie die Bühne der erotisch-exotischen Begehrlichkeiten für ihre 15-jährige Tochter Tessi zu inszenieren. An der Grenze zwischen „eigenem" und „fremden", zwischen vertrauten Konventionen und von außen herangetragenen und fantasierten Optionen „bastelte" sie an einer „erfolgversprechenden Geschlechtlichkeit" ihrer Tochter:

Nachdem in der Nachbarschaft die ersten – mit den Insignien von Reichtum und Erfolg ausstaffierten – „cultural dancer" aus Japan zurückgekommen waren, ließ sich Dorie von einer Agentin überreden, ihre 15-jährige Tochter ebenfalls in einen vorbereitenden Tanzunterricht zu schicken. Innerhalb von zwei Wochen sollten die jungen Mädchen für ihre Migration nach Japan vorbereitet werden. Tessi war die älteste von vier Töchtern und galt als die hübscheste. Dementsprechend wurde sie bis dahin von ihrer Mutter streng beäugt. Jede Kinoverabredung, die Tessi mit ihren Freundinnen – und jungen Verehrern – ausmachte, wurde von Dorie überwacht und zensiert. Wenn sie eine solche Verabredung überhaupt gestattete, dann nur in Begleitung einer Anstandsperson; denn das „moviehouse" gilt gemeinhin als Ort, wo im anonymen Dunkel der Vorführung erste sexuelle Erfahrungen gesammelt werden s.a. Medina 1991: 101). Eines Nachmittags forderte Dorie ihre Tochter stolz auf, mir ihren neu einstudierten Tanz vorzuführen. Der Ghettobuster wurde laut aufgedreht und Tessi und ihre Freundin tanzten „cultural dance", wie Dorie noch einmal ausdrücklich betonte. Da mich die Bewegungen der Mädchen ganz stark an die Bewegungen von Gogo-Tänzerinnen in den Bars Manilas erinnerten, konfrontierte ich Dorie mit meinen Irritationen: „Dorie, du weißt doch, was cultural dance in japanischen Bars heißt! Willst du wirklich deine Tochter dorthin schicken?" Dorie lächelte etwas verlegen: Die Agentin habe ihr versichert, dass die jungen Mädchen dort nur tanzen würden, wer sich nicht prostituieren wolle, müsse das nicht. „Glaubst du wirklich, dass deine Tochter in so einem Ambiente nur Tänzerin bleibt?", insistierte ich. Wieder lächelte Dorie verlegen: „Ich werde ihr folgenden Rat mit auf den Weg geben: ‚Wenn du in den Bars dort dich verabreden musst, dann suche dir einen älteren, reichen Mann und Kunden aus. Prostituiere dich nicht. Konzentriere dich auf einen alten reichen Mann'".

In Dories Modell schwingt die Vorstellung mit, dass ihre Tochter in einer japanischen Bar der Rolle einer *querida* nahe kommt und dass dies durchaus eine sozial anerkannte kluge Kompromiss-Strategie für junge ehrgeizige Frauen ist.

Im Diskurs der „ehrbaren" Ehe-Frauen erscheint so weniger die „Hure", denn die *querida* als potentielle Bedrohung. Sie ist die junge, reizvolle, begehrende und begehrte Andere, die mit der Ehefrau rivalisiert, die bessere Frau zu sein. Eine *querida*-Beziehung ist in der Regel eine „Affaire", die sich über die Zeit stabilisiert hat. Am oberen Ende eines ökonomischen Kontinuums bedeutet eine *querida*-Beziehung nicht nur tiefes emotionales Involviertsein, sondern finanzielle Unterstützung wie beispielsweise ein komplett möbliertes Haus, ein Auto, die Privilegien von Hausangestellten und monatlichen Überweisungen oder Geschäfts- und Aktienanteile. Kinder, die aus solchen Beziehungen hervorgehen, werden in der Regel anerkannt, und je stabiler die Beziehung, desto anerkannter die rechtliche Stellung der Kinder. Aber auch in weniger saturierten Lebensverhältnissen wird *queridas* zugestanden, über ihre Kinder großzügige Unterstützung einzufordern. Über gemeinsame Kinder versucht eine *querida* den Mann an sich zu binden gemäß dem Motto: Je mehr Kinder, desto stabiler die illegitime Bindung und Verpflichtung. Beim Zerbrechen der Beziehung sind es aber genau die Kinder, die die Chancen der Frau für eine neue Verbindung minimieren. Denn welcher Mann sei bereit, von vornherein die Verantwortung für eine solch große Last zu tragen, hieß es.

Die Geliebte – *querida* – ist ausdrücklich keine Hure – *puta*. So gesehen lässt sich das Agieren philippinischer Frauen nicht in ein simples dualistisches Madonna-Huren-Bild einpassen. Dass „die Filipina" ein fühlendes Subjekt ist, eine soziale Agentin, fähig zu widerständigen und innovativen Praktiken und dass sie eingebunden ist in ein sich gegenseitig bedingendes Netz von sozialen Praktiken, Diskursen und Subjektivitäten, zeigen die Geschichten der einzelnen Frauen.

Ich gehe davon aus, dass Delia und Melinda den eben skizzierten moralisierenden Alltags-Diskursen ausgesetzt waren und trotz Durchlässigkeit durchaus den Druck verspürten, idealisierten hegemonialen Bildern zu entsprechen. Der Schritt in die Heiratsmigration mag dann neben den Visionen einer ökonomischen Verbesserung auch Raum für Phantasien der Emanzipation eröffnen. Einer Emanzipation von einengenden Zuschreibungen, ein Entkommen aus kontrollierenden Familien- und Nachbarschaftszusammenhängen.

Auch wenn es Melinda nie explizit erwähnte, kann ich mir sehr gut vorstellen, dass sie nach zwei gescheiterten philippinischen Ehen, sozusagen als geschiedene wie auch verwitwete Frau mittleren Alters mit einem Alltagsdiskurs konfrontiert wurde, der von ihr erwartete, keine sexuellen Begierden mehr zu artikulieren, sondern sich vor allem in der Rolle der sorgenden Tochter, Mutter und Mit-Mutter (hinsichtlich der Kinder ihrer ebenfalls alleinstehenden Schwester) zu verwirklichen. Das Abenteuerliche des ersten Kusses mit einem fremden Mann, der sie auf den ersten Blick eher abstößt, mag für ein Aufbegehren gegen solche Erwartungen stehen.

Delia wiederum erlebte das Scheitern der *querida*-Beziehung trotz gemeinsamer Kinder als so demütigend, dass ihr der Status einer verheirateten Ehefrau ein wertvolles verinnerlichtes Lebens-Ziel wird und bleibt. Zwar beschreibt Delia ihre philippinische Familie und ihre Brüder immer als ihr zugewandt und unterstützend, so dass ihre Heiratsmigration nicht als unmittelbare und notwendige Emanzipation und Flucht aus einengenden Familienverhältnissen gedeutet werden kann. Nachvollziehbar wird aber die Hoffnung auf neue Optionen, die Delia zunächst mit ihrer Heiratsmigration verband.

Sowohl Melinda als auch Delia haben auf den Philippinen bereits Ehe- und eheähnliche Beziehungserfahrungen gelebt. Ihre Heiratsmigration ist mit dem Wunsch verbunden, sowohl einerseits konventionelle Rollenzuschreibungen zu erfüllen und gleichzeitig andererseits individuelle Erfahrensräume zu erweitern. Dieses Motiv verbinden aber auch unverheiratete Frauen *(dalaga)* mit der Heiratsmigration.

Lilia: Ich brauche einen Mann, der zu mir passt.

Jede/r Philippinen-Reisende landet zunächst in Manila, dem unumstrittenen wirtschaftlichen, politischen und kulturellen Zentrum der Philippinen, das mit seinen schätzungsweise 14 Millionen Einwohnern zu den „Mega-Metropolen" der Welt gerechnet wird (vgl. Daus 1987). Hier traf ich mich 1996 in meinen ersten beiden Orientierungswochen mit Lilia, um mit ihr als meiner Sprachlehrerin meine Pilipino-Kenntnisse zu trainieren.

Lilia begegnete mir als selbstbewusste 28-jährige Frau. Als Dolmetscherin und Sprachlehrerin bewegte sie sich in verschiedenen europäischen und amerikanischen „Entwicklungshilfeorganisationen". In den abgeschirmten und abgesicherten „Villages", den Wohnsiedlungen der Reichen, zu denen auch ihre nicht-philippinischen Arbeitgeber gehörten, ging sie ein und aus. Sie wusste sich in diesem Ambiente selbstsicher zu bewegen.[33] *Sie selbst wohnte in Quezon City, einem zu Metro-Manila gehörenden Stadtteil, in dem sowohl die gutbürgerliche Mittelschicht zu Hause ist, aber auch arme Viertel angesiedelt sind. Lilia lebte mit vier ebenfalls unverheirateten und gleichaltrigen Frauen in einer Wohngemeinschaft. Mit dieser Wohnform hatten sich die fünf Frauen gegen die vorherrschende Norm – nämlich bei irgendwelchen Ver-*

33 Die vornehmen ‚Subdivisions' sind von hohen Mauern umzäunt und nur über bewachte Zufahrtsstraßen zu betreten bzw. zu befahren; denn es werden nur Autos hineingelassen, zu Fuß gehen allenfalls die registrierten Dienstkräfte und Hausangestellten. Kommt man per Taxi, so erkundigt sich der bewaffnete Security Guard per Telefon, ob der Gast angemeldet ist. Taxifahrer müssen ihren Ausweis hinterlegen, den sie erst nach Verlassen der Subdivision zurückerhalten.

wandten unterzukommen oder sich in einem Frauenwohnheim einzumieten – entschieden. In Lilias Fall waren ihre Mitbewohnerinnen weder Schwestern, Cousinen, Tanten oder sonstige Anverwandte, sondern frei gewählte Freundinnen, gleichberechtigte Wahlverwandte sozusagen. Wenn Lilia nicht genug Jobs als Dolmetscherin an der Hand hatte, schrieb sie unter verschiedenen Pseudonymen Liebesromane mit melodramatischen Titeln wie Kanino ang Puso? *(Für wen schlägt mein Herz)* Hindi Isang Paruparo Lamang! *(Nicht nur ein Schmetterling)* Bayaran Mo Ng Pag-ibig *(Du schuldest mir Liebe) oder* Ikaw Ang Aking Kasalanan (*Du bist meine Sünde*). *Dabei lässt sie häufig ihre Protagonistinnen zwischen „Tradition" und „Moderne" ringen und spiegelt darin ihre eigenen Ambivalenzen. So muss sich beispielsweise Leslie für den richtigen Ehemann entscheiden: Entweder für Rod, den sie von Kindesbeinen an kennt, ein tüchtiger junger Mann, Favorit ihrer Eltern, der sich in ihrer Heimatprovinz als Unternehmer versucht oder für Jerico, einen städtischen erfolgreichen Mann* guwapo, maginoo, milyonaryo, at handa siyang pakasalan *– gutaussehend, Gentleman, Millionär und bereit, sie zu heiraten.*

Mit diesen Einkommensquellen regelte Lilia relativ selbstbestimmt und je nach Verfassung mehr oder weniger diszipliniert ihren Arbeitsalltag. Als ich sie traf, hatte sie gerade wieder eine „Schnulze" zu beenden. Der Verlag machte Druck, und sie war mit ihren eigenen ungeklärten Liebesphantasien beschäftigt und kaum arbeitsfähig.

Neugierig-misstrauisch schaute Lilia mich an: „Du arbeitest also über mail-order-brides? Bist du auch der Ansicht, dass diese Frauen arme und unterdrückte Opfer sind, die vor allem sexuell ausgebeutet werden?"

„Nein, nicht notwendigerweise. In der Tat gibt es Beispiele, die sind bedauernswert, ja schrecklich, ich kenne aber auch Filipinas in Deutschland, die mit ihrer Entscheidung und ihrem Weg zufrieden sind. In jedem Fall interessieren mich die Beweggründe der Frauen"

„Aha", erwiderte sie fast erleichtert und temperamentvoller fuhr sie fort: „In den Zeitungen wird regelmäßig über mailorder-brides geschrieben. Aber oft klingt es so, als ob alle Prostituierte wären, oder als solche enden müssten."

„Solche Mediendiskurse gibt es bei uns auch."

„Weißt du, nächste Woche kommt mein amerikanischer Brieffreund. Ich bin ganz aufgeregt."

Ich versuchte meine Überraschung über dieses schnelle Bekenntnis zu verbergen. „Bist du verliebt?"

„Ich glaube schon. Unsere Briefkommunikation war wunderschön. Manchmal haben wir täglich Briefe geschrieben. John, so heißt mein Brieffreund, ist so klug und mitteilsam auf meine Gedanken und Schilderungen eingegangen. Er ist ein Mann, der denken kann und empfindsam ist und das in einer Sprache mitteilen kann, die mir ans Herz geht. ... Er ist ein Intellektueller", fuhr sie schwärmend fort, „wenn ich von einem Buch begeistert war, dann hat er es gelesen und darüber in seinen Briefen geschrieben und ich merkte, alas *(Ausruf), er spricht meine Sprache. Ich fühle eine tiefe Verbundenheit."*

„Ist er auch writer*?”*

„Nein, Informatiker. Und jetzt hat er Urlaub genommen und kommt mich nächste Woche besuchen. Ich muss mein Manuskript fertig schreiben, aber ich bin ständig mit meinen Gedanken bei ihm und wie es werden wird. Was meinst du, was soll ich mit ihm machen? Sollen wir gleich auf eine romantische Insel fahren? Manila mit seinem Dreck, Gestank und Lärm wird ihn schockieren. Er wird in einem Hotel wohnen müssen. Unsere Wohnung ist klein und hat keinen aircon*,” resümierte sie laut, mehr für sich. „Natürlich soll er Manila und meine Welt kennen lernen. Aber vielleicht doch erst nach einem romantischen Strandurlaub!? Was meinst du, sollen wir nach Boracay? Oder lieber nach Puerto Galera. Für Puerto Galera braucht man keinen Flug zu buchen. Andererseits sollen dort tatsächlich viele Sex-Touristen sein.” Sie kicherte.*

„In Boracay[34] *gibt es schöne Unterkünfte. Das richtige Ambiente für einen ‚honey moon'”, kicherte ich zurück. „Und Manila ist für Fremde sicherlich erst einmal ein Schock”, bestätigte ich in Erinnerung an meine eigenen, in dieser Stadt schon erlebten Qualen.*

„Ja weißt du, es gibt noch ein Problem, das mich beschäftigt. – Er will auch noch eine andere Frau in Cebu besuchen.”

„Ach”, holte ich erstaunt Luft, „das klingt aber nicht so toll. Auch eine philippinische Brieffreundin?”

„Ja, er hat es mir ganz offen geschrieben. Ich sei zwar die Favoritin, aber es gäbe noch eine andere. Wer sagt mir, dass er ihr nicht dasselbe schreibt? Auf der anderen Seite – er ist offen und ehrlich. Das gefällt mir auch wieder. Was soll ich tun? – Ich muss ihn so betören, dass er an der anderen gar kein Interesse mehr hat und nicht mehr dorthin fährt. Oder er soll zuerst zur anderen fahren, und ich werde ihm dann ein unvergleichliches Finale bieten. (Sie lachte und ich kicherte mit). – Die andere macht mich wütend. Sie wirft einen Schatten auf meine Verliebtheit. Sie bringt mich in eine Zwangslage: Gebe ich zu voreilig zu viel, kann ich mich nicht mehr achten, gebe ich zu zaghaft und wenig, könnte ich ihn verlieren,” kommentierte Lilia klarsichtig und wütend ihre Situation.

„Schicke ihn zuerst zur anderen, und prüfe ihn anschließend genau,” riet ich spontan und merkte sofort, dass ihr dieser Tipp gar nicht so gut gefiel. In diesem Mann schien sich eine Liebesphantasie zu verdichten, die sie nicht so schnell aufzugeben bereit war: Ein Leben an der Seite eines klugen, wohlsituierten, empfindsamen Mannes in Amerika. Ein Lebensstil, den sie in ihren Arbeitszusammenhängen genau und nicht neidlos beobachtete, könnte zum Greifen nah sein.

---

34 Die kleine Insel Boracay wurde auch von der philippinischen Mittel- und Oberschicht als Urlaubsort entdeckt. Der Name steht für Südseeurlaub. In jüngerer Zeit – und durch die Lifestyle-Seiten manilesischer Tageszeitungen propagiert – verbringen dort junge, solvente Paare ihren „Honey Moon”. Puerto Galera hat eine weitaus längere Geschichte als touristisches Zentrum – vor allem auch für ausländische Sex-Touristen.

„Die philippinischen Männer, die sich bisher für mich interessiert hatten, waren mir nicht ebenbürtig," erklärte Lilia. „Natürlich gab es auch philippinische Männer in meinem Leben, aber sie passten nicht zu mir. Einer, der mich heiraten wollte, wollte mich immer belehren und mir Ratschläge erteilen. Ich mag einen Mann, den ich achten kann, an den ich mich lehnen kann, zu dem ich aufschauen kann. Aber dieser tat nur so, er war nicht wirklich klug und achtenswert, außerdem war er immer so aufbrausend (siya ang laging highblood). *Die anderen dagegen schauten zu mir auf, sie bewunderten mich wie eine große Schwester. Sie ließen sich von mir vollkommen lenken – das mag ich nicht,* hindi ba*?" Wieder lachte sie und schaute mich herausfordernd an.*

„Das kann ich gut nachvollziehen," bestätigte ich.

„Ich bin nicht wirklich unzufrieden mit meinem Leben. Es ist spannend und ich lerne viele Menschen kennen – wie dich jetzt", lachte sie „aber bei uns auf den Philippinen ist es nicht gut, eine matandang dalaga *zu sein. Eine Frau, die in meinem Alter nicht verheiratet ist, und keine Kinder hat, wird als* matandang dalaga *belächelt und bedauert. Als ob sie etwas verkehrt gemacht hat. Und weißt du, ich will Kinder haben und verheiratet sein,* gustong gusto ko*." Sie schnappte sich meinen damals eineinhalb-jährigen Sohn Moritz, der blond und blauäuig aller Liebling war und versuchte, den sich heftig Wehrenden abzuküssen. „Children bring happiness, they are a gift of God, children are blessing." (*Nach Gedächtnisprotokoll, Mai 1996)

In Lilia hatte ich eine junge Frau getroffen, die mit ihrem Lebensstil die ländliche Herkunft ihrer Familie hinter sich gelassen hatte und aufgrund ihrer Ausbildung die Möglichkeit ergriffen hatte, mit modernen, ja postmodernen Lebensentwürfen zu experimentieren. Das Leben in einer von Verwandtschaftsbeziehungen los gelösten Wohngemeinschaft gehört dazu genauso wie das Jonglieren mit verschiedenen Jobs, die ihr zudem Zugang zu einer relativ reichen gutsituierten, auch nicht-philippinischen Arbeitswelt verschafften. Mit diesem Lebensstil ging offensichtlich auch eine innere Entfernung von tradierten Konventionen – auch bezüglich ihrer Verheiratung einher, ohne sich gleichzeitig tatsächlich davon lösen zu wollen oder zu können. So kann Lilia selbstbewusst und überzeugend behaupten, dass sie sich ihren Mann nach charakterlichen Eigenschaften zu ihr passend aussuchen will. Männer, die sich einer verbreiteten Konvention entsprechend dominant und jähzornig-eifersüchtig verhalten, gehören explizit nicht dazu, genauso wenig wie irgendein (arrangierter?) leicht zu lenkender Ehemann. Doch gleichzeitig scheint sie ihrer eigenwilligen Emanzipation misstrauisch gegenüberzustehen – es konnte schief gehen und sie als „alte Jungfer" enden. Wie ihre Protagonistinnen in ihren Liebes-Romanen ringt auch Lilia um eine Haltung zwischen „traditionellen" und „modernen" Liebes- und Ehe-Vorstellungen.[35]

35 Als ich sie im nächsten Jahr wiedertraf, war sie immer noch nicht verheiratet. Über den „Amerikaner" wollte sie nicht mehr reden.

Was ist aber nun auf den Philippinen als tradierte Heirats-Konvention zu bezeichnen? Wie lässt sich „traditionelle” Liebe beschreiben und in welchem Verhältnis steht sie zur „modernen” Liebe und Heirat?

„Traditionelle” und „moderne” Liebe

Eine „Kaukasierin”, die sich auf den Philippinen für Ehegeschichten und Heiratsmigration interessiert, wird vor allem, so scheint es, mit „modernen” Heiratsgeschichten bedient und als Agentin, Vermittlerin und Beraterin in Sachen Heiratsmigration in allen möglichen Variationen angetestet. Arrangierte Ehen, so hieß es meist amüsiert, gäbe es nicht mehr, allenfalls in der „tiefsten Provinz”, und da wäre dies auch eher die Sitte der Alten.

Heute heiratet man aus Liebe, hieß es. Dabei wurde oft das englische/-amerikanische Wort „love” gebraucht. Und nicht selten war das Reden über „love” begleitet von Lachen und Kichern, wie als Kommentar für die „lächerlichen“ Auswirkungen und Aspekte der „Love”. Durch den Gebrauch des englischen Wortes konnten eben auch die sozial weniger anerkannten Liebesformen, wie die romantische, käufliche oder ehebrecherische benannt werden. „Love” stand so auch für die Nebenwirkungen der Modernisierung. Dieser „love” könnte das allmähliche Verschwinden von *pagmamahal* zum Vorwurf gemacht werden, einer Liebe, in der Familienwerte und Verwandtschaftsbande einen wichtigen Stellenwert haben.

Wann immer das englische Word „love” gebraucht wurde – und es tauchte oft in den Gesprächen auf – erschloss sich mir seine Bedeutung nicht unmittelbar. Es schien je nach Kontext etwas Lächerliches oder aber etwas sehr Wertvolles zu sein. Wenn meine Gesprächspartnerinnen die eigenwillige (hybride) Formulierung *kaniyang love siya* verwendeten, was im Englischen soviel wie „his/her love for him/her” (im Tagalog: *kaniyang minamahal siya*) heißt, musste sich die positive oder negative Konnotation im Laufe des Gespräches erschließen. *Pagmamahal* hingegen schien für ein relativ unproblematisches Gefühl der Verbundenheit zu stehen. *Pagmamahal* bindet die Familienmitglieder aneinander: die Eltern an ihre Kinder und umgekehrt, die Geschwister aneinander, ebenso wie die Ehegatten. *Pagmamahal* beschwört man nicht umsonst, es scheint ein existentielles, ja fast religiös[36] anmutendes Gefühl zu sein, das an die Wurzeln der philippinischen Erfahrung geht und für so etwas wie Gemeinsamkeit und Gemeinschaft steht. *Pagmamahal* lebt in seiner idealen Version von der Vorstellung, dass sexuelles Begehren ebenso wie das soziale Leben durch Intimität und Harmonie bestimmt sind.

36 So erstaunt es auch nicht, dass die heilige Familie – *sagrada pamilia* – Maria, Josef und Jesus im philippinischen Alltag überall als wichtige Metapher auftaucht. Witzigerweise wohnten wir in einer Straße, die sagrada-pamilia-street hieß, und häufig wurden wir (mein Mann, mein Sohn und ich) auf völlig unironische Weise mit diesem Familienmodell assoziiert.

Dabei ist *pagmamahal* nicht triumphierend, im Gegenteil es wird durch seine leidenden und enttäuschenden Seiten wachgerufen, und ist so eng mit Mitleid assoziiert.[37] So wurde ich immer wieder mit Erzählungen konfrontiert, in denen Gefühle des Mitleids als Charakteristikum ehelicher Liebe nichts Ungewöhnliches waren: „Unser erstes Kind sah meinem Mann so ähnlich. Wenn ich es anschaute, sah ich die Ähnlichkeit. Und so begann ich allmählich, Mitleid mit ihm zu haben und ihn zu lieben", meinte einmal meine Nachbarin Vicky (vgl. auch Yu/Liu 1980: 61).

„Love" vermittelte sich mir hingegen ambivalenter konnotiert: Auf der einen Seite schien es etwas Wertvolles zu sein, eine Art erhabenes, überlegenes Gefühl, zu dem man fähig sei. Indem man von „love" sprach, grenzte man sich vom „bäuerlichen", oder gar „proletarischen" Liebesverhalten ab. Der Bezug auf „love" sollte die Emanzipation aus den bäuerlichen Zusammenhängen verdeutlichen, die ja mit Armut, Rückständigkeit und Inferiorität assoziiert sind. Das Exklusive in der Verwendung von „love" zieht dann eine Trennung zwischen den schlichten Gefühlen der Landbevölkerung und einem Leben nach amerikanischem Vorbild. Das englische Wort illustriert so etwas wie eine amerikanische Orientierung, die für ein Entkommen aus den bäuerlichen insularen Verhältnissen steht, für eine Sehnsucht, die vorgefundenen Begrenzungen zu überschreiten (vgl. Dumont 1992: 195).

> „As such, it could only be an imitation of an American style of ‚love' informed less by direct experience [...] than by vicarious knowledge, drawn from the testimonies of former town dwellers who had more or less permanently emigrated to North America, as well as from comic book representations, Playboy-like imagery, and melodramatic radio renditions, (und soap operas A.L.) not to mention all sorts of standard characterizations in love songs. If ‚love' was a beautiful ideal, it was also asymptotic, hence its evocation every time it could sizzle or flourish, whichever image applied. It was evoked by women a propos of elusive husbands, penpals, and all remote males who for one reason or the other remained aloof as marriage partners. It was evoked by men a propos of unavailable women, who, for one reason or the other, were unable or unwilling to become compliant lovers (Dumont 1992: 195).

Auf der anderen Seite wurde „love" aber auch in einem ganz anderen Kontext verwendet und stand für etwas Entwertetes, ja Lächerliches: In diesem Diskurs tauchte die „love" der „hospitality girls" in den städtischen Bordellen ebenso auf, wie der närrische Familienvater, der unter dem Vorwand der Geschäftsreise seine teure Geliebte in der Stadt besucht und Frau und Kinder zurücklässt. In diese Richtung zielt auch das Unverständnis von Delia, wenn sie ihrer Freundin rät, eine Ehe doch nicht wegen übertrieben enttäuschter Liebesgefühle aufzugeben.

37 Vgl. auch Cannell (1999: 41f.) und Dumonts' Interpretation cebuanischer Liebeslieder (1992: 200ff.).

Von „love” getrieben ist die Heirat eines senilen reichen Alten mit einer jungen, gerade erwachsenen Frau ebenso wie die spöttisch kommentierte „Liebe” der reichen 40-jährigen alten Jungfer, die, in der kirchlich-sozialpädagogischen Straßenarbeit tätig, einen jungen armen Mann von der Straße weg heiratet.

Diese „love” konnotiert abweichendes Verhalten, das Wichtignehmen von Gefühlen jenseits sozialer Konventionen. Sie steht für Nonkonformität und setzt sich daher dem Spott aus. In diesem Kontext geht es ebenfalls darum, „love” der *pagmamahal* gegenüberzustellen, aber nicht, um der konservativen, normativen Konnotation zu entkommen, sondern im Gegenteil, um deren Wert zu betonen. Ob als ersehnte Spannung Richtung Modernität oder als beklagenswerte Degradierung von Tradition, das Konzept von „love” repräsentiert, so mehrdeutig, „verdreht” und bisweilen verwirrend „unauthentisch” es ist, eine Gesinnung, wie sie vor allem in der städtischen Mittelschicht artikuliert wird (vgl. auch Dumont 1992: 196).

Von welchem Diskurs distanziert sich diese Rede über Liebe?

In Gesprächen über herkömmliche Vorstellungen von ehelicher Liebe wurden vor allem zwei verschiedene Ideen artikuliert: die wahre Liebe *(tunay na pagibig*[38]*)* und die gelernte Liebe *(pagibig na naalaman sana*[39]*)*. Eine wirkliche Liebe zwischen Mann und Frau zeigt sich daran, dass man sich gegenseitig versteht *(may naintindihan na)*, miteinander spricht und anstehende Probleme und Themen bespricht. Eine solche wahre Liebe blüht verständlicherweise einfacher, wenn frau/man bei der Partnerwahl für sich selbst sprechen konnte.

Es gibt aber auch das Modell der gehorsamen Tochter, für die gesprochen wird und die den Eltern gehorcht, wenn auch als widerwillige Teilnehmerin. Diese Logik der gehorsamen, aber widerstrebenden Tochter bzw. Teilnehmerin scheint eine gebräuchliche und machtvolle Konstruktion bezüglich des Wertes einer Frau zu sein – eine Logik, die weit über den Kontext einer aufgezwungenen Verheiratung hinausweist und Aufschluss gibt über Macht und Wert in Geschlechterverhältnissen. (Siehe auch weiter unten *Gehorsame und widerständige Töchter; Unterwerfung und Entkommen*).

Das Konzept der duldsamen und schweigsamen, der zugleich passiven und widerstrebenden Heiratskandidatin tauchte immer wieder in den Ehegeschichten auf, selbst dann, wenn die Erzählerinnen ganz offensichtlich sehr viel Ei-

38 „*Ibigin, umibig, pagibig* is used for romantic love. We use this word with that kind of love that exists between a man and woman before marriage. But after the first months or years, when there develops between the husband and wife a more venerable sort of love, we use *mahalin* or *magmahal, pagmamahal.*” (Paraluman S. Aspillera: Basic Tagalog 1985: 83f.)

39 „*Sana* adv. added to word or phrase to express a wish” (vgl. Tagalog – English Dictionary by Leo James English).

geninitiative für die Ehe mobilisiert hatten: In entscheidenden Phasen schilderten sie sich als unwillig, widerstrebend, mehr oder weniger dem Schicksal gehorchen müssend. Hier sei noch einmal an Melindas Erzählung erinnert, die Schwester und Cousine als die entscheidenden Agentinnen vorführt. Sie sind es, die die Briefe schreiben, d.h. für Melinda reden und den Antrittsbesuch vorbereiten. Und doch ist es Melinda, die sich bereits beim ersten Treffen küssen lässt, aus Neugierde und Abenteuerlust. Auch Paty (aus Kapitel 3) überlässt in ihrer Erzählung den entscheidenden Schritt des Ehe-Arrangements ihrer Tante. Nachdem sie ein großes Maß an Initiative und Eigenwilligkeit geschildert hatte, um nach Deutschland zu kommen, überlässt sie nach Ablauf des 3-monatigen Touristenvisums der Tante die Bühne der Aktivitäten. Die Tante wird als diejenige benannt, die das Inserat in der Zeitung aufsetzt und alle Vorbereitungen für ein Ehe-Arrangement übernimmt. Paty beschreibt sich selbst als gehorsam. Sie ist bereit, sich den Arrangements ihrer Tante zu unterwerfen, droht aber mit Widerständigkeit. Sie würde sofort weglaufen, wenn der Mann nicht gut sei.

Dieses Konzept des widerspenstigen Gehorsams artikulierte sich in den vielfältigsten Erzählungen, deren Rhetorik zwischen eigenwilligem Agieren und schicksalsergebener Passivität mich häufig verwirrte. Ganz besonders irritierend erinnere ich Girleys[40] Geschichte des „widerstrebenden Kennenlernens", da sich ihre Rhetorik ganz entgegen zu ihrem Auftreten als unbeteiligt repräsentierte.

Girley: „He was my fate"

„In dem Hotel, in dem ich gearbeitet habe, habe ich ihn zum ersten Mal gesehen. Immer nur ganz kurz. Ich war zu beschäftigt und nicht an ihm interessiert. An der Rezeption, wenn er seinen Schlüssel abgegeben hat und wieder geholt hat, haben wir uns immer kurz gesehen. Ich war nicht an ihm interessiert. Als er wieder nach Amerika abfuhr, wollte er meine Adresse. Ich gab sie ihm und vergaß ihn. Aber er hat jede Woche geschrieben. Es hat mich nicht interessiert. Ich war mit meiner Arbeit beschäftigt. Ich habe ihm nicht geantwortet und so verstrichen Monate. Einmal wollte ich eine Freundin vom bookstore *abholen. Als ich auf sie wartete, schaute ich mir Postkarten an einem Postkarten-Ständer an. Eine, die mir gefiel, wollte ich kaufen. Eine Postkarte kostet nur einige Centavos. Weil ich mich schämte, nur eine Postkarte*

40 Girley war zum Zeitpunkt unserer Begegnung (im September 1992) seit 10 Jahren in New York mit einem Amerikaner verheiratet. Ihre beiden philippinischen Söhne, wie auch ihre Mutter hatte sie nach fünf Jahren Ehe nach Amerika geholt. Ich lernte sie in Deutschland kennen, wo sie ihre mit einem deutschen Mann verheiratete Schwester für einige Monate besuchte. Mit mir sprach sie englisch, aber mit „filipinischer" Intonierung, d.h. sie betonte jede Endsilbe besonders. Beim gemeinsamen Gemüseputzen und Zubereiten einer Mahlzeit erzählte sie in dieser ruhigen, distanzierten, gedehnten Art kühl und direkt – vor allem über die materialistischen Aspekte ihrer Ehe – wie bis dahin noch keine Filipina mit mir gesprochen hatte.

für nur einige Centavos zu kaufen, kaufte ich mehrere, 10 oder so. Damit es sich an der Kasse lohnte und wie ein richtiger Einkauf aussah. Da hatte ich also 10 Postkarten und überlegte, an wen ich die nun verschicken könnte. Da fiel er mir wieder ein, ich schickte ihm eine Karte und schrieb offensichtlich auch meine Telefonnummer auf. Er antwortete sofort telefonisch. Ich fragte: ‚Woher hast du meine Telefonnummer?' Ich hatte ihn und die Karte schon wieder vergessen. Es war für mich ohne Bedeutung. ‚Du hast die Nummer doch auf deine Karte geschrieben!' Sagte er. Von da an rief er regelmäßig an und schrieb regelmäßig. Ich nahm das nicht so ernst. Am Telefon fragte er mich einmal, ob ich ihn heiraten wolle. Ich lachte und sagte so dahin, ja, ja. Das nahm er ernst und kam auf die Philippinen. Und da habe ich ihn dann doch geheiratet. Wir haben auf den Philippinen geheiratet. Deswegen kann ich mich auch nicht mehr scheiden lassen" (nach Gedächtnisprotokoll September 1992).

An den Irritationen einzelner Geschichten entwickelten sich immer von Neuem meine analytischen Fragen. Was an Girleys Erzählung auf den ersten Blick extrem widersprüchlich wirken mag, passt sich bei näherer Betrachtung durchaus in gängige philippinische Vorstellungen über die Rolle der passiven, zu erobernden Braut ein. Irritierend mag die Schilderung vor allem deswegen sein, weil sie eine interkulturelle Eheanbahnung beschreibt und es schwer vorstellbar ist, dass der amerikanische Partner das Spiel der Eroberung einer Unnahbaren und Widerspenstigen auch versteht. Zwischen den Zeilen gelesen ist zu vermuten, dass Girley sehr viel deutlichere Signale ausgesendet hatte, als sie nun in ihrer Rede der Unbeteiligten und Desinteressierten preiszugeben bereit ist. Vielleicht gerade deshalb scheint es ihr nun wichtig zu sein, sich dennoch entsprechend einem konventionellen Modell zu präsentieren, das den „Wert" einer Frau um so mehr betont, je unnahbarer sie sich gibt.

In einem anderen späteren Gespräch mit Girleys Schwester erfuhr ich einen wesentlichen Aspekt, den Girley (in der mich irritierenden Erzählung) nicht angesprochen hatte, aber ihre widersprüchliche Haltung nicht nur als Konvention, sondern als reale psychische Befindlichkeit verständlich macht: Girley war (als *querida*) mit einem Mann liiert, der zu ihr und ihren gemeinsamen Kindern unbeherrscht, ja gewalttätig gewesen sein soll. Girleys Ausstieg aus dieser unguten Beziehung gestaltete sich schwierig und bedurfte eines großen Druckes auch seitens ihrer Schwester, die mir gestand, dass sie diesen Mann als untolerierbare Unperson aus der mit ihrer Schwester geteilten Wohnung verwiesen hatte und die Heiratsmigration von Girley als befreiende Lösung kräftig unterstützt hatte. So wurde der neue Mann zu ihrem Schicksal.

Das unbeteiligte, abweisende Verhalten, das Girley ihrem zukünftigen Ehemann gegenüber zeigte, beschrieben auch andere Frauen als ein Charakteristikum der ersten Ehe-Phase. Gemeinhin wird die Ehe als ein Prozess verstanden, in dem verschiedene Phasen des Austausches miteinander geteilt werden: Zunächst der eher formale, ja bisweilen potentiell feindselige Austausch von Worten, dann von Nahrung und schließlich von Sexualität, der in die Geburt gemeinsamer Kinder mündet. In einer, von beiden Partnern, gewollten Ehe mögen diese Phasen gleichmäßiger ineinander übergehen, wohingegen in einer arrangierten Ehe ein Übergang zur Intimität verständlicherweise sperriger verlaufen mag. Die Geburt des ersten Kindes, so war man sich einig, macht auch eine arrangierte Ehe inniger, liebevoller, mitleidvoller. Eine junge Frau, die aus eigenem Antrieb in eine arrangierte Ehe eingewilligt hatte, beschrieb ihre Gefühle in den ersten Monaten des gemeinsamen Lebens als unbeteiligt bis hasserfüllt. Erst die Geburt des ersten Kindes ließ ein Liebesgefühl des Mitleides zu. Ähnlich zitiert die englische Ethnologin Cannell eine Gesprächspartnerin mit folgenden Worten: „It used to be, said Auring, that if I lay down with him, I'd turn my back on him too. But then, when there were children already, my ways changed. I pitied him then, because there were children already" (Cannell 1999: 42).

Befördert das Modell der arrangierten Ehe die Rede der schicksalhaften Verbindung, gegen die es kein Aufbegehren gäbe, so heißt das noch lange nicht, dass Frauen ihr Schicksal tatsächlich nur schweigend und passiv ertragen, sondern durchaus ihrem Schicksal nachhelfen und es auch gestaltend beeinflussen wollen. Dass sie dieses Wollen auch in ihren Erzählungen bekennen, hat bereits die Geschichte der 28-jährigen Lilia aus Manila illustriert. Wenn Lilia für eine hybride, ambivalente Manilesin[41] steht, die (post)modern in WG lebend, souverän in westlichen Entwicklungsprojekten jobt, die aber andererseits von der Sorge getrieben wird, eine *matandang dalaga* zu sein, eine Ledige, die keinen Mann „abbekommen" hat, so steht nun die 44-jährige Belen für eine konservative Frau aus der Provinz Tarlac, die ebenfalls die an sie gerichteten Erwartungen mit ihren Wünschen in Einklang zu bringen versucht.

Belens Ehegeschichte:
Das Verhandeln zwischen Arrangement und freier Wahl

Als *dalaga* (junge unverheiratete Frau) hatte Belen nicht wenige Verehrer, erzählte sie verhalten stolz.

Dabei ist das Anbahnen von Freundschaften wie ein schwieriges Spiel. Die *dalaga*, die junge Frau, muss die Unnahbare, die schwer zu Erobernde spielen, die eigentlich desinteressiert ist. Je überzeugender sie diese Rolle ausfüllt, desto mehr steigt ihr Ansehen bei dem freienden *binata,* dem jungen Mann, in den jeweiligen Peer Groups (genannt *barkada*), die als ständige Begleiter eine unentbehrliche Vermittlungsfunktion übernehmen und überhaupt generell. Die

41 Zum Topos „Hybrides Manila" vgl. auch den Roman *Cave & Shadow* des bekannten philippinischen Schriftstellers Nick Joaquin. Für ihn ist Manila eine bedeutungsvolle Collage, und die Protagonistin Nenita steht als Symbol für ein Manila, das sich in einem permanenten Prozess von Kulturschöpfung befindet, das alles aufsaugt, zerstückelt, neu mischt und daraus etwas schafft, das zwar bekannt aussieht, aber im Grunde etwas ganz Neues, etwas ‚Eigenes' ist (vgl. Daus 1986).

Dramaturgie verlangt von dem jungen Mann, dass er erobernd aktiv wird: Er schickt ihr Blumen und Briefe – zunächst über Vermittler, dann persönlich – und er hat im Laufe der Zeit allerlei Geschenke zu überreichen. Da die Rolle der *dalaga* als die Unnahbare, Desinteressierte definiert ist, versteht der *binata* die ersten Absagen nicht als Ablehnung, sondern als Teil ihres Spiels. Wirkliche Absagen werden daher lange nicht verstanden, was äußerst hartnäckige Freier zur Folge hat. Die jungen Männer versuchen sich in ihrer Werbung mit poetisch-pathetischen Worten, die, wenn sie zu übertrieben daherkommen, als *bola* („Süßholzraspeln") abgetan werden. Wenn ein junger Mann erfolgreich war, verkündet er in seiner Clique, der *barkada*, stolz, dass sie „angebissen" hat, *kagat na kagat*. Das Ambivalente an diesem Spiel ist, zwischen *bola*-Inszenierung und Aufrichtigkeit zu unterscheiden, eine nicht ganz leichte Aufgabe für eine *dalaga*. Ein junger Mann, der aufgrund seiner *bola*-Erfolge den Ruf einer Art Don Juan oder *palikero* erlangt hat, wird im Moment eines aufrichtigen Interesses auch kein allzu leichtes „Spiel" haben. Wird das Auftreten des jungen Mannes jedoch als überzeugend befunden, kann die freundschaftlich-neckende Beziehung in eine fortgeschrittenere Phase übergehen, in der der junge Mann, begleitet von einem Freund oder seiner *barkada,* seine Angebetete zu Hause besucht – und sich damit auch ihrer Familie vorstellt. Das nächtliche Musizieren unter dem Fenster des Mädchens (*harana* oder *serenada*) gehört zu dieser Phase ebenso wie erste Verabredungen in der Öffentlichkeit und in dem Haus der jungen Frau – allerdings nie ohne eine begleitende Aufsicht.

Auch wenn die erste Phase des Umwerbens als Spiel angelegt ist, nimmt es nicht jeder und nicht jede spielerisch leicht: Verletztheit, Kränkungen und Enttäuschungen gehören oft dazu. Die zweite Phase kann schließlich in eine Ehe münden, nachdem der Mann offiziell um die Hand des Mädchens angehalten hat *(pamanhikan)* und die zukünftige Schwiegerfamilie mit Geschenken überschüttet hat. In ländlichen Gebieten ist bzw. war es üblich, dass der Bräutigam in der Familie der Braut einen einjährigen Brautdienst ableistet.

Belen wuchs mit neun Geschwistern auf dem Lande in der Provinz Tarlac auf. Ihre Familie lebte vom Reisanbau und war eingebunden in eine durch Verwandtschaft geprägte große Nachbarschaft. Als dalaga *hatte sie nicht nur viele Verehrer in eben skizziertem „spielerischen" Sinne, ihre Eltern hatten auch schon einen favorisierten Schwiegersohn aus ihrem sozialen Netzwerk, genauer aus dem Kreis der* godparents[42]*, ausgewählt. Es handelte sich dabei um Austauschbeziehungen, über deren Intensivierung sich der Vater verstärkte sozio-ökonomische Absicherung versprach. Die Gespräche zwischen den Eltern und ihren* kumpares *und* kumares *hatten offensichtlich schon das meiste geklärt, als Belen mit Schrecken innerlich aufbegehrte – sie wollte noch nicht*

42 *Godparents* sind Paten *ninong* und *ninang*. In Belens Fall war die Patenschaft keine unmittelbare Beziehung (*kumpareng buo*) zwischen ihrem Vater und anvisierten Schwiegervater, sondern lief über eine weitläufigere *compadrinazgo*-Beziehung ihres Onkels.

heiraten, und erst recht nicht den Ausgewählten. Ihr Vater reagierte zunächst unwillig auf ihre Abwehr. ‚Du hast zu gehorchen!' verlangte er. ‚Wer hat dich ernährt und großgezogen?! Wo ist deine Dankbarkeit?"

Da Belen eine kluge (matalino) *Schülerin war und sogar ein College-Stipendium verdient hatte, fand sie in ihren älteren Geschwistern, aber vor allem in ihrer väterlichen Tante, kräftige Fürsprecher für einen Aufschub der Heirat. Wenn sie schon so klug sei, solle man ihr eine gute Ausbildung ermöglichen, überzeugte diese und versicherte außerdem, Belen in ihrer Stadtwohnung aufzunehmen, damit diese dort das College besuchen könne. So bekam Belen schließlich Aufschub und zog in die nächste Provinzstadt, um dort das College zu besuchen. Allerdings währte das Stipendium nicht allzu lang, und Belen suchte und fand Arbeit in einer dort ansässigen Fabrik. Sie studierte weiter und schickte Geld nach Hause. Den Auserwählten wollte sie immer noch nicht – oder vielmehr erst recht nicht mehr – heiraten. Denn inzwischen war ihr der schüchterne Ising über den Weg gelaufen.*

Auch ich erlebte ihren Ehemann Ising als einen sehr zurückhaltenden und schüchternen Mann, der vollkommen ohne Macho-Allüren auszukommen schien und nicht einmal in den leisesten Andeutungen das durchaus anerkannte männliche Prahlen verkörperte. Daher fragte ich sie neugierig lachend, wie sie denn Ising kennen gelernt hatte, und wie er um sie geworben hatte.

„Ja, also Andrea, das hat lange gedauert, lachte sie zurück. Er war schon damals Zimmermann und auf einer Baustelle tätig. Und so sah er mich jeden Tag auf meinem Weg in die Fabrik. Die anderen haben mir immer schöne Worte nachgerufen. Er hat nur geschaut. Irgendwann stand er am Fabriktor und hat geschaut. So ging das eine lange Zeit. Wenn er einmal nicht am Fabriktor stand, vermisste ich ihn schon, obwohl wir noch nicht miteinander geredet hatten. Neben dem Fabriktor stand ein großer Mangobaum. Und als er wieder einmal dastand und nur schaute, bat ich ihn, mir eine besonders große und schöne Mango aus der Höhe des Mangobaumes zu holen. Da kletterte er hinauf und kam mit großen Mangos zu mir. Dann begleitete er mich nach Hause und wir begannen, uns zu verabreden. Ich mochte seine ruhige, zurückhaltende Art, er hatte etwas Zuverlässiges, Verantwortungsvolles. Und du siehst es ja selbst, mein Mann ist ein guter Mann. Er kümmert sich, er ist kein Trinker (lasinggero) *wie andere Männer, er ist kein Spieler* (manunugal), *kümmert sich um die Kinder, und wenn ich keine Zeit habe, dann ist er sich auch nicht zu schade, zu kochen.*

Als wir zu meinen Eltern in die Provinz fuhren, brachte Ising eine Menge Geschenke mit: unter anderem Radio und Kassettenrekorder, später auch noch einen Kühlschrank. Ganz früher erwartete man von einem Bräutigam, dass er für seine zukünftige Schwiegerfamilie arbeitet. Ising überzeugte mit vielen Geschenken, nakoo *(sie schnalzte mit der Zunge, zur Bestärkung ihres Ausrufes). Und so akzeptierten die Eltern ihn als Alternative und stimmten der*

Heirat zu. Seitdem leben wir hier unter der Patronage[43] *von Mister Aldabe*[44]. *Wenn möglich arbeitet mein Mann auf dessen Baustellen und ich kümmere mich um das Haus. Und die zwei großen Mangobäume im Garten habe ich damals gepflanzt – weil ich Mangos besonders mag*“ (April 1997).

Die Tochter Riza soll gut verheiratet werden

Die Familie Oleveron gehört sozio-ökonomisch gesehen zu den Armen. Ihre Ernährung ist zwar gesichert, aber schon die Ausbildung ihrer Kinder erfordert Opfer und kluge Rechenakrobatik. Der Zimmermann Ising gilt als der Brotverdiener der Familie. Durch seine Patron-Client-Beziehung zu dem auftraggebenden Ingenieur und Ortsnotablen Aldabe ist seine Auftragslage mehr oder weniger zuverlässig gesichert – durchaus mit Betonung auf weniger zuverlässig: Wenn er krank ist, fällt das Einkommen ersatzlos aus, ebenso wie eine schlechte Auftragslage und häufig auftretende Unregelmäßigkeiten der Beschäftigung ersatzlos und alleinverantwortlich von der Familie abgefedert werden müssen. Dabei können Wochen, ja Monate ohne Arbeit vergehen.[45]

---

43 Eine „Patron-Client"-Beziehung basiert auf einem „face-to-face" Austausch zwischen zwei nicht miteinander verwandten Personen, wobei einer – der Patron (Schutzherr) – eindeutig in der überlegeneren Position ist, Güter und Dienstleistungen zu erteilen und/oder den Schutzbefohlenen (Client) zu begünstigen. Der Client hat diese Gunst durch Dienstleistungen und allgemeine hingebungsvolle Unterstützung zu erwidern. Diese besondere Beziehung beginnt typischerweise als eine begrenzte Interaktion und entwickelt sich durch Aktionen beider Parteien in eine flexible, ausufernde Verbindung. (Aufschlussreiche Literatur zu Aspekten einer Patron-Client-Beziehung siehe Schmidt et al. 1977, Wolters 1983, Kerkvliet 1990.)
Während früher die Patron-Client-Beziehung vor allem zwischen Großgrundbesitzer und Pächter bestand, entwickelt sich in neuerer Zeit diese spezifische Beziehung vorrangig zwischen Geldverleiher und Geldleiher, zwischen Landbesitzern und Landarbeitern, zwischen Arbeitgeber und Arbeitnehmer. Häufig verbindet eine frühere Beziehung die beiden Seiten, wie z.B. eine entfernte rituelle Verwandtschaft. Eine Patron-Client-Beziehung entwickelt sich dabei nicht notwendigerweise: Nicht alle Geldleiher sind Clienten, ebenso wenig wie alle Angestellten des Arbeitgebers oder alle Landarbeiter des Landbesitzers Clienten sind. „Patron-client relations are not inherent in those situations; they are special and evolve only in some instances" (Kerkvliet 1990: 213).

44 Die alteingesessene, Land-besitzende, feudal-kapitalistische Familie Aldabe profitierte stark von einem Bauboom Anfang der 70er Jahre. Trotz konjunktureller Schwankungen konnte sie ihren Reichtum erhalten und vermehren. In der Provinz Bulacan steht der Name für traditionellen Reichtum. Als Client in dieses Netzwerk eingebunden zu sein, scheint sowohl notwendig als auch ehrenvoll zu sein. Als Zimmermann steht Ising in der untersten Hierarchie. Dennoch erhofft er sich, bei Aufträgen nicht ignoriert zu werden, wie er auch auf seines Patrons Land mietfrei lebt und seine Frau Belen des Patrons Haus verwaltet.

45 An die im philippinischen „social security law" (Republic Act 1161, Absatz 9 und 18) verankerten Konditionen halten sich weder Arbeitgeber noch Arbeit-

Weiterhin zieht seine Arbeit bisweilen lange Trennungen von seiner Familie nach sich, was als Opfer ausgehalten werden muss.

Ein allgemeines Klagen unter „construction workers" und ihren Familien sind die Löhne. Sie sind nicht nur elend niedrig, sondern die Arbeiter müssen außerdem einige Mühsal erdulden, um sie auch wirklich zu erhalten. So weiß Belen von Betrügereien und Tricksereien *(daya, loko)* der Vorarbeiter und Manager zu berichten, die wochenlang keinen Lohn auszahlen und die Gehälter selbst einstreichen, mindestens aber einen Teil in die eigene Tasche abziehen. Einige Männer wären bisweilen so verzagt und eingeschüchtert, dass sie ihre Frauen vorschicken würden, um die Löhne einzufordern.[46]

Abbildung 8: Belen als *labendera* (Foto: A.L. 1998)

Angesichts der engen ökonomischen Verhältnisse experimentiert Belen mit verschiedenen zusätzlichen Erwerbsmöglichkeiten: An den Wochenenden versucht sie sich als Zwischenhändlerin mit allen möglichen Waren (von Textilien bis zum gepfändeten Schmuck, der nicht zurückgelöst werden konnte und nach einer gewissen Zeit in den Pfandhäusern – *pasanglaan* – versteigert wurde), als Wäscherin *(labandera)*, oder durch die Aufzucht von ein paar Ziegen und Schweinen in ihrem großen, mitverwalteten Garten. Für derlei Aktivitäten muss sie jedoch die Erlaubnis des Patrons einholen, der dies gegen eine symbolische und reale Abgabe in Form eines Teils des geschlachteten Fleisches gewährt.

nehmer. Die Arbeitgeber, weil ihnen die Abgaben zu hoch sind, die Arbeitnehmer, weil ihr Gehalt noch kleiner würde.

46 Dass derartig unsichere Arbeitsverhältnisse die Regel zu sein scheinen, lässt sich auch aus Kerkvliet Ausführungen schließen (1990: 155f.). Die moralische Dankesschuld (*utang na loob*) überhaupt eine Arbeit zu haben würde in der Regel jedem organisierten solidarischen Widerstand entgegenstehen.

Als Ising über mehrere Monate erkrankte und arbeitsunfähig war, sprang sein nach Singapur migrierter Bruder mit Überweisungen ein. Sowie eine Nichte, die im Einverständnis der ganzen Familie den Kontakt zu einem reichen Freier aus Japan aufrecht erhält. Dieser kommt jedes Jahr mit goldenen Geschenken zu Besuch und reagiert angesichts der vorgefundenen Armseligkeit sehr großzügig. (Dafür muss dann der *common law*-Partner für ein paar Wochen den Platz räumen.) In solchen Zeiten geht selbst Belen mit den Gedanken an eine Migration schwanger. Als sie über die Vermittlung des Schwagers und einer Nachbarin eine Migration nach Singapur etwas konkreter phantasierte, hätten ihre Kinder mit hellem Entsetzen auf diese Überlegungen reagiert. „Ich bin sehr eng mit meinen Kindern”, erklärte Belen und dies sei letztendlich bisher immer der Grund gewesen, warum sie noch nicht weg war.

Riza, ihre älteste Tochter, feierte 1997 ihren 18. Geburtstag. Ein Mädchen gilt mit 18 Jahren als heiratsfähig, und in begüterten Kreisen feiert man diesen Geburtstag sehr aufwendig. In Anlehnung an das Modell des Debütantinnenballs wird eine große Geburtstagsgesellschaft geladen, ein *emcee* (= MC = master of ceremonies) moderiert durch das Fest, in dem das Mädchen in die Gesellschaft eingeführt wird, eine Parade läuft und 18 Rosen, 18 Kerzen und 18 Geschenke von namentlich genannten Ehrengästen überreicht bekommt.[47] In Rizas Fall fiel das Fest sehr viel bescheidener aus.

Riza erlebte ich als sehr schüchternes und von ihrer Mutter geradezu überbehütetes Mädchen. Wenn sich ihre Studienkolleginnen zum Kino oder zu Partys verabredeten, kam Riza nach Hause und verkroch sich vor das TV. Belen unterstützte diesen schüchternen Zug an ihrer Tochter. Es schien ihr sehr recht zu sein, eine solch häusliche Tochter zu haben – und sie tat alles, um sie zu Hause übermütterlich zu versorgen: So wurde Riza zum Beispiel so gut wie nie zu häuslichen Arbeiten herangezogen. Als Riza jedoch nach einem neuen Kleid verlangte, war Belen nicht nur verwöhnend nachsichtig, sondern auch sehr darauf bedacht, dass die Schneiderin aus der Nachbarschaft das neue Produkt nicht zu *sexy,* d.h. kurz und schulterfrei anfertigen würde. In diesem Fall schaute Riza etwas grimmig und schickte sich wortlos in ein knielanges rosafarbenes Kleid mit hochgeschlossenem Ausschnitt. Umso erstaunter war ich, als Belen mich ein paar Tage vor Rizas Geburtstag aufforderte, ihre Tochter zu fotografieren: Ganz entgegen ihrer sonstigen Aufmachung trug sie ihr schulterlanges Haar offen und war mit einem Minirock von bisher ungeahnter Kürze gekleidet.

Belen organisierte für Riza eine kleine Geburtstagsparty mit *pancit* (einem festlichen Nudelgericht), zu der neben ein paar College-Freundinnen sogar

47 So die Kurzbeschreibung von Friseur Ed, der als *emcee* eines solchen Festes mir gleich bei meinem ersten Besuch in seinem *beauty shop* hinterm Marktplatz der Provinzstadt eine rosa-farbige und rosig-duftende Einladungskarte überreichte, auf der bereits alle Namen der Ehrengäste samt ihren Geschenken aufgelistet waren. Leider erkrankte ich und konnte das Fest nicht ‚live' erleben (März 1998).

zwei junge Männer kamen. Ein paar Tage später jedoch bemerkte Belen recht nachdenklich, dass Riza wohl doch keine richtige *barkada* hätte, in deren Schutz sie Freier, Serenaden und Bewunderung erfahren könne. Fast sorgenvoll bedauernd gab sie mir weiter, dass Riza im College als altmodisch *(pinag-iwanan ng panahon)* verlacht würde. Ganz offensichtlich begann sich Belen um die Heiratsfähigkeit ihrer Tochter Gedanken zu machen, und während sie hinter den Kulissen tätig wurde, tauchte auf der Alltagsbühne das Thema „der optimale Ehemann für Riza" in vielfältigen Variationen auf.

Eine Variante auf der Alltagsbühne:
Performance für meinen kleinen Sohn Moritz.
Oder: Ein kaum dreijähriges Kleinkind wird zum Schwiegersohn fantasiert:

Abgesehen davon, dass Moritz's blauäugige „Schönheit"[48] generell in einer für ihn bisweilen überwältigenden Weise Anlass für Kommentare, Berührungen und Inszenierungen war, wurde er immer wieder auch Zielscheibe für Fantasien eines favorisierten Ehemannes und Schwiegersohnes.

Am späten Nachmittag, wenn die Sonne nicht mehr so heiß brannte, kamen oft Belens Freundinnen und Nachbarinnen in unser „Gehöft", um Belen zu besuchen – und uns zu „besichtigen". An einem solchen Nachmittag spielte Moritz mit seinen Freunden Alex und Antoni unterm Mangobaum und ich döste daneben in einem Liegestuhl. Da scharte sich eine Gruppe von mehreren Frauen um uns und begann zur Begrüßung das beliebte „beautiful-eye-Spiel" mit Moritz.

„Oh, he is so nice, talaga guapo siya, bogi[49] siya. – Oh was ist er niedlich und so gutaussehend!" flötete eine unverheiratete Nachbarin, mit ihren 30 Jahren so etwas wie eine matandang dalaga, in hohen süßen Tönen.

„Er wird sicherlich ein berühmter und begehrter Schauspieler werden, nicht wahr Morriiis!" ergänzte eine andere nicht weniger theatralisch und wie zur Bestärkung betonte sie auf Englisch (bzw. Taglisch). „A famous actor, hindi ba?!"

„Ja, er wird ein sehr begehrter Frauenheld werden. Schaut nur, wie wunderschön seine Haare und seine Haut sind – und seine Augen und sein Mund! ..." (Die Sprecherin rollte ihre Augen und schürzte ihren Mund zu einem Kussmund).

48 Ein beliebtes Spiel von Belen, ihren Freundinnen und den Nachbarinnen war, Moritz mit lauter, verzückter Stimme aufzufordern: „Morris, beautiful eyes!" Das erwartete ‚korrekte' Verhalten wäre dann gewesen, kokett mit den Wimpern zu klimpern und seine schönen Augen zu zeigen und wieder zu verstecken. Als Moritz nach anfänglichen heftigen Widerstanden endlich einmal ‚richtig' reagierte, schallte ein entzücktes Kreischen durch die Schar seiner Bewunderinnen. Das wiederum missfiel Moritz derart, dass er es nie mehr wiederholte.

49 *Bogi* ist ein umgangsprachliches Wort für männliche Schönheit und soll von dem Schauspieler Humphry *Bogart* abgeleitet worden sein.

„Die Frauen werden ihn lieben, bewundern und begehren, so wie wir", bestätigte eine andere noch eine Nuance pathetischer und mit zunehmendem Spaß an diesem Spiel. (Während Moritz anfangs mit ängstlichem Weglaufen auf solch laute und meist handgreifliche Bewunderung reagiert hatte, ertrug er sie mit der Zeit mehr oder weniger unwillig, solange er nicht berührt wurde. Die Frauen wiederum hatten sich darauf eingestellt und bedrängten ihn nicht mehr haptisch.)

„Oh, wenn du ein wenig älter wärst, ich würde dich heiraten."

„Ich werde auf dich warten, hörst du, ich warte auf dich," steigerte die nächste, die unter lautem Gelächter von der nächsten übertönt wurde:

„Nein, ich werde auf dich warten, ich werde diejenige sein, who is waiting for you!"

Belen die mittlerweile dazugekommen war, betonte – wieder etwas ernster: „Ja Morris, ich sage immer wieder, so einen wie du soll Riza heiraten. Kannst du nicht schneller wachsen!?"

„Yeah, yeah", mittlerweile fingen die Frauen an, in die Hände zu klatschen und in Pop-Tanz-Art ihre Hüften zu schwingen. Belen warf gar ihre Arme in die Höhe, damit sie ihre Hüften besser kreisen konnte: „Morris, look, it is for you." Sie schnappte sich Joy neben ihr, und mit einer romantischen Wange-an-Wange-Mimik und leidenschaftlicher Umarmungsgeste vollführten sie einen hüftschwingenden Pop-Tanz[50] *für Moritz, der inzwischen nun doch etwas hilfesuchend nach mir schaute und auf philippinisch ein trotziges* ayaw ko *– „ich mag das nicht" von sich gab. Was wiederum ein nur noch ausgelasseneres Gelächter der Frauen zu folge hatte (Juni 1997).*

Diese Szene fügt sich in eine Reihe von zahlreichen, alltäglichen Stehgreif-Inszenierungen, in denen mit dem allgegenwärtigen Thema des „glamourösen Amerika" umgegangen wird. In solchen ad hoc inszenierten Späßen spielten die Frauen mit einer in ihrer Welt kaum zu überbrückenden Kluft zwischen imaginierter Welt, westlichem Lebensstil und ihrer alltäglichen, von Armut geprägten, philippinischen Realität. Westlicher Lebensstil, dafür steht die imaginierte Welt des Kinos, der Schauspieler, der Schönen, Weißen und Reichen, dort wo man Englisch spricht. Indem Belen und ihre Freundinnen, die normalerweise kaum Englisch sprachen und in dieser Sprache auch nicht vertraut waren, mit Moritz, der im übrigen, wie sie wussten, kein Wort Englisch verstand, Englisch sprachen, nahmen sie auf diese ferne Welt spöttisch-ironisch Bezug. Mit ihren ausgelassenen Späßen gegenüber einem hilflosen Kleinkind agierten sie ihre ambivalenten Gefühle aus, die Bewunderung und

50 Diese Art Tanz als Spaß und Parodie habe ich öfter, nicht nur in dieser Szene erlebt. In seiner theatralischen Gestik wurde er aber nur unter Frauen ausgelebt, nie zwischen Männern und Frauen. Tanz mit ‚realen' Männern war immer ein sehr viel steiferes und formaleres Unternehmen, wo selbst Ehemänner auf Ellbogenlänge gehalten wurden.

Spott, Begehren und Neid zugleich beinhalteten. Indem sie meinen kleinen Sohn Moritz als Vertreter einer glamourösen Welt inszenierten, richteten sie ihre parodierenden Botschaften auch an mich, die in etwa folgendermaßen gelesen werden könnten: ‚Was ist mit dir, die du faul im Liegestuhl döst, verschaffe uns eine Verbindung in die Welt der Reichen und Schönen, vermittle uns schöne reiche Söhne bzw. Schwiegersöhne. Du bist unsere Zuschauerin, unsere Nahtstelle in die andere Welt". Dabei machte ihre parodierende Ironie nicht vor ihnen selbst halt, sondern bezog sie selbst mit ein, die sie nicht aufhörten, diese reiche ferne Welt neidisch bewundernd zu imaginieren: ‚Schaut unsere Aufführung und unser Talent an. Partizipieren wir nicht auch an den Spielregeln? Bewegen wir uns nicht wie Ina Raymunda, Isabel Preysler, Sharon Cuneta, Regine Velasquez ... und wie auch immer die bekannten privilegierten Schauspielerinnen, Stars und Superstars heißen mögen!? In ihrer Ironie und Imitation mag immer auch eine subtile Botschaft der Möglichkeit einer Selbst-Transformation in Richtung der schönen reichen Welt liegen.

Selbst die 80-jährige, sehr gebrechliche und meist nur noch vor sich hindösende Großmutter *Lola* kokettierte mit Moritz' „anderem" Aussehen und phantasierte eine aktive Partizipation daran: Als wir ihr ein Foto gaben, auf dem sie mit Moritz abgelichtet war, freute sie sich sehr über dieses Foto und bewahrte es mit gewissem Stolz in ihrem Busen auf. Wenn sie gefragt werde, wer dieses blonde, blauäugige, helle Kind sei, dann werde sie sagen: „Dieses schöne Kind ist auch mein *apo* (Enkel)." „Und wie erklärst du seine helle Erscheinung?" wurde sie daraufhin von ihrem Sohn Ising gefragt. „Na, als ich jung war, war ich doch Mestiza", war ihre prompte Antwort.

Abbildung 9: Moritz mit *Lola* (Foto: A. L., März 1997)

In der Art und Weise, wie Späße und Witze über die Versuche, „amerikanischen" Glamour zu integrieren, gemacht werden, findet gleichzeitig eine Distanzierung von den Imperativen der westlich-amerikanischen Kultur statt. Dennoch sind die kleinen alltäglichen Performanzen immer sowohl ernst als auch spaßig, und sie spielen immer ein wenig mit den Möglichkeiten als auch den Unmöglichkeiten einer Verwandlung, sie haben im weitesten Sinne mit dem Prozess des „Schön-Werdens" zu tun.

So findet zum Beispiel Scherzen und Necken immer statt, wenn sich jemand ausgehfertig kleidet *(maggarbo*[51]*)*. Eine übliche Reaktion ist, durch die Zähne zu schnalzen, deutlich hörbare Klickgeräusche zu produzieren und mit nachdrücklicher und exklamatorischer Bewunderung, Aussehen und Verwandlung zu kommentieren: *„Ah ang ganda-ganda mo, sexy, sexy (klick-klick). Ay, naka-highheels na siya, ay! Naka-beauty na!"* (Ah bist du schön, sexy-sexy. Ay [schaut], sie hat ihre hohen Schuhe angezogen. Sie hat nun ihre Schönheit angezogen.) Solche und ähnliche Kommentare galten sowohl für Belen, die Jahre harter Arbeit auf Gesicht und Händen nicht verbergen kann, genauso wie mir, als auch der unübersehbar frischen und jungen *dalaga* Riza. Derartige Bemerkungen waren, wenn auch scherzhaft, nicht als Spott gemeint, sondern schienen ehrliche Bewunderung für die stattgefundene Verwandlung auszudrücken. Dass solche Momente der Verwandlung ein wenig das imaginierte andere, entfernte und mächtige Amerika in die Philippinen zu integrieren vermag, arbeiten überzeugend Cannell (1995) und Johnson (1997) anhand von Schönheitswettbewerben heraus. Die Schönheitskönigin (*Beauty Queen),* ob weiblich oder gar transvestitisch performiert eine machtvolle Strategie in der Auseinandersetzung mit westlicher amerikanischer Hegemonie.

Dass die „intermarriage" mit einem „Kano", einem weißen Amerikaner, als wirkungsvolle Strategie der Partizipation am machtvollen Amerika imaginiert wird, liegt nahe und spiegelt sich auch in dem weitverbreiteten Wunsch, nach „schönen", hellhäutigen Kindern und Enkelkindern. Um Belens Aktivitäten hinsichtlich einer Verheiratung ihrer Tochter Riza weiter nachzuspüren, möchte ich noch einen vorsichtigen Blick hinter die Kulissen werfen; denn wieder spiele ich als Nahtstelle zum und Vertreterin eines „amerikanischen" Lebens – zunächst unwissend – die Rolle einer Bezugsperson bezüglich dem Arrangieren einer Ehe.

Eine Variante hinter den Kulissen:
Ein Amerikaner mit vorzüglichen Philippinenkenntnissen

1998 während unseres dritten Aufenthaltes empfingen wir, anders als während der beiden vorherigen Aufenthalte, verschiedene nicht-philippinische Freunde und Gäste. Unter anderem besuchte uns für einige Tage ein amerikanischer Kollege, der ebenfalls anlässlich seiner Forschung auf den Philip-

51 Das umgangsprachliche Wort *maggarbo* – sich stylen, schick anziehen, ausgehfertig kleiden ist abgeleitet von der berühmten Schauspielerin Greta *Garbo* und durch das Verb-Suffix ‚mag' erweitert.

pinen weilte. Er sprach sehr gut philippinisch, beherrschte philippinische Etikette in ausgesuchter Weise, hatte eine ganze Tasche voller Mitbringsel (pasalubong), *besonders auch für Belen und ihre Familie, zu verteilen, unterhielt sich angeregt mit Belen*[52] *und erregte damit ihr waches Interesse. Erst im Nachhinein rekonstruierte ich, wie ausführlich sie mich über ihn befragte. Ich gab Auskunft über diesen Gast, wie über die anderen Gäste auch, wir unterhielten uns über dieses und jenes und wieder über unseren Gast: ‚Ja, er ist Anthropologe wie Peter und ich, er forscht auch schon seit Jahren immer wieder auf den Philippinen. Er kennt das Leben und die Sprache. Verheiratet ist er, soweit ich weiß, nicht, aber er hat eine Freundin bzw. Partnerin'. Belen beobachtete ihn gründlich und stellte fest, dass er von angenehm kleiner Statur sei, nicht so riesenhaft wie so manche Amerikaner. Und überhaupt, wenn er nur annähernd so nett sei, wie mein Mann Peter, wäre er wirklich ein sympathischer Mann. Ich stimmte ihr zu. Mit der Abreise unseres Gastes vergaß ich unsere Gespräche über ihn.*

Wochen später klärte mich Belens Freundin Vicky über ihre gemeinsamen Aktivitäten auf: Belen habe auf Peters Schreibtisch die Adresse dieses Gastes offen liegen sehen. Gemeinsam hätten sie es angemessen gefunden, ihm einen Brief zu schreiben und jenes hübsche Foto mit dem offenen Haar und dem kurzen Rock, das ich von Riza gemacht hätte, beizulegen. Nach dem Motto: „This photo was taken last 1997. Andrea Lauser was the one who shot it. Hope you like it." Hellhörig geworden – und etwas peinlich berührt[53] *– fragte ich nach dem Inhalt des Briefes. Man habe darin Riza mit ihren Vorzügen vorgestellt, erwiderte Vicky und wie zur Verdeutlichung des englisch geschriebenen Inhaltes erläuterte sie: „We wrote, that she was ashamed to speak with him, but if he write to her soon, she will answer immediately. We told him that she has no fun of going out, only school, house and church, and that she is writing poems, reading pocket books, watching TV and listening walkman." Nun seien schon Wochen vergangen und er habe immer noch nicht geantwortet. Sie erkundigte sich nach meinen Einschätzungen des Arrangements. Ich versuchte meine Irritation und mein Gefühl von Peinlichkeit nicht gar zu deutlich zu artikulieren und wiederholte noch einmal, dass er eine Partnerin (a live-in-relationship) habe und wenn er nicht antworte, sicherlich kein Interesse habe.*

Ganz offensichtlich war mir in diesem Kontaktanbahnungsversuch die Rolle einer Referenz zugewiesen: Für Belen schien die Tatsache, dass dieser Mann unser Gast war, beruhigend zu sein; ebenso wie die Aussicht, dass er über dieselbe Profession einen ähnlichen Lebensstil pflegen würde, wie sie ihn über uns kennen gelernt zu haben meinte. Wer mit uns befreundet ist, so ihre mögliche Analogie, kann kein „Vergewaltiger" sein. Im Gegenteil er wird sich

52 Nicht aber mit Riza, die sich, schüchtern wie sie war, kaum blicken ließ.

53 Wie stehe ich in der Inszenierung einer „Kupplerin" gegenüber dem mir nicht allzu vertrauten Gast da?!

ähnlich um Kommunikation, Verständigung und Freundschaft bemühen, wie sie es von uns erfuhr, er wird ähnlich berechenbar sein, wie wir es wurden. Und er würde im Falle einer visionierten Heirat die Tochter nicht in die Fremde entreißen, sondern regelmäßig wiederkehren und sich auf philippinischen Lebensstil einlassen, wie wir es taten. Die ersten eigenen Eindrücke, die sich Belen von unserem Gast machen konnte, schienen ihre Phantasien einer guten „kaukasischen" Verheiratung ihrer Tochter zu reaktivieren, nachdem sie mich als skeptische, vermittlungsunwillige Person hatte akzeptieren müssen. Gleichzeitig war der Brief so gehalten, dass ich durchaus als wohlwollende Referenz darin auftauchte, um dem angesprochenen Amerikaner eine gewisse Seriosität des Anliegens zu vermitteln.

Was mich auf den ersten Blick ambivalent berührte und irritierte, ist aus Belens Perspektive eine Strategie, die alles andere als mehrdeutig ist. Neben der ökonomischen, alterssichernden Funktion einer guten Verheiratung hätten sich bei erfolgreicher Vermittlung mögliche Widersprüche fast wie von selbst aufgehoben: Ihre schüchterne, moralisch konservativ erzogene Tochter müsste so nicht der „Gefahr" ausgesetzt werden, eine *matandang dalaga* zu werden, die keiner will. Und gleichzeitig hätte sich eine wichtige und nur unter großen Opfern einzulösende Prämisse ihrer Erziehung, nämlich ihren Kindern über eine gute Ausbildung das symbolische Kapital und die Partizipation an einem wohlsituierten „amerikanischen“ Lebensstil zu ermöglichen, wie von allein gelöst. Es hätte nicht der tatkräftigen Belen entsprochen, hätte sie nicht jede Chance ergriffen, über eine kaukasische Heirat den amerikanischen Erfolgs-Traum zu verwirklichen.

*

Sollen die in den Geschichten und Szenen angesprochenen Geschlechterrollen und -praktiken für die Gender-Diskussion der Philippinen fruchtbar gemacht werden, so ist dafür ein Verständnis des Stellenwertes der Familie und Verwandtschaft geboten, ebenso wie die Betrachtung zentraler Werte und sich daraus ergebender gesellschaftlicher Verhaltensmuster.

Geschlechterrollen und -praktiken sind positioniert und situationsbezogen, je nach sozialer Schicht und Arbeitsmileu kann es zu unterschiedlichen Ausformungen kommen. Nie – und darin ist man sich bis heute in den philippinischen Sozialwissenschaften einig – sind sie losgelöst vom Familiengefüge. Trotz zunehmendem Einfluss' eines westlichen Individualismus und trotz kritischer Revison eines möglicherweise festschreibenden, stereotypisierenden Werte-Diskurses (z.B. Sojourn 1999) wird weder in wissenschaftlichen Debatten noch im Alltagsgespräch das Rekurrieren auf sogenannte philippinische Kern-Werte aufgegeben. Dabei geht es weniger darum, spezifisch asiatische „gemeinschafts-orientierte" und familienzentrierte Werte sogenannten westlichen individualistischen entgegenzuhalten. Jede Gesellschaft kennt eine große Bandbreite von Werten und Orientierungen. „Kulturen" unterscheiden sich weniger in ihren Werten an sich, sondern in der Art, welchen Stellenwert sie ihnen jeweils einräumen (Zialcita 1999).

Im Anschluss an die Diskussion um philippinische Familienzentriertheit und um wichtige philippinische Wertekonzepte führe ich meine ethnographische Analyse an ambivalenten spannungsreichen „Geschlechter-Gemälden" zusammen. Im Ausloten des Verhältnisses von Geschlecht und Macht bringe ich vielfältige Komplexitäten und Ambivalenzen zur Sprache, die Frauen und Männer in ihren alltäglichen Konfrontationen des Mächtigseins und gleichzeitig Nicht-Mächtigseins verhandeln. Zum einen geschieht dies im ehealltäglichen Ringen dort, wo hegemoniale Diskurse zu Gender mit entgegengesetzten zusammenstoßen, wo widerstrebende Momente von Gleichheitstradition und Doppelmoral auf komplexe Weise weibliche und männliche Macht und Ohnmacht widerspiegeln *(Schwierige Frauen – gute Männer, gute Frauen – schwierige Männer)*. Zum anderen fokussiere ich die kulturelle Konstruktion der Töchter *(Gehorsame und widerständige Töchter; Unterwerfung und Entkommen)*.

Familie, Verwandtschaftsallianzen und Genderidentitäten

„To a Filipino, one's family is the source of personal identity, the source of emotional and material support, and one's main commitment and responsibility [...] This sense of family results in a feeling of belonging and rootedness and in a basic sense of security" (Cordero-Fernando 1981, zit nach Mulder 1997: 21).

Dreh- und Angelpunkt der sozialen Organisation ist die bilaterale und multigenerational gedachte Familie, die ja auch hinsichtlich von Migration als wesentlicher Orientierungspunkt geschildert wurde (vgl. Kap. 3). Die Loyalität eines Individuums, seine Hingabe, seine Mühen, sein Geld und seine Opfer werden mehr oder weniger freiwillig und bewusst den weitergehenden Interessen dieser Familie gewidmet. Der Einzelne wiederum leitet Status, Prestige und die Position in der Gesellschaft vom Status, dem Prestige und der Position, die er innerhalb seiner Familie einnimmt, ab. Niemand existiert ohne eine Familie. Die nach außen hin demonstrierte Einheit der Familie und die gegenseitige Abhängigkeit der Familienmitglieder voneinander sind allerdings kein Hinweis darauf, dass ihre Beziehungen konfliktfrei verlaufen.[54]

Roman, ein international agierender und leidenschaftlicher Gewerkschaftsführer erläuterte mir in Zeiten großer politischer Bewegtheit (1986) die außergewöhnliche und moralische Bedeutung der Familie am Beispiel seiner eigenen Geschwisterschaft:

54 Vgl. auch Ramirez, die in ihrer Phänomenologie des Familienlebens die gepriesenen engen Familienbande (close ties) auch als abgeschlossene, einengende (closed) entmythologisiert. Viele Kinder bekämen eine tiefe psychische Krise, wenn sie realisierten, dass sie – nachdem sie sich in ihrer Kindheit uneingeschränkt geliebt fühlten – weniger als eigenständige Persönlichkeiten, denn als Instrumente in einem starren Familiengefüge wahrgenommen würden (Ramirez 1984: 30).

„Weißt du, die Politik ist mein Leben, dafür setzte und setze ich sogar mein Leben aufs Spiel. Meine Brüder sind politisch auch sehr aktiv, aber nicht auf derselben Seite: Ein Bruder kämpft in der Armee – und damit auf der Seite des Diktators, ein anderer ist Rechtsanwalt – und verteidigt bestehende Ordnung, ich agiere vor allem im ‚Exil' gegen Ausbeutung und für Klassengerechtigkeit und wieder ein anderer Bruder hat noch radikalere Konsequenzen gezogen. Er kämpft in den Bergen in der NPA (New People's Army – die kommunistische Kampforganisation). Zu Familienfesten kommen wir alle zusammen – selbst der aus dem ‚Untergrund' – und hüten uns davor, gegeneinander zu kämpfen", betonte er lachend. „Es ist undenkbar, dass z.B. mein Bruder von der Armee meinen Bruder von der NPA verraten würde, nie könnten sie aufeinander schießen, wozu sie konsequenterweise verpflichtet wären. Wir sind eine untrennbare Einheit jenseits aller Differenzen!" (Forschungstagebuch von 1986)[55]

Viele Filipinos, besonders in Manila, sind sich darin einig, dass sie in einer Zeit der Unordnung und des Chaos leben. Die alltägliche Konfrontation mit dem städtischen Verkehrskollaps und der ökologischen Zerstörung ihrer Hauptstadt steht als Sinnbild für die schwer zu kontrollierende öffentliche Ordnung. In schwierigen, fast unregierbaren Zeiten wird der Verlust von guten Sitten beklagt. Umso mehr werden Werte und moralische Erziehung an oberste Stelle der schulischen Curricula gesetzt (siehe Mulder 1997: 69ff) und idealisierte Bilder der zentralen interpersonalen familiären Welt beschworen (vgl. z.B. Lorenzo y Rafols 1993, siehe auch Philippinenforum 1994, 38).[56]

---

55 Angeblich sollen genau solche familiären Konstellationen ein blutiges Ausarten der sogenannten friedlichen *Edsa-Revolution* von 1986 verhindert haben. Man erzählt sich, dass die Soldaten den Schießbefehl von Marcos vor allem deswegen verweigert hätten, weil auf der „feindlichen" Seite in vorderster Front Verwandte und Nonnen gestanden hätten.

56 Philippinische, marxistische Gesellschaftskritiken, die ein fehlendes Nationalbewusstsein und entsprechend ein Mangel an demokratischer politischer Partizipation beklagen (vgl. z.B. Mulder 1997: 92f.), erinnern implizit an die Argumentation des „amoral familism", ein Konzept, das in den 1960er Jahren von dem amerikanischen Sozialforscher Banfield geprägt wurde, um die Ursache von Armut und Unterentwicklung der süditalienischen Region zu erklären (Banfield 1958). Der Ethos des „amoralen Familismus“, so Banfield, mache die „Gemeinschaft“ gesellschaftlich funktionsunfähig, es werde nach dem Leitsatz gelebt: „Maximize the material, short-run advantage of the nuclear family; assume that all others will do likewise" (Banfield 1958: 85).
Das Konzept des amoralischen Familismus wurde zu Recht kritisiert, da es die historisch-politischen Zusammenhängen ignoriere, aus denen Armut erwachse. Banfield fehle zwar in seiner Analyse, jedoch nicht in der Beschreibung wesentlicher Phänomene dieser Sozialorganisation (Silverman 1968: 1).
Dass eine schwache staatliche Organisation die philippinischen Bürger nicht geradezu auffordere, die Transformation der Republik zu übernehmen, scheint Mulder zu enttäuschen. So bleibe nur eine vage Stimmung des Zynismus, Eskapismus, der Sektiererei und Gleichgültigkeit, die in eine verarmte Konsumer-Kultur münde (Mulder 1997: 92). Mit solch einer Klage wird eine andere Perspektive ignoriert, die gerade in der Familienzentriertheit migratorischer Pro-

Welche Aspekte und Phänomene werden nun in der Diskussion um philippinische Kultur als philippinische Werte identifiziert?

Pamilya (Familie) und die Bedeutung von Beziehungsketten und lokalen Wertekonzepten

Jede Person hat bestimmte Rollen – als Schwester, Sohn, Mutter, Cousin, Tante, als Pate *(ninong)*, ritueller Bruder bzw. Vater *(compadre)* und rituelle Mutter *(comadre)* und so weiter – innerhalb der Verwandtschaftsgruppe *(kamaganakan)* und darüber hinaus auszufüllen, die mit entsprechenden Verpflichtungen assoziiert sind und über einen Werte-Diskurs kontrolliert werden. Vor allem in den struktur-funktionalsitischen Analysen von Kaut (1961), Hollnsteiner (1973) und Lynch (1973) fanden *hiya* (Scham) und *utang na loob* (Dankesschuld) als die wichtigsten Prinzipien Beachtung. Nach ihrer klassischen Formulierung definieren sie den Austausch zwischen ungleichen Gruppen (was Alter und vor allem Status betrifft) und stellen den Zusammenhalt her:

„[...] when a transfer of goods or services takes place between individuals belonging to two different groups. Since one does not ordinarily expect favors of anyone not of his own group, a service of this kind throws the norm into bold relief. Furthermore, it compels the recipient to show his gratitude properly by returning the favor with interest to be sure that he does not remain in the other's debt. The type of debt created in the recipient is called *utang na loob* (literally debt inside oneself) or sense of gratitude" (Hollnsteiner 1973: 73).

Utang na loob ist eine Dankesschuld, die die untergeordnete Seite nie begleichen kann, und fortwährend durch wiederholte kleine Akte der Ehrerbietung zu bestätigen ist. Von einem Filipino/einer Filipina wird erwartet, dass sie bzw. er sich ihrer bzw. seiner *utang na loob* bewusst ist und obwohl die Tilgung nicht gemessen werden kann, sollte der Versuch der Rückzahlung nie aufgegeben werden. Während die funktionalistische Analyse mehr die hierarchische Patron-Client-Beziehung in den Blick nimmt, bietet Rafael (1988: 121ff.) mit Bezug auf die existentiellen Verflechtungen vor-kolonialer Schuldbeziehung ein Model des kontinuierlichen gegenseitigen Aushandelns von Transaktionen zwischen ‚Schuldner' und ‚Gläubiger' an.[57] Scheitert die

zesse die Bewahrung vor einem volkswirtschaftlichen Kollaps sieht (vgl. auch Kapitel 2). Es ist nicht die Familie, die anti-sozial ist, sondern die gesellschaftlichen Strukturen, die geradezu nach der Familie als beschützende Insel verlangen (vgl. Randolf S. David in Medina 1991).

57 Während klassische struktur-funktionalistische Studien zu Recht als unhistorisch kritisiert wurden, weil sie die zu beschreibende Reziprozität entpolitisieren und den Stellenwert von Konflikten im Prozess des Austausches und der Verpflichtung ausblenden, hat Ileto genau diese Kategorien der Reziprozität in bäuerlichen Widerstandsbewegungen des späten 19. und frühen 20. Jahrhunderts in den Blick genommen. Ileto (1979) konnte überzeugend herausarbeiten, dass die normalen Repräsentationen von *utang na loob*-Unterwerfung während populärer messianischer Aufstände gegen die Spanier und später die Amerikaner um-

(sowohl real als auch symbolisch) verzinste Rückzahlung, so führt dies auf Seiten des Schuldners zu *hiya* (Scham). *Hiya* mag übersetzt werden als ‚ein Sinn für soziales Eigentum' (Hollnsteiner 1973: 73) und birgt eine Spannbreite von Bedeutungen (siehe Rafael 1988: 126ff.). In einem Zustand von *hiya* zu sein, heißt verwundbar zu sein.

„*Hiya* expresses the sense of one's inability to fend off the signs that come from outside by performing a response adequate to what one has recieved: that is, the sense of the unregulated and undeserved reception of signs and things from the outside. The displeasure produced by the feeling *hiya* therefore comes from being made to think of all the things one would like to give back in return but cannot, as well as all the things one would like to recieve but can no longer ask for" (Rafael 1988: 126).

Im positiven Sinne kann *hiya* jemanden zuerkannt werden – *magbigay hiya,* und bedeutet, dass man diese Person und deren Schamgefühl respektiert und ehrt. Wer kein *hiya* besitzt, dessen Worte sind wertlos, im Gegensatz zu einer Person, der man *hiya* zugesteht, die aber dennoch mit der Rückerstattung fehlt. Dementsprechend verleiht *hiya* den Worten in einem diskursiven Austausch Wert. ‚Scham' bekommt etwas Verhandelbares und damit Uneindeutiges. Auf der einen Seite ist *hiya* der Zustand der möglichen Verschuldung und steht für ein Bewusstsein der sozial anerkannten Normen, die es nicht zu verletzen gilt. Kein *hiya* zu haben heißt auch kein *utang na loob* zu haben, also nicht in einer Beziehungsschuld zu stehen und sich damit außerhalb der sozialen Ordnung zu bewegen. Einen Filipino/eine Filipina als ‚schamlos' – *walang hiya* – zu bezeichnen, heißt ihn bzw. sie absolut tief zu verletzen. Auf der anderen Seite äußert sich *hiya* gerade im Abbruch der Schuld-Transaktionen, was eine Person mit Verwirrung und einer tief empfundenen Hilflosigkeit in Bezug zur Außenwelt (*labas* – als Gegenüber zu innerlich *loob* empfundenen Dankesschuld *utang na loob*) erfüllt. So koloriert *hiya* das gesamte Spektrum von verbindlicher Dankesschuld, indem es deren Wirken und Scheitern bezeichnet (Rafael 1988: 127).

„It is out of fear of being publicly shamed, of being excluded from a network of exchange vis-à-vis the outside, that one accedes to *utang na loob* ties. For without the fear of *hiya*, the *labas* or outside would remain unknown. Consequently, the *loob* or inside could never be put into circulation. One can appropriate things from the outside only to the extent that one manages to block the surge of *hiya*. *Utang na loob* ties are valued precisely insofar as they allow one to contain the negative and undesirable affect and effect of *hiya*, converting it instead into an element that infuses what is given up in return"(ibid.).

---

gekehrt wurden. Rafael schließlich (1988: 121-135) unterzog die Bedeutung des Austausches und des *loob* (wörtl. des Innen) einer kritischen Analyse, indem er – mit Bezug auf Scott (1985a, b, siehe auch Kapitel 2) die Bedeutungen von ‚Schuld' in frühen Zeiten des 16. und 17. Jahrhunderts herausarbeitete. Wichtig ist dabei, dass das *loob* (Innen) einer Person immer wieder von neuem hergestellt werden muss, und zwar durch kontinuierliche soziale Transaktionen mit anderen, denen man verschuldet ist oder die mit einem verschuldet sind.

Reziprozität, in Begriffen von *hiya* und *utang an loob* gedacht, wird so eine Angelegenheit des Antizipierens und Domestizierens der allgegenwärtigen Möglichkeit, von einem unkontrollierbaren Ansturm von Zeichen und Dingen von außen überwältigt zu werden. „For if one were incapable of knowing *hiya*, one would end up being ‚surprised' by its sudden surge to the point of being cut off from exchange. And without exchange, no sense of an inside or *loob* would emerge" (ibid.).[58] Solche zentralen Konzepte wie *utang na loob* und *hiya* regulieren das Verhalten von Individuen im Erfüllen ihrer sozialen Verpflichtungen. Familienmitglieder müssen ihre zugeschriebenen Rollen erfüllen, wollen sie nicht als Person *walang hiya* etikettiert werden, was einem Abbruch der Beziehungen gleichkäme.

Das prototypische Bild von *utang na loob* manifestiert sich in der Beziehung zur Mutter. Eine Person habe *utang na loob* zur Mutter (nie umgekehrt), da man von ihr das unerwartete Geschenk des Lebens erhalten habe. Nie wird man diese Dankesschuld ganz zurückzahlen können, sondern sie vielmehr in kontinuierlichen ‚Teilraten' des Respektes (*paggalang*) artikulieren, der am explizitesten auf der sprachlichen Ebene zum Ausdruck kommt: Die Mutter und jede andere Elternfigur und Respektsperson spricht man mit den ehrfurchtsbezeugenden Worten *ho* und *po* an. Da man von Kindern erst im erwachsenen Alter erwartet, dass sie ihren Eltern ‚dienen', sammelt ein Kind eine große Schuldenlast an. Im Grunde genommen kann man nie aufhören, sein ‚Inneres' den Eltern zu schulden. „Nothing [the child] can do during its lifetime can make up for what [the mother] has done for it" (Hollnsteiner 1973: 74). Der Mutter, als dem moralischen Zentrum, den Respekt zu verweigern, wäre entsprechend ein ungehöriges Verhalten.

> „The mother seems to embody morality. She is the person who matters, and doing things against her is treason to her goodness, is not recognizing what she has given. *It is walang utang na loob*, most shameful and destructive of self-respect" (Mulder 1997: 23).

Eine gute Tochter oder ein guter Sohn zu sein, impliziert daher das beständige Bewusstsein darüber, dass man das Leben den Eltern schuldet. Die moralische Dankesschuld *(utang na loob)* der Kinder gegenüber ihren Eltern ist mit Loyalität, Gehorsam, Respekt und dem steten Bestreben, die in sie gesetzten Erwartungen nicht zu enttäuschen, zu erwidern (Ramirez 1984: 51).

Ein Prinzip der (Familien-)Solidarität wird außerdem durch ein weiteres soziales Wertekonzept des *pakikisama* festgemacht. Das Wort leitet sich von dem Wurzelwort *sama* ab und bedeutet ‚begleiten', ‚mit jemanden mitkommen'. Der Anthropologe Frank Lynch interpretiert dieses Wertekonzept als „the lauded practice of yielding to the will of the leader or the majority so as

58 In seinem brillianten Buch „Contracting Colonialism" führt Rafael die Differenz dieses dynamischen Verständnis' jener zentralen Konzepte *hiya* und *utang na loob* zu dem Verständnis der kolonialen missionierenden Herrscher aus; denn es betone immer mehr den spiralförmigen Prozess des Austausches, statt an einem endgültigen Punkt der Konversion anzukommen.

to make the group decision unanimous" (Lynch 1973: 10). Das heißt, dass der/die Einzelne Konzessionen an die vorherrschende Gruppenmeinung macht und den Vorschlägen eines Gruppenführers nachgibt. *Pakikisama* steht für soziale Akzeptanz, die in Konfliktfällen mit Hilfe von Vermittlern und Euphemismen wiederhergestellt wird. „*Pagbigyan mo na siya* – lass ihn/sie doch wie sie/er ist", ist die geläufige Redewendung, um reibungslose Beziehungen nach oben zu beschwören und zu bewahren. Idealer Weise pflegt man *pakikisama* mit seiner Verwandtengruppe und nicht mit seinen „Feinden" oder Kontrahenten. Wenn ein Familienmitglied *pakikisama* mit einem Mitglied einer rivalisierenden Familie sucht, wird es mit strengem Tadel zurechtgewiesen: „*Bakit ka nakikisama diyan*? – Wieso assoziierst du dich mit denen?" Die Ungehörigkeit wird dann in den warnenden Ton der Frage gelegt.

Philippinische Intellektuelle fühlen sich mit Lynchs Beobachtungen zu *pakikisama* unbehaglich, da es aus einer nicht-philippinischen, westlichen Perspektive überspitzt als eine prinzipienlose Anpassung an die Majorität gedeutet werden könnte. Der philippinische Psychologe Enriquez (1986 [1978]) argumentiert, dass eine *Sikolohiyang Pilipino* (philippinische Psychologie) ein nicht-westliches Konzept von Person und Persönlichkeit zu entwickeln hat; denn die Auffassung von einer Person, wie sie in der westlichen Psychologie ausgearbeitet wurde, entspricht nicht der Art, wie Individuen auf den Philippinen sich definieren und funktionieren.[59] Entsprechend konzeptualisiert er einen sehr viel zentraleren Grund-Wert des *pakikipagkapwa-tao* – dem Bewusstsein einer gemeinsam geteilten Zugehörigkeit. Eine philippinische Person versteht sich nie als ‚selbstbewusstes' Individuum, losgelöst von anderen, sondern schließt den anderen *(kapwa)* immer in seiner Selbstbeschreibung mit ein. *Kapwa* – gedacht als Einheit von Selbst und Anderen, drücke immer Egos Bewusstheit einer geteilten Identität aus (Enriquez 1986: 11-12). Eine gewisse Art von „identity-sharing" ist das normale Verhalten in Beziehungen unter Filipinos. Menschen, die sich weigern, andere positiv zur Kenntnis zu nehmen, verlieren nach Enriquez ihre Persönlichkeit *(pagkatao)* und ihr *pakikipagkapwa* (shared inner self), was ja gerade ihre menschliche Qualität ausmacht (1989: 35, 45). Alles andere wäre jenseits von menschlicher Höflichkeit.

Ähnlich spricht auch der bekannte philippinische Psychologe Bulatao von einer gruppenabhängigen Identität. Familienbeziehungen, Sozialisationspraktiken und ein unentrinnbares Zusammenhörigkeitsgefühl nähren die intensive Erfahrung, dass das Selbst vielmehr ein Teil einer engen Gruppe ist als ein ‚getrenntes Selbst'. Er beschreibt ‚den Filipino' als jemanden, dessen individueller Kern identifizierbar sei, dessen Ich-Grenzen aber mit anderen zusammenlaufen und harmonieren (Bulatao 1964: 430f.). Eine derartige tiefgreifende relational gedachte Subjektivität erschwere die Entwicklung einer unabhängigen Selbstwertschätzung. Es sind die tiefempfundenen Verpflichtungen

59 Enriquez kritisiert mit seinem Ansatz zu lokalen Wertekonzepten allgemein die Interpretationen der Untersuchungen des IPC (Institute of Philippine Culture, die vor allem mit den Namen Hollnsteiner und Lynch verbunden sind) als zu oberflächlich, zu deskriptiv, westlich zentristisch.

anderen gegenüber – den Eltern, Geschwistern, Verwandten und Freunden – die die moralische Welt ausmachen.

Pakikisama gehöre laut Enriquez zu den oberflächlicheren Ebenen der Interaktion, die intensivste sei *pakikiisa* – eins sein mit den anderen. Sowohl für *pakikisama*, aber ganz besonders für *pakikiisa* bedarf es einer besonderen Sensibilität, die mit *pakikiramdam* beschrieben und mit „politely requesting the act of feeling" (Mataragnon 1988) übersetzt wird. Das sensitive Erfühlen der Beziehung zu einer anderen Person steht für ein reiches, komplexes Wertekonzept, das mit den anderen genannten Wertekonzepten verwoben ist. So kann man sich ohne *pakikiramdam* kaum angemessen und entsprechend der Reziprozitätsnorm des *utang na loob* verhalten, genauso wie eine Person *magaling makiramdam* (die besonders sensitiv für Beziehungs-Stimmungen ist) *hiya* oder *kahihiyan* (Scham) vermeiden kann.

Die Werte-Diskussion wird uns noch einmal in Kapitel 5 *Ehegeschichten in Deutschland* beschäftigen, wo um das Aushandeln dieser (Verhaltens-)Balance teilweise heftig gekämpft wurde. In der sozialen Umgebung (der neuen Aufnahmegesellschaft), wo das Wissen um solche Zusammenhänge nicht mehr selbstverständlich ist, scheinen sie umso dringlicher debattiert werden zu müssen. Die Intensität mancher Konflikte, die an *hiya* und *walang hiya* festgemacht wurden, erschloss sich mir nur allmählich. Konnte ich zunächst nicht die tief verletzende Wirkung solcher Anschuldigungen nachvollziehen, lernte ich erst nach einem komplexen Verständnis jener zentralen Bedeutungen die Tragweite der Konflikte verstehen. Meine diesbezüglichen Ausführungen verstehen sich daher auch bereits als ein Einstimmen auf das nächste und letzte Kapitel.

Genannte Wertekonzepte verpflichten eine Person an seine Verwandtschaftsgruppe und betonen die Familienzentriertheit philippinischer Gesellschaftsverhältnisse: Es gilt, die Familie – auch gegen den Rest der Gesellschaft – zu unterstützen. So muss ein Vater seinen Sohn schützen, auch wenn dieser sich eines Verbrechens schuldig gemacht hat. Oder ein Pate *(ninong)* in guter Position fühlt sich verpflichtet, seinem Patenkind einen gehobenen Job zu vermitteln, selbst wenn er von dessen Unqualifiziertheit überzeugt ist. Genannte Werte verstärken die Unterscheidung von Familie und „Außengruppe" und regeln ein kompliziertes, vielschichtiges Handhaben.

Diese Familienzentriertheit führt andererseits dazu, dass über eine Reihe von Praktiken zu außenstehenden oder weniger nahen Personen enge Beziehungen hergestellt werden. Zunächst ist es üblich, auch fernstehende Verwandte mit Verwandtschaftstermini zu bezeichnen, die eine engere Beziehung konnotieren, als es genealogisch richtig ist. Anstatt sich beispielsweise auf Onkel und Tanten mit den entsprechenden Termini *tiyo* oder *tiya* zu beziehen, werden sie gerne als ältere Brüder *(kuya)* und Schwester *(ate)* bezeichnet, ähnlich wie ältere Cousins und Cousinen als ältere Brüder und Schwester tituliert werden. Der Begriff für Cousins und Cousinen *(pinsan)* wiederum wird für entfernte Verwandte verwandt. Nach dem gleichen Muster verfährt man mit Schwager und Schwägerin: Die Tagalog-Begriffe für diese Beziehung *(bayaw* und *hipag)* werden oft benutzt, um beispielsweise über die Brüder der Frau eines Bruders zu sprechen oder sogar über die Frau eines Bruders einer Schwägerin. Wohingegen die ‚richtigen' Schwägerinnen und Schwäger, sofern sie älter als die Sprecherin sind, bevorzugt als ältere Schwester *(ate)* und älterer Bruder *(kuyay)* bezeichnet werden.

Filipinos identifizieren sich gerne über familiäre Verbindungen, wenn sie mit jemanden interagieren und je näher die Bande sind, umso besser. Sich außerhalb solcher Beziehungsstrukturen zu bewegen, käme einem unberechenbaren Unternehmen gleich.

Als mein tragbarer Computer das tropische Klima nicht mehr ertrug und seine Dienste versagte, war es für Belen unvorstellbar, dieses kostbare und teure Objekt einer anonymen Werkstatt in Manila anzuvertrauen. Statt dessen aktivierte sie ihr breitgefächertes Beziehungsnetz: Der Ehemann der Schwester ihrer Schwägerin sei der Schwager zu einem Notablen Soundso, dessen Sohn Informatiker sei. Wenn ich diesen Ehemann anspreche, dann wäre das eine gute Ausgangssituation. Als Schwager (*bayaw*) könne er – gegebenenfalls in Begleitung einer Person, deren Beziehung noch enger definiert ist – entsprechende Hilfe erbitten. [60]

Wie bereits aus dieser kleinen, nebensächlichen Anekdote ersichtlich, gestalten Verwandtschaftsallianzen die Basis eines notwendigen sozialen Netzes, ohne das ein philippinischer Alltag kaum zu bewerkstelligen wäre.

Über rituelle Verwandtschaft erweitert und vertieft eine Familie bestehende Bande (siehe Hart 1977, dessen Studie zu philippinischen rituellen Verwandtschaftsbeziehungen als ambitionierteste gilt). Die wichtigste rituelle Verwandtschaft mit „Gewinn" und Wirkung ist typischerweise nicht zwischen dem Kind und seinen Paten, sondern zwischen den Eltern des Kindes und den Paten als Co-Eltern. Die Erwachsenen beziehen sich aufeinander als *kumare* (Mit-Mutter) und *kumpare* (Mit-Vater), die als respektvolle Termini für die besondere Beziehung zwischen den Erwachsenen gelten. Dabei werden nicht nur die rituellen Hauptpersonen *kumpare* und *kumare* (genaugenommen *kumpareng buo* bzw. *kumareng buo* –‚volle' Mitmutter bzw. Mitvater), diese Beziehung dehnt sich auch auf die Schwestern und Brüder der Eltern und der Paten aus, und wenn die Paten verheiratet sind, auch auf deren Ehegatten. Sogar die Brüder und Schwestern der Ehegatten werden als *kumares* und *kumpares* zu den Eltern und zu wem auch immer, der/die in dieser rituelle Verwandtschaft verwoben ist, betrachtet. Der Begriff *hawa-hawa* (was soviel heißt wie „in Mitleidenschaft gezogen, infiziert") steht als Metapher für dieses, von einer Person sich ausbreitende Beziehungsnetz und gibt eine Vorstellung über die Bedeutung von Verwandtschaft, aber auch von der Möglichkeit, sich über bestehende Beziehungen aneinander zu „verhaken", um mit jeder weiteren Verbindung vorherige Beziehungen zugänglich zu erhalten und zu vertiefen.

Wenn Eltern Paten für ihre Kinder suchen, so wählen sie bevorzugt Menschen aus, mit denen sie bereits vertraut sind, schon vorteilhafte Begegnungen

60 Abgesehen davon, dass es mir Einblick in die Notwendigkeit von beziehungsorientiertem Alltagshandeln gab, hat es den Computer nicht mehr gerettet.

oder gar Austausch hatten und die gesellschaftlich besser situiert sind als sie selbst. Paten, die schlechter dastehen als sie selbst, werden nicht gewählt, wohingegen die mehr oder weniger gleichgestellten, aber wenn möglich die Reicheren und Einflussreicheren bevorzugt werden (siehe auch Kerkvliet 1990: 210-211).

Aus der Perspektive der Söhne und Töchter lässt sich der Sozialisationsprozess als doppelte, oder mehrfache Suchbewegung beschreiben. Während die Eltern-Kind-Beziehung nach eben skizziertem Wertediskurs den Kindern eine unauflösbare Dankesschuld gegenüber den Eltern abverlangt, und dies nicht selten mit krisenhaften Kommunikationsbarrieren und unaussprechbaren Spannungen einhergeht (Ramirez 1984, Lapuz 1972, Mulder 1977)[61], sorgt ein umfangreiches soziales Netzwerk – „a many people environment" (Shimizo 1991) – für ausgleichende und emanzipatorische Momente (Jocano 1969, 1975, Quisumbing 1964, Manalang 1974, Guthrie & Jacob 1976, Arellano-Carandang 1979).

„Very early the child learns to relate at many different levels to several different adults and, if necessary, learns to manipulate situations, to weave his way through to get his own specific needs met, and his uniqueness acknowledged. He has to find a place of his own in this many people environment, or else his value may not be recognized. [...] If one considers the complexity of the combinations of interrelationships involved, one cannot but marvel at how smoothly and rhythmically this machinery of the Filipino family can operates in spite of all odds!" (Arellano-Carandang 1979: 474, zit. nach Shimizu 1991: 113).

Das „Viel-Personen-Umfeld" muss sich dabei nicht nur aus Verwandten – seien sie konsanguinale, affinale oder rituelle – zusammensetzen; auch nicht-verwandte Nachbarn *(kapit-bahay)* sind in ein Beziehungsnetz der gegenseitigen Solidarität integriert. Das Erbitten oder „Leihen" *(humihingi)* von Nahrung ist auf dieser Basis genauso selbstverständlich wie gegenseitige Hilfestellungen finanzieller und ideeller Natur. In all diesen Beziehungen gilt die Forderung nach harmonischer gegenseitiger Akzeptanz (Lynch 1973) und nach einer Sensibilität gegen potentiell aggressive Situationen.

Im Lichte dieser Überlegungen erscheinen arrangierte Ehen als anerkannte soziale Praxis, die nicht notwendigerweise als Zwang erlebt wurde und wird oder zu Rebellionen führte. Während es die Pflicht der Kinder ist, ihren Eltern zu gehorchen (und dies vor allem auch für die arrangierten Ehen der näheren Vergangenheit galt), so ist bemerkenswert, dass Töchter zwar gehorsam zu sein haben, dass es gleichzeitig aber auch ihre Widerspenstigkeit ist, die zählt. Im äußersten Fall kann sie „ausreißen" *(magtanan)* und mit einer späteren Versöhnung rechnen, in einem moderateren Fall findet sie wie Belen stimm-

61 Die philippinische Psychiaterin Lourdes Lapuz sieht in dem Konfliktpotential gar einen wesentlichen Motor zur Migration: „Perhaps, some day, the time will come when a Filipino (Filipina A.L.) no longer has to cross miles of ocean and continent to emancipate himself (herself A.L.) from his (her) parents" (Lapuz 1972: 180, zit. nach Mulder 1997: 23).

starke Verbündete aus der bilateralen Verwandtschaftsgruppe, die durch starke affektionale Bande verzahnt ist.[62]

Gehorsame und widerständige Töchter; Unterwerfung und Entkommen

Dass hier vorgestellte Ehegeschichten aus der Perspektive von Frauen – Töchtern und Müttern – erzählt werden, liegt zum einen daran, dass ich mich auf den Philippinen (als eindeutig identifizierte Ehefrau und Mutter) einen Großteil meiner Zeit in weiblichen Netzwerken bewegte, und daher hauptsächlich mit weiblichen Geschichten konfrontiert wurde. Neben diesen forschungspraktischen Aspekten mag es aber auch einen inhaltlichen Zusammenhang haben: In der allgemeinen Rede sind es die Frauen, die verheiratet werden. Das Interesse konzentriert sich auf deren Wert und deren Verhalten. In einer arrangierten Ehe drängen oder zwingen die Eltern logischerweise nicht nur ihre Tochter, eine Person zu heiraten, die nicht ihrer eigenen Wahl entspricht, sondern auch ihren Sohn. In Gesprächen hieß es hierzu meist: „Bei Töchtern ist es leichter, zu insistieren. Die Beziehung zwischen einer Mutter und ihrer Tochter ist sehr eng, eine Tochter ist leichter zu lenken, sie ist verantwortungsvoller als ein Sohn. Wenn ein Sohn hingegen sich entschieden hat, ist es schwieriger, ihn umzustimmen und für ihn zu entscheiden.“ Solche Einschätzungen mögen auch demographische Aussagen stützen, wonach Eltern Knabengeburten keinen Vorrang gegenüber Mädchengeburten geben. Erwähnt wird tendenziell eher eine umgekehrte Priorität.[63]

Allgemein sind viele Kinder erwünscht, sie werden als Gottes Gabe und Segen gesehen *(ang mga anak ay biyaya ng Diyos)* und gelten als Lebenssinn schlechthin (siehe u.a. Mulder 1997, Medina 1991, Ramirez 1984, Go 1993, Jocano 1995). Eltern investieren sehr viel Gefühl in ihre Kinder (*ang anak ay kaligayahan* – ein Kind ist Quelle des Glücks), identifizieren sich mit ihnen *(ang anak ay katibayan ng pagmamahal at kabutihang-asal ng mga magulang* – ein Kind ist der Beweis von Liebe und guter Moral der Eltern) und betrachten sie als Verlängerung ihrer selbst. Sie fühlen sich ihren Kindern grenzenlos nah, und meinen, ihre Kinder in-und-auswendig zu kennen.[64] Dies rechtfertigt auch ein konstantes Sich-Kümmern und Einmischen *(pakikialam)*, was das

62 Noch einmal zur Erinnerung: auf Tagalog heißt Verwandtschaft und Familie *kamaganakan* und bezeichnet die „Kinder" der weiblichen und männlichen Seite über wenigstens drei Generationen hinweg. Die Verwandtschaftszugehörigkeit ist symmetrisch, d.h. weder die weibliche noch die männliche Linie dominiert, sondern erweitert sich auf beiden Seiten (kolateral) über Brüder und Schwestern und deren Ehegatten und Kinder.

63 Philippinische Migrationsstudien zeigen, dass Familienhaushalte die Personen in die Migration entlassen, von denen sie annehmen, dass sie die zuverlässigsten Geldüberweiser sind: Dies sind häufiger Töchter als Söhne, obwohl diese als „domestic helper" weniger verdienen als ihre Brüder auf dem Bau (vgl. u.a. Boyd 1989, Trager 1984, 1988).

64 So betonte z.B. Belen immer wieder, dass Riza keine Geheimnisse vor ihr habe.

Kind als Ausdruck von Liebe und Akzeptanz verstehen sollte. Elterliche Liebe und Abhängigkeit kann sich damit in einem besitzergreifenden, überbeschützenden Verhalten äußern, besonders gegenüber ihren Töchtern. So reproduzieren „lowly individuated parents – mothers – lowly individuated children" (Bulatao 1964: 436, zit. nach Mulder 1997).

„Well I liked him because he was the one my mother liked," erzählte eine Informantin der englischen Ethnologin Fenella Cannell über ihren arrangierten Ehemann. Aber wenn die Eltern nicht darauf bestanden hätten, dass sie zusammenziehen und wie Mann und Frau miteinander schlafen, dann „my goodness, we never would have got to be close to each other [...]", erfahren wir weiter (Cannell 1999: 35).

In weniger aufgezwungenen, aber dennoch arrangierten Ehen können sich Frauen als gehorsame Töchter „konstruieren". Eine erfolgreiche Heirat basiert dann auf der Harmonisierung des eigenen Willens mit dem Wollen der Väter und besonders der Mütter.

Die 27-jährige Emily aus unserer Nachbarschaft[65] *soll nun verheiratet werden. Emily hatte jahrelang als* katulong *(Haushaltshilfe) in Manila und zwei Jahre als* domestic helper *in Singapur gearbeitet, und so die Ausbildung ihrer jüngeren Geschwister mitfinanziert. Jetzt will sie auf keinen Fall mehr nach Singapur zurück. In den zwei Jahren ihrer Migration hatte sie u.a. erkannt, dass für sie weitere Migrationen nicht mehr in Frage kamen. Sie hütet nun die flügge werdenden Kinder ihrer Schwester, die wiederum ihrem migrierten Mann nach Singapur gefolgt ist, um ihre Ehe zu retten.*[66] *Früher hatte es Emily nicht besonders eilig mit einer Ehe. Sie hatte bei ihren Schwestern ja gesehen, wie schwierig ein Auskommen für eine immer größer werdende Familie zu bewerkstelligen ist. Dabei gab es Männer, die Emily heiraten wollten. Bei einem war sie sogar nicht einmal abgeneigt. Er hatte jedoch nicht genug Geld und ist seit einigen Jahren migriert und immer noch nicht zurückgekommen.*

Mittlerweile wehrt sich Emily nicht mehr gegen eine Ehe. Das durchaus handfeste Argument, dass – angesichts der Sorgen und Spannungen (konsumisyion) *ihrer verheirateten Schwestern – ihr unverheirateter Zustand eine weise Entscheidung sei, verliert mit fortschreitendem Alter seine Überzeugungskraft. Da sie sich der magischen Marke von 30 Jahren unaufhaltsam nähert, ohne ihre wahre Bestimmung als „volle Frau" erreicht zu haben, fühlt sie sich immer drängenderen Nötigungen ausgesetzt. Das Gefühl einer Überlegenheit*[67] *erweist sich als kurzlebig in einem Kontext, der erst einer verhei-*

---

65 In der Performance für Klein-Moritz war sie die Stimme der *matandang dalaga*, die Moritz als gutaussehenden Schauspieler visionierte und bereit war, auf ihn zu warten.

66 Sie ist entschlossen, eine philippinische *querida* in Singapur wieder zu verdrängen.

67 Kann eine junge *dalaga* in den nachbarschaftlichen Frauenrunden ihr Leben als ein beneidenswert (sorgen-)freies inszenieren, so wird dies für eine alternde *dalaga* immer schwieriger. Indem sie auf ihre „Jungfräulichkeit" besteht, teilt sie

rateten Frau mit Kindern – wie anstrengend und kummervoll auch immer dies sein mag – volle Anerkennung schenkt.

So schickte ihre Mutter in Absprache mit Emilys älteren Schwestern ein Bild von Emily an einen unverheirateten Cousin ihrer Schwägerin in einer anderen Provinz. Dieser ist auch nicht abgeneigt und hat genug Geld für ein gutes Hochzeitsfest. Doch zuvor müsste die Schwester aus Singapur zurückkommen und wieder ihren Haushalt übernehmen. Und es sollten noch einige Begegnungen arrangiert werden, um den zukünftigen Wohnort auszuhandeln. Emily vertritt mittlerweile die Haltung: „Wenn ich schon verheiratet werden soll, dann macht es schnell. Wenn schon eine Heirat das unausweichliche Ziel einer Frau zu sein hat, dann soll es nun aber zügig geschehen." Es scheint so, als ob sie die Verheiratung schnell hinter sich bringen will. Es drängt sich jedoch der Eindruck auf, dass es mittlerweile durchaus auch ihr eigenes Interesse ist, eine Familie zu gründen und nicht nur die Ersatzmutter für ihre Neffen und Nichten zu sein. Trotzdem spielt sie die Rolle der Desinteressierten, die sich nur widerspenstig (nach dem Motto: „Wenn Ihr Euch nicht beeilt, dann will ich erst recht nicht mehr"), aber gehorsam („es muss eben sein“ -) in eine arrangierte Ehe schickt (April 1998).

Ungehorsame Töchter, die sich den Verheiratungsarrangements ihrer Eltern widersetzen, um eigene Vorlieben zu verwirklichen, können ihren Willen durch „Flucht“ durchsetzen. Dabei findet das „Entlaufen" *(pagtatanan)* relativ formalisiert und in der Regel innerhalb verwandtschaftlicher Netzwerke statt. Das „ausreißende" Mädchen bzw. das ausreißende Paar kommt normalerweise bei kooperierenden Verwandten unter, die sich dann auch als Vermittler („go-between", *tulay, tagapamagitan*) für eine spätere Versöhnung einsetzen; denn „it is unthinkable in Tagalog psychology that the eloping couple should be socially severed from the rest of the family" (Stoodley 1957: 244). Hier kommt die symmetrische Multilateralität philippinischer Verwandtschaftsordnung zum Tragen, die mit gefühlvollen Banden zwischen einem weiten Kreis von Verwandten einhergeht. So besteht nicht nur eine starke emotionale Verbindung zwischen Eltern und Kindern, sondern – wie schon öfters betont – besonders intensive Solidaritätsbeziehungen zwischen Geschwistern. Dementsprechend werden Kinder nicht nur von ihrer Mutter bzw. ihren Eltern versorgt, sondern in großem Umfang auch von älteren Geschwistern, von den Tanten und Onkeln (also den Geschwistern ihrer Eltern) und ihren Großeltern. Leben diese Bezugspersonen nicht am selben Ort in der Nachbarschaft, so ist es auch nicht unüblich, Kinder für einige Zeit in deren Pflege „zu geben"

---

nicht dasselbe unter verheirateten Frauen implizite Verständnis. Die Gespräche, die immer mit deftigen sexuellen Anspielungen bestückt sind, legen eine sexuelle Erfahrung zugrunde, die einer *dalaga*, auch einer alternden, abgesprochen wird. Ihr „unschuldiger“ *dalaga*-Status verlangt von ihr schüchternes Erröten, auf keinen Fall aber kräftiges ausgelassenes Mitlachen. Ein nicht unterdrücktes Lachen angesichts der derben Späße würde sie als sexuell erfahren „outen“ und sie möglichen Tratsch und Klatsch aussetzen.

(Stoodley 1957, Shimizu 1991). Stimmstarke Vermittler sind dann, wie in Belens Beispiel, Tanten und Onkel, also Geschwister der Eltern. Bei Belen war die unterstützende Person die älteste Schwester ihres Vaters. Es mag Belens Position gestärkt haben, sie auf ihrer Seite zu wissen, deren Autorität ihr Vater aufgrund der Geschwisterfolge von klein auf zu respektieren hatte.

Eine sehr viel ambivalentere Strategie des Widerstandes gegen elterliche Ehe-Arrangements wurde mir mit dem Phänomen *gapang* beschrieben. Es handelt sich dabei um einen Geschlechtsverkehr im Haus der jungen Frau, motiviert durch die Heiratsabsicht des Mannes. Bei dem Mann kann es sich um einen von den Eltern nicht erwünschten Schwiegersohn handeln – oder um einen verschmähten Liebhaber, der sich nun gewaltsam Zutritt verschafft. Der Begriff *gapang* verweist auf die Methode der Annäherung eines potentiellen „Vergewaltigers", der nachts in das fremde Haus kriecht, meist mit einem Messer in der Hand, um seine Tat dort durchzuführen. Bei einem vorherigen gegenseitigen Einverständnis kann *gapang* als Mittel eingesetzt werden, um eine Ablehnung der Eltern zu brechen: ein entjungfertes Mädchen wird dann sehr viel anspruchsloser und schneller verheiratet. Stimmt das Mädchen einer Eheschließung zu, sind aber die Eltern trotz *gapang*-Schande dagegen, so besteht für das Paar immer noch die vorher erwähnte Möglichkeit, zusammen auszureißen und bei der Rückkehr die Eltern vor vollendete Tatsachen zu stellen: ein werdendes Kind lässt Eltern oft nachsichtig werden. *Gapang* könnte aber auch von manchen Mädchen inszeniert werden, indem sie behaupteten, vergewaltigt worden zu sein, um ihren unschlüssigen Auserwählten zu einer Eheschließung zu zwingen. Eine *shotgun marriage* sozusagen – eine mit dem Messer auf der Brust erzwungene Heirat, wobei das Messer symbolisch gesprochen dem „Vergewaltiger" durch die Hand einer listigen Akteurin entwendet wird und gegen ihn gerichtet wird. Wenn eine Frau auf die *gapang*-Art tatsächlich vergewaltigt wurde, hat sie laut Belen zwei Möglichkeiten: Entweder sie heiratet den Vergewaltiger oder sie klagt ihn wegen Vergewaltigung an. Die Scham, die Tochter im eigenen Haus nicht besser beschützt zu haben, liegt auf der Familie. In neuester Zeit jedoch setzt sich eine Haltung durch, eine tatsächliche Vergewaltigung durch öffentliche Verhandlung vor Gericht mutig anzugehen.[68]

Während rezente Ethnographien zu tribalen Hochlandgesellschaften (z.B. Gibson 1986, Hofmann 1997, Lauser/Bräunlein 1993) und historische Quellen zur vor-spanischen Zeit (siehe z.B. bei Infante 1975, Mananzan 1987, Rausa-Gomez/Tubangui 1978) dokumentieren, dass in diesen subsistenzökonomischen Gesellschaften mit einer relativ dynamischen Sozialstruktur voreheliche Jungfräulichkeit eine unwichtige Größe ist bzw. war, hat sich dies mit dem Einfluss spanisch-katholischer Ideen und einer kolonialen Reorganisation der Ökonomie geändert. Das ambivalente Verhandeln von *gapang*, bei dem das

68 Entsprechende Präzedenzfälle wurden (während meiner Aufenthalte) in den Tageszeitungen ausgiebig diskutiert mit der Tendenz einer großen moralischen Empörung gegen die Vergewaltiger und einer Solidarisierung mit den Opfern.

Mädchen ihre Sexualität als Opfer schützen muss, aber auch als listige Akteurin in widerständiger Weise einsetzt, mag auch mit diesen widersprüchlichen Erinnerungsspuren verbunden sein.

Schwierige Frauen – gute Männer; gute Frauen – schwierige Männer

So wie sich Frauen als gehorsam und widerständig konstruieren können, kann auch ein Mann sich auf mehrere Arten konstruieren. Dabei ist es eine durchaus anerkennenswerte Position, eine ablehnende Frau für sich gewonnen zu haben. Mit seinem feinfühligen, großzügigen und nachgiebigen Verhalten wird er als guter Ehemann *(mabait)* anerkannt, der die launischen Forderungen seiner schwierigen *(sumpungin)* Ehefrau zu handhaben weiß (Cannell 1999: 38).

Im offiziellen kulturellen Diskurs werden Männer gerne als die wahrgenommen, die vernünftiges Verhalten *(may katwiran)* repräsentieren, wohingegen Frauen vielmehr ihren Gefühlen *(damdamin)* folgen und als leidenschaftlich und unüberlegt konstruiert werden. In ökonomischen Angelegenheiten sind jedoch genau die entgegengesetzten Vorstellungen weit verbreitet: Nun sind es die Männer, deren Charakter zu hitzig und leidenschaftlich sei, so dass sie ihr Geld in der Hurerei und im Glücksspiel verschwenden, wohingegen die Frauen auf vernünftige Art und Weise mit Geld umgehen können. Im dominanten Diskurs gilt das Ideal vom Mann als dem verantwortungsvollen Ernährer der Familie *(may hanapbuhay)* und der Frau als Hausfrau und Verwalterin der Haushaltsökonomie *(may bahay,* wörtl.: „der, der das Haus gehört"). Dabei werden die Zuständigkeiten in einer komplementären Ausgewogenheit gedacht und das eine nicht grundsätzlich höher als das andere geschätzt.[69]

69 Bemerkenswert ist in diesem Zusammenhang eine Passage im philippinischen *Pasyon,* dem volkstümlichen religiösen Epos zur Leidensgeschichte Christi. Während spanisch-katholische Priester die biblischen Schriften zur kolonialen Missionierung in die Landessprache übersetzten und verbreiteten und sie daher als patriarchale, phallogozentristische Texte (Patajo-Legasto 1992) gelesen werden, durch welche sich der Katholizismus als Ideologie etablierte, wird gleichzeitig deutlich, dass Filipinos zwar die patriarchalen Werte adaptierten, sie aber entschärften, indem sie jene Aspekte hervorhoben, in denen Komplementarität oder gar Gleichheit zwischen den Geschlechtern betont wird. So bedient sich eine philippinische *pasyon* des frühen 19. Jahrhunderts der exemplarischen Heirat von Maria und Joseph (Hosep) um eine „Lektion" (*aral*) zu illustrieren:
„Thus, under one roof, they did live, the two friends,
without pause, night and day, praised ceaselessly the Lord God most wise.
Carpenter was the profession of this holy man, while the work of the woman was to sew and weave and to take care of the household
Thus, *the wills of the two were united as one* (Hervorhebung A.L.)
peacefull was their existence blessed most lavishly by God the Lord Fatther.
In der anschließenden Belehrung (*aral*) wird diese komplementäre Einheit noch einmal besonders hervorgehoben und kommentiert. (Zitat nach der Übersetzung und Edition von Javellana 1988: 162f, Vers 157-63; in der populären Tagalog-

Gleichzeitig ist es auf den Philippinen eine Binsenwahrheit, dass die Frauen härter arbeiten – auch außerhalb des Hauses[70] – als die Männer, die ihre Zeit damit vertreiben würden, herumzusitzen, zu trinken und das Familieneinkommen zu verspielen. „Frauen können besser rechnen und sind sachlicher. Sie sind die Überlegenen und Klügeren, sie leiten das Haus, die Familie und den Mann", hieß es immer wieder. Wenn der Mann der Kopf sei, so sei die Frau der Hals. Und der Kopf bewegt sich nur dahin, wohin der Hals will, brachte eine Gesprächspartnerin den ehelichen Vertrag auf einen sprichwörtlichen Nenner.

Als Ehemann wäre man dazu da, zu arbeiten und das Geld nach Hause zu bringen – wie ein Diener, hörte ich nicht nur einmal von Seiten der Männer. Wolle er sich nicht den schlimmen Vorwurf der Verantwortungslosigkeit einhandeln, so täte er gut daran, selbst unkalkulierbare Extra-Einnahmen bei seiner Frau abzuliefern und sie nicht an ihrem kontrollierenden Auge vorbeizumogeln, bestätigte Noel lachend mein Nachfragen. Im übrigen wäre das sowieso so gut wie unmöglich, da seine Frau ein hellseherisches Gespür hätte. Ein guter Mann ist, wer genug verdient, um seine Familie zu ernähren und das Geld der Frau aushändigt.[71] Frauen wiederum legen über ihre Einnahmen weitaus weniger übersichtlich Rechenschaft ab. Es scheint ein ungeschriebe-

---

Version von 1966 – im copyright der Lunas-Version von 1949 –, S.14ff.). Über die Bedeutung des *pasyon*-Epos im Leben der Tagalog siehe Ileto 1979: 15-28.

70 Literatur zum Argument, dass Frauen den lokalen Markt, die Nachbarschaft und den informellen ökonomischen Sektor dominieren siehe beispielsweise Castillo 1981, Castillo/Hilomen Guerrero 1969, Alvarez/Alvarez 1972, Davis 1973, Silverio, Jr. 1982. Über den wichtigen ökonomischen Beitrag von Frauen siehe u.a. Gonzales/Hollnsteiner 1976, Illo 1995.
„[...] Their multi-activity work portfolio outside of housekeeping had made it hard for the women to associate themselves with just one work type. The exact activity mix might change according to their personal preferences, market opportunities, life-cycle, and available resources; but the women were at once traders, fishers, rice harvesters, farmers, and fund managers, as well as housekeepers. ..." (Illo 1995: 220) Da alle diese Aktivitäten nicht in Opposition zur Rolle der *maybahay* stehen, sondern mit ihr verbunden sind, bleibt die ökonomische Bewertung weiblicher (produktiver wie reproduktiver) Arbeit problematisch. So betonen vor allem feministische philippinische Studien die ausbeuterischen, unterdrückenden Aspekte des philippinischen Arbeitsmarktes, der den Frauen im formalen Sektor vor allem Niedriglohn-Jobs zu extrem schlechten Bedingungen und nach dem Motto „last hired first fired" zur Verfügung stellt (siehe z.B. Anderson u.a. 1996, Eviota 1992).

71 Vgl. auch Yu/Liu (1980: 170), die den Frauen in ihrem Kompetenzbereich des Haushaltes „almost absolute control" (ibid.) zugestehen. Zur Rolle des Haushalts-Budgets siehe auch Jacobsen 1979, Alvarez/Alvarez 1972, Neher 1982.
Eine philippinische Gesprächspartnerin versicherte mir auf mein skeptisches Staunen zu Beginn meiner Forschung in Deutschland: „Wenn auf den Philippinen der Mann das Geld nicht zu Hause abliefert, kann die Frau vor Gericht gehen und bekommt Recht." (Zur philippinischen Rechtssprechung hierzu vgl. San Diego 1975.)

nes Gesetz zu sein, dass sie damit in erster Linie sowieso die Bedürfnisse der Familie erfüllen.

Die Rede vom guten Mann transportiert ähnlich widersprüchliche Botschaften wie die der zurückhaltenden gehorsamen Frau. Auf der einen Seite hat der Mann das Geld zu verdienen und nach außen den Haushaltsvorstand *(lalake ng bahay)* zu repräsentieren. Andererseits und zugleich hat er das Haus- und Familienmanagement seiner Frau zu überlassen, und sich dorthin zu bewegen, „wohin der Hals will".[72] Lässt seine Frau subtile Diplomatie vermissen und dominiert zu auffällig, so läuft ein Mann Gefahr, als „Pantoffelheld", der unter dem Rock der Frau verschwindet (*ander di saya* auf „Taglisch"), verspottet zu werden.

Wo die Rollen- und Aufgabenverteilung nicht im partnerschaftlichen, komplementären Aushandeln balanciert wird, können daher die männlichen Repräsentationen in Extreme ausschlagen. Gegen die Zuschreibung des „Pantoffelhelden", dem Mann *ander di saya*, tritt der virile Macho an, ein Mann, dessen Potenz sich im Erfolg bei Frauen und in der Zahl seiner Kinder niederschlägt, ebenso wie der aggressive Held[73]. Solcherart zur Schau getragene Virilität soll als Zeichen männlicher Macht gelesen werden. Sie ist jedoch zerbrechlich und kehrt sich ins Gegenteil, wenn sie mit egomanischer Verantwortungslosigkeit, Spiel- und Trunksucht einhergeht.[74]

---

72 Wie harmonisch das funktionieren kann, bezeugt folgendes Selbstzeugnis von Ruby Rose Lora (nach Philippinen Forum 1994: 14): „Meistens liegen die Entscheidungen, die unsere Familie betreffen einzig und allein bei mir. Dank meiner Initiative waren wir in der Lage, ein kleines Grundstück zu kaufen, auf dem jetzt unser Haus steht. Die Besitzurkunde wurde auf mein Namen ausgestellt. Selbst unser Wasser- und Stromanschluss laufen unter meinen Namen, nicht unter dem meines Mannes. Er wollte es so. Es war ihm ziemlich egal. Er ermutigt mich sogar, solche Angelegenheiten in die Hand zu nehmen, indem er behauptet, er habe nicht die Geduld, sich anschließend immer wieder um die Dinge kümmern, die im Zusammenhang damit erledigt werden müssen. Sie können auch meinen Mann in dieser Sache befragen. Er wird nur lächeln und signalisieren, das alles in Ordnung ist. [...] Bevor wir heirateten, fungierte er bei sich als Familienoberhaupt. Er war an jeder Entscheidung beteiligt. Da die Familie keinen Vater hatte, erwartete seine Mutter, dass er ihr half, die jüngeren Geschwister großzuziehen. Als wir heirateten, änderte er sich. Die Verantwortung für unsere Familie ging an mich über. Es wurde keine Entscheidung getroffen, ohne dass ich ihn und die Kinder befragt hätte. Aber ich hatte das letzte Wort."

73 Der aggressive Mann in seiner gesellschaftlich anerkannten Variante wird beispielsweise verkörpert durch den investigativen Reporter Senator Benigno Aquino Jr. oder durch den politischen Senator Ernesto Maceda, bekannt dafür, politische Skandale an die Öffentlichkeit zu zerren (vgl. Roces 1998). Ebenfalls anerkannte aggressive Männlichkeit verkörpern Kriegshelden und Berufssoldaten, deren öffentliche Omni-Präsenz zur postkolonialen philippinischen Realität zu gehören scheint.

74 Wie fragil das Bild vom aggressiven Helden ist, und wie schnell es in die pejorative Zuschreibung des verantwortungslosen verschwenderischen Machos kip-

Der amerikanische Anthropologe Stoodley führt bezüglich der philippinischen Männerrolle eine bemerkenswerte Analogie zu seiner eigenen amerikanischen Gesellschaft an: So wie die amerikanische weiße Mittelschichtsfrau eine diskontinuierliche Sozialisation erfährt, ergeht es analog dazu dem philippinischen Mann. Während die amerikanische Sozialisation von den Frauen erwartet, dass sie sich einerseits im Wettbewerbskampf des beruflichen Beschäftigungssystems um Erfolg und Prestige behaupten, wird ihnen gleichzeitig eine „traditionelle" Frauenrolle abverlangt, wonach Heirat und Familie ihr letztendliches Ziel zu sein hat. Vergleichbar brüchig ist das Rollenmanagement des philippinischen Mannes. Während seine Sozialisation ausgesprochen geschlechtssymmetrisch verläuft und sich auf eine Gleichheitstradition bezieht, die auf institutionalisierte „männliche" und „weibliche" Prinzipien verzichtet, stürzt ihn die Erwartung, als erwachsener Mann die Position des Familienvorstandes zu repräsentieren, in ein Rollendilemma.

> „His socialization is discontinous in the sense that the cooking and housework he performs as a boy furnish little or no technical or emotional preparation for the vestigial and symbolic aspects of ‚headship'" (Stoodley 1957: 246).

Und so führt er weiter aus, während die Rolle des Haushaltsvorstandes in vorspanischer Sozialorganisation als „primus inter pares" auf einer politischen Bühne mit rituellem Prestige und Verantwortung assoziiert war, wurde die politische Funktion unter spanischer Ägide inhaltsleer. Das Modell des männlichen Haushaltsvorstandes wurde nunmehr mit spanischen Ideen legitimiert, aber nicht durch die praktizierte Familienorganisation. Auch Industrialisierung und amerikanische Ideale können dieses Vakuum nicht füllen, die Position des männlichen Haushaltsvorstandes bleibt funktionslos:

> „The position of male head, then, represents a cul de sac since it lacks any effective prerogative in the family system and any generally available method of legitimizing status outside of the family. To fill the vacuum, many male heads resort to ritualistic acts of dignity and affectations of importance." (ibid.)

Auch wenn Stoodley's historischer Überflug einer argumentativen Dichte entbehrt und daher nicht geteilt werden muss, so passen seine Überlegungen zu der ambivalenten Männerrolle zu meinen eigenen Beobachtungen vor allem in

---

pen kann, dafür mag der mediale Diskurs zum philippinischen Ex-Präsidenten Joseph Estrada stehen. Als berühmter Schauspieler, der sich vor allem mit Rollen des gerechten Kämpfers der Armen in die Herzen der philippinischen Fernsehzuschauer gespielt hatte, wurde Estrada 1998 mit großer Mehrheit zum Präsidenten gewählt. Bereits zwei Jahre später liefert seine undiplomatische Haltung im Friedensprozess mit den separatistischen islamischen Südphilippinen ebenso wie sein ausschweifender Lebensstil mit unzähligen „illegitimen" Kindern, *queridas*, Trink- und Spielgelagen die Vorlage seiner politischen Dekonstruktion. (Siehe auch Philippine Center for Investigative Journalism 2000, e-mail von *forum @starnet.net.ph* an die internationale Südostasien-Forumsliste SEASIAL@LIST.MSU.EDU vom 16.10.2000.)

dem ländlich-proletarischen Kontext, in dem ich teilnehmend-beobachtend gelebt habe und wo die sogenannte patriarchale Vorherrschaft des Mannes mir mehr als Etikettenschwindel denn als Etikette erschien. Frauen agierten nicht nur als ökonomische „Hausmanagerinnen", sondern auch als die spirituellen Beraterinnen ihrer Kinder. Die Pflichten der Hausarbeit wurden, so weit es möglich war, an Kinder oder andere im Haushalt lebende Personen (wie beispielsweise Schwiegermütter, unverheiratete Neffen oder Nichten, verwandte und nichtverwandte *katulongs* – Helferinnen und Helfer – u.a.) delegiert, um im informellen Markthandel zu agieren oder auch „nur", um Besuche zu machen *(magkapit-bahay)* und Spielraum für Zusammenkünfte zum Spiel und Klatsch zu finden. „Hausfrauen" organisierten verwandtschaftliche Zusammenkünfte zu besonderen Gelegenheiten wie Hochzeiten, Todesfesten und Jubiläen und manipulierten ‚politische' Positionen innerhalb der Familie und Verwandtschaftsallianzen. Sie nahmen Einfluss auf die Heiraten ihrer Kinder, mischten sich in beratender Funktion in die Angelegenheiten der Familien ihrer Schwestern und Brüder ein und hielten sich bei der Verheiratung deren Kinder genauso wenig zurück wie bei der Wahl von *comadres* und *copadres*, von rituellen Verwandten. Dass dieses informelle manipulative Agieren innerhalb der „kinship alliance group" nicht nur auf bestimmte Schichten und Arbeitsmilieus beschränkt ist, sondern auch zum politischen Tagesgeschäft der Elite gehört, zeigt die philippinische Politikwissenschaftlerin Roces in ihrer aufschlussreichen Untersuchung zur philippinischen Nachkriegspolitik aus einer „vergeschlechtlichenden" (engendering) Perspektive, in der sie argumentiert, dass den Frauen zwar die Symbole der Macht vorenthalten würden, nicht aber der machtvolle Zugriff auf der Bühne der Verwandtschaftspolitiken.

„In a country where most activities that matter occur ‚underground', so to speak – the underground economy (where small business and money sent home from overseas workers have saved the country from a full-blown recession or depression), underground kinship politics, and underground political wheeling and dealing labelled ‚corruption' – a woman who had access to unofficial power is immensely powerful indeed. If so, women, though largely inhibited from obtaining the symbols of power, may in actual practice be potencially more influential, at least in the area of kinship politics, than their male relatives who hold the institutional symbols of office" (Roces 1998: 65).

Das Aushandeln männlicher Ambivalenz erkenne und lese ich aus unzähligen Alltagsszenen während unseres Forschungs-Aufenthaltes, in denen Männer das Bild des Machos in machistischen Attittüden parodistisch anmutend, ja selbst-ironisch in Szene setzten und sich so im Spiel um eine Geschlechterzuweisung augenzwinkernd zum Narren machten:

Mein Mann Peter suchte des öfteren den 73-jährigen Angelo auf, der als Hudjo und Kreuziger eine profilierte Rolle im Kreuzigungsritual innehatte und daher ein wichtiger Informant in der Forschung meines Mannes war. Nach einem dieser Interview-Treffen berichtete Peter, dass Angelo ihn bereits nach drei Flaschen Bier mit den Worten eines vielbeschäftigten Mannes verab-

schiedet hätte. Er hätte immer so viel zu tun, habe Angelo gezwinkert: „Chicks[75]*, office und sonstige Arbeit. First come chicks", hätte der halbtaube Angelo geschrieen, um die Reihenfolge klarzumachen, und sowohl Peter als auch sein Assistent Carlo hätten in sein männerbündnerisches Lachen eingestimmt. Man hätte sich allgemein grinsend als bekennender Macho solidarisiert und sich gleichzeitig über das offensichtlich Lächerliche dieses Scherzes amüsiert: als ob man ernsthaft glauben könnte, dass ein halbtauber, fast zahnloser, 73-jähriger Mann an vorrangigster Stelle ‚chicks aufreißen' würde?*

Eine andere Szene aus der Hahnenkampfarena spielt gleichsam selbst-ironisch, großspurig mit dem Bild des Machos:

Abbildung 10: Junger Verlierer im Kreis seiner ‚Kumpels'. (Foto: A.L., Mai 1997)

75 Slang für ‚geile Weiber' als entsprechende Übersetzung.

Wie ich im ersten Kapitel bereits andeutete, lebten wir in unmittelbarer Nachbarschaft einer Hahnenkampfarena, und dank Belens sparsamer Spielleidenschaft fanden wir über ein Schlupfloch kostenlosen Zugang in die Arena. So lernte ich während meiner wiederholten Besuche im *sabongan* (Hahnenkampfarena) im Laufe der Zeit bestimmte Spielertypen zu identifizieren. Boy wurde mir von seinen ausgelassenen Kumpels als ein leidenschaftlicher Spieler vorgestellt, der nun leider nicht zu den erfolgreichen Wettsiegern gehöre. Zu oft setzte und versetzte er ungeheuerlich hohe Summen. Eines Tages – er hatte gerade wieder horrende verloren – präsentierte er sich vor mir in Siegerpose: „Give me a shot!" forderte er mich auf, indem er auf meine kleine Handkamera wies, seine Zigarette in den Mundwinkel steckte und seine Arme zum demonstrativen Muskelspiel erhob. Er trug ein auffälliges T-Shirt mit dem Foto-Druck eines nackten Frauen-Oberkörpers.

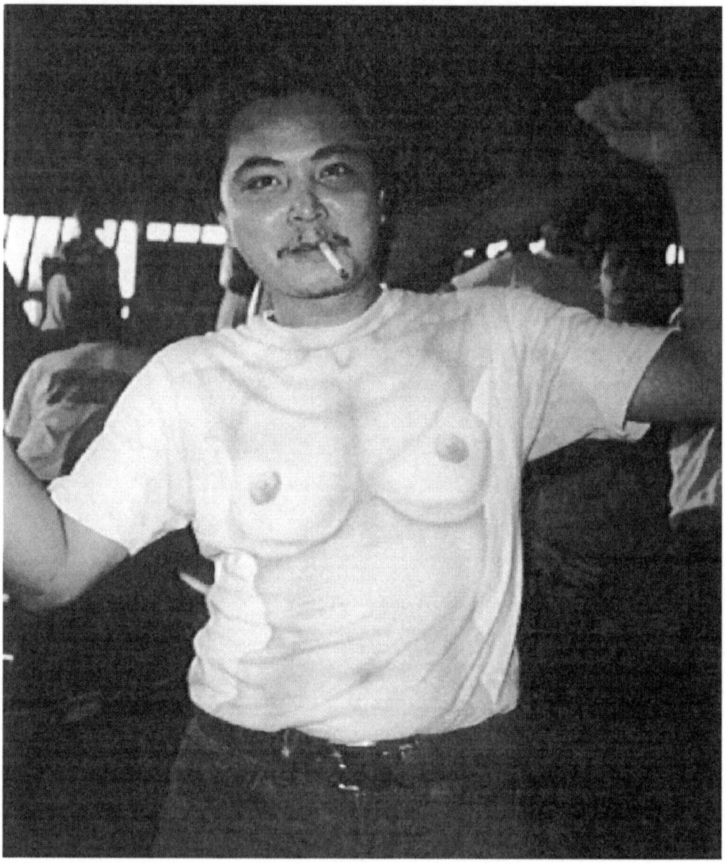

Abbildung 11: Boy „posiert“ für die Kamera der Ethnographin (Foto: A.L. 1997)

In diesem eindeutig männlichen Raum, in dem es um Leben und Tod der Hähne geht, Existenzen zur Schau gestellt werden und Glück und Unglück der Gewinner und Verlierer körperlich spürbar werden, wo der sonst verpönte Schweiß, Geschrei, Gestank und Blut die existentielle Komponente unterstreichen, an diesem Ort transportiert seine Pose zunächst die Botschaft: „Schau(t) her, ich bin ein Frauenheld! Nur ein Macho wie ich kann sich eines nackten Frauenkörpers bemächtigen und zur Schau stellen."

Bei genauem Hinschauen vermittelte sich mir jedoch eine irritierend zweite Leseart, die die Eindeutigkeit der Geschlechterzuweisung (zumal an diesem eindeutigen Ort) parodiert: „Schaut her, ich habe einen vollbusigen Oberkörper!" Er trug nämlich das Foto-T-Shirt wie eine zweite Haut und der Kopf zu diesem Frauenkörper-T-Shirt war der von Boy mit seinen rundlichen weichen Gesichts-Zügen und zartem Schnurrbart. Er war sozusagen in den nackten Oberkörper einer Frau geschlüpft, um diesem seinen Kopf zu verleihen. Gleichzeitig entsprach Boys Performance, Körper- und Kleidersprache nicht der eines *bakla*, eines homosexuellen, effeminierten Mannes, der mit einer „weiblichen" sexuellen Identifizierung die penetrierende Liebe eines Mannes begehrt und sich nun als solcher anbietet. Ein *bakla* würde sich nie in dieser machistischen, „sexistischen" nackten Pose präsentieren, sondern sehr viel artifizieller, kunstvoller und verführerischer auftreten.

Boy überschritt mit seiner Verkleidung nicht Geschlechtergrenzen; vielmehr spielte er mit der Uneindeutigkeit der Geschlechterzuweisung. In Anbetracht seiner zügellosen Spielleidenschaft wäre die Botschaft dann etwa folgende: „Bin ich nicht ein Narr in einer Männerwelt? Habe ich nicht einen sexy (Frauen-)Körper? Und doch bin ich ein Macho, ein närrischer Mann!"

Bakla werden Männer genannt, die sich selbst als Männer „mit einem Frauen-Herzen" bezeichnen und daher Männer begehren, Frauenkleider tragen und weibliche Rollen performieren.
Ein *bakla* zu sein, bedeutet in der philippinischen Rede auch, weder ein Mann, noch eine Frau zu sein, sondern einem sogenannten „third sex" anzugehören. *Bakla* sagen von sich selbst, dass ihre Attraktion und Verführungskünste sehr intensiv seien, die Fähigkeit, einen Mann zu halten hingegen durch die Unmöglichkeit ein Kind zu gebären, bedroht ist. In der öffentlichen Rede nehmen sie eine weibliche sexuelle Identifikation für sich in Anspruch, das heißt die Person zu sein, die einen „wirklichen Mann" begehrt, der im Geschlechtsverkehr der Penetrierende ist. Männer, die mit einem *bakla* verbunden sind, sehen sich in ihrer Virilität nicht in Frage gestellt, im Gegenteil, sie empfinden sich als sexuelle Aggressoren, die in einem *bakla*-Liebhaber eine angenehm devote „Frau" gefunden haben.
Wie in vielen anderen Kulturen so gilt auch auf den Philippinen die Rolle im sexuellen Geschlechtsverkehr – penetrierend oder empfangend -, welche als männlich oder weiblich vergeschlechtlicht wird und für die Realisation von *gender* maßgeblich ist.

„Male sexuality is defined in the first instance not by who one's sexual partners are, but by one's demonstrated ability to be sexual penetrators or inseminators. The sexuality of the ‚bantut', on the other hand, is defined both by their alleged impotency and their receptor role in same-sexual intercourse" (Johnson 1997: 35).

Im Alltag scheinen *baklas* akzeptiert zu sein, man begegnet ihnen mit einer gelassenen, bisweilen spöttischen Toleranz. Gleichzeitig fühlen sich *baklas* zu einem urbaneren Leben hingezogen, wo sie sich gewöhnlich vor allem im Schönheitsgewerbe mit „beauty shops", Frisörsalons und Schneidereien etablieren. *Baklas* werden allgemein als Experten der ästhetischen Transformation geschätzt. So, wie sie sich selbst verwandeln, scheinen sie dafür prädestiniert zu sein, andere (in Schönheiten) zu verwandeln.
Ursprünglich, so Garcia's Argumentation, war die Sexualität von effeminierten und „gender-crossing" Männern (wie *bayoc* and *baybaylan*) kulturell unauffällig – ‚un(re)marked'. (So gibt es keine indigenen Begriffe für Homosexualität oder gleichgeschlechtliche Sexualität). Heute werde nicht nur gleichgeschlechtliches Begehren von ‚gender-crossing' und effeminierten Männern als abweichend betrachtet, dieses Begehren determiniere sie in ihrer Identifikation mit und als Frauen. Das Stigma der gleichgeschlechtlichen Sexualität fokussiere sich ausschließlich auf diese ‚gender-crossing', effeminierten Männer. Diese Stigmatisierung habe laut Garcia seine Wurzeln im kolonial-spanischen katholischen Diskurs der Sodomie, wohingegen die Aufwertung des *bakla* einem metropolitanen westlichen Diskurs zu Homosexualität zu verdanken sei. (Zur „männlichen" Homosexualität siehe Garcia 1996 und Johnson 1997, zu ihrer ästhetischen Kompetenz siehe Johnson 1997 und Cannell 1995, zum Diskurs der Homosexualität auf den Philippinen in seiner historischen Entwicklung siehe Garcia 1996).

Allgemein gilt der *sabongan* als eindeutig männlicher sozialer Raum[76], wo die Kampfhähne stellvertretend für Sieg, Glück, Prestige und Erfolg sorgen sollen. Die Kampfhähne *(mga tandang sasabungin)* werden von ihren Besitzern wie ein Augapfel behütet, zärtlich getätschelt und zur Schau gestellt. In sie wird mit großem materiellen und ideellen Aufwand finanziert, damit sie dann im Kampf, unter lauten Zurufen angestachelt, ihr Äußerstes geben. Wenn schließlich ein großer Favorit im Kampf blutend zusammensinkt, raunt ein Stöhnen durch die Reihen, ebenso wie ein feiger, dem Kampf ausweichender Hahn unisono verlacht wird.

Obwohl dieser Ort sich ausgesprochen männlich repräsentiert, ist er dennoch nicht exklusiv und wird für Frauen nicht tabuisiert[77]. Frauen treten hier

76 Zum Hahnenkampf siehe auch Guggenheim 1982 (1994) und Aguilar Jr. (1998: 31-62). Aguilar interpretiert den Hahnenkampf in seiner historischen Entwicklung und sieht ihn als Bühne der (kolonialen) Unterwerfung wie auch des Widerstandes, als „a celebration of both fact and fiction" (1998: 50).

77 Unter kolonialen Hahnenkampf-Reglements von 1861 waren Frauen jedoch von der Hahnenkampfarena ausgeschlossen (zit. nach Aguilar 1998: 236).

nicht nur als Verkäuferinnen von Getränken und Snacks auf, sondern auch als Züchterinnen[78] und Wetterinnen. Wie ich in Begleitung von Belen und ihren Freundinnen lernte, können (sollen und wollen) Frauen ihre Auftritte allerdings nicht so offensiv und laut organisieren, wie dies Männer tun: So suchten sich meine Begleiterinnen einen verantwortungsvollen männlichen Vermittler aus, der gegen eine entsprechende Provision mit ihnen in Blick- und Zeichenkontakt stand, um dann gestenreich und laut ihre Wetteinsätze an die entsprechenden *Kristo*[79] weiterzubrüllen.

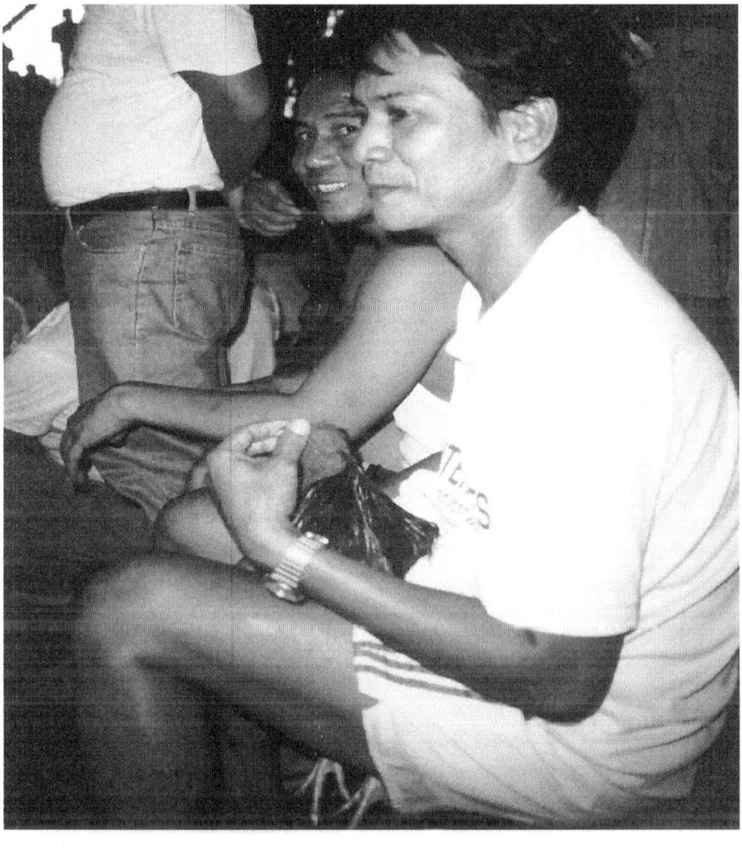

Abbildung 12: Kampfhahn in liebevoll umsorgter Ruhestellung (Foto A.L.)

78 So war in der Region Bulakan eine erfolgreiche Kampfhahnzüchterin bekannt, bei der besonders siegreiche Hähne zu erwerben waren.

79 Das sind eine Art Wettmanager, die – einem Börsenbroker ähnlich – in der kurzen lauten, nur auf Zurufen basierenden Wettphase mit ausladenden Armgesten den Überblick wahren. *Kristo* würden sie genannt, weil sie mit ihren ausgestreckten Armen an die Körperhaltung des gekreuzigten Christus erinnerten.

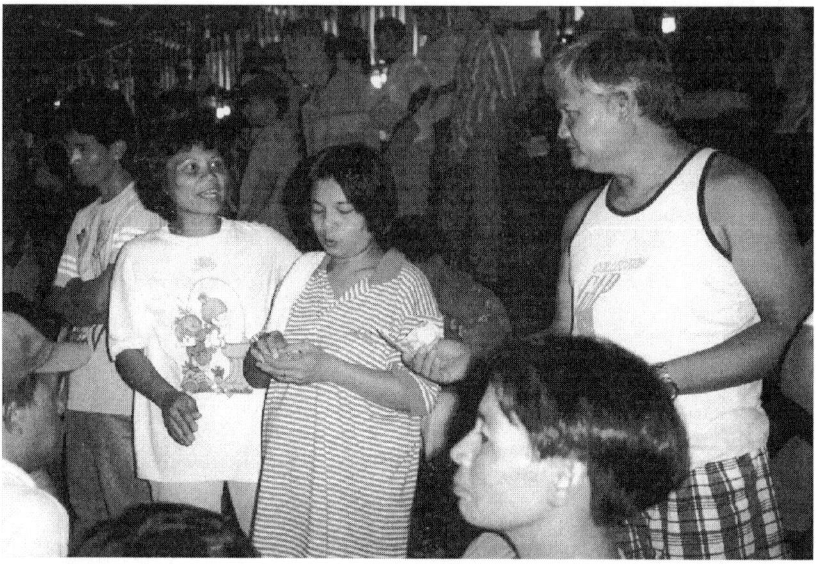

Abbildung 13: Im *Sabong*, Wettgeld zählend (Foto: A.L.)

In der Familie Oleveron, an deren Alltag ich unmittelbar teilnehmen konnte, fügten sich die gelebten Gender-Praktiken nicht nahtlos in das prototypische Bild der gedachten Ordnung. Ohne Zweifel war Ising ein guter Mann. Er nahm die Rolle des Verdieners gewissenhaft und verantwortungsvoll wahr, wenn er sie auch in Zeiten der Arbeitslosigkeit nicht immer ausreichend ausfüllte. Ising gab sich keinen ausschweifenden Unternehmungen mit seiner *barkada* hin, gerierte sich nicht als viriler Macho und wenn er sich dem männlichen Ritual des gemeinsamen Trinkens und Kartenspielens hingab, so immer maßvoll. Ebenso zweifellos erfüllte Belen die Rolle einer guten Frau, die sich immer für ihre Familie einsetzt und arbeitet. Entgegen dem Prototyp, wonach eine Frau arbeitet und leidet, konnte ich bei ihr nur schwer eine Leidenspose ausmachen. Mit ihrer tatkräftigen Experimentierfreude verfolgte sie allerlei markthändlerische Aktivitäten, legitimierte jedes Glücks- und Kartenspiel und ließ selbst die Hahnenkampfarena *(sabongan)* nicht aus. Sie sei eben keine leidenschaftliche Spielerin oder Zockerin. Selbst beim Hahnenkampf würde sie immer vernünftig rechnen. Ihr Einsatz sei risikoarm und bei einer Pechsträhne könne sie rechtzeitig aufhören. Dass die Sonntage, die ja für den Kirchgang vorgesehen sein sollten, besonders beliebte Spieltage sind, vermittelte sich uns erst allmählich, nachdem wir uns selbst als säumige und ignorante Kirchgänger an den strengen Augen des Patron Aldabe vorbeigemogelt hatten.

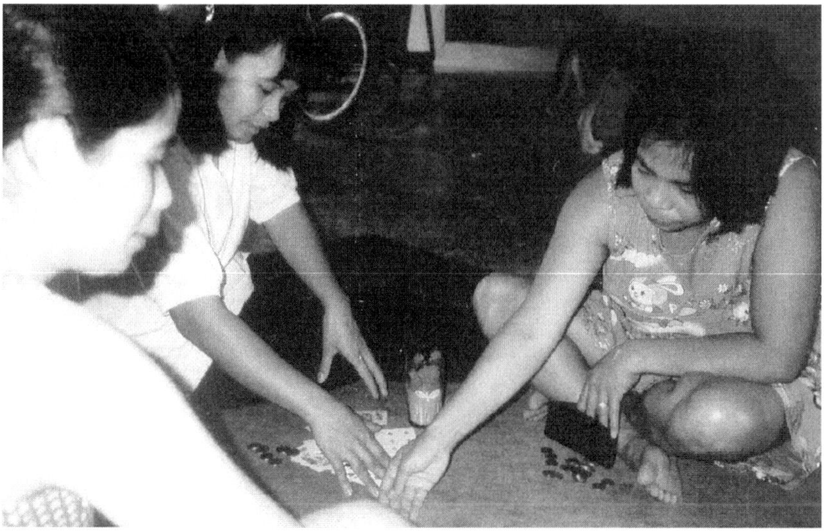

Abbildung 14: Beim Kartenspiel mit Geldeinsatz (Foto: A.L.)

Im Reden über das triadische *querida*-System und die darin Involvierten erfuhr ich einige Ansichten über die Güte und Schwierigkeit von Männern und Frauen. Dabei ist im Gespräch der Ehe-Frauen die *querida*, die andere Frau und Geliebte, nicht der Ehemann die Unverantwortliche.

Vickey und Belen waren sich einig, dass ihre Freundin Joy, die von ihrem Mann wegen einer „anderen", verlassen wurde, eine wahrhaftige Größe von Güte ausstrahle. Ihre Güte (kabaitan) *lese sich daran ab, dass sie ihren Mann immer noch bei sich empfinge, obwohl er mit der anderen Frau auch bereits zwei Kinder habe und ihn weder mit Wut noch Eifersuchtsattacken belästige. Joy sei wirklich zurückhaltend, ihren untreuen Mann auch finanziell unter Druck zu setzen, und das, wo sie nun tatsächlich arm sei und sich und ihre vier Kinder mit allen möglichen Aktivitäten – unter anderem auch als Losverkäuferin eines illegalen, aber sehr beliebten Lottospiels* jueteng *– über Wasser halten müsse.* „Talaga mabait na mabait si Joy – *Joy ist wirklich eine ausgesprochen Gute" bestätigten Vickey und Belen mein kopfschüttelndes Verwundern immer wieder. Sie sei gut, aber doch auch bedauernswert* (kaawa-awa naman) *in ihrer gedemütigten Position.* Susmariosep[80], *die andere sei die Hässliche, mit einem Gorilla-Gesicht, so aufreizend unattraktiv (im Gegensatz zu dem attraktiv Bescheidenen von Joy). Außerdem wäre die andere eine eifersüchtige Furie, hässlich und habgierig, aber eben* „magaling sa kama – *besonders gut im Bett" und „full of sex,". Deswegen kann der Mann nicht von der anderen lassen, er wäre kein Mann, würde er darauf nicht reagieren!*

80 Ausruf: „Jesus, Maria und Joseph".

Für Männer scheint es ein notwendiger Ausdruck ihrer Männlichkeit *(pagkalalaki)* zu sein, sich anderen Frauen gegenüber nicht zu verweigern. Anfällig seien Männer verständlicherweise vor allem in Zeiten der Schwangerschaft und der anschließenden Stillzeit der Ehefrau (vgl. auch Yu/Liu 1980: 186).

Obwohl die meisten *querida* sich nach dem Tag sehnen, an dem sie der alleinige Fokus der Zuneigung des Mannes sind, sind sie sich der Tatsache bewusst, dass dies nur in seltenen Fällen eintreten wird. Für eine *querida*, die sich ‚in den falschen Mann verliebt hat', kann daher eine Schwangerschaft, so schamvoll auch immer, einen ökonomischen Anspruch erwirken. In ihrem Interesse ist es daher, diese illegitime Liaison über gemeinsame Kinder zu stabilisieren.

„Caught in the precarious position of being without a valid marriage contract – and therefore vulnerable not only to social ostracism from all sources, but also to legal charges of adultery – the querida quickly realizes that having children with her querido is the best way of forging a commitment and alleviating her anxiety about being forsaken for another woman. If the querido leaves her for another querida, she can at least have a legitimate economic claim on him through the children he has fathered. The law, after all, protects her children, notwithstanding their illegitimay“ (Yu/Liu 1980: 202).

Aus der Perspektive der legalen Ehefrau wiederum geht es darum, so schnell wie möglich die Liaison zu der *querida* mit ihren spezifischen Druckmitteln zu beenden, will sie nicht die Einnahmen des Mannes mit einer *querida* teilen, woran sie als Managerin des Haushaltsbudgets keinerlei Interesse haben kann. Je mehr Kinder sie selbst mit dem Ehemann hat, desto leichter wird es sein, ihre Verwandten und die des Ehemannes um der Kinder willen auf ihre Seite, zur Unterstützung ihrer Interessen, zu ziehen. Einem Mann, der nicht einmal seine eigene Familie unterstützen kann, wird eine *querida* im öffentlichen Ansehen nicht so leicht verziehen, er gilt trotz seiner Männlichkeit als unverantwortlich.

Für einen Mann schließlich gilt ein doppelter moralischer Standard. Solange er sich nicht unverantwortlich zeigt und für seine Ehefrau berechenbar bleibt, kann er mit Verständnis rechnen. So kann ihm eine *querida*-Beziehung Entlastung in einer ihm unerträglichen Ehe-Beziehung bieten. Die geduldete Möglichkeit, auf eine *querida* auszuweichen, kann er als Druckmittel einsetzen, um dominierende und undiplomatische Machtgelüste seitens der Ehefrauen zu zügeln. Mit anderen Worten, bemüht sie sich nicht, ihrem Mann eine gute Ehefrau zu sein, läuft sie Gefahr, ihn an eine *querida* zu verlieren. So unterläuft und stärkt das *querida*-System gleichermaßen die Institution der Ehe und Familie (vgl. Yu/Liu 1985: 179-202). Dass dieses triadische Beziehungsgeflecht „phallogozentrische" Praktiken stützt und Gefahr laufen kann, in völlig unausbalancierte und dramatische Richtungen auszuschlagen, zeigt ein besonders drastisches Beispiel eines „schürzenjagenden“ Ehemannes und einer duldenden Frau, nachzulesen in Aguilar (1991: 97-114), einem Compendium, wo die Selbstzeugnisse von zehn Frauen mit unterschiedlichen sozio-ökonomischen Hintergrund zusammengetragen sind:

Isabell bekam 10 Kinder mit einem Mann, der auch noch weitere 28 Kinder zu versorgen hatte.
„This was what I said: ‚You are looking for a woman who loves you. I never leave you lacking in anything. What else is missing?' He confessed that he could not understand himself and that he could not stand his own life. He confessed that he was constantly looking for excitement. He was sobbing as he spoke. He said that it was a big burden to him that his children were dispersed. I was crying, too, because I felt sorry for him. I told him, that he could still straighten his life out, that it was possible to do that. Because of this, others called me a martyr. But they misunderstand. It's not only that I loved him; I also felt sorry for him. What would happen if I left him? He said he realized he would be in a pitiful state because no woman would stick by him ..." (ibid. S. 109).
Am Ende wird der Mann ermordet und eine Menge von Frauen und Kindern streiten um den Nachlass (ibid. S. 97-114).[81]

Ein anderes Beispiel erinnere ich noch aus meiner ersten Forschungszeit auf den Philippinen im Jahre 1988, wo ich mich einige Wochen in der Provinzstadt Calapan auf der Insel Mindoro aufhielt. Damals erstach meine damalige Nachbarin im Affekt die Geliebte ihres Ehemannes und Mutter eines gemeinsamen einjährigen Kindes mit diesem Mann. Ich erinnere noch, wie irritiert ich war, als die Ehefrau von jeglicher Gefängnisstrafe freigesprochen wurde, woraufhin der Ehemann wieder zurück zur Ehefrau kehrte. *„Ganyan ang buhay namin* – so ist das Leben bei uns", war damals der lapidare Kommentar einer Bekannten, die nicht müde wurde, mich mit weiteren Geschichten zu versorgen (Forschungsjournal von 1988).

Meine bisherigen Ausführungen sollten die simple und doch so folgenreiche Erkenntnis illustrieren, dass zwischen äußerer Form und Inhalt ebenso unterschieden werden muss wie zwischen dem Ideal der erdachten Ordnung und der gelebten, alltagspraktischen Wirklichkeit. Das *querida*-System – um bei diesem zuletzt genannten Gender-Gemälde zu bleiben – stellt eine große Spannbreite von doppelbödigen Handlungsmodellen zur Verfügung. Aus der Perspektive junger unverheirateter Frauen beispielsweise ist die abschreckende Vorlage der ungesühnt ermordeten Geliebten genauso denkbar wie die glamouröse Erfolgsstory der Ex-Geliebten Rosmarie Baby Arenas des früheren Präsidenten Fidel Ramos. Diese konnte ihre ehemaligen Vergünstigungen als Geliebte so geschickt einsetzen, dass sie der First Lady Ramos auf der politischen Bühne ebenso wie in den Medien regelrecht die Schau stahl (Roces 1998: 56ff.).

Deutlich sollte außerdem geworden sein, dass verallgemeinernde, einheitliche Aussagen über Geschlechterordnung und Machtstrukturen in philippinischen Ehen in einer so heterogenen Gesellschaft wie den Philippinen schwer festzumachen sind. Das schnell herbeizitierte Stereotyp der unterwürfigen,

81 Illegitime Kinder aus einer nicht-ehelichen Beziehung haben denselben bindenden Rechtsanspruch auf eine Erbschaft wie die legitimen (Sison 1973, zit. nach Yu/Liu 1980: 183).

von patriarchalen Strukturen ausgebeuteten Frau greift genauso wenig, wie das andere Ende der Argumentation, die die mütterliche Entscheidungsmacht in Haushalt und Familie geradezu glorifiziert und mystifiziert oder „matriarchale“ Strukturen beschwört. Im Ausloten des Verhältnisses von Geschlecht und Macht wollte ich statt dessen die vielfältigen Komplexitäten und Ambivalenzen zur Sprache bringen, die Frauen und Männer in ihren alltäglichen Konfrontationen des Mächtigseins und gleichzeitig Nicht-Mächtigseins verhandeln.

Bis heute formen und prägen die widerstrebenden Momente von Gleichheitstradition und Doppelmoral die Beziehung von Mann und Frau und verwischen die Frage, wer die tatsächliche Macht hat. Jedenfalls scheint es so, dass philippinische Frauen nicht bereit sind, untergeordnete Positionen zu akzeptieren (vgl. Medina 1991, Mulder 1997: 129) und nicht zuletzt auf der Bühne der Verwandtschaftspolitiken wenn nicht vordergründig, so doch hintergründig machtvoll agieren (Roces 1998).

Um die Dimensionen weiblicher Macht und Ohnmacht in den heutigen Philippinen zu verstehen, war es mir daran gelegen, Frauen und Männer im Aushandeln dieser Widersprüche und Ambivalenzen zu beschreiben. Dabei erweisen sich die Ambiguitäten als gar nicht so uneindeutig, sondern vielmehr als ein spezifisches Ergebnis unterschiedlicher historischer Beziehungen von Macht und Widerstand, durch welche verschiedene kulturelle Subjekte geschaffen wurden und sich selbst wieder erschaffen.

Dieses Kapitel schließt daher mit einer Zusammenschau des historisch gewachsenen Mosaikbildes unter „vergeschlechtlichter“ Perspektive und spannt damit den Bogen wieder zu Kapitel 2, wo die Frage nach philippinischer kultureller Identität als eine durch mehrere historische Präsenzen geformte erörtert wurde.

Starke Frauen, fragile Identitäten

Besucher, die auf den Philippinen an einen der unzähligen *Fiestas* teilnehmen, erleben beim Betrachten der vorbeiziehenden Prozessionen, die zu jeder Fiesta gehören, augenfällig das Mosaik der Geschlechter-Bilder und -Symbolismen.[82] Hinter amerikanisch inspirierten „Cheer-Girls“ defilieren wie Prinzessinnen herausgeputzte Mädchen, begleitet von galanten Jungen, gefolgt von der festlich gekleideten „Einheit der Paare“, auf die als nächste Gruppierung der „Mothers-Club“ folgt usw. Den Zuschauern wird eine Zusammensetzung geboten mit Aspekten vorspanischer Symmetrie, von spanischem Katholizismus und amerikanischen Glamour.

82 Fotos aufgenommen 1997

Abbildung 15: Fiesta

Abbildung 16, 17: Kleine „Maria Claras“

Abbildung18: „Cheer Girls“

Abbildung 19: „Motherclub“

Abbildung 20: „The *best* couple”

Abbildung 21: Young couples

Die philippinische Feministin Carmen Nakpil Guerrero beschreibt die philippinische Frau als ein Produkt dreier Männer in ihrem Leben: Der asiatische Ahne, der spanische Mönch und der Americano, und etwas romantisierend fährt sie fort, mache genau diese Mischung sie unvergleichlich weiblich und philippinisch:

„Perhaps in a few generations, the Filipina will crystallize into a clear pure, internally calm, symmetrical personality, with definite facets in the predictable planes. Perhaps, in time, the different strains which now are within her in mongrel contradictions will have assimilated into a thoroughbred homogenity. But when that happens the Filipino women will have lost the infinite unexpectedness, the abrupt contrariness, the plural unpredictability which now make her so womanly and so Filipino“ (Nakpil Guerrero 1962).

„Women's studies“ auf den Philippinen haben einen Diskurs etabliert, der in groben Zügen die stereotypen Muster nationaler Geschichte in ähnlich stereotypen Formeln weiblicher Geschichte widerhallen lässt: die relative Freiheit und Gleichheit der vorspanischen Ära[83] wurde durch den erbarmungslosen Kolonialismus zerstört, der die lokale Gesellschaft über Generationen ausbeu-

83 Die Vision der vorspanischen Philippinen zeichnete keine signifikante Geschlechter-Ungleichheit. Männliche politische Dominanz, so wird argumentiert, wurde durch weibliche religiöse Dominanz ausgeglichen. Die Komplementarität der Geschlechter war so nicht nur eine kulturelle Mythe, sondern soziale Realität gewesen (Salazar 1996).

tete, bis sie durch die revolutionäre Glut des späten 19. Jahrhunderts wieder befreit wurde.

Was in feministischen und nationalistischen Diskursen fast wie eine Mystifizierung einer glorreichen philippinischen Vergangenheit klingt, wird in der südost-asiatischen Geschichtsschreibung etwas moderater, aber dennoch unwidersprochen anerkannt: Im Vergleich zu den später folgenden spanischen Normen und im Vergleich zu Ost- und Süd-Asien gelten die vorspanischen Philippinen (wie viele andere südost-asiatische Gesellschaften als *relativ* geschlechtersymmetrisch (Blanz-Szanton 1990, Karim 1995, Infante 1969, Errington 1990, Reid 1988, vol. 1, S.146-72).[84]

Unbestritten ist weiterhin, dass ab dem 16. Jahrhundert den kolonisierten Philippinen durch den katholischen spanischen Staat eine Ideologie auferlegt wurde, die Charles R. Boxer mit „Mary and Misogyny" beschreibt (Boxer 1975). Frauen wurden nicht nur formal von jeglicher politischen Rolle ausgeschlossen, sondern auch in der religiösen Sphäre durch katholische Priester ersetzt. Die auferlegte Geschlechterideologie war massiv paternalistisch und definierte die Frau als eine dem Manne untergeordnete Person.[85]

Zweifellos ist davon auszugehen, dass philippinische Frauen-Geschichte weitaus dynamischer und abwechslungsreicher verlief, als sich dies im stereo-

---

84 In seinem wichtigen Beitrag zur südost-asiatischen Geschichtsschreibung hat Reid europäische und chinesische Reiseberichte ausgewertet und besondere Aufmerksamkeit auf vorkoloniale Geschlechterkonstruktionen gerichtet. Nach Reid kommentierten die frühesten europäischen männlichen Beobachter häufig die Macht und Freiheit lokaler Frauen, wobei sie besonders von deren sexuellen Freiheiten beeindruckt gewesen schienen. Reid berichtet, dass Jungfräulichkeit bedeutungslos gewesen sei und dass Scheidungen sowohl von Frauen als auch von Männern leicht zu erwirken waren. Während in Europa und Südasien Frauen eine Mitgift in die Ehe brachten, zahlen in den meisten Teilen Südost-Asiens die Männer einen Brautpreis, verrichten einen Brautdienst und leben die erste Zeit uxorilokal. Uxorilokale Bedingungen prägten auch die „Mischheiraten" der frühen Kolonialzeit. So war die koloniale herrschende Klasse matrilinear in dem Sinne, dass die männlichen Immigranten, die ohne Frauen gekommen waren, in die lokalen Familien hineinheirateten und der Klan die Ankömmlinge in sein Netzwerk aufnahm und seine sozio-ökonomische Position erweiterte (siehe auch Kapitel 2).

85 Als Gegenbeispiel ist allerdings der Kult um die Jungfrau Maria zu nennen, der früh eingeführt wurde und sich weit verbreitete. Von der „Virgin of Antipolo" bis zu „Our Lady of Peñafrancia" wurden die Manifestationen der Mutter Jesu zu sehr populären und potenten religiösen Symbolen bis hin zu dem Punkt, an dem ein Beobachter den Eindruck bekommen könnte, dass sie heiliger sei als ihr Sohn (vgl. Wendt 1994). Ihre Rolle war dennoch nicht die einer Göttin, sondern die einer Vermittlerin, die zugänglicher ist als die Göttlichkeit selbst. In einer Kultur, in der der Zugang zur Macht indirekt – nämlich durch die Vermittlung eines Freundes, Verwandten oder Kollegen – angestrebt wird und nicht durch direkten Kontakt mit der höheren Autorität, erstaunt es nicht, dass die höchste Vermittlungsinstanz sehr verehrt wird und eine Frau ist.

typen Kurzschluss anbietet.[86] Bis heute jedoch ist die koloniale Etablierung im 19. Jahrhundert und ihre gender-spezifischen Implikationen ein vernachlässigtes Untersuchungsfeld.[87] In welchem Ausmaß „traditionelle" Geschlechterrollen in diesem dynamischen Jahrhundert bewahrt oder transformiert wurden, und inwiefern dies klassen- und regionenspezifisch geschah, ist daher ein weites Feld zukünftiger Forschung (vgl. auch Owen 1998).[88]

Die koloniale Entwicklung hin zu kapitalistischen Produktionsbeziehungen ging einher mit einer ideologischen Kontrolle der weiblichen Partizipation daran (Eviota 1992). Diese Prozesse scheinen dabei untrennbar von der ideologischen Kontrolle der weiblichen Sexualität zu sein. Mit dem Kapitalismus

86 Frauen waren in Bewegung zu Grenzen und Städten. Sie waren nicht nur Subsistenzbäuerinnen, Weberinnen und Kirchgängerinnen, sondern Markthändlerinnen, Tabakblättersortiererinnen, Zigarettenherstellerinnen, Lehrerinnen, Hebammen, Nonnen, Wäscherinnen, Dienstpersonal und kommerzielle Sexarbeiterinnen. Sie heirateten nicht nur arrangiert, sondern jung oder überhaupt nicht. Sie waren alleinstehende Mütter – zumindest in den Augen der Kirche. Sie besaßen Eigentum, verfolgten Schuldner und streikten um bessere Löhne (Camagay 1995). Und als die Revolution kam, waren sie auch nicht unsichtbar.

87 Eine seriöse (neo-marxistische) Aufbereitung der ökonomischen und sozialen Genderordnung in der philippinischen Geschichte gibt Eviota 1992. Der dynamische Prozess im Manila des 19. Jahrhundert und die Konsequenzen für die sozialen und ökonomischen Rollen von Filipinas – jenseits von allgemeinen „spanische-Ära-Stereotypen" – wurde von Camagay 1995 untersucht.

88 Die am besten dokumentierten Filipinas des 19. Jahrhunderts sind Mitglieder der neuen Elite in Manila. Die Kenntnis darüber ist jedoch weniger systematisch, denn impressionistisch und anekdotenhaft, wobei als wichtige Quellen die Novellen eines Rizal, die Beobachtungen der europäischen Reisenden und die Erinnerungen der *Ilustrados* gelten. Manila jedoch repräsentiert nur einen Teil der Philippinen, die Ende des 19. Jahrhunderts vor allem agrarisch strukturiert waren und nur noch wenige andere städtischen Zentren (wie z.B. Cebu und Iloilo) kannten. Provinz-Eliten und städtische Eliten mit ihren regelmäßigen Kontakten und Reisen nach Manila einerseits, ihrer größeren Nähe zu den ländlichen Strukturen andererseits ließen sich in nuancierten Analysen als so etwas wie eine „in-between"-Klasse repräsentieren, die einerseits in größerem Umfang mit traditionellen Werten konfrontiert waren, andererseits – im Falle der Zuckerplantagen – aber auch wachsenden neuen Möglichkeiten gegenüberstanden (Larkin 1993: 101-124). Wendet man den Blick von der Elite zur gemeinen Bevölkerung, so verlangten die regionalen Ökonomien (Tabak, Abaca und Zucker) spezifische Arbeitsökonomien und -aufteilungen. Die Tabakproduktion mag dabei am ehesten der traditionellen Reiskultivierung ähneln mit komplementären Arbeitsrollen und -aufteilungen, während Abaca- und Zucker-Anbau mehr „männliche" Arbeitskraft verlangte. Holzfällen, Minenarbeit und Transport des „cash crop“ zu den Häfen waren vor allem männliche Aktivitäten, wohingegen Frauen beim Weben, Spinnen und lokalen Kleinhandel dominierten. Hier jedoch sahen sie sich zunehmend einer chinesischen männlichen Konkurrenz konfrontiert, die ihr kommerzielles Netzwerk über die ganze Provinz ausdehnten.

entwickelten sich sogenannte Klassen-Sexualitäten, indem die – historisch gesehen – zunächst bürgerliche Sexualität in ihren allmählichen Verschiebungen und Übertragungen zu spezifischen Klasseneffekten führte (Foucault 1983: 153).[89] Die Erweiterung einer kolonialen, bürgerlichen Sexualität und die Kommodifikationen des Körpers sind auch im philippinischen Kontext von Bedeutung, wo westliche Modelle mit pseudo-traditionalistischen Konstrukten im Bild der Häuslichkeit kombiniert wurden. In einer idealisierten Erweiterung des Oberschichts-Wertesystems wurden Frauen zu elaborierten ästhetischen Objekten und suchten Ruhm und Erfolg als Töchter, Ehefrauen und Mütter.

Ohne die Diskrepanz zwischen öffentlicher Gender-Ideologie und täglicher Realität im Detail ausbuchstabieren zu können, muss konstatiert werden, dass Filipinos zu weiten Teilen spanische patriarchale Werte übernommen haben. Analytische Quellenkritik beleuchtet jedoch, dass sie dies durchaus auf der Folie ihrer Komplementaritätstradition taten, indem sie die Aspekte des Christentums hervorhoben, welche Komplementarität und Gleichheit betonten (vgl. oben Fußnote 69).[90]

Die Verwendung von Bildern zur Verbreitung populärer Symbole ist Teil einer sich entwickelnden kapitalistischen Kultur. Und spektakuläre Bilder durchlaufen – so Baudrillard – verschiedene aufeinanderfolgende Phasen bis sie zu einer Simulation ihrer selbst werden.[91]

---

89 Foucault argumentiert ziemlich funktionalistisch, dass die sexuelle Repression im viktorianischen Europa tatsächlich eine sexuelle Inbesitznahme war, die privilegierte Wissensfelder etablierte. Die Bestätigung (affirmation) des Körpers war eine klassenbewusste Entwicklung, die mit der bürgerlichen „müßigen" Frau begann und durch medizinische Vorsorge und Kinderpflege der herrschende Klasse ihr eigenes Überleben sicherte. Diese Techniken der Intensivierung des Körpers (durch Problematisierung der Gesundheit und ihrer Funktionsbedingungen) verbreiteten sich als eine Form der sozialen Kontrolle erst sehr viel später mit der Industrialisierung und noch viel später mit der kapitalistischen Entdeckung des Körpers als ein Objekt des Konsums (Foucault 1983: 145ff).

90 Texte, die uns heute zur Verfügung stehen, sind von Männern geschrieben, die über Geschlechterverhältnisse reflektierten. Zu nennen sind vor allem:
- *Urbana at Felisa*, eine Art Knigge, um 1860 von einem säkularen Priester, Modesto de Castro geschrieben. Er wendet sich mit diesem Etiketten-Handbuch an das aufstrebende Bürgertum.
- Die berühmte Novelle *Noli me tangere* von dem Ilustrado Jose Rizal – ein Produkt der philippinischen Elite.
- Und die philippinische *Pasyon*, das sind populäre religiöse Verse zur christlichen Leidensgeschichte, – ein Text für die Massen, für jedermann und jedefrau.
- Weitere folkloristische, literarische, theatralische und musische Texte *wie awit, corrido, kundiman, zarzuela, moro-moro* ect. harren ihrer quellenkritischen Lektüre und Erforschung.

91 In der ersten Phase wird eine maßgebende Realität reflektiert, die zweite Phase verschleiert und pervertiert diese Realität, die dritte vertuscht die Abwesenheit

Mit den Figuren der *Maria Clara*, der *Inang Bayan* („Landesmutter“) und der *beauty queen* wurden entlang historischer Präsenzen dominante Bilder geschaffen, die einen Diskurs autorisieren, zu dem städtische Arme oder Landfrauen jedoch relativ wenig beigetragen haben, und dessen Politiken oft unangemessen sind bezüglich deren täglichen Lebens. Dennoch sind die „lowerclass“ Frauen diesen Ideologien ausgesetzt, die sie herausfordern, sich neu zu definieren. [92]

In der feministischen Diskussion um die Ikone *Maria Clara*, erschaffen von **dem** Nationalhelden Jose Rizal, rang man lange um die Frage, mit welcher Intention er Frauen repräsentieren wollte. Die hellhäutige Maria Clara mit den fast europäischen Gesichtszügen[93] steht – wie oben beschrieben – für ein „pseudotraditionelles“ Ideal der guten Frau.

In Rizals berühmten Novelle „Noli me tangere” stellt sie die geliebte Protagonistin der revolutionären Hauptfigur Crisostomo Ibarra dar. Sie wird als schöne und zerbrechliche Person beschrieben, die Opfer unglückseliger Lebensumstände ist. Geboren aus einer verbotenen Beziehung zwischen ihrer Mutter Dona Pia Alba und dem Franziskaner-Priester Padre Damasco, aber aufgewachsen in dem Glauben, dass der wohlhabende Bürgermeister Tiaga ihr Vater sei, erleidet sie extreme Ängste bis zur Enthüllung der Wahrheit. Ihre Gemütsverfassung ist labil, und im Tausch gegen die Offenbarung ihrer Identität betrügt sie ihren Geliebten Cristomo Ibarra, einen liberalen spanischen Mestizo, der gerade von seinen Studien aus Europa zurückgekehrt war: sie übergibt seine Briefe an den Beichtvater Padre Salvi, der Ibarra aufgrund dieser Briefe zum Hauptverdächtigen eines missglückten Aufstandes erklärt. Mit ihrem labilen Charakter begeht sie einen Fehler nach dem anderen. Sie löst die Verlobung zu Iabarra auf, um auf Anweisung ihres biologischen Vaters einen Spanier zu heiraten. Sie plant jedoch eine Flucht mit ihrem Geliebten. Aber als sie von Ibarras vermeintlichen Tod erfährt, entsagt sie der Welt und geht ins Kloster, um dort von ihrem Beichtvater Padre Salvi missbraucht zu werden. Ibarra starb natürlich nicht wirklich, die Autoritäten töteten einen anderen – Elias – während Ibarra entkam. Als er Maria Clara aus dem Kloster retten will, stirbt sie vorher.

Während die einen in dem Porträt der Maria Clara einen satirischen sozialkritischen Kommentar sehen wollen, verzeihen andere Rizal, zumindest teilweise diese Figur, da er neben der Ikone Maria Clara auch noch andere Frauencha-

---

einer zugrunde liegenden Realität, in der vierten Phase besteht keine Beziehung zu was auch immer für einer Realität, sie ist ihr eigenes reines Trugbild (simulacrum) (Baudrillard 1983 nach Murray 1991: 5).

92 So werden beispielsweise ihre ökonomischen Subistenz-Überlebensstrategien im informellen Sektor (z.B. als Straßenverkäuferinnen, oder gar als Prostituierte) von der herrschenden Schicht nicht als wertvoll erachtet. Auch wenn sie nicht direkt ausgegrenzt werden, gibt es eine Reihe von Sanktionen gegen den informellen Sektor im allgemeinen. Das moralische Mittelschichts-Bild einer guten Frau hebt die Ideologie der Kernfamilie hervor, welches mit der möglichen ökonomischen Autonomie und Entscheidungsfreiheit einer Beschäftigung im informellen Sektor kollidiert.

93 „Als Kind waren ihre Locken fast blond; ihre Nase war schmal und gerade; der kleine Mund war voller Anmut [...] ihre Haut war, wie die närrisch in sie verliebten Verwandten behaupteten, zart wie eine Zwiebelschale und weiß wie Baumwollblüten [...]“ (Rizal 1987: 45/6).

raktere geschaffen hat, die tapferer und humorvoller waren als sie (Santiago 1992: 121ff.).

Frauen mochten Maria Clara als Modell philippinischer Weiblichkeit nehmen, aber zur selben Zeit stellten sie sich den Herausforderungen, die Kolonialismus und Kapitalismus an die philippinische Gesellschaft stellten. Filipinas machten das Beste aus ihrer Situation, sie migrierten oder blieben, wie es erforderlich war, sie arbeiteten in neuen Industrien oder in herkömmlichen Reisfeldern, sie heirateten, unterstützten den Staat und gingen zur Kirche, wenn sie sich danach fühlten. Sie mochten Maria Clara als ein Ideal bewundert und bemitleidet haben, aber sie zeigten sehr viel mehr Findigkeit, als diese es ihnen je vorgemacht hatte. „And yet she [the Filipina] remained industrious, resourceful, and strong and used daily images of femaleness that did not quite match the Spanish versions" (Blanc-Szanton 1990: 380).

In seinem berühmten Essay „Letter to the Young Women of Malolos" *(Sa mga kababayang dalaga sa Malolos)* konkretisiert Rizal sein Bild einer guten Frau: Eine wahre Filipina sollte aufgeklärt sein und zum Wohle der Nation beitragen. Eine gute Frau sollte eine tüchtige Gefährtin sein, aber eine absolute Notwendigkeit war es, eine gute Mutter zu sein.

Rizals starke Bewunderung für und Identifikation mit seiner eigenen Mutter ist bekannt und die Gleichsetzung der Liebe zur Mutter mit der Liebe zum Heimatland zieht sich durch sein Werk.[94] Im Kontext des philippinischen Nationalismus des 19. Jahrhunderts hat die Assoziation von Mutter und Nation eine starke suggestive Wirkung. Während die spanischen Väter aufgrund ihrer kolonialen Exzesse eine negative Folie für die Produktion eines Ilustrado-Bewusstseins darstellten, wurden die Mütter zu einer zentralen Metapher im nationalistischen Denken. Sie wurden imaginiert als die Quelle der Sprache, mit der Nationalbewusstsein ausgedrückt wird. Ilustrado-Söhne definierten ihre Beziehung zum Mutterland in familiären Begriffen. Die Liebe zur Nation mit der Liebe zur Mutter gleichzusetzen idealisierte erstere in Begriffen letzterer. „Thus could sacrifice and loss appear necessary and reasonable: by acting

94 Siehe Rafael (1995b: 133-158), der diese Beziehung aufschlussreich analysiert, indem er Metaphern von Träumen, Erinnerungen, Übersetzungen und Trauer in Rizals Phantasien des Mutterlandes erforscht. Im übrigen sind Rizals Novellen reich an Müttern: Von der tragischen Bäuerin Sisa, deren unerträgliche Ausbeutung sie schließlich verrückt werden lässt bis zur stoischen Kapitana Maria, die fähig ist, ruhig zuzuschauen, wie ihre Söhne für eine patriotische Haltung geschlagen werden. Einige Mütter sind gute Mütter, andere schlechte, aber die schlechtesten Frauen, so impliziert Rizal, sind diejenigen, welche überhaupt keine Mütter sind. So zeichnet er zwei Charaktere, die weder Mütter, noch Geliebte, noch religiös sind: Dona Consolacion, die Ex-Wäscherin, und Dona Victoria, die Betrügerin. „Dona Consolacion, Rizal implied, is the epitome of the devil woman, for, in order to be good, a woman needed to have been at least for some time either a maid or a mother. Dona Consolacion was never either, thus, her being a bitch" (Santioago 1992: 122).

as their protectors, sons could reciprocate the affections of mothers, real or imagined“ (Rafael 1995b: 139).

Das Bild der *Inang Bayan* (der Landesmutter und des Mutterlandes) und die Logik der Gleichsetzung „wie die Frau so das Land“ zieht sich als Topos von den nationalistischen Ilustrados über Klassiker philippinischer Literatur bis zu den Praktiken und Slogans heutiger Wahl-Kampagnen und Politiken: Wenn die Frau schwach, zerbrechlich, korrupt oder böse ist, dann ist es auch ihr Land und wenn die Frau fast schizoid an einer Identitätskrise leidet[95], dann auch ihr Land. Als Mütter *(mag inang)* haben Frauen sich nicht nur um ihre Familien zu kümmern, sondern auch den Aufbau einer neuen Nation auf ihren Schultern zu tragen – und mehr als von Männern wird von ihnen erwartet, dass sie dies selbstlos und uneigennützig tun. Die Ehre, die sie damit gewinnen können, ist die eine gute Mutter zu sein. Und doch, obwohl das Bild der *inang bayan* ein starkes und auch beständiges Symbol ist, hat es keine feste machtvolle Gestalt angenommen. Dieses Bild weiblicher Macht ist nach Roces ein weiterer umkämpfter Ort, wo die Rolle der *Inang Bayan* ausgestattet mit modernen Werten des Nationalismus in Widerstreit treten kann mit der Rolle der Mutter innerhalb der Dynamiken der Verwandtschaftspolitiken (Roces 1998: 180ff.).

„To be a ‚good' mother, a woman has to help her kinship group, but that very action negates any chance she might have of being the mother of the country who protects the nation's interests from the abuses of kinship politics. Throughout the post-war years, the female in power has not measured up to this image of mother country“ (Roces 1998: 18).

Bilder weiblicher Macht artikulieren sich auch über Schönheit und Religiösität: Die Frau als Schönheitskönigin und die Frau als moralische Wächterin. Und beide Bilder, die *beauty queen* und die moralische Wächterin, besonders vertreten durch die *militante Nonne* der 1980er Jahre, passen hervorragend zu den weiblichen Rollen im Unterstützungssystem der Verwandtschaftspolitiken.

Das Tagalog Konzept für Macht *malakas* (wörtlich übersetzt mit Stärke) beinhaltet und beschwört sowohl Macht als auch Prestige. Eine Person ist politisch mächtig und bewundernswert, wenn sie ihre Macht zum Wohle der Verwandtschaftsgruppe einsetzen kann, die gegenteilige Attributierung (*mahina siya* – sie ist schwach) gilt als herabsetzend. Das Konzept von *malakas* überträgt sich entsprechend dem philippinischen Konzept von bilateraler Verwandtschaft und Vernetzung auf die gesamte Verwandtengruppe, auch wenn die machttragende Person am meisten Prestige besitzt. Frauen üben als Mitglieder einer Verwandtschaftsgruppe Macht über ihre (verwandtschaftliche) Verbindung zu mächtigen Männern aus und werden entsprechend als *malakas*, als machtvolle Agentinnen, wahrgenommen. Dabei funktioniert die Verwandtschaftsgruppe, wie oben ausgeführt wurde, nach ihrem eigenen Wertekanon *(utang na loob, hiya, palakasan, pakikisama)*. In philippinischen Vor-

95 Siehe die berühmte Novelle von Nick Joaquin *The Woman who had two Navels*.

stellungen ist die Verbindung zwischen Schönheit und Macht greifbar. Dabei ist klar, dass weibliche Macht sich ziemlich unmittelbar über den weiblichen Körper äußert. Aber Schönheit ist nicht nur mit Sexualität und mit der Objektivierung von Frauen assoziiert, sondern Schönheit *(maganda)* bezieht sich neben der physischen Schönheit auf attraktives soziales Verhalten. *Maganda* bedeutet nicht nur schön, sondern bezieht sich auf all das, was als gut und rechtschaffen gilt. Schönheit ist synonym zu Aufrichtigkeit, Güte und Reichtum während Hässlichkeit *(pangit)* für das Gegenteil steht. Auch wenn die Standards für Schönheit durch globalisierte Vorstellungen bezüglich Mode und Glamour (wie Juwelen, Parfüm, manikürte Nägel und hochhackige Schuhe) beeinflusst sind, ist die Beziehung zwischen Schönheit und Macht dialektisch: Schönheit kann eine Quelle der Macht sein, aber die Nähe zur Macht ist auch eine Quelle der Schönheit. *Beauty-Queen*-Titelträgerinnen gewinnen oft politische Positionen – oder verheiratete Politiker. Und üben über dieses Arrangement de facto Macht aus. Abgesehen davon, dass das Konzept von *maganda* mit allem Erfolgreichen und Schönen verbunden wird, steht es doch sehr deutlich für eine geschlechtsspezifische Zuschreibung weiblicher Macht; denn dieselbe Schönheit/Macht Artikulation lässt sich nicht in die männliche Sphäre übersetzen.[96]

Mit dem Sturz des Marcos-Regime 1986 und dem Sieg der Politiker-Witwe Cory Aquino wurde zunächst das Schönheits-Bild in den Hintergrund gedrängt, zu sehr war es mit den Exzessen des Marcos-Regime und der First Lady Imelda Marcos assoziiert. Interessant ist jedoch der sogenannte „Witwenkrieg", der 10 Jahre später in den Medien ausgetragen wurde und die Schönheitskönigin als dominantes Bild weiblicher Macht in ‚recycelten' Versionen auf die Tagesbühne zurückbrachte.
Die Kongressfrau und ehemalige First Lady Imelda Marcos und die ehemalige Präsidentin Corazon Aquino drückten ihre politischen Differenzen in einem Schönheit/Macht-Diskurs aus. Aquino forderte die Rückgabe der Marcos-Millionen, die der Klan dem Land gestohlen hätte. Marcos parierte mit eigenen Vorwürfen, wonach Aquino die Hacienda Luisita (eine große Zuckerhacienda ihres Klanes) dem Volk vorenthalte, weil sie die Landreform nicht vorangebracht hätte. Obwohl diese Positionen die eigentlichen Streitpunkte waren, wurde die Debatte in Begriffen der Schönheit/Macht-Ideologie ausgetragen, mit dem Vorwurf der Hässlichkeit (*pangit*) als Gegenbegriff zur Schönheit.[97]

---

96 Die mächtige ehemalige First Lady Imelda Marcos und heutige Kongressfrau formuliert in einem Interview 1993: „What was the woman's role? To be *maganda,* to be beautiful in body, in mind, and in spirit [...] This is how Mrs Marcos has been really quite controversial because I have been true and commited to my role as *maganda* [...] Immediately after he became president, I asked him: ‚Darling, now that you are president, what is my role as First Lady?' He said: ‚I will build a strong house for the Filipino people. You make it a home.' And I said, ‚What makes a home?' Love. What is love when made real? Beauty. So I said *maganda* again, my role as woman. I am going to make that strong house a home. *Maganda. Magandang gawain* (good deeds/works)" (zit. in Roces 1998: 169).

97 Imelda Marcos wird mit folgenden Worten zitiert: „For 10 years our country and the Filipino people have suffered enough from your ugliness" (IN: *Philip-*

Der Schönheitsdiskurs existiert nicht nur auf der politischen Bühne, sondern durchdringt in allen Schattierungen die Alltagsbühne. Ob es die sehr beliebten und zu jeder Gelegenheit stattfindenden Schönheitswettbewerbe sind oder die ebenso beliebten und weitverbreiteten Karaoke-Singwettbewerbe, ob es kleine Inszenierungen des alltäglichen „Dressing up“ *(paggagarbo)* sind oder die Auftritte anlässlich religiöser Spiele, Feste und Prozessionen, Schönheit ist im Bourdieu'schen Sinne ein symbolisches Kapital, verknüpft mit der Verfügung über Güter, Gesten und Sprache – aus Amerika. Schönheit ist Bildung und das Beherrschen der englischen Sprache. Schönheit handelt von Bürgertum und beruflicher Orientierung. Formen und Idiome von Schönheit speisen sich aus westlich (vorrangig amerikanisch) produzierten Bildern von Glamour und Schönheit.[98] Die Lehre, die mit der Verwandlung in eine moderne *beauty queen* erteilt wird, könnte etwa folgendermaßen paraphrasiert werden: „Sei wie eine moderne Verführerin mit ‚Sexappeal' und diese neu erlangte Reife lässt dich die Probleme der *Provincianas* vermeiden. Provinzlerinnen sind zwar lieblich, unschuldig und rein, aber auch leichtgläubig, dumm und unreif.“[99]

---

pine Daily Inquirer, January 20, 1996, S.1, „Word War of Widows Turns Nasty") oder: „Imelda to Cory: ‚Put Up of Shut Up'" (IN: *The Manila Chronicle,* January 20, 1996, S.1). „Shut Up, Imelda Tells ‚Ugly' Cory Aquino" (IN: *Today,* January 20, 1996, S.1) und Aquino in der Verteidigung lamentiert: „Well, you know, she spends all her time calling me ugly?" (*Newsweek,* March 11,1996, S.9). Wie auf der Bühne des Wahlkampfes ehrgeizige Politikerinnen zu Schönheitsköniginnen mutieren, belegt eindrucksvoll Roces (1998: 175ff.). So zitiert sie die Präsidentschaftskandidatin Miriam Defensor Santiago mit folgenden Worten: „I had been me all my life and nobody had ever called me beautiful. But all of a sudden, when I became a presidential candidate, I became beautiful. People – the moment I stepped off my vehicle, the lower economic class, the poor, in other words – would say, ‚Ay, ang ganda, ang ganda!" (Ay how beautiful, how beautiful!). Now I understand why Imelda Marcos was so dressed up every time she appeared in public [...]" (ibid).

98 Während die spanische koloniale Geschichte auf den Philippinen heute allenfalls durch die Kirchen sichtbar wird, gibt es überall Zeichen des andauernden amerikanischen Einflusses: Kleidung, Nahrung, Filme, die Architektur privater, aber vor allem öffentlicher Gebäude, aber auch das Streben nach Bildung zeigen sich stark beeinflusst von kolonialen und post-kolonialen Bindungen und werden als „American style" wahrgenommen. Filipinos aller Schichten denken die Philippinen in Bezug zum „außerhalb". In der Regel steht für diesen „anderen", entfernten Ort Amerika – ein imaginiertes Amerika, ein Ort der Macht, des Wohlstandes, der Reinheit, Schönheit, des Glamour und der Freude. Eine Art Paradies, wohin man migrieren will und leben will, um an der Macht und dem Wohlstand teilzuhaben (Cannell 1995).

99 Es liegt auf der Hand, dass die Mittelschicht und ländliche Arme einen unterschiedlichen Zugang zum ‚wunderbaren' Amerika haben. So kann die Mehrheit der Mittelschicht Verbindungen mobilisieren, Migrationsgebühren aufbringen und sich Güter und Dienstleistungen leisten, die ein „America/abroad“ in die Philippinen integrieren. Die ländliche (arme) Bevölkerung hingegen kennt den

Das Bild der *beauty queen* als Zeichen weiblicher Macht, epitomisiert durch Imelda Marcos, trat in den 70er und 80er Jahre hinter das Bild der politisch aktiven Frau. In der Atmosphäre des autoritären repressiven Regimes unter dem Kriegsrecht von Ferdinand Marcos wuchs politischer Widerstand, der über die Studentenbewegung auch in weitem Umfang Frauen ergriff. Viele wurden in dieser Zeit politische Gefangene, andere schlossen sich der Untergrundbewegung an, und es entstanden vielfältige aktivistische Frauenoppositionsgruppen.[100] Es waren militante Nonnen, die sich um die politischen Gefangenen kümmerten und sich in der „People Power Revolution" 1986 in vorderster Front den Militärs entgegenstellten. *Kämpferische Nonnen* wurden so die sichtbarsten Symbole dieses politischen Aktivismus. Sie repräsentierten weibliche moralische Macht in all seiner Ambivalenz – die militante Frau als religiöse Ikone und Feministin.

Das Image der *kämpferischen Nonne* wurde 1984 in einem Kinofilm „Sister Stella L." verewigt und verbreitet. Der Film handelt von der allmählichen Politisierung einer Nonne Sister Stella Legaspi. Berührt von den existentiellen Sorgen streikender Arbeiter, schließt sie sich ihnen in vorderster Front an und wird unmittelbare Zeugin des militärischen Angriffes und der Ermordung des Gewerkschaftsführers. Diese Erfahrung stärkt ihre Überzeugung, gegen Tyrannei und Unterdrückung zu kämpfen. Ihre Botschaft auf dem Höhepunkt des Filmes ist*: „Kung hindi tayo kikilos, sino pa, kung hindi ngayon, kailan pa!"* (Wenn wir nicht handeln, wer wird es dann, wenn nicht jetzt, jemals tun)! (siehe auch Reyes 1989: 10-15).

Das Bild der militanten Nonne ist eine interessante Variante des konventionellen Bildes der Frau als moralische Hüterin. In dem viel beachteten Kinofilm wurde Sista Stella L. von der populären, hübschen Schauspielerin Vilma Santos porträtiert. Die Entscheidung für diese hellhäutige Schauspielerin in der

---

„Glanz" der Städte (air-conditioned department stores, fast-food restaurants und McDonald ...), in der Regel können sie es sich aber nicht leisten, diese Produkte zu konsumieren. Wenn man nicht reich ist, kann man es sich also auch nicht leisten, ein Stück Amerika in den Philippinen zu kaufen.

100 Zwei bekannte philippinische Schönheitsköniginnen Nelia Sancho (Queen of the Pacific) und Maita Gomes (Miss Philippines und Mitstreiterin im Miss World Wettbewerb) gingen in die Berge, um sich dem kommunistischen Untergrund anzuschließen. MAKIBAKA (Malayan Kilusan ng Bagong Kababaihan), eine kommunistisch-feministische Organisation der frühen 70er Jahre und bis zu 120 andere „aktivistischen" Frauen-Oppositionsgruppen koalierten unter der Dachorganisation von GABRIELA (General Assembly Binding Women for Reforms, Integrity, Equalitiy, Leadership and Action) (zu Frauen in radikalen Politiken siehe eine guten Überblick bei Roces 1998: 121ff.). GABRIELA konstruierte und reflektierte in ihrem Logo vier Bilder der philippinischen Frau: Als erstes die Mutter *(nanay)*, eine Frau, die ein Kind trägt. Das zweite Bild stellt eine Frau dar, die mit einer Hand in der Geste der Verteidigung ihr Gesicht bedeckt und die Verteidigung viktimisierter Frauen repräsentiert. Das dritte Bild zeigt eine Frau mit zum Widerstand erhobenen Arm und soll die Aktivistin repräsentieren. Die vierte Frau taucht auf – im Prozess der Selbstbewusstwerdung (ibid.: 180).

Hauptrolle verdeutlicht, dass selbst Nonnen in der Ausübung ihrer moralischen Macht als schöne Frauen auftreten müssen (Roces 1998).

Neue widersprüchliche Frauen-Bilder werden seit den 1980er projiziert. Neben dem Bild der starken zeitgenössischen philippinischen Frau, die sich kolonialen Übergriffen widersetzt hat und die durch Modernität befreit wurde, entstanden auf der anderen Seite neue Betonungen in dem Bild der Frauen als unterdrückte Ehefrauen, Mütter und/oder männliche Sex-Objekte[101]. Philippinische Frauen sind umgeben von solchen symbolischen Botschaften und Gender-Metaphern. Je nach sozialer und ökonomischer Positionierung antworten sie darauf auf ihre eigene filternde Art und Weise, indem sie einiges verwerfen, anderes integrieren.

Was auf den Philippinen trotz aller Fragmentierungen kontinuierlich bleibt, ist eine starke Präsenz von Frauen. Das mag dafür stehen, dass Weiblichkeit über spanische, amerikanische und nationalistische Zeiten hinweg eine zentrale Metapher für die Geschichte des Landes blieb.

---

101 Ein Aufschrei ging sowohl durch die philippinische als auch deutsche Presse, als der philippinische Außenminister anlässlich der Tourismusmesse in Berlin deutsche Männer aufforderte, philippinische Frauen zu heiraten und die Philippinen um ihrer schönen Frauen willen zu besuchen (z.B. in *Philippine Daily Inquirer* 12.3.1997, S.1, 6: „RP envoy asks Germans: ‚Come, marry our women'“).

5 Ehe- und Heiratsgeschichten in Deutschland

Das Leben in der Heiratsmigration oder: Das ganz „normale Chaos der Ehe"[1]?

Schon im Begriff der Heiratsmigration klingen die verschiedenen Ebenen an, denen sich bi-nationale Paare stellen: Die Migration schafft Verbindung zwischen zwei Ländern, die Heirat verknüpft zwei Familien und die Ehe verlangt nach einer Beziehung und Kommunikation zwischen Frau und Mann. Dabei sind es in vorliegender Studie meist die Heiratsmigrantinnen, die sich Grenzen überschreitend auf den Weg gemacht haben und auf diese Weise sogenannte Sende- und Aufnahmeländer zu einem neuen globalen, familiär geprägten Migrationsraum verbinden. Sie haben sich in eine Situation begeben, in der ein vielfältiger Transformationsprozess einsetzen kann.

Inwieweit dieser Prozess Begrenzungen ausgesetzt ist oder neue Möglich keiten in sich birgt, er als Vereinsamung und Ausbeutung erfahren wird oder Chancen eröffnet, eigene Zugehörigkeiten neu zu betrachten, stellt den roten Faden folgender Ausführungen dar. Wenn ich darauf bestehe, mich in meiner Darstellung auf das Verhalten der Subjekte in alltäglichen Situationen und auf ihre Selbstbeschreibungen zu konzentrieren, so möchte ich betonen, dass die durchschnittliche philippinische Heiratsmigrantin ihre Welt nicht durch ein Verständnis makrostruktureller Verhältnisse wie globaler Kapitalismus oder patriarchaler Strukturen wahrnimmt und analysiert. Sie tut es statt dessen durch die Erfahrung spezifischer Entfremdungen der Nicht-Zughörigkeit, wie beispielsweise des Getrenntseins von ihrer Herkunfts-Familie, von ihren philippinischen Kindern, ihrer Marginalität in der Aufnahmegesellschaft, ihrer Einsamkeit in einer nicht-verstehenden Ehe. Es sind dies individuell erlebte „Entbettungen" oder „Dislokationen", die makrostrukturelle Systeme in ihre alltägliche Migrationserfahrung generiert haben.

Im Verlauf dieses Kapitels begebe ich mich nach einem kritischen Blick auf den Forschungsstand zur „Zwischenheirat" (*intermarriage*), wieder in den ethnographischen Alltag. Anhand von Geschichten und Fallbeispielen lässt sich veranschaulichen, wie Identitäten im Spannungsfeld von Partnerschaft, Arbeit, Liebe und der Frage nach unverzichtbaren Werten gesucht, ausprobiert, verhandelt, gefunden und verworfen werden. Indem ich die sozialen Prozesse der Heiratsmigration, die Migrationserfahrungen von philippinischen Heiratsmigrantinnen aus der Perspektive der Subjekte betrachte, identifiziere ich Formen von Subordinationen – oder in anderen Worten – der Entfrem-

---

1 In Anlehnung an das berühmt gewordene Buch zu einer Soziologie der Liebe von Ulrich Beck und Elisabeth Beck-Gernsheim (1990).

dung, der Entbettung, der Nicht-Zugehörigkeiten, der Dislokationen, die in diesen Prozessen enthalten sind.

Mir ist daran gelegen, nicht nur diese vielfachen Dislokationen zu beschreiben, sondern auch die Antworten darauf zu untersuchen. Oder wie Butler (2001, [1997]) schreibt, die „Wendung“ die die Frauen gegen diese Nicht-Zugehörigkeiten anwenden. Dabei zeigt sich, dass die Maßnahmen, die philippinische Heiratsmigrantinnen zur Verbesserung ihrer Situation ergreifen, nicht immer befreiende Veränderungen mit sich bringen, sondern ironischer Weise mit den erlebten Entfremdungen übereinstimmen, sie gar perpetuieren und strukturelle Ungleichheiten wiederherstellen. Dies erinnert an die „Bindung der Handlungsfähigkeit“ (*bind of agency*), die Judith Butler in ihren theoretischen Denkfiguren zur Subjektwerdung formuliert.

Da ich in meinen ethnographischen Beschreibungen Butlers Überlegungen zum Doppelsinn des gleichzeitig machtunterworfenen und machtkonstitutierenden Subjektes folge, scheint mir zumindest eine knappe Skizzierung einiger wesentlich Gedanken geboten.

In „Psyche der Macht“ gilt Butlers Interesse den Mechanismen der Subjektivation, die als *paradoxe Machtform* erscheint: Die Bildung des Subjektes und seine Unterwerfung unter die disziplinierenden Praktiken der Macht bilden *einen* Vorgang. „Subjektivation bezeichnet den Prozess des Unterworfenwerdens durch Macht und zugleich den Prozess der Subjektwerdung“ (Butler 2001: 8). Dabei ist für Butler die Analyse der Subjektwerdung immer eine doppelte: „Sie geht den Bedingungen der Subjektbildung und der Wendung gegen diese Bedingungen nach, durch die das Subjekt – und seine Perspektive – erst entsteht“ (ibid.: 33). Mit Bezug auf Foucault (*Sexualität und Wahrheit* und *Überwachen und Strafen*) verdeutlicht sie, wie die Unterwerfung des Subjekts erst in dem Moment vollendet ist, in dem sie freiwillig durch das Subjekt wiederholt und an sich selbst vollstreckt wird (ibid. 32). Mit anderen Worten, das Subjekt ist nicht etwas, das sich schon konstituiert hat und dann durch soziale Normen weiter geformt wird, sondern es wird erst durch soziale Normen gebildet.[2] Dabei beharrt Butler auf einer Paradoxie der machtförmigen Subjektbildung, wonach die Wiederholung der Normen (durch die das Subjekt hervorgebracht wurde) neben der Gefahr der gesellschaftlichen Sanktion auch die Möglichkeit der Subversion in sich trägt.

2 „Das Streben nach Beharren im eigenen Sein erfordert die Unterwerfung unter eine Welt der anderen, eine Welt, die von Grund auf nicht unsere eigene ist […]. Nur indem man in der Alterität beharrt, beharrt man im ‚eigenen' Sein. Bedingungen ausgesetzt, die man nicht selbst geschaffen hat, beharrt man immer auf diese oder jene Weise mittels Kategorien, Namen, Begriffen und Klassifikationen, die eine primäre und inaugurative Entfremdung im Sozialen markieren. Wenn solche Bedingungen eine primäre Unterordnung, ja Gewalt bedeuten, dann entsteht ein Subjekt, um sich selbst zu sein, paradoxerweise gegen sich selbst“ (Butler 2001: 32).

Dadurch wird das unterworfene Subjekt der Macht ein Stück weit zum unberechenbaren, unbeherrschbaren, widerständigen Subjekt der Macht. Aufgrund der prozesshaften Unabgeschlossenheit der Subjektbildung gelingt es dem Subjekt *performativ*, durch sich verschiebende Umdeutungen, die Umrisse der Lebensbedingungen immer wieder neu zu zeichnen, auch wenn dadurch das Leben aufs Spiel gesetzt wird. Eine andere Form von Widerstand scheint gegen eine Macht, die Subjektwerdung und Unterwerfung nicht unterscheidet, nicht denkbar. „Das bedeutet aber nicht, dass der Widerstand in *Wahrheit* eine Stärkung der Macht oder dass die Stärkung der Macht in *Wahrheit* Widerstand ist. Es handelt sich um beides zugleich, und diese Ambivalenz bildet das Band der Handlungsfähigkeit" (Butler 2001: 18).
Wenn also Handlungsfähigkeit *(agency)* innerhalb und nicht außerhalb des Prozesses der Subjektivation hervorgeht, wie ist sie dann möglich? Mit anderen Worten: „Wie kann man von einem Diskurs konstituiert sein, ohne von ihm determiniert zu werden? Was befähigt das Subjekt, sich hegemonischen Diskursen zu widerstehen?" (Benhabib 1993: 109) Dazu schreibt Butler:

„Die Macht wirkt auf mindestens zweierlei Weise auf das Subjekt ein: erstens als das, was das Subjekt ermöglicht, als Bedingung seiner Möglichkeit und Gelegenheit seiner Formung, und zweitens als das, was vom Subjekt aufgenommen und im ‚eigenen' Handeln des Subjekts wiederholt wird. Als Subjekt der Macht [...] verdunkelt das Subjekt seine eigenen Entstehungsbedingungen; es verschleiert Macht mit Macht. Die Bedingungen ermöglichen nicht nur das Subjekt, sie gehen auch in die Formung des Subjektes ein. Sie werden vergegenwärtigt in den Handlungen dieser Formung und in den auf sie folgenden Handlungen des Subjekts" (Butler 2001: 18)

Butlers Antwort liegt in einer Umdeutung von Handlungsmächtigkeit, die nicht mehr in der willentlichen Absicht autonomer Individuen wurzelt, die das, was sie kritisieren, von außen betrachten. Handlungsmächtig ist das Subjekt erst dann, wenn es sich als abhängig und verstrickt anerkennt. Diese Anerkennung bedeutet nicht zwangsläufig eine fatalistische Resignation, sondern immer auch die Anerkennung, dass den komplexen Beziehungen zwischen Machtdiskurs und Subjekt Freiheitsmomente innewohnen (Villa 2003: 56). Zwar hat der gesellschaftliche Diskurs die Macht, ein Subjekt durch Aufzwingen seiner eigenen Bedingungen zu formen und zu reglementieren. Diese Bedingungen werden jedoch nicht nur einfach angenommen oder verinnerlicht, sondern durch die machtförmige „Erfindung der Psyche als eines sprechenden Topos" (Butler 2001: 183) reflexiv gewendet. Das Subjekt (Butler schlägt alternativ den Begriff „postsouveränes Subjekts" vor) agiert im Spannungsfeld von Konstitution und Wiederholung, in der immer auch die Möglichkeit einer unerwarteten Umschreibung und Neudeutung gegeben ist.
Mit Butlers subjekttheoretischer Reformulierung der foucaultschen Formel „Wo Macht ist, ist auch Widerstand" wird Macht zersetzt. Sie richtet sich – im Schuldgefühl oder in der Verletzung – nicht nur gegen das Subjekt, sondern dient diesem auch als Werkzeug, die soziale und psychische Gefährdung von sich abzuwenden. Dabei bleibt eine grundlegende Ambivalenz des Subjektes zur Gesellschaftlichkeit erhalten.

Als ein sich konstituierndes Subjekt begründet die philippinische Heiratsmigrantin ihr Verständnis von ihrer migratorischen Lebenswelt mit ihren Erfahrungen der Dislokation und Entfremdung. Als ein handelndes Subjekt antwortet sie auf verschiedene Weisen auf diese Entfremdungen, auf ihre mehr oder weniger bewussten und unbewussten Gedanken und Gefühle, die diese Erfahrungen in ihr hervorbringen. Ihre Antworten mögen widerständige Handlungen sein, die sich gegen die Entfremdungen richten, denen sie als migratorisches Subjekt im Kontext makrostruktureller Prozesse globaler Umstrukturierung ausgesetzt ist. Es sind auf jeden Fall unmittelbare Strategien und Anstrengungen in ihren alltäglichen Praktiken. Dabei wird es ihr wichtig sein, dass ihre möglicherweise widerständigen Antworten nicht nur ihre Schmerzen, ihr Unglück, ihre Einsamkeit mildern, sondern auch, dass wesentliche Migrationsziele wie beispielsweise ökonomischer Gewinn und Kapitalanhäufung einerseits und die Ehe-Stabilität andererseits nicht gefährdet werden. Außerdem wird ihre spezifische Positioniertheit entlang bestimmter Achsen der Dominanz wie Ausländergesetzgebung, Bildung, und Arbeitsmarkt ihre Ressourcen begrenzen und entsprechend auch ihre möglichen Antworten. So werden sich ihre Antworten innerhalb des Prozesses ihrer Konstituierung als Subjekt bewegen, ohne die externen Kräfte, die ihre Konstituierung formen, zu überschreiten.

Da die täglichen Praktiken philippinischer Heiratsmigrantinnen durch vielfältige Dislokationen und ebenso mannigfaltige Antworten und widerständige Handlungen gezeichnet sind, erhebe ich in den folgenden Ausführungen nicht den Anspruch der Vollständigkeit. Ich beschränke mich vielmehr darauf, einige während meiner Forschung auffällige Dynamiken zu identifizieren.

Die Beschreibung deutsch-philippinischer Ehen als wesentliche Beziehungsformation in der Migration gliedere ich ausgehend von der simplen Erkenntnis, dass die Ehe als das Schaffen einer gemeinsamen Welt ein Begegnungs*prozess* ist, in drei Etappen:

- Die Phase des Ankommens, in der in den meisten Fällen Kulturschock, Missverständnisse und das Hinterfragen von Träumen und Imaginationen durchlebt werden müssen.
- Die Phase des Daseins, die zum Verhandeln von kultureller Differenz und interkultureller Kommunikation auffordert.
- Und schließlich die Phase der Etablierung, die sich häufig zwischen Sesshaftwerden und transnationaler Familienvernetzung gestaltet.

In den verschiedenen Phasen werden verschiedene Lebensformen durch Versuch und Irrtum ausprobiert, rücken unterschiedliche Themen in den Vordergrund oder werden unterschiedliche Zugehörigkeitsstrategien nötig. Die Frage nach kulturellen und geschlechtsspezifischen Identifikationen und Identitäten stehen in den verschiedenen Phasen mit unterschiedlicher Akzentuierung zur Disposition. Aus der Perspektive der philippinischen Heiratsmigrantinnen lassen sich die Fragen etwa folgendermaßen formulieren: Wie wird in einer gemischt-kulturellen Ehe in der Migration in der Auseinandersetzung und im

Verhandeln mit einem deutschen (nicht-philippinischen) Mann Identität hergestellt? Welche Elemente und Fragmente sind es, die zur Konstruktion eines zufriedenen Selbst unabdingbar sind? Auf was lässt sich auch in der Migration auf keinen Fall verzichten? Was gehört zu mir, ist aber verhandelbar und anpassungskompatibel? Was muss verteidigt werden? Was will ich loswerden? Wo liegen meine Utopien? Und wo meine Enttäuschungen? Wie sehen diese Verhandlungsprozesse aus? Wo liegen ihre Möglichkeiten? Und wo die Grenzen?

In der Anfangsphase findet unweigerlich die Konfrontation mit den jeweiligen Träumen, Fantasien und Stereotypen statt. Die Imaginationen des/der Anderen waren doch Antrieb zur Veränderung, wurden verheißungsvoll inszeniert, zu Neuanfängen und Erfolgsgeschichten, waren Motor für die Migration, für einen Aufbruch ins Ungewisse. Diese Imaginationen treffen nun auf das Vorfindbare. Es finden Reaktionen des Verdrängens, des Schönredens, des Erschreckens statt. Man hält sich an den Imaginationen fest, erhält sie aufrecht und muss sie korrigieren. Der Dialog beginnt, ein mehr oder weniger schwieriger Weg mit ungewissem Ausgang, begleitet von Gefühlen der Hoffnung, der Einsamkeit, des entmutigenden Losgelöstseins, der verheißungsvollen Freiheit und von nüchterner Pragmatik.

So rückt vor allem in der zweiten Phase, wenn die unterschiedlichsten Konflikte auftauchen und das Vertraute nicht mehr selbstverständlich funktioniert, die philippinische *community (ang mga kababayan),* die sich zum großen Teil aus einem philippinischen *Frauen*netzwerk zusammensetzt[3], in den Vordergrund. Identität wird nicht nur mit dem Ehemann verhandelt, sondern auch besonders mit den *kababayan*, den Landsleuten. Wenn an Sprache, Essen und anderen alltäglichen Abläufen die Differenzen mit dem Ehemann offensichtlich werden, wenn Paarkonflikte als Kulturkonflikte ausgedrückt werden und nach Positionierungen verlangen, wird die Hinwendung zur philippinischen *community* und zu den Netzwerken der weiblichen *kababayan* zu einem vitalen Bedürfnis. Dabei scheint die *community* in ihrer unterstützenden Präsenz lebensnotwendig und in ihrer kontrollierenden Enge bedrängend zugleich zu sein. Auf einmal muss auch ganz besonders die Dynamik zwischen den Landsleuten und dem Ehemann bzw. den Ehemännern der Freundinnen verhandelt werden. Diese Dynamik ist bisweilen explosiv, emotionsgeladen und wird ebenfalls zu einem unsicheren Terrain.

Mit Blick auf das Leben in der *community*, auf die Positionierungen innerhalb der Migrationsgemeinschaft, musste ich feststellen, dass philippinische Heiratsmigrantinnen ihre Erfahrungen als eine Art konstantes Unbehagen formulierten. Ihre Gefühle der Nicht-Zugehörigkeit resultierten aus zwei verschiedenen sozialen Exklusionen: sie bezogen sich sowohl auf die philippinische Migrationsgemeinschaft als auch auf die dominante Gesellschaft und ihre darin positionierten Ehen. Diese Nicht-Zugehörigkeit als konstantes Unbeha-

---

3 Die philippinische Migration nach Deutschland ist bisher eine „feminisierte“. Zu Zahlen und Schätzungen siehe auch weiter unten *Zahlen, Fakten und legale Aspekte als Grenzen der Nationen.*

gen beeinflusste ihr Verhalten, ihre Meinungen und Gefühle sowohl in ihren Ehen als auch in der *community*. Und dennoch, oder gerade deswegen, ist die *community (ang mga kababayan)* durch eine widersprüchliche doppelte Kultur der Solidarität *und* der Rivalität charakterisiert. Der Notwendigkeit, lokale unterstützende Nischen innerhalb der dominanten Gesellschaft zu schaffen stand das Bedürfnis, sich rivalisierend abzugrenzen, gegenüber. Mit anderen Worten, philippinische Heiratsmigrantinnen erfuhren in der *community* nicht nur Unterstützung, sondern auch Entfremdung. Die Koexistenz von Solidarität und Anomie charakterisierte ihr widersprüchliches Leben in der *community* (vgl. auch Parrenas 2001, Mahler 1995).

Erfolgreiche Etablierungen, schließlich, können in dynamische transnationale Familiennetzwerke münden. Aufgrund ihrer hohen Mobilitäts- und Risikobereitschaft sind dann die Heiratsmigrantinnen als *agents of change* (Lutz 2001) zu begreifen, die als Pionierinnen Grenzen überwunden haben und an der Transnationalisierung von Lebensstilen beteiligt sind. Dass auch diese Konstruktionen fragil sind, zeigen die ethnographischen Ausführungen.

*

Durch den spezifischen Migrationsprozess, der mit der Heirat verbunden ist, rückt in diesem Kapitel auch die Frage nach dem Verhältnis von Paarkommunikation und interkultureller Kommunikation in den Vordergrund. Wenn von interkultureller Kommunikation die Rede ist, werden implizit kulturelle Differenzen in den Mittelpunkt gerückt. Differenzen müssen jedoch nicht unbedingt kultureller Natur sein, sondern lassen sich auf alle möglichen gesellschaftlichen Asymmetrien zurückführen. Ich schlage daher eine Arbeitsdefinition von interkultureller Kommunikation vor, in der jede direkte Kommunikation zwischen Personen unterschiedlicher Sozialisation, Sprache und Werten als interkulturelle Kommunikation bezeichnet wird. Entscheidend ist das Verhandeln von Differenzen, in einer Suchbewegung *zwischen* Fremdem und Eigenem jenseits kultureller Dichotomisierung. Inwiefern Unterschiede vorschnell in die Schublade der *kulturellen* Differenz gesteckt werden, soll von untergeordnetem Interesse sein bzw. nur im Hinblick auf die Paarbeziehung und -kommunikation analysiert werden. So werden häufig kulturelle Unterschiede in der Paarkommunikation bewusst und stereotypisierend aufrechterhalten, um beispielsweise Machtansprüche zu verdecken oder andere Differenzen wie die geschlechts-, sprach-, religions- oder schichtspezifische in den Hintergrund zu drängen und zu verdrängen. Die kulturelle Differenz gerät so zu einer idealen Universalentschuldigung starrer Selbstbehauptung (Waldis 1998: 302).

Einerseits kann jede einzelne Differenz zu Konflikten führen, andererseits können Konflikte über Gemeinsamkeiten dekonstruiert werden. Aufgrund dieser doppelten Verankerung der Kommunikation in der Differenz und in der Suche nach Gemeinsamkeiten haben gemischt-kulturelle Paare ein Interesse daran, Wege zu finden, die sie mit Unterschieden und Verbindungen leben lassen. Diese kommunikativen Suchbewegungen unterscheiden sich – so möchte ich behaupten – nicht grundsätzlich von Kommunikationsstrukturen mehr oder weniger homogamer[4] Paare.

Mit diesen Überlegungen möchte ich die sogenannte „Zwischenheirat“ *(intermarriage)* nicht als latent pathologisches Sonderproblem verstanden, sondern die „Zwischenheiratsforschung“ in eine Diskussion um das Phänomen der ‚modernen Ehe' integriert wissen.

Die ‚moderne Ehe' als Problem der „Zwischenheiratsforschung“

Die Ehe als Lebensstil und als Konzept ist eine bestimmte Form von Beziehung, in der sich individuelle Definitionen mit kulturellen und gesellschaftlichen verweben. Zur Bezeichnung von „gemischt-kulturellen Paaren“ stehen sowohl in der Alltagssprache als auch in den Sozialwissenschaften eine ganze Reihe von Begriffen zur Verfügung. Dabei haftet allen Begriffen etwas Ungenaues, Unspezifisches an, das die Paarkonstellation zum einen in bestimmte, zu eng gefasste Kategorien festzuschreiben sucht und/oder negativ konnotiert. Der Begriff *Mischehe* bezeichnete ursprünglich nicht erwünschte protestantisch-katholische Ehen und wurde dann von den Nationalsozialisten zur Bezeichnung der „Rassenmischung“ besonders in Ehen zwischen „Ariern“ und „Juden“ vereinnahmt, wodurch sich seine negative Konnotation heute erklärt. Heute bezeichnet der Begriff *Mischehe* Ehen zwischen Personen unterschiedlicher Kultur, Religion, Nation, Ethnie, was im anglosächsischen Sprachgebrauch mit dem Präfix „inter“ oder „bi“ benannt wird: *intermarriage, interethnic/interracial marriage*. Die deutsche Übersetzung „Zwischenheirat“ hat sich nicht durchgesetzt. Man experimentiert mit Begriffen wie *binationale, interkulturelle, bikulturelle* oder *interethnische Ehe*. Mit der Kritik an essentialisierenden Kulturkonzepten taucht in neuerer Zeit auch der Begriff der „transkulturellen Paarbeziehung“ (Schlehe 2001) auf, was in etwa dem angelsächsischen Begriff der *cross-cultural marriage* (Breger/Hill 1998) entspricht.

Ausgehend von der Überlegung, dass jede Heirat aufgrund von Exogamieregeln und der Tatsache, dass sie zwischen Männern und Frauen stattfindet, als Zwischenheirat *(intermarriage)* gesehen werden kann, wurde der Begriff lange nur für regelverletzende, unerwünschte Verbotsehen verwendet, wobei störende Kategorien an der Hautfarbe, der Religion, der politischen Ideologie, der sozialen Herkunft, dem Bildungsgrad, der Nationalität, der Altersgruppe oder der Herkunftskultur festgemacht werden können. (Zu den Begriffsgeschichten siehe auch Klenecker 1993: 10ff., Waldis 1998: 43ff., Thode-Arora 1999: 24ff.).

---

4 *Homogamie* ist die Bezeichnung für das Heirats*verhalten innerhalb* einer definierten Personenkategorie. *Heterogamie* ist das Heirats*verhalten* außerhalb einer definierten Personenkategorie. *Endogamie* sind die Heirats*regeln*, innerhalb einer definierten Personenkategorie zu heiraten, *Exogamie* sind die *Regeln*, die Heirat außerhalb einer definierten Personenkategorie vorschreibt. (Zu den Begriffsdefinitionen siehe auch Thode-Arora 1999: 16ff.)

Im jeweils gelebten Alltag sind die Abgrenzungen zwischen den Ehe-Formen und Definitionen fließend und veränderbar; was als störend und unpassend definiert wird, hängt sowohl von den gesellschaftlich-politischen als auch den persönlichen Befindlichkeiten ab und wird immer wieder von neuem angepasst und neu-definiert.

Bevor ich die wesentlichen Forschungskomplexe der Zwischenheiratsforschung kurz referiere, ist mir daran gelegen, diese Debatte im Kontext einer Soziologie der Moderne zu verorten. Ich gehe davon aus, dass in gemischt-kulturellen Ehen grundsätzliche moderne Ehe-Themen und Konfliktlinien pointiert und wie unter einem Brennglas betrachtet hervortreten. Paarkonstellationen über Nationalitätsgrenzen hinweg, über ethnische, kulturelle, religiöse Schranken hinweg, experimentieren möglicherweise mehr als gewöhnliche homogame Ehen mit „Lebensformen im Versuch-und-Irrtum-Verfahren“ (Beck/Beck-Gernsheim 1990: 90).

Die Ehe in der Moderne wird von Soziologen gerne als ein dramatischer Vorgang beschrieben, bei dem zwei Fremde aufeinandertreffen und als „intimate strangers“ (Rubin 1983), als vertraute Fremde sich neu definieren, ja im andauernden Prozess ihre gemeinsame Welt entwerfen und schaffen müssen (Berger/Kellner 1965: 223). Konnte die Tragik der Ehe einst darin bestehen, dass nicht zueinander durfte, was zueinander wollte, so müssen heute die Individuen gegebenenfalls für die falsche Wahl selbst einstehen. Folgte die Ehe früher den Regeln familiärer, pragmatischer Heiratspolitiken, so konkurriert sie im Zuge der Modernisierung und den damit einhergehenden Prozessen der Enttraditionalisierung und Individualisierung mit den Idealen der romantischen Liebe. Die bitteren Folgen, die damals dem Schicksal, den Eltern oder Gott zuzumessen waren, sind nun selbst zu verantworten. Und die Frage heißt dann:

> „Wie kann jeder dem anderen helfen bei jenem Prozess der Selbstfindung, der zur modernen Definition der Liebe gehört und der immer unweigerlich auch eine Konfrontation mit der eigenen Vergangenheit bringt. [...] Das Prinzip der freien Partnerwahl bedeutet, dass man sich nicht nur verbinden darf mit einem anderen Partner anderer Herkunft, sondern dass man sich auch einlassen muss auf die lebensgeschichtlich verankerten Ängste und Hoffnungen, Wahrnehmungsraster und Werthorizonte eines fremden Kulturkreises“ (Beck/Beck-Gernsheim 1990: 112).

Eine frei gewählte gemischt-kulturelle Ehe mag dem Ideal der romantischen Liebe entsprechen: Sie ist individualistisch, setzt sich kühn über Kontrollen und Zwänge hinweg und muss als Kehrseite das Risikopotential, die neuen, damit einhergehenden Irritationen und Konflikte selbst tragen und aushandeln.

> „In der Zeit der ersten Verliebtheit herrscht ein überschwänglicher Optimismus, ein Gefühl seliger Grenzenlosigkeit und [...] ein gewisser Stolz auf den eigenen Nonkonformismus. [...]
> Nach der Erfahrung innerer und äußerer Belastungen folgt dann häufig die Phase des Rückzugs und der neuerlichen Identifikation mit der eigenen Herkunft [...]. Man erlebt, wie tief das eigene Wertsystem verankert ist, ja man erlebt es in mancher Hinsicht zum ersten Mal. [...]

Wenn es gut geht, bleibt über die Jahre hinweg etwas erhalten von der anfänglichen Kühnheit, vom Optimistisch-Experimentellen, dann sind bi-kulturelle Ehen besonders lebendig und interessant. Wenn sich die Probleme der interkulturellen Kommunikation in der Familie integrieren lassen, kann das Solidarität fördern und einen weiten Familienhorizont schaffen" (Elschenbroich 1988: 366ff.).

Während derart klassische bi-kulturelle Ehen (siehe beispielsweise Scheibler 1992) als Extrembeispiel moderner Ehen mit dem Doppelgesicht von Freisetzungsprozessen (Beck-Gernsheim 1990) beschreibbar sind, folgen die hier untersuchten Migrationsehen etwas anderen Verhandlungsrhythmen. Die Heiratsmigration beruht zwar auch auf Individualisierungsmotiven (sowohl seitens der philippinischen Frauen, als auch auf der Seite der deutschen Männer), sie folgt aber weniger dem hingebungsvollen Ideal der romantischen Liebe, sondern durchaus pragmatischen Arrangements und Motiven. Die philippinische Heiratsmigration lässt sich in aller Regel nicht als freischwebende Gefühlsentscheidung beschreiben, sondern sie ist – wie in Kapitel 3 und 4 bereits ausgeführt – sehr wohl und sehr explizit an pragmatische und wohlkalkulierte Anforderungen und Erwartungen auch der Familien gebunden.

Allenfalls ließe sich eine gute Portion Trotz als motivierendes Gefühl herausfiltern und benennen. Denn in aller Regel blickten beide zur gemischtkulturellen Heirat entschlossenen Partner auf fehlgeschlagene Versuche einer dauerhaften Verbindung in der Gesellschaft ihrer Herkunft zurück. So mag die Entschlossenheit auf einem trotzigen Aufbegehren beruhen angesichts der Konventionen und des Ballastes des Scheiterns, ein Trotz *gegen* „den hausgemachten Scherbenhaufen" (Brunold 1999: 108) und *für* andere Wege.

Viele deutsche, mit philippinischen Frauen verheiratete, Männer, mit denen ich im Laufe meiner Forschung ins Gespräch gekommen war, schienen auf der Suche nach der idealen romantischen Liebe verunsichert, gestrandet und oft schon einmal gescheitert zu sein. Die moderne Lebensform Ehe mit all ihren inhärenten Widersprüchen (zwischen den Anforderungen des Arbeitsmarktes und den Anforderungen der Partnerschaft, zwischen Zwängen und Freiheiten) hatte sie ebenfalls in eine Heimatlosigkeit geschickt, in eine Art innere Heimatlosigkeit.[5]

5 In der Literatur finden sich Kategorisierungen für den „typischen" deutschen Ehemann südostasiatischer Heiratsmigrantinnen (agrisra 1990, Heine-Wiedenmann/ Ackermann 1992, Ruenkaew 1999).

1. Der *Enttäuschte* sucht nach einer gescheiterten Beziehung mit einer deutschen Frau Beziehungen mit Frauen anderer Nationalitäten. Als Gründe für das Scheitern der Ehe werden die Überlastungen der Arbeit des Mannes (selbst an Wochenenden und Feiertagen) angegeben. Nach einer langen Zeit als ‚Single' versucht er es im Alter noch einmal mit einer Ehe.
2. Der *alternde Junggeselle* entscheidet sich im fortgeschrittenen Alter nach eheloser bzw. beziehungsloser Zeit für die Ehe mit einer Asiatin. Gründe für sein Alleinsein mögen an seiner grundsätzlichen Schüchternheit liegen oder daran, dass er in einer geographisch isolierten Gegend seinen Unterhalt verdient.

Aus der Perspektive vieler männlicher Gesprächspartner waren es ihre deutschen Ex-Ehefrauen, die sich mit Emanzipationsbegehren aufmachten, um sich zwischen den widersprüchlichen Anforderungen von Familienarbeit, beruflicher Selbstverwirklichung und sexueller Befreiung eine neue soziale Identität zu suchen.

Hatten die (deutschen) Frauen früher im Enttäuschungsfall eher resigniert und ihre Hoffnungen nach einer erfüllten Partnerschaft aufgegeben, halten sie heute an den Hoffnungen fest und geben die Ehe auf (Beck-Gernsheim 1990: 86). Spätestens an diesem Punkt wird deutlich, dass die Erwartungen und Hoffnungen, die Männer und Frauen mit dem Stichwort Liebe verbinden, an wichtigen Punkten *nicht* übereinstimmen und die geschiedenen Männer die Widersprüche ganz anders erleben.[6] Und so fragt das Soziologenpaar Ulrich Beck und Elisabeth Beck-Gernsheim:

> „Wer soll jetzt noch die entsprechende Beziehungsarbeit leisten? Viele Frauen sind der endlosen Anstrengungen müde, viele Männer sind darin noch ungeübt, und beide Geschlechter sind überfordert, wenn nach dem Konkurrenzdruck im Beruf am Abend noch ein Berg von Gefühlsarbeit wartet. [...] Männer wie Frauen sind gefangen zwischen alten Leitbildern und neuen Lebensformen, konfrontiert mit wechselnden Zumutungen je nach Gruppen und Lebensbereichen, nicht zuletzt mit gegensätzlichen Erwartungen im eigenen Innern: Das Stadium zwischen „Nicht mehr“ und „Noch nicht“ ist eine widersprüchliche Mischung. Die Folgen werden auf vielen Ebenen spürbar, für Frauen wie Männer“ (Beck/Beck-Gernheim 1990: 87).

In einer seit Ende des 20. Jahrhunderts beginnenden Soziologie intimer Beziehungen (Burkhart 1998) wird nun nach der feministischen Entzauberung der romantischen Liebe als Macht- und Herrschaftsverhältnis (z.B. Benjamin 1993, Millett 1982, Ketelhut 1993) formuliert, wie sich Männer bezüglich Liebes- und Lebenspolitiken in Defizitkategorien erleben. Die passiv erlittene Emanzipation verunsichere den Mann, er fürchte sich vor der Freiheit und habe dennoch Angst vor Nähe (Meuser 1998: 223). Gleichzeitig brauche er fast suchtartig den Halt über die gefühlsgegenwärtige Frau „als Bollwerk gegen das Nichts“ (Wieck 1990: 72). Für viele Männer vollzieht sich die Emanzipation eher passiv, lautlos – und möglicherweise erst über den Umweg einer Ehe

---

3. Der *körperlich Unattraktive* entspricht vielleicht am ehesten dem Stereotyp des Sex-Touristen. Seine Erscheinung stigmatisiert ihn in Deutschland, umso dankbarer greift er die Urlaubsbeziehung auf.
4. Der *an anderen Kulturen Interessierte*.

6 „Das entscheidend Neue ist hier vielmehr die Individualisierung des *weiblichen* Lebenslaufs, die Herauslösung auch der Frau aus der Einbindung in die Familie, die erst Ende des 19. Jahrhunderts langsam begann und seit den sechziger Jahren dieses Jahrhunderts umso schneller sich fortsetzte. [...] Jetzt aber [...] beginnt eine neue Epoche in der Geschichte der Frau – und ebenso in der Geschichte von Mann *und* Frau. Erst jetzt kommt zustande, dass im Augenblick der Liebe zwei Menschen aufeinander treffen, die *beide* den Möglichkeiten und Zwängen einer selbstentworfenen Biographie unterstehen“ (Beck/Beck-Gernsheim 1990: 85).

mit einer „traditionsverwurzelten und femininen Filipina“, die an ganz anderen bequem gewordenen Selbstverständlichkeiten zu rütteln vermag.

Das Experiment einer interkulturellen Ehe, auf das sich immer mehr Männer und Frauen einlassen[7], kann auch[8] als Versuch gelesen werden, sich aus dieser paradoxen Zwischenphase des „Nicht mehr“ (den traditionellen Leitbildern folgend) und „Noch nicht“ (bei einer gleichberechtigten Partnerschaft angekommen) einen Weg zu bahnen. Bei den einen mag das Pendel in alt bekannte Verbindlichkeiten zurückschlagen, bei den anderen mag so etwas wie die „Demokratisierung des persönlichen Lebens“ (Giddens 1993: 209)[9] ein Stück weiter verwirklicht werden.

*

7 Zu statistischen Zahlen und Analysen bis 1997 siehe Kriechhammer-Yagmur u.a. 1999: 22ff., Breger 1998: Seit 1945 haben weit mehr als eine Million Deutsche in der Bundesrepublik Deutschland nichtdeutsche PartnerInnen geheiratet. Die Statistik erfasst bi-nationale Eheschließungen allerdings erst seit den frühen sechziger Jahren. Während beispielsweise 1955 15.074 deutsche Frauen nichtdeutsche Männer (vor allem Angehörige von in der BRD stationierten Streitkräften) und nur 2.708 deutsche Männer nicht-deutsche Frauen heirateten, hat sich das Verhältnis bis in die 1990er Jahre signifikant verschoben. Bereits 1995 war jede sechste Eheschließung in Deutschland bi-national, wobei erstmalig mehr deutsche Männer ausländische Partnerinnen heirateten als deutsche Frauen ausländische Männer. 1997 waren 17,5 % der Eheschließungen bi-national. Der Trend seit den 1990er Jahren, dass immer mehr deutsche Männer ausländische Frauen heiraten, setzte sich deutlich fort: bei 7,4% aller Ehen, die in Deutschland vor das Standesamt traten, war die Partnerin Ausländerin. Leider gibt es keine Statistik darüber, wie viele bi-nationale Ehen mit deutscher Beteiligung außerhalb des Bundesgebietes geschlossen wurden. Viele Paare heiraten entweder im Heimatland des ausländischen Partners/der nichtdeutschen Partnerin oder in ei nem Drittland (bislang vorzugsweise in Dänemark), wenn die Beschaffung all der geforderten Dokumente (Kriechhammer u.a. 1999: 87ff.) für die Eheschließung zu große Hürden stellt.

8 Neben den demographischen und ökonomischen Elementen.

9 Giddens definiert in seinem Buch über den „Wandel der Intimität“ Intimität in Begriffen von Rechten und Pflichten: „Intimität sollte nicht als interaktive Beschreibung verstanden werden, sondern als ein Bündel von Vorrechten und Verantwortlichkeiten, die die Inhalte des praktischen Handelns definieren“ (Giddens 1993: 206). Die intime Beziehung von Mann und Frau wird zum Schauplatz von Lebenspolitik. Lebenspolitik besteht für Giddens nicht zuletzt in einer Remoralisierung des Lebensstils (Giddens 1993: 213). Die private Beziehung solle den Ansprüchen einer politischen Öffentlichkeit genügen. Giddens treibt dies so konsequent und so weit voran, dass er eine weitgehende Symmetrie zwischen Demokratisierung des persönlichen Lebens und der Demokratisierung der globalen politischen Ordnung behauptet (Giddens 1993: 211f.). Damit wird Liebe in den Kontext politischen Handelns eingebunden und eine neue Liebessemantik kreiert. Liebe wird wieder entprivatisiert und zu einem geschlechtspolitischen Akt.

Generell muss konstatiert werden, dass Ehe und Partnerwahl in der Familiensoziologie vor allem als eine Frage des „kalkulierten Nutzens“ behandelt werden.[10] Diese, den Rational-Choice-Ansätzen[11] verpflichtete Haltung, lässt sich auch für die sogenannte Zwischenheiratsforschung feststellen.

Sozialwissenschaftliche Forschungen zu *intermarriages* nahmen in den 1930er Jahren ihren Anfang in den USA, wobei sich im Laufe der Zeit Forschungstraditionen mit verschiedenen Schwerpunkten in Ländern wie England, Frankreich und Deutschland entwickelten (vgl. auch Waldis 1998: 41ff. und generell die umfangreiche Arbeit von Thode-Arora 1999 mit detaillierten Literaturrezeptionen). Dabei wird in Deutschland die Diskussion um gemischt-kulturelle Heiraten stark von organisierten und betroffenen Frauen angeführt,[12] eine vielperspektivische, interdisziplinäre, theorieorientierte akademische Diskussion etabliert sich jedoch erstaunlich zögerlich (vgl. auch Thode-Arora 1999: 429f.).

Zunächst lassen sich in der Forschung zu *intermarriages* zwei grundlegende Paradigmen unterscheiden: solche, die bei diesen Verbindungen die Probleme, die Konflikte, den Mangel und das Fehlen von gebräuchlichen Gemeinsamkeiten hervorheben („stunting appraoch“) und jene, die die positiven Seiten akzentuieren, indem die interkulturellen Grenzüberschreitungen als Erprobung von Neuem und Erweiterung von eng gewordenen, monolithischen Strukturen in den Blick genommen werden („liberating approach“) (vgl. Ca-

10 Vgl. Burkhart 1998. Auch andere Themen wie Emotionen, Körperlichkeit und Ritualisierungen, die variablentechnisch schwer erfassbar und nicht leicht zu operationalisieren sind, wurden von der Familienforschung weitgehend ausgespart, die neuere Körpersoziologie in der Familienforschung kaum rezipiert.

11 Partnerwahltheorien lassen sich zunächst in *Homogamie-*, und *Heterogamie*konzepte einteilen. *Homogame* Partnerwahl erfolgt dann nach dem Motto: „Gleich zu gleich gesellt sich gern“, die *heterogame* Partnerwahl: „Gegensätze ziehen sich an“, wobei komplementäre Bedürfnisse eine Rolle spielen können. Mit der Differenzierung des Heterogamiekonzeptes entstanden Theorien, die sich speziell mit extrem abweichenden Ehen (also *intermarriages*) beschäftigten. Die spezielle Variante der Devianztheorie sieht in interethnischen Ehen vor allem eine Abweichung der Heiratsnorm und geht davon aus, dass das nonkonformistische Heiratsverhalten mit anderem abweichenden Verhalten korreliert, dass also gesellschaftliche Marginalität für *intermarriages* prädestiniere. Die *Summationtheorie* geht davon aus, dass Ehepartner Unterschiede hinsichtlich des einen Merkmals durch Ähnlichkeiten in anderen Merkmalen ausgleichen. Als wichtiges Paradigma entwickelte sich das Konzept vom *kompensatorischen Austausch* (Davis 1941 und Merton 1941), wobei dieser Ehe-Austausch aus der Perspektive der Frau (sozial) nach oben (*hypergam*) oder *hypogam* (sozial nach unten), regelkonform (*agathogam*) oder regelabweichend (*kakogam*) geschieht. Überblick und Diskussion der *Intermarriage*-Partnerwahl-Literatur u.a. bei Tseng u.a. 1977, Kurian 1979, Cottrell 1990, und vor allem in Thode-Arora 1999: 94ff.

12 Genannt sei vor allem die IAF (Interessengemeinschaft der mit ausländischen Männern verheirateten Frauen/Verband binationaler Familien e.V.), eine seit 1972 gegründete Interessensgemeinschaft, die sowohl in der Partnerschaftsberatung, als auch als politische Lobby tätig wird.

hill 1990: 3f.). Entsprechend überträgt Sung diese Unterscheidung in konkrete Zuschreibungen: „Either they are rebels, neurotics, self-haters, social climbers, or they are vanguards, trend setters, innovaters, adventures, the courageous“ (1990: 21).

Heike Thode-Arora (1999, 2000) ordnet die wissenschaftliche Beschäftigung mit Zwischenheiraten nach drei großen Forschungskomplexen und zwar:

1. Partnerwahl
2. Eheliche Dyade
3. Beziehung des Paares zu seiner sozialen Umwelt

Ausgehend von der Überlegung, dass die Partnerwahl wie ein Marktsystem mit Angebot und Nachfrage und dem Streben nach Profitmaximierung funktioniere, ist die Theorie des komplementären Austauschs nach Davis (1941) und Merton (1941) die bekannteste. Es war Merton (1941), der die *intermarriage* mit dem reziproken kompensatorischen Tausch in Verbindung brachte. Dabei verband er ökonomische Überlegungen mit sozialer Klassenzugehörigkeit. Das bekannte und immer wieder zitierte Beispiel war das des afroamerikanischen Mannes mit hohem sozio-ökonomischen Status, der die anglo-amerikanische Frau mit niedrigem sozio-ökonomischen Status heiratet: Die Frau gewinne den „Klassen“-Status ihres Mannes, der Mann den „Rassen“-Status seiner Frau (nach Thode-Arora 2000: 70). Für den Austausch von ‚Gütern' auf dem Heiratsmarkt scheint sich seitdem die These zu halten, dass Männer die ökonomischen Ressourcen und Frauen soziale und persönliche Qualitäten anzubieten haben.[13] Auch wenn grundsätzliche Kritiken berechtigter Weise auf die *WASP-Zentriertheit* (White, Anglo-Saxon, Protestant) und Begrenztheit eines solchen Modells verweisen (vgl. Spickard 1989, Breger/Hill 1998: 16), so erlaubt die Tauschtheorie trotz alledem, den dynamischen Aspekt des Verhandelns in die Analyse von Paarbeziehungen aufzunehmen.

Untersuchungen über die eheliche Dyade konzentrierten sich auf die Frage der ehelichen Anpassung und Ehe-Stabilität.[14] Gefragt wurde und wird, welche Rollenvorteile, jedoch sehr viel häufiger, welche Konflikte in interethnischen

13 Nach dem Motto: eine „schöne“ Frau heiratet einen „reichen“ Mann. Schlüssig nachvollziehbar wird jedoch nicht, warum ein Mann mit hohem sozialen Status jemanden mit niedrigem Status heiraten will, zumal das Paar Gefahr läuft, nicht akzeptiert zu werden. Und schließlich, welches Schönheitskonzept liegt zugrunde? Heiraten weiße amerikanische Männer um der Schönheit willen und andere, um ihre soziale Positionen aufzubessern?

14 Dabei wird die erste Ehephase sowohl als besonders schwierige als auch als besonders intensive beschrieben. Ein „Romeo-und-Julia-Effekt“ (Driscoll et al. 1972, zit. nach Thode-Arora 2000: 71), ausgelöst durch Druck und Sanktionen von außen, fördere die Paarbindung und damit die wichtige erste Phase der ehelichen Anpassung.

Verbindungen thematisiert werden. Dabei sollten sich – entsprechend dem Marktmodell – Gewinne und Verluste ungefähr ausgleichen.

Viele in diesem Forschungskomplex erfassten Konfliktfelder lassen sich Thode-Arora zu Folge theoretisch erfassen, indem man die in der Ethnologie entwickelten Konzepte eines *konsanguinalen* und eines *konjugalen* Familienmodells zugrundelege. In ausführlicher Literaturrecherche weist sie nach, wie diese verschiedenen Familienmodelle als kulturelle Matrix für alltägliche Diskrepanzen von der Kindererziehung bis zum Umgang mit Gästen, Festen und Geld herangezogen werden können (Thode-Arora 1999: 278ff.).

> „In societies organized upon the *conjugal* basis we can picture the authentic functional family as consisting of a nucleus of spouses and their offspring surrounded by a fringe or relatives. In those organized on the *consanguine* basis we can picture the authentic family as a nucleus of blood relatives surrounded by a fringe of spouses. Under the first system it is the fringes of relatives which interlock and connect family with family. Under the second it is the marriages which, by their interlocking, link family to family. Under the first system the blood relatives of the spouses are of only incidental importance to the functioning of the family unit. Under the second, the spouses are of only incidental importance" (Linton 1936: 159, zit. nach Thode-Arora 1999: 279).

Alle Gesellschaften würden zwar beide sozialen Formationen kennen und leben, jedoch mit unterschiedlicher Betonung. Das *konsanguinale* Familienmodell mit der Betonung von Blutsverwandten, um die sich hinzugekommene Ehepartner gruppieren, korreliert dann tendenziell mit dem Konzept der erweiterten Familie als Haushaltseinheit und Kollektivität als Ideal. Wohingegen das *konjugale* Familienmodell, welches mehr die Wichtigkeit der Ehepartner betont, um welche sich die Blutsverwandten gruppieren, eher mit der Kernfamilie als Haushaltseinheit und Individualität als Ideal korreliert.

Im dritten großen Forschungskomplex – der Beziehung des Paares zu seiner sozialen Umwelt – kommen vor allem gesellschaftliche und/oder institutionell verankerte Verhinderungsmechanismen gegen solche Eheschließungen zur Sprache. Da bi-kulturelle Heiraten selbstverständlich gewordene Grenzziehungen zwischen Selbst und Anderen in Frage stellen, werden sie nicht selten mit Argwohn behandelt. Dabei lässt sich die Zuschreibung als dazugehörig oder nicht-dazugehörig immer nur sowohl relational als auch situativ definieren. Mit anderen Worten ein *Insider* kann nur bezüglich und gegen einen *Outsider* definiert werden, und dies ist notwendigerweise an sich verändernde politische und sozio-ökonomische Kontexte dieser Gruppen gebunden. Die „andere Kultur“ wird so zu einem symbolischen Zeichen von Grenze und Differenz. Die Definitionen, was „Andere“ ausmacht, sind jedoch veränderbar und relational. Welcher Region, Nation, Generation, Klasse und welchem Geschlecht fühlen sich diejenigen zugehörig, die definieren? Werden persönliche oder kollektive Definitionen verwendet? Werden die Zugehörigkeiten über ökonomische, sozio-politische oder religiöse Kontexte definiert? Nicht alle „Anderen“ erscheinen zu allen Zeiten gleich fremd; einige scheinen vertrauter zu sein, ihre Gegenwart wird mehr toleriert, gar bewundert, als andere, was zu so etwas wie einer Hierarchie der akzeptierten Fremdheit führt (Breger/Hill 1998: 8).

Je nach Beziehungsphase und sozio-ökonomischen Umfeld bi-nationaler Paare werden also wirtschaftliche, rechtliche und religiöse Bedeutungen von national-staatlichen Begrenzungen und Einflussnahmen abgeschwächt oder verstärkt. Ganz konkret heißt das, dass Deutschland eine ganze Reihe von Einschränkungen für den Zugang zum nationalen Territorium (besonders für nicht gewünschte Ausländer) kennt. Einem deutsch-philippinischem Paar, das in Deutschland leben möchte, werden sehr enge Grenzen der Aufenthalts-, Arbeits- und Einbürgerungsbewilligungen gesetzt, die allenfalls durch eine Heirat durchlässiger und gelockerter werden. So entsteht die paradoxe Situation, dass die deutsche Gesetzgebung bi-nationale Verheiratungen gerade wegen der eng gesetzten Grenzen befördert.

Zahlen, Fakten und legale Aspekte als nationalstaatliche Grenzen

Man geht davon aus, dass einschließlich der Illegalen, Nicht-Registrierten zwischen ungefähr 50.000 und 80.000 Filipinas und Filipinos in Deutschland leben.[15] Registriert sind jedoch nur um die 26.000. (1998 waren insgesamt 25.273 Staatsangehörige der Philippinen registriert. Davon 20.043 Frauen und 5.230 Männer. Entsprechend einer Aufgliederung nach Bundesländern besonders in Nordrhein-Westfalen, Hessen, Baden-Württemberg und Bayern)[16]. Entsprechend den Auskünften der philippinischen Botschaft (in Bonn, 1997) galt die Zahl von ungefähr 1.000 (plus) Heiratswilligen pro Jahr. Während

15 Über die tatsächliche Zahl der in Deutschland lebenden Filipinas und Filipinos gibt es verschiedene Schätzungen: Samonte (1992) geht davon aus, dass das Verhältnis von Legalen zu Illegalen eins zu drei ist und nennt die Zahl von 60.000. Lange (1993: 15) zitiert Schätzungen von 70.000, wobei eine große Anzahl in und um Frankfurt vermutet wird. Solche Schätzungen werden als durchaus realistisch angenommen – nachdem nun auch das Problem der aufenthaltsrechtlichen Illegalität als „ökonomische Systemlücke" (Bade 2001) in der deutschen Migrationsforschung Eingang gefunden hat. Zu dem neu erwachten Forschungsinteresse des informellen Arbeitsmarktes in Deutschland u.a. Eichenhofer 1999, unter geschlechtsspezifischer Perspektive Lutz 2001, Ökumenische Asiengruppe 2000.

16 Nach Unterlagen des Statistischen Bundesamtes Wiesbaden 1998. Eine geschlechtsspezifische Differenzierung der Eheschließungen nach der Staatsangehörigkeit der Ehepartner liest sich dann folgendermaßen: Deutscher Mann mit philippinischer Frau: Ungefähr 100 registrierte Eheschließungen pro Jahr seit Mitte der 1970er Jahre, seit den 1980er Jahren signifikantes und kontinuierliches Ansteigen von 1.000 (plus) Eheschließungen pro Jahr bis Mitte der 1990er Jahre. Dann Tendenz fallend – bis ca. 700 pro Jahr (stattdessen ein Ansteigen der Eheschließungen mit Frauen aus Ost-Europa, vgl. Breger 1998: 133f.). Deutsche Frau mit philippinischem Mann: Seit den 1970er Jahren mehr oder weniger gleichbleibend 30 (plus) Eheschließungen pro Jahr. Nicht in Deutschland vollzogene Eheschließungen, ebenso wie Einbürgerungen sind diesen Unterlagen nicht zu entnehmen.

heute die Tendenz eher fallend ist, lag die Zahl in den 1990er Jahren mehr bei 1.500. Rein rechnerisch und aufgrund der restriktiven Aufenthaltsbedingungen heißt das, dass ein legaler Aufenthalt in Deutschland für Staatsangehörige der Philippinen hauptsächlich über eine bi-nationale Ehe bewerkstelligt wird. Da 1989 eine Visumspflicht für Filipinos und Filipinas eingeführt wurde und ein Touristenvisum nur für 3 Monate gilt, muss der über die Heirat legalisierte Aufenthalt in dieser Zeit organisiert werden. „*Hindi maaring sunggab agad* – Man kann doch nicht sofort jemanden schnappen“ war der nüchterne Kommentar einer philippinischen Gesprächspartnerin. Und das auf den Philippinen übliche Ritual der Werbung müsse man auch vergessen.

Ein kurzer Blick auf die wichtigsten Regelungen[17] verdeutlicht, dass die aufwendigen bürokratischen Verordnungen einschließlich allseits beklagter Verzögerungstaktiken einen guten emotionalen Start in eine Ehe nicht gerade begünstigen:

- Die Heiratserlaubnis erhält ein Paar erst, wenn es alle erforderlichen Dokumente (beglaubigt, übersetzt und nicht älter als 6 Monate) beibringt: Einreiseerlaubnis, Ehefähigkeitszeugnis[18], polizeiliches Führungszeugnis, Geburts- und Abstammungsurkunde, Melde- und Aufenthaltsbestätigung. In deutsch-philippinischen Gesprächsrunden wurde dies schon als äußerst nervenaufreibende und krisenbehaftete Hürde thematisiert: Das Warten auf die Dokumente, die in irgendwelchen bürokratischen Dschungeln zwischen Philippinen und Deutschland hängen geblieben sind (oder erst noch erstellt werden müssen), die Verzögerungen bei den Übersetzungen und die vielfältigen Umwege, bis die zusammengetragenen Papiere von den Behörden schließlich als äquivalente Dokumente akzeptiert werden. Dabei können Monate verstreichen, in denen die bewilligten Einrei-

17 Neben den eherechtlichen Bestimmungen sind für bi-nationale Paare vor allem die Zugangsmöglichkeiten zum nationalen Gebiet, die dazugehörigen Gesetzgebungen, der Erwerb der Staatsbürgerschaft und die Erbgesetze von zentraler Bedeutung. Der Aufenthalt wird durch die Paragraphen des Ausländergesetzes (AuslG) geregelt, für die Eheschließung in der Bundesrepublik maßgebend sind das Familienrecht im Bürgerlichen Gesetzbuch (BGB), das Personenstandsgesetz (PStG) und für „Familien mit Auslandsberührung“ zusätzlich das Einführungsgesetz zum Bürgerlichen Gesetzbuch (EGBGB) (vgl. Breger 1998: 138ff. und Kriechhammer-Yagmur 1999).

18 Im Ehefähigkeitszeugnis muss bescheinigt sein, dass der Eheschließung nach dem Recht der Staaten der Ehepartner kein Ehehindernis entgegensteht (§ 1309 Abs. 1 BGB). Grundsätzlich muss das Ehefähigkeitszeugnis von der inneren Behörde eines Landes ausgestellt sein. Mit anderen Worten geht es beim Ehefähigkeitszeugnis hauptsächlich um eine Ledigkeitsbescheinigung, d.h. auch eine Scheidung muss im Heimatland der ausländischen Verlobten anerkannt werden. Erst nach der Anerkennung besteht kein Ehehindernis mehr für eine erneute Eheschließung. Da auf den Philippinen eine kirchlich getraute Ehe unauflöslich ist, ist das Beibringen des Ehefähigkeitszeugnisses bisweilen mit Hürden verbunden.

sevisa ablaufen, der nicht-deutsche Partner das Land wieder verlassen und der ganze Prozess wieder von vorne beginnen muss.

- Da der deutsche Staat nur Heiraten mit dem Ziel einer *ehelichen Lebensgemeinschaft* als legitime Heiraten akzeptiert, setzen sich arrangierte Ehen vorschnell dem Verdacht und Vorwurf der „Scheinehe“ aus. Sie stehen daher unter besonderer Aufsicht des Staates, was argwöhnische und langwierige Prüfungsprozeduren zur Folge haben kann (vgl. z.B. Spohn 1999).[19]

- Nach der Verheiratung gilt zunächst eine dreijährige Aufenthaltsgenehmigung, die erst nach Ablauf dieser Frist in eine permanente Aufenthaltsgenehmigung entfristet werden kann, solange das Paar zusammenbleibt und in Deutschland lebt. (Bei längeren – mehrjährigen – Aufenthalten außerhalb Deutschlands beginnt man immer wieder von vorne.) Nach fünf Ehe-Jahren kann sich der nicht-deutsche Partner um die deutsche Staatsbürgerschaft bewerben, was aber derzeit noch aufgrund der nicht anerkannten Mehrstaatigkeit die Ausbürgerung aus der Herkunftsnation erfordert.

- Im Falle von Trennung, Scheidung oder Tod des deutschen Ehepartners vor der Drei-Jahres-Frist ist die Aufenthaltserlaubnis des nicht-deutschen Partners nur unter bestimmten Bedingungen möglich; hat das Paar vor dem Ende der Ehe außerhalb Deutschlands gelebt, erhält der nicht-deutsche Partner nicht selbstverständlich das Recht, nach Deutschland zurückzukehren.

- Ehegatten von deutschen Staats-Bürgern erhalten automatisch eine Arbeitsgenehmigung, solange sie eine Aufenthaltsgenehmigung vorweisen können.

19 Bereits im Beratungsgespräch prüfen Standesbeamte, ob mit der Eheschließung ehefremde Zwecke verfolgt werden. Da keine eindeutigen Definition dieser Zwecke in den Gesetzestexten zu finden ist, bleibt den Beamten ein Ermessenspielraum, im letztendlichen Begründen einer ehelichen Lebensgemeinschaft. In § 1310 Abs. 1 BGB heißt es: „Der Standesbeamte darf seine Mitwirkung an der Eheschließung nicht verweigern, wenn die Voraussetzungen der Eheschließung vorliegen; er muss seine Mitwirkung verweigern, wenn offenkundig ist, dass die Ehe nach § 1314 Abs. 2 BGB aufhebbar wäre.“ Die Beurteilung ist von den jeweiligen Standesbeamten vorzunehmen. § 5 Abs. 4 des Personenstandsgesetz lautet wie folgt: „Bestehen konkrete Anhaltspunkte dafür, dass die zu schließende Ehe nach § 1314 Abs. 2 Ziff.5 des Bürgerlichen Gesetzbuchs aufhebbar wäre, so kann der Standesbeamte die Verlobten in dem hierzu erforderlichen Umfang einzeln oder gemeinsam befragen und ihnen die Beibringung geeigneter Nachweise aufgeben; notigenfalls kann er auch eine eidesstattliche Versicherung über Tatsachen verlangen, die für das Vorliegen oder Nichtvorliegen von Aufhebungsgründen von Bedeutung sind.“

Ankommen: Träume und Imaginationen, Kulturschock und Missverständnisse

> „My hopes then rested on the ‘couple’, which still seems to me the most solid happiness of man and perhaps the only real answer to solitude. But I discovered that the couple is not an isolated entity, a forgotten oasis of light in the middle of the world; on the contrary, the whole world is within the couple. For my unfortunate protagonists, the world was that of colonization.“[20]
> (Albert Memmi: Strangers)

„An einem malerischen Strand auf einer Südseeinsel der Philippinen – von weit her angereiste Touristen nennen diesen Ort gerne „like paradise“ – beobachte ich jeden Morgen zum Sonnenaufgang und jeden Abend zum Sonnenuntergang einen blonden durchtrainierten Spaziergänger. Insgeheim nenne ich ihn bereits den ‚Indianer‘, denn von seinem linken muskulösen Oberarm, wegen der von ihm bevorzugten Boxershirts auch immer sichtbar, leuchtet ein kunstvolles, üppiges Indianertatoo. Die Silhouette des Spaziergängers hebt sich malerisch gegen den Horizont ab, wo sich Meer und Himmel stimmungsvoll berühren.
Diese Strandgänge scheinen nach bestimmten Regeln inszeniert zu sein und damit seinen Tag zu strukturieren. Während er den Morgengang alleine auskostet, wird er beim Nachmittag-Abendgang regelmäßig von seiner Filipina-‚Squaw‘ und dem kleinen Sohn begleitet. Mit ihren langen schwarzen Haaren, jung und zierlich anzuschauen, komplettiert sie das idyllische Abendbild. Während er zufrieden ausschreitet, geht sie schweigend neben ihm (oder doch einen halben Schritt hinter ihm?). Sie wirkt etwas verschlossen, in sich gekehrt und verwehrt ihrem kleinen Sohn den Wunsch, an ihrer Hand zu gehen.“ (Aus meinem Journal vom August 1993)

Es brauchte nicht lange, um Uli und Elena – denn mit diesen Namen werden der „Indianer“ und seine „Squaw“ gerufen – mit dem einzigen Restaurant an diesem „Beach“[21] in Verbindung zu bringen. Und so ergab es sich, dass wir nicht nur einmal zum Essen einkehrten. Elena blieb wortkarg, sie lächelte nie, was auf den Philippinen besonders auffiel. Und während Uli mitteilsam wurde, beobachtete sie schweigsam die ersten Malversuche ihres kleinen Sohnes in dem spärlichen, generatorbetriebenen Licht.

---

20 Zit. nach dem Vorwort des tunesischen Schriftstellers Albert Memmi in „The Colonizer and the Colonized“. Boston (Beacon) 1965.

21 An anderen Stränden dieser Insel haben sich verschiedene touristische (besonders auch deutsch-philippinisch geprägte) „Subkulturen“ wie etwa die „Taucherszene“, die „Honeymoon-Romantiker“, und die „Disco-Sextourismus-Spots“ gebildet. Letztere verzichten aber im Gegensatz zu den „Redlightspots“ in Manila auf Gogobars, Bordelle und Massagesalons. Hierher reisen die Freier mit ihren „girlfriends“, um mit ihnen nette Urlaubstage zu verbringen. Dabei wurden die Kontakte vor allem in den Gogobars in Manila geknüpft. Die „hospitality girls“ können dann gegen eine „Barfine“ bei der Geschäftsführerin (*Mamasang*) ausgelöst werden. Dass in anschließenden mehrtägigen gemeinsamen Reisen nicht nur Sex gegen Geld getauscht wird, sondern dass es nicht ausbleibt, dass die Begegnungen emotionaler werden, wird von beiden Seiten thematisiert. Häufig wird von „Verliebtheit“ gesprochen (vgl. auch Weiler 1998, Kleiber 1995).

Seit 1990 ist Uli auf den Philippinen. Er hat den Status eines „permanent“, was einfach durch die Heirat mit einer Filipina zu erhalten ist. Uli, der nun schon seit Jahren die ganzen Philippinen bereist hat, hat sich für diesen Ort entschieden und nicht für Elenas Heimatinsel im südöstlichen Taifungürtel der Philippinen. Er war schon überall, sagt er, in Thailand, Indonesien und Lateinamerika. San Francisco in den USA habe ihm auch noch gut gefallen, aber Kalifornien sei ja unbezahlbar. Und so sei seine Wahl auf die Philippinen gefallen. Hier sei es am besten zu leben. Hier sei er angekommen. Sprache (Englisch) und die Fremdenfreundlichkeit kämen erleichternd hinzu. Das Land, auf dem er sein Haus im „natural style“ gebaut hat, hat er für 30 Jahre gepachtet. Hier wolle er leben. Was brauche er mehr? Wenn ihm die Decke auf den Kopf falle, verschwinde er für ein paar Tage nach Manila. Dann setze er sich in ein schönes Hotel, schaue sich ein paar Filme an und dann wäre er wieder im Gleichgewicht.

Deutschland und Berlin habe er nicht verlassen, weil es ihm dort schlecht ging, oder weil er – wie andere deutschen Männer, die sich hier auf den Philippinen niederließen – sich genötigt gefühlt habe, zu fliehen – also er habe „keine krummen Dinger am Hacken“. Nein, er habe ein gutes Auskommen gehabt. Zunächst als Privatdetektiv und dann als selbständiger Malermeister. „Aber die Leute dort, die Mentalität dort, die ist doch beschissen, wa?! Sie arbeiten ihre 14 Stunden täglich, sind verschlossen und engstirnig.“ Besonders während seiner „Schnüffeltätigkeit“ als Detektiv habe er aufschlussreiche Einblicke in pathologische Bereiche unserer Gesellschaft erhalten: „Meistens musst du für eifersüchtige Eheleute und raffgierige Erbschleicher arbeiten, wa! Detektiv kann jeder werden, er muss nur neugierig sein, und etwas krank in der Birne, wa! Sonst hältst du das nicht aus.“

Natürlich sehe er schon auch, dass „jeder Filipino doch ein Gauner“ sei, der sich, wo es nur ging, zu bereichern versuche. „Der Filipino ist ein sehr unpolitischer Mensch, der über den nächsten Tag nicht rausdenkt und so werden Wahlen ausschließlich mit Korruption gewonnen. Der Kandidat muss halt schon ein wenig Knete haben – und auch hier besitzen einige wenige die Plantagen, die sie dann eben verwalten lassen und bezahlen jedem ein paar Pesos oder T-shirts und dann werden sie auch gewählt.“ Der Filipino denke nicht einen Zentimeter in die Zukunft. Hauptsache jeder Tag läuft einigermaßen mit ein wenig Tuba (Palmwein) und Spaß. Und im Grunde genommen gefiele ihm ja genau das auch. (Nach einem aufgezeichneten Interview August 1993)

Diese Selbstdarstellung wirft ein Licht auf den prozesshaften Charakter der Verortung zwischen Fremdbild und Selbstbild. Die Philippinen erscheinen in Ulis Äußerungen als der Gegenentwurf zu seinem Deutschlandbild. Allerdings kann er eine radikale Inversion des Eigenen – sein Deutschlandbild sozusagen als fotographisches Negativ zu den Philippinen – nicht aufrechterhalten. Die Grenzen zwischen derart dichotomen Zuschreibungen verschwimmen, in der Verschränkung der Blicke findet eine allmähliche Entzauberung des Fremden statt. Bedeutete das imaginäre Fremde Faszination und Versuchung (ich kenne mich in der Welt aus: Hier ist es entspannt, freundlich und spaßig, gut zu leben), so löst das faktische Fremde nun doch auch Befremden und Ablehnung aus (jeder Filipino ist ein Gauner und unpolitisch; die haben keinen Geschmack). In einem Hin-und-her-Pendeln und Abwägen der Argumente formuliert er einen kritischen Blick auf seine Herkunft. Als Detektiv hatte er seine eigene Gesellschaft als verachtenswert wahrgenommen, zumal er in diesem Beruf vor allem im Auftrag kontrollierender und missgünstiger Personen zu handeln hatte. So war seine Entscheidung, Deutschland zu verlassen, eine frei gewählte Flucht vor den selbstverständlich gewordenen unmenschlichen Kontrollen und Zwängen und keine durch den gesetzlichen Arm erzwungene (er hat keine „krummen Dinger“ gedreht, wie so viele andere). Gleichzeitig beschreibt er sich als welterfahren, als jemand, der die Mechanismen seiner eigenen Projektionen durchschaut und durchbrochen hat. Seine Schärfung des Blickes auf das Fremde gerät ihm bisweilen überheblich. Das Fremde hält nicht den Imaginationen der Südsee als Paradies stand. Die fremde gesellschaftliche Alltagspraxis scheint aber nach wie vor die bessere und sinnvollere zu sein.

In Ulis Darstellung bekommt seine philippinische Frau die Rolle einer schönen, femininen, exotischen Figur zugewiesen. Er habe sie damals in Ermita[22] kennen gelernt. Auf meine Frage, ob sie sich genauso überzeugt wie er für diesen „Traumort“ entschieden habe, räumt er ein, dass die Entscheidungen er gefällt habe, aber das Wohl seiner Frau dabei im Blick gehabt habe.

All der gelebten – und in vorliegender Arbeit diskutierten – Komplexität zum Trotz werden die Motive für eine gemischt-kulturelle Ehe und die Gründe für eine „exotische“ Partnersuche zunächst stark über erotisierte Stereotypen einerseits und über materielle Gesichtspunkte andererseits geäußert. Als ob sich in diesen Stereotypen die bisweilen schwer fassbare Sehnsucht nach besseren und anderen Verhältnissen einfangen ließe.

Die Liste der Stereotypen über asiatische Frauen als superfeminine, hingebungsvolle und erotische Frauen sind hinlänglich bekannt und werden vor allem in den Heiratsgesuchen unermüdlich (und plump) perpetuiert (vgl. Beer 1996: 73ff., Ignacio 1998). Die exotisch-erotisierenden Bilder der anderen fremden Frau, basierend auf den erotischen Erfahrungen westlicher Männer mit östlichen Frauen, greift dabei auf eine lange narrative Konvention zurück, die mit den Entdeckungsreisen im 18. Jahrhundert begann und mit der Zivilisationsflucht im 19. Jahrhundert in einen verklärenden „Orientalismusdiskurs“ mündete (siehe auch Manderson/Jolly 1997, Akashe-Böhme 1993, Jolly 1997, Manderson 1997). Die Bilder dieser und anderer Quellen[23] des Genres formen

22 In den 1980er und 1990er Jahren bekannt als das touristische Vergnügungsviertel in Manila, der Name Ermita stand als Synonym für Nachtleben und den *Red-Light-District*.

23 Die Bilderwelt des verfilmten Welt-Bestseller-Romans von Richard Mason „The World of Susi Wong“ und der Weltoper „Madame Butterfly“ beispielsweise ha-

die Fantasien und Mythen über die Sexualität „anderer“ Frauen (Hamilton 1997, Kondo 1990b).

Auch Ulis Südsee-Inszenierung reiht sich in diese lange Geschichte narrativer Konventionen ein. Als ich drei Jahre später 1996 auf einen kurzen Besuch vorbeischauen wollte, waren er und seine Familie nicht mehr da. Er sei wieder nach Deutschland zurückgekehrt, hieß es. Offensichtlich hatten sich im Laufe der Zeit Ulis Wahrnehmungen so verschoben, dass die deutsche Heimat wieder in erstrebenwerte Nähe rückte. Die Pacht hatte ein anderer Deutscher (mit philippinischer Freundin) übernommen. Die Südseeinsel war vom utopischen Mythos über die Desillusionierung eines Paradieses zu einem Konsumentenprodukt geworden.

Szenenwechsel: anderer Ort, andere Personen – ähnliche Themen

Fee und Helmut Wagner: Von der Faszination zur Dekonstruktion

Helmut Wagner hatte das Herkunftsland seiner Frau als Ferienland kennen gelernt und sich von der exotischen Faszination stark beeindrucken lassen. Angesichts einer Lebenskrise in mittleren Jahren, die mit der Scheidung von seiner deutschen Frau einhergegangen war, hatte er sich zusammen mit einem Freund und Weggefährten auf Weltreise begeben. „Soll das nun schon alles gewesen sein?“ hatte er sich enttäuscht innehaltend und sein Leben bilanzierend gefragt. Und am inneren Horizont entstand eine Vision eines neuen, anderen Lebens, das die Mängel des bisherigen ausgleichen sollte.24 Nach drei Monaten Unterwegssein in Indonesien und Thailand bereisten sie die Zuckerinsel Negros auf den Philippinen. Und dort, so berichtet er, habe ihn in einem ‚local bus', schwitzend, hungrig, in hautnahem Kontakt mit den einheimischen Mitreisenden der berühmte Pfeil Amors erwischt: Er habe in die lächelnden Augen einer bezaubernden Frau – Fee – geschaut.

Aber auch Fee, unterwegs im *buy-and-sell-bisness*, fand neugierig Gefallen an dem attraktiven ‚Kaukasier'. Und so begann eine Liebesgeschichte, die in einer süddeutschen Stadt in Deutschland fortgeführt werden sollte. Gemeinsam bereisten sie noch die Philippinen, und Helmut war fasziniert von den ‚anderen' Einsichten und Zugangsweisen an der Seite einer Einheimischen. Dann flog Helmut zurück nach Deutschland, nicht ohne ihr das nötige Reisegeld hinterlegt zu haben und wartete. Auf den schon erwähnten „Papierdschungel“ waren beide nicht vorbereitet, zumal Fee weder über Geburtsurkunde noch Ehefähigkeitszeugnis verfügte.[25]

---

ben bis heute für eine massenhafte Verbreitung einer Ideologie der fremden Frau gesorgt und Vorlagen für sehnsuchtsvolle Männerphantasien geliefert.

24 Beide Männer hatten sich als Beamte und Pädagogen den Freiraum eines „Sabbatjahres“ genommen, um ‚nicht-gelebtes Leben' intensiv ‚nachzuleben'. Geplant war Südostasien, Südsee, Neuseeland und Australien.

25 Mit dem Ehefähigkeitszeugnis gab es Probleme, da Fees philippinischer Ex-Mann verschwunden war, sie aber auf dem Papier noch verheiratet war.

Doch nach langen Wochen und endloser Papierarbeit saß Fee schließlich im Flieger nach Frankfurt. Da es Winter war, wartete Helmut mit warmer Kleidung und roten Rosen am Flughafen. Beide waren aufgeregt, Fee etwas übernächtigt und Helmut besorgt angesichts der neuen Verantwortung. Er brachte sie nach Hause, was zu der Zeit eine dreiköpfige Männer-Wohngemeinschaft in einer großräumigen Altbauwohnung war.

Beide genossen ihr ganz eigenes, persönliches Begrüßungsfest. Alles war aufregend.[26] Die offizielle Begrüßungsparty hingegen, bei der Helmuts großer Freundeskreis und Fee einander bekannt gemacht werden sollten, erzählte Fee in Begriffen eines ersten großen Kulturschocks.

„Andrea, ist das die deutsche Kultur? Helmut sagt immer: ‚So ist das hier. Das ist normal!' – Auf der Party, gab es überall in der Wohnung küssende Paare. Wild durcheinander. Auf dem Sofa, beim Tanzen [...] Als ich mich zur fortgerückten Stunde mit Helmut ins Schlafzimmer zurückgezogen hatte, konnte ich überhaupt nicht einschlafen [...] Es gab so entsetzlich stöhnende Geräusche.“

Mimisch temperamentvoll fuhr sie fort:

„'Helmut, da stirbt eine Frau, du musst ihr helfen!' Ich hatte so eine entsetzliche Angst, es klang unheimlich.“ (Sie versuchte stöhnende Geräusche nachzumachen. Wir mussten beide lachen.) „Mit dieser Angst habe ich Helmut wachgerüttelt: ‚Da stirbt jemand!' – ‚Ach was, die lieben sich!' hat er geantwortet und weitergeschlafen. Ich war einsam und ängstlich und habe mich nicht einmal mehr auf die Toilette gewagt.“[27]

Als ich Fee kennen lernte, war sie bereits ein Jahr in Deutschland verheiratet und lebte in dem Haus, das Helmut und seine Freunde mittlerweile gekauft hatten. Sie war mit ihrem Mann in einen eigenen Haushalt gezogen, erlebte aber ihren Mann weiterhin als jemand, der über die Hausgemeinschaft eng mit seinen Freunden verbunden war. Irritiert beobachtete sie weiterhin den Umgang seiner Freunde mit Frauen und musste feststellen, dass diese eine gewisse Freizügigkeit trotz fester Paarbeziehungen für sich als das Selbstverständliche in Anspruch nahmen.

Im Vergleich zu den deutschen Frauen, den sie entlang der Kategorie desselben Geschlechtes zu ziehen versuchte, verschwammen ihr die Bedeutungen der eigenen und fremden Kodes. Diese Frauen wurden ihr als Lehrerinnen, als in der Politik und im Sozialbereich tätige Frauen vorgestellt, alles Berufe, die zu einer etablierten Mittelschicht zu rechnen sind und damit eine soziale Zugehörigkeit verkörperten, die Fee lange als erstrebenswertes Ziel fantasierte. Und nun spürte sie eine große fast unüberbrückbare Differenz, die sowohl sie als auch ihr Mann als einen kulturellen Unterschied stereotypisierten. Innige Umarmungen ihres Mannes mit solchen Kolleginnen verurteilte sie eifersüch-

26 Fee akzeptierte die Männer-WG, zumal sie einen von Helmuts Freunden bereits auf den Philippinen kennen gelernt hatte und außerdem Helmut mit ihr ein Haus besichtigte, das gekauft werden sollte. In der unteren Etage würden sie wohnen, in der oberen Etage seine beiden Freunde.

27 Übersetzt nach einer Gesprächsaufzeichnung (September 1992).

tig als ‚unanständig' und ‚moralisch geschmacklos'. Ihr Mann wiederum begegnete diesem abwertenden Blick ebenfalls mit stereotypisierender Kulturalisierung: Eine gewisse sexuelle Freizügigkeit gehöre eben zur deutschen Kultur. Für Fee mochte eine besondere Ironie darin liegen, dass jene deutschen Frauen, die sie gerne als unanständig bezeichnen würde, philippinische Frauen – und damit auch sie – als Katalog-Bräute beredeten und ihre politische Verantwortung darin sahen, diese von prostituierenden Praktiken zu befreien.

Wenn Fee über ihre Ehe resümierte, so schien es ihr ein besonderes Anliegen zu sein, diese als sozio-ökonomischen Gewinn und Erfolg zu beschreiben. An manchen Tage wurde sie nicht müde, ihre materiellen und statusbezogenen Gewinne aufzuzählen und hervorzuheben, wie ihre Träume Wirklichkeit geworden seien: „Schau dir das Haus an, es ist ein gutes teures Haus." Sie zeigte auf eine perfekt eingerichtete Einbauküche, führte mich in ihr stilvolles Bad, nannte den Preis der neu angeschafften Einrichtungsgegenstände. „Helmut ist ein guter Mann – *talaga mabait siya*!" So habe sie mit ihm auch schon einen teuren Winterurlaub verbracht, und sie lerne die etablierten Kreise an der Seite ihres Mannes als Teilnehmerin kennen.

Dieses Leben ließe sie in den Augen der anderen Filipinas als *mayabang* (angeberisch) erscheinen. Dabei wären diese selbst *mayabang*, würden selbst nur vom Geld, ihren großzügigen Männern, ihrem Schmuck und ihren Häusern reden, als ob sie einen Millionär geheiratet hätten. Und da es bei ihr im Gegensatz zu vielen anderen Schicksalen stimme, habe sie wenig philippinische Freundinnen. „Sie sind neidisch und intrigant und ich muss immer aufpassen, was ich sage."

Es gab aber auch andere Tage, an denen Fee das Gespräch mit mir suchte, um nachdenklichere und einsamere Töne anzuschlagen. Dann kam es vor, dass sie mich zum Essen einlud, oft gemeinsam mit einer anderen philippinischen Freundin. Fast verschwörerisch wurde heimatlicher Fisch gegrillt. Anschließend und vor Helmuts Heimkehr mussten dann alle Fenster geöffnet werden und mit Deo-Raum-Sprays fast schuldbewusst die vertrauten und für Helmut unerträglichen Gerüche wieder verbannt werden. Es sei auch schon vorgekommen, dass Helmut nach solch einer ‚olfaktorischen Orgie' an der Eingangstür kehrt gemacht und es vorgezogen hätte, mit seinen Freunden und Freundinnen in der Kneipe das Abendessen einzunehmen.

Nach mehreren unüberriechbaren philippinischen Essenseinladungen lud Helmut zu einem selbstgekochten Essen ein. Während des Essens kamen wir, wie zu erwarten, auf die Philippinen zu sprechen. Hinter Helmuts Worten schien eine ganze Portion Enttäuschung und Verachtung zu stecken. So habe er die Ehe mit Fee genutzt, um persönliche und konkrete Entwicklungshilfe zu leisten. Sicherlich spielte da auch ein innerer Legitimationszwang eine Rolle, aber er habe ja mit eigenen Augen gesehen, wie arm das Dorf war, aus dem Fee stamme. So habe er Geld für eine Bewässerungsanlage und Kanalisation gesammelt, müsse aber nun einsehen, dass die Gelder von seiner großen Schwiegerfamilie nicht für die vorgesehene Kanalisation verwendet worden waren.

„Okay, das kennt man ja. Aber was mich richtig erbost, ja angewidert hat, war eine andere Geschichte: So habe ich eine Patenschaft für eine junge Cousine meiner Ehefrau übernommen. Ich habe regelmäßig eine stattliche Summe Geld überwiesen, um diesem Mädchen eine gute Ausbildung zu ermöglichen. Und wie sah das Ergebnis meines Engagements aus? Ein alter widerlicher Trunkenbold hat dieses Mädchen geschwängert, weil sie nun – durch meine Unterstützung – eine gute Partie zu sein schien. Von wegen gute Ausbildung! Eine Ehe im sich ewig drehenden Schicksalssumpf mit einem Faulpelz als Mann, das hatten sie daraus gemacht. Diese eigenwillige Umdeutung meiner Gaben hat mich so frustriert, dass ich sofort alle Überweisungen storniert habe.“

Seitdem grenze er sich dezidiert ab. An ihn solle keiner mehr Ansprüche stellen.[28] „Sicherlich, Fee bekommt von mir monatlich eine gewisse Summe zur freien Verfügung – damit sie mich nicht bestehlen muss. Wie sie damit umgeht, ist ihre Angelegenheit.“

In unreflektierten und enttäuschten Momenten artikulierten beide Überlegungen, in denen sie jeweils den anderen Partner – die Ehefrau bzw. den Ehemann – mit ihrer jeweils anderen Kultur gleichsetzten. Dann wurde ihre Familie *pars pro toto* mit der Kultur der Frau gleichgesetzt und seine politischen Kontakte repräsentierten *pars pro toto* die Kultur des Mannes. Schwierig wird die eheliche interkulturelle Kommunikation dann, wenn die Paarbeziehung nicht mehr als ein Verhandeln und Aushandeln begriffen werden kann, sondern sich ein Machtkampf zwischen den Geschlechtern artikuliert, der mit eben genannten Gleichsetzungen als Kampf zwischen den Kulturen gedeutet wird.

Überwog zu Beginn der Beziehung in der Auseinandersetzung mit kulturellen Differenzen die Faszination am anderen, so rückte im Laufe der alltäglichen Realität die Frage in den Vordergrund, ob der Partner bzw. die Partnerin aufgrund persönlicher Charaktereigenschaften zu beschreiben ist, oder ob diesen über kulturelle Unterschiede Bedeutung zugeschrieben werden. Zwischen Faszination, Realität und Konflikt rangen Fee und Helmut um Verständigung, dabei verwischten sie die Ebene eines Paarkonfliktes mit den Argumenten eines Kulturkonfliktes. Empfand sie in der Beziehung zu ihrem Mann und seinem ihm wichtigen Freundeskreis große Entfremdung und Nicht-Zugehörigkeit, so schien ihm genau an dieser Distanz und Grenzziehung gelegen zu sein. Anfängliche großzügige, ja paternalistische Versuche, sich als Entwicklungshelfer ihrer Familie zu gerieren, wurden schnell als gescheitert *ad acta* gelegt. An ihn solle keiner mehr direkte Ansprüche stellen! So kündigte er zwar seiner Frau gegenüber nicht seine Großzügigkeit auf, aber er machte deutlich, dass er in ihre Geschichte nicht allzu involviert sein wollte.

28 Zu der Zeit (1992) war Helmuts politisches Engagement stark auf die deutsche Widervereinigung und die „Ost-Entwicklungshilfe“ konzentriert. Dass dies mit Reisen nach Ostdeutschland und Telefonaten mit schwer einzuordnenden Frauenstimmen verbunden war, beobachtete Fee durchaus mit eifersüchtiger Wachheit: „Die wollen Bananen! Das haben wir auf den Philippinen genug!“

Für Fee bahnte sich schon in dieser Anfangszeit die Erfahrung einer doppelten Entfremdung an. Ihre wirtschaftliche Konsolidierung, ihre als Erfolg thematisierte soziale Aufwärtsmobilität geht mit emotionaler Einsamkeit und dem Gefühl der Nichtzugehörigkeit sowohl im Freundeskreis ihres Mannes als auch in der Gemeinschaft ihrer *kababayan* einher.

Viele meiner Informantinnen erzählten mir wie Fee, dass sie in der *community* keine Freunde bzw. Freundinnen hätten. Bemerkenswert war dieser erstaunlich hohe Grad an Misstrauen, mit dem sie Beziehungen unter Filipinas beschrieben. Freundinnen wurden als misstrauisch, als schmerzliche Erfahrung und als Bedrohung beschrieben, vor der es sich zu schützen gelte. Viele meiner Gesprächspartnerinnen porträtierten sich selbst als Opfer intriganter, rivalisierende Landsfrauen, die nur eifersüchtig auf ihre Erfolge seien.

Angesichts der regen Vernetzung und der vielen unterstützenden, solidarischen Handlungsstrategien, die ich gleichzeitig auf vielfältige Weise beobachten konnte, sind diese Selbstbeschreibungen bemerkenswert. Weiter unten – bei Mary und Sebastian – werde ich diese Dynamik noch einmal in den Blick nehmen und als wesentliche Realität einer zum (ökonomischen) Erfolg verpflichteten Migration diskutieren.

Materielle Spielräume entschärfen daher sicherlich eine Reihe von Eheverhandlungen, sie machen diese aber nicht obsolet. „Geld ist gut, es geht aber eben nicht nur ums Geld", fasste Fee ihre eigene Situation zusammen, in der sie mit ihrem Ehemann Helmut jenseits des Geldes einen Verhandlungsprozess zu beginnen hatte. Beide hatten in ihrer Anfangsphase stückweise desillusioniert damit begonnen, Abgrenzungen zu setzen. Sie mussten erkennen, dass ihr jeweiliges Zugehörigkeitsgefühl weit davon entfernt ist, gemeinsame Erfahrungswelten und Alltagspraxen zu begründen. Die Perspektiven gemeinsamer Grundlagen waren noch ungewiss, das wechselseitige Sich-in-Beziehung-setzen wurde entlang von Grenzziehungen ausprobiert. Dabei tauchten auch klassische Konfliktpotentiale, wie etwa unterschiedliche Nahrungsgewohnheiten, auf.

Liebe geht durch den Magen, Liebe schlägt auf den Magen

Das Essen, die Nahrungsaufnahme als kulturelle Divergenz, mag auf den ersten Blick als unerheblicher, leicht auszuräumender Unterschied abgetan werden. Im Alltag zeigt sich jedoch, dass gerade die banalen Nahrungsgewohnheiten zu Kristallisationspunkten von Konflikten werden können, die alles andere als trivial sind. Sie bilden vielmehr Symbole für die eigene Kultur, an die sich Gefühle von Verlust und Heimweh knüpfen (vgl. Lauser 1997, Hecht-El Minshawi 1992: 208-221). Dass Essen in der Migration ein den Alltag beherrschendes Thema ist, belegen viele Migrationsstudien (siehe auch Bönisch-Brednich 2002: 331ff.). Das Reden über Essen, das Austauschen von Rezepten und Einkaufsadressen, das Witzeln über die fremde Küche und das Organisieren der selbstverständlichen Grundnahrungsmittel, die in der Fremde abwesend sind, bindet einen großen Teil migratorischer Energien. Es werden Nahrungsnetzwerke gebildet, man lässt schicken, mitbringen und macht selbst, organisiert Feste und Einladungen, und man entwickelt Geschäftsideen in der „Genussdiaspora". Das Kulturthema Essen erweist sich als eine Schnittstelle zwischen Eigenem und Fremden. Die kulturelle Situierung im Migrationsprozess wurde von Valentine und Bell in der kulturanthropologischen Formel „we are where we eat" zusammengefasst (Bell/Valentine 1997).

In einer Lebensumgebung, in der so vieles fremd ist, kommt gerade den philippinischen Speisen und Gerüchen eine besondere Bedeutung zu. Sie vergegenwärtigen auf sinnliche Weise bestimmte Erinnerungen und Stimmungen, bestärken Selbstgefühl und (ethnische) Identität und halten eine Beziehung zur Herkunftskultur aufrecht. Vor diesem Hintergrund kann abwertende Missachtung der Küche als tief kränkende Inszenierung erlebt werden (die Liebe auf den Magen schlagen) und das unspektakuläre oder lobende Teilhaben als Achtung wahrgenommen werden (Liebe durch den Magen gehen).

Analog zum „Fischgeruch-Streit" zwischen Fee und Helmut möchte ich eine humorvolle Selbstbeschreibung der „Filipina-Deutschen" Edna Weisser wiedergeben: „How to cook *bagoong*[29] in Germany" (nachzulesen in Hardillo-Werning 2000: 85f.):

> „With *bagoong* all Filipinos are equal, regardless of income, tax brackets, alumni associations, intellectual affiliations or family origins. [...] For expatriate Filipinos, *bagoong* is a homesick goodie. [...] The only problem with *bagoong* is its smell. If the Handkäse smells of unwashed feet, *bagoong* smells of another anatomical part that has not seen soap and water for a month. [...]
> Here in Germany, it is not easy to cook *bagoong* without offending husband, neighbours or pets. I have a Filipina friend who lives close to the firm BASF in Ludwigshafen. BASF produces chemical and industrial products and has been blamed, if not accused, of causing all kinds of environmental pollution in the area. One summer day, my friend used *bagoong* to garnish a Philippine dish. Naturally, to get the smell out of her kitchen, she opened the windows. Her mother-in-law happened to be in the garden, merrily chatting with a neighbour. When the smell of my friend's *bagoong* dish reached the two women, the neighbour said: 'BASF stinkt schon wieder.' The mother-in-law was speechless. How could she explain to her neighbour that what she just smelled was her daughter-in-law's lunch?" (ibid)

Ein klassisches Beispiel ist in westlich-asiatischen Ehen die ‚Kartoffel-versus-Reis-Diskussion' (vgl. auch Tseng 1977: 94f.). So ist im philippinischen Kontext eine Mahlzeit erst mit Reis als vollwertig zu bezeichnen. Reis gilt als die Grundnahrung schlechthin, was im deutschen Kontext nur mühsam nachvollzogen wird und zu endlosen humorvollen, aber auch abwertenden Diskussio-

29 *Bagoong* gilt als köstliche, vielfältig einsetzbare Fischpaste. Sie wird aus marinierten und in Unmengen Salz eingelegten Shrimps zubereitet: „In the Philippines, *bagoong* is a staple side dish. If you grew up in the country, the mention of the word would make you conjure childhood scenarios of *bagoong* dips for green mangoes. It tastes much better when shared with your favourite cousin or friend. If the mango is sour, you both make grimaces. Watching each other's pained faces would start laughing convulsions. If you ate it with your boyfriend, mothers and aunts would take silent pleasure in the knowledge that you cannot kiss each other that day" (ibid).

nen führt (vgl. auch Lauser 1997: 163ff. und 172ff.). Ein deutscher Ehemann, der fähig *(marunong)* ist, Reis zu essen, beweist damit seine interkulturelle Kompetenz, die in philippinischen Gesprächen besonders hochgelobt wird.

Das interkulturelle Gelingen ihrer Begegnungsgeschichte betitelt entsprechend ein deutsch-philippinisches Paar mit „Sinigang und saure Bohnen" (Dehn/Dehn 1994: 64ff.), und die ‚deutsche Filipina' Sally Beinroth wird in einer Ausstellung zur Heiratsmigration mit folgenden Worten zitiert:

> „Mein Mann isst gerne Schweinefleisch und ich esse gerne mein Heimatgericht[30]. Ich habe mal einen Versuch gewagt, deutschen Schweinebraten mit deutschen Gewürzen zu kochen, danach habe ich Bambus, Sojakeime, Ingwer und Knoblauch, philippinische Gewürze und Reis mit den Fleischresten vermengt. Ich habe es geschafft, ohne den ursprünglichen Geschmack zu verlieren, zusammen mit philippinischen Gewürzen diesen Schweinebraten zu etwas Neuem zu verbinden. Ich habe meinen Mann und meine Schwiegermutter gefragt, wie es schmeckte, und sie sagten – „Wunderbar"! So habe ich meine Tradition und die deutsche Tradition kombinieren können, ohne das eigene Ich zu verlieren." (In: Franger/Pablo 1993: 86)

Mit der nächsten Beziehungsgeschichte stelle ich ein Paar vor, das bereits in der Anfangsphase an der Diskrepanz zwischen Traum und Wirklichkeit scheiterte. Auch für mich als Ethnographin war die Begegnung mit diesem Paar keine einfache. Ich sah mich mit einer Beziehungsdynamik konfrontiert, die mich in ihrer Hilflosigkeit nicht unberührt ließ. Ich erlebte Gina, die philippinische Heiratsmigrantin als eine Frau, die sich aktiv handelnd in eine Sackgasse der scheinbaren Ausweglosigkeit hineinmanövriert hatte und beobachtete ihren Mann Rainer, der diese Ehe um jeden Preis halten wollte, aber außer seiner Verzweiflung, Anhänglichkeit und zeitweiligen Drohgebärden wenig in die Waagschale des Erfolges zu werfen vermochte.

Gina und Rainer in der „Exotik" verloren oder: „Also Geschichten gibt es!"

Meine erste Begegnung mit Gina und Rainer Müller stellte Herr Müller her.[31] Seine Frau feiere demnächst ihren ersten Geburtstag in Deutschland, und da sie wenig Freunde hätten, wäre es nett, wenn ich kommen würde. Schon in diesem ersten Gespräch weihte mich Herr Müller wortgewaltig in seine neue verwirrende Welt ein; es schien ihm ein Bedürfnis zu sein, die Positionen gleich zu klären:

> „Also Geschichten gibt es da! Die meisten Filipinas lassen sich ja mehr oder weniger einkaufen und dann rufen sie bei meiner Frau an und jammern. Aber meine Frau ist da ganz schön rabiat, sie will damit nichts zu tun haben. Sie rufen an und jammern, also Geschichten gibt es da. Die kommen ja nur wegen dem Geld und dann haben sie, was sie wollen. Die brauchen sich dann gar nicht zu beklagen. Die Männer wollen junges Blut und Sex für ihr Geld. Da gibt's ja die Vorstellung, dass die Filipinas so toll im Bett sind, und die Filipinas kommen wegen dem Geld und da ha-

30 Als philippinisches Nationalgericht gilt *adobo*, ein Gericht aus Fleisch, Gemüse und Reis, gekocht in Essig und Gewürzen (vgl. auch Fernandez 1996).

31 Auf einer deutsch-philippinischen Weihnachtsfeier, organisiert von dem ortsansässigen deutsch-philippinischen Freundschaftskreis.

ben beide gefunden, was sie wollen. [...] So ein 71-Jähriger, der wollte was für sein Geld und da hat er sich auch so was gekauft, die hat er nicht gesehen vorher. In Frankfurt haben wir sie abgeholt. Eine Jungfrau wollte er haben und dann hatte sie einen Minirock und ausgeschnittene Sachen an. ‚Das soll ne Jungfrau sein?', hab ich bei mir gedacht, das ist doch eine, na wie heißt doch die Gegend in Manila noch mal – von der Mabinistreet[32]. Geld hatte der Alte, Geld hat sie gekriegt und dann ruft sie bei meiner Frau an und jammert. Dabei hat sie doch gekriegt, was sie gewollt hat. Recht geschieht's ihr. [...] Also mit der Intelligenz haben die alle es nicht so. Eine Bekannte meiner Frau hat sich von einem meiner Bekannten kommen lassen. Aber dann wollte er sie doch nicht so, dann wollte er wieder, dann wollte sie aber nicht mehr. Und jetzt fliegt sie zurück, und bekommt von ihm eine monatliche Unterstützung. Also da ist wenig Intelligenz, auch bei den Frauen. Die kommen doch nur aus materiellen Gründen. Und so findet sich, was sich finden muss." (Dezember 1992)[33]

Mit diesem Einstieg verortete Herr Müller sich selbst auf der moralisch richtigen, anständigen Seite, indem er die Praktiken der anderen anklagte. Indem die anderen mit der ganzen Palette der zur Verfügung stehenden Klischees charakterisiert wurden, hob er sich selbst als nicht dazugehörig und anders ab. Die *anderen* kaufen sich Sex, weil sie hier zu kurz kommen, die *anderen* Filipinas sind nur „scharf aufs Materielle“, die *anderen* sind dumm, haben „wenig Intelligenz“, die *anderen* sind hochnäsig und erliegen den Klischees usw. Dabei ist die Grenzziehung zwischen sich und den anderen prekär, brüchig, labil – sowohl in den eigenen Stimmungen, Ängsten und Praktiken, als auch in den Zuschreibungen von außen. Der vielfache Diskurs, im Alltag, in den Medien, in der Wissenschaft (siehe Holt 1996) verbreitet ein ‚Wissen' über deutsch-philippinische Ehen konstruiert aus einem ‚Filipina-Katalog-Braut-Diskurs': Die Filipinas sind arm. Um dieser Armut zu entfliehen schrecken sie nicht vor prostituierenden Praktiken zurück. Was sie finden, ist traurig und deprimierend: unattraktive Männer, die von anderen Frauen abgewiesen wurden. Je nach Standpunkt wird dieses Set an ‚Basisbildern' emotional aufgeladen, koloriert, schattiert.

„Na ja, wie soll ich sagen, die Männer, die sich eine Filipina kaufen, denen sieht man's ja an, dass sie hier keine abkriegen, die legen ja echt viel Geld hin.“

„Wie haben Sie denn ihre Frau kennen gelernt?“

„Über Brieffreundschaft und dann habe ich sie auf den Philippinen abgeholt.“

---

32 In der Mabinistreet in Ermita/Manila reihte sich ein Nachtlokal an das andere.

33 Alle folgenden Gesprächspassagen sind nach verschiedenen Interview-Aufzeichnungen ins Schriftdeutsch übertragen: Da entweder starker Dialekt, ‚reduziertes Deutsch' oder eine eigenwillige Mischung von verschiedenen Sprachen gesprochen wurde, habe ich mich um der Leserlichkeit willen in diesem Kapitel für diese deutliche „Übersetzung“ entschieden. Meine Begegnungen und Treffen mit Gina und Rainer zogen sich über mehrere Monate hin. Meist war es Herr Müller, der eine Verabredung organisierte. Wenn ich sie in ihrer Wohnung besuchte, war er immer anwesend. Einige Male gab es aber Situationen, wo er sich mit einer Bastelarbeit beschäftigte, und Gina und ich über die philippinische Sprache eine Zweisamkeit herstellten, die sich ihm entzog.

Rainer Müller hatte sich in einer Beziehung gefangen gefühlt, die für ihn demütigend und anstrengend war. Er erzählte, wie seine deutsche Verlobte, mit der er schon zusammenlebte, wiederholt in ihren Heimatort gefahren war, um dort mit verschiedenen Männern sexuelle Beziehungen einzugehen. Und dies, obwohl er ihr das erste Mal vergeben hatte, und sie ihm versprochen hatte, es nicht wieder zu tun. Als er eines Tages einen dieser Alternativmänner zu Gesicht bekommen hatte, war sein (männliches) Selbstwertgefühl völlig erschüttert. Dieser andere Mann war weder ein Bodybuilder oder sportlicher Typ noch stellte er sonst etwas Beeindruckendes dar, er hatte weder viel Geld noch einen interessanten Beruf. Die nichtssagende Alternativwahl seiner Verlobten kam einer doppelten Beleidigung seiner selbst gleich. „Da war bei mir dann endgültig der Ofen aus und ich habe mich nach einer Filipina umgesehen."

Gina auf der anderen Seite kommt aus einer Familie, in der bereits seit Generationen die Migration als Prestige förderndes Projekt etabliert zu sein scheint (siehe auch Kapitel 2 und 3). Bereits ihre Großeltern, die sie im übrigen in ihrer genealogischen Auflistung erstaunlich wenig präsent hatte[34], waren schon migriert. Ansonsten zählte sie einige der zahlreichen Onkeln und Tanten[35] auf, die auch schon *abroad* seien – in Saudi-Arabien und in Amerika. Eine Tante sei mit einem amerikanischen Soldaten verheiratet, lebe in Amerika, habe neun Kinder und sei sehr „amerikanisch" geworden: Sie spreche kaum noch *Pilipino*, komme höchstens alle sechs Jahre zu Besuch, schreibe kaum noch Briefe, schicke kein Geld, kümmere sich nicht um die Verwandtschaft, die deswegen auch nicht gut über sie rede. Diese Tante scheint eher ein Negativvorbild zu sein, der von Gina (und der Verwandtschaft) zum Vorwurf gemacht wird, dass sie ihre philippinischen Wurzeln vergessen habe.

Ginas Familie lebt in Quezon. Die Mutter arbeitet in der Telefonzentrale. Ihr Vater ist Baustoffzulieferer. Aber in der Regenzeit verdiene er kaum etwas, weil da nicht gebaut werde. Dann ginge er ab und zu fischen für den Eigenbedarf. Ihr Bruder wohne mit seinen Zwillingskindern wieder bei den Eltern, nachdem ihn seine (nicht-eheliche) Frau verlassen hatte, um nach Deutschland zu gehen. Diese Frau, Gina nannte sie *pinsan*[36], habe für Gina in einem speziellen Anzeigenblatt inseriert, dass sie einen deutschen Briefpartner suche.

Die Gründe fürs Auswandern seien schon vielfältig, meinte Gina und zählte auf: aus ökonomischen Gründen, wegen des Geldes, um reich zu werden, um ein modernes Leben zu haben. Manche wollen ein anderes Land kennen

34 Vgl. auch Carsten 1995, die genealogisches Vergessen mit Migrationserfahrungen korreliert. Das Vergessen von Details aus der Vergangenheit sei ein notwendiger Schritt zur Erschaffung einer kollektiven neuen Identität (in der Migration). Mehr als die vertikalen Verwandtschaftsbeziehungen sind die horizontalen von Interesse und Bedeutung. Solche Beziehungen bestehen in der Gegenwart und haben Zukunft.

35 Die Großmutter mütterlicherseits soll 17 Kinder geboren haben.

36 *pinsan* ist genau genommen die Bezeichnung für Vetter und Base, wird aber oft für horizontale Verwandte im weitesten Sinne verwendet.

lernen, andere seien sogar *bulag sa ibig* – blind vor Liebe. Sie sagte es fast abwertend, kopfschüttelnd.[37]

„Ich wollte schon immer *abroad* leben. Ich wollte schon immer etwas Besseres und meine Eltern unterstützen. Ich wollte reich werden. Eigentlich träumte ich davon, nach Kanada zu migrieren, aber die Brieffreundschaft gab mir dann auch eine Perspektive.“ (Januar 1993)
„Ja, in dem Anzeigenblatt waren zwei Anzeigen“, übernahm Rainer Müller das Gespräch. „Die eine wollte eindeutig einen Ehemann, war aber etwas jung, die wäre 6 Jahre jünger gewesen. Da hab ich mir gedacht, da gehen die Interessen vielleicht doch zu weit auseinander, 22 war die. Die andere Anzeige war Ginas, die war nur 2 Jahre jünger wie ich. Und außerdem hat sie nicht so eindeutig eine Ehemannsuche formuliert, sondern erst mal Brieffreundschaft. Die hab ich dann genommen.“[38]
„Im Herbst bin ich dann auf die Philippinen gefahren,“ fuhr er fort.

Gina erzählte nun schüchtern lächelnd:

„Auf dem Flughafen hat er mich übersehen. Ich habe immer Rainer, Rainer gerufen, aber er hat mich gar nicht gesehen. Er ist an mir vorbeigelaufen und in eine ganz andere Richtung gegangen. Mein Bruder hat ihn dann eingeholt und zurückgeholt.“

„Ja“, erinnerte Rainer, „da waren so viele Gesichter und so ein Geschrei, alle haben irgendwie nach irgendjemand gerufen, ich habe nichts mehr richtig wahrgenommen.“

„Was war denn Eure Absprache?“

„Fotos hatten wir ja voneinander, und ich hatte ein Micky-Mouse-Plüschtier für Gina, mit dem ich gewunken habe.“

Gina lachte: „Er war einfach blind.“

Rainer lachte auch: „Ja, ja alle haben rumgeschrieen und gewunken.“

„Und dann hat er auch gleich Geld verloren,“ sagte Gina. „Dabei hatte ich dir doch extra geschrieben, dass du dich bei dem Ausgang für Ausländer einreihen solltest“, wendete sie sich an Rainer.

„Ja, ja in dem Getümmel bin ich zum verkehrten Ausgang, dort wo all die heimkehrenden Filipinos sich einreihen. Da war das Getümmel noch größer und die Kontrollen noch chaotischer und da haben sie mir gleich 400 DM geklaut.“

Schon bei dieser ersten Reise, erst recht aber bei seiner zweiten Reise sechs Monate später, fühlte sich Rainer Müller verwirrt und überwältigt von den neuen Eindrücken, die auf ihn einstürzten.

Schon ein halbes Jahr später, Gina und Rainer lebten gerade erst fünf Monate verheiratet in Deutschland, begab sich die ganze Familie – dieses Mal zusammen mit Rainers Bruder und Mutter, die im selben Haus wie Rainer und Gina lebten – auf eine 4-wöchige Philippinen-Reise. Diese Reise muss für alle anstrengend und verwirrend gewesen sein. Bei der Mutter bzw. Schwiegermutter sei aufgrund ihrer Diabetes-Krankheit und fehlender Medikamente „al-

37 „Ist blind vor Liebe etwas Dummes?“ fragte ich. – „*Ayos na rin* – es ist schon auch in Ordnung“, sagte sie nachgiebig. Es scheint also nicht besonders klug zu sein.

38 Gina saß daneben, lächelte schüchtern. Ob sie alles verstand? – Ich fragte sie, ob sie denn den Dialekt ihres Mannes verstünde. „Ungefähr“, antwortete sie.

les durcheinandergeraten". Sie könne sich an überhaupt nichts mehr erinnern, schon im Flugzeug fehle ihr jede Erinnerung.

„Ich muss immer kleine Einheiten essen. Aber so habe ich immer morgens, mittags und abends gegessen und das waren zu große Abstände und zu große Portionen. Dabei hätten mir meine Schwiegerleute bestimmt auch mehrere kleinere Essen besorgen können. Aber ich weiß nichts mehr! Und jetzt die Torte dürfte ich auch nicht essen," erklärte mir die Mutter, Geburtstagstorte genießend, auf mein ungläubiges Nachfragen. (Dezember 1992)

Den philippinischen Ärzten habe man nicht vertraut. Und so stellte die Schwieger-Mutter besonders für Gina eine große Belastung dar. Gina habe überhaupt keine Zeit für ihre eigene Familie gehabt, sondern war rund um die Uhr mit dem ‚Obhut-Management' der Schwiegerfamilie beschäftigt. Denn eigentlich und vor allen Dingen sollte noch eine philippinische Frau für den Bruder gefunden werden. Der Bruder habe sich aber nicht für eine philippinische Frau erwärmen können[39], seine leidenschaftliche Hingabe galt vielmehr dem Sammeln von exotischen Tieren, um sie zu Hause zu präparieren. Alle Dorfbewohner hätten schon verwundert über die zwei verrückten Weißen geredet, die alles sammeln würden – sogar Kakerlaken –, bis sie ihnen schließlich selbst alles Mögliche vorbeibrachten.

Orientierungslos – ja beinahe völlig handlungsunfähig – hatte sich die Familie Müller in die Obhut der philippinischen Schwiegerfamilie begeben. Die Enttäuschung über den ‚unharmonischen' Ablauf bekommt Gina wiederum in ‚unharmonischen' Zeiten in Deutschland zu spüren.

„Wenn ich gut zu ihr bin und alles mache, was sie will, dann ist meine Schwiegermutter sehr großzügig, dann gibt sie mir alles. Aber dafür muss ich alles nach ihrem Willen tun. Wenn ich ihr widerspreche und nicht auf ihre Erwartungen eingehe, dann hält sie mir das viele Geld vor, das sie ausgegeben hat.
Am Anfang hat sie hier immer noch die Wohnung putzen wollen, ist immer in die Wohnung gekommen. Ich habe sie gefragt, ‚warum machst du das in unserer Wohnung?' Der Bruder meines Mannes ist ja Mamas Sohn, der macht ja alles, was sie sagt. Er hängt an ihrem Rockzipfel." (März 1993)

Bezahlt hatte diese zweite gemeinsame Reise die Mutter bzw. Schwiegermutter: 10.000 DM. Und dann hatte sie dort, womöglich bei einem Spaziergang, 1.000 DM verloren.

„Und nun bedrängen sie [die Schwiegermutter und ihr älterer Sohn] uns fast zu jeder Gelegenheit mit diesem Geld, das sie für die Reise ausgegeben haben. Sie reden andauernd davon. Und erwarten eine große Dankbarkeit. Eine *malaking utang na loob* – eine übergroße Dankesschuld, die nie wieder gut zu machen ist. Immer fangen sie davon an." (ibid.)

Gina, die sich mit wilder Entschlossenheit[40] und klaren Zielen in die Heiratsmigration begeben hatte, stand nun an einem Punkt, wo ein philippinisches

39 *„Pangit sila, daw"*, er habe sie angeblich hässlich gefunden, erklärte Gina.

40 „Meine Frau ist überhaupt ein ‚zähes kleines Ding'. In der Schule hat sie eine ‚civil-military-Ausbildung' gemacht. Sie kann Karate. Wenn ihr einer blöd über

Wertesystem der familienbezogenen Harmonisierung und Verbindlichkeiten sie im deutschen (nicht-eingebetteten) Kontext zum Opfer machte. Auch die im philippinischen Kontext praktizierte indirekte Subversion des „Launischseins“ wird hier nicht verstanden, funktioniert nicht mehr als Werkzeug, eigene Interessen durchzusetzen.

„Wir haben so viele Schulden. Und mein *asawa* (Ehemann) ist schon seit Monaten arbeitslos. Ich kann gar nicht zurückfliegen. Außerdem wird er wütend, wenn ich allein fliegen will. Ich sage: ‚Wir müssen doch nicht alles zusammen machen!' Immer will er dabei sein. Selbst beim ‚*shopping*'! Vielleicht muss ich noch mehr *sumpongin*[41] sein, um mich durchzusetzen. Wenn ich noch mehr *sumpongin* bin, erreiche ich vielleicht noch mehr“, sagte sie lachend (Februar 1993).

Ginas „Zähigkeit“, übersetzt als Wille zu einem erfolgreichen Migrationsprojekt, ist es vielleicht auch geschuldet, dass sie für die ersten Monate überhaupt keinen Kulturschock eingestand: Am Anfang sei alles aufregend gewesen. Jedoch nach ihren aller ersten Eindrücken gefragt, bestätigte sie mit zarter, dünner Stimme die etwas lautere und euphorischere Schilderung ihres Mannes:

„Ja, ja der erste Schnee. Als es zum ersten Mal geschneit hat, da bin ich aus dem Haus gerannt und habe gerufen: ‚Rainer, Rainer, snow, snow!' Wir haben einen Schneemann gebaut. – *Und nach der ersten Freude war alles so nass und kalt. Die Hände haben geschmerzt.*“ (Dezember 1992, Hervorhebung A.L.)

Wie groß Ginas Befremden und Einsamkeit gewesen sein mögen, die sie mittlerweile – im Alltag angekommen – schließlich nicht mehr verdrängen konnte, erahnte ich ansatzweise über meine eigene Sprachlosigkeit und mein eigenes ‚Befremden'. Als ich anlässlich der Geburtstagsfeier zum ersten Mal die Wohnung der Familie Müller betreten hatte, vertraute ich anschließend meinem Feld-Journal Eintragungen an, in denen ich meinem sprachlosen Überwältigtsein angesichts der erlebten Exotik zwischen Abwehr und freischwebender Aufmerksamkeit Worte zu geben versuchte. Was mir so ‚exotisch' erschien, war eine übervolle Wohnungseinrichtung, die ich damals angesichts der bunten Palette der Gegenstände als „skurrile Kuriositätensammlung“ bezeichnete: Denn überall in der beengten Drei-Zimmerwohnung waren Tierpräparate – Kaninchen, Meerschweinchen, Schlangen, Warane, Krokodile, Fische, Piranhas, Vögel, Hummer, Krabben, selbst Kakerlaken und Wanzen – angeordnet, neben ebenso zahlreichen Plüschtieren in allen Größen. In Küche und Arbeitszimmer stapelten sich außerdem unüberschaubar viele elektronische Ersatzbauteile. Als Höhepunkt der Wohnungsführung damals hatte mich Herrn Müllers Bruder schließlich in seine Räumlichkeiten geführt, in denen ‚martialische Bühnenbilder' aus präparierten Giftschlangen, Schrumpfkopfab-

---

den Weg kommt, dann kann dieses 36-kg-Lebendgewicht sich ganz erstaunlich wehren. Also, um die brauche ich mir keine Sorgen machen. Auf den Philippinen haben sie Angst vor ihr. Da haben sie mich immer bedauert, was für eine strenge Frau ich bekomme [...]“, charakterisiert Reinhold Müller stolz (fast beschwörend?) die Stärke und Durchsetzungsfähigkeit seiner Frau (Januar 1993).

41 *sumpong* – in etwa übersetzt mit launisch, hysterisch.

zügen, Waffen und Skorpionen angerichtet waren. Danach hatte ich mich gefragt, was es bedeuten mochte, hier zu leben, sich in diesen Räumen aufzuhalten?

Im Gegensatz zu meiner eigenen Sprachlosigkeit und Abwehr beschrieb Gina ihre Anfangszeit jedoch als sehr aufregend. Ihre Probleme und großen Zweifel würden erst jetzt auf sie einstürzen, nun aber mit großer Macht. Sie wolle zurück auf die Philippinen. Das sei nun ihr Traum. Sie sei inzwischen so *malungkot* (einsam und niedergeschlagen), dass sie ein halbes Vermögen in die Philippinen telefonieren müsse. Fast täglich, stündlich dränge es sie zum Telefonhörer.

„Als mein *asawa* (Ehemann) sagte, es könne sein, dass ich 5 Jahre lang nicht nach Hause könne, da habe ich gesagt, *okay lang*. Ich konnte es mir nicht vorstellen, die Kehrseite des Lebens *abroad*. Die ersten vier, fünf Monate waren aufregend und neu. Da habe ich auch keine Briefe nach Hause geschrieben. Ich habe so viel kennen gelernt, alles war so neu. Aber dann kamen die emotionalen Probleme.[42] Dann [nach der Philippinenreise] habe ich Heimweh bekommen. Dann kamen die Probleme. Ich habe viel weinen müssen.[43] Und jetzt träume ich davon, auf die Philippinen zurückzugehen. (Januar 1993)

Zunächst jedoch stehe sie hier in Deutschland vor einem finanziellen Fiasko. Heute würde sie ihren Aufbruch nach Deutschland bereuen.

Rainer Müller erläuterte die eheliche Finanzsituation folgendermaßen:

„Die Stellen für Elektro- und Computermechaniker werden ja zur Zeit überall abgebaut. Bei Siemens, bei Grundig, überall werden Stellen abgebaut. Und da ich vor ein paar Jahren einen Moped-Unfall gehabt hatte, wird meine Vermittelbarkeit auch nicht leichter. So ein Depp hat mir die Vorfahrt genommen, der meinte, mich nicht sehen zu müssen. Ja, seitdem bin ich ja zu 25% behindert. Damit ist es auch nicht einfach, Arbeit zu finden. Wenn ich wenigsten 50% und mehr bescheinigt bekommen hätte, dann hätte ich ein Anrecht auf Rente. Diese Behinderung muss ich angeben, auch wenn es meine Arbeitsvermittlung dadurch nicht einfacher macht. Aber stehn und so, das kann ich nicht, da bin ich schon behindert. Na ja, und so bin ich arbeitslos, und habe außerdem 17.000 DM Schulden. Na ja, das ist alles nicht so rosig. Und von den 1.500 DM, die meine Frau in der Fabrik verdient, das langt auch hinten und vorne nicht." (Dezember 1992)

Er berichtete von seinen Bemühungen, für Gina eine gute Stelle zu finden. Aber für alle Stellen müsste sie Deutsch können. Gina jedoch habe keine Lust auf Deutschlernen. Das sei langweilig und mühselig. Sie wolle arbeiten und Geld verdienen, da bleibe keine Zeit zum Lernen.

Ihrer beider Bemühungen über semi-professionelle bzw. semi-private Ehevermittlungen zu etwas Geld zu kommen, schienen ebenfalls nicht aufzugehen. Einerseits bewegten sie sich mit diesen Vermittlungsaktivitäten am Ran-

---

42 Im Gegensatz zu anderen Gesprächspartnerinnen, die gerade die erste Zeit als traumatisierend schildern, beschreibt Gina die erste Zeit als aufregend. Der Kulturschock kam erst nach einem halben Jahr.

43 Für jede Träne ein Plüschtier, denke ich.

de der Legalität.[44] Andererseits verstrickten sie sich in unüberschaubar werdende Beziehungsverpflichtungen. So erzählte Gina in diesem Kontext noch einmal von der Cousine, die jetzt wieder auf die Philippinen zurückkehren würde. Sie selbst sei immer freundlich zu ihr geblieben, obwohl diese immer nur Erwartungen, vor allem auch finanzielle, an sie gestellt habe. Dabei schulde der Mann ihrem Rainer eine Menge Geld. Trotzdem sei sie, Gina, immer freundlich geblieben, damit die Cousine zu Hause nichts Schlechtes über sie erzählen könne. So viel habe sie für diese Frau getan und jetzt nehme sie nicht einmal die Geschenke für ihre Familie mit auf die Philippinen. Offensichtlich wurden die Bedingungen in dem ‚Schattengeschäft' der Vermittlungsarbeit nie eindeutig geklärt, so dass nun enttäuschte Reziprozitäts-Beziehungen klaren Geldforderungen gegenüberstehen.[45] Ganz zu schweigen von den Geschichten, die die Heimkehrende zu Hause erzählen könne.

Aus dieser Perspektive ist die, in Herrn Müllers Katalog-Braut-Rede gleich zu Beginn unserer Begegnung formulierte, Verachtung und Abwertung nicht nur als Gratwanderung und Generalisierung der eigenen Gefühle zu interpretieren. Aus seinen Worten spricht auch Enttäuschung und Scheitern, sie sind auch als frustrierte Abrechnung zu lesen mit denen, deren Heirat er möglichst Gewinn bringend vermitteln wollte.[46] Dass beide immer nur in vagen Andeutungen über ihre ehe-vermittelnden Aktivitäten reden, mag nicht nur mit ihrer emotionalen Enttäuschung zu tun haben, sondern auch damit zusammenhängen, dass sie in einer legalen und moralischen Grauzone stattfinden.

---

44 Derartige mit Profit verbundene Heiratsvermittlungen können als Menschenhandel und damit als kriminelles Delikt betrachtet werden (vgl. auch Beer 1996: 68ff.). Dennoch bewegen sich sehr viele deutsch-philippinische Paare in dieser Grauzone. So berichtete beispielsweise auch Liza von jährlich zwei Philippinen-Reisen mit „Freunden“, die sie zu organisieren hatte: „Ja, ja, o Gott, Koffer gezählt. Ankunft in Philippinen am Flughafen. Da kommen schon Leute: Geld, Geld, Geld. Ich hab so viel geschimpft. Habe gesagt: ‚Habe ich das Geld auf der Straße gefunden in Deutschland?' Wahnsinn. Na ja, wenn viele Leute, sieben Leute, dann viele Koffer und wenn nicht aufpassen, dein Koffer ist weg. [...] Freund von Hans wollte Nichte sofort nach Deutschland bringen, aber sie wollte nicht, obwohl der Freund seeehr reich. Er arbeitet in eine Bank. Er hat ein Haus und ist alleine Erbe von Eltern. Für Pilipina Millionär. Aber sie wollte nicht, obwohl der Freund schon 63 Jahre und sie dann kriegt alles. Na ja, er hat dann andere gefunden, Sängerin. Wir waren sieben Leute, für mich ist das Stress.“ (Frühjahr 1997)

45 Motivierende Nebenerwartungen scheinen ebenfalls nicht aufgegangen zu sein: Gina holt sich Freundinnen und ist nicht mehr so einsam in diesem fremden Lebensalltag. Und informelle Vermittlungsgebühren könnten den Schuldenberg abbauen helfen.

46 „Es geht doch nur um Geld und Sex und wenig Intelligenz“, fasste er zusammen.

Die Ehegatten als „Kulturmakler" und einzige Partner

Die Vermittlung von Heiratspartnern über Vermittlungsinstanzen – seien dies individuelle Personen, Vermittlungsbüros oder Brieffreundschaftsclubs und seit neuem auch im Internet vermittelte Netzwerke – gilt in philippinischen Kontexten zunächst überhaupt nicht als unseriös. Gerne greift man bei der Suche auf bewährte und/oder professionelle Strukturen zurück.

In der Anfangsphase einer inter-kulturellen Migrationsehe fühlen sich die ausländischen Ehepartner, d.h. hier die philippinischen Heiratsmigrantinnen, ganz besonders asymmetrischen Situationen ausgesetzt. In aller Regel sprechen sie kein Deutsch, was bedeutet, dass zunächst jeglicher Umgang mit der Außenwelt über die Ehemänner organisiert und übersetzt wird, die dadurch im recht wörtlichen Sinne zu Kulturmanagern werden. Viele meiner Gesprächspartnerinnen berichteten, wie sie sich in den ersten Wochen nicht alleine aus der Wohnung wagten, sondern sich vielmehr vor dem Fernseher einrichteten und sich über dieses Medium (vor allem die Kindersendungen) erste Deutschkenntnisse aneigneten. Sie trauten sich weder den täglichen Einkauf zu noch Ämtergänge oder gar Arbeitssuche. Für jeden Außenkontakt fühlten sie sich von ihren Ehemännern abhängig. So berichtete z.B. Mary (die uns weiter unten noch begegnen wird), dass diese Unsicherheit mit der Zeit sogar immer größer wurde statt geringer. Ihr ganzes Leben setzte sie in Beziehung zu ihrem Ehemann, als ob sie keinen Atemzug mehr alleine machen könnte. Ihr Ehemann war ihr einziger Partner. In solchen Situationen scheint es unvermeidbar, dass sich die Frauen vom Wohlwollen der Ehemänner abhängig fühlten, und sich damit gegebenenfalls verwundbar machten. Bei Mary war es schließlich der Ehemann, der die ersten Kontakte zur philippinischen *community* für sie managte. Aus dieser Erfahrung heraus würde sie sich heute auch nicht scheuen, asiatische Frauen auf der Straße einfach anzusprechen.[47]

Gina und Rainer Müller standen beide an einem Punkt, wo sie eine strenge Wirklichkeit einholte und wo sich die gegenseitigen Träume vom Osten (hübsche, treue, zärtliche, bestätigende und fürsorgliche Südseebraut) und Westen (ein gutes Leben in Reichtum und Sorglosigkeit) der alltäglichen Realität stellen mussten. Die Bilanz sah düster aus: kein Geld für eine weitere Philippinenreise, keine prosperierende Perspektive, kein verlässliches soziales Netzwerk, die anfänglichen Freunde wenden sich ab.

Gina war mit ihrem Erfolgstraum aktiv handelnd in eine Art „postkoloniale Ausbeutungsfalle" geraten (vgl. Hilsdon 1995: 106). Während sie erst nach einigen gescheiterten Projekten die schreckliche Dimension ihrer verwundbaren Situation erkannte, versuchte Rainer Müller, sie mit ungebro-

47 Umgekehrt machten viele Ehemänner ähnliche Erfahrungen bei ihren Philippinenbesuchen. Sie fühlten sich sprachlos, verwirrt und überwältigt und ohne Partnerin an ihrer Seite völlig hilflos. In der Folge korrigierten auch sie anfängliche Träume und Imaginationen. Nicht selten führten solche Erfahrungen zu dem Entschluss, die Philippinen so weit wie möglich zu vermeiden und anfängliche Träume vom Altersruhesitz in der Südsee zu streichen (siehe beispielsweise auch in Kapitel 4 *Melindas Geschichte*).

chener Anhänglichkeit zu halten. Psychosozial gedeutet, hatte er in Gina eine zarte, aber starke („zähe“), ‚andere‘, fürsorgliche Ehe-Frau gefunden, ohne sein starkes Mutterbild zerstören zu müssen. Gina konnte so einen symbolischen Raum besetzen. Ihr Mann brauchte sie zum Überleben, er ließ sich sogar finanziell von ihr ‚aushalten‘. Und Gina formulierte nicht nur einmal, dass sie sich ihm verpflichtet fühlte, da sie mit der Ehe auch eine Verantwortung für ihn übernommen habe.[48]

Dass Rainer Müller mit dieser Psychodynamik zwar für ein extremes, aber nicht außergewöhnliches Beispiel steht, bestätigten auch andere deutsche Ehemänner, die an ihren philippinischen Frauen gerade die eigenwillige Mischung von „mütterlicher Fürsorglichkeit und mädchenhaftem Reiz“ faszinierend fanden. Aussagekräftig für dieser Psychodynamik sei auch eine Tagebuchaufzeichnung des französischen Ethnologen Michel Leiris vom 2. Februar 1948 zitiert:

> „Möglicher Zusammenhang zwischen dem extremen Abscheu, den ich dem Inzest gegenüber empfinde, und der Anziehung, die farbige Frauen auf mich ausüben (allgemeiner: mein Antirassismus): die Vereinigung mit einer Person einer anderen Rasse stellt den Höhepunkt der Exogamie dar. Es kann sein, dass mein ambivalentes Gefühl gegenüber der ‚Mutter‘ in der Frau mit schwarzen Blut beantwortet wird, sie ist für mich entfernt und mütterlich zugleich (Möglichkeit mit der Mutter zu schlafen, ohne dass es inzestuös wäre). (Leiris 1996: 298)[49]

Zwei Jahre später hatte sich Gina von ihrem Mann getrennt. Sie habe ihr Glück mit einem anderen versucht, den sie ebenfalls über eine Anzeige kennen gelernt hatte, hieß es, als ich mich in der *community* nach ihr erkundigte.

Dasein: Verhandeln von kultureller Differenz und interkultureller Kommunikation

In dieser Phase, nach den ersten Orientierungen und Desorientierungen, die in der Ankommensphase durchlebt werden müssen, rückt das Beziehungsmanagement zwischen Verortung in der marginalen Migrationsgemeinschaft und Integration in einer Ehe in der deutschen Dominanzgesellschaft als spannungsreiche Dynamik in den Vordergrund. Philippinische Heiratsmigrantinnen artikulierten dabei ihre Erfahrungen als schwer zu fassendes Unbehagen.

---

48 An anderer Stelle explizierte sie ihre Ehe-Beziehung mit folgendem Vergleich: Sie erzählte belustigt, dass ihr Mann – als erwachsener Mann – literweise Milch trinke. „Wenn ich Milch in der Brust hätte, würde ich ihn stillen, *ang aking anak* – mein Kind.“ „Habe ich richtig verstanden?“ vergewisserte ich mich, „Du behandelst ihn wie dein Kind?“ „Ja, er ist mein Kind!“ erwiderte sie lachend.

49 Und Leiris fährt fort (ibid.:) „Denn ich muss einfach anmerken (was mich zwingt, meine Theorie zu präzisieren oder sogar zu korrigieren), dass ich immer eine schwarze Frau oder Mulattin meine – niemals eine gelbe Frau, auch keine Inderin oder Hindufrau; allenfalls eine Polynesierin –, wenn ich ‚farbige Frau‘ sage.“ Inwieweit solche Formulierungen heute noch genauso unbekümmert antirassistisch genannt werden können, müsste an anderer Stelle debattiert werden.

Selbst dort, wo sich das Migrationsprojekt als ein zumindest ökonomisch erfolgreiches konsolidiert hat, müssen nun Gefühle der Entfremdung, der Nicht-Zugehörigkeit durchlebt und verarbeitet werden.

Wer mit der Heirat eine soziale Aufwärtsmobilität vollzogen hat, hält bisweilen irritiert inne angesichts der sozialen Schwierigkeiten und emotionalen Opfer. Schien für viele nicht-wohlhabende und in schlecht bezahlten Jobs arbeitende Filipinas die Perspektive, nur Hausfrau sein zu dürfen, ein außergewöhnliches und erstrebenswertes Privileg zu sein, so müssen sie nun allmählich realisieren, dass dieses phantasierte Privileg in Deutschland auch mit Machtlosigkeit verbunden ist. Zum einen ist ihre Berufstätigkeit neben der reproduktiven Arbeit innerhalb der Ehe – der Kinderversorgung (der eigenen, sowie der in die Ehe mitgebrachten Kinder) und oft auch der Pflege der alternden Schwiegereltern – nicht vorgesehen. Zum anderen lernen sie, dass Schlüsselqualifikationen und erfolgreiche Bildungs- und Berufskarrieren auch in Deutschland nach harten Selektionskriterien verteilt werden, die sie schon aufgrund ihres Alters, ihrer Nationalität und ihrer Bildung nicht erfüllen. Was bleibt, sind auch in Deutschland schlecht bezahlte und wenig geachtete Jobs vorrangig im informellen Dienstleistungssektor.

Das Argument deutscher Ehemänner: „Meine Frau *braucht* und soll nicht arbeiten und für andere putzen!" hörte ich nicht nur einmal. Dennoch gehörte es zum Alltag innerhalb der *community*, solche Niedriglohn-Beschäftigungen weiterzureichen, was bisweilen zu Beschäftigungsverhältnissen führte, die gar vor den Ehemännern verheimlicht werden mussten und um der „Abwechslung willen", wie es hieß, aufrechterhalten wurden.

Heiratsmigrantinnen wiederum, die auf den Philippinen College-Ausbildung und sogenannte *white-collar-jobs* verwirklichen konnten, müssen ihre soziale Mobilität an anderen Widersprüchen festmachen. Sie erlebten die beruflichen Begrenzungen als soziale Degradierung. Gehörten auf den Philippinen Haushaltshilfen *(katulong)* zum selbstverständlichen Alltag, so sahen sie sich nun selbst mit der Hausarbeit (zwar durch etliche Maschinen funktionalisiert) konfrontiert, da sich permanente Haushaltshilfen auch in etablierten Kreisen in Deutschland nicht rechnen (siehe auch del Rosario 1994: 235ff.).

Philippinische Heiratsmigrantinnen können sich zwar in Relation zu den Philippinen als erfolgreich und wohlhabend definieren, im deutschen Kontext sind solche Selbstbeschreibungen jedoch durch vielfältige Entfremdungen und Nicht-Zugehörigkeiten gebrochen.

Im Kontext der reproduktiven versus produktiven Arbeit werden finanzielle Zuständigkeiten zu einem ehelichen „Kampfplatz" (del Rosario 1994: 231). Die von den Philippinen mitgebrachte selbstverständliche Vorstellung der Hausfrau als oberster Verwalterin der Haushaltsfinanzen (siehe Kapitel 4) ist für die meisten deutschen Männer alles andere als selbstverständlich. Auch die Verpflichtung nahezu aller Heiratsmigrantinnen, ihre philippinischen Familienmitglieder mit Überweisungen zu unterstützen, hat nicht jeder Ehemann als unhinterfragbare Beziehungspflicht akzeptiert. So können die Haushaltsfinanzen zu zähen Ehe-Streitereien führen. Bei fehlendem eigenem Einkommen gerät dieser Posten zu einem mehr oder weniger latenten Streitpunkt, er hängt von der Großzügigkeit der deutschen Ehemänner ab. Wo kein selbständiges Geld für die Überweisungen verdient werden kann, wo eventuelle Berufstätigkeit gegen den Ehemann verteidigt werden muss, wo sich der Ehemann als oberste Entscheidungsinstanz definiert, wird der Ehemann zur Ressource und bisweilen zur *„harten Arbeit“*.

Neben diesen (ehelichen) Positionierungen in der deutschen Dominanzkultur wird das Netzwerk innerhalb der *community* lebensnotwendig. Wird kulturelle Differenz als *Konflikt* in der Paarbeziehung wahrgenommen, ist die Hinwendung zu den *kababayan* mit der Hoffnung verbunden, sich in vertrauten Kodes zu verständigen und die eigene Identität zu stärken. Je konfliktreicher und isolierter die Position in der Ehe-Beziehung erlebt wurde, desto existentieller wurde die Zugehörigkeit zu Gleichgesinnten gesucht. Eheliche Harmonie, Stabilität und Integration im sozialen Umfeld des Mannes verlangten hingegen nach partiellen Abgrenzungen im philippinischen Frauennetzwerk.[50]

Im Netzwerk der Landsleute erfahren die Frauen nicht nur emotionale freundschaftliche Solidarität, sondern ganz konkrete Informationen. Hier werden Arbeitsstellen weitergereicht, billige transnationale Kommunikationsverbindungen organisiert, wichtige Tipps weitergegeben, in Notzeiten nach philippinischen Gebräuchlichkeiten Geld verliehen und Kredite bewilligt usw. Und doch wird die *community* nicht nur solidarisch unterstützend und tragend erlebt, sie ist auch geprägt von rivalisierenden Abgrenzungen. Das Projekt einer erfolgreichen Migration, der Druck, Kapital anzuhäufen, um auch den zu Hause gebliebenen Familienmitgliedern eine gute Zukunft zu sichern, ist wie eine Überrealität allgegenwärtig und prägt rivalisierende Diskurse und Praktiken. In der *community* wird so etwas wie eine doppelte Kultur der Kameradschaft und des Wettbewerbs aufrechterhalten. Mahler (1995) spricht in ihrer Studie über Salvadorianer in den USA in vergleichbarer Weise von einem „anomie-solidarity-continuum“.

Diese vielfältig gebrochenen Suchbewegungen charakterisieren die Ehe-Situation von Mary und Sebastian. Während Mary entlang verschiedener Differenzlinien, im Spannungsbogen von Identifizierungs- und Differenzierungsbedürfnissen hin- und herpendelte, schien sich Sebastian für so etwas wie eine abgeklärte, distanziert beobachtende Haltung entschieden zu haben. Während sie um Beziehung rang, ‚besang‘ (s.u.) er die Distanz.

Mary und Sebastian und das Besingen der Distanz oder: Die Enttäuschungen mit den „kababayan“

Als ich Mary (1992) kennen lernte war sie bereits seit sechs Jahren mit Sebastian Schaffner in Deutschland verheiratet. Gefunden hatten sich die beiden über *pen pal* (Briefkontakt). Für Sebastian Schaffner ist es die zweite Ehe.

50 Vgl. hierzu die oben beschriebenen Suchbewegungen von Fee und die im folgenden beschriebenen Identifizierungs- und Differenzierungsbedürfnisse von Mary.

Mittlerweile ist er Vater von fünf Kindern – drei Kinder stammen aus der ersten Ehe und zwei Söhne im Kindergartenalter aus der zweiten Ehe mit Mary.

Mary nahm ich als unternehmungslustige, vielfach vernetzte Frau wahr. Sie traf sich mit ihren philippinischen Landsfrauen sowohl privat, zu Spiel und Essen, als auch zu offiziellen und halb-offiziellen Versammlungen, wie den von der *community* organisierten Festen oder den samstäglichen Picknick-Verabredungen im Park und den freitäglichen Zusammenkünften in den philippinischen Asia-Läden.[51]

Als Nebenerwerb experimentierte sie mit Schmuck- und Kosmetikverkauf ‚unter der Ladentheke' sozusagen: Eine in Singapur als *domestiv worker* tätige Verwandte schickte ihr regelmäßig und unter Umgehung des Zolles Schmuck und Kosmetika, die dann Mary unter der Hand günstig vertrieb. Mit diesen Transaktionen bewegte sie sich in einer philippinischen durch tägliche Rituale aufrechterhaltenen, von der lokalen Ökonomie isolierten, informellen Mikro-Ökonomie, in der fast alles – von persönlichen Dienstleistungen (Haare schneiden, Mode schneidern, Feste ausrichten) bis zum Vertrieb von Videos, Magazinen und günstigen Telefonverbindungen – angeboten wurde, was etwas weniger günstig auch in der lokalen Ökonomie zu haben wäre.

Sowohl im Gespräch *mit* Mary, als auch in Gesprächen *über* Mary wurde ich trotz – oder wegen – dieser vielfältigen regen sozialen Vernetzung immer wieder mit ambivalenten Reden und Klatsch-Gesprächen konfrontiert, in denen soziale Zugehörigkeiten und Grenzziehungen gezogen wurden:

„Mary ist eine Hochnäsige. Sie denkt, sie sei etwas Besseres."

„Stellt euch vor, ihr Mann hat ihr 8.000 DM für eine Heimreise gegeben. Und was macht sie? Sie macht nur Urlaub dort. Sie hat angeblich das ganze Geld in einem Hotel verplempert! Sie prahlt sogar damit."

„Und wie sie über Sex redet! Dabei brauchen sie ein Wasserbett," gibt eine andere Stimme Anlass zu abfälligem Kichern.

Aber auch Mary nutzte jede Gelegenheit, um über Unehrlichkeit, Geiz und mangelnde Hilfsbereitschaft ihrer Landsleute zu klagen. Auf soziale Abgrenzungsdynamiken innerhalb ihres philippinischen Beziehungsgeflechtes reagierte sie im Gespräch mit mir wiederum mit einer abgrenzenden, ja stereotypisierenden Gegenrede: Die anderen würden zu Hause erzählen, dass sie Millionäre geheiratet hätten. Obwohl sie in kleinen ärmlichen Wohnungen lebten, behaupteten sie, sie besäßen eigene große Häuser mit Land. Obwohl sie als Putzfrauen arbeiteten, erzählten sie zu Hause, sie wären Chefsekretärinnen, oder Sängerinnen.[52] Und umgekehrt würden sie ihre deutschen Ehemänner in dem Glauben lassen, sie seien Jungfrauen, dabei hätten sie bereits philippini-

51 Ihre Bandbreite ihrer Vernetzung bewegte sich zwischen kinderzentrierten Verabredungen bis zu Diskobesuchen mit alleinstehenden Filipinas, selbst von einer „Männertanzshow" wusste sie begeistert zu berichten.

52 „Du weißt ja selbst, wo Filipinas arbeiten, die ‚Sängerinnen' sind!?" (Mai 1993)

sche Kinder.[53] Irgendwann konfrontierten sie ihre Männer mit ihren philippinischen Kindern, um sie nach Deutschland zu holen.

Entlang der interaktiven Grenze „ich und die anderen“ versuchte sich Mary einen kompensatorischen Gegenhorizont zu schaffen, indem sie selbstbewusst auf die materiellen Ressourcen ihres eigenen Identitätsmanagements verwies: Warum solle sie ihr erfolgreiches Migrationsprojekt verheimlichen? Sie hätte in der Tat kein Geheimnis daraus gemacht, dass sie mit 8.000 DM in die Sommerferien auf die Philippinen gefahren sei und dort das ganze Geld in drei Wochen für Urlaub ausgegeben hätte. Es hätte ihr Spaß und Genugtuung bereitet, ihre ganze Familie in ein gepflegtes *Beachressort* einzuladen und Coca-Cola zu bestellen, wann sie nur wollten.

Die Inszenierung des Heimaturlaubes als eine kostspielige, verschwenderische und nicht investive Unternehmung gehörte zu einem stereotypen Topos in den Klatsch-Gesprächen der Migrations-Gemeinschaft, ebenso wie der gegenseitige Vorwurf der Hochnäsigkeit und des Vergessens der sozialen Wurzeln, nicht nur wenn es um Mary ging. Fast identische Varianten waren in zahlreichen anderen Zusammenhängen zu hören.

Die großzügige, ja respektlose Inszenierung der Rückkehr dekonstruiert eindrucksvoll die Ehrfurcht vor einheimischen Bastionen des elitären Konsums. Indem Migranten und Migrantinnen bis zu einem gewissen Grad am kapitalistischen Konsumverhalten partizipieren können, fordern sie lange vorherrschende symbolische als auch konkrete Klassen- und Statushierarchien heraus: Reisen ins Ausland (in welcher Form und zu welchem Anlass auch immer) sind nicht mehr das einzige Vorrecht der Eliten, ebenso wie der Zugang zu Bastionen des kapitalistischen Lifestyle einheimische, einstmals unüberwindbare Statusschranken verschwimmen lassen (vgl. auch Kapitel 2).[54]

---

53 „Schau dir zum Beispiel Gingin an. Ich habe ihren Bauch gesehen. Das ist der Bauch einer Frau, die geboren hat. Meine Mutter hatte neun Kinder geboren und hatte noch einen strafferen Bauch! Und ihr Mann denkt immer noch, sie sei Jungfrau gewesen.“ (Mai 1993)

54 Filipinos und Filipinas, so argumentiert der philippinische Anthropologe Aquilar, erkennen aufgrund ihrer globalen Diasporaerfahrungen spätestens seit den 1990er Jahren ihre Nation als eine unter vielen und entlassen allmählich die übermächtige USA aus der Rolle des einzigen Gegenübers. Das verheißungsvolle, fast magische Wort *abroad* hat vielfältige Bezüge erhalten, „consistent with the re-serialization and re-pluralization of the Filipino international landscape“ (Aquilar 1996: 111). „At the level of consumption“, schreibt er weiter unten (ibid. 127) „the labor migrants' objects of desire can be met, a certain parity is attained with the wealthy, and the mystique of Philippine elites suffers erosion.“
So wurde in einer Stadt die Straße, wo eine Reihe erfolgreicher Rückkehrer wohnten, im Alltagsdiskurs „Ayala Avenue“ genannt und nimmt damit Bezug auf die Ayala Avenue im reichen Geschäftsviertel Manilas. Die Ayalas sind eine alte oligarchische Familie, die die meisten *Corporations* des Landes besitzen (Asis 1995: 336, vgl. auch McCoy 1994).
Auf der anderen Seite verwischt sich auch die soziale Differenz in der Migration. Das überwältigende Stereotyp von philippinischen (Arbeits-)MigrantInnen als

Wenigstens in der begrenzten Zeit eines Heimaturlaubes sollen Klassenwidersprüche demonstrativ umgekehrt werden, soll das Migrationsprojekt um jeden Preis als ein materiell erfolgreiches demonstriert werden. Auch wenn die Heiratsmigration nicht zu der erwünschten Aufwärtsmobilität geführt hat und im Aufnahmeland mit vielfältigen Entfremdungen verbunden ist, zu Hause – auf den Philippinen – lässt sich die Migration, aufgrund des globalen Kapitalgefälles, als Erfolg präsentieren. Während sie als Migrantinnen in erniedrigenden (Arbeits-)Situationen durchhalten mögen bzw. müssen, inszenieren sie Momente, in denen sie sich als Touristen definieren und damit das Vorrecht der elitären Touristen spielerisch experimentierend unterminieren. Zeugnis von diesen Inszenierungen sind unter anderem die unzähligen Fotos, die vor Swimming Pools, in den Flugzeugen, vor Nobel-Hotels usw. geschossen wurden und zu Hause in dicken Fotoalben auf den *Sala*-Tischen liegen und einem Begrüßungsritual gleich jedem Besucher vorgelegt werden.

Wie sehr Mary auch bemüht war, ihre Heiratsmigration als eine Erfolgsgeschichte zu erzählen und sich damit von weniger erfolgreichen oder gar gescheiterten Migrationsprojekten vieler Landsleute abzusetzen, verschleierte sie dennoch nicht ihre Schwierigkeiten und Opfer. Die Erfahrung der Einsamkeit und die Suche nach sozialer Zugehörigkeit war ihr mit vielen anderen *kababayan* gemein und nicht allein durch materielle Ressourcen zu beheben.

Die Gefahren beim Reden und Schweigen

So wurde Mary, ähnlich wie Fee in dem sozialen Umfeld ihres Mannes nicht wirklich heimisch. Sie war zwar stolz auf dessen Etabliertheit als Beamter, spürte aber gleichzeitig, wie fremd und unvertraut ihr beispielsweise Theaterbesuche und Vernissagen und das Reden darüber waren. Selten jedoch formulierte sie Gefühle der Entfremdung in einer selbstreflexiven Sprache, sie machte sie sehr viel häufiger an ‚handfesten', materialistischen Beschreibungen fest.

„Bevor wir geheiratet haben, habe ich ihm klar gemacht, was ich wollte: Ich wollte meine philippinische Familie regelmäßig unterstützen. Er willigte ein. ‚Ich will

---

Matrosen, Hausangestellte und Katalogbräute zwingt „andere" (status- und klassenbewusste) Filipinos in ständige Distinktionsstrategien. Anekdotenreiche Episoden werden bei Aquilar (1996) beschrieben wie zum Beispiel folgende: „A middle-class Filipina living in Singapore was seen taking her toddler for a walk, and some Filipina domestic worker accosted her and inquired, „Pinakasalan ka?" (Did he marry you?), assuming her to be a maid who had borne a child to her Singaporean employer" (S. 120). Das „arrogante" Wegsehen, um nicht dazuzugehören, das Rekurrieren auf ein weltläufiges Amerikanisch oder akzentfreies Deutsch sind die geläufigen spontanen Unterscheidungsreaktionen (siehe auch Lange 1993 und Fußnote 80 in Kapitel 2).
Erwähnenswert auch eine aufgebrachte Debatte in der philippinischen Tageszeitung, *Philippine Daily Inquire*, August 6, 1998: „‚Filipina' means DH (domestic helper) in Greek dictionary".

nicht, dass du als Putzfrau arbeitest', hat er gesagt. ‚Außerdem haben wir eine große Familie, die versorgt werden muss'. Und dennoch gibt es deswegen [wegen ihren Unterstützungsverpflichtungen] immer wieder Auseinandersetzungen. Z.B wenn ich neben den monatlichen Überweisungen [auf die sie sich geeinigt hatten] Sonderzahlungen brauche. Manchmal leite ich mein Haushaltsgeld um. Wenn er sich wundert, sage ich, ich habe das Geld hier in Deutschland gebraucht. Manchmal ist er ärgerlich.“

Mary formulierte zu weiten Teilen ihre Positionierung in der Ehe in einer materialistischen Sprache, in der *Ehemann* und *Arbeit* untrennbar miteinander verwoben werden. Entweder wurde der Ehemann als großzügige Geldressource charakterisiert, oder aber, falls er Widerständigkeiten zeigte, als jemand, der bearbeitet werden musste. Dass sie auch jenseits ökonomischer Gesichtspunkte um eine Beziehung rang, thematisierte sie über die Schwierigkeit der deutschen Sprache, bei der sie resigniert aufgegeben habe, sie fließend zu erlernen.

„Schau, meine beiden Kinder sprechen jetzt schon besser Deutsch wie ich. Der Große korrigiert mich, wenn ich wieder etwas verkehrt sage. Dann schäme ich mich, erst recht, wenn ich ihn zurechtgewiesen habe und er dann sagt: ‚Das heißt aber so und so!' Und mein Kleiner muss jetzt in den Kindergarten, damit er gut Deutsch lernt. Meine Muttersprache lernen meine Kinder nicht. Das wäre ja auch nur Visaya. Da ist es schon besser, sie lernen wenigstens Englisch.
Manchmal reagiere ich auch im Streit mit meinem Mann so heftig, weil ich nicht versteh. Ich sage etwas, und er versteht nicht, er versteht nicht die Bedeutung. Oder ich sage ein böses Wort, von dem ich nicht die wirkliche Bedeutung weiß, ein Wort, das ich so dahinsage, das aber meinen Mann ungemein verletzt. Und dann reagiert er ganz heftig. Oder ich heule, weil ich wiederum ein Wort viel zu ernst nehme. Mein Mann sagt dann: ‚So ist es doch nicht gemeint.' Aber ich nehme es ganz ernst. Es verletzt mich innerlich sehr sehr.“ (Mai 1993)

Die deutsche Sprache macht sie zur Fremden in der eigenen Familie. Ihr großer Sohn verliert schon den Respekt vor ihr, eine auf den Philippinen undenkbare Haltung in einer Eltern-Kind-Beziehung. Gleichzeitig vertritt sie, wie die meisten meiner GesprächspartnerInnen das Argument, ihre Kinder nicht mit einer so fremden (!), philippinischen Sprache zu belasten. Wenn sie schon mit Zweisprachigkeit aufwachsen sollten, dann sei das Erlernen der englischen Sprache die bessere Investition. (Auf den Philippinen ist Englisch die Ausbildungssprache, sie wird aber dennoch von ihrer philippinischen Familie nicht gesprochen.) Tatsächlich war jedoch Deutsch die dominante Alltagssprache.

Auffallend war, dass kaum einer der deutschen Ehemänner die philippinische Sprache erlernt hatte. Andererseits beherrschten nur wenige Filipinas die deutsche Sprache fließend. Um so bemerkenswerter war, dass eine reduzierte Alltagskommunikation dennoch nicht als große sprachliche Störung problematisiert wurde. Man habe sich in die eigenwilligen Sprachschöpfungen des anderen allmählich eingehört, hieß es nicht nur einmal. Die Kommunikation gelinge in der Regel radebrechend, nonverbal einfühlend oder über die mehr oder weniger gut beherrschte Drittsprache Englisch ganz gut.

Bei Streit hingegen, beim emotionalen schnellen Austausch der Positionen wurde die Sprachlosigkeit oft als Behinderung formuliert. In Konfliktsituationen wurden die grundsätzlich unterschiedlichen Kommunikationsstile von „asiatischer Schweigekultur“ und „deutscher Streitkultur“ problematisiert. Philippinische Frauen beklagten das direkte, konfrontative, lautstarke Zeigen negativer Gefühle als höchst bedrängend und verletzend, wohingegen der indirekte „launische“ Rückzug, das „mimosenhafte“ Schweigen und Ignorieren so manchen Ehemann schon „auf die Palme gebracht hatte“. Schnell wurden den Frauen dann mangelnde Dialogbereitschaft, Gefühllosigkeit und Kälte vorgeworfen, während den Männern Streitsüchtigkeit unterstellt wurde, wo sie sich selbst noch beim klärenden Gespräch wähnten.

In der Beziehung zwischen Mary und Sebastian gab es offensichtlich unvereinbare Themen, die Sebastian nicht einmal mehr besprechen wollte, sondern nur noch mit einem distanzierenden, ritualisierten Singen kommentierte. So fing bei einer gemeinsamen Biergartenrunde mit Mary und ihrer Familie ihr Mann Sebastian einfach an zu singen, als Mary wieder bei ihrem sensiblen Thema, nämlich den „Intrigen“ ihrer Freundinnen, angekommen war.[55]

„Mein Papa singt immer, damit es keinen Streit gibt,“ erklärte der sechsjährige Sohn die mich verblüffende Situation. Mit den Beziehungsdynamiken seiner Frau wolle er nichts mehr zu tun haben, erläuterte Sebastian Schaffner, der für das paradoxe Verhalten seiner Frau kein Verständnis mehr hatte.[56] Da

---

55 Angesichts ihrer Enttäuschung über ihre ‚beste Freundin' Liza explizierte Mary, den in der *community* allpräsenten Neid-und-Intrigen-Diskurs: Filipinas seien schnell neidisch, eifersüchtig und missgünstig – *maingat at magtsismis* (und reden intrigant hinterm Rücken). Als Freundin habe sie Liza immer unterstützt, sei bei ihren Eheproblemen immer zur Stelle gewesen, habe mit Geld ausgeholfen, ohne groß zu fragen. Sie selbst hatte ja einen großzügigen Mann, der ihr Vollmacht zu seinem Konto überlassen hatte. Andere Männer würden ihre Frauen beäugen, als ob sie Diebinnen wären. Und dann habe Liza beleidigende Dinge über sie verbreitet, Intimitäten, die auch ihren Mann in Mitleidenschaft gezogen hätten. Mary konnte sich Lizas Verhalten nur mit Neid erklären. „Zu ihrem Geburtstag habe ich ihre Gäste zu mir eingeladen, auch um ihr zu helfen. Lizas Mann war ja so komisch. Da habe ich gedacht, machen wir doch bei mir ein Fest. Und dann hat sie gesagt, ich würde ihre Freundinnen wegnehmen wollen.“ (Mai 1993)

56 Vgl. hierzu auch Brunold (1999: 97), der aus der Perspektive des verständnislosen Ehemannes ähnliche Dynamiken in der kenianischen Exilcommunity als Krankheit beschreibt: „Wer gar keine Aussicht auf ein glückliches Leben hatte, der konnte offenbar seine Energien nur darauf verwenden, andere unglücklich zu machen. Und diese Energien waren bei Kenianerinnen beträchtlich.“ Eloquent und angewidert beschreibt er die Verwandlung, „die sich an vielen kenianischen Frauen in dem Augenblick vollzog, wenn sie ihr Glück gemacht glaubten. Wenn sie im weißen Hochzeitskleid aus der Kirche kamen, am Arm ihres weißen Ehemannes, dann war es, als hätten sie einen Aufzug betreten, und zwar eines dieser jüngsten Modelle, wie sie es aus dem Hotel Sheraton oder Intercontinental kannten mit markierten Sensoren an der Stelle der alten Knöpfe und mit Computerstimme. Dann fuhren sie mindestens ein Dutzend Etagen empor. Oben, förmlich

sie seine Ratschläge, nämlich sich abzugrenzen oder wenigstens „Klartext“ zu reden, nicht umsetzen könne, müsse sie diese Hassliebe für sich selbst regeln. Ihm sei sowieso nur eine Statistenrolle zugewiesen, über dessen Intimsphäre außerdem hämisch getratscht würde. Er habe einsehen müssen, dass er sich „für eine zärtliche Ehefrau eben auch eine große Portion Eigensinn eingehandelt“ habe. Im übrigen würde ihn „diese Szene“, und damit meinte er vor allem die deutschen Ehemänner von Marys Freundinnen, sowieso nicht interessieren. Im Gegenteil, er habe ein großes Bedürfnis, sich abzugrenzen.

Wo er sich für Abgrenzung und Distanz entschieden hatte, rang sie um Beziehung.

Freud und Leid der Netzwerke oder:
Die duale Realität von Solidarität und Rivalität

Was Sebastian an Marys Grenzziehungen unverständlich und paradox fand, schien Mary als Klärungsprozess immer wieder durchspielen zu müssen. Im Spannungsbogen von Identifizierungs- und Differenzierungsbedürfnissen wurden Freundschaften zu lebensnotwendigen Fluchtpunkten und Pufferzonen und waren gleichzeitig einer ständigen Überforderung ausgesetzt. In dieser Beziehungsdynamik neben dem starken Erfolgszwang des Migrationsprojektes sehe ich eine Erklärungsvariante für den sehr präsenten, stereotypen ‚Neid-und-Intrigen-Diskurs'.

Sich klar abzugrenzen, wie ihr Ehemann forderte, hätte möglicherweise bedeutet, den Kontakt zu ihren *kababayan* zu verlieren. Grenzenlose Freundschaft zu ihren *kababayan* wäre sicherlich mit den Abgrenzungsstrategien ihres Mannes kollidiert, der sein interkulturelles Experiment auf die Ehefrau konzentrierte und die damit verbundenen sozialen Gruppierungen distanziert ablehnte. Statt dessen inszenierte Mary geradezu den neidischen Vergleich, als ob sie sich in diesem vitalen Widerstreit ihrer eigenen Positionierung vergewissern müsste („mein Mann behandelt mich nicht als Diebin, sondern öffnet großzügig den Zugang zum Konto“).[57] Dass sie sich dabei auch der Stereotypen bediente, die im dominanten Diskurs der Ehemänner auftauchten – „Filipinas sind habgierig, neidisch und tratschen“ – verdeutlicht ihre ambivalenten Selbstverortungen. Sie grenzte sich von den ‚habgierigen' und ‚neidischen' Filipinas ab, ohne eine integrierte deutsche Ehefrau zu sein mit dem selbstverständlichen Habitus der sozialen Zugehörigkeit. In ihren Suchbewegungen zwischen deutscher, gut etablierter Ehefrau und philippinischer *kababayan* bediente sich Mary situationsbezogen verschiedener vorherrschender Redeweisen. Gegen die pejorative Abwertung der „Kultur“ ihrer Landsfrauen (Filipinas sind neidisch und habgierig) setzt sie ihre trotzig-selbstbewusste

aufgepumpt mit einem Gas namens Hochmut und vollends ihrer Sinne beraubt, schritten sie jetzt im Korridor gemessen ihrer Suite entgegen.“

57 Liza hatte die Botschaft in der Tat nicht nur als freundschaftliche Unterstützung, sondern sehr wohl als hierarchische Positionierung verstanden: Dein Mann ist ein ‚komischer Geizkragen'! Und als retour sorgte Liza für Tratsch unter dem Motto: Marys Mann ist ein ‚schräger Liebhaber'.

Großzügigkeit. (Weil ich Filipina bin, unterstütze ich meine Freundin und gönne meiner Familie Urlaub im eigenen Land. Gerade weil ich meine Wurzeln nicht vergessen habe, lasse ich die anderen an meinem sozialen Aufstieg teilhaben).

Im Neid-und-Intrigen-Diskurs artikulieren sich „narratives of displacements" (Stuart Hall), werden soziale Prozesse in spezifischen Positionierungen verortet. Wie leicht nachvollziehbar ist, beinhalten die Dislokationen (Hall 1999: 394) philippinischer Heiratsmigrantinnen beispielsweise eine ungeklärte Staatsbürgerschaft (siehe oben) und den Schmerz, von nahen Familienangehörigen getrennt zu sein. Sie stehen für die Erfahrung einer widersprüchlichen Klassenmobilität und in der Folge für das Gefühl des sozialen Ausschlusses, d.h. in der sozialen Migrationsgemeinschaft wie auch in Bezug zur Herkunftsfamilie nicht richtig dazuzugehören. Sowohl Mary als auch Fee sind mit ihrer erfolgreichen Heiratsmigration in der sozialen Klassen-Hierarchie in atemlosen Tempo nach oben gekommen. Und ganz sicherlich gereicht ihnen das im philippinischen Kontext zu Respekt und Einfluss. Im deutschen Kontext erlebten sie ihre eigene Klassenmobilität jedoch immer wieder als widersprüchliche Spannung. Was sie als Erfolg genießen sollten und wollten, musste allzu oft als Defizit des selbstverständlichen Habitus' des Dazugehörens verbucht werden. (Entsprechende sozial angemessene berufliche Anerkennung bleibt ihnen verwehrt. Besuche von Vernissagen und Theatervorstellungen und politische Streitgespräche mit engagierten Gewerkschafterinnen sind unvertrautes Terrain, die deutsche Sprache ist schwer zu beherrschen.)

„Neid" wird in dieser Spannung zu einem Standort, von wo aus eine neue Art von Vermittlung formuliert werden kann. „Neid" auf soziale Aufwärts-Mobilität birgt in sich die Kapazität, verschiedene Ichs in Anspruch zu nehmen: nämlich sowohl als Teil dieser sozialen Hierarchie zu erscheinen, als auch gleichzeitig abseits davon zu stehen. In einem solchen fortwährenden Such-Prozess der Identifizierung mögen sich neue überschneidende Subjekt Positionen artikulieren, von wo aus über die *Beziehung* zwischen „Elite" und „Unterschicht", zwischen „deutsch" und „philippinisch", zwischen „arm" und „reich" gesprochen wird, als ob diese Gegensatzpaare potentiell austauschbar seien, und doch nie gegeneinander austauschbar sind. Im Teilen solcher gemeinsam durchlebten Suchbewegungen mag eine neue imaginierte, (globale) Gemeinschaft entstehen.

Betrachtet man die Suchbewegungen aus dem Blickwinkel der „ehelichen Anpassung", so sind die Dynamiken bei den meisten Paaren meines Samples zunächst auf zwei verschiedenen Ebenen zu beschreiben: Im formalen Bereich liegt die Hauptlast der Anpassung bei den Frauen. Sie sind die Fremden im Land. Neben den gesetzlichen Positionierungen als nicht-deutsche Ehefrauen von deutschen Ehemännern (siehe oben u. Kriechhammer-Yagmur u.a. 1999) sind es die Ehemänner, die mittels ihrer Berufstätigkeit über Wohnort und Wohnkultur bestimmen. Im informellen Beziehungsbereich hingegen sind es vor allem die philippinischen Frauen, die tonangebend sind. Feste, Ausflüge,

Essenseinladungen oder Einkaufsbummel organisieren die Frauen innerhalb ihres ‚ethnischen' Referenzrahmens, d.h. innerhalb der Migrationsgemeinschaft, die sich außerdem nach regionalen Unterschieden und Spracheinheiten gliedert. Die deutschen Ehepartner erscheinen dabei häufig als geduldete Begleiter, denen in diesen Kontexten auch sprachliche Ausgrenzung zugemutet wird. Unter Landsleuten wird hemmungslos die Muttersprache gesprochen, manchmal gar als Geheimsprache inszeniert (vgl. auch Lauser 1997). Finden die deutschen Ehemänner keinen Anschluss bei anderen Gleichgesinnten – was einige Gesprächspartner wie beispielsweise Sebastian Schaffner ausdrücklich ablehnten – fällt ein großer Teil der familiären Freizeitaktivitäten auseinander. Dann ist die interkulturelle Ehe-Situation durch mehr oder weniger explizite und akzeptierte Grenzziehungen definiert. Ich kenne keine Filipina, die auf philippinische Netzwerke hätte verzichten können oder wollen, auch wenn bisweilen trotziger Rückzug verkündet wurde.

Während also Sebastian Schaffner in der Distanz für sich die pragmatischste Lösung formulierte, lockte Mary ihre älteste Schwester zunächst mit einem Touristenvisum nach Deutschland. Dabei verband sie sicherlich die Hoffnung, mit ihrer Schwester eine solidarische Vertraute, ein Stückchen Heimat, in ihrer Nähe zu wissen. Dass geschwisterliche Nähe nicht automatisch (intra-)kulturelles Selbstbewusstsein stützt und vor interkulturellen Verletztheiten schützt, zeigte sich an einigen heftigen Schwester-Konflikten innerhalb der *community*. So wird im philippinischen Kontext die Geschwisterbeziehung zwar als eine grundsätzlich solidarische hochgehalten, aber auch dort nicht widerspruchsfrei gelebt. Wie schwierig dieses Ideal zu leben ist, erst recht in einem Migrationskontext mit den beschriebenen vielfältigen Dislokationen, wird in der nächsten Begegnungsgeschichte zum zentralen Thema. In der Beziehungskonstellation von Sally und ihrer Schwester und ihren jeweiligen Ehemännern entspann sich ein fast kriminalstückreifes Zerwürfnis – auch über die Nationalgrenzen hinweg –, das sich zudem schwer kommunizieren ließ. Da sich mir diese Konfliktdynamik im Laufe unserer Begegnung erst nach und nach erschloss, möchte ich diesen Weg im folgenden nachzeichnen.

Sally und ihre Schwester Anna

Sally war über die indirekte Vermittlung ihrer Schwester *Anna* mit ihrem Ehemann *Volker Kuhn* zusammengekommen. Die Schwester Anna war bereits in Deutschland über *pen pal* mit dem Deutschen *Walter Knapp* verheiratet.

Volker Kuhn erzählte, wie er – nach einer einvernehmlichen Scheidung von seiner deutschen Frau nach dreizehn Jahren Ehe – unbedingt auf die Philippinen wollte und auf der Suche nach Tipps in seinem Bekanntenkreis an den Gemüse- und Obsthändler Walter Knapp verwiesen wurde.

„Ja, so habe ich überhaupt erst Sally kennen gelernt. Als ich auf die Philippinen fahren wollte, habe ich mich umgehört. Annas Mann hat mir dann ein paar Sachen und Bargeld mitgegeben, um es dort persönlich bei der Familie abzugeben. Das habe ich getan und dabei Sally kennen gelernt. Da habe ich mich schon in sie verliebt, aber erst recht dann beim zweiten Mal. Sie ist so temperamentvoll und ein wenig verrückt, ohne wirklich verrückt zu sein. Das mag ich an ihr. Sally ist ganz anders als ihre Schwester. Die Schwester ist sehr unselbständig und schüchtern, braucht immer jemanden, an den sie sich anlehnen kann. Zuerst der Vater, jetzt liefert sie sich diesem Mann [ihrem Ehemann] aus und dann ist sie, wie soll ich sagen, nicht so wie Sally, also sie ist – dumm; sie versteht und begreift sehr wenig."[58]

Sally und Volker planten nach fünf Jahren Deutschland und erneuter Arbeitslosigkeit Volkers eine Existenz auf den Philippinen. Ein Pate *(ninong)* Sallys besaß dort eine gut florierende Perückenfabrik.[59] Geplant war, zunächst in einer angegliederten Manufaktur handgeknüpfte Perücken herzustellen und per Vertrag den *Ninong* zu beliefern, der bereits gute weltweite Geschäftsverbindungen hatte.

„Wir haben alles genau durchgerechnet. 1600 DM monatlich wäre von Anfang an drin gewesen und das ist auf den Philippinen eine Menge Geld. Das wäre ohne weiteres zu steigern gewesen. Die nötigen Geschäftsverbindungen hatte der *Ninong* ja. Aber als dieses Theater losging, ist er aus den Verträgen ausgestiegen. Da die Verträge schon abgeschlossen waren, hätte ich darauf bestehen können, dass er sie einhält. Aber ohne sein Vertrauen und seine Zusammenarbeit wäre das wohl nicht gut gegangen – in einem Land, wie den Philippinen. Wenn er mich nicht mit Aufträgen beliefert und mir misstraut, dann hätte das sehr schnell bankrott gehen können. Und so ist es erst mal nichts mit meiner Existenz auf den Philippinen. Na ja, jetzt bleib ich erst mal hier und verteile Knöllchen[60], was bleibt mir auch anderes übrig," erläuterte Volker.

Was Volker als „Theater" bezeichnete, deutete Sally als einen Rechtsstreit an. Da ich ihre vielfältigen Andeutungen nicht zu einer zusammenhängenden Geschichte zusammenbringen konnte, berichtete ihr Mann Volker, was Sally offensichtlich nicht so einfach erzählen konnte: Als Sally und Volker letzten Winter auf die Philippinen gefahren waren, um die Bedingungen ihrer neuen Existenz vor Ort zu klären, hatten sie der Schwester und dem Schwager ihre

58 September 1992. Alle folgenden Zitate sind nach verschiedenen Gesprächsmitschnitten ins Schriftdeutsch übertragen. (Gesprochen wurde starker Dialekt, und eine eigenwillige Mischung aus Englisch, Deutsch-Dialekt, Pilipino – und Bicolano. Letztere Sprache redete Sally ausschließlich mit ihren Freundinnen, die aus derselben Region – nämlich Bicol kamen.)

59 Die großväterliche Seite Sallys wurde als ‚chinesisch' definiert. Als armer Bauer sei der Urgroßvater auf die Philippinen eingewandert. Ihm sei es dann gelungen, ein großes, reiches Imperium aufzubauen. Der Name Yap stünde von Malaysia bis Bicol (eine Provinz der Philippinen) für internationale Konzerne und große Ländereien. Und so sei auch Sally als Mädchen wie eine Prinzessin bei den Großeltern aufgewachsen. Seit seiner Ehe mit Sally versuche Volker, in diesen Netzwerken Fuß zu fassen. Es sei ihm bis heute ein Rätsel, warum er außer ein paar netten Begegnungen auf Familienfeiern noch nichts erreicht habe. Da gäbe es Familienrätsel, die er noch nicht habe entschlüsseln können.

60 Volker hatte kurz zuvor auf dem Arbeitsamt eine Stelle als Verkehrsüberwacher (Knöllcheneintreiber) zugesichert bekommen. Von der Ausbildung her sei er Installateur und „Wasseraufbereitungstechniker" und habe in diesem Beruf auch in Entwicklungsprojekten in Malaysia gearbeitet.

Wohnungsschlüssel überlassen, um nach den Blumen und der Heizung zu schauen.

„Und dann hat der Schwager alles ausgeräumt und vergeigt und verjubelt – und uns in unsägliche Schwierigkeiten gebracht.
Wir können es bis heute nicht richtig fassen. Die Geschichte ist so unglaublich, dass uns manchmal der Staatsanwalt fast nicht glauben will. Und Anna ist halt eine sehr schwache Frau“, versuchte Volker zumindest die Schwester zu entlasten.

Anscheinend hätte der Schwager nicht nur die ganze Wohnungseinrichtung „ausgeräumt“ und „vergeigt“, sondern in Volkers Namen weitere „krummen Dinger“ gedreht.[61] Schließlich hätten Volker und Sally in entspannter Ferienstimmung auf den Philippinen einige sie verwirrende Briefe erhalten: Einen Brief von Volkers Mutter, die über ein Gespräch mit dem Vermieter und die Neuvermietung der Wohnung berichtete. Wenn er nicht mehr zurückkehren wolle, wolle sie es von ihrem Sohn persönlich erfahren und nicht von dem Vermieter. Ein anderer Brief vom Schwager teilte ihm mit, dass er, Volker, wegen Betrugs von der Polizei gesucht würde, und er daher am besten überhaupt nicht mehr zurückkehren solle, wolle er nicht gleich „in den Knast einfahren“.

„Ich habe überhaupt nichts mehr verstanden und habe mir gesagt ‘wenn man eine reine Weste hat und unschuldig ist, dann muss man erst recht auf eine Botschaft gehen’. So bin ich sofort auf die deutsche Botschaft gegangen, um zu erfahren, was gegen mich vorliegt. Da lag nichts vor und ich habe daraufhin versucht, meine Mutter zu kontaktieren, um etwas Aufklärung zu bekommen. Auf einmal war mitten in unseren Urlaub das reine Tohuwabohu eingebrochen. Bis schließlich meine Mutter mich telefonisch erreichte. Na ja und da deutete sich an, dass das alles mein Schwager ‚organisiert’ hatte.“ (September 1992)

Sally soll fassungslos gewesen sein. Sie habe getobt vor Wut, wie eine Furie – „like the Pinatubo“ – bestätigte Sally. Wieso hatte ihre Schwester so etwas zulassen können?! Und während Volker noch nach verständnisvollen und psychologischen Erklärungen[62] suchte, sann Sally nach Rache[63]. Dabei schien

61 „Der ist auch so ein schwarzes Schaf in seiner Familie. Jetzt kommt so nach und nach raus, was der schon alles für krumme Dinger gedreht hat. Damals wussten wir das ja noch nicht, sonst hätten wir ihm nicht den Wohnungsschlüssel hinterlassen. Jetzt summiert sich das Wissen über sein Sündenregister. Von Haus aus reich, selbst ohne Ausbildung, mit Sprachfehler und hässlich und einigen verkrachten Existenzversuchen. Als einziger Sohn total verwöhnt. Seine Mutter zieht ihn wohl immer wieder aus dem Dreck raus. Sie steht halt zu ihm als Mutter. Na ja würde ich von meiner Mutter ja auch erwarten. Das sind eben sehr starke Bande. Aber offensichtlich hat er auch schon seiner eigenen Familie Unmögliches angetan. Die sind ja ganz gut reich, mit wertvollen Gemälden und so. Zuerst hat er einige fälschen lassen und verschachert. Echte Schätze hatten die, und die hat der mit der Zeit verschachert, aus dem Familienbesitz heraus verschachert.“ (Oktober 1992)

62 „Ich sehe das schon als Erklärung, Sally nicht so sehr: Also vor ein paar Jahren hatte Anna sich in einen anderen Mann verliebt, ist also fremdgegangen. Als ihr

Sally wesentlich mehr über die anschließenden Vorwürfe ihrer Schwester verletzt zu sein als über deren unsolidarisches Verhalten angesichts der Taten des Ehemannes.

„The book is closed, because she said bad things about me."[64]

"Was denn für schlechte Dinge?"

„That I am *masama, walang utang na loob at walang hiya.* She said, that I am a bad daughter, that I never sent money at home. That I always spent the money for my own things. That I am always thinking at my own life. ... Of course, that is not true. And that is why I don't speak with her anymore." (September 1992)

Nach einem halben Jahr habe die Schwester zum ersten Mal wieder bei den Eltern auf den Philippinen angerufen, nachdem der Kontakt auch zwischen Anna und den Eltern geruht hätte. Sally habe es ebenfalls bei einem Telefonat mit ihren Eltern erfahren. Sie selbst könne sich keine Versöhnung mehr mit ihrer Schwester vorstellen. Eltern-Kind-Beziehungen seien eben doch nachsichtiger als Geschwisterbeziehungen.

Sally und Anna seien ja nun Todfeinde, hieß es immer wieder im Netzwerk-Tratsch. Und offensichtlich verlangte dieser heftige Geschwisterstreit auch nach Positionierungen im sozialen Beziehungsnetz. Konnte man sich bis dahin einem breitgefächerten Beziehungsnetz zugehörig fühlen, wurde nun an Verabredungen genau registriert, ob man mehr auf Sallys oder doch auf Annas Seite stand.[65]

„Anna hat sich ja nun, so anlehnungsbedürftig, wie sie nun mal ist, auch an ganz anderen Filipinas orientiert. Sie verkehrt nun mit anderen Filipinas, die anders auftreten, ehm selbstbewusst. Und sagen wir mal, nicht dass sie es jetzt noch sind, da kennen wir auch einige, sehr normale anständige Frauen, ehm, mit Frauen, die eben

---

Mann das erfahren hat, hat er sie absolut erpresst. Der andere Mann wollte Anna heiraten, es war schon eine ernste Geschichte. Aber Annas Mann hat ihr gedroht, dass er ihr Kind wegnehmen würde und dass er sie ohne ihr Kind auf die Philippinen zurückschicken würde. Das hat Anna sehr erschreckt und sie war zu dumm und schwach und unselbständig, um sich dagegen zu wehren. Sie ist nicht so wie Sally. Außerdem ist Annas Schwiegervater Rechtsanwalt. Sie glaubte, dass er automatisch auf der Seite seines Sohnes wäre. Das alles hat Anna Angst gemacht, und obwohl der andere Mann sie wollte, ist sie dann beim Schwager geblieben. Der hat sie seitdem ganz schön in der Hand. Das erklärt vielleicht, warum sie keinen Einfluss auf ihren Mann hat und in dem Konflikt sich nicht mit der Schwester solidarisiert hat, sondern mit dem Mann." (Oktober 1992)

63 So sei sie drauf und dran gewesen, mit Gewalt gegen ihre Schwester vorzugehen. Ihre Wut sei noch so glühend, dass sie sich vorstellen könne, ihrer Schwester, sobald sie auf die Philippinen fahren würde, zu folgen, um ihr etwas anzutun. Denn auf den Philippinen würde man sie verstehen und nicht bestrafen, ganz im Gegensatz zu Deutschland.

64 Auch in anderen Zusammenhängen habe ich bei ähnlich unerbittlichen Gefühlsausbrüchen vergleichbar stereotype Antworten bekommen, deren intensive Dramatik mir nicht unmittelbar nachvollziehbar schien.

65 Und so blieb es auch nicht aus, dass eine „unparteiische" Ethnographin sich nur schwer einem aufgewühlten „Tratschzirkel" entziehen konnte.

Prostituierte sind ehm waren, die aus einem solchen Milieu kommen. Ehm das mit der Prostitution muss man ja ein wenig anders sehen. Viele sind ganz normale Frauen jetzt, da kennen wir auch einige.“ (Oktober 1992)

So kommentierte Volker eine Trennlinie, die – nicht nur in diesem Streit – entlang von Ehrbarkeit und Ansehen bzw. Unanständigkeit beredet und gezogen wurde. Wie verletzend das „Filipina-Geschwätz“ treffen konnte, musste nun auch sein Freund Alex erfahren, der sich eigentlich immer raushalten wollte und nun auf einmal seine philippinische Frau Almut als Zielscheibe des ‚Huren-Diskurses' sehen musste.

„Stell dir vor, Sally soll überall herumerzählen, dass Almut eine Hure sei,“ empörte er sich. Wir haben es erst neulich von Anna erfahren. Was Filipinas so reden, da mag ich gar nichts darauf geben [...] Aber wie kommt sie darauf? Wir waren immer gut befreundet. Volker ist ein guter Freund. Er war es, der mich für die Philippinen begeistert hat. Über ihn bin ich bei meiner ersten Philippinenreise herzlich in Sallys Familie beherbergt worden. Und nun erzählt Sally, dass sie mich als armen Studenten durchgefüttert habe und ich nicht dankbar sei.“ (November 1992)

Auch Almuts Gesicht verdüsterte sich: "I don't know why she is telling such things about me. I never spoke bad about her. I am not against her. I don't take anything away from her." (November 1992)

Alex' Empörung steigerte sich, als ich erwähnte, diesen Tratsch auch schon gehört zu haben. Und im Handumdrehen redete ich nicht mehr *über* Tratsch, sondern war selbst involviert. Alex kompensierte seine Enttäuschung sowohl mit Selbstverteidigung als auch mit Gegenargumenten (zum „Filipina-Geschwätz“). Und so erfuhr ich, dass Volker zwar ein liebenswertes, aber dennoch verwegenes „Schlitzohr“ sei: Volker sei schließlich zusammen mit seinem Schwager bei einem gemeinsamen Projekt pleite gegangen. Der Schwager wollte wohl nicht die ganzen Schulden alleine buckeln und habe sich einiges in Wertgütern geholt.

Nun denn, Alex und Almut hatten versucht, mit beiden Seiten befreundet zu bleiben. Das mag sie unter anderem in die *Tsismis*-Schusslinie gebracht haben. Dass beide außerdem ausgerechnet zu dem Zeitpunkt, wo Sally den Erfolg ihres Migrationsprojektes grundsätzlich in Frage stellen musste, sich glücklich und offensichtlich erfolgreich etablierten, schien für Sally eine große Provokation zu sein. Es schien ihr ein Bedürfnis zu sein, an diesem Erfolg zu kratzen und auch die Schattenseiten ins Licht zu rücken. (Zur Beziehungsgeschichte von Alex und Almut siehe weiter unten.)

„Contesting values“

Die Intensität mancher Konflikte, die an *hiya* und vor allem an *walang hiya* festgemacht wurden, erschloss sich mir nur allmählich. Konnte ich zunächst nicht die tief verletzende Wirkung solcher Anschuldigungen nachvollziehen, lernte ich erst nach einem komplexen Verständnis jener zentralen Bedeutungen die Tragweite der Konflikte verstehen.[66] Wie bereits in Kapitel 4 *(Pamilya*

66 Auch das mich in seiner Vagheit bisweilen quälende *bahala na* (it is up to you, wobei immer erwartet wird, die Verantwortung für sich selbst in Beziehung zum

und die Bedeutung von Beziehungsketten und lokalen Wertekonzepten) diskutiert wurde, stehen *hiya* und *utang na loob* für ein sensibel ausbalanciertes Gespür der gegenseitigen Verpflichtungen. Sie werden als zentrale Wertekonzepte verhandelt und gelten als philippinische „Kernwerte" (Rafael 1988, Hollnsteiner 1973).

In einer gruppen- und familienorientierten Gesellschaft wie der philippinischen mit *walang hiya* und *walang utang na loob* gebrandmarkt zu werden und von der Verwandtschaftsgruppe aufgrund der Vorwürfe geächtet zu werden, bedeutet eine Bestrafung, bei der die Position und soziale Integrität einer Person ernsthaft in Frage gestellt wird, ja gelöscht werden kann. Da die individuelle Identität in der philippinischen Gesellschaft immer *relational* über die Positionierung innerhalb der Verwandtschaftsgruppe wahrgenommen wird, bedroht die Ausgrenzung aus der Gruppe das soziale Ansehen und den gesellschaftlich anerkannten und möglichen Aktionsradius, ja die gesamte Identität (vgl. Bulatao 1964, Enriquez 1986, 1989, vgl. die Ausführungen weiter oben in Kapitel 4).

Diese philippinischen Werte kollidieren nun in der neuen Heimat mit egozentrischeren und individualistischen Wertekonzepten. Besonders die deutschen Ehemänner als die neuen Bezugspersonen und notwendige Beziehung der eigenen Familie, widersetzen sich häufig dem familienzentristischen philippinischen Referenzrahmen, wollen oder können ihn nicht verstehen und mittragen, oder fordern gar explizit Loslösung und Emanzipation.

Sallys heftige Reaktion steht als Beispiel für eine schwierige Verhaltensbalance, bei der trotz aller individualisierenden Experimente die Nabelschnur zu den Schlüsselwerten der Herkunftskultur und -familie nur unter äußersten Schmerzen in Frage gestellt werden darf. Dass ausgerechnet ihre Schwester Anna aus der Position der eigenen, möglicherweise egoistischen Unzulänglichkeit Sally vorwirft, eine Person ohne *hiya* zu sein, ist das Gröbste, was man einem Familienmitglied antun kann. Es kommt einem Abbruch der Beziehung gleich, die Person Sally wird außerhalb der sozialen Ordnung positioniert. Durch den Rückzug des *Ninong* aus den existenzgründenden Verträgen wurden für Sally und Volker die direkten Auswirkungen unmittelbar spürbar. Die Idee einer gut abgesicherten Existenz auf den Philippinen musste wieder in fernere Horizonte rücken, nachdem sich auch die existentielle Grundlage in

anderen zu setzen) entschlüsselte sich nicht nur als „fatalistische Resignation" (wie es verkürzt oft gedeutet wird) sondern in seiner verwobenen Tragweite: „*Bahala na* is hard to translate, but it suggests the following ideas: ‚so be it', ‚never mind', ‚what will happen will happen', ‚I'll manage', ‚things will turn out allright somehow', [...] *bahala na* strikes a curious relationship to *pakikiramdam*. At first, it might appear that *bahala na* is charakterized by resignation, passivity, and fatalism, whereas *pakikiramdam* is charakterized by deliberate thoughtfulness. Indeed *bahala na* has gotten a bad name. However, it might also be said that bahala na is an acceptance of the personal limitations inherent in any ambiguous or helpless situation. It allows for flexibility, openness, and improvisation in responding. The same sort of responding seems to be at work in *pakikiramdam* behavior" (Mataragnon 1988: 257).

Deutschland als prekär und alles andere als erfolgreich und wohlhabend abzeichnete.

Während die Werte *utang na loob* und *hiya* auch in der Migration unangreifbar zu sein schienen und nur unter heftigen, durchaus nicht seltenen Konflikten in Frage gestellt wurden, schien der ‚Anständigkeitsdiskurs' sehr viel größere Spielräume zuzulassen. Die prekäre Trennungslinie zwischen anständig und unanständig wurde ähnlich wie auf den Philippinen in situativen Bewertungen zur Disposition gestellt. Als Moment der sozialen Kontrolle und des Neides wurde sie vor allem im Tratsch (*tsismis*) inszeniert. Und entsprechend wurde die soziale Wirkung als lästige, verletzende und ausgrenzende Doppelmoral wahrgenommen. Bemerkenswert war jedoch – ähnlich wie auf den Philippinen –, dass der Vorwurf, eine Hure zu sein, nicht in demselben Ausmaß die soziale Integrität einer Person/Frau in Frage stellte, wie der Vorwurf, *walang hiya* zu sein.[67]

Auf den Philippinen gäbe es eigentlich eine simple Mathematik und die laute: Frauen, die Kinder von verschiedenen Männern haben, seien Huren, erklärte mir Sally lapidar, als ich sie nach den Gründen diverser „Huren-Tratschereien“ in der *community* befragte. Mit wie vielen Männern eine Frau leben könne, bis man sie als „unanständig“ oder „Hure“ abwerte, hinge unter anderem vom sozialen Status und Prestige ab. Laut Sally sähe man einer Frau aus einer reichen angesehenen Familie mehr nach als einer Frau aus einer „normalen“ (Mittelschichts-)Familie. Die Freiheiten reicher (ebenso wie armer) Frauen seien größer. Zum Beispiel:

„Meine Freundin Rachel, die aus einer angesehenen Familie kommt – ihr Vater war Bürgermeister der Provinz-Stadt [die auch Sallys Heimatstadt ist]. Rachel war die *querida* von einem Bruder von Ramos.68 Dieser Ramos liebte Rachel sehr. Er hing sehr an ihr und war sehr großzügig zu ihr. Aber irgendwann verliebte sich Rachel in einen, von dem sie ein Kind bekam und mit dem sie zusammenleben wollte. Ihr *Sugardaddy* war untröstlich und wollte sie wieder zurückgewinnen. Aber sie wollte (trotz aller Vermittlungsversuche und Angebote) nicht mehr seine Geliebte sein. Sie wollte mit dem neuen Mann zusammenleben, obwohl es ein sozialer Abstieg war. Erst als Rachel sich Jahre später von diesem Mann trennte, war ihr Ruf angekratzt.“ (frei übersetzt nach einem Interview im Dezember 1992)

„Was machte sie dann?“[69]

„Sie ging als Sängerin nach Japan. Mittlerweile ist sie mit einem jungen Japaner verheiratet, der einen Nachtclub besitzt. Sie sieht so attraktiv und jung aus, als ob die Jahre einfach an ihr vorübergegangen seien. Sie fährt oft auf die Philippinen und besucht auch meine Familie. Als ich auf den Philippinen war, habe ich sie getroffen. Wir waren früher eine Clique.

67 Siehe hierzu Kapitel 4, wo die der philippinischen Geschlechterordnung inhärenten Widersprüche aufgezeigt werden. Ein Widerspruch zwischen Doppelmoral und Gleichheitstradition wird besonders auch an dem Phänomen der *querida* deutlich.

68 Ehemaliger Präsident der Philippinen.

69 Steht diese Geschichte für die Selbstverständlichkeit abweichenden Verhaltens oder ist es eine Geschichte, die zeigt, was alles möglich ist, ohne deswegen selbstverständlich zu sein?

Eine andere aus der *barkada* (Clique) wurde Stewardess bei der Philippine Airlines. Sie hat einen 72-jährigen Piloten, einen Amerikaner geheiratet. Aber sie hat den Mann vor uns versteckt und die Heirat zuerst verheimlicht, weil sie wusste wie ich bin, dass ich meine Scherze mache. Als ich sie bei meiner ersten Heimreise besuchen wollte, bin ich zu ihrem großen schönen Haus gegangen, das er ihr gebaut hat. Sie war aber nicht da, sondern irgendein alter Amerikaner. Ich fragte ihn: ‚Wo ist denn Gingin?' Und er sagte: ‚Meine Frau ist gerade nicht zu Hause.' So erfuhr ich, dass sie mit ihm verheiratet ist. Danach habe ich erst recht meine Scherze mit ihr gemacht. Wenn ich sie fragte, ob sie mit ihm sexuell verkehre, dann lachte sie nur. Sie fliegt oft zwischen Amerika und den Philippinen, auch nach Deutschland. Aber diese Kontakte sind nichts mehr für mich." (ibid.)

Sally musste ihre derzeitige Lebensphase als chaotisches und schwer überschaubares Terrain erleben und sich fragen, inwieweit wichtige Ziele, die mit der Heiratsmigration verbunden waren, noch im Bereich des Machbaren liegen. Angesichts der aktuellen Unsicherheit und des momentanen Scheiterns[70] werden erfolgreiche ehemalige Vorbilder kritisch unter die Lupe genommen, um sie gegebenenfalls auf der Folie der eigenen Enttäuschung und Orientierungslosigkeit zu entmystifizieren.

Aber auch die parallele Geschichte von Alex und Almut zog Sallys dekonstruierenden *Tsismis*-Blick auf sich. Alex hatte zum engen Freundeskreis von Volker und Sally gehört. Dabei hätte es Sally gerne gesehen, wenn Alex sich mit einer weiteren jüngeren Schwester von ihr zusammengetan hätte. Statt dessen lebte Alex nun mit einer anderen philippinischen Frau Almut eine fast demonstrativ zufriedene und glückliche Ehe. Sie würden ein Kind bekommen und konnten bereits auf transnationale erfolgreiche Familienvernetzungen zurückgreifen. Almuts und Alex' Ehe-Geschichte schien unter sehr viel günstigeren Sternen zu gedeihen als Sallys und Volkers Etablierungsversuche und alle Anzeichen einer transnationalen Erfolgsgeschichte zu haben.

Etablieren: Zwischen „Sesshaftwerden" und transnationaler Familienvernetzung

Wenn ich die Begegnungsgeschichte von Alex und Almut als letzte Erzählung vorstelle, so ist diese, genauso wenig wie die anderen, repräsentativ im Sinne der Allgemeingültigkeit. Statt dessen ist mir daran gelegen, verschiedene Stimmen und Perspektiven nebeneinander zu stellen, um die Bandbreite möglicher Lebenswelten im Kontext der Heiratsmigration vorzustellen. Damit einher geht meine grundsätzliche Skepsis gegenüber Generalisierungen und dem Anspruch, möglichst widerspruchsfreie Antworten zu liefern. Durch die unterschiedlichen Perspektiven möchte ich zeigen, dass gerade keine einfachen Antworten bereit liegen, sondern dass es zunächst um ein Verstehen der verschiedenen subjektiven und interaktiven Motive geht. So ist auch diese letzte Geschichte eine unter vielen Etablierungsgeschichten, deren Erfolg und Dynamik offen ist und die noch nicht zu Ende erzählt ist.

70 Nicht nur ihre ökonomische Krise enttäuschte sie, auch bezüglich der Familienplanung erfüllte sich ihr heiß ersehnter Kinderwunsch nicht nach Plan.

Die Aufdringlichkeit, mit der die durch Heiratsmigration geprägte Erfolgsgeschichte von Almut und ihrer Familie sowohl in Deutschland unter ihren *kababayan* als auch auf den Philippinen im Umfeld des familiären Touristikunternehmens neidvoll kommentiert wurde, lässt ahnen, wie sehr ein globalisierter Migrationsdiskurs und dessen kapitalistische Auswirkungen in die engen familiären Beziehungen eingedrungen sind. Almut ist bereits in der zweiten Generation eine Heiratsmigrantin. Sie setzt fort, was ihre Mutter in den 1980er Jahren während einer Migration als *domestic helper* in Singapur begonnen hatte. Da die Heirat der Mutter zumindest nach außen sichtbar zu Wohlstand geführt hatte, mag folgende Geschichte als herausfordernde Vorlage und Folie in vielfältigen Tratsch-Gesprächen verhandelt werden.

Almut und Alex und das touristische Familienunternehmen

Bereits in unserer ersten Begegnung im *Asia-Food-Laden* verortete Almut ihren familiären Kontext in einen mobilen von Migration geprägten Raum: Die Mutter sei seit neun Jahren mit einem Deutschen verheiratet, der als Ingenieur bei Siemens derzeit zwischen Saudi-Arabien und München pendeln würde. Kennen gelernt hatte ihre Mutter ihren deutschen Mann in Singapur, dann hätten sie alle einige Zeit zusammen in Manila gelebt. Als die Mutter ihrem Mann nach Deutschland gefolgt sei, habe sie mit ihren Brüdern und ihrer Großmutter in Manila und vor allem in der Provinz in den südlichen Visayas gelebt.

“I say to my grandmother *inang* (Mutter) and to my mother *lola* (Großmutter)”, kommentierte Almut lachend, was in neuesten Forschungen unter dem Begriff *transnationale Mutterschaft* diskutiert wird (Hondagneu-Sotelo 2001). Rhacel Parreñas (2001) bezeichnet die Mutterschaftsform, die im Falle langjähriger Trennung entsteht als „commodified motherhood“, da die Verbindung zwischen Müttern und ihren Kindern vor allem über materielle Güter, finanzielle Hilfen und die Bezahlung einer guten Schulausbildung charakterisiert sei. Mit westlichen Mutterschaftsvorstellungen sei dieses Phänomen nicht ausreichend zu analysieren, da die Fürsorglichkeit einer guten Mutter nicht nur an ihrer Symbiose mit dem Kind festgemacht werden könne.

Dort, in der Heimatprovinz ihrer Großmutter, also der mütterlichen Linie, hatte ihre Mutter seit Mitte der 1980er Jahre an einem malerischen Strand mit dem Geld ihres deutschen Ehemannes eine gut florierende romantische Hotelanlage aufgebaut. Ihre Mutter würde mittlerweile hauptsächlich dort bzw. in der nahegelegenen Provinzstadt leben. Wenn sie in Deutschland sei, was immer wieder für einige Monate der Fall sei, übernehmen ihre Brüder (also Almuts Onkel) die Geschäftsführung. „Daddykurt“, der deutsche Ehemann, würde ein bis zwei Mal im Jahr längere Urlaube auf den Philippinen verbringen, wenn er nicht in Saudi-Arabien oder in München weilen müsse.

Wie *sie* ihren Mann kennen gelernt habe, wollte ich wissen. Almut lachte: „That is really a wonderful, fantastic lovestory.”

Die ausführliche Version ihrer Liebesgeschichte, die in dem touristischen Kontext ihren Anfang nahm, erzählten mir Alex und Almut, als ich sie drei

Wochen später in ihrer Wohnung besuchte. Gleich an der Tür begrüßte mich Almut ausgelassen. Stolz zeigte sie ihren Ring: „I am married now.“ Und zu ihrem Mann: „Honey, be my housewife and make the coffee, please!“

Ich bekam neben Kaffee und Kuchen einige Fotoalben gereicht, und Almut erläuterte anhand von Fotos von Familienfeiern im mütterlichen Strandhotel die diasporischen und interkulturellen Familienverhältnisse, die sie erstaunlich matrifokal schilderte:

Demnach sind mehrere Familienmitglieder mit *Nicht-Filipinos* verheiratet. Ihre Mutter ist wie bereits erwähnt mit einem *Deutschen* verheiratet. Eine Tante ist in *Amerika* mit einem *Amerikaner* verheiratet und ein Großvater ist in *Amerika* mit einer *Japanerin* verheiratet. Eine andere Tante lebt in *Spanien*, und eine weitere Tante sei auch mit einem *Deutschen* verheiratet, zusammen würden sie in Ermita eine Kneipe „Old Heidelberg“ betreiben. „I said to my brother, you have to marry a wife in another country, so we are everywhere.“ Stolz zeigte Almut Fotos von ihrem hübschen achtzehn-jährigen Bruder, der auf den Philippinen Psychologie studieren würde und ein rechter Frauenheld sei. Weitere Verwandten tauchten auf den Bildern auf: Eine *pinsan*, die ebenfalls in Deutschland verheiratet sei, eine weitere Cousine, deren Haut zu hell sei, um für einen Deutschen attraktiv zu sein.[71] Ein Onkel, der zur See fährt.[72]

Alex legte einen dicken Ordner als Beweis seines „Papierkrieges“ hinzu.[73]

> „Dieselben Beamten, die mich schikaniert[74] haben, marschieren dann bei den Lichterketten gegen Ausländerfeindlichkeit mit. Es ist menschenunwürdig, eine wahre Liebesgeschichte so zu behindern,“ begann Alex. “Und dennoch haben uns Tausend Zufälle zusammengefügt!”

Bereits bei seiner ersten Reise, die stark durch Sally und Volker gefördert worden sei, sei seine Leidenschaft für das Land und seine Leute erwacht, es war für ihn völlig klar, dass er wiederkommen wolle. Außerdem forderten die Dschungelberge, Vulkane und vor allem die Korallenriffe seinen sportlichen Ehrgeiz heraus.

Zuerst mochten sie sich überhaupt nicht, bestätigten beide. Jeder erzählte, wie unmöglich er/sie den anderen/die andere fand: Am Anfang, betonte Al-

71 Im philippinischen Alltagsdiskurs zur Schönheit gilt helle Haut im Gegensatz zur dunklen als schön (Rafael 2000).

72 Außer den Brüdern der Mutter (also den Söhnen der Großmutter) tauchten auf den Fotos kaum Männer auf. Eine erstaunlich große weit verstreute matrifokale Familie, wo – zumindest auf den Fotos – die Männer abwesend waren.

73 Ich schaute mir den Ordner mit all den Papieren an, den eindrucksvollen philippinischen mit Goldschleifen und Siegel und den nüchternen deutschen.

74 So hätten sie von ihm mindestens fünf Jahre Rentenversicherungsnachweis verlangt. Da er aber noch eingeschriebener Student sei, hätte er diese Papiere nicht. Als seine Eltern Unterhaltsfähigkeit bestätigt hatten, hätten sie die nächste Hürde gesucht. So wäre es über Wochen sukzessive gegangen. Auch wegen Almut habe es unzählige bürokratische Schwierigkeiten gegeben; denn auch sie hätte von den Eltern eine Einverständniserklärung benötigt, und der biologische Vater sei unauffindbar gewesen.

mut, habe sie sich überhaupt nicht für Alex interessiert, sie habe ihn unter die Kategorie Sextourist eingeordnet. Im übrigen sei sie zu der Zeit eigentlich eine „Männerhasserin“ gewesen. Später im Gespräch gab sie allerdings zu, dass sie sich von Anfang an ziemlich heftig über seine philippinische Begleiterin aufgeregt habe, die wie ein Äffchen an ihm gehangen habe.[75]

„Am Anfang, das muss ich ganz ehrlich sagen, reizte mich ihre egozentrische Arroganz. Sie stand da vorne an der Rezeption, spielte sich als Geschäftsführerin auf und flirtete mit allen Männern. Wie ein verwöhntes Weib, die alles bekommt, was sie will, die sich immer ins rechte Licht stellt. Der wollte ich es zeigen. Ehrlich, ich wollte sie in mich verliebt machen und ihr dann eine Abrechnung verpassen, sozusagen als Lektion gegen ihre Selbstherrlichkeit. Aber dann kam doch alles ganz anders,“ berichtete Alex lachend seinen Part. (Februar 1993)

Sie waren sich also auf ihre jeweils ambivalente Art nicht gleichgültig.
Als sie sich schließlich in einer romantischen Vollmondnacht in einer leidenschaftlichen Umarmung offenbarten, musste dies ausdrücklich vor dem strengen Blick der Mutter verborgen werden.

„Tja“, übernahm Alex das Wort, „ich wurde von der Mutter beiseite genommen. ‚Du kannst hier so viel ‚tauchen’ wie du willst, aber nicht bei Almut’, sagte sie mir klipp und klar. Ich wusste ja nicht, wie viel Almut schon gestanden hatte. Auf jeden Fall verharmloste ich und leugnete das Wesentliche. Wir hätten nur am Strand zusammen die Sterne beobachtet. Und dass ich trotzdem ernste Absichten mit ihr hätte. So haben sich ihre und meine Versionen nicht miteinander gedeckt,“ lachten beide.

Als Alex wegen der Verlängerung seiner Aufenthaltsgenehmigung nach Manila musste, habe er auf der Rückfahrt die schrecklichste und längste Schifffahrt seines Lebens erlebt, leitete Alex den finalen Spannungsbogen ein.

„Zum einen hatte ich tierisch Sehnsucht nach Almut. Dann war da die Ungewissheit, ob es ihr nun wirklich so ernst war wie mir, wie sie nun nach meiner dreiwöchigen Abwesenheit reagieren würde. Um mir die lange Zeit zu vertreiben und mich abzulenken, bin ich mit einem philippinischen Ingenieur auf dem Schiff ins Gespräch gekommen. Auf halber Strecke legte das Schiff an und versicherte uns, dass die Weiterfahrt erst in einigen Stunden wäre. In der Zwischenzeit gingen wir an Land essen. Wir haben uns angeregt unterhalten und als wir zurückkamen, war das Schiff nicht mehr da. Mein philippinischer Begleiter fühlte sich für mich verantwortlich und setzte alle seine Möglichkeiten in Bewegung, um mir zu helfen. Mit Funktelefon wurde schließlich die Besatzung des Schiffes informiert, dass sie mein Gepäck an eine Almut Weiss im Hafen übergeben sollten und ihr gleichzeitig mitteilen sollten, mit welchem Ersatzboot ich nachkommen würde. Aber diese ‚Schluffis’ haben nur die Hälfte der Anweisungen ausgeführt.“

Almut war zum Hafen gegangen, um Alex von dem Schiff aus Manila abzuholen. Aber statt Alex bekam sie nur sein Gepäck ausgehändigt, weder eine Nachricht noch irgendwelche Informationen. Nur:

75 Alex beeilte sich zu betonen, dass er nicht freiwillig mit dieser Frau gereist sei (dass seine Begleiterin also nicht von ihm gewünscht und ‚engagiert’ gewesen sei), vielmehr wäre es eine allein reisende gutsituierte philippinische Studentin gewesen.

„'Is your name Almut Weiss? May we hand over the baggage of Alex Bauer to you.' I thought, these are the leftovers of him. He is dead, and I get the leftovers," erzählte Almut lachend.

Trotzdem ging sie die nächsten Tage regelmäßig zwei Mal täglich zum Hafen, um jedes Schiff abzufangen.

„Ich bin schließlich mit so einem Schneckentemposchiff weitergekommen. Anscheinend war auf dem selben Schiff auch Almuts Mutter. Als das Schiff schließlich anlegte, war ich voll von Sehnsucht und Überschwang. Tatsächlich stand Almut auch am Hafen, tat aber so, als ob sie mich nicht kennen würde. – Puh!!"

„My mother was on the same ship. I gave him signs to greet me in a correct way."

Mit der Zeit schließlich war die Mutter von den ernsten Absichten beider überzeugt. Sie habe gesehen, dass Almut an Alex' Seite reifer, ruhiger und erwachsener wurde. Es wurde ein großartiges Fest ausgerichtet, das Begrüßung, Verabschiedung, Verlobung und Geburtstag zugleich zelebrierte.

*

Ein Besuch bei Almut und Alex ein Jahr später: Almut hatte eine kleine Tochter zur Welt gebracht. Alex hatte seine ersten beruflichen Erfahrungen als Industriekaufmann gesammelt. Und die Ethnographin hatte in der Zwischenzeit die mütterliche Verwandtschaft, das Strandhotel und die Nachbarschaft auf den Philippinen kennen gelernt. In diesem Gespräch entwarf das Paar seine Zukunft nach einem Modell, das Almuts Mutter und Familie vorgeformt hatten. In ein bis zwei Jahren würde Almut die Hotelanlage übernehmen. Alex schaute mit lernwilligem Respekt auf seinen ‚Stiefschwiegervater' und mögliches Vorbild. Von Kurt könne er noch viel lernen.

„Er ist ein ernster, wortkarger Mann, der nicht so schnell aus sich herausgeht. Ich schätze es, wenn jemand so ist wie er und wir verstehen uns sehr gut," beschrieb er den deutschen Mann seiner Schwiegermutter.

Wie Kurt sich z.B. gegenüber der großen philippinischen Verwandtschaft verhalten hätte, fand Alex nachahmenswert. Da gäbe es ja schon große kulturelle Differenzen. Und er ebenso wie Kurt würden es auf die Dauer schwer ertragen, mit und für einen „großen Klan" zu leben. So habe sich Kurt damals, als sie in Manila lebten, nicht gescheut, die Verwandten, die auf einmal von überallher mit Sack und Pack und ohne Rückfahrkarte nach Manila anreisten, wieder zurückzuschicken. Er hätte ihnen damals konsequent die Rückfahrkarte gekauft und sie wieder zurückgeschickt. Mit dem Kauf von Land und dem gut laufenden Strand-Ressort schließlich hätte er in einer Art persönlicher Entwicklungshilfe den „großen Klan" gut eingebunden und versorgt.

Dort könne man allerdings eine Menge verbessern, erweitern, ökonomischer, perfekter und rationaler, aber auch kreativer, ästhetischer und phantasievoller managen. Überhaupt mit einem durchdachten Konzept könne man eine gehobene Kategorie mit einem vielfaltigen Rahmenprogramm und Freizeitangebot bedienen. Da habe er schon eine Menge guter Ideen. Eben nicht nur an das schnelle Geld denken (wie das den Filipinos so eigen wäre), sondern aufgrund gründlicher Trendstudien eine nachhaltige Prosperität sichern. Zunächst jedoch würden sie hier in Deutschland ein „transphilippinisches“ Reisebüro aufmachen, sozusagen den deutschen Zweig des Familienunternehmens professionalisieren und über Internet und E-commerce expandieren.

Er wisse natürlich, dass viel Erfolg besonders auf den Philippinen auch viel Neid erwecken würde, reagierte Alex auf Geschichten, die ich, von den Philippinen kommend, aufgefordert wurde aus zu tauschen. Die Geschichte des Brandanschlages auf das Wohnhaus der Großmutter wäre ein beredtes Zeugnis davon.

Andere Tratsch-Geschichten, die auch auf den Philippinen die Reputation von Großmutter, Mutter und Tochter anhand der geborenen Kinder verhandelten und die Brüder als „troublemaker“ charakterisierten, explizierte ich dieses Mal diskreter Weise nicht. Trotzdem hatte ich den Eindruck, dass wir alle darum wussten. Solche Gespräche auf den Philippinen – sei es mit der *sari-sari*-Verkäuferin um die Ecke oder mit einer Restaurantbetreiberin des Nachbarressorts – wurden, nachdem ich als Bekannte von Almut identifiziert war, in etwa so eingeleitet: „Andrea I'll tell you some stories everybody know here at the beach. You just have heard it said, but don't mention me.”

Dieser allgegenwärtige Neid und auch die Furcht davor hat zur Folge, dass offensichtlicher wirtschaftlicher Aufstieg, wenn er sich schon nicht verbergen lässt über diverse Arrangements der Umverteilung sozial eingebettet werden muss. Begriffe wie Ehre, Wettstreit, Eifersucht und Neid sind eng benachbart. Diejenigen, die eine verbesserte wirtschaftliche Position erreicht haben, werden oft die „Stolzen“ genannt, man unterstellt ihnen das Gefühl der Verachtung für die weniger Erfolgreichen. Die Atmosphäre ist geprägt von sozialer Kontrolle, die sich besonders im Tratsch artikuliert.

Wenn Alex geradezu entsetzt auf einige Landverkäufe seiner Schwiegermutter reagierte, die sie an deutsch-philippinische Paare getätigt hatte, so wird er die Strategie der sozialen Einbettung nicht genug im Blick gehabt haben.

> „Du meine Güte, stoppe deine Mutter!“ wandte er sich an Almut. „Sie soll nicht das kostbare Hinterland verkaufen und erst recht nicht das Land, das unmittelbar an den Strand anschließt. Da kann man doch noch soviel draus machen.“

Trotz Almuts beruhigender Worten, dass es sich nämlich nur um kleine Stücke handle und es ja noch genug Land gäbe, schien diese Haltung für Alex wieder ein Beweis für den völlig anderen Geschäftssinn der Filipinos zu sein, der auf das schnelle Geld statt auf langfristige Investitionen ziele.

Alex und Almut bewegten sich bereits relativ mobil in einem gut etablierten und familiär vernetzten Migrationsraum. Scheinbar mühelos verorteten sie ihre ökonomische Existenzsicherung und soziale Vernetzung im Kontext deutsch-philippinischer Touristik sowohl in Deutschland als auch auf den Philippinen.

Als Almut ihre Tochter im deutschen Winter geboren hatte, war es für sie überhaupt keine Frage, die ersten gemeinsamen Monate auf den Philippinen zu verbringen, genauso wie sie die ersten Monate ihrer Schwangerschaft ebenfalls im mütterlichen Strandressort verweilte. Hier würde sie (Almut) mit der angemessenen Nahrung und Zuwendung versorgt und das Kind werde in einem großen verwandtschaftlichen Netz liebevoll aufgenommen. Hier fühlt sich Almut habituell verankert, sie verbindet mit diesem Ort Gerüche, Gefühle und Erfahrungen, die sie selbstverständlich ihrer Tochter weitergeben will.

Ähnlich wie bei ihrer Mutter verweben sich Almuts alltägliche Erfahrungen und ihr Lebensunterhalt im „hier" und „dort" – und „dazwischen". Denn ihre Reisen hin und her zwischen hier und dort, den Philippinen und Deutschland, nutzte Almut für kleinhändlerische Aktivitäten, dem sogenannten *buy-and-sell-bisnes (pag-angkat)*. Sie verband sie mit findigen Einkäufen, die sie sowohl in Manila als auch in der philippinischen Provinz ebenso wie in Deutschland unter der Hand an Cousinen und Freundinnen weiterreichte. Hatte sie sich vor der Geburt des Kindes während ihrer Zwischenstops in Singapur vor allem auf Mode, Schmuck und Kosmetik konzentriert, so verschob sich ihr kleinhändlerischer Blickwinkel mit der Geburt ihres Kindes auf Babykleidung und Kinderspielsachen.

Mit solchem „Kofferhandel" dehnt Almut lokale Marktstrategien auf eine transnationale Bühne aus. Der lokale Markt und der informelle ökonomische Sektor wird auf den Philippinen herkömmlicher Weise vor allem von Frauen dominiert (siehe Kapitel 4 und die dort zitierten Referenzen). Als Zwischenhändlerinnen reisen besonders Frauen zwischen Land und Stadt und zwischen den Inseln. Sie kaufen und verkaufen Produkte und Güter, die sie typischer Weise in kleineren Mengen von den Bauern aufkaufen, um sie dann in den städtischen Märkten weiterzuverkaufen. Die Händlerin reist hin und her zwischen Land und Stadt, kauft und verkauft landwirtschaftliche Produkte im Tausch mit importierten und in Fabriken produzierten Gütern, die sie so in den ländlichen Gegenden zugänglich macht. Wenn Almut wie viele andere philippinische Heiratsmigrantinnen (in dieser Studie sei an Mary und Fee erinnert) solche traditionellen, mit Bewegung und Reisen verbundenen kleinhändlerische Aktivitäten auf die globalisierte Bühne übertragen, so greifen sie auf Handlungsmuster zurück, deren Wurzeln weit vor der gegenwärtig ins Blickfeld geratenen transnationalen Diskussion liegen. Für diese Frauen ist die mit Migration verbundene kleinhändlerische Strategie nur eine von vielen Lösungen, den Lebensunterhalt zu gestalten. Sie ist eine Strategie von vielen möglichen Arten der Bewegung in der Welt. Bewegung und „Verwurzeltsein" sind nicht zwei verschiedene, einander ausschließende Bedingungen, sondern zwei Dimensionen desselben Lebens.[76]

Almut wuchs bereits als Kind in einem mobilen Familiennetz auf. Während ihre Mutter (ebenso wie Tanten und Onkel) den Lebensunterhalt mit mobilen und flexiblen Praktiken bestritt und von der südlichen Provinz über Manila in den privaten Dienstleistungssektor nach Singapur migrierte, wuchs

76 Vgl. hierzu auch eine interessante ethnographische Untersuchung von Carla Freeman über karibische weibliche „Higgler" und deren kleinhändlerische Expansion auf der inter- und transnationalen Bühne: Freemann 2002, 2000.

Almut in der Obhut ihrer Großmutter und ihrer Tanten auf, die ebenfalls für einige Zeit die ländliche Heimatprovinz verließen, um in Manila einen Haushalt zu bestreiten.

Die Heirat der Mutter mit einem deutschen Ingenieur konsolidierte nicht nur die ökonomische Existenz der Mutter und naher Familienangehöriger, sie bot der Mutter auch die Möglichkeit, einen höheren sozialen Status in Anspruch zu nehmen und einen Kontext zu schaffen, in dem diese Ansprüche angemessen umgesetzt und ausgelegt werden konnten. Mit dem Kauf großer Ländereien in der eher kargen und trockenen Heimatprovinz wurde der Grundstein für ein florierendes Familienunternehmen gelegt. Dass dieses vorrangig unter der Obhut der Frauen (Mutter und Großmutter) gemanagt wurde, erklärt sich nicht nur über juristische Konditionen, wonach Landbesitz nicht-philippinischen Bürgern nicht ermöglicht wird – der deutsche Ehemann also nur vermittelt als Partner Besitzansprüche formulieren kann, sondern entspricht durchaus einem ‚traditionellen' (matrifokalen) Modell mit der „Hausfrau“ *(may bahay)* als Geschäftsführerin des Familien-Unternehmens (Alvarez/Alvarez 1972, Jacobsen 1974, Neher 1980).

Wenn Almut den von der Mutter vorgezeichneten Weg einschlägt und sich ebenfalls in eine Heiratsmigration begibt, so fühlt sie sich weniger aus dringenden ökonomischen Notwendigkeiten dazu gedrängt. Aus ihrer Perspektive scheint es ohne Bedeutung zu sein, ob ihre Mobilität nun als Migration zu klassifizieren ist. Sie hat lediglich die günstige Gelegenheit ergriffen, die sich ihr eröffnet hat, um einen erfolgreichen Lebensstil, ein Modell von anerkanntem Lebensunterhalt, „a *‚respectable' livelihood*“ (Olwig 2002) fortzusetzen, zumal er sich besonders hinsichtlich der sozialen Aufwärtsmobilität als erfolgreich erwiesen hat.

Allerdings werden die Werte der Respektabilität vor allem außerhalb der Familie in einem moralisierenden Tratsch-Diskurs zur Disposition gestellt. So steht es zwar für Almuts Mutter außer Zweifel, ihre Kinder zu einem moralisch richtigen Leben zu erziehen. Sie folgt damit einem Ideal, das Teil eines Wertekomplexes ist, der vor allem mit der Mittelschicht assoziiert ist und zu dem neben einer guten akademischen Ausbildung ebenso ein anständiger Leumund gehört. An dem Ideal des anständigen Leumundes jedoch wird von neidvollen Beobachtern aus der Gemeinschaft und Nachbarschaft gekratzt. In diesen Gesprächen scheint es den Neidern beredenswert zu sein, dass dieses respektable erfolgreiche Lebensmodell von Großmutter, Mutter und Tochter auf nicht ganz so respektablem Leumund aufbaut.

Almut kehrte in ihrer derzeitigen Lebenssituation nicht an denselben Ort zurück, den sie damals verlassen hatte, als ihre Mutter migrierte. Es ist vielmehr der Ort ihrer Herkunft, den sie alle zusammen geschaffen haben mit und durch die Erfahrungen und Mittel als Migrantinnen. Diese Erfahrungen fließen zweifellos in den neu geschaffenen Herkunftsort ein. Sie haben in Deutschland – und in Ehen mit deutschen Männern – Bedürfnisse an ihren Lebensunterhalt ausgebildet, die sie hier (auf den Philippinen) nicht ohne weiteres vorfinden. Durch ihre kontinuierlichen ökonomischen und sozialen Bindungen hier und dort verbinden sie den Ort der Herkunft mit dem Ort der Migration. Ihr hoher sozialer Status hier (auf den Philippinen), der vor allem durch die Investitionen ermöglicht wurden, die mit einem unauffälligen, eher marginalisierten Status dort (in Deutschland) verknüpft sind, spricht für eine Heimkehr als eine zyklische Migrationsbewegung. Als mobile Transmigrantinnen organisieren sowohl Mutter als auch Tochter, wenn auch mit generationsbedingten unterschiedlichen Schwerpunkten[77], ihr Leben unter Bedingungen, in welchen ihre Lebenswelten weder ‚hier' noch ‚dort', sondern zugleich hier und dort sind und als fortwährende unabgeschlossene Prozesse mit unterschiedlichen Inklusionen und Exklusionen zu verstehen sind.

77 Die Mutter will sich aus dem Familienunternehmen zurückziehen, die Tochter soll verstärkt in die Verantwortung genommen werden.

ZUSAMMENFASSENDER AUSBLICK

Über *die* philippinischen Frauen zu sprechen ist unmöglich. Wenn ich in diesem Buch dennoch über philippinische Frauen geschrieben habe, so war ich auf der Suche nach ihren Repräsentationen in den historischen, ethnographischen, autobiographischen und alltäglichen Begegnungen und Erzählungen, die auf den Philippinen und in Migrationsgemeinschaften in Deutschland zur Artikulation kommen. Mein Anliegen war es zu verstehen, was es heißt, philippinische Heiratsmigrantin zu sein.

Im Nachzeichnen der vielfältigen – historischen, kulturellen, nationalen, klassen- und geschlechtsspezifischen – Quellen, aus denen sich philippinisches weibliches Selbstverständnis speist, habe ich mit dem Konzept der Identität in einer bestimmten Weise gearbeitet. In Anlehnung an Stuart Hall's Verständnis von Identität habe ich in dieser Arbeit aus verschiedenen Perspektiven ethnographisch aufgezeigt, dass und wie philippinische weibliche Identitätsarbeit ein unabgeschlossener fortdauernder Prozess widersprüchlicher und vielfältiger Identifikationen und Abgrenzungen ist und sich doch auch gleichzeitig auf einen Ort bezieht, der Kontinuität und Kohärenz sichert. Interkulturelle Identitätsprozesse erwiesen sich entsprechend als performative Bewegungen zwischen Identifizierung und Differenzierung. In diesem „Spiel" zeigten sich Identitäten als widersprüchlich, sie überschnitten sich und ‚zerstreuten' sich gegenseitig. Ambivalenz und Paradoxie kennzeichneten diesen Raum der Identitätsarbeit, der mit Homi Bhabhas Denkfigur des „Dritten Raumes" als eine kreative und produktive Kontaktzone bezeichnet wird. Hier wurde in der Überschneidung multipler Differenzen immer wieder von neuem die eigene Positionierung gesucht und verhandelt. Identität, so wurde auf vielfältige Weise deutlich, ist nichts, was unwiderruflich „in Stein zu meißeln" ist, sondern ihre Bedeutungen werden in ständigen Wiederholungen gebrochen, unterbrochen und überdacht.

Dabei wirkten die Widersprüche sowohl ‚außen' in der Gesellschaft als auch ‚innen' in den Köpfen jedes Individuums. Analog zu den konstruktivistischen Positionen der Identitätsforschung, die sich gegen primordiale Vorstellungen fixierter und essentialistischer Identitätskonzepte wenden, erwies sich auch eine poststrukturalistische Konzeptualisierung von Subjekt als brauchbare theoretische Denkfigur. Gerade in der feministischen Migrationsdebatte zeigte sich im Zuge der postkolonialen Kritik (Mohanty 1991, Spivak 1988, Yuval Davis 1997) die Notwendigkeit, den tief verwurzelten Dualismus im europäischen Denken zu überwinden und die Vielfalt von Machtverhältnissen mit den verschiedenen Subjektpositionen an den Grenzen und Schnittflächen von Geschlecht, Sprache, Ethnizität, soziale Schicht oder sexuelle Orientierung zu verknüpfen. Mit Bezug auf Judith Butler (2001) und etwas anschaulicher inspiriert durch Susan Stanford Friedman (1998) war mir in meinen ethnographischen Illustrationen daran gelegen, gegen binäre Oppositionen anzuschreiben und der Komplexität migrantischer Subjektivitäten Raum zu geben. Mit Blick auf unterschiedliche Achsen von Machtverhältnissen (und entlang und durch diese Achsen hindurch) konnte gezeigt werden, dass Personen sowohl dominante als auch unterworfene Erfahrungen in sich vereinen.

Die Heiratsmigrantinnen als *Protagonistinnen* einer spezifischen historischen (spätkapitalistischen, globalisierten) Situation und gleichzeitig als Subjekte zu begreifen, heißt Antworten auf Fragen zu suchen, die das Denken, die Wahrnehmungen und Einschätzungen, kurz, das Bewusstsein der Akteurinnen des Migrationsprozesses betreffen. Jede Migrantin nennt verschiedene Umstände und Motivationen, die aber nicht losgelöst von allgemeinen Erscheinungen und Mustern sind. Es bedeutet, neben den objektiven, makroskopischen auch die mikroskopischen Aspekte der Migration zu durchleuchten.

Heiratsmigration hat sich als eine weibliche Migrationsstrategie in einem Bündel von gesamtphilippinischen Migrationsstrategien etabliert und ist in einer historisch gewachsenen Migrationskultur zu verorten. Sowohl Migration auf Zeit als auch Migration auf Dauer oder in einem sich wiederholenden Zirkel zur Unterstützung bzw. Entlastung der zurückgebliebenen Verwandten hat sich auf den Philippinen über Generationen und verschiedene politische Phasen hinweg zu einem tradierten Leitbild möglicher Lebensgestaltung und Zukunftserwartung etabliert.

Mit meinem Vorgehen verfolgte ich einen Zugang, die betreffenden Frauen nicht als passive Wesen, als Opfer oder als strukturgeleitete Marionetten zu begreifen, sondern sie auch besonders in ihren Handlungsfähigkeiten wahrzunehmen. Sie haben Grenzen überwunden und eine enorme Mobilitäts- und Risikobereitschaft auf sich genommen. Sie haben auf diese Weise Sende- und Aufnahmeländer verbunden und zu einem neuen globalen, familistischen Migrationsraum verbunden. Sie tragen nicht allein zum Unterhalt ihrer Familien bei, sondern auch zur Transnationalisierung von Lebensstilen und zur Vervielfältigung von Konsum und Kommunikation.

Indem ich die Heiratsmigration auf der perspektivischen Ebene der Subjekte analysiert habe, habe ich eine essentialisierende Repräsentation der Erfahrungen philippinischer Heiratsmigrantinnen vermieden. Statt dessen habe ich ihre sich verändernde Subjekt-Positionen in verschiedenen migratorischen Zusammenhängen beschrieben und damit den Prozess ihrer Konstitution als heiratsmigrierte Subjekte dargestellt. Die vielfältigen Zerstreuungen, Entfremdungen und Diskontinuitäten – in der Literatur werden sie in Anlehnung an Hall Dislokationen (dislocations) genannt – mit denen ich während der Forschung konfrontiert wurde und die der Vorstellung eines kohärenten und vereinheitlichten Subjektes widersprachen, ließen weder einen viktimisierenden Blick noch andererseits das Gegenteil des heroisierenden Diskurses zu.

Ohne Anspruch auf Vollständigkeit habe ich verschiedene Momente der Dislokationen innerhalb des heiratsmigratorischen Prozesses herausgearbeitet und die Antworten beschrieben, mit denen philippinische Heiratsmigrantinnen sich gegen diese Dislokationen wenden.

Solche „Wendungen“ (um in Butlers Terminologie zu bleiben) sind ohne Zweifel das unverrückbare Festhalten an den Philippinen und vor allem der philippinischen Herkunftsfamilie – also den Personen, sehr viel deutlicher als dem Ort – als Bezugspunkt von ‚Heimat'. Selbst nach jahrelangem und erfolgreich integriertem Dasein in einer deutschen Ehe und Familie werden solche Verbindlichkeiten und Zugehörigkeiten wenn schon gelockert und verschoben, so doch auf keinen Fall in Frage gestellt oder gar aufgehoben. Viele Heiratsmigrantinnen halten an der Idee einer Rückkehr auf die Philippinen fest und verweben die Mitglieder ihrer Herkunftsfamilie auf vielfältige Weise mit ihrem Leben in Deutschland, indem sie einen transnationalen bzw. diasporischen Familienraum schaffen. Die damit einhergehenden Verschiebungen von Bedeutungen und Handlungsstrategien habe ich in einzelnen Fallgeschichten angesprochen. Ethnographisch und exemplarisch ausgebreitet habe ich die Verschiebungsdynamiken besonders an einer diasporisch vernetzten Familie (in Kapitel 3).

In meiner Diskussion der Ehe- und Heiratsgeschichten in Deutschland, des Lebens in der Heiratsmigration in einer gemischtkulturellen Ehe, habe ich gezeigt, dass neben den ehelichen Verhandlungsdynamiken die Migrationsgemeinschaft zu einem wichtigen Bezugspunkt wird. Es sind die Netzwerke in der Migrationsgemeinschaft, die die Migrantinnen in ihrer neuen Umgebung als Schutz und Stärkung erleben und gleichzeitig ist dieselbe Gemeinschaft von rivalisierenden Diskursen und Praktiken geprägt. Die Beispiele zeigen spannungsvolle Dynamiken einer ‚doppelten Kultur' zwischen Solidarität und Rivalität, die durch die Verschränkung mit den spezifischen Entfremdungen in der Ehe noch einmal dialektisch kompliziert wird. Im Spannungsbogen von Identifizierungs- und Differenzierungsbedürfnissen werden Freundschaften zu anderen philippinischen Heiratsmigrantinnen zu lebensnotwendigen Orientierungs- und Fluchtpunkten und sind gleichzeitig die Folie vergleichender Distinktionsstrategien. Diese vielschichtige Praxis der Selbstdarstellung, des Zugehörigkeitsmanagements und der Positionierung erwies sich als ein dynamischer Prozess der Identifizierung *und* Differenzierung, der permanenten Beziehungsarbeit in Beziehungsgeflechten – sowohl in Bezug auf den ‚fremden' Ehemann als auch in Bezug auf die ‚vertrauten' Landsleute (*kababayan*). Dabei wurden je nach Kontext und Rahmendefinition der Situation unterschiedliche Techniken der Imagepflege, des Beziehungsmanagements und der kreativen Bedeutungskonstruktion angewandt und kombiniert.

Die Beispiele zeigen auch, dass philippinische Heiratsmigrantinnen genau dieselben Mechanismen der Ungleichheit nutzten, die den Prozess ihrer Konstitution bestimmten, wenn sie gegen diese ‚Subjektion' aufbegehrten. Mit anderen Worten, obwohl sie sich gegen ihre Dislokationen wenden, beseitigen sie diese nicht, sondern geben sie weiter, perpetuieren sie in ihren Beziehungen zu ihren Landsfrauen. So stellten sie im widerständigen Handeln die Macht wieder her (Butler 2001) und verfolgten damit gleichzeitig konkrete Verbesserungen ihrer Lebensbedingungen. Am Beispiel semi-privater Ehevermittlungen, eine in deutsch-philippinischen Ehen weitverbreitete Praxis, konkretisierten sich diese Dynamiken besonders eindrücklich: Im Weiterreichen der selbst erlebten Ungleichheitsverhältnisse maximierten philippinische Heiratsmigrantinnen ihre materiellen Möglichkeiten, organisierten und erweiterten sie ihre transnationalen Familiennetzwerke und beeinflussten sie die Kontrollmechanismen über ihre Ehemänner als wesentliche Ressource in der Migration.

Die besondere Migrationsbeziehung einer gemischtkulturellen Ehe habe ich in den umfassenden Kontext moderner und globalisierter Ehediskurse gestellt, in denen die individuellen Wahlmöglichkeiten als Ausdruck selbst zu verantwortender Wahlbiographien (Beck/Beck-Gernsheim 1990) zu deuten sind. Damit wollte ich diese Beziehungen keinesfalls als „hippe Modeerscheinung" (Lauth Bacas 2001: 117) darstellen, sie aber auf jeden Fall von der in der „Zwischenheiratsforschung" lange als devianter Sonderfall gehandelten Erscheinung lösen. Für ein Verständnis dieser besonderen Form des interkulturellen Zusammenlebens greife ich auf ein *relationales* kulturelles Differenzkonzept zurück, das in einem fortwährenden Prozess des Verhandelns zwischen Verschieden-Sein und Gleich-Sein thematisiert wird. Die Differenzierungen werden gegenüber Anderen, dem anderen Geschlecht, der anderen Kultur ja häufig korrelativ zu Gleichsetzungen vorgenommen. Gelingen interkulturelle Beziehungen, so entfaltet sich ein Verhältnis von Differenz und Gleichheit nur in einer wechselseitigen Dynamik und verharrt nicht in einer starren Fixierung auf Differenz.[1] Das schließt jedoch nicht aus, dass genauso häufig gerade die „kulturelle Differenz", die *Kulturalisierung* von Beziehungsdifferenzen als Streitstoff dient, um Konflikte um Einflussbereiche und Machtansprüche auszutragen. Solcherart konstruierte Kulturkonflikte rangieren von kleinen Missverständnissen, die humorvoll gelöst werden, bis zu tiefen Missachtungen und Verletzungen, die zur Perpetuierung von Missverständnissen und schließlich zu Trennungen führen können.

---

1 Das von Tseng (1977: 98-101) entwickelte Modell der kulturellen Anpassungsmuster in interkulturellen Ehen verliert seine funktionalistische Strenge und Starrheit und gewinnt heuristisch, solange die fünf (Anpassungs-)Strategien als mögliche Beziehungsdynamiken und beliebig kombinierbare Teilperspektiven begriffen werden:

1. Ein Partner gibt seine Lebensart auf, da die Kultur des einen Partners weitgehend dominiert.
2. Kulturelle Elemente aus beiden Kulturen werden wechselseitig praktiziert. Als Beispiel nennt er Feste und Speisen.
3. Es werden Kompromisse ausgehandelt.
4. Elemente aus beiden Kulturen werden gemischt. Tsengs Beispiel: japanische Hochzeit mit Hawaii-Musik. (Oder der Schweinebraten von Sally Beinroth).
5. Ein kreatives Neuschaffen einer „Ehekultur" unter Aufgabe beider Herkunftskulturen.

Das Schaffen einer gemeinsamen Ehegeschichte mag nicht grundsätzlich anders sein als in ‚gewöhnlichen' Ehen, die Differenz mag aber in manchen Situationen überdeutlich – und unüberbrückbar sein.

Anhand von vielstimmigen Fallbeispielen habe ich auffällige Beziehungsdynamiken entlang von Ehephasen beschrieben. So findet in der Anfangsphase unweigerlich die Konfrontation mit den jeweiligen Träumen, Imaginationen und Stereotypen statt. Auf der einen Seite werden die gegenseitigen Stereotypisierungen im Alltag einer interkulturellen Ehe vielfältig gebrochen. Auf der anderen Seite werden sie je nach Bedarf als Essentialisierung der Grenzen zwischen Osten und Westen, zwischen asiatischen Frauen und deutschen Männern reinszeniert und dienen der Erhaltung abgrenzender, ja auch rassistischer Geschlechterverhältnisse.

Wenn an alltäglichen Abläufen die Differenzen mit dem Ehemann offensichtlich werden, wenn Paarkonflikte als Kulturkonflikte ausgedrückt werden, wird in der nächsten Phase die Migrationsgemeinschaft zu einem wichtigen Bezugspunkt. Dann macht es doch einen Unterschied aus, ob man im Wohlstandsland Deutschland großgeworden oder als Migrantin nach Deutschland gekommen ist und fern von Deutschland in einer anderen Heimat mit anderen sozialen Beziehungen, anderen Gerüchen und Festen und mit anderen Jahreszeiten und Landschaften aufgewachsen ist. Die kulturellen kollektiven Identifikationen werden nie deckungsgleich werden und das kann anstrengende, aber auch bereichernde Seiten haben. „Diese Ehe bringt mir die Möglichkeit einer Befreiung aus der miefigen Enge meiner Kultur“, formulierte es ein deutscher Ehemann einmal in einem Gespräch. Die Erfahrung der Fremde erscheine wie eine Erlösung von den engen Erwartungen. Oder wie es Georg Brunold in dem Buch „Fernstenliebe. Ehen zwischen den Kontinenten“ mit anderen Worten verheißungsvoll formuliert:

> „Doch die Fremde blieb – allen Küchenschaben zum Trotz – der Ort, wo in den Erfahrungen niemals ein Ende in Sicht kam, sie blieb die *unbegrenzte Heimat der Neugier*“ (Brunold in: Brunold, Hart, Hörst 1999: 112, Hervorhebung A.L.).

Ehepartner, die auch in der Spätmoderne das Modell der Ehe leben wollen, ob zwischen den Kontinenten oder nur zwischen Dörfern, ob mit liebesromantischen Leitbildern oder mit pragmatisch-arrangierten Beginn, müssen immer wieder aufs Neue die bejahenswerten Seiten des Zusammenlebens suchen und finden.

Viele deutsch-philippinischen Migrationsehen gehen dabei häufig den umgekehrten Weg als der, der für gemischt-kulturelle Paare beschrieben wird, die auf das Leitbild der romantischen Liebe gesetzt haben und wo vor allem die Anfangsphase bestimmt ist von jenem Überschwang der Gefühle, die sich zum guten Teil aus der Faszination des „Anderen“, des Unbekannten speist (siehe beispielsweise Waldis 1998, Hecht-El Minshawi 1988, Brunold/Hart/-Hörst 1999). Im Laufe der Zeit, der Jahre, lernt man sich unweigerlich kennen, kehrt Alltag ein, entsteht eine gemeinsame Geschichte, optimaler Weise gewachsen aus Vertrautheit und Verlässlichkeit. Im besten Fall gelingt den

Partnern dann so etwas wie eine pragmatische Romantik: Der sehr pragmatischen Eheentscheidung folgen Phasen, die über Verantwortung und Aufeinander-Angewiesensein zu einer Liebesvorstellung im philippinischen Sinne – *pagmamahal* – (siehe Kapitel 4) führen können. Dabei wird die „Falle der romantischen Liebe" (Beck/Beck-Gernsheim 1990: 116) umschifft, da man von vornherein dem in diesem Leitbild einprogrammierten Fatum misstraut. So kann es auch keine Enttäuschung darüber geben, dass die Verliebtheit des Anfangs nicht auf ewig verlängert und eingeklagt werden kann. Denn auch die romantischen Liebesbeziehungen müssen sich genauso unweigerlich den Hürden des Alltags stellen. Die in philippinischen Kreisen weit verbreitete Skepsis gegenüber gefühlvollen Liebesheiraten mag mit diesen verschiedenen Phasen der Ehe-Dynamiken erklärt sein: Bewährt hat sich der Weg zu einer pragmatischen und solidarischen „Liebesvorstellung" über eine allmähliche gemeinsame Geschichte.

„Ein guter Mann ist harte Arbeit", dieses zum Titel gewählte Zitat einer philippinischen Heiratsmigrantin verweist auf die besondere ehe-dynamische und migratorische Beziehungsarbeit philippinischer Heiratsmigrantinnen: Es gilt im interkulturellen Zusammenleben mit einem deutschen Ehemann eigene Mischformen und Kombinationen aus deutschen und philippinischen kulturellen und geschlechtsspezifischen Mustern zu schaffen und zu neuen Synthesen zusammenzuführen. Und gleichzeitig ist diese Ehe mit einer besonderen Erwartung an ein erfolgreiches ökonomisches Migrationsprojekt verknüpft, welches sich in einer möglichst umfassenden Unterstützung ihrer philippinischen Familie artikuliert.

Ihre Erfahrungen der „in-between-ness" ist dabei mit großen Unsicherheiten und Widerständen verbunden. Während sich einzelne Individuen in einem sowohl „hier" als auch „dort" zu verankern suchen, sehen sie sich mit dominanten nationalstaatlich legitimierten Identitätsdiskursen konfrontiert, die Minderheitenpositionen vernachlässigen und nach eindeutigen Verortungen (entweder „hier" oder „dort") verlangen. Deutlich wurde, dass in dem schwierigen Dreiecksverhältnis von Ökonomie, Kultur und Geschlecht Aushandlungsprozesse und Neuzusammensetzungen alles andere als konfliktfrei verlaufen. Philippinische Heiratsmigrantinnen, so konnte gezeigt werden, bringen aufgrund ihrer besonderen durch verschiedene historische Präsenzen vielfältig durchdrungenen Geschlechterdynamiken in ihrer philippinischen Herkunftskultur keine statischen, absolut fixier- und unverrückbaren Genderimages mit. So mag es dieser historisch begründeten Erfahrung von Brüchen und Diskontinuitäten geschuldet sein, dass sie sich in der spätmodernen Ära der Globalisierung als Transmigrantinnen zu behaupten wissen.

Zum Abschied oder: Feldforschung und „Spiel“

Meine Arbeit schließt mit einer Abschiedsszene. Wie ich zu Beginn der Arbeit beschrieben habe, sind Migrationsstudien viel-ortig und multidimensional.[2] Der im Folgenden geschilderte Abschied markierte nicht das Ende meiner Forschung, sondern lediglich das Ende einer Forschungsphase, die zugleich die Grundlage der folgenden Forschungsphasen für die vorliegende Migrationsstudie darstellte.

Nach mehrmonatiger teilnehmenden Beobachtung unter philippinischen Heiratsmigrantinnen war ich im Begriff, die Stadt zu verlassen, um andernorts eine universitäre Arbeitsstelle anzunehmen. Mein Umzug aus dem Süden in die relativ weit entfernte Stadt im Norden Deutschlands war Gesprächsstoff während meiner Abschiedsbesuche. Einladungen wurden ausgesprochen und ich versicherte, dass ich bei meinen Besuchen Zeit für Abstecher in den Asia-Food-Laden finden würde, was in den folgenden Jahren auch regelmäßig geschah. Dennoch stellte meine beruflich bedingte Mobilität somit auch eine Zäsur in unserem Begegnungsprozess und meiner Feldforschung dar. Die Zeit vorsichtiger Annäherung, spontaner Besuche und „Ad-Hoc-Verabredungen“ war damit endgültig vorbei.

Meine letzte Geschichte handelt von einer Abschieds-Verkupplungs-Party, die anlässlich meines Umzuges inszeniert worden war. Das Ereignis hinterließ bei mir reichlich zwiespältige Gefühle. Als Person und Ethnographin fand ich mich unvermittelt in den Mittelpunkt einer Art ambivalenten Theateraufführung gestellt, ohne die mir zugedachte Rolle auch nur ansatzweise souverän meistern zu können. In meiner ad hoc Improvisation orientierte ich mich an zwei Bewältigungsstrategien, die ich als „professionelle Direktheit“ und als „clowneskes Gelächter“ bezeichnen möchte und zwischen denen ich hin und her pendelte. Die Geschichte offenbart die Zwiespältigkeiten ethnographischer Feldforschung. Scham und Hilflosigkeit waren deutliche Empfindungen und in diesen Momenten erschien mir die teilnehmende Beobachtung als eine Gratwanderung, die mich mit unerwarteten Schwächen und mit ebenso unerwarteten Einsichten konfrontierte. Auf den ersten Blick entkräftet die Geschichte den Vorwurf, dass der Ethnograph bzw. die Ethnographin das „Feld“ als „koloniale Draufgänger“ beherrschen – ein Vorwurf, der sich im Zuge der Kolonialismus- und Postkolonialismuskritik beharrlich und zu Unrecht etabliert hat. Sofern das Postulat der Teilnahme umgesetzt wird, scheinen Situationen der gegenseitigen Erforschung unausweichlich zu sein, ist interkulturelle Kommunikation Bestandteil der ethnographischen Forschung.

Wie ich schon in Kapitel 1 ausgeführt habe, liegt dieser Arbeit ein Verständnis von Ethnographie zugrunde, wonach nur in einer komplexen Zusammenarbeit zwischen Ethnographin und Informantin, in einem wechselseitigen dynamischen Forschungs- und Übersetzungsprozess ethnographisches

2 Zur theoretischen und methodischen Positionierung siehe Einleitung und Kapitel 1: *Forschung leben – Ethnographie schreiben.*

Wissen hergestellt werden kann. Unsere ethnographischen Gesprächspartner interpretieren *ihre* eigenen Erfahrungen mit *ihren* Ausdrucksformen *für* die Anderen – formulieren sozusagen ihre eigenen Ethnographien. Und wir Ethnographen interpretieren diese im Feldforschungsprozess erfahrenen Ausdrucksformen für unsere (vielstimmige) Leserschaft. Unsere Texte sind unsere Geschichten über ihre Geschichten und Performanzen. Insofern verschränken und vermischen sich unsere „Ethnographien" mit ihren „Ethnographien".[3] Wenn entsprechend Beobachter und Beobachtete keine völlig getrennten Kategorien sind und Erkenntnis nicht in kulturfreien Zonen entsteht, schließt die Repräsentation der anderen eine Selbstrepräsentation mit ein. Bei der Abschiedsparty wird genau diese komplexe Interaktion deutlich.

Eine Verkupplungsparty

Mein Abschied stand bevor. Umzugsstress und Abschiednehmen bestimmten meinen Alltag. Sonntagmittag rief Jenny an. Sie meldete sich wie immer ohne Namen und schien sich jedes Mal zu freuen, wenn ich ihren „Test" bestanden hatte und sie sofort erkannte. Obwohl ich fast drei Wochen weg war, um mein Leben in der neuen Stadt zu organisieren, erkundigte sie sich nicht einmal aus Höflichkeit nach meinem derzeitigen Befinden. Sie schien eigene Pläne (mit mir) zu haben und wollte ohne große Umschweife ihr Anliegen loswerden: Ob ich denn heute Nachmittag zu ihr käme, Rita, Aurelia und ein paar andere Freundinnen (alles Filipinas) seien auch da. Ein Freund von Rita würde ebenfalls dabei sein, er sei Filipino, *guapo, macho* (gutaussehend und männlich) und 30-jährig.

Mein Sonntag war bereits mit anderen, familiären Verpflichtungen[4] verplant und so antwortete ich wahrheitsgemäß, warum ich keine Zeit hätte. Jenny blieb erstaunlich hartnäckig. Wenn ich diese andere Einladung schon nicht absagen könne, so solle ich doch zumindest später zu ihr kommen. Sie würden auch noch am Nachmittag zusammen sitzen – „*happy happy na lang*"[5]. Ich entzog mich diesem Gespräch mit einem „*sige, pero seguro lang* – okay, aber nur vielleicht" (was im philippinischen Kommunikationskontext ein relativ deutliches „nein" bedeutet). Jenny lachte: „Seguro lang", wiederholte sie und wollte mir dennoch ein Versprechen abringen, ganz sicher später zu kommen. Ich blieb jedoch bei meinem „seguro lang".

Gegen Abend – ich war inzwischen wieder zu Hause – klingelte Jenny mich schon wieder ans Telefon. Am anderen Ende hörte ich viel Trubel, Gelächter und Stimmen, man schien ‚glücklich und zufrieden zusammenzusit-

3 Eine entsprechende Umsetzung derartiger dialektischer Verschränkung und Vermischung wurde in den jeweiligen Kapiteln mit verschiedenen Schreibstilen experimentierend umgesetzt.

4 Meine philippinischen Bekannten waren mit meinen familiären Umständen vertraut. Es war kein Geheimnis, dass ich – zwar unverheiratet (und zu der Zeit noch kinderlos) – mit einem Mann zusammenlebte.

5 Einfach so zum Spaß und Glücklichsein.

zen' (*happy-happy at masaya,* wie mir Jenny versicherte). Sie zählte noch einmal auf, wer alles da sei. „Was feiert ihr denn für ein Fest?" wollte ich wissen.

„Kein Fest, *tayu-tayo lamang* (nur wir)" meinte Jenny. „Du musst auch noch kommen!"Ich willigte schließlich ein. Neben meiner abwehrenden Lustlosigkeit schlich sich nun doch eine gewisse (berufsbedingte) Neugierde ein. Ich war bereit, bei Jennys Spiel (welches auch immer) mitzuspielen. Warum wollte sie mich so dringend dabeihaben? Dass Jenny einen Plan verfolgte, war mir nicht entgangen. Zu sehr war sie an meinem Kommen interessiert. Eine derartige Unnachgiebigkeit hatte es bisher noch nie gegeben. Dass dieser philippinische, von Jenny hervorgehobene „schöne Macho-Mann" ebenfalls eine Rolle in diesem Spiel zu übernehmen hatte, vermutete ich längst. Die ausdrückliche Erwähnung seiner Gegenwart bei einem *tayu-tayo* unter Freundinnen war bemerkenswert.

In Jennys Wohnung angekommen, sollte ich nicht meine Schuhe ausziehen, wie ich es sonst immer tat, sondern auf „repräsentative" Weise die Wohnung betreten. Ich wurde ohne viel Worte und Umschweife zum Sofa gelenkt, wo jener Filipino saß, der mir als Dany vorgestellt wurde. Die Gegenüberstellung hatte etwas sehr Förmliches und zugleich Anpreisendes. Es wurden ohne „Small-talk-Präliminarien" gleich klare Verhältnisse geschaffen: Hier Dany, der in Deutschland bleiben wollte und sich nicht sicher war, ob eine Visum-Verlängerung akzeptiert werden würde. Da die „Doktora", die eine Stelle an der Universität haben wird und Philippinen-erfahren war. Ich sollte mich neben Dany auf die Couch setzen. Dann verschwanden die Frauen alle in der Küche. Volkmar (Jennys Mann, neben Dany der einzige Mann in der Runde) zog sich ins Schlafzimmer zurück. Dany und ich blieben auf der Couch zurück. Dany wurde ganz verlegen. Und ich musste ob der mir absurd anmutenden Situation spontan und ausgelassen lachen: Das Sofa als Plattform für ein Skript, wie für die Volksbühne geschrieben. Und hinter nur andeutungsweise geschlossener Küchentür spickten die Mit-Akteurinnen und eigentlichen Regisseurinnen hervor, die sich so gleichzeitig zu Zuschauerinnen stilisierten. Mein Lachen lockte Jenny wieder hinter der Tür hervor. Auch Volkmar tauchte wieder auf.

„Sag mal, was ist hier los?" wandte ich mich immer noch lachend an ihn.

„Na ja, du wirst es schon noch sehen", antwortete er.

Da saßen wir nun. Ich war so perplex und überrascht, dass ich tatsächlich immer wieder lachen musste. Ich wandte mich an Dany, der mit den Worten *„pah, talaga maganda si ate Andrea"*[6] schüchtern geworden war, und machte

---

6 „Schwester Andrea ist ja richtig hübsch". Zum Konzept von *maganda* (Schönheit) und seiner dialektischen Verwobenheit mit Prestige und Macht siehe auch Kapitel 4: *Starke Frauen, fragile Identitäten.*
Dany sprach kein Wort deutsch (außer „ich liebe dich", wie ich im Laufe des Abends hörte), ein wenig Englisch, Pilipino und Bicolano. Entsprechend herrschte an diesem Abend Sprachenvielfalt: Pilipino galt als die Hauptsprache, wenn auch ich es verstehen sollte. Bicolano wurde gesprochen, wenn ich nicht alles

sowohl ihm als auch meinen philippinischen „Freundinnen" deutlich, dass **ich** keinen Lebens-Partner (*asawa*) suche, da ich nämlich, wie alle wüssten, schon einen hätte. „Ich brauche keinen Mann. Wie kommt ihr auf die Idee, dass ich an einem philippinischen Mann interessiert sein könnte?"

Trotz dieser deutlichen Worte begann nun ein ambivalentes Spiel mit scherzenden, ernsten, provozierenden, aufdringlichen, freundlichen und fast aggressiven Aspekten, das einer eigenen Dynamik zu folgen schien. Ich fühlte mich in meiner ethnographischen Professionalität herausgefordert, ja deutlich verunsichert – und im Laufe des Abends als Person bisweilen auch überfordert.

Jenny, Gloria, Rita und Aurelia versuchten nun durcheinander redend meine Frage zu beantworten bzw. zu entkräften und warfen sich in dieser eigenen sich gegenseitig hochschaukelnden und ausgelassenen Stimmung gegenseitig die Stichworte zu: Mein Lebenspartner sei doch nur mein „boyfriend", solange wir nicht verheiratet wären, wäre er mir kein „richtiger Mann" (Jenny). „Ein Mann, der dich nicht heiratet, ist kein richtiger Mann!" bestätigte Rita. Die philippinischen Männer, wie Dany einer sei, seien wirklich gute Männer (Aurelia). „Er wird dich lieben, bis dass der Tod euch scheidet, er wird alles für dich tun, er wird dich nie verlassen, er wird dich heiraten und dir Kinder schenken", bekräftigte Rita. „Andrea, du brauchst Kinder, sie sind ein Segen Gottes!" „Ihr würdet ein wunderbares Paar sein." „Schau nur, wie verliebt er dich schon anschaut!" „Er ist ein guter Macho. Er wird dir deine Wünsche von den Augen ablesen." „Er kann kochen. Heute hat er dir ein wunderbares Essen gekocht!!" (Ich wurde aufgefordert, eine Schale *sinigang* zu essen.)

Das gereichte Essen abwehrend, ließ ich mich lachend auf ihre Akklamationen ein, indem ich bestätigte, dass ein kochender Mann schon von Qualität wäre; zumal ich, wie sie ja wüssten, nicht besonders gut kochen könnte. Worauf sie sich angespornt fühlten, ihn noch ausgelassener weiterzupreisen: „Schau ihn dir genau an. Er sieht wirklich gut aus." „Und er kann küssen!!!" (Jenny verdrehte mit genüsslichem Blick die Augen). Außerdem habe er doch auch das richtige Alter für mich. So sei er schon 30, aber immer noch ‚virgin'. „Unerfahrene Männer finde ich aber leider überhaupt nicht attraktiv!" beginne ich das Spiel mitzuspielen.

Meine parallel laufenden Überlegungen sahen etwa folgendermaßen aus: Entweder ich entschuldige mich und gehe sofort wieder. Das erschien mir jedoch übertrieben beleidigt und geradezu humorlos. Oder ich finde eine Balance zwischen ihren und meinen „Absichten". Denn inzwischen war ich immer neugieriger auf ihr „Spiel" geworden, dem doch ein „Drehbuch" zugrunde zu liegen schien. „Du wirst es noch sehen!" hatte Volkmar es angekündigt. Also

mitbekommen sollte (die ausgelassenen Regieanweisungen sozusagen). Wenn Volkmar, Jennys Mann, sich einmischte, tat er es auf Englisch oder Deutsch und auch ich mischte die Sprachen Deutsch, Englisch und Pilipino. Im folgenden gebe ich die dialogischen Momente in deutsch wieder, nach einem Gedächtnisprotokoll (März 1993).

beschloss ich, weiterhin mitzuspielen, bremsend zu improvisieren und immer wieder auch etwas ernstere Töne und Gespräche einzuflechten. Eine Balance-Rolle der teilnehmenden Beobachtung, des Involviertseins und des Distanziertseins.

N e i n, riefen sie lachend, fast kreischend durcheinander, so unerfahren sei er nun auch wieder nicht. Er sei zwar unschuldig, habe aber viel Einfühlungsvermögen und Erfahrung. „Er wird dich streicheln und liebkosen, wie du's brauchst.“ Gloria führte an mir vor, wie er mich hingebungsvoll und ausreichend an den richtigen Stellen ‚besuchen' würde.

Diese Bedrängnis quittierte ich nicht mehr mit Lachen, sondern richtete meine Worte an Dany. (Die Frauen verschwanden wieder wie auf ein geheimes Zeichen in die Küche.) Ich betonte noch einmal, dass ich auf keinen Fall an einer Ehe – auch nicht an einer Scheinehe – interessiert sei, dass ich für solche Arrangements nicht zur Verfügung stünde und mein Interesse an Filipinas und Filipinos nichts mit meiner eigenen Verheiratung oder erotischen Gelüsten zu tun hätte. Und wie zum ‚Gegenschlag' fügte ich noch hinzu: „Sei ehrlich, wie viele Tränen und Kinder hast du auf den Philippinen zurückgelassen?!“ Daraufhin wehrte Dany fast erschrocken ab. Nein, so sei es bei *ihm* nicht. Es sei nur so, dass ihm das Leben hier besser als das auf den Philippinen gefalle, und dass er gerne in Deutschland bleiben wolle. Aber eben nicht im Allgäu, wo eine seiner Schwestern verheiratet wäre und wo er seine Anfangszeit verbracht hätte, als sie ihn „geholt“ *(kuha)* hätte. Eine andere Schwester wäre hier verheiratet. Und Rita wäre seine *pinsan.*

Dany hatte sich auf meinen direkten, fast „inquisitorischen“ Ton eingelassen und sein Dasein innerhalb eines familiär vernetzten Migrationsraumes verortet. Auch er suchte seine Zukunft mit Millionen anderen philippinischen Landsleuten in einer „globalen community“ der Arbeits-Diaspora. Und er setzte auf erprobte und bewährte transnationale Familienstrukturen, deren Haushalte postindustriell und multinational strukturiert sind, aber auf der Basis „vorindustrieller interpersonaler Werte“ funktionieren. Damit spiegelt Dany den philippinischen Migrationsdiskurs wider, der in Kapitel 2 und 3 sowohl historisch und makroperspektivisch als auch personenzentriert und mikroperspektivisch ausgebreitet wurde.

Bei der Erwähnung ihres Namens kam Rita wieder aus der Küche heraus, gefolgt von den anderen. Danys Mutter sei ihre Schwester, konkretisierte sie. „Aber dann ist er doch dein *pamangkin*[7]!“ hakte ich „professionell-ethnographisch“ nach. „Pah“, amüsierte sie sich, „schaut an, wie klug Andrea ist! Aber wenn seine Mutter und meine Mutter Schwestern sind, dann sind wir *pinsan.*“ Ein Kichern machte sich wieder im Zimmer breit. Dany griff den Faden wieder auf und versicherte, dass er hier seinen Weg machen könne, sobald er Dauervisum und Ehefrau habe. Seine Schwester habe ihm schon eine eigene Wohnung besorgt und ihr Mann sei in einer ortsansässigen Fabrik in einer

7 Neffe und nicht Cousin – *pinsan.*

hohen Position tätig und könne ihm dort Arbeit besorgen. Er habe Lust zu arbeiten und das gute Geld nach Hause zu tragen.

Das schien das Stichwort für eine weitere ausgelassene „Vermittlungs-Runde" zu sein, in dessen Verlauf sich Aurelia neben mich setzte und meine Arme streichelte. „Schau Dany, wie weich ihre Haut ist!" forderte sie ihn auf, mich ebenfalls zu berühren. Und Rita malte in den buntesten Farben aus, wie Dany meinen Haushalt führen, unsere Kinder großziehen und mir den Rücken für meinen anspruchsvollen Beruf freihalten würde. „Bedenke, was du alles gewinnst mit dieser Ehe," lockte Gloria. „Du gewinnst unsere Gemeinschaft, wir werden immer für dich dasein! Du wirst nie allein sein!" „Und um das Hochzeitsfest brauchst du dich auch nicht zu kümmern. Das machen alles wir!" Ein ausgelassenes Lachen machte wieder die Runde. Sie malten sich aus, wie wunderschön ich im Brautkleid aussehen würde und wie wunderschön unsere Kinder aussehen würden, mit der richtigen Nase, weißer Haut, blonden Haaren und wunderschönen Augen.

Auch wenn ich mich größtenteils in einer frechen „joking-relationship" zu behaupten suchte, fühlte ich mich allmählich erschöpft und angestrengt. Mein Lachen gelang mir nicht mehr so spontan wie zu Beginn. Nicht immer konnte ich mit einer humorvollen Geste oder mit scherzhaften Worten parieren. Der direkte, aufdringliche, fast aggressive, kupplerische, ja sexualisierte körperliche Umgang gehörte bisher ausdrücklich nicht zu unserer Beziehung. Er irritierte mich. Ich fühlte mich bedrängt. Sie waren mir im wahrsten Sinne des Wortes zu nahe gerückt.

Schließlich wurde ich genötigt, nun doch endlich das Essen wenigstens zu kosten. Dany und sie wären sonst ernsthaft beleidigt. Und zur dramaturgischen Steigerung wurde gleichzeitig das Videogerät eingeschaltet und mir als Begleitshow zum Essen ein Pornofilm serviert. Das Videogerät stand genau in meiner Blickrichtung, ich musste also demonstrativ wegschauen, wollte ich mich nicht „animieren" lassen. Mir waren diese stöhnenden, pornographisch-sexistischen Bilder mit Schauspielern, die routiniert ihre qualvollen Begierden simulierten, unangenehm. Ich wollte sie nicht sehen und nicht hören, ich wollte weder hinschauen, noch demonstrativ wegschauen. Während ich das Essen lobte und meinen Kopf zwischen Hin-Schauen und Weg-Schauen einzurichten suchte, taten meine Gastgeberinnen zunächst so, als ob Pornoschauen beim Gastmahl etwas Selbstverständliches sei. Zunehmend belustigt beobachteten sie mein Verhalten, wie ich nun mit einem Scherz auf den Lippen meine Augen demonstrativ mit meiner Hand schützte und sie bat, den Pornofilm auszumachen. Ich würde so etwas nicht genießen, erst recht nicht beim Essen, das mir möglicherweise im Hals stecken bliebe. (Gelächter, mein eigenes Lachen kam eher hilflos als spontan.) Volkmar meinte noch: „So können Vermittlungspartys aussehen!"

Welche realen Erfahrungshorizonte und Phantasiervorstellungen bildeten die bruchstückhaften Vorlagen für diese inszenierte Sequenz? Warum testeten sie so beharrlich meine Schamgrenze mit solch geschmacklosen Bildern? Sollte ich aushalten, was auch sie auszuhalten hatten? Wollten sie der neugierigen Ethnographin vorführen, was eine Vermittlungsparty ist? Als junge unerfahrene Frauen hatten sie womöglich von Glamour und Reichtum und dem Glück einer „westernized wife“, einer Ehefrau im Westen, geträumt. Sie nahmen das Risiko auf sich, statt in marmorblinkenden Palästen in schäbigen, kalten und leblosen Wohnungen zu landen, und statt in die verheißungsvollen Augen eines modernen Prinzen à la Richard Gere zu schauen, sich mit deprimierenden Paradoxien ihrer neuen Ehemänner zu konfrontieren. Welche Optik, welche Art von Selbstbewusstsein dirigierte in dieser Szene ihr Agieren und Interagieren? Griffen sie den dominanten öffentlichen Diskurs der „gekauften Katalog-Bräute“ auf, der ja eng mit Prostitutions-Praktiken assoziiert wird? Haben sich nun durch Massenmedien produzierte Bilder und durch Sextourismus ausgelöste Tragödien vielfältig gebrochen in ihre Wirklichkeit eingeschrieben, so dass „wirkliche“ Beziehungen zwischen Männern und Frauen nur noch über Pornofilme beim Essen vermittelt werden können? Korrespondiert der Pornofilm mit ihren Vorstellungen über die freizügige, lockere Sexualität der „anderen“, der Deutschen? Wird mir mit dieser Darbietung ihre Vorstellung einer „lockeren“ und freizügigen „western woman“ gespiegelt, die sich nun auch entsprechend zu verhalten hat? Habe ich mit meinem Forschungsinteresse und den Gesprächen Gefühle aufgewühlt, die mir nun zurückgegeben werden müssen?

Zum Schluss suchte ich noch einmal einen Wechsel der Kommunikationsebene, indem ich *ernst und direkt* fragte, welche Motive sie mit dieser „Abschiedsparty“ verbunden hätten. Es gab ein etwas unsicheres Lachen, Kichern, Hand vor den Mund. Es sei zumindest ein ernsthafter Versuch gewesen, zwischen Dany und mir Ehe-vermittelnd tätig zu werden, versicherte Aurelia. Schließlich hätte ich ein aufrichtiges und ernsthaftes Interesse an ihren Lebenswegen im Besondern und den Philippinen im Allgemeinen gezeigt, betonte Jenny – auch wenn der Abend nicht allzu ernsthaft verlaufen sei. Ja, es sei Jennys Idee gewesen. Sie sei davon überzeugt, dass ich noch nicht den richtigen Mann hätte. Und ich sei doch fast eine von ihnen!

Als ich mich verabschiedete, ließ Dany sich nicht davon abhalten, mich wie ein Kavalier zur nächsten Straßenbahnhaltestelle zu begleiteten und um ein weiteres „date“ zu bitten.[8]

Im Rückblick: Ein „entwaffnendes Ethnodrama“ als ambivalentes Spiel mit der Differenz

Heute – aus der Perspektive der irritierten Distanz – deute ich diese Abschiedsperformance als eine Art dichtes „Ethnodrama“ (vgl. auch Appadurai 1998: 35ff.), in dem mit der ironisch-spöttischen Umkehrung hierarchischer Verhältnisse gespielt wurde.[9]

8 Jahre später, bei einem Besuch im *Asia-Food-Laden*, erfuhr ich, dass Dany nach einigen erfolgreichen Aufenthaltsverlängerungen mittlerweile, immer noch in der Stadt lebend, mit einer Filipina verheiratet sei.

9 Überspitzt formuliert – in Analogie des berühmt gewordenen Buchtitels von Julius Lips – „the subaltern hits back“.

Die nachhaltigen Irritationen veranlassten mich zu einer Reflexion aus analytischer Distanz. Die real erlebte Ohnmacht gegenüber Feldsituation und Forschungsmaterial wird, wie Maya Nadig in Bezug auf Devereux feststellt, mit analytischem und theoretischen Aufwand gebannt, statt sie als Instrument des Erkenntnisgewinnes zu nutzen (vgl. Nadig 1986: 39 und 1992: 154ff.).[10]

Ich gehe davon aus, dass sich Kultur und soziale Realität grundsätzlich performativ artikuliert. Wenn Menschen sich zu erkennen geben, dann tun sie es expressiv: Über Stimmen, Gesten, Gesichtsausdruck, Sprach- und Körperhandlungen wird ein Verständnis darüber hergestellt, wer man/frau ist und in welcher Situation man sich befindet und positioniert. Dies geschieht häufig, wie in diesem Fall, weniger über einen rationalen Diskurs, als vielmehr über komplexe und subtile expressive Manöver, die eine Atmosphäre des Vertrauens und ein Verständnis der gegenseitigen Erwartungen schaffen (Schieffelin 1998: 195).

In der Performance der Abschiedsparty wurden gemeinsame Werte, ja die gegenseitigen Erwartungen und die „working agreements" (ibid.) bezüglich sozialer Identität sowohl spöttisch-provozierend als auch vereinnahmend zur Disposition gestellt. Wie in Zeitraffer und in ambivalenter Umkehrung von hegemonialen Bedeutungen der klassischen Kategorien *gender*, *race* und *class* konfrontierten mich meine philippinischen Gesprächspartnerinnen mit ihren eigenen Erfahrungen als Heiratsmigrantinnen. Sie spielten quasi wichtige Themen der vorliegenden Studie mit mir durch. Als Gastgeberin stellten sie für einige Stunden eine Form von *communitas* oder Anti-Struktur her, um es mit Victor Turner (1969 [1989]) in eine ethnologische Begrifflichkeit zu fassen, und agierten mit und jenseits genannter Differenzen und fraglicher Identitätskennzeichen. In ausgelassener, spaßhafter Atmosphäre konnten ungewöhnliche Verhaltensweisen ausgelebt werden und eine Offenheit für Überraschungen eingefordert werden: Fühle dich frei, närrisch zu sein und fühle dich frei, dich jenseits stereotypisierender Grenzziehungen und Ränder zu erschaffen.

10 Bereits 1986 in der Rezeption und Weiterentwicklung von Georges Devereux's *Angst und Methode in den Verhaltenswissenschaften* (1967) schreibt Nadig: „Die sorgfältige und bewusste Handhabung der eigenen [...] Irritationen auf den Forschungsprozess wird zu einem Instrument, um einen unverstellteren Zugang zur fremden Kultur, den Gesprächspartnern und deren Weltsicht zu finden [...]" (Nadig 1986: 39). „In gewisser Weise tritt die Forscherin als Person zurück und macht sich vorübergehend zum Gefäß, zu einem ‚container'", beschreibt Nadig (1992: 154f.) die Forschungssituation. „In der Funktion des Gefäßes nimmt sie auf und nimmt wahr, lässt sie sich durchdringen und anfüllen von dem, was ein anderes Subjekt von sich zeigt. Dies bedeutet, dass wissenschaftliche Überlegenheit, Distanz und Sicherheit manchmal verloren gehen. Phasenweise treten an deren Stelle die Gefühle unserer Gesprächspartnerinnen, die wir in uns aufgenommen haben. Was wir auch erfahren, ist die reale Ohnmacht, die jeder Wissenschaftler seinem Material gegenüber empfindet, die er oder sie – wie Georges Devereux (1967) es so schön dargestellt hat – mit viel methodischem und theoretischen Aufwand zu bannen sucht" [...] (ibid.).

Hatten meine Gastgeberinnen tatsächlich gehofft, ich würde eine Scheinehe eingehen, um für Dany das Aufenthaltsrecht zu regeln? War es ein Positionierungsversuch für meine schwer zu fassende, oszillierende Rolle in unserer Begegnung? Als Frau, die im fortgeschrittenen Alter jenseits des 30sten Lebensjahres weder Mutter-, noch Ehefrau-Ambitionen artikulierte, schien ich für viele philippinische Gesprächspartnerinnen gängige, ja eigentlich unhinterfragbare Frauenbilder zu durchkreuzen. Gilt im philippinischen Kontext doch die Vision eines kinderlosen Frauenlebens, die nicht erfüllte Mutterschaft mehr als bedauernswerter Fluch denn als frei gewählte Emanzipation. Die in westlichen postindustriellen Gesellschaften sich für Frauen zuspitzende Dichotomie „zwischen Kinder oder Karriere“ wird auf den Philippinen bei aller Dynamik der Geschlechterordnung so nicht gestellt. Im Gegenteil, mit der Strategie der Heiratsmigration verbanden viele Heiratsmigrantinnen, die in vorherigen Arbeitsmigrationen ihren familiären Unterstützungsverpflichtungen als Tochter, Schwester, Mutter oder Tante nachgegangen waren, die Hoffnung, das Projekt der eigenen Familiengründung *und* die Unterstützung der Herkunftsfamilie zusammenzubringen. Die Geschlechterdynamiken auf den Philippinen basieren auf anderen kulturellen Konstruktionen von Männlichkeit und Weiblichkeit, von Familie und Ehe, wie in Kapitel 4 dargestellt wurde.

Oder stellte mein Habitus bezüglich meines Lebensmilieus eine auszutarierende Herausforderung dar? So hatten sie mich als „Doktora“ und erwerbslose Akademikerin kennen gelernt, was in vielen vertrauten Situationen einerseits überhaupt keine Rolle zu spielen schien, andererseits jedoch immer wieder als ein Moment der Distanz und Fremdheit auftauchte oder erinnert wurde und im Hinblick auf meinen bevorstehenden Umzug aktiviert wurde. Würde eine Ehe mit einem philippinischen Mann mich leichter in die Subkultur der philippinischen *community* integrieren? „Du bist doch fast eine von uns!“ ist die Metapher, mit der sie mir durch spielerische Umkehrung ihre eigenen Positionierungsprozesse- und versuche in einem vielfältig gebrochenen und interaktiven multikulturellem Raum spiegelten.

Auf den zweiten (und dritten) Blick mag unser lustiges Spiel als eine Erprobung einer Form von doppeltem Bewusstsein gelesen werden, als ein Oszillieren zwischen den Konzepten von Gleichheit und Differenz. Die Differenz ist historisch gewachsen und in komplexe Machtverhältnisse eingebettet, während die Gleichheit womöglich nur in dem geschützten und begrenzten „dritten“ Raum (Bhabha 1990) eines *tayu-tayo* den öffentlich dominanten Differenzdiskurs außer Kraft setzen kann. Scheinbar selbstverständliche und in einem dominanten Migrationsdiskurs essentialisierte (reifizierte) Differenzen wurden so in Frage gestellt, ausgehandelt oder in spielerischer Provokation umgekehrt.

„Du bist doch fast eine von uns! Nun erfährst du eine Verkupplungsparty, wie wir sie selbst erfahren haben! Uns wurde ein deutscher Ehemann vermittelt, dir vermitteln wir einen philippinischen Ehemann. Dann werden wir dich nie mehr alleine lassen, und unsere solidarische Gemeinschaft wird dir sicher sein! Um das Hochzeitsfest musst du dich nicht kümmern. Wir werden dein Leben ordnen.“ Dies waren die Botschaften, die als *Sameness*-Inszenierung gelesen werden können.

Andererseits und gleichzeitig lag in diesen Identifizierungsangeboten eine provozierende Herausforderung. Die laute direkte Sprache, das laute Lachen, die direkte Körpersprache mit eindeutigen sexuellen Anspielungen, das Berühren der Frauen untereinander und das Präsentieren meines Körpers steht für eine raue selbstbewusste Gegenkultur: „Wenn es für dich so einfach ist, Grenzen zu überschreiten, dann zeig es uns jetzt! Nun kannst du ‚Farbe' bekennen, zeigen, ob du eine von uns bist, ob du bereit bist, uns an deinem sozio-ökonomischen Aufstieg über vielfältige hierarchische Grenzen hinweg durch die Heirat mit einem Filipino partizipieren zu lassen.“

Ganz im Gegensatz zu unserem sonstigen Umgang, der an den Konventionen einer „smooth interpersonal relationship“ (siehe Kapitel 1) orientiert war und wo mir höflich bescheinigt wurde, wie *sanay* (fähig) und *marunong* (gelehrig) ich sei im Gegensatz zu manchen rauen und direkten Umgangsformen ihrer Ehemänner, war diese performative Begegnung von unabgegrenzter Direktheit, ja Aggressivität geprägt. Das Spiel mit der Nivellierung von Klassen- und ‚Race'-Differenzen, wie auch die Umkehrung der Gender-Konstellation (weiße Frau mit sozio-ökonomischen Prestige heiratet philippinischen prestigelosen Haus-Mann, der für Küche und Kinder zuständig sein wird) wurde mit viel Gelächter gespielt. Schon allein die Anpreisung meines zukünftigen Ehemannes als einerseits „jungfräulich“ und andererseits wirklich „macho“ barg eine gewisse Komik. Erst recht, wenn man sich in Erinnerung ruft, dass in den Gesprächen der Frauen das machistische Verhalten der Männer häufig eher Anlass zu Klagen und Enttäuschungen denn zu Begeisterung gab, und ein Motiv zur Heiratsmigration gerade in der Emanzipation aus solchen Verhältnissen benannt wurde (siehe Kapitel 4). Die Inszenierung einer derart schrägen Gleichheit bekam etwas Lächerliches, ja Absurdes. Es wurde viel und laut und schrill („schräg“) gelacht – der Ethnographin blieb das Lachen bisweilen gar im Halse stecken. Ich musste bekennen, dass es für mich mit meinem privilegierten Hintergrund (akademisch, intellektuell-alternativ) undenkbar sei, mich ernsthaft vor einer privaten Pornoshow mit einem illegalen, ungebildeten Fabrikarbeiter verkuppeln zu lassen.

Unser Verkupplungsspiel geriet zu einem Spiel mit der *Machtumkehrung*. Hier waren es nicht die armen gekauften Frauen, die sich hilflos ausbeuterischen Verhältnissen ausgeliefert sahen, sondern die weiße, privilegierte Ethnographin fühlte sich hilflos. Die Botschaft an mich war etwa folgendermaßen: „Lass dich von uns retten!“ (Du wirst von unserer solidarischen Gemeinschaft getragen, wenn du einen Filipino heiratest. Mit uns wirst du Kinder und Karriere vereinbaren können. Du wirst nie wieder allein sein. Wir werden dich in deinem Leben unterstützend und strukturierend begleiten. Wir weisen dir den Weg.) Mit dieser missionarischen Rhetorik wendeten die philippinischen Akteurinnen die Blickrichtung und konfrontierten mich mit der Arroganz, ja Gewalttätigkeit eines Rettungsdiskurses, der in der westlichen und feministischen Migrationsdebatte immer noch schnell zur Hand ist, wenn es um die ‚anderen' Frauen geht. Immer noch gibt es ein Problem mit den wohlmeinenden Ideen, andere Frauen zu retten; denn sie sind mit der Vorstellung westlicher Superiorität verbunden und stärken diese.[11] Wenn du jemand rettest, dann rettest du sie *vor* etwas. Und du rettest sie auch *zu* etwas. Und welche gewaltsamen Überheblichkeiten sind mit diesen Transformationen verbunden? Welche Vorannahmen werden gemacht über das, wohin du sie rettest?

Im lustigen Spiel erlaubten sich meine philippinischen Gastgeberinnen nicht nur imaginär, sondern performativ Grenzen zu überschreiten, viele „Welten“ gleichzeitig zu besetzen, und zwischen den Teilidentitäten, die diese Welten evozierten hin- und herzu“reisen“. Im lustigen Spiel demonstrierten sie eine – fast möchte ich behaupten notwendige – Fähigkeit, die beiden Ränder der stereotypisierten und selbst-definierten Repräsentationen zu sehen, die Pluralität der Identifikationen zu erkennen und die verschiedenen Stimmen ihrer Selbsts bewusst zu aktivieren – mit der Option der Verschiebung, Verrückung und Umdeutung von Bedeutungen. Solches Spiel ist auch im Alltag (wie vor allen in einigen Neid-und-Intrigen-Geschichten in Kapitel 5 deutlich wurde) performativ, dialogisch *und* mimetisch und spielt mit den Repräsentationen der anderen. In der Kontaktzone zwischen den Differenzen führen interkulturelle Begegnungen zu erzwungenen oder freiwilligen, zu bewussten oder unbewussten Wiederholungen des anderen, als eine Art der Performance der Differenz.

Ich ende mit einem Zitat von Trinh T. Minh-Ha (1996: 159 [1991]), die von der Notwendigkeit der Unreinheit spricht und ambivalente Dynamiken als vitale Suchbewegungen verstehbar machen.

> „Beherrschte und marginalisierte Menschen wurden dazu sozialisiert, immer mehr als ihren eigenen Standpunkt zu sehen. In der komplexen Realität des Feminismus, des Postkolonialismus und der Bindestrich-Realitäten ist es daher von vitalem Interesse, dass wir von einer radikalen ‚Unreinheit' der Personen ausgehen, und dass wir – wie schon erwähnt – die Notwendigkeit erkennen, von einem hybriden Ort aus von mindestens zwei, drei Dingen gleichzeitig zu sprechen“.

11 Ich erinnere an die andauernden Kopftuchdebatten oder an die aktuellen Rhetoriken anlässlich der Befreiung Afghanistans und der Rettung und Befreiung afghanischer Frauen.

Bibliographie

Abella, M. (1979): *Export of Filipino Manpower*, Manila: Institute of Labour/Manpower Studies, Ministry of Labour.

— (1989): „Policies and Practices to Promote Migrant's Remittances". *Philippine Labour Review,* 13 (1), S. 1-17.

— (1991): *International Migration and Development.* Bangkok: International Labour Office (ILO.

Abu-Lughod, Janet (1975): „Comments. The End of the Age of Innocence in Migration Theory". In: Brian M. DuToit/Helen I. Safa (Hg.), *Migration and Urbanization*, The Hague: Mouton, S. 201-6.

Abu-Lughod, Lila (1990): „The Romance of Resistance: Tracing Transformations of Power through Bedouin Women". *American Ethnologist*, 17(1), S. 41-55.

— (1991 [1996]): „Writing against Culture". In: Fox, Richard G. (Hg.), *Recapturing Anthropology: Working in the Present,* Santa Fe, S. 137-162 [deutsch: „Gegen Kultur Schreiben". In: Lenz, Ilse/Andrea Germer/Brigitte Hasenjürgen (Hg.), *Wechselnde Blicke. Frauenforschung in internationaler Perspektive,* Opladen: Leske + Budrich, 1996, S. 14-46].

— (1993): *Writing women's worlds: Bedouin stories*, Berkeley u.a.: University of California Press.

Ackermann, Andreas (1997): „Ethnologische Migrationsforschung: ein Überblick". *KEA – Zeitschrift für Kulturwissenschaften – Ethnologie der Migration*, Bd. 10, S. 1-28.

Ackermann, Lea/Cornelia Filter (1994): *Die Frau nach Katalog. Sextourismus und Frauenhandel – und was eine couragierte Nonne dagegen tut*, Freiburg: Herder

agisra (Hg.) (1990): *Frauenhandel und Prostitutionstourismus. Eine Bestandsaufnahme*, München: Trickster.

Agoncillo, Teodoro A. (1956): *The Revolt of the Masses: The Story of Bonifacio and the Katipunan*, Quezon City

— (1960): *Malolos: The Crisis of the Republic*, Quezon City.

Agoncillo, Teodoro A./Milagros C. Guerrero (1978): *History of the Filipino People*, Quezon City.

Aguilar Jr., Filomeno V. (1994): „Of Cocks and Bets: Gambling, Class Structuring, and State Formation in the Philippines". In: James Eder/Robert Youngblood (Hg.), *Patterns of Politics and Power in the Philippines: Implications for Development,* Tampe, AZ (Program for Southeast Asian Studies, Arizona State University).

— (1996): „The Dialectics of Transnational Shame and National Identity". *Philippine Sociological Review* (Filipinos as Transnational Migrants), 44, S. 101-136.

— (1998): *Clash of Spirits. The History of Power and Sugar Planter Hegemony on a Visayan Island,* Honolulu: University of Hawaii Press.

Aguilar, Delia D. (Hg.) (1991): *Filipino Housewives speak,* Manila: Institute of Women's Studies, St. Scholastica's College.

Aguilar, Delia (1989): „The Social Construction of the Filipino Woman“. *International Journal of Intercultural Relations*, 13, S. 527-551.

Akashe-Böhme, Farideh (1993): *Frausein – Fremdsein*, Frankfurt/M: Fischer.

Alegre, Edilberto (1993): *Pinoy Forever: Essays on Culture and Language,* Manila: Anvil.

Almirol, E.B. (1981): „Chasing the elusive butterfly: Gossip and the pursuit of reputation". *Ethnicity* 8, S. 293-304.

Alund, Aleksandra (1991): „The power of definitions: immigrant women and problem ideologies“. In: Alund, Aleksandra/Carl-Ulrik Schierup (Hg.), *Paradoxes of Multiculturalism. Essays on Swedish society,* Aldershot u.a.: Avebury, S. 47-68.

Alvarez, J. Benjamin C./Patricia M. Alvarez (1972): „The Filipino Family-owned Business: A Matriarchal Model". *Philippine Studies*, 20, S. 547-61.

Anderson, Benedict (1983): *Imagined Communities: Reflections on the Origin and Spread of Nationalism,* London.

— (1990): „The idea of power in Javanese culture“. In: B.R.O'G. Anderson, *Language and Power: exploring political power cultures in Indonesia,* Ithaca: Cornell University Press.

— (1995): „Cacique Democracy in the Philippines: Origins and Dreams“. In: Vicente L. Rafael (Hg.), *Discrepant Histories. Translocal Essays On Filipino Cultures,* Philadelphia: Temple University Press, S. 3-50.

Anderson, James N./Robert R. Reed/Gaspar L. Sardella (1996): *Critical Issues in Philippine Research: A selected and annotated literature review on the women's movement, conflict in Luzon's Cordillera, muslim autonomy, and recent political resistance.* Occasional papers series 19, Center for South and Southeast Asia Studies, University of California at Berkeley.

Anderson, Robert N. with Richard Collier and Rebecca F. Pestano (1984): *Filipinos in Rural Hawai,* Honolulu: University of Hawaii Press.

Ang See, Teresita (Hg.) (1997): *Chinese in the Philippines. Problems and Perspectives,* Manila: Kaisa para sa kaunlaran, inc..

Appadurai, Arjun (1986): „Theorie in Anthropology: Center and Periphery". *Comparative Studies in Society and History,* 28, S. 356-61.

— (1995): „The production of locality“. In: Fardon, Richard (Hg.), *Counterworks. Managing the Diversity of Knowledge,* London: Routledge, S. 204-225.

— (1996): *Modernity at Large. Cultural Dimensions of Globalization*, Minneapolis.

— (1998, [1991]): „Globale ethnische Räume“. In: Beck, Ulrich (Hg.), *Perspektiven der Weltgesellschaft.* Frankfurt/M.: suhrkamp, S. 11-40; [orig.: „Global Ethnoscapes. Notes and Queries for a Transnational Anthroplogy". In: Fox, Richard G. (Hg.), *Recapturing Anthropology. Working in the Present,* Santa Fe: School of American Research Pr.].

Arbeitsgruppe Frauenkongress (Hg.) (1984): *Sind wir uns denn so fremd?* Dokumentation des 1. gemeinsamen Kongresses ausländischer und deutscher Frauen 23.-25. März 1984, Frankfurt/M.

Arellano-Carandang, Ma. L. (1979): „The Filipino Child in the Family: A Developmental-Clinical Approach“. *Philippine Studies* 27,4, S. 469-82.

Ashcroft, Bill/Gareth Griffiths/Helen Tiffin (Hg.) (1998): *Key Concepts in Post-Colonial Studies,* London/New York: Routledge.

Asian Migrant Center (1992): „Philippines: Making the Export of Labour Really Temporary". *Asian Migrant Forum* 6, S. 19-20.

Asiaweek April (1983)

Asis, Maruja M.B. (1995): „Overseas Employment and Social Transformation in Source Communities; Findings from the Philippines". *Asian and Pacific Migration Journal*, 4 (2/3), S. 327-346.

Atkinson, Jane/Shelly Errington (Hg.) (1990): *Power and Difference; Gender in Island Southeast Asia,* Stanford: Stanford University Press.

Atkinson, Jane (1990): „How Gender Makes a Difference in Wana Society". In: Jane Atkinson/Shelly Errington (Hg.), *Power and Difference; Gender in Island Southeast Asia,* Stanford: Stanford University Press, S. 59-94.

Augé, Marc (1994): *Orte und Nicht-Orte. Vorüberlegungen zu einer Ethnologie der Einsamkeit*, Frankfurt/M: S. Fischer Verlag.

Azarcon-de la Cruz, Pennie S. (1988): *From Virgin to Vamp: Images of Women in Philippine Media,* Manila: Asian Social Institute.

Bade, J. Klause (2001): *Integration und Illegalität in Deutschland*, Osnabrück: IMIS.

Ballescas, Ma. Rosario P. (1992): *Filipino Entertainers in Japan*, Quezon City: The Foundation for Nationalist Studies.

— (1993): „Undocumented Filipino Workers in Japan". *Asian Migrant*, 6(2), S. 41-45.

Basch, Linda/Nina Glick-Schiller/Cristina Szanton Blanc (1994): *Nations Unbound. Transnational Projects, Postcolonial Predicaments, and Deterritorialized Nation-States.* Gordon and Breach Science Publishers.

Baudrillar, Jean (1983): *Simulations*, New York.

Baumann, Gerd (1998): „Ethnische Identität als duale diskursive Konstruktion. Dominante und demotische Identitätsdiskurse in einer multiethnischen Vorstadt von London". In: Assmann, Aleida/Heidrun Friese (Hg.), *Identitäten. Erinnerung, Geschichte, Identität 3,* Frankfurt/M.: Suhrkamp, S. 288-313.

Baumann, Richard/Joel Scherzer (Hg.) (1974): *Explorations in the ethnography of speaking,* London.

Bautista, Marie Lou Frias (1988): „Historical Influence on Gender Preference in the Philippines". *Journal of Comparative Family Studies*, Vol. XIX, Nr.1, S. 143-153.

Beck, Ulrich/Elisabeth Beck-Gernsheim (1990): *Das ganz normale Chaos der Liebe,* Frankfurt/Main. Fischer.

— (1990): „Einleitung. Riskante Chancen – Gesellschaftliche Individualisierung und soziale Lebens- und Liebesformen". In: *Das ganz normale Chaos der Liebe,* Frankfurt/Main (Fischer), S.7-19.

Beer, Bettina (1996): *Deutsch-philippinische Ehen. Interethnische Heiraten und Migration von Frauen,* Berlin: Dietrich Reimer Verlag.

Behar, Ruth (1990): „Rage and Redemption: Reading the Life Story of a Mexican Marketing Womon": *Feminist Studies* 16, S. 223-259.

— (1993): *Translated Woman. Crossing the Border with Esperanza's Story,* Boston: Beacon Press.

Behrman, Jere/Wolf, Barbara (1982): *Micro-determinants for Female Migration in a Developing Country. Are Labour Market Consideration or Marriage Market Consideration More Important?* Population Studies Center, University of Pennsylvania, Philadelphia.

Bell, David/Gill Valentine (1997): *Consuming Geographies. We are where we eat*, London/New York.

Bellwood, Peter (1992): „Southeast Asia before History“. In: *The Cambridge History of Southeast Asia. Vol. I (From Early Times to c.1800)*, edited by Nicholas Tarlin, Cambridge University Press, S. 55-136.

— (1997) *Prehistory of the Indo-Malaysian Archipelago*, (rev. edition) Honolulu: Univ. of Hawaii.

Beltran, Ruby P./Gloria F. Rodriguez (Hg.) (1996): *Filipino Women Migrant Workers: At the Crossroads and Beyond Beijing*, Quezon City: Gi-raffe Books.

Beltran, Ruby Palma/Aurora Javate de Dios (Hg.) (1992): *Filipino Women Overseas Contract Workers ... At what Costs?* Manila: Women in Development Foundation and Goodwill Trading.

Benhabib, Seyla (1993): „Subjektivität, Geschichtsschreibung und Politik“. In: Benhabib, Seyla/Butler, Judith/Cornell, Drucilla/Fraser, Nancy (Hg.), *Der Streit um Differenz. Feminismus und Postmoderne in der Gegenwart*, Frankfurt/M.: Fischer, S. 105-121.

Benjamin, Jessica (1993): *Die Fesseln der Liebe. Psychoanalyse, Feminismus und das Problem der Macht*, Frankfurt/Main: Fischer.

Benjamin, Walter (1974): „Über den Begriff der Geschichte“. In: *Gesammelte Schriften* Band I.2, Frankfurt/M.

Bennholdt-Thompson, Veronika (1984): „Towards a Theory of the Sexual Division of Labour“. In: Smith, Joan/Immanuel Wallerstein, Hans Dieter Evers (Hg.), *Households and the World Economy,* Beverly Hills: Sage, S. 201-231.

Ben-Ze'ev, Aaron (1994): „The vindication of Gossip“. In: Goodman, Robert F./Aaron Ben-Ze'ev (Hg.), *Good Gossip*, Lawrence: University Press of Kansas, S. 11-24.

Berg, Eberhard/Martin Fuchs (1993): *Kultur, soziale Praxis, Text. Die Krise der ethnographischen Repräsentation,* Frankfurt/M.: surhkamp.

Berger, P.L./Kellner, H. (1965): „Die Ehe und die Konstruktion der Wirklichkeit“. *Soziale Welt*, 3, S. 220-235.

Bergmann, Jörg R. (1987): *Klatsch. Zur Sozialorganisation der diskreten Indiskretion,* Berlin/New York: Walter de Gruyter.

Bernstein, Susan (1992): „Confessing Feminist Theory: What's 'I' Got to Do with it?“ *Hypatia* 7, S. 120-147.

Bertaux, Daniel (Hg.) (1981): *Biography and Society: The Life History Approach in the Social Sciences*, Beverly Hills, CA: Sage.

Bhabha, Homi K. (Interview) (1990): „The Third Space". In: Rutherford, Jonathan (Hg.), *Identity, Community, Culture, Difference,* London, S. 207-221.

Bhabha, Homi K. (interviewed by Paul Thompson) (1994b): „Between Identities". In: Benmayor, Rina/Andor Skotnes (Hg.), *Migration and Identity,* Oxford: Oxford University Press, S. 183-204.

— (1994): *The Location of Culture,* London/New York.

— (1996): „Culture's In-Between". In: Hall, Stuart/Paul Du Gay (Hg.), *Questions of cultural identity,* London: Sage, S. 52-60.

— (1997): „Die Frage der Identität“. In: Bronfen, Elisabeth/Benjamin Marius (Hg.), *Hybride Kulturen. Beiträge zur anglo-amerikanischen Multikulturalismusdebatte,* Tübingen: Stauffenburg, S. 97-122.

Blanc-Szanton, Cristina (1982): „Women and Men in Iloilo, Philippines: 1903-1970". In: Penny van Esterik (Hg.), *Women of Southeast Asia,* Northern Illinois

University Series on Southeast Asia, Occasional Paper, Nr. 9 De Kalb: Northern Illinois University, S. 124-153.

— (1990): „Collision of Cultures: Historical Reformulations of Gender in the Lowland Visayas, Philippines“. In: Jane Monning Atkinson/Shelly Errington (Hg.), *Power/Difference. Gender in Island Southeast Asia*, Stanford: Stanford University Press, S. 345-384.

— (1996) „Balikbayan: A Filipino Extension of the National Imaginery and of State Boundaries”. *Philippine Sociological Review*, 44, 1-4, S. 178-193.

Blumberg, Rae Lesser (Hg.) (1991): *Gender, Family and Economy: The Triple Overlap,* Newbury Park: Sage.

Bönisch-Brednich, Brigitte (2002):*Auswandern. Destination Neuseeland. Eine ethnographische Migrationsstudie*, Berlin: Mana-Verlag.

Boissevain, Jeremy (1974): *Friends of Friends: Networks, Manipulators and Coalitions,* Oxford: Basil Blackwell.

Bourdieu, Pierre (1986): „L'illusion biographique“. *Actes de la recherche dans les sciences sociales.* Juin 62/63, S. 69-72.

— (1997 [1993]): „Verstehen“. In: Pierre Bourdieu et al.: *Das Elend der Welt. Zeugnisse und Diagnosen alltäglichen Leidens an der Gesellschaft,* Konstanz: UVK; S. 779- 802; [original: *La misère du monde.* Paris (Editions du Seuil)].

Boxer, Charles R. (1975): *Mary and Misogyny: Women in Iberian Expansion Overseas, 1415-1815: Some Facts, Fancies, and Personalities*, London: Duckworth.

Boyd, Monica (1989): „Family and Personal Network in International Migration”. *International Migration Review* 23, S. 638-670.

Brah, Avtar (1996): *Cartographies of Diaspora. Contesting Identities,* London/New York.

Brandes, Stanley (1980): *Metaphors of Masculinity: Sex and Status in Andalusia Folklore*, Philadelphia: University of Pennsylvania Press.

— (1981): „Like Wounded Stags: Male Sexual Ideology in an Andalusian Town”. In: Ortner, Sherry/Harriet Whitehead (Hg.), *Sexual Meanings*, Cambridge: Cambridge University Press, S. 152-182.

Braun, Peter/Peter J. Bräunlein/Andrea Lauser (1999): „... Der teilnehmende Leser ... Erkundungen zwischen Ethnologie und Literatur“. *Kea Zeitschrift für Kulturwissenschaften* 12, S. 1-20.

Bräunlein, Peter J. (1998): „Philippine passion culture: Iberian heritage or 'invention of tradition' or The challenge of blurring cultural boundaries, and the inadequacy of concepts such as folk catholicism/syncretism in the study of Philippine passion ritual”. Unveröffentlichter Vortrag EUROSEAS Hamburg.

— (2003): *PASYON. Religionsgeschichtliche und ethnologische Untersuchungen zu Flagellation und Selbst-Kreuzigung auf den Philippinen und im Abendland.* Unveroffentlichte Habilitationsschrift, Bremen.

Breger, Rosemary (1998): „Love and State: Women, Mixed Marriages and the Law in Germany”. In: Breger, Rosemary/Rosanna Hill (Hg.), *Cross Cultural Marriage. Identity and Choice*, Oxford, New York: Berg, S. 129-152.

Brettel, Caroline B./Patricia A. deBerjeois (1992): „Anthropology and the Study of Immigrant Women”. In: Gabaccia, Donna (Hg.), *Seeking Common Ground. Multidisciplinary Studies of Immigrant Women in the United States,* Westport, Connecticut, London: Greenwood Press, S. 41-63.

Brodkey, Linda (1987): „Writing Critical Ethnographic Narrative“. *Anthropology and Education Quarterly* 18.

Broekmann, Corinna (1993): *Fremde Frauen? Interkulturelle Kommunikation mit philippinisch-deutschen Krankenpflegerinnen,* Tübingen (unveröffentlichte Magistraarbeit im Fach Empirische Kulturwissenschaft an der Eberhard-Karls-Universität Tübingen).

Brown, Pamela Matthews (1996): „For Wedded Bliss: Satisfaction of Migrant Partners of Australian Residents”. In: Battistella, Graziano/Anthony Paganoni (Hg.), *Asian Women in Migration,* Quezon City: Scalabrini Migration Center, S. 123-145.

Brumann, Christoph (1999): „Writing for Culture. Why a Successful Concept Should not be Discarded”. *Current Anthropology* 40, S. 1-27.

Bruner, Edward M. (Hg.) (1984): *Text, Play and Story: The Construction and Reconstruction of Self and Society,* Prospects Heights: Waveland Press.

Bruner, Edward M. (1986): „Ethnography as Narrative“: In: Victor W. Turner/Edward M. Bruner (Hg.), *The Anthropology of Experience,* Urbana: University of Illinois Press, S. 139-55.

— (1986b): „Experience and its Expressions”. In: Victor W. Turner/Edward M. Bruner (Hg.), *The Anthropology of Experience,* Urbana: University of Illinois Press, S. 3-30.

Brunold, Georg/Klaus Hart/R. Kyle Hörst (1999): *Fernstenliebe. Ehe zwischen den Kontinenten*, Frankfurt/M.: Eichborn Verlag.

Buchholt, Helmut (1998): *Zwischen Macht und Ohnmacht. Die chinesische Minderheit in Südostasien,* Münster: Lit.

Buijus, Gina (Hg) (1993): *Migrant Women. Crossing Boundaries and Changing Identities,* Oxford u.a.: Berg Publishers.

Bulatao, J.C. (1964): „Hiya“. *Philippine Studies* 12, S. 424-438.

Burkart, Günter (1998): „Auf dem Weg zu einer Soziologie der Liebe“. In: Kornelia Hahn/Günter Burkart (Hg.), *Liebe am Ende des 20. Jahrhunderts. Studien zur Soziologie intimer Beziehungen,* Opladen: Leske + Budrich, S. 15-49.

Burmeister-Beer, Silvia (1987): *Deutsch-philippinische Ehe- und Familienbeziehungen in rechtsvergleichender und kollisionsrechtlicher Hinsicht,* Frankfurt/Main: Verlag für Standesamtswesen GmbH/Co.

Butler, Judith (2001 [orig. 1997]): *Psyche der Macht. Das Subjekt der Unterwerfung,* Frankfurt/Main:edition suhrkamp.

Caces, Fe/Fred Arnold/James T. Fawcett/Robert W. Gardner (1985): „Shadow Housholds and Competing Auspices: Migration, Behaviour in the Philippine”. *Journal of Development Economics* 17, S. 5-25.

Caces, M. Fe. (1987): „Immigrant Recruitment into the Labour Force: Social Networks Among Filipinos in Hawaii”. *Amerasia Journal* 13, S. 23-28.

Cahill, Desmond (1990): *Intermarriages in International Contexts. A Study of Filipina Women Married to Australian, Japanese and Swiss Men,* Quezon City, Philippines: Scalabrini Migration Center.

Camagay, Ma. Luisa (1995): *Working Women of Manila in the Nineteenth Century,* Quezon City: University of the Philippines Press and the University Center of Women’s Studies.

Campbell, John (1964): *Honour, Family and Patronage: A Study of Institutions and Moral Values in a Greek Mountain Community*, Oxford: Clarendon Press.

Cannell, Fenella (1995): „The Power of Appearances: Beauty, Mimicry, and Transformation in Bicol“. In: V. Rafael (Hg.), *Discrepant Histories: Translocal Essays on Filipino Cultures*, Manila : Anvil Publishing, S. 223-259.

— (1999): *Power and Intimacy in the Christian Philippines,* Cambridge: Cambridge University Press.

Carrier, James G. (Hg.) (1995): *Occidentalism. Images of the West,* Oxford/New York: Oxford University Press.

Carsten, Janet/S. Hugh-Jones (Hg.) (1995): *About the House: Lévi-Strauss and Beyond,* Cambridge: Cambridge University Press.

Carsten, Janet (1995): „The Politics of Forgetting: Migration, Kinship and Memory on the Periphery of the Southeast Asian State". *J. Roy. anthrop. Inst.* (N.S.) 1, S. 317-335.

— (1995b): „Houses in Langkawi: stable structures or mobile homes?" In: Carsten, Janet/S. Hugh-Jones (Hg.), *About the House: Lévi-Strauss and Beyond*, Cambridge: Cambridge University Press.

— (2000): *Cultures of Relatedness. New Approaches to the Study of Kinship,* Cambridge: Cambridge University Press.

Carter, Anthony (1984): „Household Histories". In: Robert McC. Netting/Richard R. Wilk/Eric J. Arnould (Hg.), *Households: Comparative and Historical Studies of the Domestic Group,* Berkeley: University of California Press, S. 44-83.

Castillo, Gelia T./Sylvia Hilomen Guerrero (1969): „The Filipino Women: A Study in Multiple Roles". *Journal of Asian and African Studies*, 4, S. 18-29.

Castillo, Gelia T. (1976): *The Filipino Woman as Manpower: The image and the empirical reality*, University of the Philippines at Los Baños College, Laguna, Philippines.

— (1977): *The Changing Role of Women in Rural Societies: A Summary of Trends and Issues,* New York: Agricultural Development Council.

— (1981): *The Filipino Woman: Wife, Mother, Worker and Citizen.* N.p.

Chant, Sylvia/Cathy McIlwaine (1996): *Women of Lesser Cost. Female Labour, Foreign Exchange/Philippine Development,* Quezon City: Ateneo de Manila University Press.

Chant, Sylvia/Sarah A. Radcliffe (1992): „Migration and development: the importance of gender". In: Chant, Sylvia (Hg.), *Gender and Migration in Developing Countries,* London, S. 1-29.

Chapman, Murray/R. Mansell Prothero (1983): „Themes on Circulation in the Third World". *International Migration Review*, 17, 597-632.

Chapman, William (1987): *Inside the Philippine Revolution. The New People's Army and its struggle for power*, Quezon City.

Chuah, Fred et al. (1987): „Does Australie Have a Filipina Brides Problem?" *Australian Journal of Social Issues*, 22(4), S. 573-583.

CIIR – Catholic Institute for International Relations (1987): *The Labour Trade: Filipino Migrant Workers around the World,* London: CIIR.

Clifford, James (1986): „Introduction: Partial Truth". In: James Clifford/George Marcus (Hg.), *Writing Culture: The Poetics and Politics of Ethnography*, Berkeley , L.A.: University of California Press, S. 1-26.

— (1997): „Diasporas". In: James Clifford, *Routes. Travel and Translation in the late twentieth Century,* Cambridge/London: Harvard University Press. [Orig. 1994, In: Cultural Anthropology 9, (3): 302-338].

— (1997 b [1992]): „Traveling Cultures". In: James Clifford, *Routes. Travel and Translation in the late twentieth Century*, Cambridge/London: Harvard University Press, S. 17-46. [Orig. 1992, In: Lawrence Grossberg/Cary Nelson/Paula Treichler (Hg.), *Cultural Studies*, New York: Routledge].

Code, Lorraine (1994): „Gossip, or in Praise of Chaos“. In: Goodman, Robert F./Aaron Ben-Ze'ev (Hg.), *Good Gossip,* Lawrence: University Press of Kansas, S. 100-105.

Collins, Louise (1994): „Gossip: A Feminist Defense”. In: Goodman, Robert F./Aaron Ben-Ze'ev (Hg.), *Good Gossip,* Lawrence: University Press of Kansas, S. 106-116.

Constable, Nicole (1997): *Maid to Order in Hong Kong. Stories of Filipina Workers,* Ithaca/London: Cornell University Press.

Constantino, Renato (1969): *The Making of a Filipino. A Story of Philippine Colonial Politics,* Quezon City, Philippines.

— (1975): *The Philippines: A Past Revised,* Quezon City.

— (1978): *Neocolonial Identity and Counter-Consciousness. Essays on Cultural Dekolonisation,* London: Merlin Press.

Cordero-Fernando, G. (Hg.) (1981): *Being Filipino*, Quezon City: GCF Books.

Cottrell, Ann B. (1990): „Cross-national Marriages: A Review of the Literature”. *Journal of Comparative Family Studies*, 21/2, S. 151-169.

Crapanzano, Vincent (1984): „Life Histories: A Review Essay”. *American Anthropologist* 86, S. 953-60.

Cruz, Victoria Paz/Anthony Paganoni (1989): *Filipinas in Migration. Big Bills and Small Change,* Quezon City: Scalabrini Migration Center Manila.

Da Vanzo, Julie (1981): „Microeconomic Approaches to Studying Migration Decisions“. In: de Jong, Gordon F./Roberts W. Gardner (Hg.), *Migration Decision Making,* New York: Pergamon Press.

Daus, Ronald (1986): „Manila heute: Eine malaiisch-spanisch-amerikanische Collage? Nick Joaquin und die historische Dimension einer Megapolis“. *Zeitschrift für Literaturwissenschaft und Linguistik*, 61, Göttingen.

— (1987): *Manila. Essay über die Karriere einer Weltstadt.* Babylon Metropolis Studies, Berlin: Ursula Opitz Verlag.

Dausien, Bettina (1994): „Biographieforschung als „Königinnenweg“? Überlegungen zur Relevanz biographischer Ansätze in der Frauenforschung“. In: Angelika Diezinger/Hedwig Kitzer/Ingrid Anker/Irma Bingel/Erika Haas/Simone Odierna (Hg.), *Erfahrung mit Methode. Wege sozialwissenschaftlicher Frauenforschung,* Freiburg i.Br.: Kore.

Davies, Charlotte Aull (1999): *Reflexive Ethnography. A Guide to Researching Selves and Others,* London / New York: Routledge.

Davis, Kingsley (1941): „Intermarriage in Caste Societies”. *American Anthropologist*, 43, S. 388-395.

Davis, William G. (1973): *Social Relations in a Philippine Market,* Berkeley u.a.: University of California Press.

de la Costa, Horacio (1967): *The Jesuits in the Philippines 1581-1768,* Cambridge: Harvard University Press.

Dehn, Diana Ramos/Christoph Dehn (1994): „Sinigang und saure Bohnen. Porträt einer philippinisch-deutschen Familie“. In: Marlies Roth (Hg.), *Manila – Frankfurt und zurück. Ein philippinisch-deutsches Lesebuch,* Köln: Volksblatt Verlag, S. 64-69.

Deleuze, Gilles/Félix Guattari ([1980] 1992): *Tausend Plateaus. Kapitalismus und Schizophrenie,* Berlin: Merve.

Dracklé, Dorle (1998): „'Die Frau gehört ins Haus und der Mann auf die Straße'. Zur kulturellen Konstruktion von Geschlechterdifferenz im Alentejo (Portugal)“.

In: Britta Hauser-Schäublin/Birgitt Röttger-Rössler (Hg.), *Differenz und Geschlecht. Neue Ansätze in der ethnologischen Forschung,* Berlin: Dietrich Reimer Verlag, S. 105-135.

— (1999): *Die Rhetorik der Krise: Zur kulturellen Poetik von Politik, Bürokratie und virtueller Ökonomie in Südportugal.* Unveröffentlichte Habilitationsschrift, Hamburg.

Drilling, Matthias (1997): „Nirgendwo zu Hause". *Die Wochenzeitung* 35, S. 27.

Driscoll, R./K.E. Davis/M.E. Lipetz (1972): „Parental Interference and Romantic Love: The Romeo und Juliet Effect". *Journal of Personality and Social Psychology* 24, S. 1-110.

Dumant, Jean Paul (1992): *Visayan Vignettes. Ethnographiy Traces of a Philippine Island,* Chicago/London: University of Chicago Press.

Dusik, Roland (1986): *Philippinen. Reise-Handbuch,* Köln: DuMont.

Dwyer, Daisy H. (1978): *Images and Self-Images: Male and Female in Morocco,* New York: Columbia University Press.

Dwyer, Kevin (1982): *Moroccan Dialoggues,* Baltimore: Johns Hopkins University Press.

Eder, James F./Janet O. Fernandez (1990): „Immigrants and Emigrants in a Frontier Philippine Farming Community, 1971-88". In: Robert R. Reed (Hg.), *Patterns of Migration in Southeast Asia,* Centers for South and Southeast Asia Studies, University of California at Berkeley, S. 93-121.

Eder, James F. (1982): *Who Shall Succeed? Agricultural Development and Social Inequality on a Philippine Frontier,* Cambridge: Cambridge University Press.

Eichenhofer, Eberhard (1999): *Migration und Illegalität,* Osnabrück: IMIS.

Elias, N./J.L. Scotson (1965): „Observations on gossip". In: dies.: *The established and the outsiders: A sociological enquiry into community problems*, London; [deutsch: *Etablierte und Außenseiter*, Frankfurt/M.: suhrkamp, 1993].

Elschenbroich, D. (1988): „Eine Familie, zwei Kulturen. Deutsch-ausländische Familien". In: Deutsches Jugendinstitut (Hg.), *Wie geht's der Familie? Ein Handbuch zur Situation der Familien heute*, München, S. 363-370.

Engracia, Luisa/Herrin, Alejandro (1984): „Employment Structure of Female Migrants to the Cities in the Philippines". In: Gavin Jones (Hg.), *Women in the Urban and Industrial Labour Force: Southeast and East Asia,* Development Studies Centre Monograph Nr. 33, Australian National University, Canberra, S. 293-303.

Enriquez, Virgilio G. (1986 [1978]): „Kapwa: A core concept in Filipino social psychology". In: V.G. Enriquez (Hg.), *Philippine world view,* Singapore: Institute of South-East Asian Studies), [zuerst erschienen In: *Philippine Social Science and Humanities Review 42*, 1-4, S. 100-8].

— (1989): *Indigenous psychology and national consciousness*, Tokyo: Institute for the Study of Languages and Cultures of Asia and Africa.

Erdheim, Mario (1991): „Revolution, Totem, Tabu. Vom Verenden der Revolution im Wiederholungszwang". *Ethnopsychoanalyse*, 2.

Errington, Shelly (1989): *Meaning and Power in a Southeast Asian Realm,* Princeton: Princeton University Press.

— (1990): „Recasting Sex, Gender, and Power. A Theoretical and Regional Overview". In: Jane Atkinson/Shelly Errington (Hg.), *Power and Difference; Gender in Island Southeast Asia,* Stanford: Stanford University Press, S. 1-58.

Espiritu, Yen Le, 2003: *Home Bound. Filipino American Lives across Cultures, Communities, and Countries*, Berkeley u.a.: University of California Press.

Eviota, Elizabeth/Smith, Peter C. (1984): „The Migration of Women in the Philippines“. In: James T. Fawcett/Siew-Ean Khoo/Peter C. Smith (Hg.), *Women in the Cities of Asia: Migration and Urban Adaptation,* Boulder, Colorado: Westview Press, S. 165-190.

Eviota, Elizabeth Uy (1992): *The Political Economy of Gender. Women and the sexual division of labour in the Philippines,* London: Zed.

Fabian, Johannes (1983): *Time and the Other: How Anthropology Makes Its Object,* New York: Columbia University Press.

Fanon, Frantz (1981 [1961]): *Die Verdammten dieser Erde,* Frankfurt/M: suhrkamp.

Fardon, R. (Hg.) (1990): *Localising Strategies,* Edinburgh: Scottish Academic Press.

Fawcett, James T. (1989): „Networks, Linkages, and Migration Systems”. *International Migration Review* 23, 3, S. 671-80.

Fawcett, James T./Siew-Ean Khoo/Peter C. Smith (Hg.) (1984): *Women in the Cities of Asia: Migration and Urban Adaptation,* Boulder: Westview Press.

Fernandez, Doreen G. (1994, 1996): *Essays on Philippine Food and Culture,* Pasig Metro Manila: Anvil Publ..

Fernandez, James (1983): „Consciousness and Class in Southern Spain“. *American Ethnologist* 10, S. 165-173.

Findley, Sally E. (1987): *Rural Development and Migration: A Study of Family Choices in the Philippines,* Boulder: Westview Press.

Fischer, Wolfram/Kohli, Martin (1987): „Biographieforschung“. In: Wolfgang Voges (Hg.), *Methoden der Biographie- und Lebenslaufforschung,* Opladen.

Foronda, Marcelino A., Jr. (1961): *Cults Honouring Rizal,* Manila.

Foucault, Michel (1983): *Der Wille zum Wissen. Sexualität und Wahrheit*, Bd.1. Frankfurt/Main: suhrkamp.

Fox, James (1987): „Southeast Asian Religions: Insular Cultures“. In: Mircea Eliade (Hg.), *The Encyclopedia of Religion,* New York: Macmillan.

Fox, Robert 1963): „Men and Women in the Philippines“. In: Barbara E. Ward (Hg.), *Women in the New Asia,* Paris: UNESCO, S. 342-64.

Franger, Gaby/Marissa Pablo 1993 (?): „Abenteuer Ehe. Heiratsmigrantinnen gestern und heute“. Das Begleitbuch zur Ausstellung, *Sonderheft 8, Frauen in der einen Welt – Zentrum für interkulturelle Frauenalltagsforschung und internationalen Austausch*, Nürnberg.

Frank, Gelya (1979): „Finding the Common Denominator: A Phenomenological Critique of Life History”. *Ethos* 7 (1), S. 68-94

— (1985): „‘Becoming the Other’: Empathy and Biographical Interpretation”. *Biography* 8, S. 189-210.

— (1995): „Anthropology and Individual Lives: The Story of the Life History and the History of the Life Story”. *American Anthropologist* 97, S. 145-48.

Freeman, Carla (2000): *High Tech and High Heels in the Global Economy: Women, Work and Pink Collar Identities in the Caribbean,* Durham: Duke University Press.

— (2002): „Mobility, rootedness, and the Caribbean higgler: Production, consumption and transnational livelihoods”. In: Ninna Nyberg Sørensen/Karen Fog Olwig (Hg.), *Work and Migration. Life and livelihoods in a globalizing world.* London/New York: Routledge, S. 61-82.

Friedl, Erika (1991 [1989]): *Die Frauen von Deh Koh: Geschichten aus einem iranischen Dorf,* München: Knesebeck/Schuler; [original: Women of Deh Koh, Lives in an Iranian Village].

Friedman, Susan Stanford (1998): *Mappings. Feminism and the Cultural Geographies of Encounter,* Princeton: Princeton University Press.

Fuchs, Brigitte/Gabriele Habinger (Hg.) (1996): *Rassismen/Feminismen. Differenzen, Machtverhältnisse und Solidarität zwischen Frauen,* Wien: Promedia.

Fuchs, Sabine (1999): *Klatsch, Glamour und Verwerfung: Lesbische Diskursformationen in der Populärkultur der 90er Jahre.* Unveröffentlichte Magistra-Arbeit im Fach Kulturwissenschaft, Universität Bremen.

Garcia, J. Neil C. (1996): *Philippine gay culture: the last thirty years. Binabae to bakla – silahis to MSM.* Diliman, Quezon City: University of the Philippine Press.

Gastillo, Gelia Tagumpay/Guerrero, Sylvia Hilomen (1969): „The Filipino Woman: A Study in Multiple Roles". *Journal of Asian and African Studies* 4, S. 18-29.

Geertz, Clifford (1987): *Dichte Beschreibung. Beiträge zum Verstehen kultureller Systeme*, Frankfrut/M.: suhrkamp.

Geiger, Susan N.G. (1986): „Women's Life Histories: Method and Context". *Signs* 11, 2, S. 334-351.

Gibson, Thomas (1986): *Sacrifice and Sharing in the Philippine highlands. Religion and society among the Buid of Mindoro*, London: Athlone Press.

Giddens, Anthony (1993): *Wandel der Intimität. Sexualität, Liebe und Erotik in modernen Gesellschaften*, Frankfurt/M.: Fischer.

Gilroy, Paul (1993): *The Black Atlantik: Double Consciousness and Modernity,* Cambridge: Harvard University Press.

Gingrich, Andre (1999): *Erkundungen. Themen der ethnologischen Forschung*, Wien u.a.: Böhlau.

Glick-Schiller, Nina/Basch, Linda/Blanc-Szanton, Cristina (Hg.) (1992): *Towards a Transnational Perspective on Migration. Race, Class, Ethnicity and Nationalism Reconsidered,* New York: New York Academy of Sciences.

Glick-Schiller, Nina/Basch, Linda/Blanc-Szanton, Cristina (1994): *Nations Unbound. Transnational Projects, Postcolonial Predicaments, and Deterritorialized Nation States*, Amsterdam, u.a.: Gordon and Breach Science Publishers.

Glick-Schiller, Nina/Basch, Linda/Blanc-Szanton, Cristina (1997 [1995]): „From Immigrant to Transmigrant: Theorizing Transnational Migration". In: Ludger Pries (Hg.): Transnationale Migration. *Soziale Welt*, Sonderband 12, Baden-Baden: Nomos Verlagsgesellschaft, S. 121-140 (orig.: *Anthropological Quarterly*, 68, 1, S. 48-63).

Gluckman, Max (1963): „Gossip and scandal". *Current Anthropology* 4, S. 307-316.

— (1968): „Psychological, sociological and anthropological explanations of witchcraft and gossip: A clarification". *Man* 3, S. 20-34.

Gmelch, George (1980): „Return Migration". *Annual Review of Anthropology* 9, S. 135-159.

Go, Stella P./Leticia T. Postrado (1986): „Filipino Overseas Contract Workers: Their Families and Communities". In: Fred Arnold/Nasra M. Shah (Hg.), *Asian Labor Migration: Pipeline to the Middle East,* Boulder, CO and London: Westview.

Go, Stella P. (1993): *The Filipino Family in the Eighties*, Metro Manila: Social Development Research Center, De La Salle University.

Gonzales, Anna Miren / Mary R. Hollnsteiner (1976): *Filipino women as Partners of Men in Progress and Development: A Survey of Empirical Data and Statement of Goals Fostering Male and Female Membership*. Quezon City: Institute of Philippine Culture, Ateneo de Manila University.

Goodman, Robert F./Aaron Ben-Ze'ev (Hg.) (1994): *Good Gossip*, Lawrence: University Press of Kansas.

Goss, Jon D./Bruce Lindquist (1995): „Conceptualizing International Labor Migration: A Structuration Perspective". *International Migration Review*, 29 (2), S. 317-351.

Griffiths, Stephen (1988): *Emigrants, Entrepreneurs, and Evil Spirits. Life in Philippine Village,* Honolulu: University of Hawaii Press.

Guggenheim, Scott ([1982] 1994): „Cock or Bull: Cockfighting, Social Structure, and Political Commentary in the Philippines". *Pilipinas* 3 (1), S. 1-35; [reprint in: Alan Dundes (Hg.), *The Cockfight. A Casebook,* Wisconsin: The University of Wisconsin Press, S. 133-173].

Gulati, Leela (1993): *Women Migrant Workers in Asia: A Review,* New Delhi: International Labour Organization-Asian Regional Team for Employment Promotion (ARTEP).

Gupta, Akhil/James Ferguson (Hg) (1992): „Beyond Culture: Space, Identity, and the Politics of Difference". *Cultural Anthropology*, 7, S. 6-23.

— (Hg.) (1997a): *Anthropological Locations. Boundaries and Grounds of a Field Science,* Berkeley: University of California Press.

— (Hg.) (1997b): *Culture, Power, Place. Explorations in Critical Anthropology,* Durham/London: Duke University Press.

Gurak, Douglas T./M. Fe Caces (1989): *Migrant Networks: Mechanisms for Shaping Migrations and their Sequelae,* Working Paper 1.08. Population and Development Program, Department of Rural Sociology, Cornell University.

Guthrie, G./P. Jacobs (1976): *Child Rearing and Personality Development in the Philippines*, University Park: Pennsylvania University Press.

Guzmann, Arnel F. de (1993): „'Katas ng Saudi': The work and life situation of the Filipino contract workers in Saudi Arabia". *Philippine Social Science Review*, 51, Understanding Filipino Migration, Editors: Aurora E. Perez, Maruja Milagros B. Asis, S. 1-56.

Hall, Stuart (1990): „Cultural Identity and Diaspora“. In: Jonathan Rutherford (Hg.), *Identity. Community, Culture, Difference,* London: Lawrence/Wishart, S. 222-237.

— (1994): *Rassismus und kulturelle Identität.* Ausgewählte Schriften 2. Hamburg: Argument Verlag.

— (1999): „Ethnizität: Identität und Differenz“. In: Jan Engelmann (Hg.), *Die kleinen Unterschiede. Der Cultural Studies-Reader,* Frankfurt/New York: Campus, S.83-98.

— (1999b): „Kulturelle Identität und Globalisierung“. In: Hörnig, Karl H./Rainer Winter (Hg.), *Widerspenstige Kulturen. Cultural Studies als Herausforderung,* Frankfurt/M.: suhrkamp, S.393-441.

Hamilton, Annette (1997): „Primal Dream: Masculinism, Sin and Salvation in Thailand's Sex Trade“. In: Manderson, Lenore/Margaret Jolly (Hg.), *Sites of Desire, Economies of Pleasure. Sexualities in Asia and the Pacific,* Chicago/London: University of Chicago Press, S. 145-165.

Handelman, D. (1973): „Gossip in encounters: The transmission of information in a bounded social setting". *Man* 8, S. 210-227.

Hannerz, Ulf (1967): „Gossip, networks and culture in a Black American ghetto“. *Ethnos* 32, S. 35-60.

— (1992): *Cultural Complexity. Studies in the Social Organization of Meaning,* New York: Columbia University Press.

— (1995): „‘Kultur’ in einer vernetzten Welt. Zur Revision eines ethnologischen Begriffes“. In: Wolfgang Kaschuba (Hg.), *Kulturen – Identitäten – Diskurs. Perspektiven Europäischer Ethnologie,* Berlin: Akademie Verlag, S.64-84.

— (1996): *Transnational Connections. Culture, people, places,* London/New York: Routledge.

Haraway, Donna (1988): „Situated Knowledge: The Science Question in Feminism and the Privilege of Partial Perspective”. *Feminist Studies* 14, S. 575-99.

— (1990): „A Manifesto for Cyborgs: Science, Technology, and Socialist Feminism of the 1980s“. In: Linda J. Nicholson (Hg.), *Feminism/Postmodernism,* London: Routledge, S. 190-234.

Hardillo, Mary Lou U. (1991): „Leben nach DIN-Norm? Philippinisch-deutscher Alltag“. In: Werning, Rainer/Mary Lou U. Hardillo (Hg.), *Philippinen. Paradies in Aufruhr, Berlin:* Elefanten Press.

Hardillo-Werning, Mary Lou U. (Hg.) (2000): *TransEuroExpress. Filipina in Europe.* Women’s Forum. Frechen-Königsdorf.

Harris, John/Michael P. Todaro (1970): „Migration, Unemployment and Development: A Two Sector Analysis”. *American Economic Review,* 60, S. 126-42.

Hart, Donn V. (1977): *Compadrinazgo: Ritual Kinship in the Philippines,* De Kalb: Northern Illinois University Press.

Hebenstreit, Sabine (1986): *Frauenräume und weibliche Identität,* Berlin

Hecht-El Minshawi, Béatrice (1988): *„Wir suchen, wovon wir träumen“. Zur Motivation deutscher Frauen, einen Partner aus dem islamischen Kulturkreis zu wählen,* Frankfurt/M.: Nexus.

— (1992): *Zwei Welten, eine Liebe. Leben mit Partnern aus anderen Kulturen,* Reinbeck bei Hamburg: rororo.

Heine-Wiedenmann, Dagmar/Lea Ackermann (1992): *Umfeld und Ausmaß des Menschenhandels mit ausländischen Mädchen und Frauen,* (Schriftenreihe des Bundesministers für Frauen und Jugend, Band 8), Stuttgart, Berlin, Köln: Verlag W. Kohlhammer

Helbich, Wolfgang/Walter Kamphoefner/Ulrike Sommer (1988): *Briefe aus Amerika: Deutsche Auswanderer schreiben aus der Neuen Welt 1830-1930,* München: C.H.Beck.

Henson, Maria Rosa (1996): *Comfort Woman. Slave of Destiny,* Pasig City, Metro Manila: Philippine Center for Investigative Journalism.

Herzfeld, Michael (1984): „The Horns of the Mediterraneanist Dilemma“. *American Ethnologist* 11, S. 439-454.

Hess, Sabine/Ramona Lenz (Hg.) (2001): *Geschlecht und Globalisierung. Ein kulturwissenschaftlicher Streifzug durch transnationale Räume,* Königstein/Taunus: Ulrike Helmer Verlag.

Hicks, George (1995): *The Comfort Women. Sex Slaves of the Japanese Imperial Forces,* Sydney: Allen/Unwin.

Hillmann, Felicitas (1996): *Jenseits der Kontinente. Migrationsstrategien von Frauen nach Europa,* Pfaffenweiler: Centaurus.

Hilsdon, Anne-Marie (1995): *Madonnas/Martyrs. Militarism and Violence in the Philippines,* Quezon City: Ateneo de Manila University Press.

Hofmann, Nicole (1997): *Die machtfreie Gesellschaft. Geschlecht und Verwandtschaft in einer philippinischen Hochlandgesellschaft*, Hamburg: Lit.

Hollnsteiner, Mary R. et al. (Hg.) (1975): *Society, Culture, and the Filipino*, Quezon City: Ateneo de Manila University, Institute of Philippine Culture.

Hollnsteiner, Mary R. (1973): „Reciprocity in the Lowland Philippines“. In: Lynch, Frank/Alfonso de Guzmann II (Hg.), *Four Readings on Philippine Values,* Quezon City: Ateneo de Manila University Press, S. 69-91.

Holt, Elizabeth M. (1996): „Writing Filipina-Australien Bodies: The Discours on Filipina Brides". *Filipinos as Transnational Migrants. Philippine Sociological Review,* 44, S. 58-75.

Hondagneu-Sotelo, Pierrette (1994): *Gendered Transitions: Mexican Experiences of Immigration,* Berkeley: University of California Press.

Hondagneu-Sotelo, Pierrette (2001): *Doméstica. Immigrant Workers Cleaning and Caring in the Shadow of Affluence*. Berkeley u.a.: University of California Press.

Hondagneu-Sotelo, Pierrette (Hg.) (2003): *Gender and U.S. Immigration. Contemporary Trends*, Berkeley u.a.: University of California Press.

Hoskins, Janet (1998): *Biographical Objects. How Things Tell the Stories of People's Lives*, New York/London: Routledge.

Hsu, Francis L.K./Hendrick Serrie (Hg.) (1998): *The Overseas Chinese. Ethnicity in National Context,* Lanham/New York/Oxford: University Press of America.

Hunt, Chester L. et al. (1987): *Sociology in the Philippine Setting*, Quezon City: Phoenix Publishing House.

Ignacio, Emily Noelle Sanchez (1998): *The quest for a Filipino identity: constructing ethnic identity in a transnational location*, Urbana, Illinois: microfilm.

Ileto, Reynaldo Clemena (1979): *Paysón and Revolution: Popular Movements in the Philippines, 1840-1910,* Quezon City: Ateneo de Manila University Press.

Illo, Jeanne Frances I./Jaime B. Polo (1990): *Fishers, Traders, Farmers, Wives. The Life Stories of Ten Women in a Fishing Village*, Institute of Philippine Culture, Ateneo de Manila University.

Illo, Jeanne Frances I. (1995): „Who heads the household? Women in Households in the Philippines“. In: Torres T. Amaryllis et al.(Hg.), *The Filipino Woman in Focus. A Book of Readings*, Office of Research Coordination, University of Philippines, by special arrangements with Unesco, Bangkok, Thailand, S. 235-254.

— (1995b) „Redefining the Maybahay or Housewife: Reflections on the Nature of Women's Work in the Philippines“. In: Wazir Jahan Karim (Hg.), *'Male' and 'Female' in Developing Southeast Asia,* Oxford: Berg, S. 209-225.

Infante, Teresita R. (1975): *The Woman in Early Philippines and among the Cultural Minorities,* Manila: University of Santo Thomas.

Iredale, Robyn (1994): „Patterns of Spouse/Fiance Sponsorship to Australia“. *Asian and Pacific Migration Journal*, 3(4), S. 547-566.

Jacobson, Helga E. (1979): „Women in Philippine Society: More Equal Than Many“. In: Carolyn J. Matthiasson (Hg.), *Many Sisters. Women in Cross-Cultural Perspective,* New York: The Free Press, S. 349-377.

Jellinek, Lea (1991): *The Wheel of Fortune. The history of a poor community in Jakarta*, London: Allen and Unwin.

Jiang, F./Aznam (1992): „Recruit scandals“. *Far Eastern Economic Review*, Apr., S.2.

Joaquin, Nick (1983): *Cave/Shadows*, Manila.

Jocano, F. Landa (1969): *Growing up in a Philippine Barrio*, New York: Holt, Rinehart and Winston.

— (1975): *Slum as a Way of Life,* Quezon City: University of Philippine Press.

— (1995): „Filipino Family Values“. In: Aurora E. Perez (Hg.), *The Filipino Family. A Spectrum of Views and Issues*, Diliman, Quezon City: University of the Philippines/UP Office of Research Coordination.

Johnson, Mark (1996): „Negotiating Style and Mediating Beauty. Transvestite (Gay/Bantut) Beauty Contests in the Southern Philippines“. In: Cohen, Colleen Ballerino/Richard Wilk/Beverly Stoeltje (Hg.), *Beauty Queens on the Global Stage. Gender, Contests, and Power,* New York/London: Routledge, S. 89-104.

— (1997): *Beauty and Power. Transgendering and Cultural Transformation in the Southern Philippines,* Oxford/New York: Berg.

Jolly, Margaret (1997): „From Point Venus to Bali Ha'i: Eroticism and Exoticism in Representations of the Pacific“. In: Manderson, Lenore/Margaret Jolly (Hg.), *Sites of Desire, Economies of Pleasure. Sexualities in Asia and the Pacific*, Chicago/London: University of Chicago Press, S. 99-122.

Kallmeyer, W./Fritz Schütze (1976): „Zur Konstitution von Kommunikationsschemata der Sachverhaltsdarstellung“. In: D. Wegner (Hg.), *Gesprächsanalyse*, Hamburg: Buske, S. 159-274.

Karim, Wazir Jahan (Hg.)(1995): *'Male' and 'Female' in Developing Southeast Asia,* Oxford: Berg.

Karim, Wazir Jahan (1995): „Genderising Anthropology in Southeast Asia“. In: Karim (Hg.), *'Male' and 'Female' in Developing Southeast Asia,* Oxford: Berg, S. 11-34.

Kaufmann, Margrit E. (2002): *KulturPolitik – KörperPolitik – Gebären,* Opladen: Leske + Budrich.

Kaut, Charles (1961): „Utang na Loob: A System of Contractual Obligation among Tagalogs“. *Southwestern Journal of Anthropology* 17,3, S. 256-272.

Kayales, Christina (1997): *Gottesbilder von Frauen auf den Philippinen: Eine Studie zur Bedeutung von Subjektivität für eine ökonomisch-interkulturelle Hermeneutik.* Unveröffentlichte Dissertation, Evangelisch-Theologische Fakultät Bochum.

Kearney, Michael (1986): „From the Invisible Hand to Visible Feet: Anthropological Studies of Migration and Development“. *Annual Review of Anthropology*, 15, S. 331-61.

— (1991): „Borders and Boundaries of State and Self at the End of Empire“. *Journal of Historical Sociology* 4, 2, S. 52-74.

— (1995): „The Local and the Global: The Anthropology of Globalization and Transnationalism“. *Annual Review of Anthropology* 24, S. 547-65.

Kerkvliet, Benedict J. Tria (1990): *Everyday Politics in the Philippines. Class and Status Relations in a Central Luzon Village,* Berkeley u.a.: University of California Press.

— (1997): *The Huk Rebellion,* Berkeley.

Kessler, Richard J. (1989): *Rebellion and Repression in the Philippines,* New Haven/London: Yale University Press.

Ketelhut, Barbara (1993): *Vereinen, was sich ewig flieht? Zum Zusammenhang von Familien-, Liebes- und Geschlechterverhältnissen,* Münster/Hamburg: Lit.

Khoo, Siew-Ean/Peter C. Smith/James T. Fawcett (1984): „Migration of Women to Cities: The Asian Situation in Comparative Perspective“. *International Migration Review*, 18 (4), S. 1247-1263.

Kienecker, Silke (1993): *Interethnische Ehen. Deutsche Frauen mit ausländischen Partnern.* (Interethnische Beziehungen und Kulturwandel. Ethnologische Beiträge zu soziokultureller Dynamik, Bd.6), Hamburg: Lit.

Kleiber, Dieter (1995): *Aids, Sex und Tourismus – Ergebnisse einer Befragung deutscher Urlauber und Sextouristen,* Baden-Baden: Nomos Verlagsgesellschaft.

Kleinschmidt, Johannes (1993): „'German Fräuleins' – Heiraten zwischen amerikanischen Soldaten und Deutschen in der Besatzungszeit 1945-49“. *Zeitschrift für interkulturelle Frauenalltagsforschung* 2, S. 42-58.

Knecht, Michi (1996): „Ethnologische Forschung in öffentlich umstrittenen Bereichen: Das Beispiel Abtreibungsdebatte und Lebensschutzbewegung in Deutschland“. In: Waltraud Kokot/Dorle Dracklé (Hg.), *Ethnologie Europas. Grenzen, Konflikte, Identitäten,* Berlin: Reimer.

Kohl, Karl-Heinz (1993): *Ethnologie – die Wissenschaft vom kulturell Fremden,* München: C.H.Beck.

Kohli, Martin/Günther Robert (Hg.) (1984): *Biographie und soziale Wirklichkeit,* Suttgart: J.B. Methlersche Verlagsbuchhandlung.

Kondo, Dorinne K. (1986): „Dissolution and Reconstitution of Self: Implications for Anthropological Epistemology“. *Cultural Anthropology* 1(1), S. 74-88.

— (1990): *Crafting Selves. Power, Gender, and Discourses of Identity in a Japanese Workplace,* Chicago/London: The University of Chicago Press.

— (1990b): „M. Butterfly: Orientalism, Gender, and a Critique of Essentialist Identity“: *Cultural Critique* 16, S. 5-29.

Koser, Khalid/Helma Lutz (Hg.) (1998): *The new Migration in Europe. Social Construction and Social Realities,* London/Basingstoke: Mac Millan.

Kriechhammer-Yagmur, Sabine/Doris Pfeiffer-Pandey/Katrin Saage-Fain/Hiltrud Stöcker-Zafari, herausgegeben vom Verband binationaler Familien und Partnerschaften iaf e.V. (1999): *Binationaler Alltag in Deutschland. Ratgeber für Ausländerrecht, Familienrecht und interkulturelles Zusammenleben,* Frankfurt/M.: Brandes/Aspel.

Kurian, George (Hg.) (1979): *Cross-Cultural Perspectives of Mate Selection and Marriage,* Connecticut: Greenwood Press.

Lancaster, Roger N. (1992): *Life is hard. Machismo, danger and the intimacy of power in Nicaragua,* Berkeley u.a.: University of California Press.

Lange, Norma (1993): Marital Roles and Marital Stability. A Sociological Study of Filipino-German Marriages. Unveröffentlichte Diss, University of Philippines, Diliman, Quezon City.

Langness, L.L./Gelya Frank (1981): *Lives: An Anthropological Approach to Biography,* Navato, Ca: Chandler and Sharp.

Lapuz, L.V. (1972): „A study of psychopathology in a group of Filipino patients“. In: W.P. Lebra (Hg.), *Transcultural research in mental health,* Honululu: University of Hawaii Press.

Larkin, John A. (1993): *Sugar and the Origins of Modern Philippine Society.* Berkeley/Los Angeles/London: University of California Press.

Launer, Ekkehard (Hg.) (1991): *Frauenhandel.* Göttingen: Lamuve.

Lauser, Andrea/Peter J. Bräunlein (1993): *Leben in Malula. Ein Beitrag zur Ethnographie der Alangan-Mangyan auf Mindoro (Philippinen),* Pfaffenweiler: Centaurus.

— (1997): „Grenzüberschreitungen, Identitäten. Zu einer Ethnologie der Migration in der Spätmoderne“. *Kea – Zeitschrift für Kulturwissenschaften,* 10, *Ethnologie der Migration,* S.I-XVIII.

— (2002): „Inszenierungen – Auslassungen – Übertragungen. Zur Ethnographie lebensgeschichtlichen Erzählens in philippinischen Kontexten“. In: Ingo W. Schröder und Stéphane Voell (Hg.), *Moderne Oralität. Ethnologische Perspektiven auf die plurimediale Gegenwar,* Marburg: Curupira, S. 241-264.

Lauser, Andrea (1993): „Die exotischen Europäer. Außereuropäische Europäerdarstellungen“. In: *Focus Behaim Globus,* Nürnberg: Verlag Germanisches Nationalmuseum, S. 457-472.

— (1994): „Die Geschwisterschaft als soziales Netz. Zur ‘tayarian’ („Geschwisterbande“) bei den Mangyan Malulas (Mindoro/Philippinen)“. *Kea – Zeitschrift für Kulturwissenschaften,* 6, *Kinderwelten*, S. 71-96.

— (1994b): „Geschlechterverhältnisse in einer „egalitären“ Gesellschaft: Ein Fallbeispiel aus den Philippinen“. *Kea – Zeitschrift für Kulturwissenschaften*, 7, *Geschlechterkonstruktionen*, S. 119-148.

— (1995): „Are Inquisitive Anthropologists too Voracious?“ *Philippine Quarterly of Culture and Society*, 23, S. 118-137.

— (1997): „Beziehungsnetzwerke, Frauenraum und ein wenig Heimat. Ein „Asian Food Store“ als Treffpunkt von Filipinas in einer deutschen Großstadt“. *Kea – Zeitschrift für Kulturwissenschaften*, 10, *Ethnologie der Migration*, S. 155-180.

— (2003): „Lebensgeschichtliches Erzählen mit philippinischen Heiratsmigrantinnen. Einige methodische und epistemologische Überlegungen zu Erzählsituationen und Erzählbarkeit.“ IN: Elfriede Hermann, Birgitt Röttger-Rössler (Hg.): *Lebenswege im Spannungsfeld lokaler und globaler Prozesse. Person, Selbst und Emotion in der ethnologischen Biographieforschung*. Göttinger Studien zur Ethnologie Bd.11. Münster u.a. (Litverlag) 2003, S.65-78.

Lauth Bacas, Jutta (2001): „Binationale Ehen im neuen Haus Europa. Das Beispiel deutsch-griechischer Paare in Athen“. In: Judith Schlehe (Hg.), Interkulturelle Geschlechterforschung. Identitäten – Imaginationen – Repräsentationen, Frankfurt/M.: Campus, S. 111-131.

Law, Lisa (1997): „A Matter of ‘Choice’: Discourses on Prostitution in the Philippines“. In: Manderson, Lenore/Margaret Jolly (Hg.), *Sites of Desire, Economies of Pleasure. Sexualities in Asia and the Pacific*, Chicago/London: University of Chicago Press, S. 233-261.

Lazreg, Marnia (1988): „Feminism and Difference: The Perils of Writing as a Woman on Women in Algeria“. *Feminist Studies* 14, S. 81-107.

Leheny, D. (1995): „A political economy of Asian sex tourism“. *Annals of Tourism Research*, 22, S. 367-383.

Leiris, Michel (1996): Tagebücher 1922-1989. Herausgegeben und kommentiert von Jean Jamin, Wien: Literaturverlag Droschel.

Lenz, Ilse/Norma Ramil-Weiss/Heidi Thiemann (1993): „Internationaler Frauenhandel – Eine Untersuchung über Prostitution und Heiratshandel in Nordrhein-Westfalen und die Interventionsmöglichkeiten von Institutionen und Frauengruppen. Herausgegeben vom Ministerium für die Gleichstellung von Frau und Mann des Landes Nordrhein-Westfalen, Düsseldorf.

Lenz, Ilse (1996): „Grenzziehungen und Öffnungen: Zum Verhältnis von Geschlecht und Ethnizität zu Zeiten der Globalisierung“. In: Lenz, Ilse/Andrea Germer/Brigitte Hasenjürgen (Hg.): *Wechselnde Blicke. Frauenforschung in internationaler Perspektive,* Opladen: Leske + Budrich, S. 200-228.

Lindquist, Bruce A. (1993): „Migration Networks: A Case Study in the Philippines“. *Asian and Pacific Migration Journal*, 2(1), S. 75-104.

Linton, Ralph (1936): *The Study of Man. An Introduction*, New York.

Liwag, Emmalyn (1994): „Auf die Dauer hilft nur Power. Zur Selbstorganisation von Filipinas“. In: Marlies Roth (Hg.), *Manila – Frankfurt und zurück. Ein philippinisch-deutsches Lesebuch,* Köln: Volksblatt Verlag, S. 60-63.

Lomnitz, Larissa (1976): „Migration and Network in Latin America“. In: Portes, Alejandro/H.L. Browning (Hg.), *Current Perspectives in Latin American Urban Research,* Austin: Institute of Latin American Studies, S. 133-50.

Lutz, Helma (1991): *Welten verbinden. Türkische Sozialarbeiterinnen in den Niederlanden und der Bundesrepublik Deutschland,* Frankfurt/M.

— (2001): „In fremden Diensten. Die neue Dienstmädchenfrage als Herausforderung für die Migrations- und Genderforschung“. In: Karin Gottschall/Birgit Pfau-Effinger (Hg.), *Zukunft der Arbeit und Geschlecht – Diskurse, Entwicklungspfade und Reformoptionen im internationalen Vergleich*, Opladen: Leske + Budrich.

Lutz, Helma/Mirjana Morokvasic-Müller (2002): „Transnationalität im Kulturvergleich. Migration als Katalysator in der Genderforschung“. In: Schriftenreihe der Internationalen Frauenuniversität, Opladen: Leske + Budrich, S. 111- 124.

Lynch, Frank (1973): „Social Acceptance Reconsidered“. In: Frank and Alfonso de Guzman II (Hg.), *Four Readings on Philippine Values* (fourth ed.), Quezon City: Institute of Philippine Culture, Ateneo de Manila University.

Magos, Alicia (1992): *The Enduring Ma-aram Tradition: An Ethnography of a Kinaray – a Village in Antique*, Quezon City: New Daily Publishers.

Mahler, Sarah (1995): *American Dreaming: Immigrant Life on the Margins,* Princeton/N.Y.:Princeton University Press.

— (1999): „Engendering Transnational Migration. A Case Study of Salvadorans”. *American Behavioural Scientist* 42, 4, S. 690-719.

Malinowski, Bronislaw (1930): „Kinship“. *Man* 30 (2), S. 19-29.

— (1979 [1922]): *Argonauten des westlichen Pazifik. Ein Bericht über Unternehmungen und Abenteuer der Eingeborenen in den Inselwelten von Melanesien-Neuguinea,* Frankfurt/M.: Syndikat; [original: Argonauts of the Western Pacific. An Account of Native Enterprise and Adventure in the Archipelagoes of Melanesian New Guinea].

Manalang, P. (1974): „Child Rearing in the Philippines: A Review of Some Studies“. *Education Quarterly* 20, 4, S. 44-63.

Mananzan, Sr. Mary John (1987): „The Filipino Woman: Before and After the Spanish Conquest of the Philippines“. In: Sr. Mary John Mananzan (Hg.), *Essays on Women*, Manila: St. Scholastics College.

Manderson, Lenore (1997): „Parables of Imperialism and Fantasies of the Exotic: Western Representations of Thailand – Place and Sex“. In: Manderson, Lenore/Margaret Jolly (Hg.), *Sites of Desire, Economies of Pleasure. Sexualities in Asia and the Pacific*, Chicago/London: University of Chicago Press, S. 123-144.

Manderson, Lenore/Margaret Jolly (Hg.) (1997): *Sites of Desire, Economies of Pleasure. Sexualities in Asia and the Pacific*, Chicago/London: University of Chicago Press.

Marasigan, Vicente (1985): *A Banahaw Guru. Symbolic Deeds of Agapito Illustrisimo,* Quezon City: Ateneo de Manila Press.

Marcus, George E. (1998 [1995]): „Ethnography in/of the World System: The Emergence of Multi-Sited Ethnography“. In: George E. Marcus, *Ethnography through Thick & Thin,* Princeton/New Jersey: Princeton University Press.

Margold, Jane A. (1995): „Narratives of Masculinity and Transnational Migration: Filipino Workers in the Middle East“. In: Aihwa Ong/Michael G. Peletz (Hg.),

Bewitching Women, Pious Men: Gender and Body Politics in Southeast Asia, Berkeley u.a.: University of California Press, S. 274-298.

Markillie, P. (1996): „Back on the Road: A Survey of the Philippines". *The Economist*, May 6, S. 1-22.

Massey, Douglas S./Felipe Garcia Espana (1987): „The Social Process of International Migration". *Science* 237 (14 August), S. 733-38.

Mataragnon, Rita H. (1988): „Pakikiramdam in Filipino Social Interaction: A Study of Subtlety and Sensivity". In: Anand C. Paranjpem/David Y.F. Ho/Robert W. Rieber (Hg.), *Asian Contributions to Psychology*, New York, u.a.: Praeger, S. 251-262.

Matsuda, Mizuho (1993): „Human Rights Violations of Migrant Workers in Japan". In: Graziano Battistelle (Hg.), *Human Rights of Migrant Workers: Agenda for NGOs,* Quezon City, Philippines: Scalabrini Migration Center.

Matthes, Joachim (1984) „Über die Arbeit mit lebensgeschichtlichen Erzählungen in einer nicht-westlichen Kultur". In: Kohli, Martin/Günther Robert (Hg.), *Biographie und soziale Wirklichkeit,* Stuttgart: J.B. Methlersche Verlagsbuchhandlung, S. 284-295.

— (1985): „Zur transkulturellen Relativität erzählanalytischer Verfahren in der empirischen Sozialforschung". *Kölner Zeitschrift für Soziologie und Sozialpsychologie* 37, H.2, S. 310-326

— (1990): „'Das Gesicht wahren': eine kulturelle Regel im interkulturellen Vergleich". Vortrag auf der Tagung „Kulturelle Identität und transkulturelle Ethik" an der Evangelischen Akademie Loccum, 26-29.10. 1990.

— (2000): „Wie steht es um die interkulturelle Kompetenz der Sozialwissenschaften?" *IMIS-Beiträge* 15, S. 13-29.

May, Glenn Anthony (1997): *Inventing a Hero. The Posthumous Re-Creation of Andres Bonifacio,* Quezon City: New Day Publishers.

McBeath, Gerald A. (1973): *Political Integration of the Philippine Chinese. Center for South and Southeast Asia Studies.* Monograph Nr.8, Berkeley.

McCoy, Alfred W./Hg. C. de Jesus (Hg.) (1982): *Philippine Social History: Global Trade and Local Transformation,* Quezon City.

McCoy, Alfred W. (Hg.) (1994): *An Anarchy of Families. State and Family in the Philippines*, Quezon City: Ateneao de Manila University Press.

Medina, Belen T.G. (1991): *The Filipino Family. A Text with Selected Readings*, Diliman, Quezon City: University of the Philippine Press.

Meillassoux, Claude (1976 [1975]): *Die wilden Früchte der Frau,* Frankfurt: Syndikat; [orig.: Femmes, grenier et capitaux. Paris 1975].

Menez, Herminia (1996): „The Art and Language of Manila's Jeepney Drivers". In: dies.: *Explorations in Philippine Folklore.* Manila: Ateneo de Manila University Press, S. 1-12.

Mernissi, Fatima (1975): *Beyond the Veil: Male-Female Dynamics in a Modern Muslim Society,* New York: J. Wiley and Sons.

Merton, Robert, E. (1941): „Intermarriage and the Social Structure. Fact and Theory". *Psychiatry*, 4, S. 361-374

Meuser, Michael (1998): „Vergesellschaftete Intimität. Geschlechterpolitik und Liebe". In: Kornelia Hahn/Günter Burkart (Hg.): *Liebe am Ende des 20. Jahrhunderts. Studien zur Soziologie intimer Beziehungen*, Opladen: Leske + Budrich, S. 217-233.

Michel, Gabriele (1985): *Biographisches Erzählen – zwischen individuellem Erlebnis und kollektiver Geschichtentradition. Untersuchungen typischer Erzählfigu-*

ren, ihrer sprachlichen Form und ihrer interaktiven und identitätskonstituierenden Funktion in Geschichten und Lebensgeschichten, Tübingen.

Migration Clipping. Scalabrini Migration Center, Quezon City, (for limited circulation) Dezember 1995.

Millet, Kate (1982): *Sexus und Herrschaft,* Köln: Kiepenheuer/Witsch.

Mintz, Sidney W. (1974): *Worker in the Cane: A Puerto Rican Life History,* New York: W.W.Norton.

Mohanty, Chadra Talpade (1991): „Cartographies of Struggle: Third World Women and the Politics of Feminism“. In: Chandra T. Mohanty/Ann Russo/Lourdes Torres (Hg.), *Third World Women and the Politics of Feminism*, Bloomington: Indiana University Press.

— (1991): „Under Western Eyes: Feminist Scholarship and Colonial Discourses“. In: Mohanty, Ch. T./Ann Russo/Lourdes Torres (Hg.), *Third World Women and the Politics of Feminism,* Bloomington: Indiana UP, S. 51-80.

Momsen, J. (1992): „Gender selectivity in Caribbean migration“. In: S. Chant (Hg.), *Gender and migration in developing countries*, London: Belhaven Press.

Montiel, Cristina/Mary R. Hollnsteiner (1976): *The Filipino Woman: Her Role and Status in Philippine Society*, Quezon City: Ateneo de Manila University, Institute of Philippine Culture.

Moore, Henrietta L. (1994): *A Passion for Difference: Essays in Anthropology and Gender,* Bloomington: Indiana University Press.

Morais, Robert J. (1981): *Social Relations in a Philippine Town*, De Kalb: Center of Southeast Asian Studies, Northern Illinois University.

Morokvasic, Mirjana (1983): „Women in Migration: Beyond the Reductionist Outlook“. In: Phizacklea, Annie (Hg.), *One Way Ticket. Migration and Female Labour,* London, S. 13-31.

— (1987): *Jugoslawische Frauen. Die Emigration – und danach*, Basel/Frankfurt/M.: Stroemfeld/Roter Stern.

Mulder, Niels (1997): *Inside Philippine Society. Interpretations of Everyday Life,* Quezon City, Philippines: New Day Publishers.

Murphy, M.D. (1985) „Rumours of identity: Gossip and rapport in ethnographic research“. *Human Organization* 44, S. 132-137.

Murray, Alison J. (1991): *No Money, No Honey. A Study of Street Traders and Prostitutes in Jakarta,* Oxford: Oxford University Press.

Nadig, Maya (1986): *Die verborgene Kultur der Frau. Ethnopsychoanalytische Gespräche mit Bäuerinnen in Mexiko. Subjektivität und Gesellschaft im Alltag von Otomi-Frauen*, Frankfurt/Main: Fischer Taschenbuch

— (1992): „Der ethnologische Weg zur Erkenntnis. Das weibliche Subjekt in der feministischen Wissenschaft“. In: Gudrun-Axeli Knapp/Angelika Wetterer (Hg.), *Traditionen Brüche. Entwicklungen feministischer Theorie,* Freiburg/Breisgau: Kore, S. 151-200.

— (2000): „Interkulturalität im Prozess. Ethnopsychoanalyse und Feldforschung als methodischer und theoretischer Übergangsraum“. In: Lahme-Gronostaj/Hildegard Marianne Leuzinger-Bohleber (Hg.), *Identität und Differenz. Zur Psychoanalyse der Geschlechterverhältnisse in der Spätmoderne*. Wiesbaden, S. 87-101.

Nakpil Guerrero, Carmen (1962): „The Filipino Woman“. *The Philippine Quarterly*, Manila, S. 8-17.

— (1963): *Woman Enough and Other Essays*, Quezon City: Vibal Publishing Company.

Neher, Clark D. (1982): „Sex Roles in the Philippines: The Ambiguous Cebuana". In: Penny van Esterik (Hg.), *Women of Southeast Asia,* Northern Illinois University Series on Southeast Asia, Occasional Paper, Nr. 9 De Kalb: Northern Illinois University, S. 154-75.

Niesner, Elvira/Estrella Anonuevo/Marta Aparicio/Petchara Sonsiengchai-Fenzl (1997): *Ein Traum vom besseren Leben. Migrantinnenerfahrungen, soziale Unterstützung und neue Strategien gegen Frauenhandel,* Opladen: Leske + Budrich.

Okely, Judith (1996): *Own or Other Culture,* London/New York: Routledge.

Ökumenische Asiengruppe (2000): *‚Die unsichtbare Perle' – Migrantinnen im informellen Arbeitsmarkt*, Frankfurt/M.: Eigendruck.

Olwig, Karen Fog/Hastrup, Kirsten (Hg.) (1997): *Siting Culture. The shifting anthropological object,* London: Routledge.

Olwig, Karen Fog (1997): „Cultural sites. Sustaining a home in a deterritorialized world". In: Karen Fog Olwig/Kirsten Hastrup (Hg.), *Siting Culture. The Shifting Anthropological Object,* London/New York: Routledge, S. 17-38.

— (2002): „A 'respectable' livelihood: Mobility and identity in a Caribbean family". In: Ninna Nyberg Sørensen/Karen Fog Olwig (Hg.), *Work and Migration. Life and livelihoods in a globalizing world*, London/New York: Routledge, S. 85-105.

Ong, Aihwa (1987): *Spirits of Resistance and Capitalist Discipline: Factory Women in Malaysia,* New York: Suny Press.

— (1988): „Colonialism and Modernity: Feminist Re-Presentations of Women in Non-Western Societies" *Inscriptions* 3/4, special issue: Feminism and the Critique of Colonial Discourse.

— (1999): *Flexible Citizenship. The Cultural Logics of Transnationality,* Durham/London: Duke University Press.

Osteria, Trinidad S. (1994): *Filipino Female Migration to Japan,* Manila: De La Salle University Press.

Owen, Norman G. (1998): *Maria Clara und the Market. Women and Change in the 19th-Century Philippines,* Vortrag Euroseas Hamburg 1998.

Paine, R. (1968): „Gossip and transaction". *Man* 3, S.305-308

— (1968): „What is gossip about? An alternative hypothesis". *Man* 2, S. 278-285.

Palma-Beltran, Mary R./Aurora Javate de Dios (Hg.) (1992): *Filipino Women Overseas Contract Workers ... at What Cost?* Manila: Goodwill Trading Co..

Papastergiadis, Nikos (1997): „Tracing Hybridity in Theory". In: Pnina Werbner/Tariq Modood (Hg.), *Debating Cultural Hybridity. Multi-Cultural Identities and the Politics of Anti-Racism,* London/New Jersey: ZED Books.

Parreñas, Rhacel Salazar (2001): *The global servants: Migrant Filipina Domestic Workers in Rome and Los Angeles,* Palo Alto: Stanford University Press.

Parpat, Jane L. (1993): „Who is the 'Other'? A Postmodern Feminist Critique of Women and Development Theory and Practice". *Development and Change*, 24 (3), S. 439-463.

Patayo-Legaston, Priscelina (1992): „The Pasyon Pilapil: An-"other" Reading". In: Thelma B. Kintanar (Hg.), *Women Reading ... Feminist Perspectives on Philippine Literary Texts,* Diliman, Quezon City: University of the Philippine Press/University Center for Women's Studies, S. 71-89.

Paz Cruz, Victoria / Anthony Paganoni (1989): *Filipinas in Migration. Big Bills and Small Change*, Quezon City: Scalabrini Migration Center.

Peacock, James (1987): *Rites of Modernisation: Symbol and Social Aspects of Indonesian Proletarian Drama*, Chicago: University of Chicago Press.

Perez, Aurora E./Perla C. Patacsil (1998): *Philippine Migrations Studies. An Annotated Bibliography.* Philippine Migration Research Network (PMRN).

Perez, Aurora E. (Hg.) (1995): *The Filipino Family. A spectrum of views and issues,* Diliman, Quezon City: University of the Philippines.

Perez, Aurora E. (1985): „Migration in the Philippines: Past and Future“. In: Philip M. Hauser/Daniel B. Suits/Naohiro Ogawa (Hg.), *Urbanization and Migration in ASEAN Development*, Tokyo: National Institute for Research Advancement.

Peristiany, John G. (Hg.) (1965): *Honour and Shame: The Values of Mediterranean Society,* London: Weidenfels and Nicolson.

Pernia, Ernesto M. (1977): *Urbanization, Population Growth, and Economic Development in the Philippines,* Westport/Connecticut: Greenwood Press.

Pertierra, Raul (Hg.) (mit Beiträgen von Minda Cabilao, Marna Escobar, Alicia Pingol) (1992): *Remittances and Returnees. The Cultural Economy of Migration in Ilocos,* Quezon City: New Day Publishers.

Pertierra, Raul (1979): „Class, Status, and Gender in a Philippine Municipality“. *Australian and New Zealand Journal of Sociology* 15, S. 78-80.

— (1983): „Viscera-Suckers and Female Sociality: The Philippine Asuang“. *Philippine Studies* 31, S. 319-337.

Pessar, P. (1991): „Caribbean emigration and development“. In: G. Papademetriou/P. Martin (Hg.), *The unsettled relationship: Labour migration and economic development,* Westport/Connecticut: Greenwood Press.

Phelan, James Leddy (1959): *The Hispanization of the Philippines: Spanish Aims and Filipino Responses, 1565-1700,* Madison.

Philippine Women's Forum, Vol 7, 1997 Special Edition, Altenberge: Wurf Verlag.

Phizacklea, Annie (Hg.) (1983): *One Way Ticket: Migration and Female Labour,* London.

Pieterse, Jan Nederveen (1998): „Der Melange-Effekt. Globalisierung im Plural“. In: Beck, Ulrich (Hg.), *Perspektiven der Weltgesellschaft,* Frankfurt/M.: suhrkamp, S. 87-124.

Pitt-Rivers, Julian (1965): „Honour and Social Status“. In: John G. Peristiany (Hg.), *Honour and Shame: The Values of Mediterranean Society,* London: Weidenfels and Nicolson, S. 19-78.

— (1977): *The Fate of Shechem, or the Politics of Sex: Essays in the Anthropology of the Mediterranean,* Boston: Cambridge University Press.

Plummer, Ken (2001): *Documents of Life 2: an Invitation to a Critical Humanism.* London u.a.: Sage.

POEA (Philippines Overseas Employment Agency) (1990): *Overseas Employment Information Series*, 3 (1), April-May, Marketing Branch, Pre-Employment Services Office, Manila: Philippines Overseas Employment Agency.

Portes, Alejandro/John Walton (1981): *Labour, Class and the International System,* New York: Academic Press.

Potts, Lydia (1990): *The World Labour Market: A History of Migration,* London.

Pratt, Mary Louise (1992): *Imperial Eyes. Travel Writing and Transculturation.* London/New York: Routledge.

Pries, Ludger (1997): „Neue Migration im transnationalen Raum“. *Soziale Welt,* Sonderband 12, Transnationale Migration, Baden-Baden: Nomos, S. 15-46.

— (1998): „Transnationale Soziale Räume“. In: Beck, Ulrich (Hg.), *Perspektiven der Weltgesellschaft,* Frankfurt/M.: suhrkamp, S. 55-86.

PuruShotam, Nirmala (1992): „Woman Occupation – Domestic Maid. Exploring the realm of foreign full-time domestic workers in Singapore". Unveröffentlichtes Manuskript, Vortrag gehalten im Oktober 1992 in Kuantan, Malaysia anlässlich eines „international colloquium on gender, development and migration in south east asia".

Quisumbing, L. (1964): „Child Rearing Practice in the Cebuano Extended Family". *Philippine Sociological Review* 12,1 & 2, S. 109-14.

Rabinow, Paul (1977): *Reflections on Fieldwork in Marocco*, Berkeley/Los Angeles: University of California Press.

Rafael, Vicente L. (1988): *Contracting Colonialism. Translation and Christian Conversion in Tagalog Society under Early Spanish Rule,* Quezon City: Ateneo de Manila University Press.

— (1995): „Taglish, of the Phantom of Power of the Lingua Franca". *Public Culture*, 8, S. 101-126.

— (1995b): „Nationalism, Imagery, and the Filipino Intelligentsia in Nineteenth Century. In: Rafael, Vicente L. (Hg.), *Discrepant Histories. Translocal Essays on Filipino Cultures,* Philadelphia: Temple University Press, S. 133-158.

— (2000): *White Love and Other Events in Filipino History.* Durham / London: Duke University Press

Rahkonen, Keiji (1991): „Der biographische Fehlschluss". *BIOS*, 2.

Ramirez, Mina M. (1984): *Understanding Philippine Social Realities Through the Filipino Family,* Malate, Manila: Asian Social Institute Printing Press.

Rapport, Nigel (1997): „Edifying Anthropology: Culture as Conversation; Representation as Conversation". In: James, A./Hockey, J./A. Dawson (Hg.), *After Writing Culture. Epistemology and Praxis in Contemporary Anthropology,* London/N.Y.: Routledge, S. 177-193.

Rapport, Nigel/Joanna Overing (2000): *Social and Cultural Anthropology. The Key Concepts*, London/New York: Routledge.

Reid, Anthony (1988): *Southeast Asia in the Age of Commerce 1450-1680*, vol 1, *The Lands Below the Winds*, New Haven: Yale University Press, S.146-72.

— (1996): *Sojourners and Settlers. Histories of Southeast Asia and the Chinese,* Sydney: Asian Studies Association of Australia, Southeast Asia Publication Series/Allen/Unwin.

Renschler, Regula u.a. (1987): *Ware Liebe – Sextourismus, Prostitution, Frauenhandel,* Wuppertal.

Reyes, Emmanuel (1989): *Notes on Philippine Cinema*, Manila: De La Salle University Press.

Ritzer, George (1993): *The McDonaldization of Society. An Investigation into the Changing Character of Contemporary Social Life*, London u.a.: Pine Forge Press.

Rizal, Jose (1887, 1987): *Noli me tangere.* Berlin. (Deutsche Ausgabe:, Frankfurt/Main: suhrkamp).

— (1961). „Sa mga kababayang dalaga sa Malolos". In: Escritos politicos e historicos, vol. 7 of Escritos de Jose Rizal, Manila.

Roberts, Bryan (1978): *Cities of Peasant*, London.

Roces, Mina (1998): *Women, Power and Kinship Politics. Female Power in Post-War Philippines,* Westport u.a.: Praeger.

Rodman, H. (1971): „Marital Power and the Theory of Resources in Cultural Context". In: Kurian, G. (Hg.), *Cross-Cultural Perspectives of Mate-Selection and Marriage,* Connecticut: Greenwood Press.

Rojas-Aleta, Isabel/T.L. Silva/C.P. Eleazar (1977): *A Profile of Filipino Women: Their Status and Role,* Manila: Philippine Business for Social Progress.

Rosaldo, Renato (1988): „Ideology, Place, and People without Culture“. *Cultural Anthropology*, 3 (1), S. 77-87.

Rosario del, Virginia O. (1994): *Lifting the Smoke Screen: Dynamics of Mail-Order Bride Migration from the Philippines,* The Hague: Institute of Social Studies.

Rotthoff, Ulrich (1995): *Migration on the Edges. Migration Theory Discussion and Philippine Case Study,* Osnabrück.

Rubin, Lilian (1983): *Intimate Strangers: Men and women together*, New York: Basic Books.

Ruenkaew, Pataya (1999): „Marriage Migration of Thai Women to Germany“. Unveröffentlichter Vortrag auf der 7 th. International Conference on Thai Studies in Amsterdam, *Thai Transnational Migration and Thai Diaspora.*

Rutten, Rosanne (1982): *Women Workers of Hacienda Milagros. Wage labor and Household Subsistence on a Philippine Sugarcane Plantation,* Publikatieserie Zuid- en Zuidoost-Azie, Antropologisch-Sociologisch Centrum, Universiteit van Amsterdam.

Sacerdoti, Guy (1984): „Hamburgerization Creates a Cultural Schizophrenia“. *Far Eastern Economic Review,* August 16, S. 45-46.

Safa, Helen (Hg.) (1982): *Towards of Political Economy of Urbanisation in Developing Countries,* New Delhi: Oxford University Press.

Said, Edward (1978): *Orientalism*, New York.

— (1985): „In the Shadow of the West“. *Wedge*, 7/8, S. 4-5, special issue: *The imperialism of Representation, the Representation of Imperialism.*

Salazar, Zeus A. (1987): „The Outflow of Filipinos to the Bundesrepublik Deutschland since the 60s“. *Philippine Journal of Public Administration*, 31,4, S. 463-486.

— (1996): „Ang Babaylan sa Kasaysayan ng Pilipinas“. In: *Women's Role in Philippine History: Selected Essays*, Quezon City: University Center for Women's Studies, University of the Philippines.

Samonte, Elena L./Annadaisy J. Carlots (1995): „The Mail Order Marriage Business“. In: Torres T. Amaryllis et al.(Hg.), *The Filipino Woman in Focus. A Book of Readings,* Office of Research Coordination, University of Philippines, by special arrangements with Unesco, Bangkok, Thailand, S. 255-279.

Samonte, Elena Langara (1986): *Filipino Wives with Japanese Husband: Communication Variables and Marital Satisfaction.* Unveröffentlichte Ph.D.thesis, Psychology, University of Philippines.

— (1992): „Sources of Stress and Coping Mechanism among Filipinas in West Germany and Holland“. *Philippine Journal of Psychology* 25, S. 20-39.

— (1994): „Filipina Entertainers in Japan: Issues of Survival and Responsibility". Unveröffentlichtes Paper.

San Diego, Lourdes P. (1975): „Women in Family Law.“ *Philippine Law Journal* 50, 1, S. 25-35.

Santiago Quindoza, Lilia (1992): „The Filipina as Metaphor for Crisis“. In: Thelma B. Kintanar (Hg.), *Women Reading ... Feminist Perspectives on Philippine Literary Texts,* Diliman, Quezon City: University of the Philippine Press/University Center for Women's Studies.

Sassen-Koob, Saskia (1983): „Labour Migrations and the New International Division of Labor“. In: June Nash/Maaria Patricia Fernández-Kelly (Hg.), *Women,*

Men and the International Division of Labour, Albany: State University of New York Press, S. 175-204.

— (1994): „Notes on the Incorporation of Third World Women into Wage Labour through Immigration and Off-shore Production". *International Migration Review,* 18 (4), S. 1144-1167.

Sassen, Saskia (1999): „Blind Spots: Toward a Feminist Analytics of Today's Global Economy". http://www.uwm.edu/Dept/IGS/presentation/sassen.pdf (Oktober 2002).

Scheibler, Petra M. (1992): *Binationale Ehe. Zur Lebenssituation europäischer Paare in Deutschland*, Weinheim: Deutscher Studien Verlag.

Schein, Gerline/Sabine Strasser (Hg.) (1997): *Intersexions. Feministische Anthropologie zu Geschlecht, Kultur und Sexualität*, Wien: MILENA Verlag.

Schieffelin, Edward L (1998): „Problematizing performance". In: Felicia Hughes-Freeland (Hg.), *Ritual, Performance, Media*, London/New York: Routledge, S. 194-207.

Schlehe, Judith (1998): „Geld und Gefühl: Interkulturelle Geschlechterbeziehungen im Tourismus". *Tourismus Journal* 2, S. 283-297.

— (2001): „Lebenswege und Sichtweisen im Übergang: Zur Einführung in die interkulturelle Geschlechterforschung", Einleitung in Judith Schlehe (Hg.), *Interkulturelle Geschlechterforschung. Identitäten – Imaginationen – Repräsentationen,* Frankfurt/M.. Campus, S. 9-26.

Schmidt, Heinz G. (1985): *Der neue Sklavenmarkt*, Basel: Lenos.

Schmidt, Steffen W. et al. (Hg.) (1977): *Friends, Followers. and Factions,* Berkeley, LA: University of California Press.

Schöttes, Martina/Annette Treibel (1997): „Frauen – Flucht – Migration. Wanderungsmotive von Frauen und Aufnahmesituationen in Deutschland". *Soziale Welt*, Sonderband 12, S. 85-117.

Schurz, William L. (1959): *The Manila Galleon,* New York.

Scott, James C. (1977): „Patron-Client Politics and Political Change in Southeast Asia". In: Steffen W. Schmidt et al. (Hg.), *Friends, Followers. and Factions,* Berkeley, LA: University of California Press.

Scott, William Henry (1985a): „Class structure in the unhispanised Philippines". In: W H. Scott, *Crack in the parchment curtain and other essays in Philippine history,* Quezon City: New Day Publishers, S. 127-48.

— (1985b): *Crack in the parchment curtain and other essays in Philippine history,* Quezon City: New Day Publishers.

— (1992): *Looking for the Prehispanic Filipino and other Essays in Philippine History,* Quezon City: New Day Publishers.

— (1995): *Barangay. Sixteenth-Century Philippine Culture and Society,* Quezon City: Ateneo de Manila University Press.

Sen, Amartya K. (1990): „Gender and Cooperative Conflicts". In: Irende Tinker (Hg.), *Persistent Inequalities: Women and World Development,* New York: Oxford University Press, S. 123-149.

Shinozaki, Kyoko (2003): „Geschlechterverhältnisse in der transnationalen Elternschaft. Das Beispiel philippinischer Hausarbeiterinnen in Deutschland." *Beiträge zur feministischen Theorie und Praxis*. Vom Leben und Lieben, 62,03, S.67-85.

Shimizu, Hiromu (1991): „Filipino Children in Family and Society: Growing Up in a Many-People Environment". In: *Selected Readings,* Quezon City: Department of Sociology – Anthropology, Ateneo de Manila University.

Shukert, Elfrieda Berthiaume/Barbara Smith Scibetta (1988): *War Brides of World War II, 1942-1952,* Novato: Presidio Press.

Siapno, Jacqueline (1995): „Alternative Filipina Heroines: Contested Tropes in Leftist Feminisms“. In: Aihwa Ong/Michael G. Peletz (Hg.), *Bewitching Women, Pious Men. Gender and Body Politics in Southeast Asia*, Berkeley u.a.: University of California Press, S. 216-243.

Siebert, Rüdiger (1989): *3mal Philippinen,* München: Piper.

Silverio Jr., Simeon (1982): „The Neighbourhood Sari-Sari-Store“. In: Marie S. Fernandez (Hg.), *The Philippine Poor*, Quezon City: Ateneo de Manila University.

Simmel, Georg (1968 [1908]): „Der Arme“. In: Ders.*: Soziologie. Untersuchungen über die Formen der Vergesellschaftung*, Berlin, S. 345-374.

Simon, Michael (1985): *Deutsch-koreanische Familien. Ein Beitrag zum Studium kultureller Mischehen,* Münster: Lit-Verlag, Ethnologische Studien Bd.2.

Simon, Rita James/Caroline B. Brettel (Hg.) (1986): *International Migration: The Female Experience,* New Jersey: Rowman and Allanheld.

Sinke, Susanne mit Stephen Gross (1992): „The International Marriage Market and the Sphere of Social Reproduction: A German Case Study“. In: Gabaccia, Donna (Hg.), *Seeking Common Ground. Multidisciplinary Studies of Immigrant Women in the United States,* Westport, Connecticut, London: Greenwood Press, S. 67-87.

Skinner, G. William (1996): „Creolized Chineses Societies in Southeast Asia“. In: Anthony Reid (Hg.), *Sojourners and Settlers. Histories of Southeast Asia and the Chinese,* Asian Studies Association of Australia in association with Allen/Unwin, S. 51-93.

Smith, Ann/Gintis Kaminskas (1992): „Female Filipino Migration to Australia: An Overview“. *Asian Migrant,* 5(3), S. 72-82.

Smith, Joan/Wallerstein, Immanuel (Hg.) (1992): *Creating and Transforming Households: The Constraints of the World Economy,* Cambridge: Cambridge University Press.

Smith, Michael Peter/Luis Eduardo Guarnizo (Hg.) (1998): *Transnationalism from below,* New Brunswick/New Jersey: Transaction Publishers.

Smith, Peter C./Siew-Ean Khoo/Stella Go (1984): „The Migration of Women to Cities: A Comparative Perspective“. In: James T. Fawcett/Siew-Ean Khoo/Peter C. Smith (Hg.), *Women in the Cities of Asia: Migration and Urban Adaptation,* Boulder, Colorado: Westview Press.

Smith, Peter C. (1977): „The Evolving Pattern of Interregional Migration in the Philippines“. The *Philippine Economic Journal* 16, ½, S. 121-59.

Spickard, Paul (1989): *Mixed Blood. Intermarriage and Ethnic Identity in Twentieth-Century America*, Madison: University of Wisconsin Press.

Spivak, Gayatru (1994 [1988]): „Can the Subaltern Speak?" In: Williams, Patrick/Chrisman, Laura (Hg.), *Colonial Discourse and Postcolonial Theory. A Reader*. New York, S. 66-111.

Spohn, Cornelia (1999): „Wissen Sie, wann Ihre Frau aufsteht?" Binationale Ehen stehen unter der besonderen Aufsicht des Staates“. In: Kriechhammer-Yagmur, Sabine/Doris Pfeiffer-Pandey/Katrin Saage-Fain/Hiltrud Stöcker-Zafari, herausgegeben vom Verband binationaler Familien und Partnerschaften iaf e.V.: *Binationaler Alltag in Deutschland. Ratgeber für Ausländerrecht, Familienrecht und interkulturelles Zusammenleben*, Frankfurt/M.: Brandes/Aspel, S.115-120.

Spuhler, Gregor u.a.(Hg.) (1994): *Vielstimmiges Gedächtnis. Beiträge zur Oral History,* Zürich: Chronos.

Stacey, Judith (1988 [1993]): „Can there be a feminist ethnography?“ *Women's Studies Int. Forum*, 11/1, S.21-27; [deutsch: „Ist feministische Ethnographie möglich? In: Gabriele Rippl (Hg.), *Unbeschreiblich weiblich. Texte zur feministischen Anthropologie,* Frankfurt/M.: Fischer, S. 196-208].

Stalker, Peter (1994): *The Work of Strangers: A Survey of International Labour Migration*, Geneva: ILO (International Labour Office).

Stark, Oded/Jennifer L. Lauby (1987): „Female Labour Mobility, Skill Acquisition and Choice of Labour Markets: Theory and Evidence from the Philippines“. Paper submitted to the Development Research Department, The World Bank.

Steinberg, David Jeo (1994): *The Philippines. A Singular and a Plural Place,* Boulder/San Francisco/Oxford: Westview Press.

Stolle, Christa (1990): *Hier ist ewig Ausland. Lebensbedingungen und Perspektiven koreanischer Frauen in der Bundesrepublik Deutschland,* Berlin: VWB.

Stoodley, Bartlett H. (1957): „Some Aspects of Tagalog Family Structure“. *American Anthropologist* 59, S. 236-249.

Strasser, Sabine (2001): „Dynamiken der Deterritorialisierung – oder wie Bewegung in die Sozialanthropologie kam“. In: Judith Schlehe (Hg.), *Interkulturelle Geschlechterforschung. Identitäten – Imaginationen – Repräsentationen,* Frankfurt/M.: Campus, S. 29-51.

Süllwold, Gundula (1990): *Ausgebildet um abzuwandern? Die Migration philippinischer Krankenschwestern,* Bielefeld (unveröff. Diplomarbeit, Uni Bielefeld).

Sung, B. (1990): *Chinese American Intermarriage*, New York: Center for Migration Studies.

Tacoli, Cecilia (1994): „Migrating 'For the Sake of the Family'? Gender, Life Course and Intra-Household Relations Among Filipino Migrants in Rome“. *Philippine Sociological Review*, 44 (1-4), S. 12-32.

Tan, Antonio S. (1972): *The Chinese in the Philippines, 1898-1935: A Study of Their National Awakening,* Quezon City.

Tan, James/Graham Davidson (1994): „Filipino-Australian Marriages: Further Perspectives on Spousal Violence“. *Australian Journal of Social Issues,* 29 (3), S. 265-282.

Taussig, Michael (1997): *Mimesis und Alterität. Eine eigenwillige Geschichte der Sinne,* Hamburg: Europäische Verlagsanstalt, [Orig.: *Mimesis and Alterity. A Particular History of the Senses*, New York/London: Routledge 1993].

Tedlock, Barbar (1991): „From Participant Observation to the Observation of Participation: The Emergence of Narrative Ethnography“. *Journal of Anthropological Research* 47, S. 69-94.

Teodoro, Luis V. (Hg.) (1984): *Out of This Struggle. The Filipinos in Hawaii,* The University Press of Hawaii.

Thadani, Veena N./Michael P. **Todaro** (1984): „Female Migration. A Conceptual Framework“. In: Fawcett, James T./Siew-Ean Khoo/Peter C. Smith (Hg.), *Women in the Cities of Asia. Migration and Urban Adaptation,* Boulder, Colorado: Westview Press.

Thode-Arora, Hilke (1999): *Interethnische Ehen. Theoretische und methodische Grundlagen ihrer Erforschung,* Berlin, Hamburg: Dietrich Reimer Verlag.

— (2000): „Interethnische Ehen: eine Bilanz nach achtzig Jahren Forschung“. In: Judith Schlehe (Hg.), *Zwischen den Kulturen – zwischen den Geschlechtern: Kulturkontakte und Genderkonstrukte*, Münster u.a.: Waxmann, S. 65-88.

Tilly, Louise A./Joan W. Scott (1978): *Women, Work/Family*, New York: Rinehart/Winston.

Torres, E. (1979): *Jeepney*, Quezon City.

Torrevillas, Domini M. (1996): „Violence against Filipina OCWs: The Flor Contemplacion and Sarah Balabagan Cases“. In: Beltran, Ruby P./Gloria F. Rodriguez (Hg.): *Filipino Women Migrant Workers: At the Crossroads and Beyond Beijing*, Quezon City: Giraffe Books, S. 46-66.

Trager, Lilian (1984): „Family Strategies and the Migration of Women: Migrants to Dagupan City, Philippines“. *International Migration Review*, 18 (4), S. 1264-1277.

— (1988): *The City Connection. Migration and Family Interdependence in the Philippines,* Ann Arbor: The University of Michigan Press.

Trinh, T. Minh-Ha (1989): *Woman, Native, Other. Writing Postcoloniality and Feminism*, Bloomington/Indianapolis: Indiana University Press.

— (1996 [1991]): „Über zulässige Grenzen: Die Politik der Identität und Differenz“. In: Fuchs, Brigitte/Gabriele Habinger (Hg.), *Rassismen/Feminismen. Differenzen, Machtverhältnisse und Solidarität zwischen Frauen,* Wien: Promedia, (Teile des Artikels stammen aus dem Buch von Trinh T. Minh-Ha (1991), *When the Moon Waxes Red. Representation, Gender and Cultural Politics*, New York).

Trüeb, Kuno (1994): „Von der merkwürdigen Absenz der Frauen in männlichen Lebensgeschichten“. In: Spuhler, Gregor u.a.(Hg.), *Vielstimmiges Gedächtnis. Beiträge zur Oral History,* Zürich: Chronos, S. 79-94.

Truong, T.D. (1990): *Sex, Money and Morality. Prostitution and Tourism in South East Asia,* London: Zed Press.

Tseng, Wen-Shing/John F. McDermott, Jr./Thomas W. Maretzki (Hg.) (1977): *Adjustment in Intercultural Marriage*, Honululu: University of Hawaii Press.

Tseng, Wen-Shing (1977): „Adjustment in Intercultural Marriage”. In: Tseng, Wen-Shing/John F. McDermott, Jr./Thomas W. Maretzki (Hg.), *Adjustment in Intercultural Marriage*, Honululu: University of Hawaii Press, S. 93-103.

Tsing, Anna Lowenhaupt (1990): „Gender and Performance in Meratus Dispute Settlement“. In: Jane Atkinson/Shelly Errington (Hg.), *Power and Difference; Gender in Island Southeast Asia,* Stanford: Stanford University Press, S. 127-152.

Tübinger Projektgruppe Frauenhandel (1989): *Frauenhandel in Deutschland,* Bonn: J.H.W.Dietz.

Tyner, James A. (1994): „The Social Construction of Gendered Migration from the Philippines“. *APMJ (Asian and Pacific Migration Journal),* 3, 4, S. 589-617.

United Nations (1990): „Measuring the extent of female international migration“. Paper presented at the United Nations Expert Group Meeting on International Migration Policies and the Status of Female Migrants, New York, United Nations.

v. Delhaes-Guenther, D. (1984): *Internationale und nationale Arbeitskräftewanderungen. Eine Analyse der süditalienischen Außenmigration,* Saarbrücken.

Van den Muijzenberg, Ott D. (1973): *Horizontal Mobility in Central Luzon,* Pub. Nr. 19 Amsterdam: Anthropologisch-Sociologisch Centrum, Universteit van Amsterdam.

Villa, Paula-Irene (2003): *Judith Butler*, Frankfurt/New York: Campus

Visweswaran, Kamala (1994): *Fictions of Feminist Ethnography*, Minneapolis: University of Minnesota Press.

Vleuten, Nelleke van der (1991): *Survey on 'Traffic in Women'. Policies and Policy-Research in an International Context,* Leiden: Research and Documentation Centre Women and Autonomy.

Waldis, Barbara (1998): *Trotz Differenz. Interkulturelle Kommunikation bei maghrebinisch-europäischen Paarbeziehungen in der Schweiz und in Tunesien,* Münster, New York u.a: Universitätsverlag Freiburg Schweiz und Waxmann.

Walker Bynum, Caroline (1982): *Jesus as Mother: Studies in the Spirituality of the High Middle Ages,* Berkeley: University of California Press.

— (1996): *Fragmentierung und Erlösung. Geschlecht und Körper im Glauben des Mittelalters,* Frankfurt/M.: suhrkamp.

Watson, Lawrence/Maria-Barbara Watson-Franke (1985): *Interpreting Life Histories,* New Brunswick: Rutgers University Press.

Weedon, Chris (1991 [1987]): *Wissen und Erfahrung. Feministische Praxis und poststrukturalistische Theorie,* Zürich (orig. *Feminist Practice and Poststructuralist Theory,* Oxford 1987).

Weightman, George H. (1998): „The Chinese in the Philippines". In: Hsu, Francis L.K./Hendrick Serrie (Hg.), *The Overseas Chinese. Ethnicity in National Context,* Lanham/New York/Oxford: University Press of America, S. 65-85.

Weiler, Gundo Aurel (1998): *Sextourismus und AIDS-Prävention: eine qualitative Studie zum HIV-Schutzverhalten deutscher Freier auf den Philippinen,* München/Wien: Profil.

Welz, Gisela (1998): „Moving Targets. Feldforschung unter Mobilitätsdruck". *Zeitschrift für Volkskunde*, II, 94, S. 177-194.

Wendt, Reinhard (1994): „Kultureller Konflikt, kulturelle Mischung. Die Philippinen unter spanischer und amerikanischer Kolonialherrschaft". In: Jürgen Osterhammel (Hg.), *Asien in der Neuzeit 1500-1950. Sieben historische Stationen,* Frankfurt/M.: Fischer Taschenbuch Verlag, S. 47-64.

— (1997): *Fiesta Filipina: Koloniale Kultur zwischen Imperialismus und neuer Identität,* Freiburg im Breisgau: Rombach.

Werbner, Pnina/Tariq Modood (Hg.) (1997): *Debating Cultural Hybridity. Multi-Cultural Identities and the Politics of Anti-Racism,* London/New Jersey: ZED Books.

Weyland, Petra (1997): „Jeder hält doch nach einer grünen Weide Ausschau!" Philippinische Hausmädchen in Istanbul. In: *KEA – Zeitschrift für Kulturwissenschaften*, Bd. 10, *Ethnologie der Migration,* S. 129-154.

Wickberg, Edgar (1965): „The Chinese Mestizo in Philippine History". *Journal of Southeast Asian History* 5 (1), S. 62-100.

— (1965b): *The Chinese in Philippine Life 1850-1898,* New Haven.

Wieck, Wilfried (1990): *Männer lassen lieben. Die Sucht nach der Frau*, Frankfurt/Main: Fischer.

Wilk, Richard R./Robert McC Netting (1984). „Households: Changing Forms and Functions". In: Robert McC Netting/Richard R. Wilk/Eric J. Arnould (Hg.), *Households: Comparative and Historical Studies of the Domestic Group,* Berkeley. University of California Press, S. 1-28.

Williams, Lindy/Lita J. Domingo (1993): „The Social Status of Elderly Women and Men within the Filipino Family". *Journal of Marriage and the Family* 55, S. 415-426.

Wilson, P.J. (1974): „Filcher of good names: An enquiry into anthropology". *Man* 9, S. 93-102.

Wolbert, Barbara (1984): *Migrationsbewältigung. Orientierung und Strategien. Biographisch-interpretative Fallstudien über die „Heirats-Migration" dreier Türkinnen,* Göttingen: edition herodot.

Wolf, Diane (1990): „Daughters, Decisions and Domination: An Empirical and Conceptual Critique of Household Strategies“. *Development and Change*, 21, S. 43-74.

— (1991): „Female Autonomy, the Family and Industrialisation in Java“. In: Blumberg/Rae Lesser (Hg.), *Gender, Family and Economy: The Triple Overlap,* Newbury Park: Sage, S. 128-48.

— (1992): *Factory Daughters, Gender, Household Dynamics, and Rural Industrialization in Java,* Berkeley: University of California Press.

Wolters, O.Willem. (1982): *History, Culture, and Region in Southeast Asian Perspectives,* Singapore: Institute of Southeast Asian Studies.

— (1983): *Politics, Patronage and Class Conflict in Central Luzon*, The Hague: Institute of Social Sciences.

Women's Role in Philippine History (1996): *Selected Essays*, Quezon City: University Center for Women's Studies, University of the Philippines.

Wong, Diana (1996): „Foreign Domestic Workers in Singapore“. In: Battistella, Graziano/Anthony Paganoni (Hg.) *Asian Women in Migration,* Quezon City: Scalabrini Migration Center, S. 87-108.

Wood, Charles H. (1982): „Equilibrium and Historical-Structuralist Perspectives on Migration“. *International Migration Review,* 16, S. 298-319.

— (1982b): „Structural Change and Household Strategies: A Conceptual Framework for the Study of Migration“. *Human Organization*, 40, S. 338-344.

Yap, Joselyne G. (1986): „Philippine ethnoculture and human sexuality”. *Journal of Social Work/Human Sexuality* 4 (3), S. 121-134

Young, Robert J.C. (1995): *Colonial Desire. Hybridity in Theory, Culture and Race,* London/New York: Routledge.

Yu, Elena/William T. Liu (1980): *Fertility and Kinship in the Philippines,* Notre Dame/London: University of Notre Dame Press.

Yukowa, Joyce (1996): *Migration from the Philippines, 1975-1995. An annotated Bibliograpy,* Quezon City: Scalabrini Migration Center.

— (1996): „Introduction: Trends, Issues and Research on Philippine Labour Migration“. In: *Migration from the Philippines, 1975-1995. An Annotated Bibliography*, compiled by Joyce Yukawa. Quezon City, Philippine: Scalabrini Migration Center, S. 1-35.

Yun Chai, Alice (1992): „Picture Brides: Feminist Analysis of Life Histories of Hawaii's Early Immigrant Women from Japan, Okinawa, and Korea“. In: Gabaccia, Donna (Hg.), *Seeking Common Ground. Multidisciplinary Studies of Immigrant Women in the United States,* Westport/Connecticut/London: Greenwood Press, S. 123-138.

Yuval-Davis, Nira (1997): „Ethnicity, Gender Relations and Multiculturalism”. In: Pnina Werbner/Tariq Modood (Hg.), *Debating Cultural Hybridity. Multi-Cultural Identities and the Politics of Anti-Racism,* London/New Jersey: ZED Books, S. 193-208.

Weitere Titel zum Thema:

Robert Frank
Globalisierung »alternativer« Medizin
Homöopathie und Ayurveda in Deutschland und Indien
Mai 2004, ca. 300 Seiten,
kart., ca. 28,80 €,
ISBN: 3-89942-222-8

Robert Pütz
Transkulturalität als Praxis
Unternehmer türkischer Herkunft in Berlin
Mai 2004, ca. 300 Seiten,
kart., ca. 27,80 €,
ISBN: 3-89942-221-X

Katharina Lange
Authentische Wissenschaft?
Arabische Ethnologie und Indigenisierung
April 2004, ca. 350 Seiten,
kart., ca. 35,00 €,
ISBN: 3-89942-217-1

Irina Yurkova
Der Alltag der Transformation
Kleinunternehmerinnen in Usbekistan
März 2004, 212 Seiten,
kart., 25,80 €,
ISBN: 3-89942-219-8

Kulturwissenschaftliches Institut (Hg.)
Jahrbuch 2002/2003
April 2004, 316 Seiten,
kart., ca. 19,80 €,
ISBN: 3-89942-177-9

Georg Mein,
Markus Rieger-Ladich (Hg.)
Soziale Räume und kulturelle Praktiken
Über den strategischen Gebrauch von Medien
April 2004, ca. 250 Seiten,
kart., ca. 25,80 €,
ISBN: 3-89942-216-3

Helmut König,
Manfred Sicking (Hg.)
Der Irak-Krieg und die Zukunft Europas
Februar 2004, 194 Seiten,
kart., 21,80 €,
ISBN: 3-89942-209-0

Wilhelm Hofmeister,
H.C.F. Mansilla (Hg.)
Die Entzauberung des kritischen Geistes
Intellektuelle und Politik in Lateinamerika
Februar 2004, 240 Seiten,
kart., 23,80 €,
ISBN: 3-89942-220-1

Leseproben und weitere Informationen finden Sie unter:
www.transcript-verlag.de